U0940827

中国农村能源年鉴

（2014—2021）

农业农村部科技教育司 编

中国农业出版社
北 京

图书在版编目（CIP）数据

中国农村能源年鉴. 2014—2021 / 农业农村部科技教育司编 . —北京 ：中国农业出版社，2022. 6
ISBN 978-7-109-29611-4

Ⅰ. ①中… Ⅱ. ①农… Ⅲ. ①农村能源－中国－2014－2021－年鉴 Ⅳ. ①F323. 214-54

中国版本图书馆 CIP 数据核字（2022）第 110907 号

ZHONGGUO NONGCUN NENGYUAN NIANJIAN（2014—2021）

中国农业出版社出版
地址：北京市朝阳区麦子店街 18 号楼
邮编：100125
责任编辑：高宝祯　　文字编辑：赵钰洁
版式设计：杜　然　　责任校对：刘丽香　沙凯霖
印刷：北京通州皇家印刷厂
版次：2022 年 6 月第 1 版
印次：2022 年 6 月北京第 1 次印刷
发行：新华书店北京发行所
开本：889mm×1194mm　1/16
印张：42. 75
字数：1400 千字
定价：298. 00 元

编辑委员会

编辑说明

一、《中国农村能源年鉴（2014—2021）》是继1997年、1999年、2008年和2013年后，再次对相关内容进行编纂出版，主要收录2013—2020年全国农村能源发展综述、全国农村能源建设大事记、地方农村能源建设大事记及典型案例、质量标准、科技成果、文献法规、统计资料等。

二、本书收录内容主要由业务主管部门和专业研究人员撰写。统计资料由农业农村部科技教育司、农业农村部农业生态与资源保护总站及各省、自治区、直辖市和新疆生产建设兵团农村能源主管部门提供，并经审核。

三、各省、自治区、直辖市按行政区划顺序排列。

栏　目

全国农村能源发展综述

全国农村能源建设大事记

地方农村能源建设大事记

地方农村能源建设与典型案例

质量标准

科技成果

文献法规

统计资料

目　录

全国农村能源发展综述

全国农村能源建设大事记

地方农村能源建设大事记

地方农村能源建设与典型案例

质量标准

科技成果

文献法规

统计资料

全国农村能源发展综述

全国农村能源发展综述

2013年以来，各级农业农村部门认真贯彻落实中央有关决策部署，在相关部门的大力支持下，围绕农村能源生产和消费革命、大气污染防治、农业绿色发展和农村人居环境整治等重点工作，加强农村能源建设，为优化农村能源供能结构、改善农村生态环境、促进农业绿色循环发展等提供了有力支撑。

一、政策法规不断完善

近年来，农村能源迎来了前所未有的发展机遇，法律法规不断完善，国家制定下发了相关政策文件，颁布了一系列质量标准，各地也相继颁布了相关政策法规，工作定位和目标更加明确，有力推动了农村能源由单一发展沼气向多元化发展转变，促进了农村能源合理开发利用，保障了农村能源健康持续发展。

（一）相关国家法律法规

2013年施行的《中华人民共和国农业法》，明确提出要合理开发和利用水能、沼气、太阳能、风能等可再生能源和清洁能源，发展生态农业，保护和改善生态环境；《中华人民共和国农业技术推广法》，将农村能源开发利用技术纳入农业技术范围，支持开展试验、示范、培训、服务等推广活动，并要求从机构、人员、经费、设施设备等方面予以保障；《分布式发电管理暂行办法》，支持以农林剩余物、畜禽养殖废弃物、有机废水和生活垃圾等为原料的气化、直燃和沼气发电及多联供技术。2014年实施的《畜禽规模养殖污染防治条例》，明确规定国家鼓励和支持采取粪肥还田、制取沼气、制造有机肥等方式，对畜禽养殖废弃物进行综合利用，并对畜禽养殖污染防治工作给予用地、用电、并网发电、税收优惠、资金补贴等方面的优惠扶持政策。2015年出台的《可再生能源发展专项资金管理暂行办法》，明确规定可再生能源发展专项资金重点支持范围包括可再生能源和新能源重点关键技术示范推广和产业化示范，可再生能源和新能源规模化开发利用及能力建设，可再生能源和新能源公共平台建设，可再生能源、新能源等综合应用示范。2016年出台的《可再生能源发电全额保障性收购管理办法》，提出加强可再生能源发电全额保障性收购管理，保障非化石能源消费比重目标的实现，推动能源生产和消费革命；《国家农村沼气工程建设管理办法（试行）》，规定了中央预算内投资补助建设的规模化大型沼气工程、规模化生物天然气工程项目申报和投资计划管理、资金管理、组织实施、建后管护、监督管理等方面的要求。2020年出台的《可再生能源电价附加资金管理办法》，进一步规范了可再生能源电价附加资金管理；《清洁能源发展专项资金管理暂行办法》，规范和加强了清洁能源发展专项资金管理，提高了资金使用效益。

（二）国家综合性规划和方案

国务院办公厅印发的《能源发展战略行动计划（2014—2020年）》，提出推动能源生产和消费革命，实施绿色低碳战略，把发展清洁低碳能源作为调整能源结构的主攻方向。大力发展可再生能源，大幅增加风电、太阳能、地热能、生物质能、海洋能等可再生能源和核电消费比重。到2020年，非化石能源占一次能源消费比重达到15%。农业部、国家发展改革委、科技部等八部委联合印发的《全国农业可持续发展规划（2015—2030年）》，提出实施秸秆气化集中供气、供电和秸秆固化成型燃料供热、材料化致密成型等秸秆综合利用项目；实施沼气集中供气，推进农村省柴节煤炉灶炕升级换代，推广清洁炉灶、可再生能源和产品。国务院印发的《全国农业现代化规划（2016—2020年）》，提出以畜禽规模养殖场为重点，建设大型沼气工程、生物质燃气提纯利用及有机肥加工设施，发展以沼气为纽带的生态循环农业；推进畜禽粪污综合利用，推广污水减量、厌氧发酵、粪便堆肥等生态化治理模式，建立第三方治理与综合利用机制；推动秸秆肥料化、饲料化、基料化、能源化、原料化应用，率先在大气污染防治重点区域基本实现全量化利用。国家发展改革委、能源局等十部委联合印发的《北方地区冬季清洁取暖规划（2017—2021年）》，提出农村地区优先利用地热、生物质、太阳能等多种清洁能源供暖，有条件的发展天然气或电供暖，适当利用集中供暖延伸覆盖。2019年清洁取暖率达到20%以上，2021年清洁取暖率达到40%以上。中共中央、国务院印发的《乡村振兴战略规划（2018—2022年）》，提出要构建农村现代能源体系，优化农村能源供给结构，大力发展太阳能、浅层地热能、生物质能等，因地制宜开发利用水能和风能；完善农村能源基础设施网络，加快新一轮农村电网升级改造，推动供气设施向农村延伸；加快推进生物质热电联产、生物质供热、规模化生物质天然气和规模化大型沼气等燃料清洁化工程；推进农村能源消费升级，大幅提高电能在农村能源消费中的比重，加快实施北方农村地区冬季清洁取暖，积极稳妥推进散煤替代。

（三）中央大政方针

2014 年，中共中央、国务院印发的《关于全面深化农村改革加快推进农业现代化的若干意见》，指出要因地制宜发展户用沼气和规模化沼气。2015 年，中共中央、国务院印发的《关于加大改革创新力度加快农业现代化建设的若干意见》，指出要因地制宜采取电网延伸和光伏、风电、小水电等供电方式，2015 年解决无电人口用电问题，完善农村沼气建管机制。2015 年，中共中央、国务院印发的《关于加快推进生态文明建设的意见》，指出要调整能源结构，推动传统能源安全绿色开发和清洁低碳利用，发展清洁能源、可再生能源，不断提高非化石能源在能源消费结构中的比重；加快核电、风电、太阳能光伏发电等新材料、新装备的研发和推广，推进生物质发电、生物质能源、沼气、地热、浅层地温能、海洋能等应用，发展分布式能源，建设智能电网，完善运行管理体系；加大财政资金投入，统筹有关资金，对资源节约和循环利用、新能源和可再生能源开发利用、环境基础设施建设、生态修复与建设、先进适用技术研发示范等给予支持。2015 年，《中共中央关于制定国民经济和社会发展第十三个五年规划的建议》，提出推进能源革命，加快能源技术创新，建设清洁低碳、安全高效的现代能源体系；提高非化石能源比重；加快发展风能、太阳能、生物质能、水能、地热能。2016 年，中共中央、国务院印发的《关于深入推进农业供给侧结构性改革加快培育农业农村发展新动能的若干意见》，指出要大力推行高效生态循环的种养模式，加快畜禽粪便集中处理，推动规模化大型沼气健康发展。2017 年，中共中央办公厅、国务院办公厅印发的《关于创新体制机制推进农业绿色发展的意见》，提出到 2020 年，主要农作物化肥、农药使用量实现零增长，化肥、农药利用率达到 40%，秸秆综合利用率达到 85%，养殖废弃物综合利用率达到 75%；完善秸秆和畜禽粪污等资源化利用制度；推进秸秆发电并网运行和全额保障性收购，开展秸秆高值化、产业化利用，落实好沼气、秸秆等可再生能源电价政策；以沼气和生物天然气为主要处理方向，以农用有机肥和农村能源为主要利用方向，强化畜禽粪污资源化利用，依法落实规模养殖环境评价准入制度，明确地方政府属地责任和规模养殖场主体责任；依据土地利用规划，积极保障秸秆和畜禽粪污资源化利用用地。2017 年，国务院办公厅印发的《关于加快推进畜禽养殖废弃物资源化利用的意见》，指出要以畜牧大县和规模养殖场为重点，以农用有机肥和农村能源为主要利用方向，全面推进畜禽养殖废弃物资源化利用，为全面建成小康社会提供有力支撑。2018 年，中共中央、国务院印发的《关于实施乡村振兴战略的意见》，指出要加快新一轮农村电网改造升级，制定农村通动力电规划，推进农村可再生能源开发利用；推进北方地区农村散煤替代，有条件的地方有序推进煤改气、煤改电和新能源利用。2018 年，中共中央、国务院印发的《关于全面加强生态环境保护坚决打好污染防治攻坚战的意见》，指出要增加清洁能源使用，拓宽清洁能源消纳渠道，落实可再生能源发电全额保障性收购政策；推动清洁低碳能源优先上网；因地制宜、加快实施北方地区冬季清洁取暖五年规划；鼓励余热、浅层地热能等清洁能源取暖；实施生物天然气工程。

（四）农业农村部重点工作

为做好农村沼气转型升级工作，探索新的发展方向和模式，农业部会同国家发展改革委于 2015—2017 年组织实施了生物天然气工程试点建设，先后联合印发了《2015 年农村沼气工程转型升级工作方案》（发改投资〔2015〕879 号）、《关于下达 2015 年农村沼气工程中央预算内投资计划的通知》（发改投资〔2015〕1377 号）、《关于下达 2016 年规模化大型沼气工程中央预算内投资计划的通知》（发改投资〔2016〕1319 号）、《关于下达 2017 年规模化大型沼气工程中央预算内投资计划的通知》（发改投资〔2017〕785 号），共支持建设了日产生物天然气 1 万米^3 以上的试点项目 64 处。2017 年，结合转型升级工作进展情况，国家发展改革委、农业部联合印发了《全国农村沼气发展“十三五”规划》，提出加快规模化生物天然气和规模化大型沼气工程建设，大力推动果（菜、茶）沼畜种养循环发展，巩固户用沼气和中小型沼气工程建设成果，促进沼气沼肥的高值高效综合利用，实现规模效益兼顾、沼气沼肥并重、建设监管结合，开创农村沼气事业健康发展的新局面。

在秸秆综合利用工作中，将秸秆燃料化利用作为一项主要措施，加以推广应用。2014 年，国家发展改革委办公厅、农业部办公厅联合发布了《秸秆综合利用技术目录（2014）》，将秸秆固化成型技术、秸秆沼气生产技术、秸秆炭化技术、秸秆热解气化技术等列为秸秆燃料化利用主要技术。2016 年，农业部科技教育司发布了《关于推介发布秸秆“五料化”利用技术的通知》［农科（能生）函〔2016〕213 号］，向各试点省推介发布秸秆“五料化”利用技术 19 项，其中秸秆燃料化利用技术主要包括秸秆固化成型技术、秸秆热解气化技术、秸秆沼气生产技术等。2016 年，农业部、国家发展改革委、财政部、环境保护部、住房城乡建设部、科技部联合印发了《关于推进农业废弃物资源化利用试点的方案》，提出由专业化公司、农民合作社或养殖场成立专门机构，开展农村沼气工程专业化建设、管理、运营，建设原料收集存储和预处理系统、厌氧消化系统、沼气沼肥利用系统、智能监控系统等设施设备，实现沼气高值高效利用，沼渣沼液充分还田或生产商品化有机肥；专业化企业生产固化成型燃料沼气或生物天然气，建设秸秆收集、固体成型或厌氧发酵和提纯设施设备。2017 年，农业部办公厅下发了《关于推介发布秸秆农用十大模式的通知》（农办科〔2017〕24 号），推介发布了秸秆农用十大模式，其中“秸-沼-肥”能源生态模式，是利用玉米、小麦等农作物秸秆制取沼气，通过管道或压缩装罐供应农村居民生活用能，或者提纯后制取生物天然气供车用或工业使用；秸秆制沼气后的沼渣、沼液可直接还田，也可经深加工制成含腐殖酸的水溶肥、叶面肥或育苗基质等，应用于蔬菜、果树及粮食生产。2017 年，国家发展改革委办公厅、农业部办公厅、国家能源局综合司联合发布了《关于开展秸秆气化清洁能源利用工程建设的指导意见》（发改办环资〔2017〕2143 号），提出开展秸秆气化清洁能源利用工程建设，拓展农村清洁能源供给渠道，推动秸秆综合利用高值化、产业化发展，完成“十三五”秸秆综合利用目标任务。2019 年，农业农村部办公厅印发了《关于全面做好秸秆综合利用工作的通知》（农办科〔2019〕20 号），提出围绕秸秆肥料化、饲料化、燃料化、基料化和原料化等领域，发展一批市场化利用主体，延伸产业链、提升价值链，加快推进秸秆综合利用产业结构优化和提质增效。

为加快推进农业供给侧结构性改革，增强农业可持续发展能力，提高农业发展的质量效益和竞争力，2017 年，农业部发布了《关于实施农业绿色发展五大行动的通知》（农办发〔2017〕6 号），启动实施畜禽粪污资源化利用行动、果菜茶有机肥替代化肥行动、东北地区秸秆处理行动、农膜回收行动和以长江为重点的水生生物保护行动等农业绿色发展五大行动。

为加强农村沼气安全生产工作，2019 年，农业农村部办公厅下发了《关于做好农村沼气设施安全处置工作的通知》（农办科〔2019〕2 号），明确了农村沼气设施安全处置原则、方式和报废条件，指导各省妥善处理好各类农村沼气设施。2020 年，农业农村部科技教育司下发了《关于做好农村沼气和秸秆能源化工程安全生产工作的通知》［农科（能生）函〔2020〕13 号］，要求各地落实安全生产责任制度，推动农村沼气设施安全处置，强化规模化沼气工程安全管理，重视秸秆能源化工程安全防范。

二、农村能源建设成效显著

2013 年以来，随着经济的快速发展和农民生活水平的不断提高，城镇化和新农村建设的不断推进，畜禽养殖方式由分散养殖向规模化养殖转变，特别是生态文明建设，对农村能源发展提出了更高的要求。多年来，全国各地围绕农民生活生产条件改善、农业绿色发展、农村生态环境保护，大力开展了农村沼气工程建设、太阳能综合开发、秸秆能源化利用等，在优化农村能源供给结构、改善农村生态环境质量、促进农业绿色循环发展等方面发挥了不可替代的作用。

（一）优化了农村能源供给结构

农村能源开发与节能技术推广，成为全球参与人口最多、成效最为显著、独具中国特色的节能减排行动。农村沼气曾历史性地解决了我国农村地区能源短缺问题，近 2 亿农民因此受益，特别是 2015 年转型升级以来，一批规模化大型沼气工程和生物天然气工程，在民用燃气、车用燃气等领域初见成效，逐步成为缓解国内天然气供应压力的有效途径；秸秆打捆直燃、生物质成型燃料清洁供暖成为北方地区农村冬季清洁取暖的有效补充。截至 2020 年底，全国沼气用户达到 3007.71 万户，沼气工程 9.3 万处；太阳能热水器推广面积达到 8420.73 万米^2、太阳房 1822.3 万米^2，太阳灶 170.62 万台；推广节能炉具 2742.73 万台；秸秆打捆直燃集中供暖试点 238 处、供暖面积 815.39 万米^2，秸秆固化成型加工点 2664 处、年产成型燃料 1279.65 万吨，秸秆热解气化试点 183 处。这些技术的推广，在有效改善农村居民用能结构、增加农村地区清洁能源供应的同时，减少了化石能源消耗，降低了大气污染物和温室气体排放量。

（二）改善了农村生态环境质量

通过农村能源建设，年处理畜禽粪污、秸秆、尾菜、生活有机垃圾等农业农村有机废弃物达到5亿多吨，实现了畜禽粪污资源化利用、秸秆综合利用。农户建设农村沼气配套改厨、改厕，改善了家庭卫生条件，解决了农村环境的“脏乱差”问题。规模化大型沼气工程和生物天然气工程，大幅提升了畜禽粪污、秸秆等农业农村废弃物集中处理水平；推广秸秆打捆直燃、成型燃料、热解气化等秸秆能源化利用技术，开展炭基肥、草木灰（钾肥）施用，为秸秆综合利用找到了新的出路，有效缓解了秸秆露天焚烧导致的大气污染和资源浪费问题，在改良土壤、提升作物品质和土壤保水保肥能力等方面效果显著，对实现蓝天碧水净土、建设美丽宜居乡村起到了积极作用。

（三）促进了农业绿色循环发展

通过沼肥综合利用，平均每年可减少化肥、农药施用量约700万吨，有力推动了有机肥替代化肥等农业绿色发展重要行动的落实。探索形成了“果-沼-畜”“沼液水肥一体”等典型生态循环农业模式，打造了一批典型示范样板，在推进种养循环方面积累了许多成功经验和做法。大力推广以沼气为纽带的生态循环农业模式，有效减少了化肥农药使用，净化了产地环境，提高了农产品品质，推进了农业绿色发展。

三、农村能源产业发展逐步增强

（一）健全了标准体系

组织科研院所、协会学会和相关企业制修订了一批标准，涵盖工程设计、施工、验收、安全运行、产品利用等多个方面，标准体系进一步健全，为推动农村能源发展提供了重要技术基础支撑。目前，共组织制修订农村能源标准293项，其中国际标准2项、国家标准59项、农业行业标准122项、能源行业标准78项、机械行业标准16项、地方标准16项。已颁布标准包括：农村沼气标准69项、生物质能标准62项、节能炉具标准38项、太阳能标准77项、小风电标准28项、新型液体燃料等其他标准34项。同时，牵头成立了国际标准化组织沼气技术委员会（ISO/TC255），并组织开展沼气国际标准制定研究工作，已发布实施了2项沼气国际标准。

（二）提升了技术装备水平

经过多年的研究，一些制约农村能源发展的关键技术瓶颈得到有效突破。沼气厌氧消化技术已居国际先进水平，容积产气率基本可控制在1米^3/（米^3·日）以上。秸秆打捆直燃供暖方面，在引进和借鉴国外技术的基础上，研发出了连续式进料和序批式进料两种类型的锅炉，热效率达到80%以上，烟气排放达到《锅炉大气污染物排放标准》（GB 13271—2014）要求。生物质成型燃料研发方面，研制出集原料预处理、粉碎、成型工艺组合为一体的成套生产线，单机生产能力达1～3吨/小时，每吨产品能耗50～90千瓦时，模具等关键部件使用寿命约3000小时；生物质炉具热效率高达80%以上，烟气污染物中的颗粒物、二氧化硫等，均满足《锅炉大气污染物排放标准》（GB 13271—2014）要求。

（三）形成了较完整的产业链条

截至2020年底，我国农村能源产业体系较为完备，涵盖技术研发、设备制造、工程建设、产品利用、质量检测和配套服务等各环节，初步具备较大规模推广应用的基础与能力。农村沼气已基本形成“上游原料收集-中游沼气生产-终端产品应用”的产业链，并培育了一批专业化的建设管理运营企业，提高了工程建设标准化、管理规范化和运营市场化水平。秸秆打捆直燃供暖企业通过市场化的手段，根据供热需求，由个人、专业合作社定期供应秸秆，解决了秸秆收储运的难题，实现了市场化运营。生物质成型燃料已建成多个万吨级生产示范基地，形成了一批从事生物质成型燃料锅炉生产安装、成型燃料供应和热力服务的企业。秸秆热解气产业化示范项目在安徽、河北、山东、湖北、内蒙古等省区成功投产运行，探索出商业化应用模式。太阳能利用技术大面积推广应用，其中户用光伏配空气源热泵和太阳能热利用多能互补采暖这两项技术，具有环保、经济、安全等特点，在农村清洁取暖方面取得了较好的效果。

全国农村能源建设大事记

2013 年
2014 年
2015 年
2016 年
2017 年
2018 年
2019 年
2020 年

全国农村能源建设大事记

2013 年

1月1日，新修订的《中华人民共和国农业法》正式实施，明确提出要合理开发和利用水能、沼气、太阳能、风能等可再生能源和清洁能源，发展生态农业，保护和改善生态环境。

1月1日，新修订的《中华人民共和国农业技术推广法》正式实施，将农村能源利用技术纳入农业技术范围，支持开展试验、示范、培训、服务等推广活动，并要求从机构、人员、经费、设施设备等方面予以保障。

1月23日，国务院印发《循环经济发展战略及近期行动计划》，明确提出要发展畜禽圈舍、沼气池、厕所、日光温室“四位一体”生态农业。

1月，农业部副部长牛盾访问德国，与德国农业部签署《中德沼气合作行动计划（2013—2014）》，确定中方由农业部农业生态与资源保护总站牵头实施中德沼气合作项目。

3月16—18日，中国农村能源行业协会在湖南省长沙市举办第十届中国（长沙）太阳能品牌博览会，参展企业200余家，参观人数万余人。展会期间，协会与国家新能源工程技术研究中心、国家太阳能热利用工程技术研究中心共同举办第三期太阳能热利用设计师培训班，参加培训企业95家，培训人员153人。

3月23日，中国农村能源行业协会在河北省廊坊市举办第七届节能炉具博览会，参观人数4000余人，全球清洁炉灶联盟和世界银行项目代表出席会议。

5月14日，国家发展改革委、农业部、环境保护部联合印发《关于加强农作物秸秆综合利用和禁烧工作的通知》（发改环资〔2013〕930号），要求各地切实转变工作思路，下大力气加大对秸秆收集和综合利用的扶持力度，抓好秸秆禁烧工作，采取“疏堵结合”“以用促禁”的方式，加快构建政府主导、企业主体、农民参与的秸秆综合利用工作格局。

6月25日，为贯彻落实《国务院机构改革和职能转变方案》工作要求，国家发展改革委下发《关于将廉租住房等31类点多面广量大单项资金少的中央预算内投资补助项目交由地方具体安排的通知》，将包括农村沼气在内的31类中央补助地方的点多、面广、量大、单项资金少的项目，具体交由省发展改革委安排。

7月4日，国务院发布《国务院关于促进光伏产业健康发展的若干意见》（国发〔2013〕24号），指出国家在新农村建设中支持光伏发电应用。

7月18日，国家发展改革委出台《分布式发电管理暂行办法》，支持以农林剩余物、畜禽养殖废弃物、有机废水和生活垃圾等为原料的气化、直燃和沼气发电及多联供技术。

7月，农业部与世界银行共同开展清洁炉灶“基于效果的融资补贴方式”试点项目，作为中国清洁炉灶行动倡议（CSI）的后续行动，旨在在中国探索建立起清洁炉灶补贴的后补助机制，加快普及清洁炊事和取暖的进程。

9月，由农业部科技教育司组织编写的《中国农村能源年鉴（2009—2013）》正式出版，系统、全面地介绍了5年来全国和各地农村能源建设历程和发展成就，为农村能源未来规划和发展提供了基础决策信息和数据支撑。

10月24—25日，中国沼气学会、北京化工大学在北京联合举办2013年中国沼气学会学术年会，农业部科技教育司副司长和农业生态与资源保护总站站长王衍亮、北京化工大学校长和中国工程院院士谭天伟及全国沼气行业的领导、专家和众多企业以及学会理事共计340余人参加此次盛会。会议代表围绕“强化学科交叉、整合行业优势、破解发展瓶颈、建设生态文明”主题进行主旨发言，并开展3个分组讨论。

11月，联合国粮农组织（FAO）与农业部签署《国内外人与气候节能型粮食生产合作项目协议书》，旨在总结借鉴中国能源节约型粮食生产经验。

2014 年

1月1日，《畜禽规模养殖污染防治条例》正式实施，明确规定国家鼓励支持采取粪肥还田、制取沼气、制造有机肥等方式，对畜禽养殖废弃物进行综合利用，并对畜禽养殖污染防治工作给予用地、用电、并网发电、税收、资金等方面的优惠扶持政策。

1月2日，中共中央、国务院印发《关于全面深化农村改革加快推进农业现代化的若干意见》，指出要因地制宜发展户用沼气和规模化沼气。

1月20日，国家发展改革委、农业部印发《关于深入推进大气污染综合防治重点地区及粮棉主产区秸秆综合利用的通知》（发改环资〔2014〕116号），要求各地将秸秆综合利用作为推进节能减排、发展循环经济、治理大气污染、促进生态文明建设的重要内容，纳入各级地方政府的工作重点，并实行责任制考核和问责；组织实施秸秆综合利用重点工程，确保目标任务完成；采取有效措施，加强秸秆收集、储运、利用等环节监督管理；加强秸秆综合利用和禁烧方面的宣传培训。

1月25日，农业部科技教育司印发《关于做好春节和"两会"期间农村沼气安全生产工作的通知》。

3月15—17日，中国农村能源行业协会在江苏省南京市举办第十一届中国国际（南京）太阳能品牌产品博览会，参展企业120余家。

4月25—27日，中国农村能源行业协会在河北省廊坊市举办第八届节能炉具博览会，143家企业参展，参观人数超过6000人。

4月，习近平总书记、李克强总理、汪洋副总理对农村沼气建设工作作出重要批示，韩长赋部长也作出明确批示，指出农村沼气建设和利用确实到了转型期和新的发展期。

4—6月，为贯彻落实习近平总书记、李克强总理、汪洋副总理在中国国际工程咨询公司呈报的《农村沼气工程如何能建得好、用得好?》上的重要批示精神以及韩长赋部长、张桃林副部长批示要求，农业部科技教育司向张桃林副部长报送了《关于贯彻中央领导对农村沼气工作批示要求与国家发展改革委和财政部等部门沟通情况的报告》，张桃林副部长、余欣荣副部长、韩长赋部长都批示"同意"。

5月19—20日，全球清洁炉灶联盟、农业部、国家发展改革委共同在京举办中国清洁炉灶与燃料国际研讨会，旨在推动中国乃至全球更广泛地应用清洁炉灶和燃料。国家发展改革委副主任解振华、农业部总经济师钱克明、美国驻华大使马克斯·博卡斯、全球清洁炉灶联盟执行主任罗达·穆斯哈等出席会议并致辞。农业部科技教育司副司长、农业生态与资源保护总站站长王衍亮主持开幕式，副站长王久臣发表主旨演讲。来自10多个国家的政府部门、教学科研单位、企业以及国际机构的250多名代表出席会议。

6月7日，国务院办公厅印发《能源发展战略行动计划（2014—2020年）》，提出推动能源生产和消费革命，实施绿色低碳战略，把发展清洁低碳能源作为调整能源结构的主攻方向。大力发展可再生能源，大幅增加风电、太阳能、地热能、生物质能、海洋能等可再生能源和核电消费比重。到2020年，非化石能源占一次能源消费比重达到15%。

7月3日，国家发展改革委与农业部联合印发《关于下达2014年农村沼气工程中央预算内投资计划的通知》，2014年中央预算内投资安排24.92亿元用于农村沼气工程建设。

8月28日，韩长赋部长、张桃林副部长、毕美家总经济师视察农业部农业生态与资源保护总站。韩长赋部长发表重要讲话，首次提出"一控两减三基本"的工作目标，并要求要以生态总站为平台，加强监测评价，做好支撑服务，组织好典型示范，加强人才队伍建设，形成凝聚人才的氛围和工作合力。

9月5日，由农业部和FAO共同主办的联合国粮农组织参考中心授牌仪式暨工作研讨会在湖南长沙举行。FAO助理总干事王韧、农业部国际合作司巡视员屈四喜、FAO驻华代表伯希密西卡、中国工程院院士袁隆平等有关单位领导、专家及项目主管人员参加授牌仪式。农业部沼气科学研究所被认证为FAO沼气技术研究培训参考中心。

9月12日，为迎接新中国成立65周年华诞，农业部科技教育司印发《关于切实加强当前农村能源安全防范工作的通知》。

9月25—26日，2014年中国技能大赛暨第三届全国沼气生产职业技能竞赛在广西南宁拉开决赛帷幕。农业部科技教育司副巡视员杨礼胜、中国农林水利工会副主席孙涛、中国就业培训技术指导中心副书记楚晓力、农业部人力资源开发中心副主任张晔、农业部农业生态与资源保护总站副站长王久臣及广西林业厅副厅长李明琪等主办和承办单位领导出席开幕仪式，王久臣副站长担任裁判长。

10月16日，中国沼气学会、西北农林科技大学、德国农业协会在陕西省杨凌市联合举办2014年中国沼气学会学术年会暨中德沼气合作论坛，中国沼气学会理事长段武德、农业部农业生态与资源保护总站副站长王久臣、西北农林科技大学副校长钱永华以及来自全国高校、科研院所的领导、专家和众多企业、学会的理事共370余人出席此次大会。本次活动的主题是"现代化、工业化、信息化、城镇化建设与沼气持续健康发展"。

11月20—21日，农业部与国家发展改革委在安徽省阜阳市联合召开全国首个农业循环经济现场会，农业部科技教育司司长唐珂介绍农业部门推动循环经济发展取得的成效与经验。农业部门按照生态文明建设的总体要求，以农村沼气建设、农作物秸秆和农田残膜综合利用、农业清洁生产技术应用、农村清洁工程建设和生态循环农业发展为重要载体，积极探索农业循环经济发展模式，深入推进农业投入品减量化使用和农业废弃物资源化再利用，取得积极进展。

12月1日，新修订的《中华人民共和国安全生产法》实施。该法第九条规定：国务院有关部门依照本法和其他有关法律、行政法规的规定，在各自的职责范围内对有关行业、领域的安全生产工作实施监督管理；县级以上地方各级人民政府有关部门依照本法和其他有关法律、法规的规定，在各自的职责范围内对有关行业、领域的安全生产工作实施监督管理。

12月2日，为指导各地推广实用成熟的秸秆综合利用技术，推动秸秆综合利用产业化发展，确保实现“到2015年秸秆综合利用率超过80%”的目标任务，国家发展改革委会同农业部编制印发《秸秆综合利用技术目录（2014）》，包括秸秆固化成型技术、炭化技术、沼气生产技术、纤维素乙醇生产技术、热解气化技术、直燃发电技术等6项秸秆燃料化利用技术。

2015年

1月12日，农业部启动大中型沼气工程建设与管理情况专项检查工作。

2月1日，中共中央、国务院印发《关于加大改革创新力度加快农业现代化建设的若干意见》，指出要因地制宜采取电网延伸和光伏、风电、小水电等供电方式，2015年解决无电人口用电问题；完善农村沼气建管机制。

2月8—9日，中德沼气合作工作组第三次会议在海南省海口市召开。来自中德双方农业部、有关科研单位、社团组织和企业的代表共计35人参加会议。会议由中国农业部科技教育司副司长王衍亮与德国农业食品部能源司司长纽曼联合主持，中国农业部国际合作司司长王鹰、科技教育司副巡视员杨礼胜出席会议。会议决定中德沼气研发中心应尽快挂牌运行，并在中德农业中心的统一组织协调下开展相应活动。

2月15日，农业部常务会议研究推进农村沼气建设转型升级工作。

4月2日，财政部印发《可再生能源发展专项资金管理暂行办法》，明确规定可再生能源发展专项资金重点支持范围，包括：可再生能源和新能源重点关键技术示范推广和产业化示范，可再生能源和新能源规模化开发利用及能力建设，可再生能源和新能源公共平台建设，可再生能源、新能源等综合应用示范。

4月10日，农业部印发《关于打好农业面源污染防治攻坚战的实施意见》（农科教发〔2015〕1号），提出深入开展秸秆资源化利用和大力发展现代生态循环农业，要求进一步加大示范和政策引导力度，大力开展秸秆还田和秸秆肥料化、饲料化、基料化、原料化和能源化利用；推进浙江省现代生态循环农业试点省和10个循环农业示范市建设，深入实施现代生态循环农业示范基地建设，积极探索高效生态循环农业模式，构建现代生态循环农业技术体系、标准化生产体系和社会化服务体系。

4月13日，国家发展改革委、农业部联合印发《2015年农村沼气工程转型升级工作方案》，提出2015年中央预算内投资将支持建设日产沼气500米^{3}以上的规模化大型沼气工程，开展日产生物天然气1万米^{3}以上的工程试点，同时安排了20亿元中央预算内基本建设资金，支持18个省建设25个规模化生物天然气试点工程以及全国各地建设386个规模化大型沼气工程。

4月20日，农业部和国家发展改革委有关司局在北京联合举办规模化沼气工程培训班。国家发展改革委农经司、农业部计划司和科教司等部门的主要负责同志在培训班上对推进农村沼气工程转型升级进行了部署，提出了相关工作要求，并解读了《2015年农村沼气工程转型升级工作方案》。国内外有关专家介绍了沼气发展以及生物天然气建设的现状、趋势等，有关企业介绍了规模化生物天然气工程建设与运营的典型做法与经验。

4月25日，中共中央、国务院印发《关于加快推进生态文明建设的意见》，指出要调整能源结构，推动传统能源安全绿色开发和清洁低碳利用，发展清洁能源、可再生能源，不断提高非化石能源在能源消费结构中的比重。加快核电、风电、太阳能光伏发电等新材料、新装备的研发和推广，推进生物质发电、生物质能源、沼气、地热、浅层地温能、海洋能等应用，发展分布式能源，建设智能电网，完善运行管理体系。加大财政资金投入，统筹有关资金，对资源节约和循环利用、新能源和可再生能源开发利用、环境基础设施建设、生态修复与建设、先进适用技术研发示范等给予支持。

5月28日，农业部、国家发展改革委、科技部、财政部、国土资源部、环境保护部、水利部、国家林业局联合印发《全国农业可持续发展规划（2015—2030年）》，提出实施秸秆气化集中供气、供电和秸秆固化成型燃料供热、材料化致密成型等秸秆综合利用项目。实施沼气集中供气，推进农村省柴节煤炉灶炕升级换代，推广清洁炉灶、可再生能源和产品。

6月12日，国家发展改革委、农业部联合印发《关于下达2015年农村沼气工程中央预算内投资计划的通知》（发改投资〔2015〕1377号），从2015年中央预算内投资中安排19.6亿元，支持全国386个规模化大型沼气工程项目和24个规模化生物天然气试点项目建设。同时，制定下发《农村沼气工程建设管理办法（试行）》。

7月30日，国务院办公厅印发《关于加快转变农业发展方式的意见》，提出推进农村沼气工程转型升级，开展规模化生物天然气生产试点。

9月，中共中央、国务院印发《生态文明体制改革总体方案》，提出加强对可再生能源发展的扶持。

10月10日，农业部在河北省石家庄市召开全国农作物秸秆综合利用暨农机深松整地作业现场会，张桃林副部长出席会议并讲话。会议指出，要研究出台以秸秆为原料的沼气、沼渣沼液、饲料、成型燃料、生物炭、电力等终端产品的补贴制度；开展秸秆生物燃油和航空燃料、以村为单位的成型燃料代煤并配套智能炉具等专项技术试点。

10月20日，农业部在北京举办2015年规模化生物天然气试点项目管理培训班，介绍了2015年农村沼气工程转型升级总体思路，讲解了《农村沼气工程建设管理办法（试行）》，提出了规模化生物天然气试点项目相关要求。

10月，《中共中央关于制定国民经济和社会发展第十三个五年规划的建议》，提出推进能源革命，加快能源技术创新，建设清洁低碳、安全高效的现代能源体系；提高非化石能源比重；加快发展风能、太阳能、生物质能、水能、地热能。

11月8日，全国生态循环农业现场交流会在浙江省衢州市召开，旨在总结交流全国生态循环农业建设经验，推进生态循环农业发展。农业部部长韩长赋出席会议并作重要讲话。会议指出要坚持统筹兼顾，优化产业结构；坚持减量优先，推进农业清洁生产；坚持循环利用，推进农业废弃物资源化；坚持用地养地结合，推进耕地质量保护与提升；坚持开发保护并重，推进农业资源养护。

11月16日，国家发展改革委、财政部、农业部、环境保护部等四部委联合印发《关于进一步加快推进农作物秸秆综合利用和禁烧工作的通知》（发改环资〔2015〕2651号），提出到2020年，全国秸秆综合利用率达到85%以上的目标任务。

12月15—16日，中国沼气学会联合中科院广州能源所和德国农业协会在广州组织召开2015年中国沼气学会学术年会暨中德沼气技术论坛，本次会议的主题是“转型升级、技术创新、市场开拓”。其间，学会还联合农业部对外经济合作中心召开第八次东盟与中日韩（10+3）生物质能论坛。来自国内、欧盟和东盟的数百名代表参加此次学术年会和技术论坛。

2016年

3月24日，国家发展改革委印发《可再生能源发电全额保障性收购管理办法》，旨在加强可再生能源发电全额保障性收购管理，保障非化石能源消费比重目标的实现，推动能源生产和消费革命。

5月29日，农业部办公厅、财政部办公厅印发《关于开展农作物秸秆综合利用试点促进耕地质量提升工作的通知》（农办财〔2016〕39号），提出围绕加快构建环京津冀生态一体化屏障的重点区域开展秸秆综合利用试点。通过试点，秸秆综合利用率达到90%以上或在上年基础上提高5个百分点，基本杜绝露天焚烧；秸秆直接还田和过腹还田水平大幅提升；耕地土壤有机质含量平均提高1%，耕地质量明显提升；秸秆能源化利用得到加强，农村环境得到有效改善；探索出可持续、可复制推广的秸秆综合利用技术路线、模式和机制。

6月1日，农业部科技教育司发布《关于推介发布秸秆“五料化”利用技术的通知》[农科（能生）函〔2016〕213号]，向各试点省推介发布秸秆“五料化”利用技术19项，其中秸秆燃料化利用技术主要包括秸秆固化成型技术、秸秆热解气化技术、秸秆沼气生产技术等。

6月4—5日，农业部部长韩长赋带队到陕西省延安市调研，提出要大力促进“果-沼-畜”循环、“产-储-销”融合、“畜-林-农”协调，突出创新、绿色、可持续，通过农民、企业、政府多方发力，积极探索农牧交错带结构调整、农业特色产业竞争力提升和贫困地区农民脱贫致富新路径。

6月14日，国家发展改革委、农业部联合印发《关于下达2016年规模化大型沼气工程中央预算内投资计划的通知》（发改投资〔2016〕1319号），从2016年中央预算内投资中安排19.6亿元，支持全国552个规模化大型沼气工程项目和21个规模化生物天然气试点项目建设。

7月26—28日，农业部科技教育司、农业部农业生态与资源保护总站在陕西省延川县联合举办“三沼”综合利用现场交流会暨沼气安全监管工作座谈会，旨在落实韩长赋部长在陕西省延川县考察时提出的“以果定沼、以沼定畜、以畜促果”和“以肥为先、创新机制”的指示精神，学习和推广延川“果-沼-畜”循环发展模式和经验，全面提升全国“三沼”综合利用水平和沼气安全监管工作能力。

8月11日，农业部、国家发展改革委、财政部、环境保护部、住房和城乡建设部、科技部联合印发《关于推进农业废弃物资源化利用试点的方案》，提出由专业化企业、农民合作社或养殖场成立专门机构，开展农村沼气工程专业化建设、管理、运营，建设原料收集存储和预处理系统、厌氧消化系统、沼气沼肥利用系统、智能监控系统等设施设备，实现沼气高值高效利用，沼渣沼液充分还田或生产商品化有机肥。专业化企业生产固化成型燃料沼气或生物天然气，建设秸秆收集、固体成型或厌氧发酵和提纯设施设备。

10月13—14日，中国沼气学会、清华大学和德国农业协会在山东省济南市联合主办以“创新、协调、绿色、开放、共享”为主题的2016年中国沼气学会学术年会暨中德沼气合作论坛。与会代表就中国沼气产业政策、科研成果、模式推广和市场开拓展开了学术交流和讨论。

10月17日，国务院印发《全国农业现代化规划（2016—2020年）》，提出以畜禽规模养殖场为重点，建设大型沼气工程、生物质燃气提纯利用及有机肥加工设施，发展以沼气为纽带的生态循环农业；推进畜禽粪污综合利用，推广污水减量、厌氧发酵、粪便堆肥等生态化治理模式，建立第三方治理与综合利用机制；推动秸秆肥料化、饲料化、基料化、能源化、原料化应用，率先在大气污染防治重点区域基本实现全量化利用。

10月28日，国家能源局印发《生物质能发展“十三五”规划》，提出到2020年，生物质能基本实现商业化和规模化利用。生物质能年利用量约5800万吨标准煤。生物质发电总装机容量达到1500万千瓦，年发电量900亿千瓦时，其中农林生物质直燃发电容量700万千瓦、城镇生活垃圾焚烧发电容量750万千瓦、沼气发电容量50万千瓦；生物天然气年利用量80亿米^3；生物液体燃料年利用量600万吨；生物质成型燃料年利用量3000万吨。

11月23日，国家发展改革委、农业部联合发布《国家农村沼气工程建设管理办法（试行）》，规定了中央预算内投资补助建设的规模化大型沼气工程、规模化生物天然气工程项目申报和投资计划管理、资金管理、组织实施、建后管护、监督管理等方面的要求。

11月24日，国务院印发《“十三五”生态环境保护规划》，提出增加清洁能源供给和使用。优先保障水电和国家“十三五”能源发展相关规划内的风能、太阳能、生物质能等清洁能源项目发电上网，落实可再生能源全额保障性收购政策，到2020年，非化石能源装机比重达到39%。

11月24日，国家发展改革委办公厅、农业部办公厅印发《关于编制“十三五”秸秆综合利用实施方案的指导意见》，要求各省依据各自资源禀赋、利用现状和发展潜力编制“十三五”秸秆综合利用实施方案，明确秸秆开发利用方向和总体目标，统筹安排好秸秆综合利用建设内容，完善各项配套政策，破解秸秆综合利用重点和难点问题，力争到2020年在全国建立较完善的秸秆还田、收集、储存、运输社会化服务体系，基本形成布局合理、多元利用、可持续运行的综合利用格局，秸秆综合利用率达到85%以上。

12月5日，农业部在江苏省南京市召开全国农业资源环境与能源生态工作会暨2016年中国农业发展论坛，张桃林副部长出席会议并讲话。会议指出，着力推动农村沼气转型发展，抓好种养循环果菜茶有机肥替代化肥行动，大力发展以沼气沼肥工程为纽带的种养循环农业，集中建设100个示范县，认定1000个示范基地。

12月10日，国家发展改革委印发《可再生能源发展“十三五”规划》，提出全面推进分布式光伏和“光伏＋”综合利用工程，大力推广太阳能热利用的多元化发展；加快生物天然气、生物质能供热等非电利用的产业化发展步伐，提高生物质能利用效率和效益。

12月20日，国务院印发《“十三五”节能减排综合工作方案》，明确了“十三五”节能减排工作的主要目标和重点任务，对全国节能减排工作进行全面部署。

12月20日，国家发展改革委印发《“十三五”生物产业发展规划》，提出促进集中式生物质燃气清洁惠农，适应新型城镇化用能方式新变化，重点突破推进大型生物质集中供气原料处理、高效沼气厌氧发酵、沼气净化提纯压缩灌装及输配用关键技术和设备，按照因地制宜、就近生产消纳原则，在适宜区域示范建设集中式规模化生物燃气应用工程，探索建立多元协同、专业共赢的市场化发展模式，鼓励多产品综合利用，为农业生产、居民生活提供清洁优质能源，改善城乡生活和生态环境。

12月21日，习近平总书记主持召开中央财经领导小组第十四次会议，并在会上指出，推进北方地区冬季清洁取暖，关系北方地区广大群众温暖过冬，关系雾霾天能不能减少，是能源生产和消费革命、农村生活方式革命的重要内容。要按照企业为主、政府推动、居民可承受的方针，宜气则气，宜电则电，尽可能利用清洁能源，加快提高清洁供暖比重。加快推进畜禽养殖废弃物处理和资源化，关系6亿多农村居民生产生活环境，关系农村能源革命，关系能不能不断改善土壤地力、治理好农业面源污染，是一件利国利民利长远的大好事。要坚持政府支持、企业主体、市场化运作的方针，以沼气和生物天然气为主要处理方向，以就地就近用于农村能源和农用有机肥为主要使用方向，力争在"十三五"时期基本解决大规模畜禽养殖场粪污处理和资源化问题。

12月26日，国家发展改革委、国家能源局印发《能源发展"十三五"规划》，提出积极发展生物质液体燃料、气体燃料、固体成型燃料；推动沼气发电、生物质气化发电，合理布局垃圾发电；有序发展生物质直燃发电、生物质耦合发电，因地制宜发展生物质热电联产。

12月30日，农业部发布《农业资源与生态环境保护工程规划（2016—2020年）》，提出开展农业废弃物资源化利用，加快推进畜禽养殖粪污处理，支持建设规模化养殖场粪便处理利用设施和区域集中收集处理中心，推广污水减量、厌氧发酵、粪便堆肥等生态化治理模式。实施秸秆气化、固化成型、材料化致密成型等项目，建立健全秸秆收储运体系。

12月30日，为贯彻落实习近平总书记关于畜禽粪污处理重要讲话精神，农业部部长韩长赋在第十三次部常务会中指出，要按照"一年试点、两年铺开、三年大见成效、五年全面完成"的步骤组织实施畜禽粪污处理及资源化利用工作，并明确提出此项工作由畜牧业司、生态总站两家单位牵头。

2017年

1月10日，农业部成立农业部畜禽养殖废弃物处理和资源化领导小组。于康震副部长担任组长，畜牧业司主要负责人担任副组长。

1月18日，农村能源革命座谈会在北京召开，专题研讨推动"两个方向、一个革命"工作方案和行动计划。

1月25日，国家发展改革委、农业部联合印发《全国农村沼气发展"十三五"规划》，提出加快规模化生物天然气和规模化大型沼气工程建设，大力推动果（菜、茶）沼畜种养循环发展，巩固户用沼气和中小型沼气工程建设成果，促进沼气沼肥的高值高效综合利用，实现规模效益兼顾、沼气沼肥并重、建设监管结合，开创农村沼气事业健康发展的新局面。

1月26日，农业部印发《关于推进农业供给侧结构性改革的实施意见》，指出深入推进农村沼气转型升级，完善促进沼气转型升级的体制机制和政策措施。

2月5日，中共中央、国务院印发《关于深入推进农业供给侧结构性改革加快培育农业农村发展新动能的若干意见》，指出要大力推行高效生态循环的种养模式，加快畜禽粪便集中处理，推动规模化大型沼气健康发展。

2月8日，农业部印发《开展果菜茶有机肥替代化肥行动方案》，选择100个果菜茶重点县（市、区）开展有机肥替代化肥示范，集成推广堆肥还田、商品有机肥施用、沼渣沼液还田、自然生草覆盖等技术模式，推进有机肥替代化肥。在果菜茶产地及周边，建设畜禽养殖废弃物堆沤和沼渣沼液无害化处理、输送及施用等设施，配套果菜茶生产的机械施肥、水肥一体化等设施，应用设施环境调控及物联网设备，提高有机肥施用和作物生产管理机械化、智能化水平。

2月27日，国家畜禽养殖废弃物资源化处理科技创新联盟在京成立，农业部农业生态与资源保护总站被选为联盟理事会副理事长单位，王久臣副站长当选第一届理事会常务副理事长。农业部副部长于康震出席联盟成立大会。

4月21日，国家发展改革委、农业部等14部委联合印发《循环发展引领行动》，提出推动农作物秸秆肥料化、饲料化、燃料化、基料化和原料化利用。鼓励利用林业剩余物生产板材、纸张、活性炭及颗粒、液体燃料生物质能源等。因地制宜发展各类沼气工程、有机肥设施，支持在种养大县开展种养结合整县推进及规模化、专业化的生物天然气示范，推动实施果菜茶有机肥替代化肥行动。

4月24日，为加快推进农业供给侧结构性改革，增强农业可持续发展能力，提高农业发展的质量效益和竞争力，农业部发布《关于实施农业绿色发展五大行动的通知》（农办发〔2017〕6号），启动实施畜禽粪污资源化利用行动、果菜茶有机肥替代化肥行动、东北地区秸秆处理行动、农膜回收行动和以长江为重点的水生生物保护行动等农业绿色发展五大行动。

4月28日，农业部办公厅下发《关于推介发布秸秆农用十大模式的通知》（农办科〔2017〕24号），推介发布了秸秆农用十大模式，其中“秸-沼-肥”能源生态模式，是利用玉米、小麦等农作物秸秆制取沼气，通过管道或压缩装罐供应农村居民生活用能，或者提纯后制取生物天然气供车用或工业使用。秸秆制沼气后的沼渣、沼液可直接还田，也可经深加工制成含腐殖酸的水溶肥、叶面肥或育苗基质等，应用于蔬菜、果树及粮食生产。

4月，中国农村能源行业协会在河北省廊坊市主办2017中国民用清洁采暖高峰论坛。重点围绕民用清洁采暖解决方案，针对煤改电、煤改气，太阳能、生物质能等新能源和可再生能源及煤炭清洁高效利用的政策形势、技术应用、推广经验、典型案例等进行了研讨。来自国务院参事室、国家发展改革委、环保部、中国环科院等单位的相关领导及10余个省市农村能源、科技、环保等单位的负责人和会员企业代表共计400余人参加论坛。

5月8日，国家发展改革委、农业部联合下发《关于下达2017年规模化大型沼气工程中央预算内投资计划的通知》（发改投资〔2017〕785号），安排中央预算内投资20亿元，支持全国458个规模化大型沼气工程项目和22个规模化生物天然气试点项目建设，推动农村沼气向规模发展、综合利用、科学管理、效益拉动的方向转型升级。

5月17日，农业部印发《东北地区秸秆处理行动方案》，明确到2020年力争东北地区秸秆综合利用率达到80%以上，比2015年提高13.4个百分点，新增秸秆利用能力2700多万吨，基本杜绝露天焚烧现象，农村环境得到有效改善；秸秆直接还田和过腹还田水平大幅提升，耕地质量有所提升；培育专业从事秸秆收储运的经营主体1000个以上，年收储能力达到1000万吨以上，新增年秸秆利用量10万吨以上的龙头企业50个以上，形成可持续、可复制、可推广的秸秆综合利用模式和机制。

5月31日，国务院办公厅印发《关于加快推进畜禽养殖废弃物资源化利用的意见》，指出要以畜牧大县和规模养殖场为重点，以农用有机肥和农村能源为主要利用方向，全面推进畜禽养殖废弃物资源化利用，为全面建成小康社会提供有力支撑。

6月2—3日，农业部部长韩长赋在陕西省延川县调研时强调，“果-沼-畜”模式中的沼肥可替代化肥，利于改善环境，成本低，苹果品质好，延川可在有条件的地方推广复制，选择工厂化或者小区养殖的“果-沼-畜”模式，通过果园托管、入股合作社等方式，让传统果农参与进来，增强脱贫致富能力。

6月26—27日，农业部在湖南省长沙市召开全国畜禽养殖废弃物资源化利用会议，会议由农业部部长韩长赋主持，中共中央政治局委员、国务院副总理汪洋出席会议并讲话。汪洋副总理强调，抓好畜禽养殖废弃物资源化利用，是事关畜禽产品有效供给和农村居民生产生活环境改善的重大民生工程。要认真贯彻落实新发展理念，坚持保供给与保环境并重，坚持政府支持、企业主体、市场化运作，全面推进畜禽养殖废弃物资源化利用，改善农业生态环境，构建种养结合、农牧循环的可持续发展新格局。

8月1日，国家发展改革委、农业部联合印发《全国畜禽粪污资源化利用整县推进项目工作方案（2018—2020年）》，提出将整合各种养循环一体化项目、规模化大型沼气工程的专项投资，采取整县推进的方式，重点支持生猪、奶牛、肉牛养殖大县开展畜禽粪污资源化利用基础设施建设。2018—2020年，将集中中央预算内投资，支持200个以上畜牧大县整县推进畜禽粪污资源化利用工作。

8月15日，农业部印发《种养结合循环农业示范工程建设规划（2017—2020）》，提出到2020年，建成300个种养结合循环农业发展示范县，示范县种养业布局更加合理，基本实现作物秸秆、畜禽粪便的综合利用，畜禽粪污综合处理利用率达到75%以上，秸秆综合利用率达到90%以上。新增畜禽粪便处理利用能力2600万吨，废水处理利用能力30000万吨，秸秆综合利用能力3600万吨。探索不同地域、不同体量、不同品种的种养结合循环农业典型模式。

9月18日，人力资源社会保障部发布《关于公布国家职业资格目录的通知》（人社部发〔2017〕68号），将农村能源行业的沼气工列入目录清单，允许其成为开展鉴定许可的国家职业。

9月30日，中共中央办公厅、国务院办公厅印发《关于创新体制机制推进农业绿色发展的意见》，提出到2020年，主要农作物化肥、农药使用量实现零增长，化肥、农药利用率达到40%；秸秆综合利用率达到85%，养殖废弃物综合利用率达到75%。完善秸秆和畜禽粪污等资源化利用制度。推进秸秆发电并网运行和全额保障性收购，开展秸秆高值化、产业化利用，落实好沼气、秸秆等可再生能源电价政策。以沼气和生物天然气为主要处理方向，以农用有机肥和农村能源为主要利用方向，强化畜禽粪污资源化利用，依法落实规模养殖环境评价准入制度，明确地方政府属地责任和规模养殖场主体责任。依据土地利用规划，积极保障秸秆和畜禽粪污资源化利用用地。

10 月 13 日，全国秸秆机械化还田离田暨东北地区秸秆处理行动现场会在吉林省长春市召开，各省、自治区、直辖市及计划单列市农机化主管部门负责人、秸秆综合利用主管处室负责人、有关专家等 200 余人参加会议。张桃林副部长出席会议并作重要讲话，要求加快构建以机械化为支撑的秸秆综合利用技术体系、服务体系和产业体系，推动秸秆综合利用迈上新台阶。

10 月 17—21 日，中国沼气学会联合清华大学、德国农业协会在北京共同主办 2017 年中国沼气学会学术年会暨中德沼气技术论坛。此次论坛与第 15 届国际水协会厌氧大会同期召开，吸引了国内外沼气行业 300 多名学者参加。

12 月 5 日，国家发展改革委、能源局等十部委联合印发《北方地区冬季清洁取暖规划（2017—2021 年）》，提出农村地区优先利用地热、生物质、太阳能等多种清洁能源供暖，有条件的地方发展天然气或电供暖，适当利用集中供暖延伸覆盖。2019 年，清洁取暖率达到 20%以上；2021 年，清洁取暖率达到 40%以上。

12 月 6 日，国家发展改革委、国家能源局印发《关于促进生物质能供热发展指导意见》，提出加快发展以农林生物质、生物质成型燃料、生物质燃气等为燃料的生物质锅炉供热，为城镇中小区域集中供热或点对点供热，有效替代农村散煤。

12 月 21—22 日，全国农业资源环境与农村能源生态工作会议在湖南省长沙市召开。来自全国各省（区、市）农业环保、农村能源站（处、办）的主要负责人、有关专家等共计 120 余人参加会议。

12 月 28 日，国家发展改革委办公厅、农业部办公厅、国家能源局综合司联合发布《关于开展秸秆气化清洁能源利用工程建设的指导意见》，提出开展秸秆气化清洁能源利用工程建设，拓展农村清洁能源供给渠道，推动秸秆综合利用高值化、产业化发展，完成“十三五”秸秆综合利用目标任务。

2018 年

1 月 2 日，中共中央、国务院印发《关于实施乡村振兴战略的意见》，指出要加快新一轮农村电网改造升级，制定农村通动力电规划，推进农村可再生能源开发利用。推进北方地区农村散煤替代，有条件的地方有序推进煤改气、煤改电和新能源利用。

3 月 30 日，中国农村能源行业协会在河北省廊坊市举办 2018 中国农村清洁取暖高峰论坛。来自中国工程院、国家能源局、农业农村部、环保部等部门的领导和专家以及来自国内 10 多个省 30 多个市县的 400 多名代表参加论坛。

4 月 2 日，国家能源局印发《关于减轻可再生能源领域企业负担有关事项的通知》（国能发新能〔2018〕34 号），强调电网环节要严格执行可再生能源发电保障性收购制度，进一步规范可再生能源行业管理，减轻可再生能源企业投资经营负担，促进可再生能源成本下降，支持可再生能源相关实体经济健康发展。

6 月 16 日，中共中央、国务院印发《关于全面加强生态环境保护坚决打好污染防治攻坚战的意见》，指出要增加清洁能源使用，拓宽清洁能源消纳渠道，落实可再生能源发电全额保障性收购政策；推动清洁低碳能源优先上网；因地制宜、加快实施北方地区冬季清洁取暖五年规划；鼓励余热、浅层地热能等清洁能源取暖；实施生物天然气工程。

6 月 27 日，国务院印发《打赢蓝天保卫战三年行动计划》，提出加快调整能源结构，构建清洁低碳高效能源体系。有效推进北方地区清洁取暖，重点区域继续实施煤炭消费总量控制，开展燃煤锅炉综合整治，提高能源利用效率，加快发展清洁能源和新能源。

7 月 2 日，农业农村部印发《农业绿色发展技术导则（2018—2030 年）》，其中，农业废弃物循环利用技术重点研发秸秆肥料化、饲料化、燃料化、原料化、基料化高效利用工程化技术及生产工艺，粪污厌氧干发酵技术，粪肥还田及安全利用技术，农业废物直接发酵技术；集成示范秸秆制取纤维素乙醇技术、秸秆-沼气-发电技术、沼液高效利用技术。

9 月 26 日，中共中央、国务院印发《乡村振兴战略规划（2018—2022 年）》，提出要构建农村现代能源体系。优化农村能源供给结构，大力发展太阳能、浅层地热能、生物质能等，因地制宜开发利用水能和风能。完善农村能源基础设施网络，加快新一轮农村电网升级改造，推动供气设施向农村延伸。加快推进生物质热电联产、生物质供热、规模化生物质天然气和规模化大型沼气等燃料清洁化工程。推进农村能源消费升级，大幅提高电能在农村能源消费中的比重，加快实施北方农村地区冬季清洁取暖，积极稳妥推进散煤替代。

9月29日，中国农村能源行业协会与中共阳信县委、阳信县人民政府共同在山东省阳信县举办2018中国（阳信）生物质清洁取暖高峰论坛。其间，举办了生物质清洁取暖新技术、新产品展示，阳信生物质清洁取暖试点项目观摩等活动。来自全国30多个市（县）的相关代表共计300余人参加。论坛以"创新变革，引领生物质清洁取暖新时代"为主题，围绕生物质清洁取暖政策形势、发展机遇、项目实施、应用案例、运营模式、技术标准等进行了交流研讨。

10月26日，新修订的《中华人民共和国大气污染防治法》正式实施，明确要求各级人民政府及其农业行政等有关部门鼓励和支持采用先进适用技术，对秸秆、落叶等进行肥料化、饲料化、能源化、工业原料化、食用菌基料化等综合利用，加大对秸秆还田、收集一体化农业机械的财政补贴力度；县级人民政府应当组织建立秸秆收集、贮存、运输和综合利用服务体系，采用财政补贴等措施支持农村集体经济组织、农民专业合作经济组织、企业等开展秸秆收集、贮存、运输和综合利用服务。

10月26日，新修订的《中华人民共和国循环经济促进法》正式实施，明确提出国家鼓励和支持农业生产者和相关企业采用先进或者适用技术，对农作物秸秆等进行综合利用，开发利用沼气等生物质能源；明确要求县级以上人民政府及其农业等主管部门推进土地集约利用，鼓励和支持农业生产者采用节水、节肥、节药的先进种植、养殖和灌溉技术，推动农业机械节能，优先发展生态农业。

10月30—31日，由中国沼气学会、浙江大学、浙江科技学院、德国农业协会主办的2018年中国沼气学会学术年会暨中德沼气合作论坛在浙江省杭州市顺利召开。中国沼气学会理事长张凤桐、农业农村部农业生态与资源保护总站站长王久臣、浙江省农业农村厅总农艺师蔡元杰，以及中国农业农村部科技教育司、德国农业部能源司及中德沼气工程相关领域的专家、学者、企业代表等380余人出席此次盛会。本次大会以"乡村振兴，循环利用，绿色发展"为主题，围绕沼气工程技术与政策、沼气工程与实践等议题展开研讨。

11月23日，全国畜禽养殖废弃物资源化利用现场会在福建省漳州市召开，中共中央政治局委员、国务院副总理胡春华出席会议并讲话。会议要求，要打通有机肥还田渠道，增强农村沼气生物天然气市场竞争力，加快培育发展畜禽养殖废弃物资源化利用产业。

12月21日，农业农村部在广东省广州市召开全国农业资源环境与农村能源生态工作会议。各省、自治区、直辖市、计划单列市以及新疆生产建设兵团农业农村局、黑龙江省农垦总局农业环保站、农村能源办（站）主要负责人，有关专家，农业农村部部属单位相关人员等120人参加会议。农业农村部科技教育司司长廖西元、农业农村部农业生态与资源保护总站站长王久臣等出席会议并讲话。会议要求，以习近平新时代中国特色社会主义思想为指导，突出绿色生态导向，以农业污染防治、耕地重金属修复治理、农村可再生能源利用、生物资源保护为重点，打好农业农村污染治理攻坚战，补齐农业生态环境短板。

2019年

1月2日，农业农村部办公厅下发《关于做好农村沼气设施安全处置工作的通知》（农办科〔2019〕2号），明确了农村沼气设施安全处置原则、方式和报废条件，指导各省妥善处理好各类农村沼气设施。

1月14日，农业农村部办公厅印发《关于做好农作物秸秆资源台账建设工作的通知》（农办科〔2019〕3号），部署秸秆资源台账系统有关工作，要求各负责部门抓好工作落实，准确填报系统。

1月，在农业农村部财政资金的支持下，农业农村部农业生态与资源保护总站承担了农村人居环境整治技术服务与提升自有履职项目，确定以农村可再生能源技术为核心，解决农村人居环境整治相关问题，建设一批绿色清洁能源示范村，为不同类型区提供以农村可再生能源利用为主的农村人居环境整治解决方案的工作思路。项目实施期从2019年至2021年，共计3年。

2月，中共中央办公厅、国务院办公厅印发《关于促进小农户和现代农业发展有机衔接的意见》，明确提出要引导小农户发展高品质农业、绿色生态农业，开展标准化生产、专业化经营，推进种养循环、农牧结合，生产高附加值农产品。

4月18日，农业农村部办公厅印发《关于全面做好秸秆综合利用工作的通知》（农科办〔2019〕20号），提出围绕秸秆肥料化、饲料化、燃料化、基料化和原料化等领域，发展一批市场化利用主体，延伸产业链、提升价值链，加快推进秸秆综合利用产业结构优化和提质增效。

10 月 14—16 日，2019 生物质清洁取暖及产业化发展（阳信）峰会在山东省阳信县召开，国家相关部委、行业专家、相关省市政府部门及企业代表等 300 多人参加。本次峰会以“提质增效系统推进”为主题，围绕生物质能产业政策形势、生物质清洁取暖项目实施及系统集成、技术创新及标准、运营模式、发展中遇到的难点等议题进行了深入探讨。

10 月 30 日，国家发展改革委公布《产业结构调整指导目录（2019 年本）》，将生态农业建设、生态种（养）技术开发与应用和农作物秸秆综合利用（秸秆肥料化利用，秸秆饲料化利用，秸秆能源化利用，秸秆基料化利用，秸秆原料化利用等）列入鼓励类农林业产业。

11 月 11—12 日，由中国沼气学会主办的 2019 年中国沼气学会学术年会暨中德沼气合作论坛在四川省成都市召开。来自 18 个国家 200 余个科研院所、政府管理部门和相关企业等单位的国内外代表共 400 多人参会。农业农村部党组成员、中国农业科学院院长唐华俊，农业农村部科技教育司副司长汪学军，四川省农业农村厅党组成员、机关党委书记伍修强，中国沼气学会理事长张凤桐等在开幕式上致辞。

11 月 11—12 日，由农业农村部沼科所主办的国际生物质能源利用技术交流研讨会在四川省成都市召开，四川省政协副主席陈放，农业农村部党组成员、中国农业科学院院长唐华俊，农业农村部科技教育司、农村社会事业促进司、农业生态与资源保护总站等有关负责人及四川省直属机关工作委员会、四川省农业农村厅有关负责人参会，来自 18 个国家 200 余个科研院所、管理部门和企业的 400 余名代表出席此次会议。

12 月 4 日，国家发展改革委、国家能源局、财政部等十部委联合下发《关于促进生物天然气产业化发展的指导意见》，指出生物天然气对构建分布式可再生清洁燃气生产消费体系、有效替代农村散煤具有重要意义。发展目标：到 2025 年，生物天然气年产量超过 100 亿米^3；到 2030 年，生物天然气年产量超过 200 亿米^3。

2020 年

1 月 20 日，财政部、国家发展改革委、国家能源局联合印发《可再生能源电价附加资金管理办法》。此办法是对 2012 年印发的《可再生能源电价附加补助资金管理暂行办法》的修订，进一步规范了可再生能源电价附加资金管理。

4 月 15 日，农业农村部科技教育司下发《关于做好农村沼气和秸秆能源化工程安全生产工作的通知》[农科（能生）函〔2021〕13 号]，要求各地落实安全生产责任制度，推动农村沼气设施安全处置，强化规模化沼气工程安全管理，重视秸秆能源化工程安全防范。

6 月 4 日，农业农村部办公厅、生态环境部办公厅联合下发《关于进一步明确畜禽粪污还田利用要求强化养殖污染监管的通知》（农办牧〔2020〕23 号）。通知指出，国家支持畜禽养殖场户建设畜禽粪污无害化处理和资源化利用设施，鼓励采取粪肥还田、制取沼气、生产有机肥等方式进行资源化利用。

9 月 11 日，国家发展改革委、财政部、国家能源局联合印发《完善生物质发电项目建设运行的实施方案》，进一步完善生物质发电建设运行管理，合理安排 2020 年中央新增生物质发电补贴资金，全面落实各项支持政策，推动产业技术进步，提升项目运行管理水平，逐步形成有效的生物质发电市场化运行机制，促进生物质发电行业持续健康发展。

12 月 21 日，国务院新闻办公室发布《新时代的中国能源发展》白皮书，提出因地制宜发展生物质能、地热能和海洋能。积极推进生物天然气产业化发展和农村沼气转型升级。加快完善农村能源基础设施。在天然气管网未覆盖的地区推进液化天然气、压缩天然气、液化石油气供应网点建设，因地制宜开发利用可再生能源，改善农村供能条件。在北方农村地区因地制宜开展清洁取暖。按照企业为主、政府推动、居民可承受的方针，稳妥推进“煤改气”“煤改电”，支持利用清洁生物质燃料、地热能、太阳能供暖以及热泵技术应用。

地方农村能源建设大事记

2013 年
2014 年
2015 年
2016 年
2017 年
2018 年
2019 年
2020 年

地方农村能源建设大事记

2013 年

1月23日，甘肃省人民政府将“新增3万户农村沼气用户”确定为2013年政府为民兴办的26件实事之一。

1月，浙江省将“全省新增1万户沼气用户”工作列入2013年省政府十方面实事内容。

2月17日，云南省人民政府印发《关于推进实施2013年重点督查20个重大建设项目和20项重要工作的通知》（云政发〔2013〕31号），省委、省政府将“新建农村户用沼气池9万户、农村节柴改灶15万户、推广农村太阳能热水器10万台”列入全省重点督查的20项重要工作清单。

3月28日，广西林业厅在贺州市召开全区农村能源工作会议，全区各市、县农村能源管理部门主要负责人参加会议。会议总结了2008年以来广西农村能源工作成绩，传达了2012年全国农村沼气工作会议精神。

3月，浙江省各市、重点县（市、区）农村能源办主任会议在杭州市召开，总结交流2012年工作经验，研究部署2013年全省农业生态和农村能源工作重点和措施。

4月25日，山西省农业厅印发《关于下达2013年以农村沼气为主的可再生能源建设资金使用计划的通知》（晋农财发〔2013〕75号），下达省级资金1100万元，支持可再生能源建设。

5月14—15日，广西农村能源办公室协助农业部科技教育司和农业生态与资源保护总站在南宁市举办华南地区农村能源技术培训班暨区域交流会。福建、湖南、广东、海南、贵州、云南、广西等7个省区农村能源管理部门共91人参加会议。参会单位就农村能源政策和发展形势、农村能源安全生产与运行管理技术、农村能源项目有关要求和管理模式等方面进行了研讨交流。

5月23日，云南省财政厅印发《关于下达2013年省级农村能源专项资金的通知》（云财农〔2013〕62号），下达2013年农村能源专项资金17730万元。

5月23日，甘肃省农牧厅在武威市召开旨在进一步推进农村户用沼气转型升级发展的甘肃省农村沼气“进棚入园”现场培训会。

6月3日，广西农村能源办公室积极服务“美丽广西·清洁乡村”活动，制定《2013—2020年“美丽广西·清洁乡村”农村沼气建设规划》，为加快广西沼气建设制定了总体规划。

6月4日，江西省农村能源管理站技术人员会同宜春市、高安市农村能源办负责人、工程建设负责人和项目村相关人员，深入高安市南炉新村沼气集中供气项目现场，实地查看供气管网及入户管路，共同商讨存在的问题和难题，协商解决办法，确保沼气工程产得了气、供得出气，农户能用上气。

6月17日，中共湖南省委农村工作部、湖南省人民政府农村工作办公室下发《关于切实加强农村沼气安全生产工作的通知》。

6月18日，湖南省农村能源办下发《关于对中央预算内投资户用沼气和小区联户沼气工程项目建设和验收情况进行清理督促的通知》，对项目建设进度等提出了相关要求。

6月19日，宁夏回族自治区发展改革委、农牧厅向国家发展改革委上报《关于上报宁夏农村沼气项目资金使用情况和建设进度暨未实施项目调整意向的报告》，提出滞留农村沼气项目和资金调整意见。

6月27日，云南省发展改革委等五部门印发《关于下达2013年度巩固退耕还林成果任务计划的通知》（云发改西部〔2013〕1064号），下达2013年退耕还林农村能源专项资金7449万元。

7月1日，广西在融水、宜州、扶绥、罗城、横县、南宁城区等6市县开展农村能源新技术、新产品试点。内容包括在融水县开展秸秆原料沼气池试点，在宜州市北山等乡镇开展蚕粪原料沼气池试点，在扶绥、罗城、横县等3个县开展商品化户用沼气池试点并进行“改厨、改厕、改圈”，在南宁市周边城区村屯开展生活污水和生活垃圾的沼气化处理技术试点等。

7月1—5日，农业部农业生态与资源保护总站在辽宁省沈阳市举办全国生物质成型燃料标准体系宣贯培训班。

7月23—24日，宁夏回族自治区农牧厅会同自治区安监局、消防总队，深入吴忠市利通区等7处大型沼气工程进行安全生产现场调研，听取群众对沼气安全管理问题的意见和建议，着力解决农村沼气安全管理问题。

8月15日，甘肃省农村能源办公室在兰州市启动旨在推动全省生物质炉具生产企业积极开展研发创新、进一步提高生物质炉具效能的性能测试活动。活动邀请中国农村能源行业协会节能炉具专业委员会，对省内10家生物质炉生产企业17个型号的产品性能测试和质量检测进行了现场指导。

9月6日，广西农村能源办公室调研材料《组织引领，市场运作，打造新“三位一体”生态农业发展模式——恭城县兰家屯发展新“三位一体”生态农业模式探索与思考》获自治区领导关注和高度肯定。广西壮族自治区党委副书记危朝安作出批示，并指出“恭城模式”可行，可解决问题，可推广。

9月11—12日，农业部农业生态与资源保护总站在新疆乌鲁木齐召开西北地区农村清洁能源利用技术培训班暨区域交流会。来自陕西、甘肃、宁夏和新疆等地的农村能源管理和技术人员100余人参加培训和交流。农业部科技教育司副司长、农业生态与资源保护总站站长王衍亮出席会议并作重要讲话。

9月26日，湖南省委农村工作部部长、省政府农办主任蔡建和在省农村能源办主任崔国强陪同下，对湘潭市农村能源工作进行了调研。

10月20日，辽宁省农业厅与辽宁科技教育出版社合作，组织编写《新农村生态家园建设指南》；与辽宁电视台《黑土地》栏目合作，拍摄农村能源技术安全宣传片，并在辽宁电视台播出。

10月23日，山西省发展改革委和山西省农业厅联合印发《关于转发下达山西省2013年农村沼气工程中央预算内及安排下达省煤炭可持续发展基金配套投资计划的通知》（晋发改投资发〔2013〕2090号），下达农村沼气项目（包括农村户用沼气、小型沼气工程和大中型沼气建设工程3类）中央预算内投资2463万元、省煤炭可持续发展基金配套投资850万元。

10月31—11月1日，广西壮族自治区农村能源办在恭城瑶族自治县召开全区农村能源推广“恭城模式”经验交流会暨旧病沼气池修复改造现场会，全面总结了恭城县以沼气为纽带的新“三位一体”模式在促进生态农业发展方面的新经验、新做法，探讨农村能源服务“美丽广西·清洁乡村”活动和新农村建设的新路子。

10月，广东省农业面源污染治理项目完成谈判并获省和国家发展改革委批复。该项目于2011年8月列入世界银行贷款备选项目规划。

11月6—8日，农业部科技教育司在辽宁省沈阳市举办全国省柴节煤炉灶炕升级换代培训班。

11月20日，广西首届沼气生产工技能大赛拉开帷幕，河池市大化县、柳州市融水县、崇左市三个赛区同时进行。

11月26日，中共安徽省委办公厅、安徽省人民政府办公厅印发《关于推进农作物秸秆禁烧和综合利用工作的意见》，明确到2015年全省秸秆禁烧和综合利用的工作思路和目标任务，提出要大力开展秸秆综合利用，推广秸秆机械化全量还田等7项重点实用技术。要求各级政府把秸秆禁烧和综合利用工作列入重要议事日程，全面推动秸秆禁烧和综合利用工作开展。

11月，江西省财政厅、江西省农业厅出台《江西省省级财政农村沼气专项资金管理办法》（赣财农〔2013〕97号），同时，江西省农业厅办公室印发《关于江西省级财政农村沼气专项资金建设与管理方案的通知》（赣农办字〔2013〕157号），进一步规范养殖场沼气工程建设与管理，促进农村沼气产业化发展。

12月12日，广西首届沼气生产工技能大赛总决赛在广西林科院圆满落幕，横县代表队以88.4分的总成绩名列榜首，荣获团体金奖。

12月，甘肃省首批3000户户用沼气、1处大中型沼气工程项目在联合国清洁发展机制（CDM）执行理事会注册成功。

2013年，根据浙江省编委办和浙江省农业厅相关文件精神，浙江省农业生态与能源办公室新增参与拟订农业生态环境规划、计划、政策，参与农业生态环境保护、生态循环农业建设与能源建设等农业生态职能。

2013年，江西省农业厅办公室、江西省发展改革委办公室下发《关于印发农村沼气项目竣工验收工作方案的通知》（赣农办字〔2013〕109号），将农村沼气项目竣工验收工作下放到设区市级农村能源主管部门，明确项目县初验合格后，设区市半个月内应组织竣工验收、省级抽验。

2013年，江西省安排省级财政资金4000万元，结合中央预算资金，共安排农村沼气项目资金9627万元，重点打造了永修恒丰镇金山村大型集中供气沼气工程等一批产业化沼气亮点工程，建设了樟树市昌付牧工商有限公司养殖场大中型沼气工程等一批精品工程，支持了上饶市万年县等一批县级农村沼气服务能力建设，实现了每类工程都有精品，每个项目县都有亮点，每个地市都有强县。

2013年，广西全区共完成沼气池建设80135户，完成旧病沼气池修复改造2万户。全年完成为民办实事新建、改建沼气池100135户。截至12月31日，全区累计已建户用沼气池402万户，入户率达50.3%，提前两年实现"十二五"制定的沼气入户率达50%的奋斗目标。

2013年，四川省推广玻璃钢拱盖沼气池的数量占全省新增沼气池总量的70%以上，四川已形成全国最大的玻璃钢拱盖沼气池产业。

2013年，陕西省农村能源工作由陕西省农业环境保护监测站负责，站内成立生态能源科负责相关业务。

2014年

1月20日，广西壮族自治区党委副书记危朝安在《关于广西农村垃圾沼气化处理工作情况汇报》材料上作重要批示，并指出思路完全正确，技术可行，经济上合理，关键在于推广。依据批示精神，自治区农村能源办公室撰写《广西农村沼气项目建设使用情况调研报告》，提出结合当前农村养殖生产方式转变和环境整治、生态保护要求，大力加强大中型沼气池建设，得到自治区党委、政府等有关领导的高度重视和肯定。自治区党委副书记危朝安和自治区党委常委、自治区人民政府副主席唐仁健等领导分别作了重要批示。

1月，广东省农业面源污染治理项目启动实施。项目总体目标是减少广东省所选区域内种植业和牲畜养殖业对水体的污染排放，减少陆地对海洋沿岸和河口生态系统的污染。

1月，甘肃省农牧厅将"新增2万户农村沼气用户"确定为2014年为民兴办的12件实事之一。

1—2月，农业部科技教育司和农业生态与资源保护总站先后3批调研组来辽宁调研秸秆能源化利用与农村生活用能清洁化、优质化对接模式。

3月6日，江西省农村能源环保工作会议在鹰潭市召开，省农业厅副厅长唐安来参加会议。会议提出农业资源环境保护和农村能源工作的基本思路：以推进生态文明建设和促进农业可持续发展为目标，加快构建完善的政策法规、科技支撑、公共服务"三大体系"，大力推进农业环境保护、农业生物物种资源保护和农村能源建设"三大领域"的协调发展。

3月21日，农业部科技教育司李少华处长等一行四人抵达上海市，调研农村沼气发展情况。调研组召开专题座谈会，就"先建后补"政策和沼气产气补贴的可行性问题进行讨论。上海市农委城镇规划处处长应建敏，市农村能源行业协会会长曾邦龙、秘书长宋壮源，以及金布梯环保科技发展有限公司、上海荆华新能源科技有限公司的代表参加座谈。

3月，浙江省农业生态与能源办公室新增内设机构资源环境科，主要负责农业生态环境规划、计划和政策的调研拟订，参与农业生态环境保护、现代生态农业建设；制（修）订农业生态建设技术规范，并组织实施；负责指导农业面源污染治理和农业生态环境质量监测评价工作；指导开展农业生物物种等资源保护工作，承担农业资源环境的信息统计等。

3月，云南省印发《关于进一步加强农村能源建设项目管理的通知》，后又下发《关于转发〈农业部办公厅关于规范户用沼气报废管理的通知〉的通知》和《云南省农村能源工作站关于印发〈云南省农村户用病旧沼气池改造项目实施方案〉的通知》，首次将农村户用病旧沼气池改造项目列入省级财政农村能源项目资金补助内容。

4月23日，宁夏回族自治区发展改革委、农牧厅研究制定《宁夏农村户用沼气项目滞留资金调整使用方案》，并上报国家发展改革委、农业部。

4月21—25日，江西省基层农村能源环保推广人员培训会在南昌市举办，来自全省90多个县的学员参加培训。此次培训是继2013年江西省站联合农业部农业生态与资源保护总站对全省各市、县开展农业资源环境与农村能源专题培训班后的又一次全面培训。

4月，广西壮族自治区财政下达农村能源建设资金2360万元，用于开展农村能源综合示范建设、户用旧病沼气池修复改造和县级沼气服务站建设。

5月19日，安徽省财政厅、安徽省环境保护厅、安徽省农业委员会下发《安徽省农作物秸秆禁烧奖补办法》，对小麦、玉米、油菜按照20元/亩*，水稻按照10元/亩的标准进行奖补，以充分调动市、县人民政府、农民群众以及相关社会单位推进秸秆禁烧的积极性，有效防治大气污染，保护和改善城乡生产、生活环境。

5月26日，山西省农业厅印发《关于下达2014年农村可再生能源建设工程项目资金使用计划的通知》（晋农财发〔2014〕63号），下达农村可再生能源建设工程项目资金990万元。

---

* 亩为非法定计量单位，1亩≈667米^2。——编者注

5月，江西省人民政府签署《关于秸秆综合利用目标任务承诺书》，承诺2014年全省秸秆综合利用率达到82.17%，2015年全省秸秆综合利用率达到85.89%。

6月13日，江苏省徐州市马庄村二期秸秆废弃物太阳能制沼气示范村项目签约授牌仪式在徐州市贾汪区马庄村隆重举行，标志着马庄秸秆太阳能沼气循环利用技术列入国家"十二五"科技支撑计划"村镇建筑低品位能利用关键技术研究与工程示范"课题子课题。

6月20日，《云南省财政厅 云南省林业厅关于下达2014年省级农村能源补助资金和计划的通知》（云财农〔2014〕91号），下达农村能源省级财政资金17751万元，省级财政投入农村能源专项资金达历史最高。

7月15日，安徽省环保厅、安徽省农业委员会印发《关于推广应用生物质固体成型燃料的通知》，以生物质成型燃料为突破口探索推进秸秆综合利用和农村能源建设。鼓励企业积极引进开发先进实用技术，科学引导，培育发展。扩大生物质成型燃料锅炉供热市场，提高生物质成型燃料锅炉供热市场化水平，加快发展生物质能供热新型产业。

7月25日，山西省发展改革委和山西省农业厅联合印发《关于转发下达山西省2014年农村沼气工程中央预算内投资计划的通知》（晋发改投资发〔2014〕1141号），下达农村沼气项目（包括农村户用沼气、农村沼气服务网点、小型沼气工程和大中型沼气建设工程4类）中央预算内投资2892万元。

7月31日，甘肃省第十二届人民代表大会常务委员会第十次会议通过《甘肃省农村能源条例》，自2014年10月1日起施行。《甘肃省农村能源建设管理条例》同时废止。

7月，第三届浙江省农业生态与能源技术专家组正式成立，确定竺强等25人为专家组成员，任期3年。

8月1日，广西壮族自治区农村能源项目推进会在北流市召开，全区农村能源系统共80多人参加会议。自治区林业厅党组副书记、副厅长莫一平出席会议。会议提出要转思路、强服务、强管理，标志着广西沼气建设由发展户用分散型向规模化集中供气型转变，农村能源工作由重点抓项目建设向建管结合转变。

8月19日，江西省农村沼气服务体系建设现场会在吉安市万安县召开，来自各设区市、省直管试点县及全省45个县级服务能力建设项目县的有关领导参加会议。

9月5日，政府购买农村沼气后续服务项目被甘肃省财政厅、省编办、省发展改革委、省民政厅、省工商局、省审计厅等6厅局列为2014年省直部门向社会力量购买服务试点项目，在天水、平凉、临夏3市（州）的6个县区开展了政府向社会力量购买农村沼气后续服务试点工作。

9月10日，浙江省农业厅印发《关于加快推进沼液资源化利用的指导意见》（浙农专发〔2014〕51号），提出到2016年全省新增沼液利用量1000万吨、"三沼"综合利用率达到95%以上，进一步强化组织保障。

9月，浙江省农业厅组织召开全省秸秆综合利用推进会，对秸秆综合利用工作作出全面部署，并要求各地进一步明确责任、加强考核、严防露天焚烧。

10月，宁夏农村阳光沐浴工程立项。宁夏农村能源工作站筹措资金近百万元在固原市原州区张易镇驼巷村、隆德县联财乡张楼村进行了农村太阳能热水器户户通整村推进试点，受到自治区政府主要领导的肯定，并指示实施覆盖全区农户、以农村太阳能热水器户户通为目标的阳光沐浴工程。

11月5日，湖南省在岳阳市召开全省农村能源工作会议，省直农村能源领导小组成员单位负责人、市州政府分管领导、农村能源办主任参会。参会人员还参观了走市场化道路年盈利50万元的湘阴县三塘农村能源服务站、向1000多名农户集中供气的岳阳县枫树湾大型沼气工程，省委、省政府领导作重要讲话。

11月25日，云南省农村能源建设业务工作会议在昆明召开，16个州（市）的农村能源站长（主任）、统计员及部分县（市）站长等80人参加会议。

11月，辽宁省组织调研人员赴5市9县14个企业和近百家农户开展秸秆能源化利用情况专题调研，并编制《关于在沈阳市开展秸秆能源化利用试点工作的方案》《辽宁省秸秆（农村）能源化利用工作规划（2015—2017年）》。

12月3日，山西省发展改革委和山西省农业厅联合印发《关于加强农村沼气工程建设有关事项的通知》（晋农发改农经发〔2014〕1568号），进一步对国家安排的农村沼气工程项目的具体程序和监督管理工作进行了规范。

12月13日，浙江省人民政府办公厅印发《关于加快推进农作物秸秆综合利用的意见》（浙政办发〔2014〕140号），指出到2017年力争全省建立起禁止秸秆露天焚烧长效机制和秸秆多元化、产业化利用新格局，2014—2017 年秸秆综合利用率分别达到 82%、86%、88%、90%以上。

12 月 29 日，江西省最大规模沼气集中供气工程——新余罗坊沼气站正式通气点火。江西省农业环境监测站（省农村能源管理站）负责人参加该活动，并在活动结束后组织有关单位召开了规模集中供气工作推进座谈会。该项目的正式运行，为江西农村沼气转型升级吹响了前进集结号，是推进农村沼气投资、建设和运营管理市场化过程的再次升级。

12 月，《中共河北省委办公厅 河北省人民政府办公厅印发〈关于实施农村能源清洁开发利用工程的指导意见〉的通知》（冀办字〔2014〕70 号）。

2014 年，江西省印发《关于简政放权后农村沼气工程项目调整管理办法》（赣发改农经〔2014〕1016 号），将农村沼气物资设备采购、项目备案、方案审批等权限下放，并根据管理办法配套出台《农村沼气项目建设和管理工作方案》，从项目申报条件、申报备案程序、申报审批程序、项目建设程序等进行了明确规定，为规范操作保驾护航。

2014 年，四川省农村户用沼气 CDM 项目已添加子项目 48.8 万口，在联合国注册 33.4 万口，实现减排量签发和交易 24 万口。该项目获得全球能源基金会 2014 年度中国区全球能源奖。

2014 年，为破解农村大中型沼气工程产品单一、产业链短，严重制约沼气站持续运行的瓶颈，依托企业市场主体，宁夏回族自治区聘请农业部微生物肥首席专家，并与中国农业大学、宁夏大学、北方民族大学合作，研发生产了沼肥生产技术和设备并获多项专利，生产出了改良土壤、减少土传病害发生、克服连作障碍、科技含量高的沼液微生物复合肥，生产销售 2 万多吨，施用面积 3 万多亩，农民节支增收 3000 多万元。

2014 年，新疆维吾尔自治区农业厅副厅长热比娅·玉山带队，率伊犁州等 4 个地（州、市）能源办负责人，先后到北京市、河北省等地考察沼气发电、有机肥生产、生物质固化成型、绿色农房、热泵采暖、沼气提纯压缩等技术，了解当地可再生能源相关的政策措施、经验及发展建议。

2015 年

1 月 13 日，甘肃省农村能源办公室在兰州市举办全省农村能源项目安全管理培训班。

1 月，浙江省农业生态与能源办公室被省政府评为 2014 年度全省“五水共治”工作先进集体。

1 月，根据《农业部办公厅关于规范户用沼气报废管理的通知》要求，为进一步规范户用沼气池报废管理制度，云南省组织两个检查组，分别对 6 个州（市）21 个县（市、区）进行了实地检查核实，并按时上报了 2014 年度的报废情况。

1 月，经宁夏回族自治区第十一届人民代表大会常务委员会第四次会议审议通过，宁夏农村阳光沐浴工程列入自治区财政预算。

2 月 3 日，在四川省全省农业工作会上，四川省农业厅代表四川省政府向宜宾市、广元市青川县、达州市大竹县、达州市达川区 4 个 2014 年“四川省沼气化市（县、区）”授牌。至此，四川省沼气化市累计达到 6 个（攀枝花市、成都市、遂宁市、广元市、绵阳市、宜宾市），沼气化县累计达到 47 个。

2 月 17 日，广西壮族自治区林业厅党组向自治区党委呈报《关于 2015 年国家农村沼气项目投资方向调整情况的报告》，争取中央投资对广西 2015 年户用沼气、养殖小区和联户沼气项目继续给予扶持，以保证“十二五”规划目标完成。自治区党委高度重视，党委书记彭清华和党委副书记危朝安分别作了重要批示。

2 月，宁夏回族自治区人民政府印发《关于 2015 年 10 项民生计划为民办 30 件实事的通知》（宁政发〔2015〕12 号），宁夏农村阳光沐浴工程列为自治区“三重一改”任务。

3 月 19 日，山西省农业厅和山西省财政厅联合印发《关于下达 2015 年农村可再生能源建设工程项目资金使用计划的通知》（晋农财发〔2015〕35 号），下达农村可再生能源建设工程项目资金 990 万元。

3 月 19—20 日，江西省农业资源环境与农村能源工作会议暨规模集中供气沼气工程建设现场会在新余市召开。省农业厅科教处负责人出席会议并宣读唐安来副厅长的重要指示。各设区市农业局分管负责人、农业资源环境和农村能源管理站（科、办）负责人及省直管试点县（市）负责人参加会议。

4 月 15 日，上海市在东方种畜场召开沼气发电上网现场会。市农委城镇处、畜牧办，市发展改革委能源处、环资处，市环保局，市电力公司和市农村能源行业协会及沼气发电项目业主参加会议。东方种畜场 2 台 80 千瓦沼气发电机组发出的电流成功进入市电网，这是上海郊区畜禽养殖场污染减排沼气发电项目中的第一家，标志着畜禽场生产的“商品猪”在污染减排中戴上了“能源猪”的桂冠。

4 月 16 日，湖南省政府办公厅印发《关于加强全省农村能源建设的实施意见》，明确了“以大力普及农村沼气、积极发展农村清洁可再生能源为主要建设内容，将农村能源建设与农村生态环境保护、社会主义新农村建设、美丽乡村建设和现代农业发展紧密结合起来，推动农村能源建设由单一解决农村能源问题向综合解决能源、生态、肥料问题和提高民生质量转变”的指导思想。

4 月 11—17 日，云南省农村能源工作站陪同香港长春社相关人员完成大关县、镇雄县和漾濞县农村沼气精品示范村项目的验收，并在弥勒市启动 2015 年度户用沼气精品示范项目。

4 月 21—23 日，由农业部主办、浙江省农业生态与能源办公室承办的全国农村能源体系工作座谈会在杭州市召开。农业部农业生态与资源保护总站站长王衍亮、副站长王久臣，全国 31 个省（区、市）及新疆生产建设兵团的 60 余名代表参加会议，浙江省农业厅副厅长唐冬寿出席会议并致辞。座谈会讨论了我国农村能源政策和体系发展面临的障碍，指出市场化主导机制的缺失和长效机制的不健全是阻碍我国农村能源发展的重要因素；研究讨论了不同地区开展规模化生物天然气工程建设的可行性以及我国农村能源近期工作重点和未来发展方向。

4 月，广西壮族自治区财政下达农村能源综合示范资金 1253.5 万元，在全区 14 个市 26 个县（区）开展 33 个农村能源综合示范项目建设，以清洁人居环境、提供清洁能源为目标，以沼气能源、沼渣沼液综合利用和太阳能利用为建设内容开展示范。

5 月 20 日，辽宁省积极探索农村能源行业转型发展之路，在全省首次选择 9 个自然村开展了农村能源综合试点创建工作。示范村农村能源技术覆盖率达到 80%以上，并积极进行了农村能源项目技术储备和发展模式创新。

6 月 5 日，甘肃省农村能源办公室与兰州新融自动化设备公司合作，启动沼气工程发酵工艺、有机质快速水解酶剂及沼气生物膜脱硫技术创新研发项目；与兰州华能生态能源开发有限公司合作，启动新型高效低排放炉具、水暖炕的技术研发工作。

6 月 16—19 日，农业部农业生态与资源保护总站在杭州市召开农业资源环境保护与农村能源体系省级管理干部能力建设培训班。农业部发展计划司，全国各省（区、市）和计划单列市农业资源环保站、农村能源办负责人，新疆生产建设兵团、黑龙江省农垦总局农村能源办负责人等 60 余名代表参加会议。浙江省农业厅副厅长陈利江出席会议并致辞。

6 月 24—26 日，江西省农村能源环保管理技术培训班在抚州市开班，市、县、乡基层管理人员和技术骨干 80 人参加培训。此次培训班就农村沼气工程转型升级、规模大型沼气工程项目审查等方面进行培训。

6 月 29 日，广西壮族自治区党委副书记危朝安在《广西恭城构建“三位一体”循环生态农业链实现多赢——一个西部生态农业示范县成功实践的启示》上作出批示，指出恭城沼气建设是我国农业领域的一面旗帜，主要特点是起步早、坚持搞、重生态、效果好。近年来又在机制创新方面有大的突破，建议要继续总结，完善和推广新机制条件下沼气发展的经验和做法。

7 月 3 日，山西省发展改革委和山西省农业厅联合印发《关于转发下达山西省 2015 年农村沼气工程中央预算内投资计划的通知》（晋发改投资发〔2015〕468 号），下达大型沼气工程项目中央预算内投资 675 万元。

7 月 17 日，江苏省省长李学勇到徐州市贾汪区考察马庄太阳能沼气示范村。

7 月 20 日，甘肃省农牧厅在永靖县、凉州区、通渭县启动以秸秆固化成型替代煤炭、秸秆沼气技术等为主的秸秆能源化利用试点。

7 月，全国“三沼”综合利用现场交流会暨沼气安全监管工作座谈会在陕西省延川县召开。

8 月 5 日，江苏省首家沼气发电并网项目在海门圣杰牧业有限公司成功并网。8 月 18 日，江苏省民营养猪场最大沼气发电并网项目在南海种猪场成功并网。这实现了海门 5000 头以上的规模猪场沼气发电并网的全覆盖。

8 月 12 日，江西省委副书记、省长鹿心社在新余市调研期间，专程赴罗坊沼气站视察指导工作。鹿省长一行在沼气站负责人的陪同下，视察了沼气生产车间、病死猪无害化处理中心、科研平台、自控系统等，听取了沼气站负责人对沼气项目的详细介绍，对沼气站改善生态环境、发展生态循环农业、造福一方百姓的做法表示肯定。他指出，希望沼气站加快推进二期、三期项目，延伸并扩大一期项目效应，在改善生态环境、发展生态循环农业和智慧农业方面取得新的成绩。同时，江西省委书记强卫批示分管农业、环保的两位副省长，关注由省委政研室报送的调查报告《一项可复制推广的农村清洁能源工程——新余渝水区新沼气工程的调查》，并组织调研推广。两位分管副省长分别带队调研。

9 月 7 日，甘肃省农牧厅在兰州市组织召开全省农村沼气工程管理培训班，厅党组成员、副厅长杨祁峰出席开班仪式并讲话。

9月9日，江西省农村能源管理站在南昌市举办全省2015年中央预算内投资规模化大型沼气工程项目建设和管理培训会。各设区市、省直管试点县和相关项目县农村能源站（科、办）负责人，18个规模化大型沼气工程项目建设单位负责人，共50多人参加培训。会议详细解读了农村沼气工程建设管理办法，并针对2015年中央预算内投资规模化大型沼气工程项目建设和管理，提出了具体要求。

9月16日，山西省农业厅和山西省财政厅《关于印发〈山西省农村可再生能源建设工程项目资金管理办法〉（试行）的通知》（晋农财发〔2015〕104号），进一步规范农村可再生能源建设项目的管理。

9月25日，《云南省财政厅 云南省林业厅关于下达2015年农村能源建设项目补助资金的通知》（云财农〔2015〕218号），省级财政补助农村能源建设项目资金12000万元，并落实下达国家巩固退耕还林成果农村能源项目资金7448万元。

9月28日，浙江省农作物秸秆综合利用工作会议在杭州市召开，各市及23个县（市、区）农业局分管副局长、秸秆综合利用责任站（科）负责人和厅相关单位负责人等90余人参加会议。

9月，天津市发展改革委、市农委印发《天津市农村沼气工程建设管理办法实施细则（试行）》和《天津市农村沼气工程竣工验收办法（试行）》。

10月18日，在农业部农业生态与资源保护总站的支持下，甘肃省启动全球清洁炉灶联盟清洁炉灶示范推广项目。

10月30日，安徽省召开全省大中型沼气工程建设与管理工作座谈会，省农业委员会副主任周世其出席会议并讲话，总结了安徽省“十二五”期间农村沼气建设与管理工作，并对后续工作提出了要求，同时对“十三五”农村能源发展进行了部署。

11月5日，第二届全国改善农村人居环境工作会议在广西恭城瑶族自治县召开，中共中央政治局委员、国务院副总理汪洋出席会议并讲话。参会人员参观了红岩村、矮寨村、黄岭村。黄岭村建设了沼气科技展览馆，打造了5个沼气示范展示园，同时全县各乡镇推广了5000余户农村沼气“全托管”模式。

11月12日，河北省农业厅印发《关于进一步加强农村沼气工程安全监管工作的通知》，进一步规范项目程序，确保“四个安全”（工程安全、质量安全、资金安全、运行安全）。

11月18—20日，云南省农村能源建设与管理培训班在昆明市举办。培训班邀请省农村能源方面的专家讲授了农村能源在生态文明建设中的机遇、挑战及发展趋势，省林业厅党组成员、副厅长刘一丹在培训班上对农村能源工作作出了指导。

2015年，江西省农村能源管理站争取省级财政节能专项资金，启动建设全省沼气工程远程信息管理平台，实现全省规模沼气工程运行效果可测量、可识别、可核查管理。11个设区市的17个示范监测点，设备已安装到位，互联网在线监测已启动试运行。同时，江西省农村能源管理站组织实施的“沼气工程物联网技术应用与研究”课题列入2015年度江西省农牧渔业科研计划。

2015年，湖北省农业厅联合省总工会共同举办湖北省首届沼气生产职业技能竞赛。

2015年，湖南省农村能源机构改革，各级农村能源部门机构职能和人员配置都发生了重大变化，原省农村能源领导小组办公室调整为省农委农村可再生能源处，多数县（市、区）农村能源办变成了内设股室。

2015年，陕西省下发《关于规范农村能源项目档案管理工作的通知》，明确不同项目的建档要求；依据档案管理的新要求，修改了全省农村能源绩效考评办法，对考评的对象、方式、内容等进行了细化、完善。

2015年，新疆维吾尔自治区组织全区对2005—2013年下达的89处大中型沼气工程建设及使用情况进行调研，就问题工程下发通报，限期整改。自治区财政厅、发展改革委联合对整改情况进行专项检查，研究今后农村沼气转型升级发展方向。

2016年

3月10日，江西省农业厅、江西省发展改革委印发《江西省农村沼气工程建设管理实施细则（试行）》（赣农字〔2016〕18号）。

3月16日，广西壮族自治区下达财政资金2300万元，在全区范围内开展农村有机垃圾沼气化处理试点工程60个和农村能源综合示范项目建设26个，积极开展农村地区有机垃圾沼气化处理、沼气沼液沼渣和太阳能等综合利用，服务“美丽广西”乡村建设。

3月22日，《云南省财政厅 云南省林业厅关于下达2016年林业专项资金的通知》（云财农〔2016〕58号），将农村能源建设纳入林业专项资金。

3月，山东省印发《山东省农村沼气安全管理办法》，明确界定沼气安全管理责任，筑牢沼气安全生产制度防线，提高地方政府及其行业管理人员和生产主体的安全生产意识，推动沼气工程建设、生产、管理行为规范化。

3月，宁夏回族自治区编印《以沼气为纽带的生态循环农业技术读本》，制作了专题宣传培训片。宁夏电视台播出了自治区沼肥研发、推广情况。

4月11日，《云南省林业厅关于下达2016年林业专项资金任务计划的通知》（云林计财〔2016〕22号），明确了2016年省级财政林业专项资金计划农村能源建设任务为实施省级节柴改灶项目124459户，实施退耕还林工程节柴改灶项目25541户，推广太阳能热水器69754台。2016年云南省省级财政投入农村能源建设资金11220万元。

4月20日，辽宁省发布《辽宁省秸秆生物质固体成型燃料技术条件标准》，推动了辽宁省秸秆能源化利用健康、有序发展。

4月22日，辽宁省在2015年农村能源综合试点建设基础上，继续争取省级财政资金用于3个秸秆能源化利用示范乡镇首期建设和10个农村能源综合试点建设，并在实践中总结出“节能炉灶＋吊炕＋水暖空调＋暖气”的北方农村户用清洁采暖新模式。

4月22日，安徽省推广沼气工程“三个一”建设模式现场会在歙县召开，省农业委员会副主任周世其出席会议并讲话，提出通过推广沼气工程“三个一”建设模式对沼气工程进行转型升级，并对推广工作作出具体要求。

5月4日，农业部科技教育司调研江苏省马庄秸秆太阳能沼气示范村。

5月7—8日，农业部科技教育司调研上海市农村沼气发展情况。调研组先后参观了上海兴冠畜牧有限公司、上海森农环保科技有限公司、上海猪状元畜牧综合场和上海希迪乳业有限公司的沼气工程。上海希迪乳业有限公司总经理兼市农村能源行业协会会长金德华、秘书长曾邦龙参加座谈会并汇报上海市新时期农村能源工作。

5月26—27日，浙江省在嘉兴市召开全省畜牧转型升级暨农作物秸秆综合利用现场推进会。各市分管农业的领导，农业局、畜牧兽医局主要负责人，各县（市、区）分管领导和农业局局长以及省委宣传部、省农办、省发展改革委、省公安厅、省财政厅、省国土资源厅、省环保厅、省水利厅、省农业厅、省工商管理局负责人共250余名代表参加会议，黄旭明副省长出席会议并讲话。省政府办公厅副主任蒋珍贵主持会议。

5月，河北省创新省级预算资金支持项目类型，以省农业厅、省财政厅名义下发指导意见，利用省级资金6300万元，开展沼气循环生态农业、秸秆全量化利用等3类新模式试点建设。

6月，甘肃省农村能源办公室联合兰州理工大学完成甘肃省农村能源资源调查与评价工作。

7月6日，山西省农业厅印发《关于下达2016年农村可再生能源建设工程资金使用计划的通知》（晋农财发〔2016〕53号），下达农村可再生能源建设工程项目资金990万元。

8月6—9日，农业部农业生态与资源保护总站在内蒙古自治区赤峰市组织召开东北高寒地区农村清洁能源区域协作与利用技术交流会。

8月16日，辽宁省农业厅与辽宁省能源所在辽宁省营口市共同举办东北四省（区）第十三届新能源与可再生能源学术研讨会，旨在与兄弟省（区）共享可再生能源建设经验与成果。

8月5日—9月29日，农业部对外经济合作中心在广西举办2016年拉美、加勒比和南太平洋地区沼气技术培训班，共有34名来自拉美、加勒比和南太平洋地区农业主管部门的管理官员、技术人员在广西9个县（市）进行了沼气技术知识的参观和学习。

10月17日，第一届中非可再生能源技术转移相关方联合培训会在成都召开。此次会议由科技部中国21世纪议程管理中心主办，旨在通过可再生能源技术转移，加强中国与非洲南南合作，提升非洲国家用电率，加强应对气候变化的能力。四川省农能办作了题为《四川农村能源现状和综合利用情况》的专题报告。

10月23日，甘肃省农村能源转型升级现场培训会在庄浪县召开，省农牧厅党组成员、副厅长杨祁峰出席会议并讲话。

11月8日，山西省人民政府安全生产委员会办公室印发《关于贯彻落实全国人大常委会安全生产法执法检查意见的通知》（晋安办发〔2016〕87号），要求加大农业安全投入力度。针对全省部分长期使用的沼气工程存在设备老化等安全隐患问题，争取扩大对沼气、涉氨制冷、草原防火等工程设备安全维护试点项目的补助和资金扶持。

11月9日，全国南方片区秸秆综合利用现场交流会在浙江省湖州市召开。来自上海、江苏、浙江、江西、湖北、湖南、广东、广西、重庆、海南、四川、贵州、云南等省（区、市）以及秸秆综合利用试点县的负责人和技术骨干共190余人参加了会议。农业部科技教育司副司长、农业生态与资源保护总站站长王衍亮在会上作了讲话。浙江省农业厅副厅长陈利江参加会议并致辞。浙江省农业厅、江苏省农委、湖州市农业局、南京市六合区农委、河北省赵县秸秆综合利用相关负责人作了交流发言。

11 月 15 日，甘肃省农牧厅启动农村能源智库建设，吸纳省内外农村能源领域知名专家，组建完成了甘肃省农村能源专家库。

11 月，天津市组织开展全市大中型沼气工程安全检查工作。

11 月，宁夏农村阳光沐浴工程项目完成 2016 年 20 万台建设任务。项目继续被列入 2016 年自治区民生计划和自治区“三重一改”任务。泾源全县及盐池、同心两县具备条件的农户和全区 200 个脱贫销号村实现了全覆盖，新增受益农户 20 万户，完成年度投资 24234.7 万元。2016 年第 6 期《宁夏画报》刊登了宁夏农村阳光沐浴工程纪实。《宁夏日报》对泾源、同心、盐池等县的实施情况也进行了报道。《阳光沐浴工程系统设计》成果获全国农牧渔业丰收三等奖。

12 月 5 日，浙江省副省长熊建平在《浙江政务信息（专报）》（第 1494 期）《我省基本杜绝农作物秸秆露天焚烧现象》上批示：农作物秸秆焚烧历来是一个“老大难”问题，农业厅等部门这几年围绕落实责任、多元利用、因地制宜、科技创新、示范推广等方面作了颇有成效的工作，取得了良好效果，也为顺利举办 G20 峰会和第三届世界互联网大会作了贡献，值得肯定。浙江省副省长孙景淼也对此作了批示：可喜可贺，望继续扎实推进，巩固并积极拓展成果。

12 月 10 日，甘肃省实施的全球清洁炉灶联盟清洁炉灶示范推广项目顺利完成。

12 月 24 日，甘肃省第一期、第二期农村沼气工程安全生产行业监管能力提升培训班分别在天水市、武威市举办。

12 月，河北省完成利用世行贷款建设特大型沼气工程项目的第一笔世行资金提款报账，标志着世行贷款项目进入实质性实施阶段。

12 月，河北省新能源办公室印发《新能源行业安全生产工作指南》，进一步确保全省沼气等新能源行业安全生产形势持续稳定。

2016 年，江西省在新余市罗坊镇创建的 N2N 区域生态循环农业模式得到社会各界和领导的高度关注。农业部副部长张桃林，江西省委书记鹿心社，江西省省长刘奇，江西省政法委书记（分管农业）尹建业亲临调研考察。省委、省政府主要领导对省委政研室的决策参阅《一项可复制的农村清洁能源工程——新余渝水区新沼气工程的调查》，省社科院的专报《创新农业污染治理与农村清洁能源利用“双重”模式——基于新余市罗坊镇沼气工程的调研与思考》，省农业厅党委呈报的《关于我省区域生态循环农业示范建设工作情况报告》，批示“要重点关注推广”。

2016 年，江西省安排农村沼气专项财政资金 1000 万元，其中：补助集中供气沼气工程建设项目 600 万元，实行“先建后补、以奖代补、竣工验收、统一拨付”，补助包括厌氧发酵装置及附属设施、贮气柜、沼气输配管道、沼气灶具、计量表和脱硫器等沼气集中供气设施建设；服务网点后续管护能力建设项目安排资金 22.73 万元；农村沼气项目省级配套经费 377.27 万元。

2016 年，江西省农业厅会同江西省发展改革委印发《江西省人民政府办公厅关于加快推进农作物秸秆综合利用和禁烧工作的意见》（赣府厅发〔2015〕27 号），将秸秆综合利用列入落实大气污染防治行动计划目标责任重点工作，明确了各级政府和部门责任，与各设区市签署了农作物秸秆利用责任状，并且将秸秆综合利用率列入全省生态文明示范省建设重点考核指标。

2016 年，江西省组织全省对主要农作物秸秆资源量和综合利用情况进行了跟踪调查，对《江西省农作物秸秆综合利用规划（2009—2015）》执行情况进行了全面终期评估，2015 年末，全省农作物秸秆可收集总量为 2253.19 万吨，秸秆综合利用总量为 1935.76 万吨，秸秆综合利用率为 85.91%，基本实现了农作物秸秆综合利用规划目标。

2016 年，云南省委、省政府将“节柴改灶 15 万户、推广太阳能热水器 21.4851 万台”列入全省惠民实事之一。

2016 年，在农业部的支持下，陕西省在延安市延川县打造了梁家河千亩“果-沼-畜”示范园，因地制宜构建沼畜肥体系、水肥施用体系、绿色防控体系、生产保障体系、管理运营体系，将苹果产业与畜牧业有机结合起来，实现了种养结合、生态循环，达到了产业提质增效、农民增收致富。

2016 年，新疆呼图壁种牛场养殖废弃物生产生物天然气项目已完成全部工程建设任务，开始试运行。

2017 年

1 月 5 日，天津市组织召开全市农村能源工作座谈会。

1 月，广西壮族自治区财政下达农村能源建设资金 7480 万元，用于建设 150 处中小型有机垃圾沼气化处理项目、4000户农村垃圾户用处理沼气池、200个村（屯）太阳能路灯和光伏发电示范试点，不断扩大农村生态能源覆盖面，推进“美丽广西·宜居乡村”建设。

2月20日，《云南省林业厅关于下达2017年林业专项资金任务计划的通知》（云林计财〔2017〕4号），明确了2017年云南省农村能源建设任务：推广太阳能热水器9万台，节柴改灶10万户。2017年云南省省级财政投入农村能源建设资金10250万元。

3月1日，安徽省人民政府印发《关于大力发展以农作物秸秆资源利用为基础的现代环保产业的实施意见》，提出“十三五”期间秸秆综合利用目标、重点工作和扶持政策。争取到2020年，全省秸秆综合利用率提高到90%以上，秸秆产业化利用量占利用总量的比例由2015年的21%提高到42%左右。

3月9日，浙江省农业生态与能源技术创新与推广服务团队成立大会在杭州市召开，来自浙江大学、浙江省农科院等“三农六方”科研单位、省市县农业生态能源系统及企业的专家组成员和技术骨干共80余人参加了此次会议。省农业厅副厅长陈利江出席会议并讲话。

3月16—17日，江西省农业资源环境与农村能源工作会议在萍乡市召开。会议总结了2016年工作成果，交流成功经验，贯彻落实全国农业资源环境与能源生态工作会及全省农村农业工作会议的精神，部署2017年工作，扎实推进国家级生态文明试验区建设。

3月28日，辽宁省推广建设秸秆打捆直燃集中供暖建设新模式，由企业对秸秆打捆直燃集中供暖项目资金缺口进行补充，同时负责运行维护，以实现企业化运作，解决推广建设难题。

4月13日，安徽省财政厅、省环境保护厅、省农委印发《安徽省农作物秸秆产业化利用及示范园区奖补资金管理暂行办法》，推进秸秆综合利用现代环保产业示范园区建设，鼓励各地秸秆综合利用集群化发展。

4月14日，甘肃省农村能源办公室与兰州理工大学合作完成了全省生物质资源调查与评价工作，形成了《甘肃省农牧业生物质资源调查报告》和《甘肃省农牧业生物质资源能源化利用调查报告》，建立了全省农牧业生物质资源数据库，标注了分布电子地图。

4月18日，河南省将沼气工程建设作为推进畜禽养殖废弃物处理和资源化利用的重要方式，纳入2017年本省十大民生实事，全年建设沼气工程54处。

4月，河北省青县“秸-沼-肥”模式入选农业部推介发布的秸秆农用十大模式。

4月，四川省农业厅印发《关于做好2017年农业产业扶贫工作和2016年农业产业扶贫回头看的通知》（川农业函〔2017〕255号），其中《四川省农村能源建设扶贫专项2017年实施方案》，对全省10个市（州）的39个贫困县农村能源建设扶贫的年度目标、重点工作等进行安排部署。

5月18日，山西省发展改革委和山西省农业厅联合印发《关于转发下达2017年山西省规模化大型沼气工程中央预算内投资计划的通知》（晋发改投资发〔2017〕365号），下达农村沼气工程中央预算内投资4000万元。

5月，辽宁省加强项目管理、完善相关制度，农村能源建设项目更加规范化，研究制定了《辽宁省规模化大型沼气工程项目管理办法》和《辽宁省农村能源建设项目管理办法》。

5月，全国沼肥生态循环农业技术培训班在江西省新余市举办，与会者现场参观了新余罗坊沼气集中供气、病死畜禽无害化处理、南英规模化沼气发电、沼肥加工生产等沼肥水肥一体化利用示范工程。培训班开展了种养结合生态循环运行机制与模式探索、沼肥生产与安全施用技术与案例等课程研讨。

5月，农业部对外经济合作中心组织发展中国家学员，在广西开展生物质能源利用现场教学与参观考察，来自阿富汗、尼泊尔、肯尼亚、南非、南苏丹、巴拿马、乌干达、津巴布韦和乌拉圭的36名学员参加了为期20天的培训。

6月2日，山西省农业生态环境建设总站制定《山西省农村沼气安全生产“知责履责，失职追责”活动实施方案》，进一步促进农村沼气安全生产各项工作落实到位，确保全省农村沼气安全生产形势持续稳定。

6月5—6日，2017安徽秸秆综合利用产业博览会成功举办。博览会征集推介招商项目88个，其中原料化项目25个、肥料化项目14个、能源化项目30个、饲料化项目11个、基料化项目1个，设备制造项目7个，投资金额达到163.84亿元；合同签约项目78个，合同投资总额268亿元。

6月27日，中共中央政治局委员、国务院副总理汪洋前往长沙县湖南鑫广安农牧有限公司畜禽养殖场和佳和农牧股份有限公司种养结合示范基地调研，他充分肯定了以沼气工程为纽带的种养结合循环农业发展情况。

6月，全国畜禽养殖废弃物资源化利用会议上，国务院副总理汪洋对河北省安平县“热、电、气、肥”联产跨县循环模式进行了点评表扬。

7月12—13日，全国农村能源工作促进会在高台县召开。

7月25日，山西省农业生态环境建设总站印发《山西省农村沼气行业安全生产分级属地监管暂行办法》，进一步加强全省农村沼气安全生产工作，建立健全农村沼气行业安全生产工作责任制。

7月27日，四川省第十二届人民代表大会常务委员会第三十五次会议通过《关于修改〈四川省农村能源条例〉的决定》，经四川省第十二届人民代表大会常务委员会公告第90号公布。

8月24日，四川省农业厅印发《四川省农村能源安全事故应急预案》（川农业函〔2017〕743号）。

8月30日，四川农村沼气工程突发事件首次应急演练在西昌市举行。

8月30—31日，云南省农村能源管理干部及统计员培训班在保山市隆阳区举办。全省16个州（市）林业（农业）局农村能源分管领导、能源站站长、统计员，129个县（市、区）农村能源站站长，30个县（市）农村能源主管局领导，共计220多人参加培训。

8月，黑龙江省委办公厅、黑龙江省政府办公厅联合印发《黑龙江省加强农村秸秆压块燃料化利用工作实施方案》。

8月，广西壮族自治区林业厅印发《广西农村能源发展“十三五”规划》，明确“十三五”时期农村能源发展的总体思路、重点区域布局、主要任务和重点项目，为新时期农村能源发展提供有力支撑。

9月11日，江西省在新余市召开全省沼气工程建设形势分析交流会。会议传达全国农村能源工作促进会、全国农村沼气项目专项检查总结会精神，研讨推进沼气生态循环农业发展和畜禽粪污资源化利用工作。

9月22日，湖北省农业厅、省总工会在枝江市举办湖北省第二届沼气生产职业技能竞赛，来自全省的15支代表队参加比赛。

9月19—22日，云南省2017年全省农村能源职业技能鉴定特殊工种——太阳能利用工等级鉴定与培训班在德宏州瑞丽市举办。全省232名从事农村能源建设的技术员参加培训，228人取得太阳能利用工资格。

9月，河北省发展改革委、河北省农业厅联合印发《河北省农村沼气工程验收办法（试行）》，并在农业部农业生态与资源保护总站指导下，完成了唐山市古冶区、迁安市两处规模化大型沼气工程竣工验收试点工作，在全国范围内实现了零突破。

10月26—30日，云南省农村节柴炉（灶）创新设计大赛在玉溪市江川区进行了终评比赛，取得圆满成功。大赛由云南省绿色环境发展基金会主办，云南省农村能源工作站、云南省农村能源办公室协办，玉溪市及江川区农村环保能源工作站承办。大赛包括成型商品炉、手工砌筑灶和创新设计方案三类。

10月，河北省财政厅与河北省住房城乡建设厅联合印发《关于将生物天然气取暖农户纳入气代煤补贴范围的通知》，将通过生物天然气等多种模式实现清洁能源替代散煤纳入全省气代煤任务计划，并参照省级气代煤补助标准给予补助，为全省沼气行业健康稳定发展奠定基础。

8—10月，甘肃省农牧厅组织开展全省畜禽养殖废弃物沼气化处理调研，并向省政府副省长杨子兴报送了《关于推进全省畜禽养殖废弃物沼气化处理有关情况的报告》。

11月1日，由浙江省农业生态与能源办牵头组织起草，浙江省农业农村厅印发的《沼液综合利用技术导则》正式实施。该导则明确了沼液利用过程中的主要限量指标及其安全施用边界，沼液施用原则，沼液在用作基肥、追肥、叶面肥等方面的综合利用技术以及在水稻、茶叶、蔬菜等主要农作物种植中的施用方法等。

11月15—17日，农业部农业生态与资源保护总站站长王久臣带队调研浙江省生态循环农业建设，并与金华、丽水等有关市、县（市）政府、农业主管部门、农村能源负责人和生态循环示范主体进行了座谈。

11月16—17日，甘肃省农牧厅在武威市凉州区召开全省农业有机废弃物资源化利用培训会，厅党组书记、厅长康国玺出席会议并讲话。

11月30日，江西省第十二届人民代表大会常务委员会第三十六次会议通过《江西省人民代表大会常务委员会关于农作物秸秆露天禁烧和综合利用的决定》，根据《中华人民共和国环境保护法》《中华人民共和国大气污染防治法》《江西省大气污染防治条例》等有关法律法规的规定，在本省行政区域内禁止露天焚烧秸秆。各级人民政府是本行政区域内秸秆露天禁烧和综合利用工作的责任主体，县级以上人民政府各有关部门应当各负其责，密切协作，共同推进秸秆露天禁烧和综合利用工作。

11月，河北省石家庄市承办全国农村能源综合利用典型技术和模式培训班，全国200余名代表参会。

11月，辽宁省开展农村能源发展模式调研，总结出农村能源发展的区域性秸秆能源化循环利用模式、北方农村清洁采暖模式、太阳能综合利用模式和沼气生态循环农业利用模式等4种农村能源综合建设典型模式，多能互补格局初步形成。

11月，广东省农业面源污染治理项目完成中期调整。该项目原计划于2019年12月31日关账，中期调整后，项目关账期调整为2021年6月30日。

11月，宁夏农村阳光沐浴工程20万台建设任务完成，为全区18个县区20万农户安装太阳能热水器20万台，其中300个脱贫销号村全覆盖。《农民日报》《宁夏日报》、宁夏电视台等媒体全年报道农村阳光沐浴工程7次。据测算，每台太阳能热水器可节约燃煤148千克，年均增收节支160元，全区累计节约标煤近10万吨，增收节支10800万元。

12月4日，全国农业资源环境与农村能源生态工作会议在湖南省长沙市召开，来自全国31个省（区、市）的农业环能系统共计180多名代表参加会议，并参观了长沙市沼气生态循环农业建设现场。

12月14日，甘肃省农村能源安全监管工作会在兰州召开，甘肃省农牧厅党组成员、副厅长杨祁峰出席会议并讲话。

2017年，安徽省开展秸秆综合利用提升民生工程建设，涵盖16个市七大类目标任务，其中秸秆还田6000万亩、还田示范片建设42处、商品化饲料试点建设9处、大中型秸秆沼气集中供气工程16处、秸秆固化成型燃料生产点159个、生物质户用气化炉15900台、新增秸秆发电装机容量52万千瓦。

2017年，江西省农业厅办公室印发《2017年全省区域沼气生态循环农业示范建设的指导意见》。自2017年起，每年重点支持建设区域沼气生态循环农业示范区30个左右，以规模畜禽养殖粪污资源化利用为重点，推动农业废弃物资源化利用率显著提高，沼气产能和使用率、沼气产业化程度显著提升，绿色农产品和绿色能源生产贡献率明显提升。

2017年，江西省农业厅印发《江西省农业循环沼气工程建设规划（2016—2020年）》，提出以打造升级版江西“猪-沼-果”生态循环农业发展模式为核心，着力推动农村沼气产业化转型升级，以“三大循环工程”建设为重点，构建覆盖全省不同农业生产主体的农业生态循环体系，农业废弃物资源化利用率显著提高，沼气产能和使用率、沼气产业化程度显著提升，绿色农产品和绿色能源生产贡献率明显提升。“十三五”期末，全省新增沼气产能25350万米^3；预计到2030年，全省沼气年产能达到5亿米^3。

2017年，四川省节能减排及应对气候变化工作领导小组、四川省人力资源和社会保障厅对四川省农村能源办公室进行了表彰，肯定了四川省农能办在四川省农村沼气碳交易开发中取得的成绩，并授予四川省“十二五”节能减排降碳工作先进集体的荣誉称号。

2017年，四川省首次把农村能源建设列为全省22个扶贫专项之一，农村能源建设将在四川脱贫攻坚主战场重装上阵，将沼气变为贫困户脱贫奔小康的财气和底气。

2017年，陕西省农业厅成立农村能源环保产业技术体系，设置了农村可再生能源、生态循环农业、农业环境保护、研发中心与示范基地等4个岗位，体系首席科学家由西北农林科技大学丘凌教授、陕西省耕地质量与农业环境保护工作站李文祥研究员担任，另聘请了20名岗位专家。该体系主要任务是通过产学研结合，重点解决制约陕西省农村能源和农业环保领域发展的重大难题，推广相关科研成果和新技术，开展技术培训，提升行业从业人员的技能水平。

2018年

1月2日，广西壮族自治区下达2018年农村能源项目财政资金7480万元，用于新建农村有机垃圾沼气化处理工程173处、农村垃圾户用处理沼气池4000户、太阳能公共照明或光伏发电示范村200个，并结合自治区“美丽广西·宜居乡村”专项活动，提升农村能源利用水平。

1月，黑龙江省牡丹江市红星乳业天野第六现代牧业有限公司0.335兆瓦沼气发电项目正式并入国家电网，成为黑龙江省首例成功并入国家电网的沼气发电项目。

3月8日，农业部农业生态与资源保护总站在辽宁省举办北方农村绿色清洁取暖技术培训班，介绍了农村绿色清洁取暖经验做法。

3月8日，浙江省农业厅发布“农作物秸秆综合利用七大主推技术”，分别是稻麦秸秆粉碎还田、大田小麦免耕直播稻草覆盖还田、秸秆青贮饲料化利用、秸秆固化成型燃料化利用、秸秆沼气生产技术、秸秆基料化利用和秸秆材料化利用技术。

3月9日，山西省发展改革委和山西省农业厅联合印发《关于转发下达畜禽粪污资源化利用工程2018年中央预算内投资计划的通知》（晋发改投资发

〔2018〕137号)，下达畜禽粪污资源化利用工程中央预算内投资2600万元。

3月8—9日，农业部农业生态与资源保护总站副站长高尚宾一行到江西省吉安市调研生态循环农业。

3月12日，广西壮族自治区发展改革委印发《关于下达广西畜禽粪污资源化利用工程2018年中央预算内投资计划的通知》(桂发改投资〔2018〕265号)，下达广西畜禽粪污资源化利用工程项目，兴业县、浦北县、兴宾区、灵山县获批畜禽粪污资源化利用整县推进项目，中央预算内总投资19500万元，本次下达资金9200万元。

3月，河北省成功举办首届中国河北省-德国勃兰登堡州农业与生物质能源产业发展论坛。

4月25—26日，全国农村可再生能源长效运行机制培训班在湖北省荆州市召开。农业农村部科技教育司能源处、农业农村部农业生态与资源保护总站、全国各省市农村能源办主要负责人及技术骨干等120多人参加。参会人员参观了公安县前锋公司沼气高质利用工程、公安县南坪镇南湖小区集中供气站、松滋市南海镇新果源水肥一体化工程和南海镇夹岗村集中供气站。

4月，辽宁省有效推进农村清洁采暖工作，开展北方农村户用清洁采暖模式和秸秆打捆直燃集中供暖项目建设，探索将秸秆就地生产、就地消耗的区域性秸秆利用模式，在铁岭市、朝阳市重点推广了秸秆打捆直燃集中供暖技术，解决了乡镇政府、学校、医院等公共场所的冬季取暖问题。

5月3日，全国政协副主席、九三学社中央常务副主席邵鸿率九三学社中央调研组到江西正合生态农业有限公司南英沼气发电站，就“乡村环境综合治理”开展调研。全国政协常委、副秘书长、九三学社中央副主席赖明随同。

5月9—11日，国务院参事室特约研究员、中国农产品市场协会会长张玉香，国务院参事室特约研究员、国家能源局原副局长吴吟一行来甘肃省调研农村可再生能源建设工作。

5月，甘肃省农牧厅印发《甘肃省农村地区冬季清洁取暖实施方案》。

6月15日，《云南省财政厅 云南省林业厅关于下达2018年省级林业发展资金(非贫困县部分)的通知》(云财农〔2018〕111号)，明确了2018年农村能源建设(非贫困县)绩效目标是完成太阳能热水器推广任务14500台，完成节柴改灶14500口。根据《云南省财政厅关于推进财政涉农资金省级源头整合支持贫困县脱贫攻坚的意见》(云财农〔2018〕71号)的要求，2018年农村能源建设贫困县资金按照2018年6月15日印发的《云南省财政厅关于下达2018年度第一批省级统筹整合涉农资金的通知》(云财整合〔2018〕3号)下达。

6月15—16日，2018安徽秸秆综合利用产业博览会成功举办，博览会筹办了展览展示、签约仪式、项目推介、高峰论坛等重大活动，共落实签约项目120个，总投资额265亿元。

6月19日，安徽省政府成立推进秸秆综合利用和畜禽废弃物资源化利用工作领导小组，全面推进秸秆和畜禽废弃物资源化利用，加强对全省秸秆和畜禽废弃物“两利用”工作的统筹协调、调度推进、督查考核。

6月19—21日，山西省农业生态环境建设总站在太原市举办全省沼气工程安全生产培训班，全省11个市农业环能站负责人及业务骨干、48个大中型沼气工程发展较多的县(市、区)的农业环能站长等70余人参加了培训。

6月19—22日，甘肃省农牧厅联合甘肃省发展改革委、甘肃省财政厅、甘肃省国土资源厅、甘肃省环保厅开展全省农村清洁能源建设情况调研，形成《全省农村清洁能源建设情况调研报告》《甘肃省农村清洁能源建设工作方案》，报送省委全面深化改革领导小组经济体制和生态文明体制改革专项小组。

6月26日，甘肃省农牧厅在省委深改组第七次会议上专题汇报全省农村清洁能源建设情况。

6月，天津市组织开展农村能源安全生产月排查检查；6月27日，举办沼气安全应急演练活动。

6月，宁夏农村能源工作站汇编《农村能源安全生产相关法律法规政策文件选编》，收录了国家、自治区安全生产相关法律法规政策以及自治区农牧厅安全生产相关政策制度文件，指导农村能源安全生产。此举进一步强化了安全监管责任，提高了安全管理水平，将安全隐患消除在萌芽状态，有效防范并坚决遏制了安全事故的发生，确保了安全生产形势稳定。

7月11—13日，云南省农村能源管理干部及统计员培训班在大理州弥渡县举办。16个州、市林业(农业)局农村能源分管领导、能源站站长、统计员，19个县(市、区)林业(农业)局农村能源分管领导，129个县(市、区)能源站站长等220多人参加培训。

7月20日，《广西壮族自治区人民政府办公厅关于印发广西大气污染防治攻坚三年作战方案(2018—

2020年）的通知》（桂政办发〔2018〕80号）将实施清洁能源替代工程列入方案，提出因地制宜发展生物质能、地热能以及农村沼气能源等开发利用。该工程以自治区林业厅为牵头单位之一，由自治区农村能源办公室组织实施相关工作。同日，《广西壮族自治区人民政府办公厅关于印发广西生态环境保护基础设施建设三年作战方案（2018—2020年）的通知》（桂政办发〔2018〕83号），提出实施农业面源污染防治设施项目——农村有机垃圾沼气化处理工程，由自治区林业厅牵头建设中小型沼气工程750处、规模化大型沼气工程9处、农村有机垃圾户用沼气处理池1.5万户、沼肥综合利用和深加工示范50处，沼气池管网提升改造4.5万户，试点开展用气补贴计划10万户。

7月，江西省农业厅印发《江西省农作物秸秆综合利用三年行动计划（2018—2020年）》，明确了未来三年的工作目标，2018年全省秸秆综0合利用率预计达到88%以上，2020年达到90%以上。

8月16日，安徽省政府办公厅印发《安徽省农作物秸秆综合利用三年行动计划（2018—2020年）》《安徽省畜禽养殖废弃物资源化利用三年行动计划（2018—2020年）》，提出秸秆综合利用重点任务和重点工程，明确畜禽养殖废弃物资源化利用主要任务和技术推广路径，并强化保障措施。

9月21日，广西壮族自治区党委办公厅、自治区人民政府办公厅《广西乡村风貌提升三年行动方案》，要求开展农村量化景观工程建设，完成600个太阳能光伏发电或太阳能路灯示范村项目建设，推动农村“厕所革命”。自治区林业厅为牵头单位之一，自治区农村能源办公室组织实施相关工作。

9月，浙江省农业厅发布《“三沼”综合利用六大主推技术》，分别是沼气整村集中供气技术、多原料混合沼气发酵技术、畜禽粪污沼气处理全量利用技术、污水沼气处理达标技术、沼液浓缩利用技术、沼气省柴灶多能互补技术。

9月，云南省农村能源职业技能培训班在昆明市举办，全省16个州（市）、129个县（市、区）农村能源统计员及部分信息宣传员，以及16个州（市）农村能源站（办）负责人等近200人参加培训。

10月10日，甘肃省高台县方正节能科技服务有限公司日产2万米^{3}生物天然气及有机肥生态循环利用项目投入试运行。

10月17—18日，农业农村部在黑龙江省海伦市召开东北地区秸秆处理行动现场交流暨成果展示会。会议现场对生物质锅炉、秸秆压块机等秸秆能源化加工利用设备进行展示交流，张桃林副部长出席巡展并予以肯定。

10月，历时4年的宁夏农村阳光沐浴工程圆满收官。在自治区党委政府的亲切关怀下，经过各级农业农村部门历时4年的共同努力，农村阳光沐浴工程成为为民办实事的亮点工程和民心工程，为全区农村713204户农户安装太阳能热水器713204套，自治区财政投资7.13亿元，总投资10多亿元。宁夏成为全国第一个全省域乡村农户太阳能热水器清洁能源使用全覆盖的省区，为实施乡村振兴战略和庆祝自治区60周年华诞贡献了力量。

11月22—23日，江西省秸秆综合利用技术培训会在高安市举办。会议解读了秸秆综合利用相关政策、秸秆肥料化利用技术、秸秆综合利用典型模式及实用技术，并现场观摩高安市秸秆综合利用典型模式。24日，在高安市举办了全省农业资源环境保护和农村能源体系座谈会。

11月28—30日，全国农村能源发展交流研讨会在杭州市召开。农业农村部农业生态与资源保护总站副站长吴晓春，农业农村部科技教育司能源生态处处长陈彦宾，农业农村部农业生态与资源保护总站首席专家李景明、处长李惠斌等出席会议并讲话。全国各省（区、市）农村能源机构负责人及业务骨干60多人参加会议。

11月，云南省农村能源业务工作培训会在昆明市举办，16个州、市农村能源站（办）站长（主任）、统计员，30个县（市、区，含省直管县市）农村能源站（办）站长（主任），省站干部职工近80人参加培训。

9—11月，由河北省沼气循环生态农业技术创新中心、河北科技报社主办，河北省新能源办公室、河北省新能源技术推广站、河北省土壤肥料总站提供技术支持，首届“京安杯”沼肥开发与应用优秀案例评选活动成功举办。

12月25日，辽宁省在全国率先推行分布式能源自给自足模式，分别涵盖了秸秆、清洁炉灶炕、太阳能和沼气综合利用四大方面，使乡村可再生能源能够满足大部分用能需求。农业农村部和辽宁省相关部门领导多次赴现场调研。

12月29日，《中共云南省委机构编制委员会办公室关于印发〈云南省农业农村厅所属事业单位机构编制方案〉的通知》（云编办〔2018〕215号），云南省农村能源工作站更名为云南省农村能源管理总站。

12月，根据机构改革要求，云南省农村能源省级机构从云南省林业草原局整体划转到云南省农业农村厅，州（市）、县（区）农村能源机构开始逐步调整。

2018年，浙江省农业农村厅将农村沼气安全处置列为农业农村安全生产的重要组成部分，对各地建立农村废弃沼气安全处置全覆盖的年度农业目标任务，实施绩效考核。2018年全省共安全处置农村废弃沼气19931处，其中完全拆除（含填埋）8394处，采取水泥板封闭、料液清空并注清水等措施封存11537处。

2018年，浙江省成立省农业污染源普查推进工作组及办公室，组建技术指导专家组，对9000个典型地块、585个规模以下养殖户、4个县（区）秸秆产生和利用情况等开展了典型调查；对16个县实施了种植业、养殖业、地膜和秸秆原位监测工作。

2018年，安徽省启动秸秆综合利用现代环保产业示范园区创建工作，阜阳经济技术开发区、阜南经济开发区、桐城经济技术开发区被列入第一批示范园区。

2018年，安徽省第一处生物天然气工程——马鞍山博瑞生物天然气工程建成。

2018年，安徽省实施秸秆综合利用提升民生工程，在16个市建设秸秆机械化还田示范片66处、商品化饲料试点和基料化利用试点20处，完成2017年启动的大中型秸秆沼气集中供气工程16处、秸秆发电项目8个，新增标准化秸秆收储点20个。

2018年，江西省发布秸秆利用首个地方标准——《机械化稻草还田技术规程》，严格规范秸秆机械化收割作业和秸秆还田留茬标准，规定水稻留茬高度控制在15厘米以内，切碎稻草秸秆长度不超过10厘米，抛撒田间均匀度不低于80%。

2018年，江西省农业生态与资源保护站结合本省实际，主持制定《江西省废弃沼气工程安全处置拆除导则》，指导各地开展沼气工程处置工作，确保安全生产，杜绝沼气安全事故。

2018年，江西省农业厅下发《关于做好前期农村沼气项目清理扫尾工作的通知》（赣农计〔2018〕19号），要求各地对2006年以来所有下达的中央预算内投资农村沼气项目（不含2018年规模化大型沼气项目）进行全面清理自查，并做好项目整改及扫尾工作。

2018年，湖北省农村能源办公室制作湖北农村能源四十年纪念画册和宣传片，全方位、多角度展示湖北农村能源四十年发展历程。

2018年，湖南省认真落实农业农村部“以果定沼、以沼定畜、以畜促果”的发展理念，先后探索打造出了一批各具特色的生态循环农业典型模式，如长沙市望城区金成水乡农庄、永州市冷水滩区果果农庄的小农庄模式；湘潭市雨湖区宏宇、湘河寨等大型沼气工程与菁莘果生态农庄、隆平高科等基地对接，提供沼渣、沼液等有机肥的合作型模式；永州市祁阳县天子龙蔬菜种植专业合作社、湘潭市雨湖区俏仙女蔬菜合作社等采用的内循环模式以及湖南鸿源果业有限公司等类型的引进型模式。

2018年，湖南省结合沼气池建设和先进节能炉灶的推广，同步实施改栏、改厨、改厕、改水工程的“厕所革命”和“厨房革命”。如湘西州农村能源单位推动生活污水沼气净化技术进学校，对全州337所乡镇一级中小学学生公共厕所进行有效处理，不仅为学生食堂提供了清洁能源，而且杀菌灭虫，实现了沼气综合利用，为学校营造出良好的环境，创新了教育扶贫和厕所革命新模式。

2018年，中共四川省委办公厅、四川省人民政府办公厅联合印发《关于22个扶贫专项2018年实施方案的通知》（川委厅〔2018〕3号），其中《四川省农村能源建设扶贫专项2018年实施方案》对2018年农村能源建设扶贫的年度目标、重点工作等进行安排部署。

2018年，新疆维吾尔自治区印发《2018年地州市农业局业务工作绩效评估指标（农业领域安全生产）》，要求加强农村沼气安全生产工作。

2019年

1月8日，广西壮族自治区党委办公厅、自治区人民政府办公厅印发《“美丽广西·幸福乡村”活动指导意见及三个配套文件》（桂办发〔2019〕1号）。“环境秀美”专项活动工作指南提出推进农村垃圾治理和推进农村污水治理的任务。

1月28日，广西壮族自治区下达2019年农村能源建设财政资金7480万元，用于建设有机垃圾沼气化处理项目204处，开展户用沼气池建设1310户，建设太阳能公共照明或光伏发电示范项目200个。

2月5日，湖南省农业农村厅办公室印发《湖南省农村沼气设施安全处置指导意见》，对农村沼气的处置原则、报废条件、安全处置报废沼气设施程序、户用沼气池和沼气工程处置拆除技术要点以及停用沼气工程的安全管理作了具体规定。

3月5日，江苏省副省长费高云，省住房城乡建设厅、农业农村厅、财政厅和自然资源厅等部门有关人员一行20多人赴徐州市睢宁县魏集镇湖畔槐园新型农民集中居住区，调研秸秆太阳能沼气循环利用技术。费高云副省长调研后表示，该项目生产工艺先进，既节约了老百姓的生活成本，又节能环保，解决了秸秆和粪便的去处，同时也增加了村集体的经济收入。他要求省各有关部门按照省委、省政府关于加快改善苏北地区农民群众住房条件工作的部署，在集中居住区建设过程中，对沼气等功能配套设施进行同步规划、同步施工。省农业农村厅、住建厅等部门要加强对接和指导，加大项目扶持，加快技术推广，在全省范围内推广建设沼气配套项目，为全省畜禽养殖废弃物资源化利用创造经验。

3月29日，《云南省财政厅 云南省农业农村厅关于下达2019年农村能源建设专项资金（非贫困县）的通知》（云财农〔2019〕49号），明确了2019年农村能源建设非贫困县补助资金760万元，年度目标是进一步推广太阳能热水器、省柴节煤炉灶、沼气等农村可再生能源建设项目，非贫困县年度推广太阳能热水器5300台、省柴节煤炉灶7600户。

3月，在中国农村清洁取暖高峰论坛暨清洁取暖县长论坛上，山东省阳信县被中国农村能源行业协会评为中国北方农村清洁取暖典型模式示范基地（全国仅3个）。

1—3月，农业农村部先后4次调研辽宁省秸秆能源化利用工作。结合国家北方地区冬季清洁取暖行动和辽宁省清洁取暖“三年”滚动计划，农业农村部计划将东北地区作为秸秆能源化利用重点区域。

4月9日，上海市农业农村委《关于印发〈上海市农业农村委员会处（室）主要职责〉的通知》（沪农委〔2019〕99号），在科技教育处（农业转基因生物安全管理办公室）新增生态工作职能，指导农业生物质产业发展，负责农村可再生能源开发利用工作；指导农业应对气候变化和节能减排工作；牵头农业面源污染治理工作，指导农业清洁生产和生态循环农业建设。

4月23日，云南省农村能源管理总站印发《关于成立安全生产工作领导小组的通知》（云农能〔2019〕7号），成立云南省农村能源安全生产工作领导小组。

4月24—25日，农业农村部农业生态与资源保护总站在江西省定南县举办全国沼液肥高质利用技术培训班。农业农村部农业生态与资源保护总站副站长李少华出席并讲话，江西省农业农村厅副巡视员刘春茂致辞。全国有关省（区、市）和江西省各设区市、养殖重点县从事生态能源环保管理的人员和技术骨干共计160余人参加培训。

5月30日，甘肃省农业农村厅会同甘肃省发展改革委印发《关于进一步加强农村沼气项目建设管理的通知》。

6月13—15日，云南省农村沼气工程安全处置现场培训班在玉溪市峨山县召开，全省16个州、市，129个县（市、区）农村能源管理干部及技术员共150多人参加培训。

6月17—18日，2019安徽秸秆综合利用产业博览会成功举办，参展企业达695家，比上届增加203家。展会设综合展区、各市展区和装备技术展区，展示产品2000余种，共达成签约项目149个，签约金额280亿元。

6月17—18日，根据农业农村部科技教育司《关于开展生物天然气项目专项调研工作的通知》，以河南省农村能源环境保护总站站长张春雨为组长的第二调研组到湖南省岳阳县枫树湾畜牧有限公司、娄底市湘村高科农业股份有限公司生物天然气工程试点项目进行调研。

6月19—20日，山西省农业生态环境建设总站在长治市举办全省农村沼气安全生产培训班，全省11个市农业环能站业务骨干、36个大中型沼气工程发展较多的县（市、区）农业环能站长等50余人参加培训。

6月25日，江西省农业生态与资源保护站会同新余市应急管理局（新余市应急救援队）、市发展改革委、市农业农村局、罗坊镇政府和江西正合公司等单位，在新余市罗坊镇南英沼气发电站举行沼气泄漏应急演练活动。

6月，宁夏回族自治区农业农村厅印发《关于切实加强当前农村能源安全生产防范工作的通知》（宁农办通〔2019〕121号），开展了安全生产月和安全生产万里行活动，强化了安全管理、安全检查。

7月1日，甘肃省农村能源办公室更名为甘肃省农村能源资源服务总站。

8月5日，广西壮族自治区印发《关于调整自治区农业农村厅所属事业单位机构编制事项的批复》（桂编办复〔2019〕106号），自治区农村能源办公室整建制划归农业农村厅管理，并更名为自治区农村能源技术推广站。

8月8日，安徽省秸秆综合利用暨畜禽养殖废弃物资源化利用现场会在阜南县召开。安徽省省长李国英强调，要持续加大创新探索，把秸秆综合利用和畜禽养殖废弃物资源化利用、产业化发展路子越走越宽。

8月21—23日，云南省病旧沼气工程安全处置与农村人居环境提升整治培训班（滇西片区）在德宏州芒市举办，滇西片区农村能源管理干部及技术员160多人参加培训。

9月4日，甘肃省农业农村厅印发《关于做好农村沼气设施安全处置工作的通知》，指导和督促各地按照正常使用、停用、弃用三种类型，推动已建农村沼气设施安全处置。

9月24日，中国工程院院士缪昌文带领江苏省科协、省土木建筑学会有关人员赴徐州市睢宁县魏集镇湖畔槐园新型农民集中居住区调研秸秆太阳能沼气循环利用技术。

10月23—24日，全国农村可再生能源利用技术培训班在甘肃省武威市凉州区举办。

10月27—28日，甘肃省农村厕所粪污资源化利用暨农村清洁能源利用现场推进会在定西市召开，甘肃省农业农村厅党组成员、副厅长朱宝莹主持会议并讲话。

10月，河北省组织召开全省沼气工程安全培训会，首次开展了规模化生物天然气工程安全应急演练。

11月4日，宁夏回族自治区农业农村厅组织制定《宁夏农村沼气设施安全处置办法》，规范了沼气设施安全处置工作。

11月5日，浙江省农作物秸秆综合利用现场推进会在湖州市安吉县召开。参会人员参观了安吉县农作物秸秆全量化利用和秸秆利用新技术新农机作业等现场，总结交流了近年来浙江省秸秆综合利用典型经验。会议研究部署了下阶段秸秆发展目标和要求。

11月4—6日，农业农村部科技教育司、农业农村部农业生态与资源保护总站、中国农业生态环境保护协会在江西省新余市召开全国生态循环农业发展经验推介会，重点推介江西省N2N区域生态循环农业模式，现场调研了新余市生态循环农业建设成果。

11月5—6日，湖南省发展改革委会同省农业农村厅组织专家组，对岳阳县枫树湾畜牧有限公司、娄底市湘村高科农业股份有限公司生物天然气工程试点项目进行了项目验收。

11月11—12日，江西省在丰城市举办全省秸秆综合利用现场会，进一步推动全省农作物秸秆综合利用工作，发展秸秆利用产业，助推乡村生态振兴。

12月31日，辽宁省人大常委会副主任、党组副书记孙轶赴铁岭县考察秸秆打捆直燃集中供暖项目，对辽宁省农村能源工作给予高度评价。

2019年，江苏省印发《江苏省农村沼气设施安全处置办法（试行）》，指导地方按要求和规定推进农村沼气设施安全处置工作。省级专项预算将农村沼气设施安全处置列入省级农业公共服务专项资金使用范围。

2019年，安徽省继续开展秸秆综合利用现代环保产业示范园区创建工作，宿州市循环经济示范园（埇桥区）、亳州蒙城经济开发区、六安市霍邱经济开发区被列为第二批秸秆综合利用现代环保产业示范园区。

2019年，安徽省实施秸秆综合利用提升民生工程，完成秸秆机械化还田示范片52处、饲料化或基料化商品化利用项目20处，大中型秸秆沼气工程开工16处，建成5个秸秆发电项目，新增发电并网装机规模15万千瓦，完成生物质固化成型燃料生产点52处、粮食主产区标准化秸秆收储中心462处。

2019年，江西省将农作物秸秆焚烧与综合利用专项行动列入全省污染防治攻坚战八大战役30项行动。

2019年，江西省农业生态与资源保护站主持完成的N2N区域沼气生态循环农业模式技术成果，被列为2019年江西省农业主推技术，先后荣获2017—2018年度江西省农牧渔业技术改进奖一等奖、2019年度江西省科学技术进步奖三等奖。

2019年，湖北省秸秆综合利用项目建设工作由湖北省农村能源办公室具体负责实施。

2019年，云南省省级财政投入农村能源建设资金9000万元，其中91.56%的农村能源建设专项资金（8240万元）倾斜贫困地区，有力地推进了全省贫困县脱贫摘帽工作。

2019年，新疆维吾尔自治区印发《自治区农村沼气设施安全处置工作方案》，明确了农村沼气设施处置原则、处置方式、报废条件、报废程序和有关要求等，严格规范农村沼气设施安全处置管理工作。

2020年

1月9日，湖南省农业农村厅办公厅下发《关于做好农村沼气安全生产工作的通知》。

1月，辽宁省人大常委会起草《关于支持东北地区加快推广秸秆打捆直燃集中供暖技术的建议》，并将其作为重点建议在全国人代会上提出。

1月，经浙江省编办批准，浙江省农业生态与能源办公室更名为浙江省农业农村生态与能源总站、浙江省农村社会事业发展与扶贫开发促进中心，内设机构调整为综合财务科、农业生态科、农村能源科、农村社会事业科、扶贫开发科、行业信息科等6个科室。

1月，广西壮族自治区下达2020年农村能源建设财政资金6825万元，用于在全区建设有机垃圾沼气化处理项目157处，开展沼气池管网提升改造1800户，新建农村“一池三改”户用沼气池700个、太阳能公共照明或光伏发电示范项目200个。

3月20日，浙江省农业农村厅印发《单季晚稻沼液施用与生态消纳技术规范》《茶树沼液施用与生态消纳技术规范》《大棚芦笋沼液施用与生态消纳技术规范》《青饲玉米沼液施用与生态消纳技术规范》《柑橘沼液施用与生态消纳技术规范》等5个技术规范。

3月26日，广西壮族自治区农村能源技术推广站印发《广西农村能源助力乡村振兴的思路与对策研究报告》，为编制各地“十四五”农村能源发展规划提供参考。

3月，宁夏回族自治区实施农村能源安全行动，印发《加强农村沼气设施安全处置工作的通知》，规范农村沼气设施统计、台账建立、报废条件和工作程序；调整安全生产领导小组，签订安全生产责任书，发放宣传资料，深入5处规模化大型沼气、生物天然气工程项目现场检查，消除安全隐患。

4月，宁夏回族自治区农业农村厅制定《自治区农业农村重点行业安全生产专项整治三年行动实施方案》，将农村沼气设施安全处置纳入农业农村重点行业安全生产专项整治三年行动计划。2020年建立台账，2021年合理处置闲置废弃的农村沼气设施，2022年闲置废弃的农村沼气设施安全隐患得到有效消除。

5月15日，浙江省农业农村生态与能源总站、浙江省农村社会事业发展与扶贫开发促进中心举行揭牌仪式，省农业农村厅党组成员、副厅长唐冬寿为省总站、省中心揭牌。

5月，河北省生物天然气集中供户供暖模式入选全国节能宣传周农村能源利用五大典型模式。

6月3日，2020年四川省农村沼气安全生产月活动启动仪式在凉山州会理县彰冠镇成功举行。本次活动组织开展了安全生产签名、安全生产承诺宣誓、安全视频播放、安全展板展示、资料宣传发放、现场演练观摩等活动。

6月，甘肃省农业农村厅制定下发《甘肃省农村可再生能源开发利用及大中型沼气安全专项整治三年行动实施方案》

7月11日，《云南省财政厅关于下达2020年省级农业发展专项资金（非贫困县）的通知》（云财农〔2020〕110号），将农村能源建设项目首次纳入云南省省级农业发展专项环境资源保护资金。

7月31日，广西壮族自治区农业农村厅办公室印发《关于做好农村沼气设施安全维护与处置工作的通知》（桂农厅办发〔2020〕73号），确立了实行属地管理、明确主体责任、科学分类管理的工作原则，对全区农村能源部门做好农村沼气设施安全维护与处置工作提出了明确的要求。

7月，黑龙江省农业农村厅、哈尔滨市政府在哈尔滨市农村能源示范基地共同举办黑龙江省农村清洁取暖技术装备展示宣传周。省委常委、副省长王永康出席展示宣传周启动仪式，并现场巡展。

7月，山东省第十三届人民代表大会常务委员会第二十二次会议对《山东省农村可再生能源条例》作出修订。修订后的条例，简化了沼气工程行政审批程序，明确加大了农村可再生能源工程监督指导力度，有力推动了农村可再生能源健康发展。

8月1日，浙江省农业农村生态与能源总站被浙江省政府评为浙江省生态省建设突出贡献集体，记集体三等功一次。

8月3日，安徽省发布《秸秆成型燃料清洁生产技术规程》《秸秆成型燃料清洁利用基本要求》两项地方标准，推动行业技术提档升级和生产生活能源清洁化替代，稳步推进省内秸秆成型燃料生产点开展清洁化改造，以达到标准要求。

8月5日，中央农广校《乡村讲堂》栏目以广西恭城为例专门介绍了“沼改厕”模式。“沼改厕”模式是广西依托农业农村部农业生态与资源保护总站农村人居环境整治技术服务与提升项目平台，是结合广西户用沼气池建设的特点和农村户厕改造的需求，而率先总结出的一种沼气池改造与户厕改造同步推进的新模式。

8月13日，宁夏回族自治区农业农村厅下发《关于进一步加强全区农村沼气设施安全处置工作的通知》。

8月19日，广西壮族自治区农业农村厅党组向自治区党委报送《关于贯彻落实自治区领导对农村户用沼气池管护工作批示精神的报告》（桂农厅党组〔2020〕54号）。专题报告了自治区党委副书记孙大伟对农村户用沼气池管护工作作出重要批示以来，自治区农业农村厅所做的贯彻落实举措，科学分析了当前农村户用沼气池管护工作存在的问题、难点，并对下一步继续加强农村户用沼气池管护工作提出了计划措施。

8月，黑龙江省政府办公厅印发《黑龙江省散煤污染治理“三重一改”攻坚行动实施方案（2020—

2022年）》（黑政办规〔2020〕13号），要求在农村地区实施以秸秆替代为主的清洁改造。

9月10日，广西壮族自治区农村能源技术推广站召开全区沼气设施安全维护与处置工作座谈会，研究了下一步如何利用自治区本级财政预算资金加强沼气设施安全维护与处置工作的有关问题。

9月17日，广西壮族自治区农业农村厅办公室印发《2020年中央财政奖补农村“厕所革命”整村推进第二批项目实施方案》（桂农厅办发〔2020〕88号），下达农村“厕所革命”整村推进项目资金1105万元。其中，安排资金408万元，用于重点开展农村厕所粪污和畜禽养殖废弃物沼气协同处理并资源化利用试点项目34处，由自治区农村能源技术培训推广站组织实施。

9月18日，甘肃省农业农村厅在武威市凉州区举办全省农村能源资源综合利用技术现场培训班和全省农村沼气安全事故应急演练观摩会。

10月22日，甘肃省农村能源资源服务总站在兰州市举办甘肃省农村清洁炉具展示会。

10月23日，甘肃省农村能源资源服务总站在兰州市举办全省农村能源综合利用技术暨安全管理培训班、全省农村冬季清洁取暖技术提升座谈会。

10月26日，湖南省在长沙市举办2020年度全省大中型沼气工程运行管理暨农村能源安全生产培训班，各市州农业农村局农村能源工作负责人、2018年以来承担中央预算内新建大中型沼气工程任务的县市区农业农村局农村能源工作负责人、2018年以来中央预算内下达的大中型沼气工程任务单位业主与工程操作人员共130多人参加培训。

10月30日，安徽省出台《安徽省农作物秸秆综合利用奖补资金管理办法》，每年安排约8亿元专项财政资金，支持秸秆收储利用和以秸秆为原料的大中型沼气工程建设等，以提高资金使用效益，进一步推动全省秸秆综合利用产业发展。

11月5日，甘肃省第八期沼气工职业技能鉴定培训班在兰州市永登县举办。

11月13—14日，2020安徽秸秆暨畜禽养殖废弃物综合利用产业博览会成功举办，展示内容扩展到秸秆和畜禽养殖废弃物“两利用”。博览会通过线上线下结合、展示与项目合作结合、宣传与成果转化结合、展览与发展模式结合，全方位、多角度地展示了安徽省秸秆和畜禽废弃物综合利用的新成果、新成效。博览会共落实签约项目120个，总投资额265亿元。

11月13—17日，农业农村部农业生态与资源保护总站在山西省长治市召开全国农村能源工作座谈会和全国农村可再生能源利用技术培训班，共有来自全国27个省的80多名代表和专家参会。会上，山西省就农村地区生物质能源综合利用山西经验进行了交流，参会代表对山西省沼气工程供气供热、秸秆打捆直燃供热、气炭联产集中供热等农村生物质能源综合利用试点示范项目进行了参观。

11月24日，江西省农作物秸秆综合利用现场交流会在吉水县召开。省农业农村厅党委委员吴国昌出席会议并讲话。各设区市农业农村局分管领导、科教环能部门负责人，秸秆综合利用重点县和部分粮食主产县的分管领导，部分科研单位技术专家和企业代表参加会议。

11月25日，江西省区域沼气生态循环农业发展模式和利用废弃矿山发展生态循环农业模式，被纳入国家发展改革委印发的《国家生态文明试验区改革举措和经验做法推广清单》，向全国推介。

11月，河北省省长许勤调研中节能公司临漳生物天然气工程建设，并给予好评。他要求相关部门总结临漳经验，并研究报审秸秆利用方案。

12月2日，农业农村部农业应对气候变化技术与政策培训班在成都成功举办。本次培训班聚焦农业环能国际合作，旨在为行业同行搭建平台和桥梁，推动相关国际项目高质量实施，研究谋划全球环境基金项目零碳村镇建设的思路和措施。

12月18日，湖南省农业农村厅下发《关于开展农村沼气安全隐患排查的通知》。

12月，河北省印发《河北省人民政府办公厅关于印发河北省秸秆综合利用实施方案（2021—2023年）的通知》（冀政办字〔2020〕211号）。

2020年，江苏省印发《省农村能源安全生产专项整治实施方案》，对全省农村能源安全生产专项整治工作提出具体要求。在2020年省级专项预算安排中，将农村沼气设施安全处置和农村能源安全生产排查整治列入省级农业公共服务专项资金使用范围。

2020年，安徽省继续开展秸秆综合利用现代环保产业示范园区创建工作，将涡阳经济开发区、泗县经济开发区、枞阳经济开发区、定远盐化工业园列为第三批秸秆综合利用现代环保产业示范园区。

2020年，安徽省阜南林海生物天然气工程投入运行。项目规划在全县共建8个总池容为18万米^{3}的农业废弃物沼气工程，每个站点覆盖2～3个乡镇，8个点实现全县覆盖。项目全部投产后，可年消纳农作物秸秆近30万吨、养殖粪污200万吨以及其他有机废弃物，实现居民燃气供能全覆盖。

2020年，云南省级财政资金首次补助农村沼气池兴废利旧安全改造处置项目和农村人居环境整治农村能源示范村项目、秸秆综合利用示范县项目，其中，农村能源建设项目计划投入5090万元，安排22250户沼气池兴废利旧安全改造处置、60个农村人居环境整治农村能源示范村及2个秸秆综合利用示范县建设。

地方农村能源建设与典型案例

天津市农村能源建设
河北省农村能源建设
山西省农村能源建设
内蒙古自治区农村能源建设
辽宁省农村能源建设
吉林省农村能源建设
黑龙江省农村能源建设
上海市农村能源建设
江苏省农村能源建设
浙江省农村能源建设
安徽省农村能源建设
江西省农村能源建设
山东省农村能源建设
河南省农村能源建设
湖北省农村能源建设
湖南省农村能源建设
广东省农村能源建设
广西壮族自治区农村能源建设
海南省农村能源建设
重庆市农村能源建设
四川省农村能源建设
云南省农村能源建设
西藏自治区农村能源建设
陕西省农村能源建设
甘肃省农村能源建设
青海省农村能源建设
宁夏回族自治区农村能源建设
新疆维吾尔自治区农村能源建设
新疆生产建设兵团农村能源建设

地方农村能源建设与典型案例

天津市农村能源建设

【沼气建设】“十二五”“十三五”期间，天津市农村沼气建设继续以中央预算内项目为抓手，截至2017年底，天津市累计建成农村户用沼气4.86万户，处理规模化养殖场粪污的大中型沼气工程35处，养殖小区沼气工程409处，秸秆沼气集中供气工程3处，乡村服务网点189个。随着天津市新农村建设、农村地区清洁取暖“煤改气”“煤改电”工程和规模化养殖场畜禽粪污治理工程的推进，部分养殖小区沼气和农村户用沼气已无实际用途，符合报废条件，并分批次履行了报废程序。截至2020年底，天津市农村各类沼气保有量分别为农村户用沼气2.48万户、养殖小区沼气236处、大中型沼气工程38处。

【沼气服务体系】随着农村能源开发利用的不断深入，服务体系建设的重要性日益凸显，各区不断充实人员、提高素质，建立沼气专业施工队伍和设施维护队伍，加强了农村可再生能源建设的日常管理。“十二五”“十三五”期间，天津市最多时建有农村沼气乡村服务网点201处，从业人员636人，基本满足了全市沼气用户的服务需求。每个服务网点按照“六个一”的要求，做到服务有人员、有场所、有标牌、有设备、有配件、有原料，能够及时对农户进行沼气设施设备维护维修、“三沼”产品综合开发利用等技术指导服务，基本做到了建管并重。

【职业技能鉴定】为适应沼气建设发展需要，按照国家就业准入制度要求，天津市加大了农村能源职业技能鉴定工作力度。2014年底，有1万多人次参加了农村沼气及综合利用相关技术培训；有1406人获得沼气工职业资格证书，对提高本市农村沼气工程的标准化设计、规范化建设和科学化管理具有积极的推动作用。

【安全生产监管】近年来，天津市在重要节日、汛期等重要时间节点，委托第三方单位开展年度农村沼气隐患排查专项检查和危险化学品安全隐患大起底大排查大整治等活动，从沼气设施设备的安全使用和日常安全维护制度是否落实、定期检查是否到位、宣传教育有无跑冒漏等方面入手，严防重大风险和突出隐患。通过排查，农村沼气设施业主的主体责任和各区农业农村主管部门的属地监管责任不断强化，农村沼气安全生产责任制不断健全完善，为持续保持农村沼气安全生产向好发展态势、有效防范遏制安全事故的发生奠定了基础。

【沼气安全宣传】为大力营造安全生产和节约能源的社会氛围，近年来，结合每年节能宣传周、安全生产月等活动安排，发放《天津市农村沼气安全管理手册》《天津市农村沼气日常运行管理和运行使用技术指南》各约5000册。结合科普宣传咨询服务活动，在重点乡镇村悬挂宣传横幅、在宣传栏张贴沼气安全宣传标语，向广大沼气用户宣传、讲解沼气安全使用及沼渣沼液利用知识，进一步增强了沼气用户的安全管理意识，提高了沼气综合利用管理水平。

【农村户用沼气报废清查】为进一步加强沼气安全运行管理，避免因废弃沼气池管护不力造成人员跌落、跑冒漏气等安全事故，天津市开展了农村户用沼气报废清查，按照《天津市农村户用沼气池报废制度》规定，履行农村户用沼气和养殖小区沼气报废程序，并要求相关区妥善处置报废沼气池，及时清理发酵残液、管路余气，抓紧拆除或填埋，避免人员跌落等安全隐患。

◁典型案例▷

天津嘉立荷牧业集团有限公司第十四奶牛场分公司沼气工程

天津嘉立荷牧业集团有限公司第十四奶牛场分公司隶属于天津食品集团，坐落在天津市滨海新区小王庄二队北，场区占地面积828670.81米^2，现饲养荷斯坦奶牛混合群2300头，其中成母牛1150头、育成牛1150头。牛场粪污经沼气工程系统进行处理。

牛场粪污处理工艺：牛舍粪污及用水经回冲管道收集进入粪污处理调节池→调节池粪污经干湿分离系统挤压形成固型分离物→该固体分离物经过晾晒处理，作为牛舍卧床垫料使用，剩余干物质与水混合后

大型沼气工程

进入回冲池→经过两级USR发酵和好氧脱氮处理后，一部分水作为回冲稀释备用水，多余的水进入污水储存池→通过厌氧塘、兼性塘、好氧塘、植物塘深度处理后，暂存于混灌池中，春冬季节用于沼液还田。

牛场现有多级氧化塘及混灌池8座，共计107000米^{3}的储存量。每天处理粪污量70米^3，年产生粪污量25550米^3。经沼液还田的土地化肥使用量减半，由原来每亩80千克降低至40千克，每亩节省费用58元。牛场租赁土地1954亩，每年节省化肥费用11.3万元。

河北省农村能源建设

【沼气建设】 2014年开始，河北省调整转变农村沼气建设的发展思路，由以户用沼气为主向发展大中型沼气工程转变。2015年以来，国家支持农村沼气工程转型升级，河北省积极适应新形势，坚持技术创新与体制机制创新相结合，以发展规模化大型沼气工程为主，并将促进秸秆综合利用、农业绿色发展、农村人居环境整治作为重点工作来抓，迈出了转型升级的新步伐。加强顶层设计促发展。河北省印发《关于促进农作物秸秆综合利用和禁止露天焚烧的决定》，明确要求大力推广规模化生物天然气、气热电肥联产等模式。省政府办公厅印发《河北省秸秆综合利用实施方案（2021—2023）》，重点支持以秸秆、畜禽粪污为原料发展沼气和生物天然气。建设模式实现多元化发展。在原有农村沼气工程“一站一村”“一站多村”“一场一站一园一村”等模式基础上，又创新总结出了安平县“热、电、气、肥”联产跨县循环、临漳县秸秆干发酵生物天然气、定州市规模化生物天然气政府与社会资本合作（PPP）推广等模式，得到上级部门的肯定。2017年，青县“秸-沼-肥”能源生态模式列入农业部“秸秆农用十大模式”。科学技术水平显著提升。充分发挥科技支撑作用，成立了省新能源专家咨询委员会和首家省级沼气循环农业工程技术中心。加强国际技术合作，在定州市成立了外籍院士工作站，河北京安生物质能源科技股份有限公司外国专家丹尼尔先生获得由省长颁发的燕赵友谊奖。经过多年努力，工程建设技术工艺先进、配套设备齐全，单体池容达到6000米^{3}以上，实现自动控制，技术总体达到国内领先水平、国际先进水平。临漳县中节能生物天然气工程，容积产气率达6米^3/（米^3·日），属国内领先水平。创新拓展投融资模式。河北省在全国率先利用世行贷款7150万美元，建设6处特大型沼气工程项目，总池容14.47万米^3，年可产沼气4200.47万米^3，年可消耗秸秆22.17万吨，处理畜禽粪便24.16万吨。定州市规模化生物天然气项目，采用PPP模式建设，推进农业领域政府与社会资本合作，入选了我国首批农业PPP试点项目。截至2020年底，河北省现有户用沼气78.92万户，本年利用12.23万户。现有小型和中型沼气工程1584处、大型和特大型沼气工程269处（含生物天然气工程7处），年产气量1亿米^{3}以上，秸秆、畜禽粪污等原料消耗量475.93万吨。

【清洁能源开发利用】 2014—2016年，河北省委、省政府将农村燃煤污染治理列入全省大气污染防治工作的重要内容，将其纳入全省农村面貌改造提升行动，启动实施了农村能源清洁开发利用工程。全省推广高效清洁燃烧炉具333万台（其中补贴推广113万台），完成乡镇锅炉改造1209处，累计煤改太阳能、煤改电和煤改气等清洁能源替代17万户，全省约有22.3%的农户实现了燃煤清洁燃烧。截至2020年底，全省节能炉共有265.63万台，其中炊事炉9.41万台、取暖炉37.66万台、炊事取暖炉218.56万台。太阳能热水器430.44万台，供热面积611.4万米^2；太阳灶7934台；太阳房40745处，供热面积173.75万米^2。打捆直燃集中供暖5处，供热面积5.01万米^2；固化成型179处，年产量43.23万吨；热解气化3处，运行3处，供气1000多户；炭化5处，年产5万吨。

【产业发展】经过多年努力和探索，河北省在农村节能环保产业发展上具备一定优势，为实施农村能源清洁开发利用奠定了良好的基础。一是民用清洁燃烧炉具产业规模和技术水平全国领先。河北省的民用清洁燃烧炉具产业已形成较大规模，2015年，企业达到1000多家，年产炉具1万台以上的企业有50多家，市场化程度高，供应能力强，产量和性能均居全国领先水平。二是秸秆能源化利用产业初具规模。河北省在全国率先开展了秸秆成型燃料炊事采暖的技术研发、试点示范，取得了较好的效果。成型设备生产企业既有移动式，也有固定式；从事压块、棒状和颗粒燃料生产企业有100多家。三是太阳能利用产业稳步发展。全省太阳能生产企业有50多家。四是农村沼气产业带动多个行业发展。河北省大力推广农村沼气，发展规模和水平均居全国前列。农村沼气建设带动了种植、养殖、生态、环境、建材、机械等多个行业发展，有关企业200余家，从业人员1000余人。

【科技创新】面向省内外公开征集了农村新能源行业知名专家29名，成立了河北省新能源专家咨询委员会；省新能源办、新能源技术推广站与河北科技大学、河北京安生物质能源科技股份有限公司挂牌成立了沼气循环生态农业工程技术中心，为省内首家经省科技厅正式批复成立的沼气工程技术中心。依托省新能源专家咨询委员会和工程技术中心，通过培训、咨询论证、现场指导等多种形式，经常性组织专家对工程建设进行指导，每年培训200人次以上，充分发挥了科技支撑作用，促进了政产学研用合作、京津冀协同发展。加强国际技术合作，定州市四方格林兰公司全套引进国际最先进的规模化生物天然气技术，并成立了首家中德院士工作站和中德农业与生物质能技术研究所；河北京安生物质能源科技股份有限公司全套引进国际先进纤维素水解技术，成立了专门的工程公司，实现了技术本地化。临漳中节能秸秆干发酵制生物天然气技术，被中国工业节能与清洁生产协会组织鉴定为国际先进水平，其中黄秸秆沼气发酵容积产气率处于国际领先水平。行业协会组织省内太阳能骨干企业，成功研发了“太阳能热风＋电辅”热风采暖系统，在临城县、邢台县等地试点成功。在泊头市试点示范温水暖炕采暖技术，实现节能节本。在景县试点太阳能跨季节储能取暖技术，实现了全年利用太阳能。

【项目管理】河北省对沼气工程实行项目全流程监管。一是抓项目前期。在筛选推荐阶段，聘请国内权威专家参与论证评审，避免人为干扰，坚持公平、公正、公开筛选项目，坚持客观公正高水平优先。二是抓项目建设。认真落实项目法人责任制、合同制、监理制和招投标制。三是抓督导见真章。坚持会议督、电话督、现场督、联合督相结合，根据实际需要采取调整建设内容、变更业主单位、发通报、行政约谈、收回项目资金、追责问责、移交司法执纪机关处理等多种措施，务必使项目有进展、能完成、能验收、能见效。2017年9月，河北省发展改革委与河北省农业厅印发了《河北省农村沼气工程验收办法（试行）》，在全国率先开展转型升级后规模化生物天然气试点工程和规模化大型沼气工程验收工作。

【体系建设】截至2018年底，全省农村能源管理推广机构359个，其中省级2个、市级15个、县级170个、乡级172个。工作人员共有1114人，其中省级24人、市级88人、县级662人、乡级340人，本科以上学历377人。

【安全监管】加强沼气工程安全生产指导工作，推进户用沼气安全处置。2018年机构改革以来，全省完成沼气工程“双控体系”建设企业55处，累计处置户用沼气182万户，2020年当年正常使用12.23万户，未发生重大安全事故。一是落实安全责任制。坚持企业主体责任与行业监管、属地监管无缝对接，层层签订责任状，落实安全责任制度；规范安全生产计划制定执行、督导检查、问题整改、记录存档等工作内容程序，建立省、市、县、企四级联络体系。二是修订印发《河北省农村沼气工程安全生产风险分级管控与隐患排查治理手册》，督促指导工程企业按照手册内容建立“双控体系”。三是积极落实开展沼气工程安全生产专项三年整治活动。按照农业农村部、河北省相关部门要求，组织开展督导指导、专项培训、应急演练、回头看等各类安全活动，印发指导手册、明白纸等各类宣传资料15万册（份）。

◁典型案例▷

“热、电、气、肥”联产循环模式

河北京安生物质能源科技股份有限公司投资沼气发电项目9633万元，利用生猪养殖场粪污制沼发电并网。安平县农村沼气资源开发利用项目投资2亿元，以周边中小猪场粪污和当地废弃玉米秸秆为原料，年可提纯生物天然气700万米^3，供应周边2万户居民炊用、取暖和压缩天然气（CNG）加气站供气。生物质直燃发电厂投资12亿元，以废弃秸秆、废弃果树枝等为原料，实现发电并网和县城集中供热，年利用废弃秸秆30万吨，发电2.4亿千瓦时。以上三个项目产生的废弃物沼渣沼液和草木灰通过有机肥厂加工成有机肥产品，供应周边地区的大棚蔬菜、水果、中药材、花卉及粮食作物，形成了完整的种养循环生态产业链，实现了农牧业废弃物一律不剩、化肥使用量一律不增、园区内煤炭能源一律不用。

模式特点：一是京安公司与全县32家养猪场、养猪合作社签订了粪尿收购协议，建立了利益联结机制，统一收集，通过规模化大型沼气工程集中进行能源化、肥料化利用，实现了畜禽养殖废弃物资源化利用整县推进，还培育出了“热、电、气、肥”一体资源化利用产业。二是京安公司积极争取上网电价政策，推动沼气发电并网，成为河北省第一家实现沼气发电并网的企业，上网电价0.75元/千瓦时。三是利用沼渣、沼液年可加工各类固态肥、水溶肥和浓缩叶面肥7万吨，通过罐车运输、管道输送、精包装、液肥加肥站等方式，供应周边地区果木、蔬菜、药材种植，实现跨县循环。

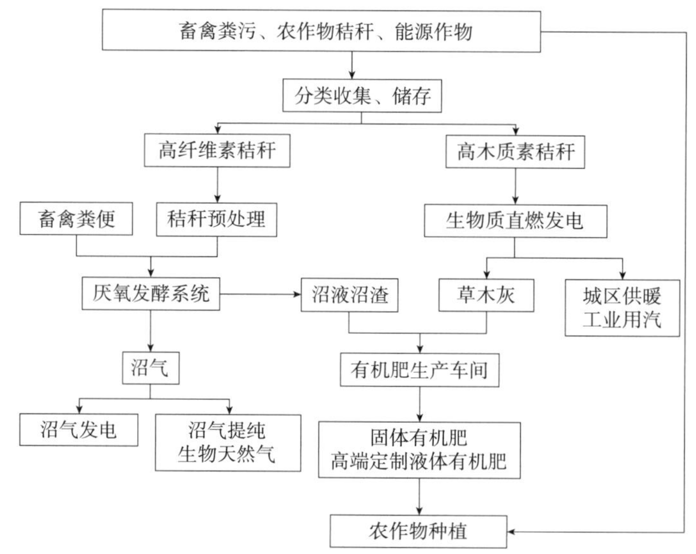

种养循环生态模式

河北京安沼气发电项目

临漳世行贷款建设秸秆沼气联户供气模式

临漳县依托河北润泽致民农业科技有限公司，利用世行贷款项目建成大型秸秆沼气工程，年产沼气365万米^3，年可利用秸秆2.14万吨，年产沼肥5万吨，可供1000户居民沼气炊事取暖。以沼气企业作为市场化建设主体，实行物业化管理，每户安装插卡式燃气计量表，并开通24小时服务热线，定期进行维护检查，保证了沼气工程的正常运行。农户可以通过秸秆换取沼气，也可以预存缴费刷卡用气。一般，5亩地的秸秆换取300米^{3}沼气，完全可以解决一户居民全年炊事用气。

模式特点：一是创新融资模式，利用世界银行贷款建设特大型秸秆沼气联户供气工程，有效弥补国内建设资金不足。二是采用纯秸秆发酵工艺，建立了秸秆原料收储运体系，积极探索“秸秆→沼气工程→沼气发电、供暖→沼渣沼液有机肥→种植基地→绿色农产品→品牌化销售”的沼气生态循环模式。

河北临漳大型秸秆沼气工程

规模化生物天然气PPP模式

定州市政府与四方格林兰公司以PPP模式合作建设规模化生物天然气示范项目，政府以土地入股并给予特许经营权，企业以技术、现金、固定资产等入股，成立了第三方专业公司，总投资2亿元，建设沼气池容3.6万米^3，年可处理畜禽粪污18.25万吨、玉米秸秆8.28万吨，并可处理餐厨垃圾、果蔬废弃物、食品加工废物和废水等有机废弃物，年可产生物天然气392.5万米^3、生物有机肥4.2万吨，发电3200万千瓦时。

模式特点：一是采取PPP模式进行融资，成立专业第三方公司，市场化运作，不全依靠财政资金，更易于吸收社会资本参与项目建设，具有强大生命力和可持续性。二是采用中德先进的沼气生产、净化提纯技术和装备，规模化生产生物天然气，加工沼肥等有机肥，实现了区域内畜禽粪污、秸秆等农业废弃物的资源化利用，种养结合循环发展。三是为实现复制推广，在省政府支持下，成立了生物质能源环保投资基金，以环保投资基金为龙头，通过发挥财政资金池的放大效应，吸引市场投融资机构合作加入项目建设和推广。

河北定州规模化生物天然气示范项目

山西省农村能源建设

【基本情况】2013—2020年，山西省农村可再生能源建设累计投入资金17560万元，其中，中央资金10850万元、省级资金6710万元。截至2020年底，累计建设户用沼气20.89万户、沼气工程178处、节能炉15.67万台、太阳能热水器60.65万米^2、太阳灶46901台、打捆直燃集中供暖工程3处、固化成型工程52处。经过多年的不懈努力，山西农村可再生能源工作取得了突出的成绩，为推进全省社会主义新农村和美丽乡村建设、实施乡村振兴战略发挥了积极的作用。

【项目建设】一是打造了一批能源利用典型示范工程。主要有生物天然气及有机肥生态循环利用示范工程、秸秆打捆直燃清洁供暖示范工程、生物质气炭联产集中供热示范工程等。2017年，山西省在原平市实施了日产2万米^{3}生物天然气及有机肥生态循环利用示范工程。该项目由山西神沐新能源公司承建，每年可处理周边养殖场粪污2万吨或农作物秸秆4万吨。项目采用国际领先的德国原料预处理技术和厌氧发酵装置，年产沼气1400万米^3，部分沼气用于锅炉系统供热，剩余沼气经提纯后生成生物天然气，压缩后充装销售。2018年，山西省在长治市上党区实施了三乡三村秸秆打捆直燃清洁取暖供热示范工程，为1800户农户、学校、敬老院、村委办公场所等累计供暖面积达到15万米^2，每年可处理秸秆1.5万吨。2016—2020年，山西省在潞城区微子镇、成家川村、合室乡实施了3个生物质气炭联产集中供热示范工程。该项目由潞城市创蓝生物科技有限公司承建，为3000户农户、小学、中学、医院等累计供暖面积达到35万米^2，每年可处理农林废弃物1.5万吨。

二是打造了一批种养生态循环示范园区。长子县绿野有机农业产业园的养殖园区有肉牛400头，种植示范园区占地150亩，现建有4000米^{2}全自动智能大棚1座并配备水肥一体化供肥管网，主要种植火龙果、软石榴等水果。产业园于2015年建成1300米^{3}的大型沼气工程，以沼气产业为引领“上连下促”，即上游连接养殖业，下游促进有机种植业。通过以种植带养殖、以养殖保沼气、以沼气（沼渣沼液有机肥）促有机种植农业发展，形成了秸秆（农业废弃物）、禽畜粪便（养殖废弃物）→沼气→（向西汉村供应清洁生活能源，向园区提供电能）→有机肥料→有机农作物、水果、蔬菜种植→饲料、原料（秸秆）的区域生态循环系统。大型沼气站每年处理牛场粪便1066吨，节约标煤约302吨，减少二氧化碳排放约755吨，减少化学需氧量（COD）排放约286吨，减少氨氮排放7.15吨，不仅解决了园区养殖种植带来的环境污染问题，也给长子县居民的生活带来了崭新的变化，提高了村民的生活质量。

三是打造了一批“多能互补”示范乡村。芮城县庄上村是“光伏＋直流＋储能＋柔性直流家电”的清洁能源综合利用示范村，该村在居民屋顶安装户用屋顶光伏和直流电能量路由器，不仅有效解决村民做饭、取暖、洗澡、充电等生活用能，还可将全村余电输送到邻村和城镇，获得经济效益。垣曲县陈堡村是“生物质＋太阳能”热源清洁取暖系统户用集成供热示范村，该村主要利用生物质炉做饭、取暖，利用太阳能储热供暖。陈堡村是国家级核桃示范基地和县域大田作物基地，为生物质炉提供了丰富的原料，既有效处理了种植废弃物，又使村民实现了清洁取暖。

◁典型案例▷

长治秸秆打捆直燃清洁取暖集中供热技术

依托山西易通环能科技集团有限公司，长治上党区建设了分布式秸秆直燃锅炉集中供热站3处，安装直燃锅炉28蒸吨，可覆盖3个乡镇1800户农户以及学校、敬老院、超市等17.7万米^{2}的供暖，年消纳秸秆1.5万吨左右。经过3个供暖季的运行监测，3个供热站均运行稳定，室内温度平房保持在17～22℃、楼房保持在20～25℃，各项运行参数均达到了设计要求。

燃料保障情况：公司提供秸秆打捆收集机，从田间收集秸秆，后由各村将秸秆统一运输到指定储存地点。年可收集秸秆5万亩，确保取暖季秸秆燃料的正常供应。

居民用户费用分析：经过3年运行，农户供热收费标准参照上党区城市集中供热标准，按照户均供热面积100米^{2}测算，一个供暖季（135天）每户需支出1148元。比照燃煤取暖，户均可节省支出1552元。

供热站运行分析：2020年3个供热站实际收入41.68万元。①南呈供热站收集秸秆共29820亩，获得政府补贴238.56万元；实际供热用户710户，收费51万元；支付秸秆收运费用149.1万元、旋耕地费用74.55万元、电费23万元、运行工资26.8万元，共实现盈利16.11万元。②东和供热站收集秸秆共4630亩，获得政府补贴37.04万元；实际供热用户265户，收费21万元；支付秸秆收运费用22.2万元、旋耕地费用11.57万元、电费3.9万元、运行工资7.5万元，共实现盈利12.87万元。③北宋壁供热站收集秸秆共14450亩，获得政府补贴115.6万元；实际供热用户380户，收费36万元；支付秸秆收运费用70.8万元、旋耕地费用36.1万元、电费13万元、运行工资19万元，共实现盈利12.7万元。

秸秆打捆直燃清洁取暖集中供热项目

内蒙古自治区农村能源建设

【沼气建设】 截至2020年底，内蒙古自治区共建设户用沼气池64万口、养殖小区和联户小型沼气工程714处、沼气村级服务网点2926处、大中型沼气工程145座，其中生物天然气试点项目5座，共涉及全区12个盟市78个旗（县、区）的3000多个行政村。

【农村人居环境整治】 2019—2020年，在农业农村部农业生态与资源保护总站的支持下，内蒙古自治区在科右前旗兴安村、突泉县太平乡曙光村开展农村人居环境整治技术服务与提升工作，依托已有大型沼气工程开展农户集中供气技术服务；结合农村人居环境整治提升，探索建成一批在农牧区可复制、可推广的典型模式，起到示范带动作用。

◁典型案例▷

兴安盟科右前旗兴安村沼气集中供气工程

兴安村隶属于兴安盟科右前旗巴拉格歹乡，是自治区东部区第一个农村党支部的诞生地。2020年，全村肉羊养殖数量达28000只，奶牛存栏量1100头，耕地20000亩，蔬菜种植面积达6000亩，蔬菜日光温室500栋。村集体固定资产达1000万元，年集体经济收入近80万元。借助生态移民政策，兴安村开发建设了福安家园居民小区，截至2020年底，小区共建成并入住楼房24幢，其中528户居住用房、172套商铺。

兴安村第一期大型沼气工程项目于2013年6月开工建设，建成后厌氧消化器容积1000米^3，可供气500户。站外输气管网采用国标燃气管道，到户有阀门控制，每户安装IC卡表和沼气灶、沼气饭煲等。项目采用沼气锅炉和太阳能集热器为沼气工程增温和保温，成为东北严寒地区大型沼气工程成功越冬的典型案例。一期工程是以牛粪为原料，日产气量为1000米^3，产出的沼气供给相距不到1千米的福安家园500户居民和商户炊事用气，每天早、中、晚各供2个小时，春节期间则全天供气。该工程2014年10月建成开始供气至今，一天也未间断。沼渣、沼液由特制的吸渣车（8米^3）运往村北，为500栋日光温室的蔬菜施肥。

兴安村是移民村，住户逐年增多，现在已增加到1100多户，同时该村正在打造红色旅游基地，集聚的机关单位、商户越来越多，用气量不断增加，于是该村提出了建设全部使用清洁能源（沼气）的“无碳村”目标，因此，在一期工程的基础上，又建设了以秸秆为原料、厌氧消化器规模6000米^{3}的二期工程。这样产出的沼气除了为全部的村民、商户和附近的机关单位全年供给炊事用能，还可用于夏季发电、冬季供暖，真正实现“无碳村”。

大型沼气工程项目不但促进了可再生能源的开发利用，而且有效地保护了生态环境，提高了农村居民生活质量，延伸了农牧业产业链条，带动了农村一二三产业融合，打造了绿色生态循环农业的发展模式。该工程项目以村里产生的农业废弃秸秆、畜禽粪便等为主要原料，将产生的沼气经过净化提纯用于民用和发电燃气。有机废弃物通过厌氧发酵所产生的沼渣、沼液，是作物可直接利用的上好生物有机肥。目前，一、二期工程年可处理农作物秸秆2.19万吨，产生沼气219万米^3；年可加工沼液肥4万吨，主要用于满足兴安村周边2万亩耕地和蔬菜大棚的用肥需求。

阿鲁科尔沁旗生物天然气工程项目

赤峰市元易（阿鲁科尔沁旗）生物质科技有限公司主要经营沼气及生物天然气企业和产业化项目的投资、建设与运营；生物肥料、生物二氧化碳的投资、开发、生产、经营和销售；燃气输配管网、场站的投资、建设与运营；汽车加气站及工业用气管网投资、建设与运营；燃气具销售；危险品运输；自营和代理各类商品和技术的进出口业务，属于国内生物天然气领域第一家实现全产业链、规模化、市场化、专业化运营的企业。公司建成日产1万米^{3}的生物天然气工程，并配套城镇加气母站和汽车加气站各1座、城镇中压燃气管网18千米、低压庭院管网16千米、农村分布式能源站27座，可为10000户城镇居民、5000户农村居民、部分公服用户及燃气汽车供应生物天然气。

生产运行工艺流程：以农作物秸秆及禽畜粪污为原料，在厌氧的环境下发酵产生沼气，进而提纯得到纯度96%以上、可同品质替代化石天然气的生物天然气（BNG）。

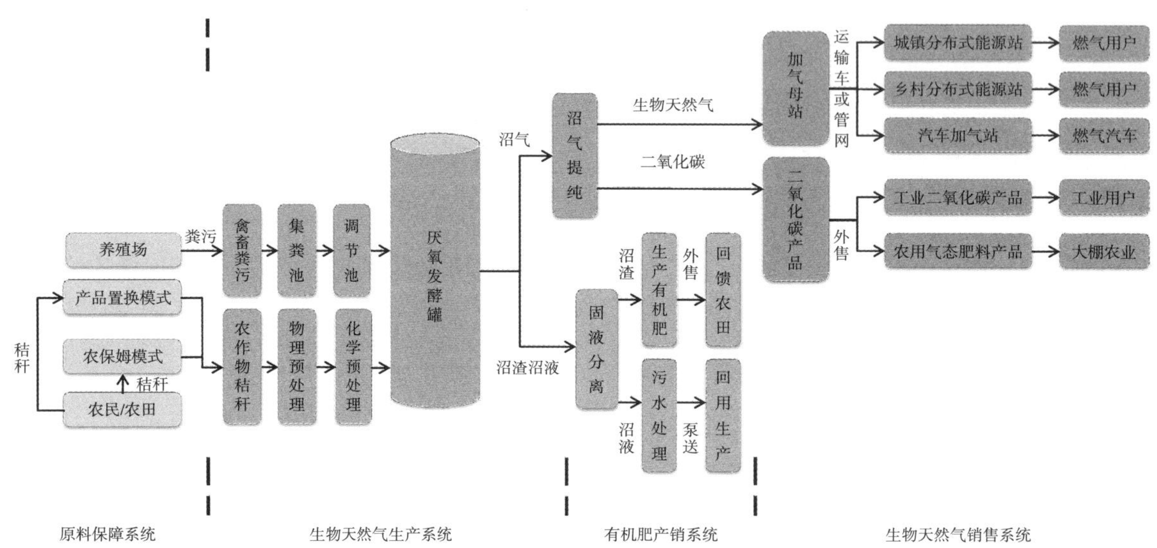

机械制造系统及工程建设系统

此项目主要以“农保姆”模式运行，以公司农牧业机械化服务公司为龙头，在不改变土地承包权的前提下将土地有效集中；以契约方式联合农业所需的生产资料供应商（种子公司、肥料公司、农机服务公司），为农户、农业合作社、种植大户垫付种植所需的种子、化肥、农药等农业物资，提供整地、播种、收割等农机服务；联合田间技术管理公司负责种植技术保障；联合商业保险公司降低农业种植的自然风险；联合银行等金融机构提供资金支持；生产资料供应商、服务商在秋收售粮后回收投资，剩余部分归农户所有，秸秆原料由元易公司无偿获得。

从产业模式方面，该项目可以归纳为“农保姆”稳定原料成本，中温厌氧发酵工艺确保恒定高产，生物天然气和有机肥产销体系确保销售，“技术支撑＋装备制造”实现循环产业链闭合。

从企业模式方面，该项目实现了“团队建设及技术支撑＋设备制造＋原料收储＋运行管理及营销＋项目投资＋项目总包＋委托运营”的全产业链运营模式。

辽宁省农村能源建设

【基本情况】2013—2020年，辽宁省以农业农村部农村沼气建设项目、省财政农村能源项目、省财政农业综合开发项目等为载体，共争取到农业农村部与省级财政资金28492.14万元，建设池容4.8万米^{3}的特大型生物质燃气发电工程1处、规模化生物天然气工程1处、规模化沼气工程29处、农村户用沼气5.084万户、农村沼气乡村服务网点220个、生物质成型燃料炊事采暖炉5.38万台、农村能源建设示范县12个、秸秆能源化利用示范乡镇4个、农村能源综合示范村19个、北方农村户用清洁采暖示范村7个、太阳能光伏发电示范村2个、秸秆打捆直燃集中供暖工程126处，培训农民3500人。通过农村能源生态建设，改善了农村人居环境，促进了秸秆综合利用，支持了生态文明发展，在促进乡村振兴战略的实施、加快美丽乡村建设、推动农业与农村经济的可持续发展等方面发挥了重要作用。

【农村能源政策】多年来，辽宁省各级党委、政府对农村能源工作高度重视，省委省政府1号文件连续多年将农村能源建设纳入其中。辽宁省农业农村厅每年均将农村能源工作作为民生工程重点推进，一些市、县把农村能源工作作为为民办实事之一纳入重要议事日程，或把农村能源项目建设指标列入乡（镇）主要领导工作目标考核内容。出台了《辽宁省秸秆（农村）能源化利用工作规划（2015—2017年）》《辽宁省人民政府办公厅关于印发〈辽宁省推进清洁取暖三年滚动计划（2018—2020年）〉的通知》等多项规划政策，对全省农村能源行业发展进行了全面部署，一系列科学性、连贯性的政策支持，有力支撑了辽宁省农村能源持续快速发展。

【农村能源新技术】“十二五”期间，辽宁省农村能源发展进入了瓶颈阶段，以户用沼气为主的农村能源发展后续乏力。从2015年开始，辽宁省积极挖掘新增长点和突破口。2015年试点建设9个农村能源综合示范村，2016年建设10个农村能源综合示范村和3个秸秆能源化利用示范乡镇，示范了北方农村户用清洁取暖模式、秸秆打捆直燃集中供暖技术、太阳能节能建筑一体化技术、空气源热泵、水暖炕、各种高效节能炉具、秸秆成型燃料技术、秸秆沼气技术等多种农村能源综合利用技术。部分地区通过多种技术集成，建成了沈阳市浑南区王士兰村、本溪市桓仁县湾川村等一批可再生能源自给自足低碳模式试点。同时，积极配合国家发展改革委和农业农村部推进农村沼气工程转型升级，由户用沼气向规模化沼气集中供气发展，利用信息技术开展现代化项目管理，促进农业农村有机废弃物资源化利用，推动农村沼气与生态现代农业相结合，向规模化、产业化的高效益方向拉动。在2016年的基础上，2017年又以效益好、群众欢迎的北方农村户用清洁取暖模式、秸秆打捆直燃集中供暖技术、太阳能光伏发电技术为主推技术，分别进行试验示范，确定了今后几年辽宁省农村能源发展的主攻方向。

【北方清洁取暖和农村人居环境整治试点工作】2015年起，辽宁省积极探索并试点建设北方农村户用清洁采暖模式和秸秆打捆直燃集中供暖技术。截至2020年底，辽宁省累计推广北方户用清洁取暖模式1430户，辐射带动2万余户；建设秸秆打捆直燃集中供暖工程126处，合计446.59蒸吨，供暖面积达179.99万米^2，年可利用秸秆34.4万吨，节约标准煤17.2万吨，减排二氧化碳1550.2万吨、二氧化硫1462吨。先后承担了全球清洁炉灶炕联盟在辽宁省北镇市范屯村开展的清洁炉灶炕示范村建设工作，这是全国首批两个试点之一；2019年3个试点村和2020年1个试点村均围绕秸秆直燃高效锅炉集中供暖技术，开展人居环境整治提升示范，取得了很好的示范效果，顺利通过验收。在推广过程中，辽宁省积极创新资金使用模式，撬动社会资金加入秸秆直燃供暖行业中，解决资金难题。政府补贴秸秆直燃锅炉总价的49%，企业对剩余51%的资金缺口进行补充。地方也积极争取各渠道资金建设试点，例如，铁岭市整合省大气污染防治资金750万元，对全市10吨以下燃煤锅炉进行改造。通过试点建设，探索出“企业+合作社”运管模式。秸秆直燃锅炉的运行、管理及维护由供暖公司、锅炉生产厂家或第三方能源环保公司承包。企业与当地秸秆综合利用合作社或者秸秆经纪人合作，由当地合作社或经纪人负责秸秆打捆、运输、贮藏工作。企业收取采暖费，负责水电费支出，组织司炉工负责锅炉进行运行并支付司炉工工资。以上做法合理兼顾了秸秆供应体系、供暖企业和农户各方的利益，实现了政府、企业、用户互利共赢。

【秸秆综合利用和生态农业建设】辽宁省通过秸秆综合利用示范县创建、畜禽养殖粪污处理整县推进、果菜茶有机肥替代化肥行动，加快推进畜禽养殖粪污处理，开展农业废弃物资源化利用，组织种植基地与沼气工程进行有效对接，大力推广以沼气为纽带的生态循环农业，发展“果-沼-畜”“果-沼-茶”模式，减少化肥、农药施用。鼓励秸秆综合利用示范县建设秸秆沼气工程。积极协助推进“厕所革命”工作，鼓励地方“沼改厕”，盘活停用弃用户用沼气池，加大废旧沼气池处置力度。辽宁省在户用沼气方面探索时间长、技术成熟，推出了浑南新区长顺沼气服务网点、常王寨沼气服务网点等一批将沼气产业纳入生态循环农业链条的典型。将沼渣沼液用于大棚蔬菜、山野菜、果树等，发展绿色果蔬观光采摘，发展认养生态农业，举办绿色农业科技知识培训班。在大型沼气工程方面，探索了“高效种植业-沼气-养殖业-有机肥”循环发展的农业循环经济模式。通过开展沼气服务，探索了建立以沼气为纽带、把种植业与养殖业有机结合的循环农业经济模式，取得了较好的效果。

【产业影响力】近几年，辽宁省农村能源建设成效显著，得到了各级相关部门的高度关注。农业农村部2018年和2019年先后两次在辽宁召开清洁取暖现场会。部科教司、部生态总站多次来辽专程调研，省人大、省政府、省政协、省发展改革委、省财政厅、省环保厅及科研院所、兄弟省也多次参观考察。目前北方农村户用清洁取暖模式和秸秆打捆直燃集中供暖技术推广工作位居全国首位，中央电视台、辽宁省电视台也对其进行了报道。通过印制宣传册，多次组织企业参加各种节能减排、秸秆综合利用展览会，多次举办培训班、现场会等，社会影响力进一步扩大，行业影响力不断提升。

【项目管理】推进行业管理规范化、制度化，研究制定了《辽宁省规模化大型沼气工程项目管理办法》和《辽宁省农村能源建设项目管理办法》；规范了农村能源建设项目档案，完善了农村能源建设项目专家库；制定了《村镇打捆秸秆直燃集中供暖技术规范》，修改完善秸秆气化消防标准、秸秆沼气消防标准和秸秆固体成型燃料技术条件等标准。搭建信息化平台，加强数据管理。在秸秆打捆直燃集中供暖设备上，建设远程监控平台，并设定相关参数，加强信息化管理。认真开展 2006—2018 年农村沼气项目和 2011—2015 年省级农村能源项目专项整顿行动，加强项目管理，严肃项目建设。

【安全生产监管】农村能源安全生产工作是重中之重，辽宁省积极落实责任，利用不定期检查的机会，加强了对农村沼气、秸秆气化、生物质集中供暖、太阳能供暖、清洁炉灶炕等农村可再生能源工程和设施设备的检查力度，及时排查和消除安全生产隐患。重大节日下发文件督促县区做好安全工作，同时安排人员抽查。制定了《辽宁省农村能源安全事故应急预案》，加强了对从业人员的教育管理和对用户的宣传培训，有效防范和遏制了重特大事故的发生，营造稳定的安全生产环境。

【宣传引导】借助各种宣传媒介，对秸秆打捆直燃等多项农村节能减排技术及建设典型进行深入宣传。与辽宁电视台合作，拍摄了辽宁省北方农村清洁取暖宣传片。充分利用辽宁金农网这个平台，加大对农村能源行业重大信息及主推技术的宣传力度。编印了农村能源技术宣传册向各界发放；2016—2018 年连续 3 年编制了《辽宁省农村能源发展报告》；多次在中国农村清洁取暖高峰论坛等全国会议、论坛上宣传介绍辽宁农村绿色清洁取暖经验和做法。

北方农村绿色清洁取暖技术培训现场

法库县昊晟 4.8 万米^3 特大型沼气发电工程

◁ **典型案例** ▷

沈阳市浑南区王士兰村农村能源建设

王士兰村位于沈阳市浑南区空港经济区管委会东部，有 7 个自然村、6 个居民组。2015 年 8 月，王士兰村被评为中国乡村旅游模范村；2016 年，获沈阳最美乡村荣誉称号；2016 年，被批复为扶持村集体经济发展试点村、百千万宜居乡村创建工程示范村。王士兰村充分意识到发展农村能源的必要性，把农村能源、生态建设与推进城乡一体化、发展高效生态农业及乡村旅游有机结合，把能源与生态融于一体。截至 2020 年底，围绕加强农业基础建设、促进农业稳定发展和农民持续增收的目标，全村建设吊炕 450 铺、户用沼气池 43 户、户用太阳能光伏发电 52 户、太阳能温室大棚 2 座、源民合作社秸秆收储点 1 处；安装节能炊事采暖炉 350 台、太阳能路灯 260 盏、太阳能热水器 160 台、太阳能杀虫灯 110 盏。2018 年，建设秸秆沼气集中供气工程 1 处，使全村用上管道燃气。该村农村能源建设分为三大系统，即采暖系统（取暖）、炊事系统（炊事）和太阳能综合利用系统（热水、照明、发电），基本覆盖了农户日常生活用能。

王士兰村农户太阳能光伏发电

王士兰村在发展现有农村能源技术的基础上，探索了多种形式互补的户用采暖模式：一是太阳能集热器与节能炉、吊炕相结合。将节能炉与吊炕、暖气及太阳能集热器连接，白天利用太阳能集热器与暖气进行供暖，晚上采用节能炉与暖气、吊炕进行供暖，年可节省约50%燃煤。二是节能炉与水循环空调相结合。水循环空调具有提温快、美观舒适等特点，通过调节增减燃煤量，使室内温度迅速达到人们的要求，年可节省约30%燃煤。

在王士兰村推广的北方户用清洁采暖模式受到了农民群众的热烈欢迎。北方户用清洁采暖模式整体造价在5000元左右，其中采暖炉800元、吊炕2000元、热水空调1000元、暖气1000元、安装费用200元。假设政府每户补贴2000元，农户自筹3000元，以煤为燃料计算，每年可节约标准煤1吨，约600元，5年即可抵消农户自筹部分的成本。

农村能源技术的推广，不仅将王士兰村打造成为生态文明的美丽乡村，促进了农民节支，而且北方农村户用清洁采暖模式、秸秆能源化利用和太阳能综合利用技术的结合，基本使该村秸秆和畜禽粪污等农业废弃物得到资源化利用，同时促进了农民炊事和采暖清洁化、便捷化，打造了区域内分布式能源模式，向“零碳村”目标迈进，为辽宁省在农村能源方面促进乡村振兴战略的实施提供了很好的范本。

铁岭市新台子镇秸秆打捆直燃集中供暖项目

铁岭市农作物秸秆资源十分丰富，全市有89个乡镇，现有耕地991万亩，农作物以玉米和水稻为主，农作物秸秆年可收集资源量约为400万吨。2017年初，铁岭市农委、环保局、财政局联合出台了《铁岭市蓝天工程暨秸秆综合利用实施方案》，利用市环保局大气污染治理资金，以奖代补的方式在全市范围内推广秸秆清洁供暖试点示范项目。其中，乡镇机关单位申请秸秆清洁供暖项目的，按购置秸秆直燃锅炉价格的80%进行补贴；企事业单位申请项目的，按购置秸秆直燃锅炉价格的50%进行补贴。截至2020年底，铁岭市已推广秸秆供暖直燃锅炉23台，供暖面积达到21万米^2，年可消耗秸秆2.4万吨，节约标煤1.2万吨，清理农田数量约为6.1万亩，减少二氧化碳排放量3.1万吨、二氧化硫102吨。

铁岭市新台子镇秸秆打捆直燃集中供暖试点项目于2016年由铁岭顺意热力有限公司负责运营。该项目供暖锅炉为10吨位秸秆直燃锅炉，供暖面积约7.3万米^2，供暖对象是新台子镇盛世福城居民小区、新台子镇中心小学和新台子镇中学。当地农业合作社负责秸秆收储运，秸秆收集价格每捆4元（15千克/捆），折合每吨约为260元。供暖期全部费用约为132万元，相比传统燃煤锅炉供暖，可节省供暖成本16万元。该项目在2016年整个供暖期的秸秆总用量约4060吨，大约可利用8000亩地产生的秸秆。

铁岭市新台子镇秸秆打捆直燃集中供暖试点

朝阳市朝阳县贾家店农场打造多能互补的特色乡村旅游

贾家店农场是集赏花、采摘、农家乐、餐饮住宿等多功能旅游服务项目于一体的旅游景点。近年来，该农场建沼气、搭吊炕、安光伏发电、推秸秆直燃技术、修污水处理工程，把农村能源、生态保护与推进城乡一体化、发展高效生态农业及乡村旅游有机结合，走出了自己的乡村振兴转型升级之路。2020年底，该农场已建成北方农村户用清洁采暖模式49户、中型沼气工程1处、垃圾收集点6个、污水处理工程1处；安装太阳能光伏发电38户、太阳能路灯167盏；吊炕覆盖率90%以上，太阳能热水器覆盖率80%以上。特别是2015年以来，该场在政府、学校建设秸秆打捆直燃集中供暖工程5处，使秸秆变废为

朝阳市朝阳县秸秆打捆直燃集中供暖锅炉

宝。该场农村能源建设基本形成三大系统，即采暖系统、炊事系统和光能系统（热水、照明、发电），基本覆盖了农户日常生活用能，达到生活能源自给自足，探索出了多能互补的分布式能源模式。

吉林省农村能源建设

【沼气建设】2013—2020年，吉林省财政共投入农村户用沼气补助资金2154.8万元，共新建户用沼气池26935户，累计建设19.43万户；新建沼气服务网点95处，累计建设501处；新建养殖小区与联户29处，累计建设41处。

【清洁能源利用】2020年底，吉林省累计建设生物质秸秆打捆直燃锅炉20处，118蒸吨，供暖面积73万米^2，年利用秸秆量8万吨；新建高效节能炉33万台，年利用秸秆量66万吨。

【项目管理】吉林省农业农村厅、省发展改革委、省财政厅等部门多次联合发文，规范农村能源建设项目管理。对农村户用沼气建设，严格实行建池申报制、项目公示制、项目法人制、专款专用制、集中采购制、一户一卡制等多项管理制度，尊重农民自主权，扩大农民知情权、参与权和监督权。

【体系建设】吉林省农村能源管理机构已发展到67个，其中省级2个、地（市）级10个、县级55个。全省现已建设农村沼气服务体系756处，从业人员979人，其中，县级服务站1处、从业人员5人，乡村服务网点755处、从业人员974人。

【安全监管】吉林省对农村户用沼气安全生产高度重视，严格实行沼气生产工和物管员准入制度，进村入户宣传沼气安全生产使用知识，向沼气用户发放安全使用挂图，并出台《吉林省农村沼气安全生产实施方案》。

◁典型案例▷

吉林省吉林市丰满区沼气生态循环农业模式

一、模式简介

为探索沼气循环农业发展新模式，发展生态有机业农业，减少各类有害物质对人类生存环境的污染和破坏，丰满区农业蔬菜技术推广中心申请建设以沼气为纽带，集种植、养殖、观光采摘于一体的沼气生态循环农业项目，进行规模化、产业化、集优化、集约化的高效果蔬生产及高端文化理念建设，生产高端农业产品。

二、模式背景

丰满区前二道乡金丰村庆丰乐采摘园区位于吉林市城区西南部，地理条件优越，交通发达。园区距吉沈高速公路出口4千米，距吉林市外环路2千米，距市中心10千米，拥有日光温室18栋、大棚9栋。园区设施覆盖净面积达9万米^2，具备了蔬菜、瓜果生产的综合能力，每年可接待游客5万人次。园区有养猪场1处，年出栏猪1000余头。园区建有沼气池120米^3，铺设地下滴灌系统；引进草莓新品种4种，共计27万株；栽种大樱桃7800株。园区年处理猪场垃圾1000吨左右，年产沼气近20000米^3，年产沼液、沼渣1200吨，足以满足园区果蔬对肥料的需求。

沼气发酵装置

三、配套措施

循环农业项目主体设施是玻璃钢沼气发酵装置、出料装置及进出料系统。总投资60万元，国家补助资金36.5万元。园区产生的沼气可供周边农户用气，沼气发酵残留物作为肥料，它速效性、缓效性兼备，矿质化、腐殖化程度高，既可作基肥和追肥，也可叶面喷施。

园区草莓施基肥：每亩先施沼渣有机肥（经过处理的猪粪、牛粪）3500千克，再施用沼渣1500千克，混匀后旋耕，防治蝼蛄、蛴螬及土传病害。

大樱桃施基肥：12月开棚升温后每亩施用有机肥1000千克左右；7月每亩施用600千克左右，防治蝼蛄、蛴螬、金针虫及土传病害。

沼液作药肥：草莓等果蔬苗期按8%～10%喷施，结果期10%～12%随滴灌灌根，防治蚜虫、白粉虱及草莓白粉病、灰霉病。

利用沼液沼渣生产的果蔬

四、推广情况

以沼气为纽带的循环农业项目在丰满区前二道乡金丰村推广面积9万米^2。园区通过建设沼气池，使猪场的猪粪得到有效处理，产生的沼液、沼渣作为有机肥用于园区绿色果蔬的生产，产生的沼气供周边农户使用，节约成本，保护环境。通过实施循环农业项目，园区实现生态自主循环，为打造吉林市高效特色设施观光农业产业奠定了基础。

黑龙江省农村能源建设

【沼气建设】2013—2020年，黑龙江省根据省内畜禽粪污、秸秆等生物质资源丰富，以及集中养殖增加、用户散养减少的实际情况，推进农村沼气建设转型升级。在农业农村部的大力支持下，积极开展规模化沼气工程建设，推动户用沼气、养殖小区和联户沼气安全处置。2018年1月，牡丹江市红星乳业天野第六现代牧业有限公司0.335兆瓦沼气发电项目成功并入国家电网，成为黑龙江省首例成功并入国家电网的沼气发电项目。此后，密山市为天新农业有限公司8511农场4兆瓦沼气发电项目、繁荣农场0.5兆瓦生物质发电项目、哈尔滨依兰达连河4兆瓦秸秆气化清洁能源利用（发电）工程项目、853农场4兆瓦秸秆气化清洁能源利用（发电）工程项目陆续发电并网。

【生物天然气工程示范】甘南蓝天新能源公司采用秸秆干发酵工艺生产沼气，提纯后供县城居民炊事燃用，目前已经供气1000多户。黑龙江龙能伟业公司在哈尔滨市木兰县、通河县建设的生物质“气-热-电”联产模式，利用秸秆、畜禽粪便和有机垃圾规模化生产沼气，提纯后用作城镇管道燃气和车载燃气，沼渣干化后直燃发电并网，发电余热一部分为沼气发酵增温，其余为周边的工业企业供暖。

【生物质成型燃料】2015年前后，受煤价走低等因素影响，黑龙江省内原有秸秆固化成型燃料站大部分处于停产、转产状态。2017年，全省在60个县开展秸秆压块燃料化利用试点，每个县建设1处年产2500吨燃料的秸秆压块站，就近为350户农户更换户用生物质炉具，使秸秆就地开发用于农户冬季取暖。2018年，省政府出台扶持政策，按照年产0.25万吨、年产1万吨、年产2万吨的建设规模，分别给予70%、50%、30%的投资补贴。2020年，年产3万吨及以上的秸秆压块站被纳入补贴范围。截至2020年底，全省已建成不同规模秸秆压块站1500多处。

【户用生物质炉具推广】结合秸秆压块站建设，就地就近推广户用生物质炉具，截至2020年底，全省已推广16万多台。秸秆压块点火方便、燃烧快、火力旺、温度提升快、灰渣少、烟气清洁，使农户居室环境得到有效改善，农民生活质量明显提高，受到了农户的普遍欢迎。秸秆压块生产平均成本可控制在350元/吨左右，以略高于成本价的价格（400元/吨）出售给农户。与燃煤相比，每户可节省采暖开支600元。秸秆打包集中存放于压块站，改变了过去村屯房前屋后满是柴草垛的状况，防止了火灾，减轻了农村春季防火压力。柴草垛出村，美化净化了村屯环境，助力了新农村建设。

【生物质锅炉】鼓励引导乡镇机关、学校、医院、住宅小区、商业企业及洗浴场所等10蒸吨以下燃煤锅炉率先改造成生物质燃料锅炉，推进农村用能清洁化进程，开拓秸秆压块燃料销售使用市场。打造海伦市整县推进秸秆燃料化利用典型样板，2017年以来，海伦市先后改造城区洗浴燃煤小锅炉40台、工业企业燃煤锅炉 10 台，改造 37 所农村中小学、幼儿园燃煤锅炉 52 台，改造 12 个乡镇集中供热燃煤锅炉 18 台，安装户用生物质炉具 1.8 万台，带动当地秸秆压块站生产运行，形成了秸秆就地收集加工、就近利用的循环发展模式。积极推广秸秆捆烧直燃锅炉技术，肇东市五站镇东安村 2018 年安装了秸秆直燃锅炉，为全村 104 户集中供热，供热面积 1.1 万米^2，已稳定运行了 2 个采暖期，平均一个采暖期利用秸秆 2700 吨，既解决了秸秆离田利用难题，锅炉燃烧产生的草木灰还作为钾肥还田到蔬菜种植地块，实现了闭合式循环利用。

【政策环境】2015 年和 2018 年，黑龙江省人民代表大会常务委员会两次对《黑龙江省农村可再生能源开发利用条例》进行了修正，基本保留了原条例的框架和内容。2016 年，黑龙江省农业委员会印发《黑龙江省农村能源“十三五”规划》，明确“十三五”期间全省要积极开展生物天然气工程建设试点，完善规模化大中型沼气和秸秆能源化利用工程建设。从 2017 年起，省委 1 号文件连续 4 年提出推进“农村能源革命”，同年，省委办公厅、省政府办公厅印发《黑龙江省加强农村秸秆压块燃料化利用工作实施方案》，在 60 个县开展秸秆压块燃料化利用试点，落实秸秆压块等初加工执行农业用电价格政策。2020 年，省政府办公厅印发《黑龙江省散煤污染治理“三重一改”攻坚行动实施方案（2020—2022 年）》，要求在农村地区实施以秸秆替代为主的清洁改造。2021 年，省发展改革委、省农业农村厅等 14 厅局联合印发《黑龙江省加快煤炭资源高效开发利用行动方案》，提出在农村地区实施秸秆固化燃料替代散煤。

【技术模式】黑龙江省统筹推进秸秆综合利用和农村冬季清洁取暖工作，初步探索出了适合黑龙江省资源和气候特点的农村清洁能源发展路径，针对农村集中供热和分户采暖的不同形式，总结发布四种“秸秆代煤”“压块代煤”技术模式，一是“秸秆压块燃料+户用生物质炉具”单户采暖技术模式，二是“秸秆压块燃料+生物质成型燃料锅炉”集中供热技术模式，三是“秸秆直燃锅炉”集中供热技术模式，四是生物质热电联产集中供热技术模式。

【展示交流】2017 年以来，黑龙江省农业委员会先后在哈尔滨市呼兰区、肇东市、海伦市进行了秸秆压块机、户用生物质炉具等设备展示。2020 年 7 月，黑龙江省农业农村厅、哈尔滨市政府在哈尔滨市农村能源示范基地共同举办黑龙江省农村清洁取暖技术装备展示宣传周。这次展示宣传周聚焦农村清洁取暖解决方案，围绕农村生活、生产用能提质增效，以推动农村清洁取暖健康发展和改善农村人居环境为目标，突出“清洁、方便、经济、适用”的特点，重点展览展示农村生物质取暖、生物质供热锅炉和炉具等，省内外 25 家清洁能源装备制造生产经营企业参展，现场展示生物质锅炉、秸秆压块机等各类设备 100 多台套，基层干部和有关企业代表近千人参加活动。

【科技创新】黑龙江省内科研单位会同有关企业，就秸秆直燃供暖技术开展技术攻关。以黑龙江省农村能源总站、黑龙江省农业科学院农村能源与环保研究所为主要技术依托单位的《北方寒冷地区秸秆打捆直燃清洁供暖技术》入选 2021 年黑龙江省农业主推技术。《寒冷地区村镇秸秆直燃供暖技术规程》（DB23/T 2698—2020）已由省市场监督管理局发布实施。

【工作机制】采取灵活多样的原料收集和燃料使用方式，有效衔接秸秆收集、加工与产品销售等环节，搭建大数据平台，建立互惠分享利益联结机制，推进收储运加销一条龙的产业化联合体经营模式，不断推进秸秆固化燃料利用专业化、市场化、产业化进程。充分利用电视、广播、互联网、报刊等媒体渠道，采取宣传片、公益广告、典型实例报道以及印发宣传单、组织科技下乡、农民培训、召开现场会、村支部书记参观交流会等方式，分散多村实施，开放式多村布点，典型示范引导，现场试烧展示，实现一户传多户、一村带多村，使农户从不认识到认识，从不了解到了解，从不接受到接受，增强社会各界及农户使用秸秆压块的自觉性。

◁典型案例▷

海伦市秸秆燃料化利用典型案例

一、海伦市海北镇西安村户用生物质炉具取暖

海伦市海北镇西安村位于海北镇西部，距镇区 2.5 千米，全村共有耕地 12217 亩、林地 928 亩，下辖 1 个自然屯、456 户、1776 口人。全村砖瓦化率 90%，道路硬质化率 100%。集体经济纯收入 16 万元，农民人均可支配收入 5500 元。2017 年被评为国家级文明村镇。

按照黑龙江省委、省政府办公厅《黑龙江省秸秆

生物质炊事取暖炉

综合利用实施方案》《黑龙江省加强农村秸秆压块燃料化利用工作实施方案》及绥化市总体要求，海伦市对海北镇西安村农村户用采暖炊事锅炉进行整村推进，每台价值5028元的全自动生物质炊事取暖炉具，政府补贴4228元，农户仅付800元。2020年底，全市已安装300台，每年消耗秸秆成型燃料600吨。该生物质锅炉可取暖、可炊事、可烧炕，一炉多用，清洁、高效、环保，深受农户喜爱。

农民通过使用生物质颗粒或压块燃料，还减少了费用支出。例如，一家农户80米^{2}住宅，一个冬季用秸秆燃料取暖、做饭、烧炕大约用秸秆燃料1.7～2.0吨。秸秆燃料在本村购买价格为600元/吨，煤炭购买价格为900元/吨，那么农户一个冬季消费燃料支出与燃煤相比可节约700元左右。

海伦市西安村农户使用的生物质固化燃料，可在距村2.5千米的万佳生物质科技有限公司购入，而该村农作物产生的秸秆也全部卖给该企业，降低了运输成本及加工成本，形成了就近加工、就近转化的良性循环模式。

二、海伦市海北镇秸秆直燃集中供暖

海伦市海北镇秸秆直燃集中供暖项目为海北镇居民、机关企事业单位供暖，供暖面积23.5万米^2，采用20吨打捆直燃锅炉供热。改造前采用同吨位燃煤锅炉，每年燃煤8225吨，每吨煤650元，燃料成本534.6万元，每平方米供热燃料成本22.8元，加上人工等费用，每平方米供热成本为27.8元；改造后，每年消耗秸秆2万吨，每吨秸秆150元，每年燃料费用300万元，相当于每平方米燃料成本为12.8元，加上机械、人工等费用，每平方米供热成本为17.8元。该供热模式与传统燃煤供热模式相比，每平方米节约10元，该项目每年可节约235万元。

秸秆直燃集中供暖项目

三、海伦市中小学校秸秆代煤取暖

黑龙江省海伦市现有学校71所，其中市直19所、农村52所；供热面积38.5万米^2，其中市直18.6万米^2、农村19.9万米^2。为有效利用秸秆资源，2017年由海伦市政府出资，37所农村学校更换了秸秆燃料节能锅炉52台，其中最大锅炉吨位2吨，最小锅炉吨位0.35吨，总吨位33.94吨，改善供热面积10.8万米^2，年替代燃煤5890吨（燃料费441万元）。2017年学校使用秸秆固体成型燃料5765吨（燃料费346万元），节约燃料费95万元。

海伦市海北小学，供热面积4823米^2，改造前年用燃煤180吨，需资金13.5万元，2017年更换生物节能锅炉1台，使用秸秆固化燃料160吨，用资9.6万元，年节省燃料费3.9万元。秸秆固化燃料锅炉即烧即热，节约能源，节省人力，减少环境污染，改善了供热效果，为师生提供了温暖舒适的工作和学习环境。

海伦市联发中学采用直燃锅炉供热，新上一台

4.2兆瓦捆烧直燃生物质锅炉，占地面积11000米^2，储料场地10000米^2。铺设主管道直线距离800延长米，现供暖面积42000米^2，其中学校6800米^2，另覆盖居民315户787人，以及乡政府、卫生院、邮政局等。该锅炉的投入使用，解决了老式燃煤锅炉供热能力不足、用户不满意的难题，通过清洁取暖，改善了人居环境，也提高了学生和居民的幸福指数。

肇东市东安村秸秆直燃集中供暖案例

肇东市五站镇东安村以秸秆直燃锅炉改造传统燃煤锅炉，实施村屯集中供暖，不但降低了供暖成本，还走出了一条“秸秆作燃料、草木灰还田、培肥地力促增产”的循环利用新路径，彻底解决了农作物秸秆难题。

东安村是全省第一批美丽乡村之一，全村已经实现道路全硬化、路灯全亮化、街巷全绿化、住房全标准化、外墙颜色统一化，所有农户室内安装了卫生间和太阳能洗浴。村集体统一建设了燃煤集中供热站，铺设管线1.5万延长米，村民全部实现冬季集中供暖。2018年，为解决全村秸秆处理难题、降低取暖成本，村集中供热站燃煤锅炉改成玉米秸秆直燃锅炉，使东安村在美丽乡村“能源革命”上又率先迈出了一大步。

采取的模式：一是村企合作。东安村与哈尔滨新兴锅炉制造有限公司合作建设秸秆直燃集中供热站，由公司无偿提供1台4蒸吨秸秆直燃锅炉，同时负责线路安装、检查、维修，锅炉使用检测、技术改进、环评指标检测等。东安村使用锅炉，提供试验数据、进行样板展示。二是集体包烧。东安村供暖采取集体包烧、农户缴费、包本运行方式，按照每年产生费用核算农户缴纳包烧费额度，2019年确定每户每平方米包烧费20元。村集体自购1台1804拖拉机、打包机、抓草机、四轮车，解决秸秆收储问题。三是综合利用。全村蔬菜种植面积1500亩，玉米种植面积6000亩，年产秸秆资源量3900吨，可收集利用量3300吨，直燃锅炉一个采暖期需要利用秸秆2700吨，全村所产秸秆基本实现全利用，锅炉燃烧产生的草木灰全部作为钾肥还田到蔬菜种植地块，实现了闭合式循环利用。

秸秆直燃锅炉

秸秆直燃集中供热站

产生的效益：①直接经济效益。每天烧秸秆60包，平均每包重250千克，每天用量15吨左右，一个采暖期（6个月）消耗秸秆2700吨。东安村自建打包队，负责供应锅炉燃料供应。每包费用20元左右，冬季打包每4包1吨，每吨打包费80元、运输费30元，每吨全部费用110元。整个采暖期需用打包秸秆2700吨，打包费用29.7万元。以往使用燃煤供热一个采暖期需要38万元，使用秸秆直燃可节省8.3万元。②间接经济效益。秸秆直燃供暖后，实现“两节一提”三笔效益。一是节省秸秆禁烧看护费用，每年村里此项支出约3万元。二是节省肥料投入费用，秸秆直燃后的草木灰直接还田1600亩蔬菜地块，不再施用磷钾肥，每亩地节省费用约5元，1600亩地共计节省8000元。三是提升蔬菜品质，施用草木灰后的蔬菜口感好、品质佳、卖相好，东安村蔬菜现已被确定为华莱士特供基地，经鲜切处理后，平均市场销售价格是普通蔬菜的2倍多。

依安县依龙镇整镇推进秸秆直燃集中供暖案例

依龙镇隶属于齐齐哈尔市依安县，面积508千米^2，辖18个行政村，人口5.6万人，耕地面积60万亩，主要农作物为玉米、大豆、水稻，年产玉米秸秆21万吨。作为以农业为主的乡镇，依龙镇坚持严格把关、探索出口，重点推进以秸秆生物质直燃利用为主的燃料化利用，实现秸秆“变废为宝”，全镇秸秆综合利用率达到100%。

依龙镇发展秸秆燃料化利用有三大优势：一是社区集中优势。依龙镇是全省新农村建设示范镇，在省市的大力支持下，建设了133栋近80万米^{2}农民公寓楼，由12个锅炉房集中供热，发展燃料化利用，减少了燃煤造成的环境污染、降低供热成本、提前完成10蒸吨以下燃煤小锅炉淘汰任务，实现“一举三得”。二是销售市场优势。德发、德玉、公和3个村的秸秆回收后可销售到周边县电厂做燃料。三是固化加工优势。全镇有2处秸秆固化站，可处理秸秆3.5万吨。综合这三大优势，2018年10月，依龙镇改造3处生物质锅炉，先行先试，经过一个采暖期的运营，收到较好的效果。经对比，烧玉米秸秆比烧煤炭节省费用近50%。有了3处生物质锅炉供暖的成功经验，依龙镇召集所有供热公司负责人和社区负责人，就玉米秸秆直燃供暖可行性进行深入探讨，通过镇、村、供热方积极协商，达成一致后签订协议，在筹集资金上采取政策支持补贴一部分、镇政府补贴一部分、供热经营权担保贷款一部分、供热方自筹一部分的方式，购置生物质锅炉。此工作从发动到落地仅用3个月，在2019年8月全部敲定了购买方案。目前，总投资1520万元的12台106吨生物质锅炉投入运营，新一轮采暖期下来，可利用玉米秸秆15万吨，占全镇玉米秸秆的70%，剩余的30%玉米秸秆通过饲料化、肥料化方式全部利用。

在将煤炭锅炉更新为生物质锅炉过程中，为全面提升秸秆离田能力和离田水平，2018年，全镇新购自走式玉米穗茎兼收机12台、粉碎还田机21台、打包机13台，为秸秆综合利用提供硬件保障。县政府克服资金压力，发放秸秆离田及打包机械购置补贴资金203.6万元，同时2019年拨付秸秆综合利用补助资金400万元，为开展秸秆综合利用工作提供了资金保障。为调动供热企业更换锅炉的积极性、缓解资金短缺压力，依龙镇在积极做好社区、村、供热方、老百姓思想工作的基础上，对生物质锅炉更换主体给予每吨3万元的补贴，并明确补贴资金作为股金，减免当地贫困户一定取暖费，建立了生物质直燃带贫益贫机制。更换生物质锅炉可享受省政府出台的秸秆离田利用政策，根据其当年实际利用量，给予每吨50元补贴。在金融扶持上，购买哈尔滨生产生物质锅炉的5个社区，由锅炉制造公司协调金融部门，享受30万～50万元的贷款待遇。

上海市农村能源建设

【基本情况】上海市农村可再生能源主要利用方式为沼气工程和秸秆综合利用。经统计，2020年上海市沼气工程共有63处，较2019年减少2处，主要集中在全市6个郊区和光明食品集团所属农场。其中光明集团41处，约占全市沼气工程数量的65.1%；崇明区6处，金山区5处，浦东新区4处，松江区4处，嘉定区2处，青浦区1处。光明食品集团所属农场有3处在建沼气工程，另有已停止运行尚未拆除的沼气点12处，主要集中在崇明区。本市沼气工程总池容为56.18万米^3，年产气量为1621.2万米^3，装机容量为14850千瓦。

【沼气工程】小型和中型沼气工程共8处，较上年度减少8处，主要集中在浦东新区、金山区和光明集团，总池容为0.09万米^3，较上年度减少0.14万米^3，无沼气发电设施。大型和特大型沼气工程共55处，较2019年度增加6处，主要集中在全市6个郊区和光明食品集团所属农场，所有工程总池容为56.18万米^3，较上年度增加5.83万米^3。年产气量为1621.2万米^3，装机容量为14850千瓦，与上年度相比，相当一部分沼气工程用于产沼气，沼气发电装机容量较上年减半。畜禽养殖场沼气设施56处，蔬菜废弃物沼气设施7处，沼气发电32处。上海市沼气工程原料消耗量以畜禽粪污为主，年消耗量为328.38万吨，农作物秸秆年消耗量为0.34万吨，其他有机废弃物年消耗量为155.85万吨，2020年养殖业逐步恢复正常，畜禽粪污、秸秆等消耗量较上年度增加近400万吨，年生产沼肥198.89万吨。

江苏省农村能源建设

【基本情况】截至2020年底，江苏省户用沼气69.76万户，沼气工程4003处。2014—2020年，全省累计新增太阳能热水器175.1万台，累计新增太阳能热水器面积246.7万米^2，建成一批太阳能热水器示范小区。在生物质能方面，积极推广农村沼气和秸秆收贮利用建设，建设秸秆固化成型项目、秸秆气化集中供气项目，累计新增固化成型项目49处，累计新增固化成型产量61.6万吨；累计新建生活污水净化沼气池155处，累计处理污水量727.6万吨。积极推进畜禽粪污、秸秆能源化利用，其中，徐州市先后建设20多处秸秆太阳能沼气示范工程，实现集中供气1.02万户。南通市通过技术革新、政策创设、行政推动等措施，充分发挥沼气发电并网在推进畜禽养殖污染治理、促进种养循环农业方面的重要作用，全市共有57家畜禽养殖沼气发电并网企业，所有企业均与供电公司签订供用电合同，实行余电上网。扬州市配套建设沼气发电项目，年沼气发电总量达480万千瓦时以上，推进畜禽养殖企业节能减排。盐城市中粮肉食家佳康有限公司利用养殖粪便资源，推行沼气供热发电、推广沼肥返田利用、推进种养有机结合，每年可提供沼气75万米^3，发电313万千瓦时，年产生沼渣加工有机肥2100吨。

【农村能源统筹发展】江苏省以沼气工程建设为纽带，以推进省级生态循环农业试点项目为契机，积极发展生态循环农业，探索畜禽粪污等农业废弃物综合利用技术，进一步改善农村生态环境。探索形成"猪-沼-粮（果、蔬）""牛-沼-草""规模养殖＋沼气发电＋绿色种植""分户收集＋集中处理＋沼气发电"等多种沼气综合利用模式，实现农业生产无害化、"以农促农，以农养农"的良性循环。充分发挥省级农业生态保护与资源利用财政资金效应，支持和引导沼气工程建设及秸秆综合利用。协调农业服务中心以及农村能源协会等共同构建农村沼气服务体系，使在用沼气工程、户用沼气及停运废弃沼气设施得到较好的运行维护与报废处置服务。重视农村能源队伍建设，加大对农村能源有关管理干部、服务人员、技工培训力度，加强沼气日常运作的科学管理。坚持物业化管理和专业化服务的原则，推行沼气生产工持证上岗，目前，江苏省持证沼气生产工和沼气物业管理人员4000余人，完善县、镇、村三级服务体系，解决沼气工程后续管理服务问题。

【安全监管】每年印发《关于进一步加强沼气工程安全生产管理工作的通知》《关于进一步做好农村能源安全生产工作的通知》等，2019—2020年印发《江苏省农村沼气设施安全处置办法（试行）》《省农村能源安全生产专项整治实施方案》，明确农村能源安全管理内容，督促地方落实安全生产主体责任、安全生产监管责任及安全生产制度。各地严格按照"管行业必须管安全、管业务必须管安全、管生产经营必须管安全"的要求，明确工作目标、细化工作措施、落实监管责任，大力开展督促指导和宣传培训，按照"谁拥有谁负责"的原则，落实农村能源生产业主或运营单位的安全生产、安全整改和报废处置主体责任。此外，突出强化安全生产制度建设和落实，指导督促责任主体进一步健全落实安全生产制度，做到制度"上墙、上心"，提高生产安全风险防控和突发安全事件应急处置能力。将农村沼气设施安全处置列入省级农业公共服务专项资金使用范围，印发《关于开展农村能源安全生产调研互查工作的通知》，组织各设区市农村能源主管部门开展调研互查，省级管理部门参与督查，重点聚焦安全生产责任落实、隐患排查及整改落实、沼气设施安全处置等方面。各地按要求和规定加快推进农村沼气设施安全处置工作；组织开展安全隐患排查整改和沼气设施安全处置。对发现的安全隐患，明确责任主体与责任人，组织落实整改，督促整改到位；结合当地实际，按照要求开展安全生产月相关活动；针对夏季高温、重大节假日等重点时段，狠抓安全措施和责任落实。严格落实属地管理责任，结合本地区实际情况，狠抓安全措施和责任落实，严抓风险隐患排查和问题整改落实。

◁典型案例▷

徐州市配套建设沼气集中供气典型推广案例

自2011年以来，徐州市太阳能沼气集中供气技术先后在贾汪区马庄村、铜山区棠张村、睢宁县湖畔槐园等地应用示范，效果显著。徐州市政府因势利导，印发《徐州市改善农民住房条件项目配套太阳能沼气集中供气工作实施方案》，要求改善农民住房条件项目实行"四个同步"（同步设计、同步施工、同步验收、同步交付使用）并配套秸秆太阳能沼气功能设施。2020年底，全市已推广42处太阳能沼气集中供气点，每处管道燃气供给1000～1500户。2018年6月11日，农业农村部在睢宁县召开全国秸秆综合利用现场观摩会，参观魏集镇湖畔槐园农村新型社区管道燃气供给及秸秆资源化利用现场。2020年全国节能宣传周期间，农业农村部推介发布农村能源典型技术五大模式，美丽乡村配套建设沼气集中供气模式入选。2021年5月2日，全国党员干部远程教育频道播出徐州太阳能沼气专题片，并向全国推广。

一、技术基本情况

该技术把厌氧发酵罐置入日光温室，引入太阳能涂膜光能吸热等技术，利用太阳能增温、保温效果，厌氧处理秸秆等有机废弃物，产生的沼气集中供气或发电并网，沼渣、沼液用于种植绿色粮菜。能够解决以下三个主要问题：

一是解决沼气工程冬季不能正常运行难题。厌氧发酵罐卧入日光温室，表面喷涂光能吸热涂料，保障沼气工程全天候运行。

二是解决干发酵工艺连续进料难题。改制干式进料泵，突破机械进料高浓度的瓶颈制约，使产气率提高2倍以上，且减少沼液量80%左右。

三是解决秸秆资源化利用难题。改进发酵原料搅拌系统，单一或混合厌氧处理秸秆、畜禽粪便等有机废弃物，实现均质、不沉淀、不结壳。

二、提质增效情况

一是社会效益，徐州市推广秸秆太阳能沼气示范村42个，供给5万户居民生活用能。

二是经济效益，2020年实际生产沼气2651万米^3，沼气收入3276.9万元，沼渣和生物有机肥产品收入22580万元，两项合计收入25856.9万元。

三是生态效益，2020年实现秸秆资源化利用21.4万吨、畜禽粪污48.2万吨；沼渣、沼液等有机肥全部还田，相当于减少了1.62万吨尿素施用量；可再生能源替代化石能源，节省标煤18928.1吨，减排二氧化碳47187.9吨。

三、技术获奖情况

该技术研究、示范、推广以来，已经通过省级鉴定、验收4次，获得国家发明专利和实用新型专利8项，荣获国家、省和淮海经济区科技进步奖4次。

四、适宜区域

适宜在冬季气温低于零度、光照条件好的华北、华中、华南等地区推广应用。适宜具有集中居住特点的农村新型社区，特别是天然气管网覆盖区域之外、急需解决管道燃气供给和农业农村多元有机废弃物处理难题的地区。

五、注意事项

四个同步：半干式秸秆太阳能沼气综合利用技术推广和居住区建设同步设计、同步施工、同步验收、同步交付使用。

三个结合：遵循就地就近原则，与养殖场相结合，处理畜禽粪污；与天然气管网覆盖网外居住区相结合，供给管道燃气；与果菜茶有机肥替代行动相结合，利用沼渣、沼液、生物有机肥。

秸秆太阳能沼气集中供气技术

徐州市马庄村沼气站

徐州市棠张村沼气站

睢宁县以沼气为纽带的生态循环农业产业体系

近年来，睢宁县深入贯彻落实新发展理念，抢抓徐州市乡村振兴集成改革唯一试点县机遇，以“无废城市”建设为引领，用系统思维统筹推动规模化沼气建设，形成了以沼气为纽带的生态循环农业产业体系，初步取得了农业绿色发展、农村人居环境改善、农民生活条件提升的多重效益。目前，全县已投资1.7亿元，建成37个沼气站，沼气厌氧发酵装置总容积4.9万米^3。

睢宁县通过全域推广沼气模式，既实现了富民增收、带动了生态循环农业的发展，又改善了县域生态环境，为加快建设可观可感的“美丽睢宁”描绘了生动底色。

一是传统农业在以“沼”延链中更旺了。围绕“三沼”综合化利用，构建起的生态循环农业“综合体”，带动了稻蟹（虾）综合种养、优质食味稻米示范区和经济林果等绿色有机农业基地建设，既改变了传统作物耕作方式，又提升了优质农产品供给质量，释放出更大的市场经济效益。目前，全县规划发展20万亩绿色有机农业示范基地，在建7.3万亩；拥有经济林木10.3万亩，新建2.2万亩。经测算，每亩地生产有机农作物平均可增加4000元收益，20万亩全部建成后可新增效益8亿元。经济林木多以楸树、无絮杨为主，以官山镇为例，利用沼渣沼液测土配方发展楸树3000亩，一年后成苗销售，年产值约9000万元。

二是农村面貌在以“沼”增绿中更靓了。沼气的原料收处，既是一个消纳秸秆、畜禽粪污、生活垃圾等废弃物的过程，也是农村改厕、污水处理、垃圾收运等人居环境整治工作协同推进的过程，全县37所沼气站每年可就地消纳各类废弃物96.7万吨，废弃物产生量减少49%，尤其是每年消处农村易腐垃圾1.8万吨，帮助节约垃圾处理费711万元，实现生态与经济效益双收获。同时，通过推广使用沼渣沼液有机肥，开发一批生态种养项目等田园综合体，推动农田变景区、田园成乐园，有效改善了农村生态环境、激活了乡村美丽经济，打造了一批绿色盎然的美丽乡村。湖畔槐园、高党等村庄获得省特色田园乡村、美丽乡村等荣誉称号。

三是村民腰包在以“沼”生财中更鼓了。村集体通过提供原料收运、效益分红等，拓宽了增收渠道；农户依靠参与设备维护、进园务工，每月可获稳定收入，真正实现了增收减支、富民强村。从直接效益看，2020年底，37个沼气站每年可在集中供气上盈利584.6万元、在余气发电上获利2137.8万元、在沼渣销售上获利1.04亿元、创收1.3亿元，为村集体增收2600万元。从带民富民看，全县37个沼气站每年带动就业300人，人均月工资2000元左右，增加群众收入710万元。如湖畔槐园沼气项目，每年通过供气和销售有机肥可获利90万元，村集体每年按比例分红超18万元，带动10余户村民就近就业。

四是宜居质感在以“沼”配套中更强了。一方面，通过集中供气新型社区，以更低廉的价格代替了液化气、天然气等燃料，优化了农村能源使用结构，减少了群众生产生活成本。另一方面，为农村垃圾分类、厕所等设施提供了终端处理设备，提高了农村公共服务配套水平。2020年底，已建成的沼气站可满足5万户群众用气需求，年底将再增加2万户。据统计，农村户均沼气月用量为30米^3，费用54元，如使用液化气则需84元，每户每月可节省30元，每年可为百姓节约支出2520万元。

浙江省农村能源建设

【沼气建设】2013—2020年，浙江省全面贯彻落实党中央、省委省政府决策部署，以建设现代生态循环农业为主线，促进畜牧业转型升级，稳步推进农村沼气建设。截至2020年底，全省现存各类沼气工程（包含特大型、大中型、小型沼气）4409处，总容积112.98万米^3，主要分布在衢州、金华、绍兴、丽水等地，年产沼气0.94亿米^3，折合标准煤6.68万吨。截至2020年底，全省现存户用沼气6.25万户，正常使用0.89万户，主要分布在衢州、丽水、杭州等地。

【清洁能源综合开发】浙江省坚持绿色、可持续发展理念，持续推动农业农村节能减排，围绕以农村规模化沼气工程为纽带的现代生态循环农业模式和美丽乡村建设，积极推进农村生物质能、太阳能等开发利用。一是稳步发展农村沼气集中供气模式。在全国率先推广沼气整村集中供气工程模式，截至2020年底，全省共建有集中供气工程700余处，每年可供气户数2.11万户，年可利用沼气近800万米^3。二是积极发展农村沼气发电。截至2020年底，全省沼气发电装机容量1.66万千瓦，年可发电量4000多万千瓦时。衢州龙游、开化、天台等地有6处沼气工程并网发电上网，装机容量为2260千瓦，年可发电上网1600多万千瓦时。三是推进秸秆生物质能源利用。2020年全省农作物秸秆能源化利用约7.79万吨，生物质能源利用企业58处，其中固化成型企业52处，年产量42.8万吨；热解气化企业3处；炭化利用企业3处，年产量0.13万吨。四是积极开发利用太阳能等清洁能源。将农村沼气与太阳能增温相结合，实现多能互补；将食用菌种植、畜禽舍屋顶等与太阳能光伏发电相结合，在遂昌县等多地实施"农光互补"项目；与新农村美丽乡村建设相结合，在农村推广太阳能光伏发电，实施光伏小康工程。截至2020年底，全省15个县（市、区）光伏小康工程已建成467.94兆瓦，其中地面电站414.84兆瓦、水面电站6.3兆瓦、屋顶电站46.8兆瓦。

【农村能源技术发展】浙江省以建设现代生态循环农业为主线，明确目标、强化责任、扎实推进，提升农村沼气安全运维服务水平，提高沼液科学安全施用水平，组织新技术新模式试验研究与示范推广。一是组建技术专家团队。2014年组建浙江省农业生态与能源技术专家组，在此基础上，2017年成立了浙江省农业生态与能源技术创新与推广服务团队。整个团队共有成员74人，其中来自大专院校18人（正高职称12人，副高职称6人），科研院所9人（正高职称5人，副高职称4人），省级单位16人（正高职称6人，副高职称9人，中级职称1人），市县22人（正高职称4人，副高职称18人），业主成员9人。团队下设农村能源技术组、秸秆利用技术组、农业面源污染监测与评价技术组三个小组。二是构建全省沼液科学施用体系。浙江省自2016年起，在全省建立农村规模化沼气工程、田间地头沼液施用等沼液长期施用定位监测点，持续开展沼液组分调查，累计采集原液、沼液、沼渣等样品1000多个，检测项数1万多项。开展沼液在不同土壤、不同作物上施用对土壤质量及农产品品质的影响效应试验。浙江省综合运用沼液组分检测数据、田间试验资料，编制并印发《沼液综合利用技术导则（2017年）》《单季晚稻等5种作物的沼液施用与生态消纳技术规范（2020年）》，组织编制《浙江省沼液施用与生态消纳技术规范》地方标准，为制定优惠扶持政策提供了技术支撑，推动全省沼液科学安全施用体系的建立。三是加强技术集成与推广。总结形成并推广"三沼"综合利用六大主推技术，包括沼气整村集中供气技术、多原料混合沼气发酵技术、畜禽粪污沼气处理全量利用技术、污水沼气处理达标技术、沼液浓缩利用技术和沼气省柴灶多能互补技术，可广泛运用于农业有机废弃物处理利用、农村用能结构改善等农业生产农村生活各方面。在吸收有关科研和生产实践成果的基础上，总结提炼和推广农作物秸秆综合利用七大主推技术，包括稻麦秸秆粉碎还田技术、大小麦免耕直播稻草覆盖还田技术、秸秆青贮饲料化利用技术、秸秆固化成型燃料化利用技术、秸秆沼气生产技术、秸秆基料化利用技术和秸秆材料化利用技术，更好地助推农业绿色发展。开展多层次、多形式的技术培训，结合"三农六方"等平台，联合浙江农林大学等科研院所，开展沼液综合利用研究，着力打造一批沼液科学施用技术示范点。

【政策扶持】2014年，浙江省农业厅发布《关于加快推进沼液资源化利用的指导意见》，推动农业畜禽养殖废弃物的综合处理和利用；2019年，出台《浙江省发展改革委关于进一步落实绿色发展电价政策的通知》，规定利用畜禽养殖废弃物制取沼气发电上网收购价统一调整为沼气发电项目上网电价，即每千瓦0.666元。在农作物秸秆综合利用方面，省政府先后发布了《浙江省人民政府办公厅关于加快推进农作物秸秆综合利用的意见》《浙江省打赢蓝天保卫战三年行动计划的通知》等文件。2018 年 3 月，省农业厅发布了《农作物秸秆综合利用七大主推技术的通知》，推广农作物秸秆综合利用适用技术；2019 年省农业农村厅发布了《关于做好农作物秸秆资源台账建设工作的通知》。为保障畜禽养殖规模化沼气工程建设，以及农作物废弃秸秆收集、存储、处理场所建设等用地，两部门出台了《关于规范设施农业用地管理促进设施农业健康发展的通知》。

【农村沼气安全生产】浙江省以确保农村沼气安全生产“零事故”为目标，围绕摸清底数，有针对性地加强农村沼气安全生产技术服务工作。一是全面推进农村沼气建档服务制度建设。针对近年来农村沼气工程存量变化比较快的实际情况，浙江省在 2016 年和 2017 年全省农村沼气存有量调查、2018 年全省农村废弃沼气安全处置基础上，于 2019 年在全省推进以存量农村规模化沼气工程为对象，以主体类别、规模和运维状况，制定个性化的、适用性强的“一程一策”安全生产制度等为主要内容的农村规模化沼气工程建档服务工作，90%以上农村规模化沼气工程建立“一程一策”安全生产责任制度，确保每个农村规模化沼气工程安全生产规章制度到位、安全生产管理人员到位、安全设施保障到位、安全应急处置和预防措施到位、安全生产主体责任真正落实到位，同时推进农村沼气工程“一制度、二张图、三套表”的信息化智库建设。二是强化农村沼气安全技术指导服务。根据各地农村沼气安全生产特点，加强重点地区和薄弱环节的风险隐患梳理和排查；压实主体责任，指导业主开展农村沼气安全隐患大排查活动，落实各项安全技术防范措施；充分利用农民信箱、钉钉、微信、短信等平台，发放各类农村沼气安全生产预警通知，在重大活动、节假日、台风洪涝等极端天气期间建立应急值班值守制度，确保农村沼气安全管理无死角。三是全面落实废弃农村沼气安全处置工作。2018 年浙江省将农村废弃沼气安全处置任务列入省厅对各市农业农村局的考核任务，要求各地对农村废弃沼气 100%安全处置。各地按照“该封则封、该拆则拆、宜用则留”的原则进行分类指导，对要拆除的农村沼气工程制定安全拆除方案，2018 年全省共安全处置农村废弃沼气 1.99 万处，其中完全拆除（含填埋）0.84 万处，采取水泥板封闭、料液清空并注清水等措施封存 1.15 万处。四是加强安全生产培训宣传教育。结合安全生产月、省“三联三送三落实”等活动，通过现场咨询、展板展示、发放资料、沼气用户安全使用知识培训等形式，多途径、多角度地开展农村沼气安全警示教育和科普宣传。省市县分别对系统技术人员、农村沼气工程业主等进行农村沼气安全生产运维、沼液综合利用等培训，组织开展沼气安全生产使用、应急预案演练、沼气池“大出料”操作演示等现场活动。

◁ **典型案例** ▷

开化县以农村沼气建档服务制度开拓农村清洁能源利用新局面

近年来，开化县以农村沼气建档服务制度建设为抓手，通过争取政策支持、制定制度规范、强化技术服务、加强培训宣传等措施，有力推进该县以沼气为主的农村清洁能源的蓬勃发展，促进现代生态循环农业的发展。全县农村规模化沼气工程 128 处，总容积 3.30 万米^3，年产沼气 300 余万米^3，集中供气工程 62 处，供气农户近万户，建立以沼气工程为纽带的生态循环农业示范点 12 处，年施用沼液 10 余万吨，每年可为农户节约烧料支出 500 万元。

及时更新农村沼气信息，全面掌握运行动态。开化县作为全省试点，对所有农村沼气工程登记造册，建立了“一表两图”，率先建立农村沼气建档服务制度后。为适应近年来农村沼气工程存量变化比较快的趋势，该县改变原有农村沼气更新方式，成立了由县、乡（镇）技术骨干、沼气物管员等组成的工作小组，常态化开展农村沼气工程建设及运维情况调查，实时掌握农村沼气运行现状，及时更新建档信息。在面对非洲猪瘟疫情等突发情况时，与畜牧部门及时对接沟通，共同更新农村沼气信息。该县推进农村沼气信息化智库建设，实现了农村沼气工程运行动态化管理，完善了县农村沼气工程存量统计信息电子化管理系统。在开化县甬旺农场等 5 个重点农村沼气工程安装物联网监控系统，实时查看产气量、甲烷浓度等动态信息。

落实农村沼气安全生产责任制度，确保安全运维。在建档初期，该县虽已完成了建档服务制度建设，实现了农村沼气安全生产制度全覆盖，但是按照户用沼气、联户沼气、规模化沼气工程等类别规范制度，不够精细精准，常出现制定的规则方法不适用的情况。为此，该县按每个主体不同类别、规模和运维状况，制定个性化的、适用性强的“一程一策”安全生产制度，确保每个农村沼气工程安全生产规章制度到位、安全生产管理人员到位、配套保障设施到位、预防应急处置措施到位、农村沼气工程安全主体责任真正落实到位。为了提高农村沼气安全生产运维水平，该县农村沼气安全生产的关键岗位实行持证上岗制，从业人员每年至少参加2次县级以上部门组织的技术培训，从而提升从业人员的安全意识和处理安全隐患的技能水平。

开化县农业农村局开展安全生产技术服务

强化农村沼气工程安全技术服务，确保技术到位率。一是落实安全巡回检查制度。按照安全生产要求，不定期组织人员开展农村沼气安全生产巡查，加强重点地区、关键节点、薄弱环节的风险隐患梳理和排查，在重大活动、节假日、台风洪涝等极端天气期间建立应急值班值守制度，确保农村沼气安全管理无死角。二是建立日常服务制度。县财政每年安排30余万元，成立农村沼气日常管理队伍和农村沼气工程维护修理服务队伍，明确各服务队伍的工作职责、服务内容，确保农村沼气安全运维。三是加强培训宣传。结合安全生产月、全国节能宣传周、“三联三送三落实”等活动，通过现场咨询、展板展示、发放资料、沼气用户安全使用知识培训等形式，多途径、多角度地开展农村沼气安全警示教育和科普宣传，不断提高沼气用户和业主安全生产意识和事故处置能力。四是及时处理农村废弃沼气工程。及时摸排闲置沼气工程，按照“该封则封、该拆则拆、宜用则留”进行分类指导，对要拆除的农村沼气工程制定安全拆除方案；对能恢复的沼气工程，根据实际情况及时修复使用。截至2020年底，共恢复2处农村集中供气沼气，安全拆除4处农村沼气工程。

天台县坚持数字与科技“双赋能”助力绿色农业腾飞

近年来，天台县农业农村生态能源工作按照新时代美丽乡村建设要求，强化数字赋能、科技赋能，扎实推进农村废弃资源利用、农田氮磷生态拦截沟渠系统建设、农产品产地环境监测、行业安全等重要工作，高标准推进农业农村生态能源事业发展，助力绿色农业腾飞。

聚集合力强推进。一是政策引领。将沼液配送、秸秆综合利用等资源化利用补助纳入县级“肥药双控”政策中，每年安排600万元专项资金。如对从事县内沼液配送的社会化服务组织，补助20元/吨；对运至标准储肥池且距离超过5千米的追加15元/千米的远距离运费补助，从而解决生态消纳地配套不足或沼液季节性过剩的问题。二是培育主体。挂牌成立沼液配送服务中心、秸秆收储运服务中心、农村沼气服务中心，构成“服务中心＋企业/服务组织＋种养大户/农户”的农业废弃物综合利用体系。截至2020年底，沼液配送服务中心拥有服务组织4家，配备专用车辆8辆，年运输能力可达19.2万吨。秸秆收储运服务中心占地9000余米^2，年秸秆收贮量达2万吨。三是宣传推广。通过农村沼气工程建档服务展示厅、秸秆综合利用横幅及电视、广告、报纸等方式多途径、全方位地做好宣传工作，极大提高群众在沼气安全利用、秸秆综合利用等方面的认识。

聚焦特色抓创新。一是精准高效利用“三沼”。推行“规模养殖＋沼气发电”综合利用模式，鼓励养殖主体购置沼气发电机组，在台州地区率先实现规模养殖场沼气发电并入国家电网，使养殖场沼气使用率从3%提升到100%。在省内率先提出“测土配方、差别利用”沼液精准利用新模式，建立了水稻、桃树、芦笋沼液利用试验示范基地，并在白鹤镇建成全县首个且全省单池容积（400米^3）最大的，具有物理过滤、高压输送、自动清池、肥料配比、智能控制等功能的田间沼液储肥池。二是因地制宜利用秸秆。结合区域种植特点，规划各乡镇区域着重推广的利用技术，使秸秆利用发挥最大技术效应。以平桥镇为例，该镇以粮食、蔬菜、水果种植为主，农业产业特色明显，大力推广“稻秆-雷笋（青苗）-还田”“果枝-粉碎-燃料颗粒”等模式。秸秆覆盖技术能使土壤全氮含量提高0.07%，有效磷提高79.12毫克/千克，速效钾提高410毫克/千克。三是注入文化特色，建好沟渠。按照示范带动、样板先行、有序实施的要求，重点围绕始丰溪流域段打造高标准生态沟渠系统6条，覆盖农田面积4310亩，实现区域内农田生态沟渠系统“连线成网”。同时，将当地文化特色融入生态沟渠系统，建成“春生”“夏长”“秋收”“冬藏”四座水上驿站，与天台徐霞客、济公、王羲之、寒山子四位历史名人相关联，提升当地村庄宜居环境。四是开展全自动化监测。在生态沟渠系统建设区域内打造地表径流、地下淋溶2个农产品产地环境监测点，实现采样、搅拌、清洗、排污四大环节全自动化。委托资质单位进行检测，分析掌握氮、磷等营养元素向地表水、地下水的迁移情况，为农田面源污染控制及治理提供依据。

数字赋能重监管。一是打造“1＋N”数字化体系。依托县级生态循环农业信息化平台，延伸推进沼气利用、沼液综合利用、秸秆资源利用等子系统建设。沼气利用系统可统筹管理天台县全域沼气工程基本信息；沼液综合利用系统可实时呈现沼液配送路线、时间、数量等，实现全过程、全社会、全时段的智慧监管。二是配置一批数字化设施设备。在沼液配送车和秸秆配送车辆上安装全球定位系统（GPS）、车载摄像头、车载称重器、罐体液位显示器等设施设备，在氮磷生态拦截沟渠系统附近配置摄像头，图像数据可实时上传系统平台，实现可视化管理。同时，购置无人机，不定期对面源污染点开展动态监管。三是解决一系列监管难题。依托设备购置及平台、App应用软件开发，实时掌握车辆运行轨迹、图像、载重量的准确数据，解决资金补助监管难的难题。为全县32个沼气工程逐一建立专用二维码，经扫码可进行维修上报，并对维修时间、内容、结果等进行数字化记录，方便业务主管部门和辖区乡镇安全监管，实现巡查有痕迹、监管有记录、补贴有依据、安全有保障。

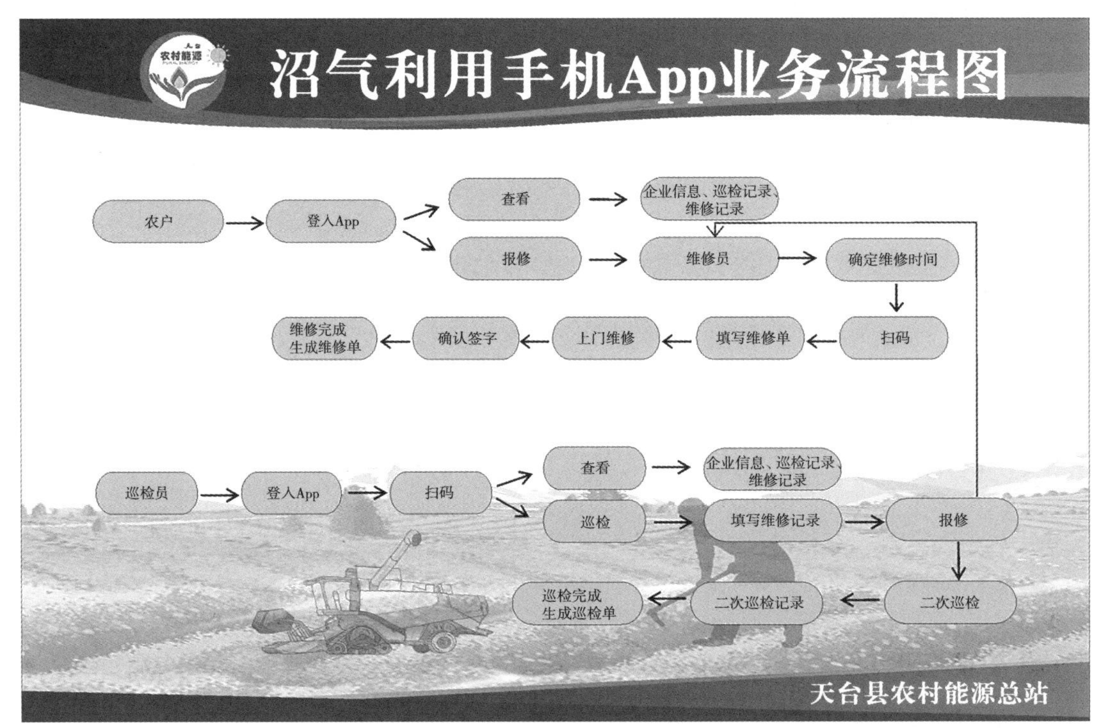

沼气利用宣传栏

诸暨市努力构建农村清洁能源发展新格局

近年来，诸暨市深入贯彻绿色发展理念，坚持安全生产与事业发展两手抓，一手抓技术服务能力提升，一手抓农村沼气生产安全保障，积极探索符合诸暨实际的农村清洁能源可持续发展之路，推进农村清洁能源技术在农业农村废弃物资源化循环利用和农村人居环境整治提升等方面的应用，全力构建农村清洁能源发展新格局。

全面构筑农村沼气安全生产防线。一是完善农村沼气安全制度体系。牢固树立“安全第一、预防为主”的意识，以农村沼气工程建档服务制度建设为抓手，不断推进农村沼气安全生产责任体系建设，制定农村沼气安全生产制度和应急预案，努力将各项安全生产预防措施落到实处。诸暨市现存农村沼气工程260处，农村沼气工程存量、运行状态和安全生产运维等信息均已全部录入农村沼气用户信息数字化管理系统，实现动态化、精准化管理。二是提高农村沼气技术服务水平。农村沼气“三分建、七分管”，诸暨市每年公开招标确定第三方管理服务公司，承担全市农村沼气工程的安全检查和故障维修，确保每年在冬、夏两季开展安全检查的基础上，对农村沼气池运行与使用安全开展日常巡查和不定期抽查，及时排除安全隐患。面向全市所有沼气用户设置服务专线电话，保证在接到报修电话后 3 天内上门维修服务。三是应用农村沼气安全新科技。积极试验应用沼气安全新设备，保障农村沼气生产与使用安全，已在该市阮家埠村为 190 户沼气集中供气用户安装远程操控烟雾报警器，在青丁山村为 200 户沼气用户安装带有泄露警报的流量表等新设备。

努力推广农村清洁能源技术。一是做好农村沼气集中供气巩固文章。诸暨市现有 8 处供气规模达 100 户以上的村级集中供气工程，主要以养殖场猪粪为原料。为解决集中供气工程猪粪原料不足的问题，在试验基础上，将秸秆、菜叶、农村厨余垃圾等农业农村有机废弃物作为发酵原料，确保沼气工程持续稳定产气，满足农户用气需求。以阮家埠村“生活垃圾＋猪粪-沼气集中供气”模式为例，该点有厌氧池 600 米^3，生活垃圾堆沤发酵池 400 米^3，太阳能增温设备 1 套，输气管网 8500 余米，每年可处理厨余垃圾、猪粪等有机废弃物 700 吨，日均产气 200 米^3，供气户数 200 余户，沼液作为优质有机肥施用于周边 200 亩农田和 100 亩蔬菜基地，每年可节省煤气费用 5.6 万元，节省化肥和农药费用 3.6 万元。二是做好农村“三沼”综合利用文章。在发展现代生态循环农业中，积极推广以沼气工程为纽带的“猪-沼-作物”生态循环农业模式 17 处，取得了很好的综合效益。如该市浙江永宁弟兄农业有限公司构建种养结合、产销一体的立体式经营方式，设置区域性生态农业闭路循环系统，整体分为“四区”，其中核心区为处理万头规模化生猪养殖场粪污的沼气工程，紧密区为 1500 亩果蔬基地和稻米生产基地，配套区为 7500 亩果蔬、茶叶、竹林和香榧基地，配送区为绿色农产品配送服务公司。该项目每年可产沼气 34 万米^3，发电量 50 万千瓦时，用于饲料加工、仔猪保温等，年利用沼液 9.5 万吨，节本增效 100 多万元。

积极拓展农村清洁能源技术应用新领域。在农业农村部支持下，建设农村人居环境整治技术服务与提升示范村 2 个。项目集成了沼气、太阳能、生物质能等农村清洁能源利用技术，并与农村生活垃圾分类等进行有机结合，初步打造成具有诸暨特色的绿色清洁能源示范村，充分发挥了农村清洁能源技术在农村人居环境整治中的巨大作用。针对农村厨余垃圾处理难题，该市利用已建的沼气工程，将厨余垃圾作为发酵原料进行沼气化处理，既解决了沼气池原料供应不足问题，又可为农户提供清洁可再生能源，市财政还为处理厨余垃圾的沼气工程给予每年 10 万元的补助。如璜山镇青丁山沼气集中供气工程，日处理厨余垃圾 3.2 吨，解决了周边三个村庄的厨余垃圾处理，为青丁山 203 户村民集中供气，每年可为农户节约燃料支出 5.2 万元，取得了良好的经济效益和社会效益。

农村人居环境整治技术服务与提升示范村——诸暨永宁石佛村

安徽省农村能源建设

【政策法规体系】2013—2020 年，安徽省坚持政府引导、市场主体，根据农村能源建设要求和农业农村有机废弃物处理需求，不断完善政策机制，引领全省农村能源发展。2013 年，出台《关于推进农作物秸秆禁烧和综合利用工作的意见》，组织推进秸秆禁烧工作，着力防治大气污染，保护和改善城乡生产生活环境。2014 年，下发《安徽省农作物秸秆禁烧奖补办法》，对小麦、玉米、油菜按照 20 元/亩，对水稻按照 10 元/亩的标准进行奖补；印发《安徽省环保厅 安徽省农业委员会关于推广应用生物质固体成型燃料的通知》，以生物质成型燃料为突破口探索推进秸秆综合利用。2015 年，出台《安徽省财政厅关于进一步加强秸秆禁烧和综合利用财政奖补资金分配使用的通知》，进一步细化奖补资金使用范围，优化奖补流程，加强监督管理。2016 年，印发《农作物秸秆综合利用技术方案》，明确秸秆成型燃料生产、秸秆制气集中供气工程等技术路线，指导各地农村能源建设。2017 年，印发《安徽省能源发展“十三五”规划的通知》，提出加大生物质能等可再生能源利用；出台《安徽省可再生能源发展“十三五”规划》，将扩大生物质能利用规模、培育可再生能源装备制造业作为主要任务；下发《安徽省“十三五”农村沼气及农作物秸秆能源化利用规划》，对“十三五”期间安徽省农村沼气及秸秆能源化利用作出规划；印发《安徽省人民政府关于大力发展以农作物秸秆资源利用为基础的现代环保产业的实施意见》，提出“十三五”

期间秸秆综合利用目标、重点工作和扶持政策。2018年，出台《安徽省农作物秸秆综合利用三年行动计划（2018—2020年）》《安徽省畜禽养殖废弃物资源化利用三年行动计划（2018—2020年）》，对秸秆和畜禽养殖废弃物“两利用”工作作出具体安排，并强化财政、金融、税收、用地、用电等各项政策。2020年，制定《安徽省农作物秸秆综合利用奖补资金管理办法》，每年安排约8亿元财政资金，支持秸秆收储利用和以秸秆为原料的大中型沼气工程建设等。截至2020年底，安徽省已形成以省推进秸秆综合利用和畜禽废弃物资源化利用工作领导小组为核心，以秸秆成型燃料和沼气为主线，重点推进、多元扶持的农村能源工作体系，有力支撑安徽省农村能源持续健康发展。

【农村能源建设】2013—2020年，安徽省积极推进秸秆成型燃料生产，将秸秆成型作为替代化石能源和改善生态环境的重要途径。截至2020年底，安徽省秸秆成型燃料生产点已达329家，年产能约400万吨。近年来，各生产主体积极与用热企事业单位合作，开展合同能源管理，优化区域用能结构，提高市场运行效率。2014—2020年，安徽省逐步推进农村沼气工程转型升级，把农村沼气工程作为畜禽粪污资源化利用、秸秆综合利用的重要基础设施，列入了《安徽省畜禽养殖废弃物资源化利用三年行动计划（2018—2020年）》《安徽省农作物秸秆综合利用三年行动计划（2018—2020年）》。7年间，安徽省农村沼气工程新增788处，累计达到2977处，其中小型和中型沼气工程2747处、大型和特大型沼气工程230处，生物天然气工程5处。各类沼气工程总池容达到79.40万米^3，供气户数7.21万户，年处理畜禽粪污、秸秆等农业农村有机废弃物400多万吨。安徽省农村户用沼气于2017年达到顶峰，数量为89.51万户。随着大量农村居民外出务工、农村生产生活方式发生变化，户用沼气池逐渐闲置废弃。为彻底解决安全隐患，安徽省开展了农村沼气安全处置工作，逐步报废了一批户用沼气池。截至2020年底，户用沼气池存量为76.58万户，年利用27.97万户。

【安全生产监管】2013—2020年，安徽省在大力发展秸秆成型的同时，要求企业落实安全措施，安全生产设施和厂房须同时设计、同时施工、同时投入使用。2020年，安徽省制定《秸秆成型燃料清洁生产技术规程》《秸秆成型燃料清洁利用基本要求》两项地方标准，规范秸秆成型燃料生产和利用全过程。推动各地以两项标准为依据，开展秸秆成型燃料生产点清洁化建设和改造。下发《安徽省农业农村厅 安徽省经济和信息化厅关于宣传贯彻秸秆成型燃料清洁生产与利用地方标准促进秸秆综合利用的通知》，要求各地充分认识宣传贯彻两项标准的重要意义，准确把握标准内容，多措并举推动标准落实。印发《安徽省农业农村厅办公室关于做好秸秆成型燃料安全生产工作的通知》，要求各地认真开展秸秆成型燃料生产点安全巡查，督促相关主体建立安全生产监督台账，完善安全生产管理长效机制，加强安全生产常态监管，及时解决存在问题，消除安全隐患。制定《规模养殖场沼气清洁生产技术规范》《秸秆生物燃气（沼气）工程技术规范》等两项农村沼气地方标准，强化沼气工程建设管理。从源头抓起，对农村沼气工程技术方案严格把关，每年全面开展农村沼气安全隐患排查整改、宣传培训、调研指导等工作，制定农村沼气安全事故应急预案，稳妥推进农村沼气设施安全处置，全力杜绝农村沼气安全隐患，保障人民群众生命财产安全。

◁典型案例▷

高效农林（秸秆）固化成型燃料清洁自动化生产线示范模式

基本情况。安徽环态生物能源科技开发有限公司于2011年7月成立，是一家专业研发、制造、销售生物质能源、生物质常压热水锅炉、生物质能源成型设备等农村新能源产品的科技型企业。2015年2月，企业与合肥工业大学先进能源技术与装备研究院建立了产学研合作关系，成立了合工大研究生工作站，拥有年产3万吨以上生物质能源、200台生物质能源成型设备、200台生物质锅炉生产能力的生产线。生产线每年综合利用农林废弃物4万吨以上，具有制造3万吨以上可替代燃煤、洁净环保新能源产品的生产能力。

主要做法。一是提升工艺水平。生物质成型燃料产业的发展必须依靠能耗低、寿命长、噪音低、粉尘少等特点的生物质成型设备，并对成型燃料生产工艺进行集成优化和洁净化，进而满足成型燃料的一体化、自动化洁净生产，为生物质成型燃料示范推广和应用提供保障。公司深入研究生物质干燥、成型过程中的微观结构变化和机理，提出了干燥、粉碎、成型过程的研究方法体系，实现生物质成型成套设备的创新设计；整合关键技术研究和系统设计，包括生物质粉碎、干燥、输送、压缩成型、冷却干燥分离系统等一套密闭的、完整实用的生物质成型成套设备及生产工艺流程，实现全系统的工业化清洁化运行。同时，进一步优化生物质成型机，扩大成型设备产品的种类、产量范围，完善产品系列，提高原料适用性及设备稳定性，实现秸秆粉碎干燥成型包装成套设备系列化及清洁自动化生产系统集成。二是强化技术保障。与合肥工业大学等高等院校进行清洁化生产产学研合作，外聘合工大教授组建清洁化生产研发团队，开展成套设备基础理论及优化设计研究，采用先进控制理论和技术进行清洁化生产全系统一体化运行测试。同时，依托有资质的机构开展清洁化生产检测，不断提高各项参数指标。三是严格执行标准。严格按照安徽省地方标准《秸秆成型燃料清洁生产技术规程》进行生产，建成后已委托有省部级资质的第三方检测机构进行检测，检测结果符合《秸秆成型燃料清洁生产技术规程》标准。制定《清洁化生产规程》《生产线定期维护规程》《安全生产管理制度》《员工培训管理制度》等清洁化生产制度流程，明确岗位职责，强化日常生产监管，定期开展清洁化自检。

取得成效。公司研制出成型燃料工业化清洁生产系统系列产品。生物质粉碎设备能力 2000～5000 千克/小时，生产率≥50 千克/千瓦时；生物质干燥设备能力 2000～5000 千克/小时，设备热利用率不小于 80%；生物质成型设备能力 1500～3000 千克/小时，成型机电耗小于 60 千瓦时/吨；成套设备成型生产总电耗不大于 80 千瓦时/吨。系统自动化程度高，工作环境清洁。示范带动行业开展清洁化生产，接待外地行业考察多次，带动广德 3 家企业通过清洁化检测，指导本地 4 家企业正在进行清洁化改造，指导完成 3 家中型企业清洁化生产建设并通过验收。

秸秆固化成型生产车间

阜阳市阜南县 PPP 模式助推农业废弃物全量利用

阜南县年产畜禽粪污 266 万吨以上，农作物秸秆可收集量 100 万吨左右，餐厨、生活垃圾 60 多万吨，农业环境治理任务十分艰巨。近年来，阜南县深入贯彻“绿水青山就是金山银山”的理念，将畜禽粪污、农作物秸秆资源化利用等纳入乡村振兴战略和碧水蓝天工作中，通过引进社会资本，创建了农业废弃物全域全量化循环利用 PPP 模式，带动区域生态环境改善、农产品质量提升、农民收入增加和区域经济发展转型升级。

政企共建。按照“污染减量化、利用资源化、治理生态化、发展产业化”的思路，打造农业绿色经济发展新亮点。构建“站田式”模式。在全县规划 8 个总池容为 18 万米^3 的农业废弃物沼气工程，每个站点覆盖 2～3 个乡镇，8 个点实现全县 28 个乡镇全覆盖。以农业废弃物产生集中区为工程建设点，解决原料运输、原料短缺等难题；通过管道将各工程点连成一体，解决单一的“孤岛式”工程可能造成的生物天然气供应不稳定，以及终端产品覆盖范围局限等难题。引进先进技术。依托国内科研院所，引进可控式沼气技术、秸秆一体化收集及疏解预处理、潮汐式沼液植物高量消纳等最新技术，同时集成现代生物、信息、管理与智能控制等技术，构建全过程的物质能量循环技术链、工程链与管理链，提升沼气工程运行效率与管理水平。推进 PPP 建设。采用“一县一法人”的 PPP 投资运营模式，把市场收益与县域公益事业有机结合，按照“谁污染谁治理”、第三方有偿服务的原则，实施畜禽粪污、农作物秸秆收集集中处理，推动产业化开发、企业化运营。

保障有力。近年来，阜南县不断加大资金和政策扶持力度，为农业废弃物资源化利用提供切实保障。加强顶层设计。先后出台了《阜南县农作物秸秆综合利用规划（2017—2021 年）》《阜南县畜禽养殖废弃物资源化利用实施方案》《阜南县种养结合循环发展规划（2017—2020 年）》《阜南县畜禽养殖废弃物资源化利用三年行动计划（2018—2020 年）的通知》等一系列文件，强势推进农业废弃物循环利用工作。

健全优惠政策。落实沼气发电上网电量全额保障性收购，县财政每年拿出1000万元，用于标杆电价差价部分的补贴；落实沼气和生物天然气增值税即征即退政策；落实中央财政对畜禽粪污资源利用机械装备实行敞开补贴政策；落实畜禽粪污资源利用企业执行农业用电标准价格或“优惠电价”政策；落实资源化利用企业生产建设用地政策；制定了《阜南县秸秆奖补政策》；有力保障了畜禽粪污与农作物秸秆资源利用工作有效运行。推进执法监管。县农业农村局与县生态环境局建立了畜禽养殖污染、秸秆露天焚烧和资源化利用监督检查机制，对全县所有规模养殖企业以及种植户实行信息共享、联合检查。农业农村局负责对粪污资源化利用设施建设、利用技术与秸秆还田、离田利用等提供全方位指导和服务；生态环境局负责对养殖场环境条件进行监测，对造成污染的责令整改或依法处理，同时负责秸秆禁烧工作。

效益显著。该项目通过多行业跨界联合经营、多专业技术协同支撑、多产业链式融合发展，推动实现以下成效：农业废弃物全量化利用。项目全部投产后，可年消纳农作物秸秆近30万吨、养殖粪污200万吨以及其他有机废弃物，县域62%的化肥实现有机肥替代。居民燃气供能全覆盖，项目年产5000万～6000万米^{3}生物天然气，通过“站田模式”，在全县铺设207千米主管网，实现全县城镇居民燃气覆盖率100%，农村居民燃气覆盖率80%。带动地方扶贫增收。项目自身运营可以直接解决200多人就业，助力精准扶贫，运行期每年直接销售收入2.5亿～3.0亿元，可上交地方税收1000万～1500万元。改善农业农村生态环境。项目实施后，COD减排量可以达到31.63万吨/年，总氮减排量可以达到8038吨/年，带动农村人居环境改善。

阜南林海生物天然气工程

淮北市濉溪县五铺农场生态循环农业模式

濉溪县五铺农场始建于20世纪60年代初，为地方国营农场。现拥有可耕地8000余亩，在周边流转土地10000余亩，联合乡村农业合作社建立良繁基地60000余亩。为治理养殖分场粪便污水污染问题，农场于2010年建设大中型沼气工程1处，形成了以沼气工程为纽带的生态循环农业。

一、开展“三沼”综合利用，促进生态农业发展

一是新建了170余亩蔬菜大棚，沼渣、沼液直接通过管道输送到大棚内，用于种植蔬菜底肥或稀释后用于追肥，建立了“猪-沼-菜”生态循环农业模式。二是新建500余亩果园，沼渣、沼液直接通过管道输送到果园内，用于果树的底肥或滴灌追肥，建立了“猪-沼-果”生态循环农业模式。三是把沼渣、沼液通过管道直接输送到大田，作为底肥用来繁育小麦、大豆等优良品种，建立了“猪-沼-粮”生态循环农业模式。另外还建立了“猪-沼-鱼”“猪-沼-藕”等模式。沼渣、沼液的使用，实现了沼渣、沼液零排放，彻底解决了污染问题，同时，提高了农作物产量和农产品品质。

二、注重提升产品品质，创建优质品牌农业

农场尤其注重提升农副产品品质，让群众吃上放心安全的农副产品。组织农科所科技人员进行科技攻关，从土壤检测抓起，采取配方施肥，一律采用沼渣、沼液，尽量少用或不用化肥农药，所生产的农副产品逐步实现绿色化和有机化。农场注册的“大地”

牌良种，先后被评为名牌产品和知名商标，注册的“五铺金大地”果蔬有4种果蔬品种通过了绿色食品认证检测。

三、重视沼气建后管养，探索创新管养模式

自2017年7月起，农场与大地物业公司签订了委托管理协议，通过委托管理的模式，建立物业化管理、市场化运作的机制，提升运行管养总体水平，降低管养费用，规避安全隐患，提高服务质量和效能。托管模式达到了立竿见影的效果，现管理技术服务人员已由原来的4人减少到3人，管养服务更加有效规范，人员配备更加合理精干，管养费用可年减少20%以上，实现了减员增效，有效减轻了企业负担。

四、综合效益日益提升，“三个一”模式前景广阔

农场沼气建设综合效益十分显著，主要表现在以下四个方面：

经济效益显著。农场沼气站实现供气320余户，与使用液化天然气相比，平均每户年节约燃料费用1200元，全场职工年节支38.4万元；沼气站日产沼渣沼液36吨，折合生物质高效有机肥3吨，年产有机肥1000余吨，按现行市场价800～900元/吨计算，价值80万～90万元，仅此两项就可实现年增收节支130万元左右。若再加上因使用有机肥而促进农产品产量提高和品质提升所增加的收入，经济效益将更加显著。

生态效益突出。经沼气工程治理后，养殖粪便污水变废为宝，产出了沼气和大量的高效有机肥，全部就地消化，实现了零排放，避免了环境污染，取得了良好的环境效益。由于农场大量使用沼渣、沼液，减少了化肥、农药使用量，改良了土壤团粒结构，提高了有机质含量，丰富了土壤中的微生物。经检测，土壤保水率提高0.7%，有机质提高1.5%。

社会效益凸显。一是职工用上了沼气，做饭时既卫生又方便，改变了原来做饭时烟熏火燎的恶劣环境，职工过上了低碳生活，提高了健康水平。二是沼气通过管道直接输送到职工住宅区，职工全部用上了清洁能源，提高了美丽乡村建设档次。三是建立了以沼气为纽带的生态循环农业模式，增强了农业发展后劲，促进了农业可持续发展。

马鞍山市无害化处理资源化利用模式

现代牧业（集团）有限公司2005年9月成立于马鞍山市，其马鞍山牧场占地1000亩，建筑面积13万米^2，目前奶牛存栏8000多头，日产原奶156吨。牧场养殖废弃物采取“养殖场（粪污）-发酵-沼气发电-沼渣-养殖场（养殖床垫料）”“沼气站-沼液、有机肥-饲料草基地-养殖场”双重循环处理利用模式。

牧场自建场之初就引进了国外先进的粪污处理系统，配置7500米^{3}厌氧消化器及附属设备，并构建了大型沼气发电系统和沼液综合利用设施。养殖场内的粪污、污水全部送入厌氧发酵系统，经过发酵形成沼气、沼液和沼渣。沼气用于发电和锅炉供暖等，沼渣用于回垫奶牛卧床，沼液作为液态有机肥用于公司周边农田及订单饲料基地施肥。马鞍山牧场在周边地区配套建设牧草种植基地1万亩左右，每年可收购青贮玉米2万～3万吨，青贮饲料连同其他饲料一起进行配比、搅拌，运送至牛舍喂养奶牛。

牧场可日处理粪污量500吨，日产沼气11000

五铺农场沼气工程

马鞍山现代牧业沼气工程

米^3、液体有机肥500吨、沼渣180吨，日发电量4000千瓦时，沼气锅炉每日产生65～80吨蒸汽，年减排温室气体4.5万吨左右，消除了可能带来的环境问题，也为公司节约了生产成本。发展牧草订单基地10000亩，每年可提供青贮玉米2万～3万吨，不仅保证奶牛获得了优质的饲草料，还可通过牧场农业订单拉动当地农业经济发展，使农民增收，沼渣、沼液得到充分利用。使用有机沼肥的田地每亩可减少20～25千克化肥用量，每亩地可节本增收200～500元。

江西省农村能源建设

【沼气建设】近年来，江西省以打造升级版“猪-沼-果”生态循环农业发展模式为核心，以农业废弃物无害化处理和资源化利用沼气工程为切入点，引导沼气工程向规模化和大型化发展。2013—2020年，中央下达江西省农村沼气项目资金37940万元，省级财政安排沼气专项资金13000万元（2006—2016年，江西省设立省级财政农村沼气专项资金，累计安排资金28878万元，支持大中型沼气工程、集中供气沼气工程和沼气能力建设以及项目监管等），建设了规模化生物天然气工程1处、大型和特大型沼气工程201处，在渝水区、定南县、彭泽县等地建设了一批集中供气示范样板工程，取得了显著的经济效益、社会效益和生态效益，有力推动了农业农村绿色低碳发展。到2020年末，江西省沼气用户累计达164.06万户，当年在用户数82.61万户，利用率达50.4%；各类沼气工程达7781处，总池容达377.68万米^3，供气户数17.37万户，发电装机容量37928千瓦。

【清洁能源开发利用】2013—2020年，江西省加快了省柴节煤炉灶的更新升级，较好地利用了秸秆等农林废弃物，进行了太阳能等清洁能源开发，实现了农业农村节能减排，有效巩固了退耕还林建设成果。到2020年末，江西省累计建造炊事炉34.07万台、取暖炉2.71万台、炊事取暖炉27.65万台；太阳能热水器93.15万台，达213.21万米^2；固化成型生物质能源工程20处，年产量7.15万吨。

【农村沼气转型升级】江西省积极推动农村沼气由户用沼气向规模化大型沼气和生物天然气转型发展，在新余渝水、赣州定南、彭泽马当、鹰潭余江等地示范打造了N2N区域沼气生态循环农业模式，以第三方专业化企业为核心，推行“减量化生产、全量化处置、无害化处理、资源化利用”相结合的“四轮驱动”运行机制，建立可靠的盈利模式，提供环保、民生、生态三大公共产品，全量化收集养殖粪污和秸秆收集离田，沼气以集镇为重点集中供气、全量发电并网，沼肥全量高质利用，实现了区域循环农业的可持续发展。2019年，农业农村部在江西新余召开全国生态循环农业发展经验推介会，重点推介江西省N2N区域沼气生态循环农业模式。2020年11月，印发的《国家生态文明试验区改革举措和经验做法推广清单》，将江西省区域沼气生态循环农业发展模式和利用废弃矿山发展生态循环农业两项模式纳入国家生态文明试验区先进经验案例，向全国推广。

【科技创新】江西省以农业生产集约化、生产过程清洁化、废弃物利用资源化为主线，坚持“政府引导、企业主导、市场运作”的原则，连续多年开展以沼气为纽带的N2N区域生态循环农业模式创新与推广，突破了一批关键技术瓶颈。例如，研发前处理用自动格栅除污机，创建以连续厌氧发酵反应器为核心的气肥联产工艺、高浓度（TS 6%～10%）多原料厌氧发酵工艺，创建养殖粪污全量化收储运体系，集成规模化沼肥深加工和大田施用技术模式与规范、梯级降压和多能互补供气技术等；建立了稳定运行机制，通过引入社会资本，培育投资、建设、运营“三位一体”的生态循环农业产业实体示范工程，并通过“社会化农技服务”平台解决沼肥农用“最后一公里”问题，实现全产业链共赢，保障了生态循环农业产业健康发展。该模式获评2019年度、2020年度江西省农业主推技术；获得了2017—2018年度江西省农牧渔业改进奖一等奖；获得了2019年度江西省科学进步奖三等奖；获得了2019年度第五届环保创新创业大赛一等奖。

【项目管理】为确保投资效益与安全，江西省修订出台了《农村沼气项目建设和管理工作方案》和《江西省农村沼气工程建设管理实施细则（试行）》，探索形成了“自愿申请、逐级上报、条件审查、专家评审、备案施工、过程监管、量化补贴、核量奖补”的沼气项目建管流程，明确了部门分工，规范了项目管理，推行了资金报账制，建立了责任追究制度。一是有效发挥资金效果。采取“先建后补，以奖代补”的管理方式，优化了项目前期工作程序，前期工作费用不超过总投资的2%，有效避免了“等、靠、要”和套取、挪用资金等问题，也减少了因配套资金和自筹资金不能到位、配套设施不完备从而影响工程运行效果等问题。二是有效保证建设质量。采取严格的方案审查备案、资质准入、建设监管和核查审定，规范了建设市场，确保了工程建设质量、标准和规模，避免了擅改初步设计、缩小建设规模、配套设施不完善等问题。三是有效规范项目监管。规范了监管部门的监管行为，由被动检查转为主动监管，减轻了各级农村能源主管及相关部门的资金监管压力，有效落实了项目建设廉政责任。四是有效缩短建设工期。建设方案及设计经审查同意备案后，即可开工建设，工程完工正常运行后，当年就可申请奖补资金，项目业主和垫资施工企业当年投资、当年见效、当年回笼资金，提高了业主和施工企业的积极性，大大加快了工程建设进度，缩短了工程建设时间。

【体系建设】江西省首创了以协会领办农村沼气服务模式，组织建立了较为完善的农村沼气服务管理体系和网络，以及长效考核评价机制，做到服务内容“三个全覆盖”，即全程覆盖、全类型覆盖和全产业链覆盖服务。省、市、县、乡四级农村能源管理和技术推广体系基本建立，有 1 个省级、11 个设区市级、100 个县级、1009 个乡镇设立了专门或兼职机构负责农村能源工作，有管理和技术人员 1700 余人。截至 2019 年，江西省建成 1 个省级技术实训基地、46 个县级服务站、3153 个乡村服务网点，服务覆盖所有沼气用户。2017 年，“协会领办”式农村沼气服务技术示范，获得江西省农牧渔业三等奖。

【安全监管】江西省把沼气安全生产摆在突出位置，严格落实安全生产制度和安全措施，督促做好安全生产检查，开展安全生产宣传和教育工作，将沼气安全生产落实到沼气工程建设与运行的全过程，并列入检查和考核范围，严防沼气安全事故的发生。江西省每年开展 1 次全省沼气安全消防演练，每月发布 1 期沼气安全警示。在重要节假日期间和汛期时段，提前下发加强沼气安全工作通知，层层压实责任，落实安全措施。

◁ **典型案例** ▷

N2N 区域生态循环农业模式典型案例

N2N 区域生态循环农业是以第三方专业化集中处理畜禽养殖粪污并资源化利用为纽带，将养殖业主、种植业主、城镇居民有机结合起来而形成的利益共同体模式，使得沼气工程原料有来源、产品有出路、管理有保障、企业有效益。该模式已在多区域、多主体成功复制推广，列为江西省农业生产主推技术，取得了显著的经济效益、社会效益和生态效益。

一、县域大循环 N2N 模式

（一）模式介绍。按照“政府引导、企业主导、市场运作”的原则，以县域为范围整县推进，建立畜禽粪污及农作物秸秆无害化处理中心，采用第三方集中资源化利用，上联 N 家畜禽养殖业、下接 N 家种植业，构建种养平衡，推动生态产业化，实现县域农业大循环。

（二）模式示范工程。

1. 新余罗坊集中供气工程

新余罗坊镇大型沼气集中供气项目建设总用地 28.3 亩，项目分两期建设，2014 年底完成一期工程建设、2016 年底完成二期工程。工程建设一级 CSTR 厌氧发酵罐 2 座，总容积 3100 米^3；二级一体化 CSTR 厌氧发酵罐 2 座，总容积 4050 米^3，可集中稳定向罗坊镇 6000 户居民供气。2015 年，供应沼气 32.9 万米^3，年净收益 52.59 万元。2016 年供应沼气 66.8 万米^3，销售沼肥 11200 吨，年净收益 322.7 万元。

新余罗坊集中供气工程

2. 彭泽马当集中供气工程

该示范工程于 2016 年建成投产，采用“完全混合＋菌种回流＋中温”的 HCF 厌氧发酵工艺，发酵容积 3500 米^3，每年可处理 20 千米范围内 11 家养殖场 5 万吨的粪污，沼气供户 4200 户。2016—2018 年累计供应沼气 500 万米^3，供应沼肥近 15 万吨，新增纯收益 786.4 万元。

彭泽马当集中供气工程

3. 新余南英沼气发电工程

该示范工程于 2016 年开始建设，建设内容包括：①预处理单元。水解池，301 米^3×4 座；猪场粪污匀浆池，251 米^3×1 座；秸秆堆场，7000 米^2×1 座。②厌氧单元。CSTR 独立厌氧反应器，3335 米^3×6 座。③沼气存贮单元。独立柔性干式落地气膜，5000 米^3×1 座。④沼渣沼液处理储存单元。出料池，535.6 米^3×1 座；沼液暂存池，535.6 米^3×1 座；沼液储存塘，5900 米^3×1 座；沼液生化塘，5000 米^3×2 座。⑤沼气净化利用单元。沼气脱硫系统，1 套；沼气压缩系统，1 套；2 兆瓦沼气发电并网发电系统，1 套。⑥有机肥生产单元。包括固肥生产系统、沼液浓缩系统、液肥生产系统，设计固态有机肥生产规模 3 万吨。2018 年，该工程处理 45.4 万吨养殖场粪污，产生沼气 1074.4 万米^3，年发电 1933.8 万千瓦时，发电经济效益 1139 万元；销售固态有机肥 7945 吨，新增经济效益 1016 万元；销售液态有机肥 43 万吨，新增经济效益 337 万元。

新余南英沼气发电工程

二、区域中循环“1＋N”模式

（一）模式介绍。按照“源头减排、过程控制、末端利用”的治理路径，以分布式规模化养殖场、养殖密集区为重点，对大型规模化养殖场进行减量化和生态化改造，建设大型沼气工程，沼肥供给周边种植基地使用，实现一定区域范围内的农业循环。

（二）模式示范工程。

1. 定南县天九镇五丰牧业有限公司

该示范工程建设沼气池总池容 3378 米^3，每年可处理养殖场粪污 7.72 万吨，2016—2018 年累计产生沼气 552.11 万米^3，发电量 993.79 万千瓦时，每千瓦时电 0.589 元，成本 0.2～0.3 元，新增经济效益 386.58 万元；生产固态有机肥 1.63 万吨，按照 2016—2018 年有机肥生产综合成本及市场销售价格，有机肥销售可新增纯收益约 530.78 万元；通过有机肥和沼液利用，农作物增产效益 1244.08 万元，沼液替代化肥节本效益 504.14 万元，3 年新增经济效益约 2898.90 万元。

通过以沼气为纽带的南方 N2N 生态循环农业模

式创新与推广，减少了环境污染，减排 COD 2.58 万吨、氨氮 0.19 万吨、二氧化碳 6.95 万吨。通过沼气发电产生清洁能源折算成标煤 394.20 吨，有机肥替代化肥减少化肥生产耗能，提高了农业废弃物资源化利用水平，经济效益、社会效益、生态效益显著。

2. 永修恒丰金山示范工程

江西省永修县恒丰集团金山新村通过农业废弃物资源化利用中心项目建设沼气发酵容积 900 米^3，沼气供户 750 户，可处理周边 10 千米范围内 7 家养殖场粪污。2016—2018 年累计产生沼气 62.68 万米^3，发电 29.48 万千瓦时，新增经济效益 189.28 万元；销售固态有机肥 0.19 万吨，有机肥新增纯收益 144.40 万元，沼液替代化肥节本效益 78.62 万元。

三、规模养殖场种养一体化循环模式

（一）模式介绍。以养殖场为主体单元，通过种养配套生产，因地制宜建设大中型沼气工程，循环利用农业废弃物，“三沼”就地全量化利用，构建规模养殖场主体内种养小循环。

（二）模式示范工程。

1. 分宜群源农牧开发有限公司种养一体工程

该工程建设 CSTR 厌氧发酵罐 1748 米^3，湿式储气柜 350 米^3，沼渣堆肥间 1 座，配套的进出料系统、固液分离系统、沼气净化系统、120 千瓦沼气发电系统各 1 套。2016—2018 年累计产生沼气 298.02 万米^3，发电量 536.44 万千瓦时，新增经济效益 208.68 万元；生产固态有机肥 0.88 万吨，有机肥新增纯收益 286.51 万元，沼液替代化肥节本效益 272.13 万元。

2. 永新珂普隆现代农业有限公司种养一体工程

该工程于 2015 年建设了 CRST 厌氧发酵罐 643 米^3、卧式折流厌氧发酵池 800 米^3、储气柜 250 米^3 并配备了 100 千瓦发电机组，建有 2000 余米^3 生物氧化塘，完成了养殖栏舍雨污分离管网等畜禽粪污减量化基础设施改造，购置了固液分离机 1 台；完成了沼气一体化利用设施建设，新建了粪污匀浆池 50 米^3、沼渣储存池 20 米^3 及沼液储存池 3600 米^3，铺设了沼液滴灌管网及水肥一体化泵房等沼肥利用设施。每年可处理粪污 3.5 万吨。2016—2018 年累计产生沼气 250.48 万米^3，发电量 450.87 万千瓦时，新增经济效益 105.5 万元；生产固态有机肥 0.74 万吨，有机肥新增纯收益 240.81 万元，沼液替代化肥节本效益 228.72 万元。3 年新增经济效益 1315.19 万元。

赣州定南利用废弃矿山发展生态循环农业模式（“N2N+”模式）

一、园区基本情况

2018 年，赣州锐源生物科技有限公司在定南岭北生态农业园区实施规模化沼气发电工程项目，项目总投资 8579.62 万元，7 月建成了发酵容积达 20000 米^3 的沼气工程，包括年产 3 万吨的有机肥生产车间 1 座、沼气发电中心 1 座（配备 2 兆瓦发电机组），每年可处理农业废弃物 40 万吨、向国家电网输送电力 2000 万千瓦时，每年可利用沼渣生产有机肥 3 万吨、沼液肥 30 万吨。

沼气工程＋有机肥生产中心

园区坚持“政府引导，企业主导，市场运作”原则，整县推进，利用农业废弃物处理中心和有机肥生产中心，全量化收集处理上游 N 家养殖企业产生的粪污及病死猪，连动下游 N 家种植园区，构建区域绿色生态循环农业园区并开展生态能源农场建设，用农业生产的方式修复废弃稀土矿，整县推进“畜禽粪污第三方集中全量化处理＋以建设生态能源农场修复废弃稀土矿山治理”（即“N2N＋”）模式。

生态能源农场

二、主要做法

当地政府积极推动养殖场进行生态化改造，改善生产环境条件，实现粪污源头减量化（粪污 TS≥

6%），达到畜禽粪污第三方集中处理的基本要求。当地周边养殖场自愿与第三方处理企业与签订收集处理粪污的合同，共同推进“第三方集中全量化处理”模式实施，明确粪污处理责任和收费事项，按谁受益谁付费，养殖企业付给第三方企业10元/吨的处理费用。

建设粪污收贮运体系，合理布局运输区域和线路，降低成本，提高效率。采取第三方集中全量化处理模式，由第三方集中处理企业从猪场收集废弃物运回处理中心。粪污运输方式主要采用吸污车，在整个运输过程保证不产生二次污染。在运输管理上采取三种形式，一是公司自有车队运输，二是运输合作社提供车辆运输，三是农户个人承包运输。

当地通过第三方企业的农业废弃物处理中心和有机肥生产中心，实现资源转化利用；通过供气、发电，生产有机肥，建设科技产品中试基地、生态示范园区，实现多种渠道收益，保障企业经济效益。

当地政府和社会化服务组织积极引导种植户进行沼液肥综合利用，建设田间贮存沼液设施和喷灌设施，第三方企业与种植户签订合同定向供给沼液肥，实现还肥于田。

建设生态能源农场，既修复废弃稀土尾矿、治理农田土壤环境，又为沼肥还田提供多元化途径，公司从2019年初开始种植能源作物皇竹草，每亩年产皇竹草10吨以上。

三、效益分析

2020年底，定南沼气发电站可实现年产值3050万元，其中，沼气发电收入1000万元、有机肥收入1600万元、养殖场粪污处理收入200万元，皇竹草销售收入250万元。

“N2N+”模式推动了区域内猪场生态化改造，改善了生产条件和环境，降低了猪场环保投入，解决了猪场后顾之忧；由第三方企业收集处理粪污，专业化水平高，粪污处理设施先进，处理效率高，资源转化利用率高，并且可充分发挥规模效益，具有传统的单一猪场建设沼气工程无可比拟的优势；第三方处理企业可发挥专长，建立科研平台，积累实践经验，推动行业技术进步；“N2N+”模式的运行在区域内形成生态产业链，推动养殖业、种植业生态化发展，推动有机肥替代化肥，推动沼液肥高效利用，推动农田土壤环境修复和农业技术推广，打造绿色生态循环农业。

山东省农村能源建设

【基本情况】山东省高度重视农村可再生能源建设工作，省委省政府领导同志多次对农村可再生能源和农业废弃物利用作出重要批示，要求加快推动资源化利用步伐。近年来，山东省陆续出台《山东省乡村振兴战略规划（2018—2022年）》《山东省新能源和可再生能源中长期发展规划（2016—2030年）》《山东省加快推进秸秆综合利用实施方案（2016—2020年）》等多个文件，从省级层面谋划沼气等农村可再生能源发展。在沼气建设方面，山东省不断加强沼气工程建设管理力度，持续推动沼气设施转型升级，截至2020年底，山东省共有大型沼气工程284处、中小型沼气工程3525处、农村户用沼气53.7735万户，与“十二五”期间相比，大型沼气占比明显提高。在生物质能利用方面，截至2020年底，山东省建设打捆直燃集中供暖工程2处，固化成型燃料工程47处，秸秆热解气化、炭化工程11处。阳信县在县域内开展生物质取暖建设，累计完成生物质清洁取暖改造8.1万户，被中国农村能源行业协会评为中国北方农村清洁取暖典型模式示范基地（全国仅3个）。

【沼气工程建设】山东省不断增加大型沼气建设投入，自2013年以来，累计投入财政资金7.52亿元，带动社会资本投入12.01亿元，重点支持大型沼气工程、生物天然气工程建设，拓展沼气发电等沼气利用途径。在财政投资带动下，农村沼气事业稳定发展，并逐步由过去的以户用沼气为主向多元化发展新格局转变，农村沼气上联养殖业、下促种植业的纽带作用更加突出，有力促进了生态循环农业发展，取得了显著的经济效益、社会效益和生态效益。

【沼气安全管理】山东省始终牢固树立安全发展理念，全面落实安全生产责任，制定了《山东省农村沼气安全管理办法》，按照相关法律法规、文件的要求，持续组织开展沼气安全生产检查活动，不断加强宣传和培训，坚决把各类隐患消除在萌芽状态，确保沼气生产安全和人民群众生命财产安全。每年关键季节、重要节日期间，对农村沼气和农村生物质能源工程安全生产进行专门部署，开展专项检查，组织各地认真排查隐患，完善沼气安全生产防护措施、标志，发放沼气安全宣传材料，有效防范安全生产事故发生。

【农村沼气设施安全处置】随着经济发展和农民收入水平、生活水平的不断提高，农村生活用能日趋便捷化、简洁化，用电和罐装液化气使用越来越受青睐。同时山东省农村居民的用能需求较之以前发生了很大变化，农村户用沼气规模不断减少。为做好闲置沼气安全处置工作，山东省深入落实《农业农村部办公厅关于做好农村沼气设施安全处置工作的通知》要求，对农村沼气设施建设运营和管理情况开展摸底排查，实行台账管理。对正常使用的农村沼气设施建档立卡，规范管理，排除隐患，确保安全运行；对存在故障、经过维修仍可继续使用的，指导业主排除故障，做好运行维护；对长期闲置废弃的农村沼气设施，特别是政策性原因导致中止使用的大中型沼气设施，实行分类施策，与农村改厕、农村生活污水处理和畜禽粪污资源化利用等工作相结合，改造为化粪池、生活污水处理设施。对应报废的农村沼气设施，由专业人员进行拆除、填埋，消除安全隐患。

◁典型案例▷

山东省阳信县生物质清洁取暖典型案例

2017年冬季以来，阳信县立足自身优势，因地制宜，积极探索实施生物质清洁取暖改造试点，累计完成生物质清洁取暖改造8.1万户。加上之前煤改气、煤改电改造的用户，全县80%以上的农户采用清洁取暖，实现了生态环保和民生保障的共赢，走出了一条更为低碳环保、生态循环、集约惠民的清洁取暖新路子。

阳信县被评为中国北方农村清洁取暖典型模式示范基地

阳信县委托中国农村能源行业协会编制了《阳信县生物质清洁取暖总体规划》，成立了由县政府主要领导任组长，分管领导任副组长，各乡镇（办）、县直有关部门主要负责同志为成员的领导小组，负责各项工作的组织调度，并倾斜人力物力，确保目标任务落到实处。在具体工作中，阳信县围绕运作方式、发展模式等方面，结合改造主体实际，创新实施“生物质燃料＋专用炉具分散式取暖”“生物质燃料＋锅炉机组分布式取暖”生物质热电联产集中供暖三种模式，初步构建了“农户就地收集、企业就近加工、全域就地使用”的阳信方案，实现了生物质清洁取暖和电代煤、气代煤等多能互补的清洁取暖县域全覆盖，建成了全国首个农村生物质清洁取暖示范县，为贯彻碳达峰、碳中和贡献了“阳信智慧”，为抓好北方农村地区清洁取暖和探索建立农村“净零碳”绿色发展示范模式提供了有益借鉴。

在县城区、部分乡镇办驻地及村庄推行生物质热电联产集中供暖模式；在学校、医院、敬老院等公共场所以及部分有条件的村庄，推广“生物质燃料＋锅炉机组分布式取暖模式”；在地理位置偏远、经济基础偏差的村庄，采用“生物质燃料＋专用炉具分散式取暖”模式。

经济效益方面。按当前补贴政策，生物质清洁取暖较煤改气、煤改电，改造成本分别低38%、3.2%，使用成本分别低52%、51%。就企业而言，按阳信县每年产生的秸秆、牛粪、树枝、锯末测算，每年可生产颗粒燃料100万吨，按每吨均价1200元测算，仅颗粒生产产值就可达12亿元。目前，不管是取暖季还是非取暖季，生物质燃料市场均供不应求。

社会效益方面。国家推广煤改电、煤改气之初，老百姓对取暖效果、使用成本忧虑重重。但经过几年发展，参加试点的农户普遍反映，改用生物质清洁取暖符合农村传统生活习惯，而且操作简便，比用气、用电安全系数更高。全省乡村文明行动群众满意度电话调查结果显示，阳信县的名次一直在滨州市排名第一，位居山东省前列。

生态效益方面。经专业机构检测，阳信县生产的木质颗粒燃料，在11种不同炉具上燃烧后，颗粒物浓度在20～45毫克/米^3，氮氧化物浓度在169～200毫克/米^3，林格曼黑度小一级，二氧化硫检测不出。生态环境部门提供的数据显示，阳信县2017—2019年连续3年空气质量实现大幅改善。2019年，PM10均值同比改善4.1%，PM2.5均值由2017年的70微克/米^3，下降到55微克/米^3，综合6项指标空气优良天数同比增加6天，空气质量综合指数为5.6，在山东省县（市、区）中改善幅度位列第四。

诸城舜沃农业科技有限公司沼气运营典型模式

诸城舜沃农业科技有限公司成立于2015年，是一家以科技研发、良种培育、现代化养殖、动物医疗保健、沼气工程、有机肥生产销售、有机种植等循环体系于一体的综合型、产业化、高科技农业企业。

2017年，在诸城市委、市政府和相关部门的大力支持下，公司申请到中央补贴资金3850万元，并自行投资1.3亿元建设了生态农业循环经济示范项

诸城舜沃农业科技有限公司沼气项目

目，其中规模化大型沼气工程发电项目总占地面积19.29亩；秸秆青贮间1座，建筑容积18120米³；CSTR厌氧反应罐4座，容积5000米³；气柜2座，容积2000米³；沼液池1座，容积20万米³；并配备锅炉房、固液分离间、消防泵房、发电机配电上网间、控制室、配电室、科研楼等，建筑面积3000米²。

公司按“示范带动、分散收集、集中转运、统一处理”的思路，可收集处理项目周边30千米范围内的7000吨秸秆、20万吨粪污，年产沼气850万米³，产出沼气全部用于发电并入国家电网，年发电量1600万千瓦时。沼渣作为有机肥制备原料进入公司畜禽粪污收集处理一体化车间生产有机肥，有机肥每吨可实现利润150元左右，达到每年3万吨商品有机肥生产能力。

公司流转1500亩土地建设有机种植示范区，产出的沼液用于农田灌溉消纳，种植玉米、小麦；秸秆收储后作为沼气原料，做到废弃物、养殖粪污集中处理，沼渣沼液就地循环利用，形成了“养殖业＋农业废弃物-沼气-有机肥料-高效种植业”的综合循环农业基本模式。

本项目作为诸城市区域第三方畜禽粪污处理中心，区域内治理率达到90%以上，经计算本项目每年可代替标煤4902.4吨，减少二氧化碳排放2.94万吨（通过发电减少二氧化碳排放1.34万吨，通过有机肥替代和粪污处理减少二氧化碳排放1.6万吨），减少氮氧化物排放199.92吨，减少二氧化硫排放352.8吨。通过本项目的建设与运行，可以探索东部沼气工程实现持续良性运营的经验，形成可复制的模式，试点探索沼气发电以及沼肥产品的补贴机制与政策，为中央政府决策提供参考依据。

通过该项目的实施，可直接吸纳当地30名劳动力就业，每个劳动力年收入超过5万元，实现了部分劳动力的转移。同时农户通过销售畜禽粪便，发展绿色蔬菜、水果等种植业，每年可增加收入4万元。

河南省农村能源建设

【沼气建设】2013—2020年，河南省利用中央预算内投资项目，大力推进农村沼气建设。截至2020年底，全省农村户用沼气保有量约280万户，各类沼气工程4919处，总池容110万米³，供气户数7.76万户，装机容量14289千瓦；大型以上沼气工程累计821处，总池容66.71万米³，年产气量约9856万米³，供气户数4.48万户，其中生物天然气3处，总池容6.4万米³，年产生物天然气1382万米³。

【清洁炉灶推广】2015年10月，由农业部农业生态与资源保护总站和全球清洁炉灶联盟组织的清洁炉灶试点项目正式启动，西峡县西坪镇黑漆河村成为七个试点村之一。项目建成1个年产2000吨的生物质成型燃料厂；在试点村推广生物质炊事采暖炉288台套，生物质灭菌炉、烘干炉10套，户用沼气、太阳能热水器、电磁炉、液化气灶等清洁炉灶500户；在西坪镇牧牛岭社区建成占地10亩的西坪镇秸秆、废菌袋收储中心和西峡县清洁炉灶推广中心，组建80人的能源科技服务队，设立经营网点50个，以推广清洁炉灶、太阳能，开展沼气技术服务为主，一年内共集中推广商品炉灶2873台、太阳能热水器1260台、净水机1045台，服务沼气用户6859户。截至2020年底，全省累计推广节能炉具149.56万台。

【沼气生态循环农业发展】河南省把沼气生态循环农业建设纳入省财政农业资源及生态保护项目补助范畴，每年补助财政资金700万元。2017—2019年利用此资金开展沼肥综合利用生态循环农业示范，在沼气建设基础较好的地区、果菜茶生产重点县等，共选取40余个农业园区，与大中型沼气工程或者集中连片的户用沼气结合，以沼渣、沼液综合利用技术为核心链条，大力推动生态循环农业建设。2018年认定31个省级沼肥生态循环农业基地（园、区）。2020年，启动沼肥监测与精准施用技术应用项目，项目实施期为3年，旨在掌握沼肥（沼渣、沼液）长期施用对土壤理化性质和作物产量、品质的影响，评价沼肥施用的有效性与安全性，探讨沼肥精准施用技术。

【沼气安全管理】河南省始终把农村沼气安全生产工作放在重要位置，每年举办一期省级沼气技术培训班，督促指导各地开展沼气安全培训，不断提升业务骨干、从业人员和沼气业主的安全意识和应急处置能力。把每年6月作为沼气安全生产月，指导各地设立农村沼气安全咨询台，积极宣讲农村沼气安全知识，并组织技术人员进村入户，张贴安全使用明白卡，发放安全知识宣传册，使群众能够安全使用沼气。在重要的时间节点，组织各地开展沼气安全生产大检查，全面排查安全隐患，不断提高沼气设施业主的安全生产意识，落实业主的主体责任。组织各地开展沼气设施安全处置工作，把沼气隐患排查整改和沼气设施处置相结合，对辖区内废弃停用的沼气设施进行摸底调查，及时安全处置符合报废条件的沼气设施。

◁典型案例▷

渑池县仰韶镇中涧村户用沼气典型模式

中涧村位于三门峡市渑池县仰韶镇东北部，2007年该村以"一池三改"户用沼气建设为主线，整村推进农村户用沼气建设，共建沼气池225个，成为渑池县首批沼气建设示范村。截至目前，全村225座户用沼气仍能正常使用，其中78户正常在用、147户能正常使用，但因农户长期在外而未启用。做法经验如下：

一是开展培训，技术保障。中涧村共有5名人员取得了沼气生产职业证书，5名专业人员按照居住区域分包到户，定期到户中进行技术指导及设备维修。

二是完善机制，强化服务。中涧村设立一个沼气服务网点，并为服务网点配备抽渣车、甲烷检测仪、沼气灶、脱硫器和沼气安全使用手册等，服务点对周边沼气用户进行专业化技术服务。

三是解决问题，长效使用。县、乡两级积极协调周边养殖企业，免费向农户提供畜禽粪污作为沼气原料，同时，结合农村户厕改造，县农村能源环境保护站重新为中涧村配备了一台抽渣车，农户处理不了的沼液、沼渣由沼气服务点免费抽取后作为肥料使用。

根据中涧村沼气建设的实践，一个农户投资1500元左右，即可在自己的小庭院里建一个8～10米^{3}的沼气池，利用人畜粪便等废弃物，解决3～5口人一年的生活燃料，可节省燃料和电费500～700元；沼渣、沼液的使用减少了化肥和农药使用量，可以节支150～200元；可使粮食每亩增产3%～5%、增收150元左右。

河南中海博能生物天然气试点项目

河南中海博能生物天然气项目是国家发展改革委、农业部于2016年批复的国家试点项目，建设规模为日产1.2万米^{3}的生物天然气工程。建设内容：单体池容5500米^{3}的厌氧发酵系统4套，容积6000米^{3}的双膜储气系统1套，建筑面积2500米^{2}的综合办公楼1座，公用工程车间、上料车间和有机肥车间等附属配套设施厂房面积约8000米^2，另外配套建设占地80亩的秸秆收储场地4座。该项目于2019年12月厌氧产气锅炉点火成功，2020年4月提纯调试成功，2021年3月5日通过河南省农业农村厅组织的终验。做法与经验如下：

一是原料收集有保障。2020年采用秸秆收集新模式，公司将自己购买的秸秆打包机等设备免费给经纪人使用，公司按照到场并码好垛的价格结账，10月完成秸秆收集1.817万吨。同时，为了应对秸秆收集可能受天气条件的影响，制定了以畜禽粪污、餐厨垃圾等为原料的收储方案。

二是产品销售有出路。一方面天然气供项目所在地长垣市铸造工业园区内企业使用，采取管网直供，每天销售量1500米^3，售价3.1元/米^3；另一方面供当地两个加气站使用，每天稳定销售8000米^3，售价根据周边天然气母站价格随行就市，2.2～3.2元/米^3，另外，有机肥销售主要由河北辛集有机肥基地承担，出售给辛集果树种植大户，价格300元/吨。

三是工艺技术有创新。公司自主研发具有独立知识产权的CBSR可控固态干法发酵工艺，发酵浓度达15%～17%，高于欧洲CSTR工艺发酵浓度5%～7%，其产品CNG完全满足国标要求。该工艺支持多原料任意比例混合发酵，零污染、零排放、高效、稳定、经济性好、易规模化生产，符合可持续发展与绿色循环要求。

项目年毛利润约600万元，生物天然气贡献400万元、有机肥贡献200万元。生物天然气生产成本控制在1.9元/米^3（成本构成：原料成本1元/米^3，电耗0.5元/米^3，人工0.25元/米^3，维修及其他0.15元/米^3）。年销售生物天然气约1000万元，毛利润约400万元；有机肥售价300～500元/吨，年销售额约300万元，毛利润约200万元。

安阳麦多BOO生态循环农业模式

河南麦多生态农业科技有限公司位于河南省汤阴县五陵镇小宋村，于2014年投资建设。截至2020年底，园区建成全自动玻璃大棚1200米^2、连栋大棚15亩、沼气工程7000米^3，其中通过沼液沼渣种植出来的蔬菜已进行了有机认证，形成了以生态养殖、清洁能源、有机肥料、观光农业、生态种植于一体的完整BOO（Biogas-Organic manure-Organic food）循环经济产业链。做法与经验如下：

一是循环链条闭合。汤阴县是养猪大县，畜禽粪污资源量丰富。该工程利用汤阴县五陵镇附近养殖场的粪污以及农作物秸秆、尾菜等为发酵原料，将发酵剩余物处理后用作有机肥，供种植基地使用，形成一个闭合的循环链条。

二是配套设施齐全。整体配套设施包括 7000 米^{3}沼气工程 1 座、液体肥和固体肥生产线各 1 条、水肥一体化系统 1 套、双螺杆槽式翻抛机 1 台。配套技术有沼气工程厌氧发酵技术、有机肥发酵技术、液体肥生物处理技术。

三是发展定位明确。聚焦西瓜、番茄等农产品，做好资源利用循环和生态农业循环，坚持种养结合、扶贫结合、电商结合等多种模式，为农村环境保护、农产品质量安全、农业农村有机废弃物资源化利用提供有力保障。

截至 2020 年底，企业 3 座沼气工程均正常使用；沼渣固体肥生产正常运行；沼液液体肥生产正常运行；建设有 1000 米^2 沼肥水肥一体化综合利用系统，有过滤系统 2 套，配套建设有喷灌、滴灌系统；500 亩土地全部使用沼渣、沼液；开展了日光温室立体无土栽培、盆栽蔬菜、西瓜白菜间作套种、西瓜茄子间作套种等。目前，黄瓜、番茄、茄子已通过有机产品认证。

湖北省农村能源建设

【沼气建设】截至 2020 年，湖北省户用沼气 259.25 万户，各类沼气工程 8880 处，其中特大型沼气和生物天然气工程 2 处，沼肥综合利用面积 1400 多万亩，新建沼气服务网点 407 个，县、乡（镇）、村三级服务网络初步形成，服务覆盖了 72.42%以上的沼气用户。在促进循环农业发展、解决农村生活能源短缺、优化生态环境等方面贡献突出。

【清洁能源开发利用】按照“因地制宜、多能互补、循环利用、绿色发展”的思路，大力发展以沼气为纽带的生态循环农业，推动农村可再生能源建设由单一解决农村用能问题向综合解决农村生态环境问题、提高民生质量、促进农业增产增效和农民增收转变，实现农村生态效益、经济效益、社会效益三赢。结合精准扶贫、新农村和美丽乡村建设，建成多能互补示范点 800 多个。新增太阳能热水器 28.59 万台，51.55 万米^2；新增省柴节煤灶 18.91 万台；新增推广节能炉 28.17 万台；建设秸秆固化成型工程 30 处，年产量 54.77 万吨。“十三五”期间，全省生物质能、太阳能等可再生优质清洁能源开发利用全面展开，农村分布式供能用能的新格局初见雏形。

【生态文明建设】积极响应党和国家实施生态文明建设的战略部署，提出紧紧围绕农业绿色发展和农村民生改善，加强畜禽养殖废弃物和秸秆资源化利用的新时期农村能源工作思路。2017 年在松滋市召开了全省“三沼”综合利用循环农业现场会，引导各地兴办以沼气为纽带的循环农业示范点，10 个县（市）大规模地建设沼气循环农业示范区。由点到面形成了三级循环农业示范区。宜昌市、襄阳市等地采取单个农户或数个农户互助联合的做法，采用“猪-沼-果（菜、茶）”形式实现了家庭农场“点上小循环”；松滋市、公安县、竹溪县和咸丰县等地利用管道连接沼气工程和规模化种植庄园，形成水肥一体化的“园区中循环”；公安县在全县范围内集中收集沼渣沼液，远距离输送至 3 万多亩的葡萄种植基地，形成全县“区域大循环”。

【科技创新】组织编制了《小型沼气工程设计、施工及验收规范》地方标准，引领农村沼气持续健康发展。创新工艺技术，提升产业发展科技含量。直接从国外引进精良装备，采用混合原料高浓度连续多级厌氧发酵工艺建造特大型工程，提高了生产环节的技术水平和效率。在利用环节，试点示范了提纯罐装、减压供气等实用技术。在管理环节，将大数据智能化运用到农村能源服务中，建立全省农村沼气远程监控平台，实现站点入网、实时监测、智能分配、故障报警、管理决策等功能于一体的智慧运行体系。

【项目管理】在项目建设方式上，创新建设方式，围绕“五个结合”实现“五个转变”，推进农村能源健康发展。即把农村能源建设与实施乡村振兴战略相结合，与畜禽粪污资源化利用整县推进相结合，与果、菜、茶有机肥替代化肥行动相结合，与农村“厕所革命”相结合，与打赢脱贫攻坚战相结合；实现由数量增长型向质量效益型转变，由以建为主向建管并重转变，由分户建池向集中供气发展转变，由单一沼气建设向多能互补转变，由单一项目拉动向社会力量共建转变。创新管理机制，提高项目工程建设质量。狠抓项目建设立项、申报、审核等关键环节，从运行意愿、资本金充实程度等方面优选项目业主。本着简政放权、权责一致的原则，将项目招标采购权下放，明确省、市、县三级的招标采购和监督检查等职责。联合农业农村部沼科所抽查沼气产品和工程质量，对存在质量问题的企业，逐一进行约谈并限期整改到位。在项目验收上，从市、县两级抽调精兵强将组成验收组，组长签署质量承诺书，验收人员一律先培训、再上岗。严格开展绩效评价工作。在县级自查、市（州）核查的基础上，省农村能源办委托第三方绩效评价机构进行抽查考核。

【体系建设】湖北省各地积极创造条件，创新服务模式，引导农村能源服务主体勇闯市场，大胆探索市场化、可持续的长效运行机制，总结出以松滋市为代表的网格化服务模式，以团风、江陵等为代表的托管式服务模式，以蕲春、罗田、公安等为代表的融合式服务模式，以鄂州、枣阳、钟祥等为代表的联盟式服务模式，在推进工程项目建设过程中，同步培育了一批农村能源服务站、合作社、协会、公司等长效服务主体，共计5492个，从业人员达2万余名。松滋市沼气工被列为全省十大劳务品牌。恩施市沼气技工袁亮20年扎根基层、忘我奉献，成为省劳模，荣获全国五一劳动奖章。全行业还有湖北省五一劳动奖章获得者汤清付、熊业球和黄杰等同志，全国技术能手李家宝、郑光周和徐古志等同志，2017年度全国农业先进工作者章金海、杨书宏和张冬青等同志。

【安全监管】坚持把安全生产作为全省农村能源工作的头等大事来抓。一是建章立制，厘清各方安全生产工作职责。制定了《湖北省农村能源安全事故预防和处置预案》，对农村能源安全生产的各个环节提出严格要求。推行领导责任制、法人负责制、招标采购制、工程合同制、职业准入制、资金审计制、终端公示制等“七制”，把好资质使用关、技术设计关、设备采购关、工程招标关和资金设计关等“五关”。明确农村能源主管部门、设计和施工单位、设备生产单位、经营管理单位和沼气用户的安全生产职责和相应的违规处罚措施。二是广而告之，多形式开展宣传教育活动。坚持多形式多途径开展农村能源安全生产宣传教育，提高各级管理人员和农村能源用户的安全生产意识和事故防范常识。三是内外兼修，监督责任和主体责任两手抓。严格遵守“党政同责、一岗双责”和“管行业必须管安全、管业务必须管安全、管生产经营必须管安全”的要求，坚持分层分级落实安全生产责任。四是控制风险，定期开展隐患摸排整改。坚持统筹兼顾，点面结合，突出重点，将农村能源安全隐患排查整改作为主线贯穿全年，通过业主自查、省市县区摸排、不定期抽查和督促整改等，将安全隐患消除在萌芽状态。

宜昌市夷陵区“三沼”综合利用示范项目

【产业发展】一是围绕绿色发展，加大项目建设管理力度，打造精品能源工程。紧扣质量标准不放松，组织专班人员深入各项目地进行检查督办，把农村能源项目建设成为精品工程、放心工程，确保项目建设质量和标准。二是加大“三沼”综合利用力度，打造生态能源产业示范区。抢抓乡村振兴重大战略机遇，在农业主产区、现代农业示范区、农业可持续发展区，重点围绕果园、茶园、菜园开展“三沼”综合利用，大力推广“果（茶、菜）-沼-畜”等循环农业模式，减少化肥、农药施用量，发展生态有机农业。三是积极参与农村“厕所革命”，打造一批农家沼气厕所。坚持建设与管理同步，无害化处理与资源化利用结合，探索建立一套体制机制健全、经营管理有序、运行维护良好、无害化处理率高、资源化利用效果好的服务体系。四是探索秸秆综合利用新模式，打造一批能源化利用示范点。利用中央财政资金支持秸秆综合利用的带动作用，在肥料化、饲料化、燃料化、基料化、原料化等重点领域和收储运服务体系建设等关键环节取得新突破。按照农用优先、多元利用，典型示范、整体推进，市场导向、政策扶持等原则，打造一批秸秆能源化利用示范点，培育一批示范企业或专业合作社，提高秸秆综合利用水平。

钟祥市人畜粪污资源化利用沼气工程

◁典型案例▷

区域高效循环利用模式

一、模式简介

区域高效循环利用模式即综合平衡农村社区、小区附近区域内养殖场的粪污量与果园、茶园、菜园等种植业消纳的沼液沼渣量，依托专业合作社建管和经营服务，在社区、小区附近建设适中规模的集中供气沼气工程，在果园、茶园、菜园匹配建设水肥一体化工程，按收取一定处理费方式收集多个养殖场的粪污作为原料，所产沼气对社区、小区居户常年有偿供气，将沼渣、沼液销售到附近果园、茶园、菜园替代化肥施用，增加土壤有机质含量，改善土壤理化性状，实现区域高效循环利用，并维持沼气工程长期稳定运行。

二、模式背景

松滋市（县级市）位于湖北省西南部，地处平原和丘陵结合地带。松滋市农村能源建设起步早、基础扎实、推广效果好，全市以沼气为纽带的生态循环农业面积已达 52 万亩，现存户用沼气池 7.2 万口，已建大中型沼气工程 6 处、小型沼气工程 113 处，年产沼气约 3900 万米^3，由沼气带来的经济收益每年近 3 亿元。近年来随着城镇化和新农村建设的快速推进、农户养殖规模的变化，原依托养殖场建设沼气工程的模式已不能适应新形势发展。为了探索新机制，松滋市农村能源办公室围绕农村城镇和新农村小区做文章，探索出沼气工程区域高效循环利用模式。即在农村新社区建设沼气集中供气站，满足农村居民清洁能源需求，实现了一年四季全天候供气，同时为了充分综合利用“三沼”，在标准化果园、茶园、菜园配套建设沼肥一体化工程，并通过网络进行远程监测供气站，提高了工程运转安全性能。

三、工艺模式

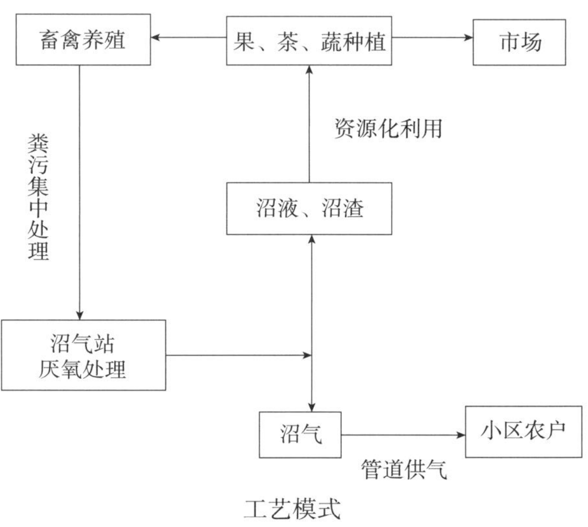

工艺模式

四、配套措施

一是强化组织领导。组建由市委分管领导为组长，能源、发改、财政、土管、环保等部门负责人为成员的领导小组，实行项目分工负责制，协调监管项目实施。二是强化技术支撑。聘请专业院校为技术指导单位，创新种养结合、有机质循环利用的三产融合技术路线；积极培育新型专业合作组织，为项目提供专业管护。三是加强项目整合。统筹整合循环示范区内农业、能源、畜牧、水利、新农村等建设资金，围绕生态循环建设，“各炒一盘菜，共办一桌席”。四是严格项目管理。规范项目审批、建设、验收和绩考程序，严格执行“三专四制”管理，项目资金实行专账管理、专款专用。五是完善运营机制。采取 PPP 模式，以市场化、专业化、产业化为导向，提高有机废弃物资源化利用效率，打造区域高效循环利用模式。

五、推广情况

松滋市以沼气为纽带的生态循环农业面积约 52 万亩，其中推广区域高效循环利用模式约 5 万亩。拥有 500 米^3 以上的小区规模化集中供气站 15 处，实现管道供气 2760 户。每处集中供气站建有沼气发酵、原料预处理、囤肥池、储气净化和输气系统，供气100～300户。经测算，全市15处规模化集中供气站年可减排二氧化碳100750千克和二氧化硫850千克；年节约薪柴75250千克，约相当于保护206.25亩林地；年产沼渣、沼液429.4吨，相当于提供全氮1100千克、全磷200千克、全钾1075千克；年均产气量24062米^3，折合17180.3千克标煤。

松滋市沼气站

全市水肥一体化工程7处，与专业果蔬种植基地合作，延伸集中供气工程的效益链接，集灌溉、施肥为一体，全自动化控制，用沼肥替代化肥，有偿供给，节水、节肥、节省劳力。工程包含囤肥池180米^3、过滤池20米^3、调配池200米^3、泵房9米^2，以及输配管道和泵房配套设施，年省工、节肥、增效1050万元。

六、适宜地区

该模式适宜于居民较集中、畜禽粪污较多、果蔬茶产业规模较大的区域。

高效循环新村模式

一、模式简介

高效循环新村模式以村为单元，通过建设沼气、沼液沼渣替代化肥、太阳能利用和农作物秸秆综合利用工程，形成村内养殖-沼气-种植农业生态循环，实现生产生活绿色低碳用能。

二、模式背景

天门市（省直管市）健康村有13个村民小组，920户，3682人，耕地面积1846亩。辖有湖北健康（集团）股份有限公司，该公司是农业农村部等8部委确认的农业产业化国家重点龙头企业，总资产3.1亿元，职工1200多人，平均年生产值7.6亿元，村民人均收入近万元。其中养殖场年出栏2.5万头，日排污水100多吨。2009年以来，健康村以建设沼气集中供气工程为核心，相继投资5000多万元建设了污水处理、生态修复、有机肥、秸秆综合利用、太阳能利用、能源服务和有机蔬菜种植等工程，形成了以沼气工程为纽带的农业废弃物综合利用产业链。2009年以来，全村实施了辖区内水体修复、污水处理、沼气供气、清洁生产、垃圾处理、废弃物资源化利用等农村环境综合整治工程，基本上实现了“田园规划高产化，农业生产生态化、村庄环境优美化、农家生活健康化”的高效循环新村格局。

三、工艺模式

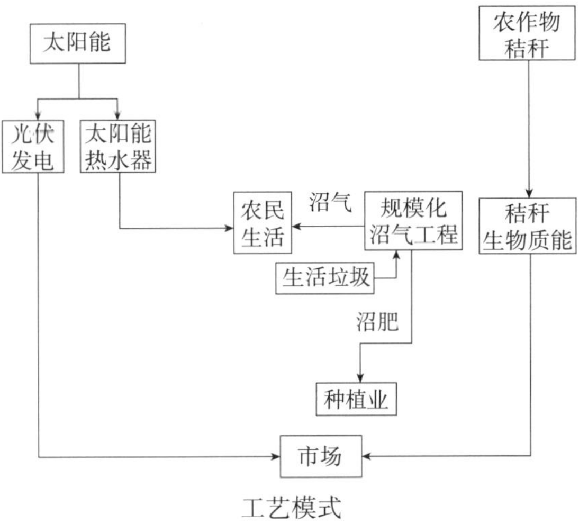

工艺模式

四、配套措施

一是建设规模化沼气工程，集中处理养殖粪污，给村民集中供气。

二是建设沼液沼渣替代化肥工程，形成“养殖-沼气-种植”农业生态循环产业链。

三是建设太阳能工程，实现绿色低碳用能。

四是建设农作物秸秆综合利用工程，以农作物秸秆为原料生产清洁生物质能源。

五、推广情况

实施大型猪场废弃物资源利用工程。天门市健康村建造了2600米^{3}的大型沼气集中供气设施，年产沼气56万米^3，供1200户农户炊用。同时将沼液经无害化处理后，用于蔬菜、油菜、棉花生产基肥或叶面喷雾，形成了以大型沼气集中供气设施为核心，“三沼”（沼气、沼液、沼渣）综合利用的“种-养-肥-鱼（藕）”循环产业链。

实施太阳能光伏利用工程。一是全村920户农户全部安装户用太阳能热水器，保热面积达到3000米^2。二是现已安装太阳能路灯300盏，安装庭院100盏。三是老年公寓地源热泵示范面积达到3600米^2。

健康村沼气工程

健康村沼气用户

实施秸秆综合利用工程。新建年产5万吨的秸秆成型燃料加工厂1座，可消纳15万亩农田秸秆，农户每亩可增收40～60元，解决邻村3万农户的秸秆出路问题。

六、适宜地区

该模式适宜在有规模化养殖场、有主导种植产业、有经济实力的村推广。

“五改三建”生态扶贫模式

一、模式简介

五改：①改水，建设安全卫生的饮用水源，解决人畜饮水困难。②改路，改变村民长期以来走羊肠小道、泥泞小路的状况，修通乡村油路、村组公路、硬化入户路。③改厨，推广使用沼气和省柴节煤灶，使厨房整洁、卫生、明亮。④改厕，厕、圈分离，推广以使用沼气和太阳能为主的洁厕和洗浴方式。⑤改圈，与沼气池配套建设相对独立猪圈，改变过去住房和畜圈不分的状况。

“三建”：①建沼气池，每户建一口8米^{3}以上的沼气池，生产沼气绿色能源，为农业生产提供沼肥。②建产业园，每户建一个高效农业产业园，搞特色种植业，促进农民收入稳定增长。③建生态农居，每户新建或改建一套经济、实用、美观、卫生、舒适的生态农居。

二、模式背景

恩施积极探索贫困山区安居扶贫新途径，走出一条以“五改三建”为主要内容的生态家园文明新农村建设道路，初步改善了农民增收难、行路难、吃水难、就医难、通信难、收看电视难等问题。

这种以“五改三建”为核心、以生态家园建设为载体、具有鲜明地域特色的生态型新农村建设模式，使农村生产力得到快速发展，使广大农民得到最大实惠，农村面貌焕然一新，成为经济欠发达地区解决“三农”问题、实施精准扶贫、建设新农村的成功典型。该模式先后被新华社、《人民日报》《农民日报》等多家中央媒体报道，被农业农村部誉为“恩施模式”。

三、模式流程

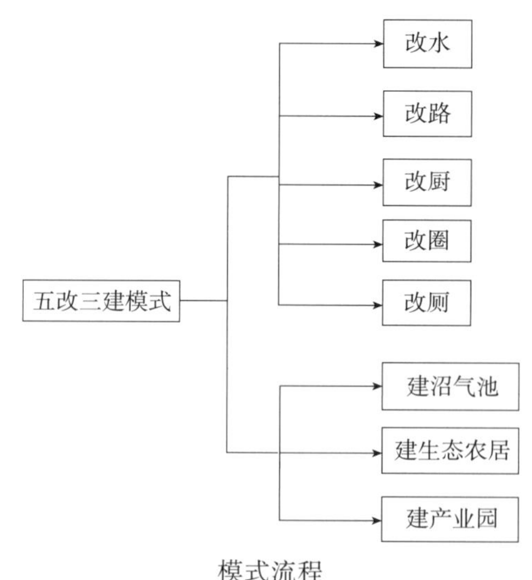

模式流程

四、配套措施

政府主导，制定规划方案和落实建设资金，相关部门各司其职抓落实。

五、推广情况

目前，全州建成沼气池50多万口，普及率占适宜地区农户的69%。初步形成了以烟草、茶叶、魔芋、畜牧、林果、高山蔬菜为主的绿色主导产业，实现了100%村通电话、95%村通公路、65%村用自来水、90%村建卫生室，有线电视覆盖率达到67%，农村基础设施明显改观，农民生活质量显著提高。

六、适宜地区

该模式适用于欠发达、有传统养殖习惯的地区，特别是分散居住为主的山区农村。

恩施市下云坝小学公益性工程

恩施市龙凤镇周家湾村

恩施市三岔乡莲花池村

利川市毛坝镇五一村

湖南省农村能源建设

【沼气建设】湖南是一个农业大省、养殖大省，畜禽粪污和农作物秸秆资源非常丰富。为了解决农村用能和农村环境污染，湖南省于20世纪60年代末70年代初就兴起了沼气建设的热潮，80—90年代沼气建设得到了进一步发展。进入21世纪，在中央农村沼气项目支持下，湖南省农村沼气建设得到了快速发展。2013—2020年，按照国家下达的农村沼气建设任务，湖南省认真抓好农村沼气项目管理，狠抓项目建设质量，全省新建户用沼气12.41万户，累计达到172.32万户；新建小型沼气工程8756处，累计达到1.96万处；新建大中型沼气工程646处，累计达到1393处；新建生物天然气工程2处。

大型沼气工程

【新能源领域】坚持"因地制宜、多能互补、统筹规划、全面布局、创新驱动、科学发展"的方针，在稳步推进农作物秸秆能源化利用和着力推广高效低排节能生物质炉具的同时，湖南省不断加大太阳能热水器、太阳能路灯等清洁能源产品的推广力度，积极拓展农村清洁能源开发利用领域，推动农村清洁能源向多元化发展，涌现出一大批多能互补的典型。如湘潭县梅林桥镇郭家桥村建设秸秆沼气集中供气工程，推动秸秆综合利用燃料化2万吨；耒阳市美奥特科技发展有限公司利用秸秆生产生物质燃料5万吨以上，邵东县、临武县等地农村能源部门主动对接精准扶贫工作，开展了分布式光伏并网发电工程示范，使农村能源建设由过去单一的沼气建设逐步向多能互补、共同发展转变。据不完全统计，目前全省累计推广太阳能热水器110多万台，推广太阳能路灯200余万盏，更新和改造省柴节煤灶340多万户，发展农村小型光伏发电18万多千瓦。

【生态循环农业】湖南省积极探索种养结合、生态环境和产业发展结合的路子，大力推广"猪-沼-果（蔬、林）"和"果（蔬、林）-猪-沼"的生态循环农业模式，实现了农产品的绿色生产，提升了农产品

生物天然气工程

的产量和品质，提高了现代农业发展水平，延长了沼气产业链条，显示了“三沼”综合利用在发展有机农业、生态农业方面的重要作用。湖南鸿源果业有限公司就是“以果定沼”的典型之一。该公司在临武县南强镇十字铺村建有5000亩南丰蜜橘基地，在经营实践中，公司深刻认识到生物质肥料对柑橘品质的重要性，决定无偿划出45亩土地对外招商生猪养殖企业，要求养殖方无偿为柑橘基地提供10年的沼渣沼液有机肥。随后临武县顺康生猪养殖专业合作社中标，办起了年出栏生猪6000余头的规模养殖场，配套建设了800米^{3}的大型沼气工程，年产沼液2万余吨，为基地提供了大部分有机肥。公司为此每年节约有机肥成本100余万元。随着产品品质的提升，市场需求越来越广，2016年基地已扩大到1.2万余亩，产量2万余吨，产品90%出口东南亚，年销售收入达到1.2亿元。同时，养殖合作社可以每年节约土地租金9000余元，10年合同期满后，沼渣沼液有机肥还可有偿销售，每年能为合作社增加收入10万余元，真正实现了公司、合作社、环保共赢。沼气综合利用项目在推进生态循环农业和农村环境综合整治，建设美丽乡村和促推现代农业发展中发挥了不可替代的作用。

【服务体系建设】针对当前国家农村能源政策调整的现状，各地结合实际，以业务培训为主体，以网点建设为支撑，以优化服务为根本，持续加强服务体系建设，强化后续服务管理，推动生态能源持续有序发展。一方面通过培训打牢体系基础。利用国家启动农民培训计划加大了技术培训力度，进一步普及了可再生能源应用技术知识。全省初步形成了以省级实训为依托、以县级服务站为支撑、以乡村服务网点为基础、以农民服务人员为骨干的沼气服务培育体系。2020年度，全省已有各级别持证沼气生产工14316人；持证沼气物管员425人，新增持证沼气物管员116人；持证太阳能利用工569人，持证其他农村能源利用人员286人，为农村能源建设提供了可靠的人力支撑。另一方面创新运管模式。全省各地农村能源办开展“全托式”“一站式”“会员式”服务模式试点，实现了建管并重转型，逐步摸索解决服务跟不上、机制不适应、管理不到位、体系不完善的问题。怀化市农村能源办走社会化、专业化服务模式，建立农村“110”服务平台，提高沼气使用率和用户满意度，打造星级服务站点，以点带面促进服务体系建设。岳阳市湘阴县三塘镇农村能源后续服务点通过发展“三联两解一提升”后续服务模式，年收入50万元以上，可以为周边600户农户实行沼气原料集中配送，为周边3000多户用户进行后续服务，实现服务区内沼气正常使用率90%以上，服务对象满意度95%以上。

施用沼肥的蔬菜

【安全生产监管】深入学习习近平总书记关于安全生产的重要论述，落实“管行业必须管安全、管业务必须管安全、管生产经营必须管安全”的工作要求，教育引导农村能源队伍践行“人民至上、生命至上”理念，按照“党政同责、一岗双责、齐抓共管”的要求，推动农村沼气安全工作落细落实。坚持贴近实战、注重实效的原则，全省农业农村部门组织开展应急演练，不断提升农村能源行业从业人员安全技能和应急处突能力。充分利用广播、电视、报纸、网站、微信、短视频平台等媒体资源，通过发放学习读本、设置宣传专栏、张贴宣传挂图、播放专题宣传片等形式，大力宣传农村沼气安全生产。对闲置弃用的沼气池、沼气工程，按照《农业农村部办公厅关于做好农村沼气设施安全处置指导意见》和《湖南省农村沼气设施安全处置指导意见》的要求，做好安全处置工作，杜绝沼气安全生产事故发生，保护人民生命财产安全。

◁典型案例▷

湘潭绿丰保鲜蔬菜配送有限公司以沼气为枢纽的循环

湘潭绿丰保鲜蔬菜配送有限公司成立于2004年，主营业务为农产品种植、加工、销售、配送、仓储服务，有农产品直销店56家，年销售额1.2亿元。为有效处理秸秆、尾菜等农业有机废弃物，先后建成容积1000米^{3}的沼气工程与占地3500米^{2}的食用菌基料生产中心。公司积极落实创新和绿色发展理念，始终坚持生态优先、技术先行，突破和运用气（沼气）、电（发电）、肥（肥土）、食用菌基料一体联动的农业有机废弃物处理技术，大力推动农村生活垃圾、粪污及尾菜、秸秆等有机废弃物资源化利用，实现日均回收处理农业废弃物70吨，年产花卉营养土5000吨、食用菌基料10000吨、有机肥1000吨、动物青储饲料300吨，为美丽乡村建设和农业农村高质量发展贡献了力量。主要做法如下：

注重完善收储运体系。在雨湖区鹤岭镇郑家村、湘潭县梅林桥、姜畲镇泉塘子村建立3个中转站，建有秸秆堆场2000米^2，配套秸秆粉碎捡拾打捆机6台、秸秆转运车5台、畜禽粪便运输车2台、抓斗机5台、堆高机2台、压缩打包系统1套，建立了一支专业团队，设备不断更新完善，可日收集湘潭市辖区内农业秸秆30吨、蔬果有机垃圾5吨、畜禽粪便30吨、废弃菌包5吨。

注重技术集成创新。加大科研投入，充分发挥科技力量，自主研发引进沼气工程、好氧连续发酵、食用菌基料生产线等技术工艺，建立综合利用中心，以沼气工程为枢纽，借助有机物好氧连续发酵槽技术生产有机肥营养土，自主研发熟化一体机生产食用菌基料。同时，将沼气提供给食用菌基料燃气锅炉，通过三级净化技术将沼液回用制浆，作为有机肥发酵补充物，实现对废弃物全资源化综合利用。

沼气工程

熟化一体机

自动播种机

好氧发酵槽

综合处置生产线

乡镇农产品收集点

时令果蔬基地

食用菌标准化栽培基地

玉米种植基地（在耕）

种植基地

注重强化产销融合。前端收储运体系、中端综合利用中心与末端种植、销售协调发展，推动形成废弃物综合利用产业链。综合利用形成的食用菌基料用于公司基地栽培食用菌，由社区门店及加工中心销售产品，形成农业废弃物到新鲜农产品一体化的产业体系。同时，通过公司采集配中心与乡镇建立的商品前置仓、原料收集点形成城乡农商互联的网络，充分利用物流资源，在收集农业废弃物之余，实现农副产品上行与商品下乡。

注重实施智能管理。大力推进信息化建设，建有50米^{2}的数字机房、80米^{2}的中央控制中心及信息指挥大屏，分别建成生鲜农产品物流信息集成服务平台、数字农业、电商管理运维系统等信息化平台，实现生产、配送、销售、回收利用等全程信息化管理。

“三联两解一提升”沼气服务模式

近年来，附着农村养殖结构的调整，畜禽家庭散养逐步被规模化养殖替代，国家曾经大量投入建设的8～10米^{3}的农村户用沼气池，因为发酵原料的短缺而被闲置或弃用。另外，规模集中养殖场的粪污污染问题越来越突出，同期建设的大量农村可再生能源服务网点也因各种原因难以为继。为了解决农村沼气原料短缺问题、养殖场粪污污染问题、规模化农业种植产业园或基地有机肥需求短缺问题，近年来湖南省探索出“三联两解一提升”农村沼气服务模式。“三联”是指以农村可再生能源服务站为中心，联农村沼气用户、联畜禽养殖场、联农业种植业产业园或基地。“两解”是指解决沼气用户的原料短缺问题和养殖场粪污处理问题。“一提升”是指为农业种植业产业园或基地提供优质的有机肥，提升农产品的品质。

具体做法：农村可再生能源服务站分别与缺乏发酵原料的农村沼气用户签订原料供应、用气服务协议，与规模养殖场签订治污运输协议，与农业种植业产业园或基地签订有机沼肥供应协议，沼气服务站按服务项目收取一定费用，实行有偿服务。一是将大型养殖场或养殖大户处理不了的粪便运到户用沼气池作原料，解决养殖场的污染。二是对沼气用户送粪上门，保证原料供应，同时开展维修服务，保证正常用气。三是向大型果蔬产业园或基地供应优质有机沼肥，为果蔬产业园提供优质肥料。东安县芦洪市镇可再生能源中心服务站是按照这种模式运作的较为典型的一个站，该站现有工作人员2人，服务覆盖10多个村，承包14处养殖场粪便的清运处理，为700多户沼气农户配送原料，为近2000亩果园、菜地供应沼肥，实现了农户沼气池有原料，畜禽粪污得到资源化利用。

这一模式将沼气日常维护与供料、种植业供肥紧密结合，实现沼气用户、粪污治理、节能减排、环境保护、产业发展、生态建设多赢的局面，具有极强的生命力。如果在推广应用中不断地完善操作机制，在政策上给予引导支持，能充分发挥农村沼气清洁能源、环境治理两大功能，促进循环农业的发展，为农村人居环境整治与美丽乡村建设贡献力量。

可再生能源服务站沼渣沼液清运现场

长沙县、镇、村三级农村能源服务体系模式

长沙县能源服务体系于2011年上半年开始建设，不同于农业农村部县、村两级服务站设立原则，该县增加了镇级服务中心一环，建设了县、镇、村三级能源服务体系，最终目的是让国家配备的能源服务器材保值增值、沼气技术人员业务收入稳定，确实为广大沼气用户服务，同时产生环境效益、社会效益、生态效益。服务体系的运转，使“人员动起来，设备用起来，队伍活起来”，让政府花钱买服务，实现区域范围内服务全覆盖，可再生能源事业持续发展。

一、服务体系

服务体系建设框架是成立县、镇、村三级能源服务体系，合理分工，保证上下联动，实现服务全县全覆盖。

建设县级能源服务中心。职能有 8 项：技术轮训、巡回检查、应急处理、配件供应、大修服务、试点示范、循环利用、目标管理与绩效考核。

金井镇能源服务中心

成立镇级能源服务中心。每个服务中心成立“一部三队”。“一部”为器材经营部。“三队”为沼气建池服务队，由技术骨干担任，负责沼气池和储肥池的建设；沼气维修服务队，由沼气技术人员组成，负责沼气池及灶具、管道的维修；沼肥综合利用专业服务队，利用运输车辆，清走大型养殖场多余粪污，运送到各蔬菜基地、茶叶基地作为肥料使用，实施粪污余缺调剂，变废为宝。

沼渣、沼液清运现场

村或片区设村级网点。保留原有村级网点，就近服务沼气用户，未建网点的村或片区由镇服务中心派人维修服务，指导沼肥综合利用。

二、管理及运营模式

资产管理模式。国家新配备的资产器材全部注入乡镇能源服务中心，以服务中心的名义进行产权登记。镇域范围内村级网点资产也注入中心，村网点只有使用权。镇中心可根据服务人员、服务对象等变化进行调配。随着业务拓展，各服务中心可根据自身业务需要，自行购买新设备，并享受相关补贴政策。

金井镇器材经营部

人员调度模式。以农业农村部培训的沼气技术人员为基础，增加执证驾驶员、网络管理员，组成能源服务中心工作队伍。

生存发展运营模式。利用沼气池“一池五环”产业（畜牧业、林业、现代农业、能源产业、科技产业）综合工程，主要业务包括但不限于农村沼气的建设、维修，改水改厕，人居环境、污水管网维修维护，人工湿地的治理维护，农村集中污水收集处理，液态污物清运，治污设施运行管护，污水管网清淤，农业废弃物资源化综合利用服务，可再生能源推广，沼气安全宣传等。

随着国家沼气扶持政策的调整、县域内城镇化发展的加快、生猪退养禁养政策的实施，能源服务中心业务逐渐从以沼气建设为主转换为以管理为主、建设为辅的状态。为防止国家投入大量经费建成的沼气设施停用废用，保证沼气在能源革命、环境保护、生态农业发展等多方面的作用，长沙县每年安排经费350万元用于农村能源建设及后续服务和综合利用。运营补助主要用于县级、镇级能源服务中心，要求其有办公场所50米^{2}以上，配备沼气设备营业间、办公室以及电脑和打印机等办公用品；有负责人1名，负责对接当地主管部门，并统筹安排队伍；有营业员1名，负责配件购销；有网管员1名，负责服务信息上报，每年每处安排运营补助4万～6万元。沼气池上门维修，配件按协会制定的标准收取费用，补助50元/次的上门交通费用。沼渣、沼液清运，按30元/米^{3}予以补助。沼气池缺料户享受补料服务，按600元/（年·池）予以补助。沼气池和储肥池按建池成本的50%予以补助。

在如何科学利用此专项资金方面，长沙县做了很多努力，尝试了很多方法，较好地保证了项目资金使用科学、透明、合理。具体如下：一是测算成本，确定补贴标准。二是项目服务过程上网留存，依托长沙市农业委员会的监管平台，每次服务前后的照片都加有水印并上传到网络平台服务器，可以随时查阅读取。三是所有项目验收方式均为电话普查加实地抽查，每次服务上传到平台上后，聘请的第三方公司工作人员会逐一播打电话向农户确认，确保服务真实；能源事务中心工作人员则会不定期地到农户家查证服务完成情况。四是服务签证单确认，每次服务都必须由被服务对象手写签名。五是项目服务与安全宣传相结合，服务签证单背面都印有“安全使用十不准”等相关安全知识，扩大安全宣传范围。

广东省农村能源建设

【农村沼气建设】随着养殖结构调整、禁养区划分等政策的影响，大量户用沼气池因没有原料而弃用，农村户用沼气池每年报废闲置的数量在增加。2020年，全省户用沼气池存量仅9.58万户、实际利用3.27万户，分别比上年减少1.46万户、0.71万户；沼气工程新增156处，报废244处，年末存量4213处，相比上年减少88处；沼气总池容149.24万米^3，相比上年增加1.24万米^3；装机容量1.94万千瓦，相比上年增加0.073万千瓦。农村沼气的发展有力地促进了农业废弃物和畜禽粪污的资源化利用，2020年，通过沼气发酵消耗的畜禽粪污达431.94万吨，农作物秸秆3.54万吨，其他有机废弃物0.99万吨，推广沼肥利用327.61万吨。

【世界银行贷款项目】2006—2011年，广东省参与实施了全球环境基金（GEF）资助的东亚牲畜废弃物管理项目，积累了一定的项目管理与实施经验，得到了世界银行的认可，并与世行方面建立了良好的合作关系。在此背景下，经国家发展改革委和财政部批准，广东农业面源污染治理项目于2011年8月列入利用世界银行贷款备选项目规划。2013年10月项目谈判完成并获省和国家发展改革委批复。2014年1月项目启动实施，其中牲畜废弃物治理子项目建设了能源环保型、能源生态型养殖场的废弃物管理设施，并进行高床养殖新技术试点。目前该项目累计完成124个牲畜废弃物治理工程建设，高床试点已投产6个，项目取得阶段性成效。

【可再生能源利用】随着农村经济的快速发展，农民生活水平提升，农村能源消费逐步向清洁化、商品化、电气化方向发展，太阳能、沼气、电、液化气等优质清洁能源利用逐渐普及，传统的节能炉具用量逐年下降，截至2020年底，全省节能炉具合计14.81万台，其中炊事炉14.53万台、取暖炉0.08万台、炊事取暖炉0.20万台；农村太阳能热水器约65.80万台，面积184.48万米^2；太阳灶98台，太阳房5处，面积约0.05万米^2。

◁**典型案例**▷

“畜禽污水处理-回用”新技术

达标处理畜禽养殖污水的难点在于氨氮的去除。传统的处理方法是先厌氧处理再用A/O处理工艺脱氮，但由于碳氮比失调，处理过程中需要添加药物，出水水质极不稳定，而且投资大、运行成本高（8～10元/吨）。很多此类治污设施只是摆设，没有起到应有的作用。为攻克畜禽养殖污水处理难关，广东省农业环保与农村能源总站与高要区华捷沼气发展有限公司经过多年潜心研究和探索，成功开发了“畜禽污水处理-回用”新技术，污水经处理后全部回用，真正实现了污水零排放，开创了畜禽养殖污染治理新模式。

新技术将粪污全部送入沼气池生产沼气，沼气用于发电，沼液经发电余热循环脱氮，再经臭氧等深度处理后全部回用。此工艺的特别之处在于沼液深度处理部分采用物理和电化学原理脱氮，无须菌种培养和添加任何药物，出水指标优于国家排放标准，具有投资小、运行费用低（吨污水处理能耗≤4千瓦时，占总沼气发电量的40%～50%）、管理简单等特点。

该技术已在开平市联兴养殖有限公司等26个猪场、2个鸡场成功应用，经处理的污水全部回用，真正实现了污水零排放，开创了养殖污染治理新模式。实践表明，养殖场使用回用水后，栏舍臭味大为降低，蚊蝇密度降低 90%以上，畜禽死亡率减少 1%以上，取得了很好的能源效益、环境效益和经济效益。

广西壮族自治区农村能源建设

【基本情况】2013—2020 年，中央和广西财政共投入农村能源项目建设资金 84177.6 万元，其中，中央财政资金 39399 万元、自治区本级财政资金 44778.6 万元。截至 2020 年底，广西累计建设户用沼气池 407 万户，建设小型沼气工程 2496 处、大中型和规模化大型沼气工程 268 处、规模化生物天然气试点工程项目 2 个，建成有机垃圾沼气化处理项目 754 处、农村太阳能公共照明和光伏发电示范村 821 个，建成县级沼气服务站和乡村服务网点 6476 个、沼气从业人员 1.52 万人、服务 250 多万农户。2015 年，中央预算内投资大力支持广西沼气转型升级，重点开展规模化沼气工程和生物天然气试点工程建设，在广西南宁市武鸣区和玉林市陆川县建设规模化生物天然气产业化试点工程 2 个，在养殖大县建设规模化大型沼气工程 129 个，推进畜禽粪污资源化利用。2019—2020 年，在农业农村部支持下，广西开展农村人居环境整治服务与提升示范村建设，打造 6 个示范村，探索创新利用闲置沼气池开展户厕改造的“沼改厕”模式，成为西南片区农村人居环境整治典型。

【“美丽广西”乡村建设活动】2013—2020 年，广西开展“美丽广西”乡村建设活动，通过自治区财政补助，鼓励推广以沼气和太阳能为主的农村能源示范项目建设。沼气技术推广方面，创新开展农村有机垃圾沼气化处理项目，建设养殖粪污中小型沼气处理工程或沼气型净化处理公厕 754 个、有机垃圾户用处理沼气池 1 万户，开展户用沼气管网提升 3.18 万户，就近就地处理农村有机垃圾，有效改善村容村貌和农村人居环境。太阳能光伏利用方面，推广太阳能公共照明和分布式光伏发电，新建农村太阳能综合利用示范村 821 个，推广 10 年以上可持续管护模式，提升村庄公共照明能力和清洁能源利用水平，助推降碳减排行动。

【安全生产管理】广西农村能源系统结合农村能源行业特点，部署重大节假日安全生产工作，有效防范农村能源安全生产事故发生。每年 6 月统一开展安全生产月活动，不定期地组织各市、县对户用沼气池和沼气工程在建设、运行、使用中的安全情况进行重点排查，对发现的问题限期整改。

【职业技能鉴定】2013—2020 年，广西累计培训农村能源从业人员 1322 人次。截至 2020 年底，广西累计获得国家职业资格证书人数为 1.62 万人，主要是沼气生产工和太阳能利用工。

【机构队伍建设】2013—2020 年，广西农村能源主管部门累计举办全区农村能源系统专门业务培训班 19 个，培训 1885 人次，覆盖项目建设管理、安全生产、农村能源统计等主要业务，有效提高了管理队伍素质。2019 年 8 月，广西农村能源体系进行机构改革，广西壮族自治区农村能源办公室由自治区林业局整建制划转到自治区农业农村厅，并更名广西壮族自治区农村能源技术推广站；14 个市级、94 个县级农村能源管理部门对标对表自治区进行机构改革。

【数字沼气建设】2020 年，广西启动“互联网＋”农村能源工程，建设广西农村能源物联网监测平台，依托监测平台，实现各类沼气工程、太阳能光伏项目数据精准采集、高效管理、科学利用。建立广西农村能源数据库，强化大数据技术在农村能源管理、决策中的应用，为农村能源高质量发展提供坚实的数据支撑。

【对外合作交流】2016—2018 年，广西农村能源系统协助农业农村部和商务部等国家部委成功举办援外培训班 3 期，培训来自拉美、加勒比、南太平洋地区政府官员、技术人员 86 人。

【重大活动和成绩】成功举办全国技能大赛并获第一。2014 年 9 月，农业部、中华全国总工会、人社部在广西南宁市联合举办第三届全国沼气生产职业技能竞赛，广西出色地完成了组织竞赛的各项工作任务，并带领广西代表队获得大赛总分第一名，自治区林业局荣获第三届全国沼气生产职业技能竞赛优秀组织奖。来自广西玉林市博白县的李拥民技工荣获全国五一劳动奖章和全国技术能手称号。协助全国人居环境工作会议顺利召开。2015 年 11 月，第二届全国改善农村人居环境工作会议在广西恭城召开，恭城农村能源示范村黄岭村和红岩村入选会议参观现场点。“养殖＋沼气＋种植”三位一体生态农业的“恭城模式”，成为全国生态化、低成本、可持续改善农村人居环境的典型。沼气技工荣获神内基金农技推广奖。由广西农村能源技术推广站推荐，经农业科教基金会评选，广西北海市合浦县傅智阳、桂林市灌阳县的羊小红等2名沼气技工获2015年度神内基金农技推广奖；桂林市灵川县的钟祥荣、贵港市港南区的梁慎年、玉林市博白县的李拥民和容县的莫裔北、百色市隆林各族自治县的范再武等5人获2019年度神内基金农技推广奖。

◁典型案例▷

恭城瑶族自治县五海塘村沼改厕模式

该模式依托户用沼气资源，将农村沼气池修复改造和改厕、改圈相结合，使农村户用沼气池与厕所、圈舍相连，人畜粪污流入沼气池发酵处理，产生的沼气供农户使用，沼液沼渣开展农林业生态综合利用。从地区上看，该模式适宜在南方省份农户居住相对集中、沼气池入户率较高、群众使用沼气的积极性较高、沼气服务网络健全的农村地区推广应用。

五海塘村位于恭城嘉会镇泗安村委，共59户252人，建有户用沼气池56户。全村生活污水年处理量为2242吨。全村耕地总面积1057亩，养牛800头，粪污排放量为2.4吨。主要做法如下：

改造盘活户用沼气池。一是对56户户用沼气池进行清渣及维修改造，对输配气系统全面更新维护。二是将沼气池出料口接入污水管网，粪污经过沼气池处理后再由该管网收集到村级污水处理设施再处理，使污水得到充分处理。经过两级处理后的沼液贮存起来，用作有机肥。

改造升级厨房设施。按农户需求进行针对性的改造提升，将厨房洗菜排污口接入三格化粪池，经处理后并入污水管网。

深度改造农户厕所。一是改造管路，将厕所分别与户用沼气池、三格化粪池连接起来。二是将卫生区域与洗澡区域做错层设计，使得卫生间的粪污（黑水）和洗澡水、洗衣服水等（灰水）分流，黑水流入沼气池，灰水流入三格化粪池。

提升沼肥利用水平。建设贮液池，用于贮存经过两级处理的沼液；铺设沼液输送管道，通过水肥一体化滴灌系统，为蔬菜瓜果供肥。

能源效益：农户沼气池产气率、产能全面提高，年产气量最高可达400米^3，户均年使用优质沼气292米^3，相当于节约208.49千克标准煤。经测算，畜禽粪污资源化利用率从60%上升至90%，项目能源效益突显，清洁可再生能源使用率提升，有效促进节能减排。

环境效益：人畜粪污和生活有机垃圾进入沼气池进行厌氧发酵，解决了畜禽养殖粪污乱排乱放带来的环境污染问题，人居环境质量显著改善。沼液沼渣作为有机肥替代化肥，沼肥综合利用率提升到90%，丰富了以沼气池为纽带的生态农业模式。

社会效益：盘活利用旧病沼气池，提高沼气农户对沼气及其综合利用技术的认识，减少了生活用能、购买化肥的开支，不断提升群众满意度，村民环保意识和爱护环境的自觉性不断提升。

沼气安全生产信息化管理模式

自治区利用本级财政资金，在全区实施沼气安全生产管理项目。调查人员依托信息化手段，逐户进行核查登记，一池一档，并建立、整合电子档案，建立起广西沼气数据库，以此全面摸清了全区沼气设施底数。通过对全区沼气数据的分析研判，自治区按步骤盘活一批、改造一批、报废一批沼气池，从而达到盘活现有沼气资源，消除安全隐患的目的。

自2003年国家启动农村沼气国债项目以来，广西累计建设户用沼气池407万户（含农村能源部门、扶贫部门、畜牧部门建设的沼气池），入户率达50.75%，入户率稳居全国前列；建设各类沼气工程3520处。沼气池建设让广西农村居民生产生活环境发生了巨大变化，成为建设美丽广西的新亮点。但随着农村社会和群众生活方式发生深刻变化，相当一部分户用沼气池遭弃用或报废，沼气技工队伍人员流失严重，沼气后续管理服务不到位，现存沼气池破损现象日益严重，沼气安全形势日益严峻。主要做法如下：

高效梳理，有序开展除盲区。按标准格式导入历年建池档案后，系统自动梳理，按片区分配核验任务。系统以行政村为单位，将核验任务分配给相应核验人员，核验人员根据App中的电子核验清单开展清单式排查、网格化摸底，在地毯式的核验中找出无档案户，为其建立电子档案，填补管理盲区，全面摸清全区沼气设施底数，一池一档，确保安全无死角。

精准核验，图文并茂保质量。核验人员在历年建池数据的基础上，通过实地核验，上传运营现状和现场照片，为每户沼气池建档立卡，现场佐证照片可直观反映沼气池现状，确保调查质量，上传数据的同时自动定位核验地点，确保核验真实性，可以实现数据集成式管理，在电脑前敲击鼠标即可获取全区沼气池的地点、影像信息。

统筹研判，分类施策除隐患。核验数据自动录人系统，建立起完善的电子档案及数据库，通过数据之间的关联、趋势分析，为决策提供科学依据。对海量核验数据进行管理，科学分类沼气设施，分类施策。对于正常使用的沼气池，组织技工进行管护、运行指导，规范管理，全面盘活利用沼气资源；对非正常运行的沼气池，依据农户使用意愿进行分类处置，逐步消除安全隐患。

主要成效：

社会效益。农村能源安全生产和人民生活息息相关，对农村社会秩序的安定产生较大影响。本项目的实施切实加强了农村沼气池的管护力度，最大限度地消除了农村能源安全隐患，降低了安全风险，保障了人民群众的生命和财产安全，为农村生产提供稳定的环境。

生态效益。项目的实施，大幅度提升了自治区户用沼气池使用量及使用效率，为农户提供清洁可再生能源，减少了化石能源的消耗；让农村养殖粪污得到有效处理，切断了农村主要污染源，清洁了水源、田园、家园，减少了二氧化碳、二氧化硫的排放。

海南省农村能源建设

【沼气建设】 2013—2020年，在国务院大力支持海南省建设国际旅游岛、海南自贸港的背景下，根据海南省政府推进美丽乡村建设、农村人居环境整治、农业结构调整、农业产业规模化等需要，海南省农村沼气建设从户用沼气到沼气工程转型升级发生了极大变化，以沼气综合利用为纽带的模式，为海南省生态循环农业建设、农业绿色发展作出了不可磨灭的贡献。截至2020年底，海南省农村户用沼气约34.52万户，总池容276.16万米^3；各类沼气工程1896处，总池容47.72万米^3，装机容量2304.33千瓦。其中，小型和中型沼气工程1465处，总池容24.31万米^3，装机容量60.80千瓦；大型沼气工程431处，总池容23.41万米^3，装机容量2243.53千瓦。此外，特大型生物天然气沼气工程1处，总池容3.72万米^3。沼气工程全年原料消耗363.85万吨，其中，畜禽粪污346.63万吨，农作物秸秆9.47万吨，其他有机废弃物7.75万吨。

【政策扶持】 历年来，海南省委省政府高度重视农村沼气建设工作，把农村沼气项目建设作为重要的惠民工程来抓，省领导多次作出指示批示，要求抓好农村沼气建设工作。当前，沼气与生态省建设、人居环境整治建设、节能减排及乡村振兴建设都有紧密结合。强化发展农村沼气可再生能源事业的政策依据，有力保障了农村沼气转型升级事业的发展壮大，为海南自贸港生态循环绿色农业发展作出积极贡献。

【沼气工程统筹发展】 积极发挥各级沼气社会化服务网点和社会化组织的作用，借助省部共建海南生态循环农业示范省和人居环境整治、乡村振兴战略实施的契机，进一步探索“果-沼-畜”“热作-沼-畜”“菜-沼-畜”等生态循环绿色农业模式，创建一批“果-沼-畜”“热作-沼-畜”“菜-沼-畜”示范基地，并发挥辐射带动作用，引导农民科学施用沼渣、沼液有机沼肥以替代化肥，最大化实现沼气工程的生态效益、经济效益和社会效益。

【沼气安全生产】 海南省农村沼气安全生产常态化建设工作得到重视和加强，成效显著。2018年以来，海南省支持财政资金308万元用于农村沼气安全生产常态化建设工作，主要以农业技术创新与推广示范项目形式实施。目前已在11个市县建成13个农村沼气安全生产常态化建设示范点，目的是以提高示范点沼气工程安全生产能力为依托，规范沼气工程程序标准，改善沼气工程安全生产环境，提升沼气工程从业人员技术能力，严禁烟火、严禁违规操作，为各市县农村沼气安全生产树立榜样。根据党中央、国务院、农业农村部、海南省委省政府安全生产工作部署，在重点时节以及安全生产活动月、安全生产万里行等专项行动中，农村能源主管部门根据要求，结合实际开展农村能源领域安全生产大排查大整治专项活动、检查督导行动。

【农村人居环境整治】 2019—2020年，在农业农村部支持下，海南省在海口市红旗镇本立村和万宁市北大镇竹埇村开展农村人居环境整治服务与提升示范村建设，推广种养结合生态循环技术模式，撬动当地政府和企业投资，配套改造提升太阳能路灯照明、厕所普及、垃圾分类收集处理、农村污水集中处理、农作物秸秆粉碎堆肥等多项技术集成，有效提升示范村村民的清洁炊事比重，解决了村庄环境脏乱差问题，使农村人居环境的生活、生产、生态“三位一体”协调推进，成效显著。

【生态循环农业示范省建设】 2017年，农业部与海南省人民政府签署《关于共同推进海南生态循环农业示范省建设合作备忘录》。海南省以省部共建生态循环农业示范省为契机，以实现“两减三增三结合”为目标，制定了《关于推进海南省生态循环农业发展的指导意见》《关于印发海南省生态循环农业发展规划（2019—2025年）的通知》《海南省国家农业绿色发展先行区发展规划（2019—2025年）》等政策和规划。投入资金2.94亿元开展生态循环农业模式与机制创新。建立农业可持续发展长效机制，构建多种生态循环农业典型模式，创建现代农业示范区、产业园区。

【体系建设】海南省现有各级农村能源机构16个，其中，省级农村能源机构1个，各市县级农村能源机构15个。2018年新一轮国家机构改革以来，海南省农村能源机构体系已有5个市县改革，尚有22个市县未改。在省农业农村厅主管部门指导下，海南省农业生态与资源保护总站负责开展农村能源和环境资源保护相关业务工作。

◁典型案例▷

欧绿宝神州集中处理农业废弃物生态循环模式

欧绿宝神州（海南）新能源建设开发有限公司是海南省第一家规模化从事城乡有机废弃物资源化处置的环保新能源公司，成立于2009年3月，总投资2.5亿元。公司主要以当地的畜禽粪污、秸秆、餐厨垃圾、城镇粪渣四大类有机废弃物为原料生产生物天然气、沼渣沼液有机肥。公司参与了2008年中瑞生物能源合作示范项目，海南省“十二五”新能源建设重点项目，海南省“十二五”节能减排重点项目，科技部2012年高效厌氧发酵示范工程，科技部2013年科技惠民车用生物燃气示范工程，农业部和财政部2014年畜禽粪污等农业农村废弃物综合利用试点项目，国家发展改革委和农业部2015年规模化生物天然气工程试点项目，财政部第二批PPP示范项目（澄迈神州生物燃气PPP示范项目、海口市餐厨垃圾和粪渣无害化处理PPP服务项目）。2018年被认定为国家级高新技术企业。

公司引进CSTR厌氧消化技术、瑞典普拉克ANAMET厌氧消化技术，采用高压水压提纯沼气工艺技术和相匹配的配套技术（脱硫技术、生物除臭技术、固液分离技术），多项技术集中发力。同时公司引入PPP商业运作模式，解决了原材料集中度不够所带来的原材料保障问题、收集成本高问题、经济性差的问题，使项目获得合理预期收益。该模式对畜禽粪污、市政有机废弃物、秸秆等有机废弃物进行集中综合处理，使原本属于3个甚至5个的废弃物处理项目集中在一个规模化项目上，既突显规模效益，也易于政府管理。畜禽粪污、秸秆以及其他废弃物经不同预处理系统后进入发酵系统，废弃物变为清洁能源和沼渣、沼液等沼肥，后者通过管网系统和罐车供应方式还田，实现“零排放”的生态循环。

工厂实景图

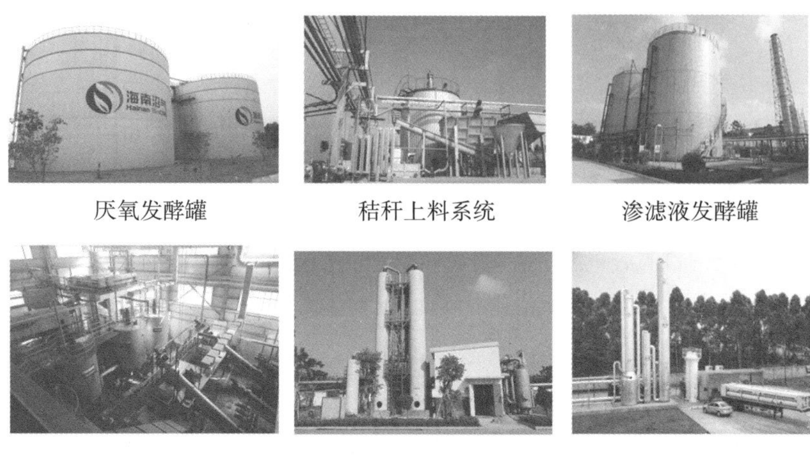

厌氧发酵罐　秸秆上料系统　渗滤液发酵罐

餐厨废弃物预处理车间　沼气脱硫系统　沼气提纯系统

该模式的生态效益突出，年可减少有机废弃物15万吨，以生物天然气替代标煤1.5万吨，减少二氧化碳排放3.2万吨、氮氧化物排放480吨，二氧化硫排放960吨；年产沼渣沼液肥7万吨，折算化肥4000吨，减少化肥农药施用20%。经济效益显著，国家补贴和PPP补贴到位利润1149万元，平均投资收益率16.29%，投资回收期8.3年。社会效益长远，通过升级发展农村环境基础设施建设，实现农村综合效益最大化，是乡村振兴的重要组成部分，推动海南生态循环农业的可持续发展。

三亚万保生态循环农业产业园区模式

三亚万保农牧集团有限公司是国家高新技术企业，其产业园区位于三亚市育才生态区，拥有5000多亩的种养殖基地，是集规模化生猪养殖、热带瓜果种植、大型沼气工程、秸秆综合利用、农业有机废弃物和资源化利用于一体的现代生态循环农业公司。该公司被评为三亚市生猪养殖菜篮子基地、三亚市农业产业化重点龙头企业，现已建成年出栏10万头生猪的规模化养殖场，3000米^{3}大型沼气池。沼气用于发电，沼渣沼液为三亚市有机废弃物无害化处理中心提供原料，形成了“种植-养殖-沼气-有机肥工厂”生态循环农业模式。

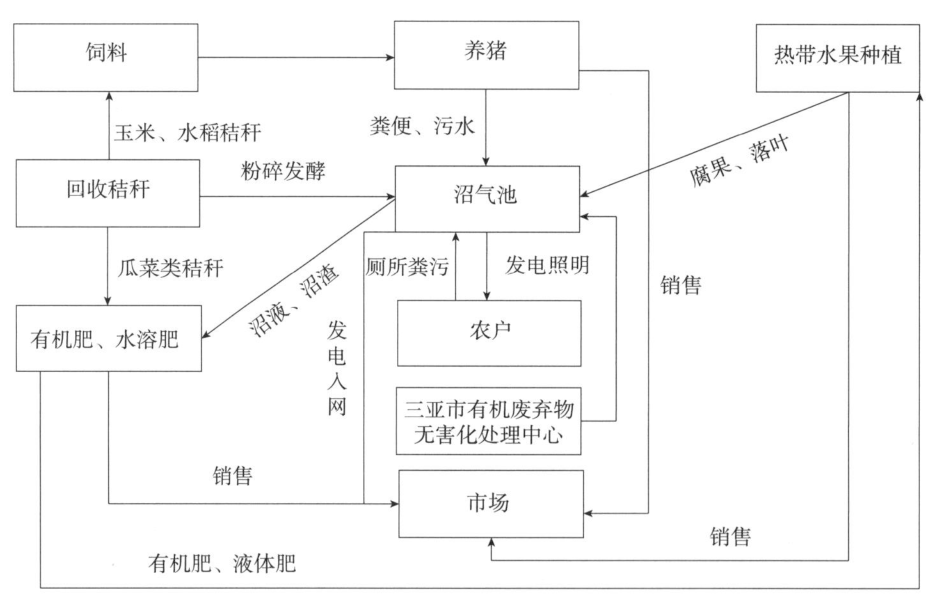

生态循环农业模式流程

三亚万保生态循环农业产业园区通过“集中收集、工业化处理、资源化利用”方式处理面源污染，获得农业农村部部级生猪标准化规模养殖场、畜禽养殖标准化示范场、国家级高新技术企业等荣誉称号。该园区为海南省农业产业园、规模化种养结合基地、农业产业联合体等，在收集和分类集中处理养殖业畜禽粪污，农作物秸秆综合利用，种养结合等农业废弃物资源化综合利用，农业面源污染治理，有机肥替代化肥，土壤有机质提升等方面提供了示范。

重庆市农村能源建设

【沼气建设】“十三五”时期是重庆农村沼气发展的重要转型期，全市农村沼气建设实现了“三个重大转变”，即以农村户用沼气为主向以沼气工程发展为主转变、由快速增长向提质增效转变、以能源效益为主向以生态效益为主转变。2016 年制定了《重庆市农村沼气转型升级方案》，突出发展规模化沼气工程，启动了全市第一座生物天然气工程建设项目，总池容达到 2 万余米^3。2014—2020 年，全市新建农村户用沼气 6.52 万户，报废 4.84 万户，其中 2016 年首次出现农村户用沼气负增长。截至 2020 年底，全市累计发展沼气工程 5495 处，总池容达到 95 万米^3。全市建成特大型生物天然气工程 2 处，分别在潼南区和丰都县。丰都县生物天然气工程项目在 2016 年经国家发展改革委和农业部批复建成，项目占地 50 亩，总池容达到 2 万余米^3，以餐厨垃圾为主要原料，利用废水厌氧发酵产生沼气，沼气用于发电。潼南区生物天然气工程项目在 2017 年经国家发展改革委和农业部批复建成，以餐厨垃圾为主要原料，产生的沼气与垃圾场收集的填埋气一起用于发电。

【农村清洁能源推广】利用巩固退耕还林成果专项，在渝东南少数民族地区和渝东北高山地区开展清洁炉灶和太阳能热水器推广，重点推广半气化生物质炉成套设备。2014 年 6 月，全球清洁炉灶联盟与农业部在重庆市彭水县石盘乡石新村开展清洁炉灶试点村建设。该项目结合当地老百姓冬季取暖等生产生活习惯和特点，联合重庆市良奇科技发展有限公司开发了适合当地使用习惯的清洁炉灶产品，并选择了 100 户免费试点示范，起到了较好的示范效果。截至 2020 年底，全市已累计推广清洁炉灶 38.35 万台，其中炊事取暖炉 29.61 万台；全市已发展太阳能热水器 33.68 万台。近年来，结合美丽乡村建设，农村太阳能路灯也得到一定推广和发展。利用花椒、蚕桑等特色产业，以花椒秆、桑枝条为原料，重庆市引导社会资本参与，重点在江津、铜梁、潼南、黔江等区建成一批生物质固化成型燃料企业，推动当地秸秆能源化利用。

【科研与技术】重庆市先后组建了农业部农村可再生能源开发利用南方科学观测实验站、南方山地生物质能源创新中心、重庆市农村能源实训基地、中-欧（重庆）生物质能源国际科技合作示范基地、重庆市生物质能源工程技术研究中心、农业废弃物资源化利用技术与设备研发重庆市重点实验室等农村能源科研创新平台，制定了《丘陵山地农村生产生活废弃物 第一部分：农作物秸秆》《丘陵山地农村生产生活废弃物 第二部分：畜禽养殖粪污》等涉及农村能源的多项地方标准。

【资金投入】2014—2020 年，全市累计投入各级财政资金 4.8 亿元，其中中央投资 4.5 亿元，市级投资 1600 万元，区县投资 1623 万元，带动社会投资近 5 亿元，重点用于农村户用沼气、规模化沼气工程和沼气安全监管。

【体系改革与建设】2019 年 4 月机构改革后，重庆市农业农村委员会设立生态能源处，负责全市农村能源行政管理工作，原重庆市人民政府农村能源办公室撤销。2011 年，重庆市农业生态与资源保护站成立生态能源科，负责全市农村可再生能源开发、节能减排技术推广工作。全市 37 个涉农区县，除涪陵区独立设立生态能源站外，其他区县与农业环保站或农业技术推广站合署办公。因农村能源建设财政支持减少，农村沼气社会化服务规模和人员正在逐渐减少，已建成的村级沼气服务站出现人员流失现象。

【项目管理】2015 年启动农村沼气管理体制改革试点，下放大中型沼气工程审批权到区县，大中型沼气工程项目申报由过去编制可行性研究报告调整为编制资金申请报告，并由区县发展改革委会同农业部门审批。2016 年，启动首个生物天然气项目建管运一体化管理试点，由项目运营主体负责筛选项目设计单位、招标项目设施工单位和设备供应商，保障项目建设与运营目标的一致性。2018 年出台《重庆市人民政府办公厅关于进一步推进点多面广量大涉农项目“放管服”改革的指导意见》（渝府办发〔2018〕200 号），进一步简化优化农村沼气等点多面广量大涉农项目管理程序。

【安全监管】强化农村沼气安全管理责任落实，建立业主主责、属地管理、分级负责和谁审批谁监管的农村沼气安全管理责任落实机制。各级农村能源部门担负农村沼气行业安全管理牵头责任，抓好农村沼气安全宣传、培训、行业监管、指导和统计等工作。其他相关部门按照“谁立项谁负责、谁审批谁监管”和“管行业必须管安全、管业务必须管安全、管生产经营必须管安全”的原则，厘清沼气安全责任，牵头做好本行业、本领域实施项目中配套建设的农村沼气安全日常监管工作。严格落实业主安全管理主体责任，全面实行沼气工程区域安全警示标识、敞口池安装安全护栏等安全措施。实行分级培训制度，市农业农村委员会重点培训区县技术骨干和重点大型沼气工程业主，区县重点培训乡镇技术人员和养殖场沼气工程业主，乡镇重点加强农户培训。自2018年以来，重庆市农业农村委员会把农村沼气安全纳入全市农业农村系统培训计划并给予资金保障，每年安排120万元资金专项用于支持区县开展农村沼气安全宣传和排查。2020年，重庆市农业农村委员会印发《重庆市农村沼气安全生产和管理工作方案》，启动农村沼气安全管理台账建设，力争三年时间完成全市所有户用沼气安全使用台账建设，用一年时间完成沼气工程安全使用台账建设。同年，重庆市农业农村委员会联合中国农业银行重庆分行设计印发农村户用沼气和沼气工程安全宣传挂图100万余份，组织各级农村能源部门开展进村入户宣传活动。

◁ 典型案例 ▷

永川区农村能源专业化统一服务模式

永川区是重庆市农村沼气发展和利用较好的区县，是重庆市首批启动实施的区县级农村沼气服务网点试点建设区。全区现有农村户用沼气池1.76万口、各类沼气工程262处，总池容达到17万米^3；区级农村沼气服务站1个、乡村服务网点69个。近年来，全区把农村沼气安全管理作为农村能源行业的重要工作，加大财政投入力度，依托区农业农村委员会下属企业重庆市永川区能源环保有限责任公司开展专业化服务，确保全区农村沼气安全利用。主要做法如下：

财政预算保底。近年来，永川区把农村沼气安全隐患排查和技术服务纳入区财政预算，根据不同类型沼气池和技术服务的难易程度，制定不同的补助标准，农村户用沼气池按27元/户补助、每年上门服务1次；畜禽粪污资源化利用项目沼气工程按230元/处补助，每年上门开展技术服务1次；大型沼气工程按940元/处补助、中型沼气工程按470元/处补助，每年上门开展技术服务2次。

专业化服务保质。全区农村沼气安全隐患排查和技术服务统一由永川区农业农村委员会下属企业重庆市永川区能源环保有限责任公司实施。该企业成立于1990年，也是区农村沼气技术服务站建设主体，专门从事农村沼气设计、建设和技术服务。企业现有中高级沼气生产工15人，具有丰富的实践经验，每年在开展农村沼气安全排查和技术培训中深受老百姓欢迎。

手把手培训保效。近年来，永川区改变了过去农村沼气集中式教学培训，变为面对面、手把手式技能培训。结合安全隐患排查，技术人员现场对沼气用户开展操作技能培训，解决实际问题，帮助沼气用户管好用好沼气。

永川区通过政府购买专业化服务模式，持续提升全区农村沼气管理水平，在全市率先完成农村沼气管理台账建设，农村沼气利用率保持在全市前列，多年未发生沼气安全事故。如重庆美德沃尔多原种猪场沼气工程已稳定运行10年，供气农户达到90多户，取得了良好的经济效益和环保效益。

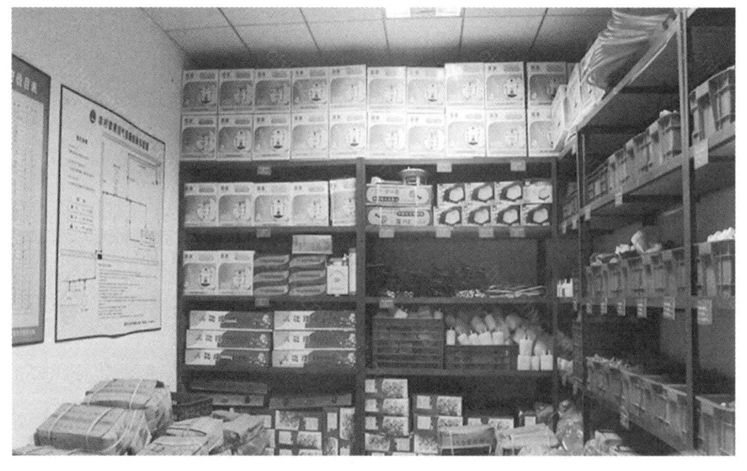

永川服务站物资仓库

开展沼气服务现场

潼南区生物天然气工程建管运一体化模式

潼南区生物天然气工程项目于 2017 年批复建设，项目总投资 1 亿元，其中中央投资 4000 万元、市级配套 400 万元、业主自筹 5600 万元。项目占地面积 50 亩，厌氧发酵罐总容积 2.3 万米^3。项目已于 2019 年建成并投入试运行。主要做法：

建管运一体化试点。项目启动时，把建管运一体化作为农业农村项目管理机制创新试点，按照政府引导、企业主导的原则，充分给予业主自主权，工程建设和设备采购不由政府部门主导招投标，由企业按市场化原则招标采购；对于原料来源、产品销路等都由企业与相关方按合同执行。政府部门重点管理强制性标准的执行、行业标准的引导，减少项目主管部门对项目建设运行的干预，促进项目市场化、可持续经营发展。

特许经营权配套。潼南区政府与项目业主单位签订 30 年的特许经营权，经营范围包括餐厨垃圾、城市污泥、畜禽粪便、病死畜禽、蔬菜尾菜等城乡有机垃圾处置，每吨餐厨垃圾处置费 110 元、污泥处置费 170 元、蔬菜尾菜处置费 69 元，保障项目前期稳定运行。

多原料来源设计。突破单纯依靠农业原料来源限制，整合城乡相关资源，前期以餐厨垃圾、城市污泥原料为主，逐步延伸到畜禽粪污、病死畜禽、尾菜等城乡有机废弃物资源，确保了原料来源稳定，特别是餐厨垃圾和城市污泥的前期处置费，对保障项目前期收支平衡起到了重要作用，有利于推动项目持续稳定运行。

潼南区生物天然气工程

沼气发电机组

多项目整合联运。充分整合垃圾处理产业链资源，推动形成城乡垃圾处置产业化；在产气量较小的情况下，指导企业与垃圾场填埋气开发利用项目联合，所产沼气与填埋气全部用于发电，目前已成功实现2兆瓦机组发电上网；结合当地垃圾分类工作，将分离的餐余垃圾作为发酵原料，增加原料来源和推动垃圾资源化利用。

目前，项目已初步投入运行并呈现良好的持续运行能力，已能够全部处理潼南区餐厨垃圾和城市污泥，年处理餐厨垃圾近2万吨、城市污泥2万吨，年产沼气200万米^3，年实现综合经济收益1027万元。项目正逐步向畜禽粪污、尾菜等农业有机垃圾处理延伸，推动建成区域性城乡有机垃圾资源化利用中心。

四川省农村能源建设

【沼气建设】2020年，四川省将省级新村集中供气项目优化调整为省级农村沼气综合利用项目，补助方式由按农户供气户数补助调整为按主体工程发酵容积、沼渣沼液消纳面积和农户供气户数相结合补助。截至2020年底，全省各类沼气工程保有量7044处。2014—2020年，中央财政投资大中型沼气工程项目建设176处；省级财政投资新村集中供气工程948处，沼气工程种养循环利用项目23处。为盘活和利用闲置沼气池，2020年在绵阳市游仙区、江安县、宣汉县等8个县（市、区）开展了农村沼气池户厕改造试点工作，指导各试点县将沼改厕与农村“厕所革命”有机融合。各地深入摸底、分类实施、建立机制、总结经验，积极探索了单户式、联户式、厕污共治等5种典型模式。截至2020年底，四川省户用沼气池保有量555万口。

【农村沼气统筹发展】近年来，四川省农村能源系统牢固树立种养循环、绿色发展理念，以助力脱贫攻坚、促进乡村振兴和发展种养循环农业为目标，持续推进农村沼气政策优化、夯基提质、安全监管、技术提升、种养循环基地建设等五大行动。通过高质量发展农村沼气项目，探索形成了以农村沼气为纽带的“微、小、中、大”生态循环农业发展模式，形成了资源利用高效、生态系统稳定、产地环境良好、产品质量安全的绿色生态农业发展新格局。随着农业产业结构调整和农村发展方式改变，农村能源建设逐渐由单一发展户用沼气向户用沼气、新村集中供气工程、种养循环综合利用工程、大型沼气工程多元化发展转变。全省以农村沼气为重点的农村可再生能源综合利用水平稳步提高，有力推进了农业生态环保，为四川省全面建成小康社会、加快实现农业农村现代化提供了重要保障。

【政策支持】2019年，四川省出台的《关于加快建设现代农业“10＋3”产业体系推进农业大省向农业强省跨越的意见》明确提出，示范推广“生态养殖＋沼气工程＋绿色种植”等循环发展模式。积极总结推广以农村沼气为纽带的“庭院经济微循环”“家庭农场小循环”“产业园区中循环”“一二三产业融合大循环”等多种模式，为四川省现代农业“10＋3”产业体系奠定重要基础，促进了四川省农业现代化发展和生态循环农业发展。

【资金投入】2014—2020 年，四川省沼气工程建设补助资金达 11.158 亿元，其中省级财政投入 3.893 亿元。2014—2018 年大中型沼气工程中央资金 72654 万元。2014—2019 年集中供气沼气工程省级资金 37330.9 万元，2020 年沼气工程种养循环利用项目省级资金 1600 万元。

【项目管理】四川省农业农村厅、发展改革委、财政厅等部门多次联合发文，规范农村能源建设项目管理。对农村户用沼气建设，严格实行目标责任制、法人责任制、建池申报制、项目公示制、建池合同制、专款专用制、集中采购制、一户一卡制等八项制度，尊重农民自主权，扩大农民知情权、参与权和监督权。对养殖场大中型沼气工程建设，指定了项目管理办法。在项目申报环节，坚持“县级推荐、市（州）审核、专家评审、省级立项”，层层把关，优中选优；在工程招投标环节，实行招标方案省级备案制度，严格审查施工企业资质和建设业绩，采取公开招标，择优选择施工企业；在资金拨付环节，由农村能源管理部门出具建设进度报告，由财政部门按建设进度和业主自筹资金到位进度拨付补助资金；在竣工验收环节，坚持“公开公平、标准统一”原则，严格按照竣工验收办法进行验收。

【安全监管】四川省把沼气安全生产放在突出位置，严格实行沼气生产工、沼气物业管理员职业资格准入制度，杜绝无证修建和无证管护。目前，全省持证沼气生产工和沼气物业管理员达 2.6 万人。落实风险“常态研判、动态管控”和隐患“每日排查、动态清零”，对发现的每一个安全隐患，点对点提出整改要求，建立安全隐患排查治理台账，形成长效管理机制，推动形成横向到边、纵向到底的安全生产闭环管理体系。常态化开展以宣传教育、隐患排查、问题整改、应急演练为重点内容的安全生产月活动。

云南省农村能源建设

【基本情况】云南省委省政府高度重视农村能源建设工作，2002—2014 年连续 13 年将其列入省政府为民办实事的“民心工程”和全省重点督查的重要工作之一。2013—2020 年，农村能源工作紧紧围绕生态文明建设、农村节能减排、农村低碳清洁生产生活、农村人居环境整治及精准扶贫脱贫等方面开展项目建设。截至 2020 年底，全省保有农村户用沼气 202.49 万户、节能炉具 407.82 万户、太阳能热水器 180.06 万台，各类沼气工程 1743 处，农作物秸秆综合利用项目重点县 17 个，全省秸秆综合利用率 89.61%。

【户用沼气】云南省户用沼气建设工作，在盘活、用好现有户用沼气的基础上，因村因户制宜，多措并举，积极处置废弃沼气，排除安全隐患，发挥综合效益。2013—2015 年，云南省新建户用沼气池 21 万余口，2015 年立项新增户用沼气病旧池改造项目。2018—2020 年，结合全省农村人居环境整治及“厕所革命”等，按照“维修恢复、改厕、改水窖、安全填埋”等四种类型，积极探索开展户用沼气兴废利旧工作。在全省分片区组织开展户用沼气兴废利旧示范培训 2698 人次；在技术上、资金上支持各地盘活户用沼气池，消除安全隐患，全省一批批废弃沼气池变身为美丽乡村建设的重要基础设施。

云南德宏州沼气池改厕所

【沼气工程】2013—2020 年，随着中央投资增加和养殖业的发展，云南省大中小型沼气工程建设快速发展。全省沼气工程保有量由 2013 年的 231 处增加至 2020 年的 1743 处，总池容达到 61.58 万米^3，装机容量 6071.65 千瓦，其中大型和特大型沼气工程 267 处（含 3 座生物天然气工程），中小型沼气工程 1476 处。

【省柴节煤炉灶】在农村推广省柴节煤炉灶，一方面积极巩固农村改灶所取得的成效，另一方面大力推广热转换率 30％以上的成型和商品化节能炉灶，提升节能效益。2013—2019 年，完成农村改灶 77.10 万户。截至 2020 年底，全省节能炉具保有量 407.82 万户。同时，在农村积极开展烤烟灶、炒茶灶等“三窑四坊”的节能改造，取得积极成效。

【太阳能开发利用】云南是太阳能资源丰富的省区。云南省委省政府高度重视农村开发利用太阳能技术，2011 年太阳能热水器推广首次列入省级财政资金补助项目，同年列为全省重点督查的 20 项重要工作之一。2016 年云南省政府将农村推广太阳能热水器 21.49 万台列入了全省“惠民实事”，促进了广大农村太阳能的利用。2013—2020 年，在农村地区推广太阳能热水器约 78.09 万台。迄今，全省农村累计推广太阳能热水器 527.71 万米^2。

【农作物秸秆综合利用】围绕发展绿色农业、农村污染治理等重点工作，云南省全面推进农作物秸秆资源台账建设，提升农作物秸秆县域全量化利用，遴选出 12 项技术加快全省农作物秸秆综合利用向肥料化、饲料化、燃料化、基料化和原料化“五化”转变，并在全省各地推广；组织全省 129 个县（市、区），深入农户和市场主体开展秸秆资源产生、利用情况抽样调查，搭建国家、省、州（市）、县四级秸秆资源数据共享平台。2019—2020 年，建设农作物秸秆综合利用项目重点县 17 个。

云南大理顺丰洱海保护生物天然气项目

太阳能热水器在拉祜族推广应用

【“以气（电）代柴”先行先试】2016年，云南省在西双版纳傣族自治州实施“以气代柴”试点项目，探索用液化石油气替代薪柴制茶，对茶农改造现有炒茶灶每户补助300元，使大片林木免遭砍伐。近年来，又在玉溪市抚仙湖及其周边水域的生态重点保护区域和怒江州贡山县独龙江乡探索“以电代柴”项目，保护了一方山水的生态环境，受到农户、茶农和制茶企业的普遍欢迎。

【试点示范】云南省结合各地实际，抓好典型示范，农村能源建设内容不断扩大。开展绿色能源低碳示范项目建设，2013—2020年，在凤庆县、陆良县、腾冲市等地建成4个绿色低碳示范村，积极引导各地发展“畜-沼-果”循环经济模式；大力开展以沼气为纽带的“三沼”综合利用示范项目建设，在蒙自、陆良、王龙等地建成12个农村沼气综合利用示范村。近年来，积极争取中央资金在宾川、禄丰、镇雄、宁洱等县开展农村人居环境整治技术服务与提升项目。2020年利用省级低碳发展引导专项资金，在腾冲市蒲川乡完成了云南省农村能源低碳建设示范村试点项目。一个个示范项目的建设，有效引导了全省农村的绿色低碳生活，改善了农村人居环境。

【资金投入】2013年、2014年和2015年，省级财政农村能源专项资金分别投入17730万元、17751万元和12000万元；“十三五”期间，省级财政农村能源资金投入46692万元，其中，2016年投入资金11220万元，2017年投入12000万元，2018年投入10250万元，2019年投入9000万元，2020年投入4222万元。2013—2020年，省级财政农村能源专项资金累计投入94173万元，保证了农村能源建设的多元化健康发展。

【业务培训】为提高全省农村能源行业综合业务能力，加强培训力度，进一步推进全省农村能源建设持续发展，2013—2020年，云南省共举办了17期管理干部、专业技术人员参与的统计、信息宣传、安全生产、秸秆综合利用等省级培训班，共计2100余人次参加培训。2013—2017年，云南特有工种职业技能鉴定站举办职业技能培训5期，有800多人通过培训和鉴定，并获得国家劳动部门颁发的资格证。以上培训有效提升了全省农村能源行业系统的业务能力、管理水平，提高了农民技工的技术水平和全省农村能源建设的工程质量，有力地保障了各项工作推进。

【宣传报道】2016年5月31日，《云南日报》整版报道了《我省农村能源建设温暖山乡迈向新高度新能源“点燃”农民新生活》，充分肯定了云南省“十二五”农村能源建设在保护生态环境、改变农村用能方式、提高农民生活水平方面发挥的积极成效。《云南林业》专题报道了2015—2016年农村能源建设与易地扶贫搬迁、抗震恢复重建、安居房建设相结合，积极助推精准扶贫，服务万千贫困农户方面所做的工作及取得的成效。2021年3月15日，《云南日报》再次报道了《推进农村能源发展助力美丽乡村建设》，进一步宣传“十三五”以来农村能源建设在助推扶贫攻坚中取得的成效。2013—2020年全省农村能源系统共有2244篇宣传信息被各级媒体采用，其中刊发在国家级媒体268篇、省级媒体570篇、州市级媒体1049篇、州市部门媒体357篇，编发《云南农村能源》简报28期。以上宣传工作营造了全民关注农村能源建设工作的良好氛围，树立了节约、环保、生态意识和绿色发展理念，形成政府、企业、民间组织、公民共同推动绿色发展的新格局。

【安全生产】自2018年底机构划转后，云南省农村能源安全生产管理工作逐步加强。一是将农村能源安全生产纳入农业行业安全监管和安全目标考核，层层签订责任书，压实安全生产部门行业监管责任和落实企业（业主）主体责任。二是举办安全生产工作专题培训，提高从业人员安全生产知识技能。三是加大安全生产督查检查力度。认真开展安全生产月及“回头看”等专项检查，针对“三重一高”关键点，集中开展排查治理行动及日常安全检查，持续巩固安全生产活动成果。四是按照“维修恢复、改厕、改水窖、安全填埋”等类型及要求，全省积极实施农村沼气兴废利旧建设。截至2020年底，全省农村户用沼气设施安全处置达到46万户，印制《云南省农村户用沼气池兴废利旧安全改造处置技术指南》，进一步指导全省农村户用沼气池兴废利旧安全改造，有效解决户用沼气安全隐患。

【涉农资金整合，助力脱贫攻坚】进入“十三五”，紧扣扶贫攻坚主题，抓好农村能源项目资源整合。2018年，根据云南省委省政府关于推进财政涉农资金省级源头整合支持贫困县脱贫攻坚的相关要求，云南省农村能源建设资金首次纳入涉农资金整合。2018—2020年，农村能源项目资金优先安排贫困地区近1.77亿元，占全省农村能源项目建设总资金的 80%，有力地支持了全省脱贫县脱贫摘帽工作。

◁典型案例▷

引进资金，共建云南农村沼气

2008—2018 年，云南省农村能源工作站与省绿色基金会合作，积极引入香港长春社、恒生银行资金用于全省农村能源户用沼气项目建设，在港方资金投入的基础上，省级财政资金相应配套完善，将户用沼气与改圈、改厕、改厨相结合，建设“一池三改”沼气池 4400 口，建成一批农村沼气精品示范村，近 1.5 万农民受益。

项目先后在红河州泸西县、文山州砚山县、西双版纳州景洪市、保山市腾冲市、德宏州芒市、临沧市凤庆县、丽江市玉龙县、昭通市大关县、大理州漾濞县等地建设了 14 个沼气精品示范村。示范村以实施“一池三改”户用沼气池为重点，同时推广农村户用太阳能热水器、农村省柴节煤炉灶、太阳能光伏路灯和沼气综合利用等农村能源建设整体推进试点示范项目。

项目的全面实施，不仅给项目点的广大农户带来了实实在在的实惠，有效地解决了农户生产、生活用能问题，有效地改善了农户的生产环境和生活条件，还带动了养殖业和相关产业的快速发展，使项目村广大农户走上家居温暖清洁化、庭院经济高效化和农业生产无害化的生态家园富民道路，推动了农村经济的发展进程，而且对人与自然、环境与资源带来了可持续发展的影响，有利于保护现有森林资源，保护生态环境；有利于农业产业结构的调整；有利于促进种植业、养殖业的发展；有利于农村发展、农业增效和农民增收；有利于改善农户家庭环境卫生、减少疾病发生；有利于减轻农村劳动强度，有利于推动两个文明建设。

丽江市特色产业相结合的沼气综合利用项目

永胜县光华傈僳族乡是云南省扶贫开发整乡推进乡。2015 年省级财政资金投入 30 万元在该乡新生村建立了沼气综合利用示范项目。养猪场生猪粪便经 50 米^3 的小型沼气池厌氧发酵生产沼气和沼肥。沼气用于燃气供应，节约薪柴和用电量；沼肥用于核桃、软籽石榴的种植产业，可以减少化肥的大量使用，同时避免了粪污随意排放，改善环境卫生，提高核桃、软籽石榴的品质、产量和经济效益。

同时该项目通过大田试验，研究整理出一套沼肥在核桃、软籽石榴上的综合利用技术，并进行了沼肥综合利用的示范推广，如指导建设了 300 亩核桃沼肥综合利用基地和 10 亩软籽石榴沼肥综合利用示范园，为沼肥综合利用提供示范窗口。

2015 年昭通大关沼气池项目验收仪式

核桃是云南省重点发展的生态产业，是重要的经济树种，是农民群众脱贫致富和增收的重要依托，经济价值非常高，且核桃全身都是宝，果实、树皮、枝叶等都具有非常广泛的利用价值和用途，被人民群众称为“摇钱树”和“金果果”。发展核桃产业是山区群众主要的经济来源和增收渠道，也是山区综合开发的重要措施。

软籽石榴是丽江市、永胜县政府近年来重点发展和支持的产业。永胜县计划发展 2 万亩软籽石榴，同时要求林业、农业农村部门做好示范带动、技术支撑、

丽江沼气综合利用——软籽石榴种植

资金扶持和规模发展工作。软籽石榴非常适合永胜的土壤、气候和地理环境，经济效益好，发展势头高，价格行情和市场前景好。

近年来，云南省大力发展特色产业相结合的沼气综合利用示范项目，以建设小型沼气池为切入点，采用中温高浓度混合原料发酵工艺，切实贯彻创新、协调、绿色、开放、共享的发展理念，推广"养殖（猪、牛）-沼气-果（药材、蔬菜、鲜花）"等模式，形成养殖污染物合理消化、沼气充分利用、产业绿色发展的良好局面。

先行先试，独龙江"以电代柴"项目

独龙江乡地处我国横断山脉的高山峡谷地带，地域条件特殊，森林覆盖率高达93%，植物立体分布类型十分明显，动植物物种保存完好，境内仅种子植物就有200多种，哺乳动物106种，国家重点保护的珍稀濒危动植物30种，被誉为野生动植物种质基因库，也是高黎贡山国家级自然保护区的核心区和"三江并流"世界自然遗产腹地。

独龙江"以电代柴"项目区

2015年，根据"因地制宜、保护生态、以人为本、和谐发展"的基本原则，为切实提高独龙族人民群众的生活质量和水平，加快发展少数边远地区人民生活用能便利程度，在充分征求群众意见建议的基础上，"以电代柴"项目通过向农村个体户免费发放一批常用家用电器的方式，推行"改燃用电"补贴政策。项目总投资200万元，全部为省级农村能源建设项目资金，对全乡1098户农户免费发放电饭煲、电磁炉等家用电器设备，做到全乡全覆盖。

"以电代柴"项目建设优化了居民生活用能结构，减少薪柴砍伐和煤炭等一次性能源消耗，促进生态环境保护，提高人民群众生活质量，有效降低森林资源的低价值消耗，为云南省生态文明建设，特别是"森林云南建设"做出积极贡献，也为少数民族跨越式发展提供了有效途径和便利条件。

西藏自治区农村能源建设

【基本情况】西藏自治区农村能源工作主要以农村沼气工作为抓手，推进多能互补、综合利用的生态循环农牧业发展。2014年以来，国家批复自治区建设12个大中型沼气工程，总投资11330万元（中央投资10300万元，企业自筹1030万元）。截至2020

年底，全区在用大中型沼气工程现存量 14 个，池容量 1.73 万米^3，年产沼气 642 万米^3。

【主要成效】农村沼气工程建设特别是大中型沼气工程发展，不仅使自治区农牧民群众和规模化畜禽养殖企业用上了廉价、便利的清洁能源，而且大量消耗了规模化畜禽养殖企业所产生的畜禽粪污，为推进农牧业循环经济发展提供了有效的纽带桥梁，保护了农村生态环境，提高了农业绿色发展水平，具有较好的生态效益和社会效益。从能源效益看，年产沼气可替代标准煤约 0.45 万吨，年减少二氧化碳排放 0.17 万吨。从经济效益和生态效益看，年消耗畜禽粪污 12 万吨以上，产生的沼肥 12 万吨，可满足近 10000 亩蔬菜的用肥需要，有效减少了农药和化肥施用量，促进了农牧民节本增效。从社会效益看，大中型沼气工程建设有效衔接了种植业和畜牧业的协同发展，形成了以沼气、有机肥为纽带的清洁生产、循环农牧业发展模式，在解决农村用能的同时，配套发展蔬菜和养殖业，促进了种养业的协调发展，推动了农牧业结构调整，改善了农牧民的膳食结构，有效引导农牧民绿色发展、高质量发展，为促进农牧业结构调整、发展循环农牧业、提高地区经济发展水平等产生了积极的作用。

【强化行业管理】西藏自治区党委、政府历来高度重视农村沼气建设工作，以科学利用能源为切入点，积极发展农村可再生能源，引导农牧民逐步改变落后的生产、生活方式，实现能源、农业、生态的多赢。在项目管理上，相继制定印发了《西藏自治区农村沼气建设项目管理办法》《西藏自治区沼气工程验收管理办法》《西藏自治区农村沼气工程管理办法（试行）》和《关于建立大中型沼气工程建设设计施工企业备案登记制度的通知》等，有效保证了项目严格按照管理程序组织实施；在技术开发上，积极引导科技创新和成果转化力度，对农村沼气配套技术模式、沼气管理服务模式、规模养殖场大中型沼气工程综合利用模式等方面进行研究和示范；在体系建设上，西藏自治区充分借助 685 个乡镇农牧综合服务中心，增加农村能源服务职能，搭建技术服务平台，促进农村可再生能源稳步发展；在运行服务上，充分借助农牧民技能培训项目实施，培养农村能源利用人员，每年安排培训沼气物管员等 500 人，有效提高农村可再生能源发展服务能力。

由于农村沼气、太阳能、风能等可再生能源的开发利用一般都采用新设备、新工艺，基础设施建设均需要较高的人力、物力，加上自治区存在地广人稀、海拔高、气候寒冷等不利因素，各项建设材料运输、人工等成本较预算均有很大提高。自治区农村用能总体上仍以电力、成品油以及石油液化气等商品能源为主，尽管沼气、太阳能、风能等可再生能源应用普遍，但利用量占比不高。农村生产生活用能仍然以商品能源为主，农村摩托车、拖拉机、脱粒机、煤气灶、电视、冰箱等设备耗能巨大，可再生能源开发利用有待进一步加强。

【大力实施秸秆综合利用】西藏自治区高度重视农作物秸秆综合利用工作，自治区分管副主席多次指示并安排部署。区农业农村厅党组成立了以厅党组书记、副厅长为组长，厅党组副书记、厅长为常务副组长的农牧业环境保护工作领导小组，厅主要领导主动靠前指挥，多次批示指示，在相关会议上安排部署农牧业生态环境保护和农作物秸秆综合利用工作。2015 年以来，西藏自治区共计建设微贮窖 524 座、青贮窖 500 座、秸秆压块厂 24 个、秸秆青贮玉米基地 18000 亩，购置秸秆粉碎机 640 台、打捆机 120 台、玉米收割机 47 台。2020 年，农业农村部支持自治区 99 万元，分别在曲水、白朗、扎囊 3 县开展秸秆综合利用示范建设，引导农牧民群众采取饲料化、肥料化技术科学利用农作物秸秆。以区农科院为技术支撑单位，研究制定适合自治区的典型利用模式和经验，已形成秸秆饲料化利用模式 2 套。以区农技中心为技术推广主力，在示范县区大力开展秸秆肥料化、饲料化利用技术示范，分别在白朗县、扎囊县示范秸秆腐熟还田技术各 10000 亩，实施秸秆青（黄）贮技术和秸秆有机肥利用技术 60 户，通过群众满意度调查，群众满意度均在 80% 以上。同时，积极组织各级农业农村部门开展入户调查，核查核对秸秆资源收集和利用情况，完成年度秸秆资源线上填报工作。自治区制定了《西藏自治区 2020 年农作物秸秆综合利用工作方案》和《西藏麦类作物秸秆饲料化生产与应用技术集成与示范方案》，各项目县制定了《县级农作物秸秆综合利用工作方案》，并根据方案要求认真落实各项措施，购置秸秆柔丝、铡草机械 300 多台，满足群众喂养牛羊需要。提高秸秆饲料化利用率。扎囊县、曲水县、白朗县将秸秆综合利用项目和农村环境整治结合起来，把秸秆规范堆放作为农村环境整治的主要内容之一。2020 年，根据农作物秸秆资源台账子系统数据显示，自治区农作物秸秆资源产生量 155.28 万吨，可收集量 131.76 万吨，利用量 126.94 万吨，利用率 96.35%。

乃东县大中型沼气设备

山南地区扎囊县德吉新村大中型沼气设备

综合服务站技术人员现场演示抽排设备

林芝市嘎玛农场特大型沼气工程（5000 米^3）

农牧民沼气实用技术培训

秸秆重点县微贮窖

秸秆重点县青贮池建设

青饲玉米基地

青贮窑技术推广

陕西省农村能源建设

【沼气建设】2013—2015年，陕西省新建户用沼气池68770口。2015年转型升级后，户用沼气使用率呈逐年下降趋势，截至2020年底全省沼气池保有量77.05万口。2013—2017年新建养殖小区沼气工程1200处，截至2020年底累计达到3179座。2013—2016年新建大中型沼气工程97座，截至2020年底累计达到256座。农村户用沼气和沼气工程建设，有效缓解了农村面源污染问题，约有19.1%的农户、500万农村人口用上干净清洁的沼气能源，年节约薪柴200万吨，有效保护了生态环境。2017年，在农业部农业生态与资源保护总站的支持下，陕西省农业环境保护监测站组织开展了延川县现代生态农业示范基地项目建设，以梁家河苹果基地为核心，重点建设了养殖小区沼气工程、田间沼肥贮存池及沼肥施用设备、果园废弃物资源化利用、运作沼液水肥一体化、设立农田保育设施和典型地块生态环境检测等内容。

陕西省延川县梁家河沼气工程

【农村清洁一体化工程】农村清洁一体化项目是陕西省本级财政农村能源专项支持的项目，主要针对农村生活、生产产生的有机废弃物进行能源化利用。2015—2016年，西安、宝鸡、渭南、延安、汉中市等完成7个建设任务，取得一定成效。

【集中供气试点】2014年省本级财政农村能源专项支持确定临潼、渭城等9个县（区）进行集中供气试点，供气户数320户，探索了沼气利用新模式。

【沼肥配送】2017年，陕西省在全省11个市（区）的54个区县开展沼肥配送项目，鼓励各地结合本地产业特点、自然条件，采取“罐＋车”结合、“罐＋渠”结合等模式，开展配送工作，引导沼气服务网点以沼肥配送服务为中心，介入到产品销售环节，建立销售渠道，增强网点活力。通过实施11个沼肥配送项目，全省推广沼肥1.5万吨，减少化肥投入0.12万吨，每亩增收220元，实现了区域内农业废弃物的资源化、高效化、高值化利用，达到农业面源污染零排放的目标。

【农村新能源】2013—2016年，陕西省巩固退耕还林成果，实施农村能源建设、绿色能源县建设等项目，大力推广省柴节煤炉灶炕、太阳灶、太阳能热水器等低碳产品（技术），累计推广太阳能热水器18.1万台、太阳灶13500台、省柴节煤灶12.1万台，拓展了农村能源建设范围，形成多能互补、全面发展的良好格局。2015年汉中市农村能源办公室承担的全省首例农业离网光伏发电示范项目，在勉县建成总功率20千瓦的太阳能光伏发电系统，为太阳能光伏发电的推广提供了有益的探索。

【行业管理】2015年，为进一步规范农村能源项目档案管理工作，陕西省下发了《关于规范农村能源项目档案管理工作的通知》，明确不同项目的建档要求；依据档案管理的新要求，修改了全省农村能源绩效考评办法，对考评的对象、方式、内容等进行了细化、完善。陕西省始终重视沼气工程安全生产管理，每年省厅下发2次关于沼气安全生产管理的通知，要求各市（县区）能源办在农村能源安全生产管理上明确职责，落实安全生产责任，开展安全生产检查，完善相关制度，加强培训等。

农村可再生能源开发利用实验站

◁**典型案例**▷

综合利用农林副产物，高效发展食药用菌生态循环产业模式

该模式依托陕西国人菌业科技产业园有限公司具体开展。该公司成立于2009年，位于陕西省宝鸡市陈仓区，园区占地500余亩，是一家集多品种食药用菌研发、工厂化周年立体栽培、食用菌精深加工及农林废弃物高效循环利用为一体的省级现代农业产业园区。公司主要生产羊肚菌、灵芝、猴头菇、杏鲍菇、赤松茸等10余个品种，以及种植油桃、黄桃等农产品。

综合利用、节能增效——农林副产物食用菌基料化利用。公司充分利用食用菌生物习性与特点，将各种农作物秸秆及修剪的果树枝条等农林副产物进行多品种食用菌工厂化育种、栽培生产。通过多年实践探索，在食用菌标准化、规模化基础上，公司开创了现代农业与传统农耕有机结合的新模式，实现基料标准化生产、农户简易设施化栽培，形成“龙头企业引领、传统产业裂变、带动群众增收”的企业、农户利益共联机制。

绿色环保、持续发展——“秸-菌-饲-沼-肥-果”生态循环模式。为解决废菌渣处理难，农业废弃物二次环境污染及废菌袋的白色垃圾污染等现实问题，公司根据不同的食用菌栽培品种菌渣的营养成分差异，实现废菌渣的多元化利用。

①基料化利用。二次使用完的“废菌渣＋粪源＋腐殖酸矿＋菌剂＋其他”，经过发酵处理，生产有机栽培基质和无土栽培基质。菌渣含多种可利用营养成分，经过工艺处理，作为木腐菌和草腐菌生产基料。

②饲料化利用。生产杏鲍菇、白灵菇的菌渣富含多种氨基酸及食用菌多糖，粗蛋白含量稳定在11.2%。公司开发了生物活性菌糠饲料，菌糠饲料在奶山羊的饲喂日粮中占比达到30%以上，在肉羊的饲喂日粮中最佳占比达到40%，有效降低饲养成本25%，同时基础羊群的日增重生长率、产奶率明显提高。

③能源化利用。公司摸索出了一套利用食用菌废菌渣发酵沼气的生产技术，通过沼液循环过滤冲厕、菌渣预发酵形成一套闭环洁净能源生产系统，解决园区公共排污的同时做到环保型无废生产。园区的沼气已正常使用10年，目前主要用于职工生活及部分生

产，沼渣、沼液作为有机肥原料投入下一个生产环节。

④肥料化利用。利用园区的羊粪、沼渣、沼液、废菌渣及各类农作物秸秆，通过微生物发酵进行有机肥生产，并提供给周边果蔬种植企业及合作社，通过“秸-菌-饲-沼-肥-果”生态循环模式，食用菌生产成为了区域化现代农业生产的一个有机载体与纽带，与周边的养殖、种植企业形成了一种互助互利的良性业态。

⑤原料化利用。食用菌废菌袋经过集中收集分类、压缩打包后，作为聚乙烯、聚丙烯二次生产原料销售给生产企业，年节能增收近 15 万元。

甘肃省农村能源建设

【沼气建设】2013—2020 年，在中央和省级财政资金支持下，甘肃省新建农村户用沼气 2.9 万户，“进棚入园”户用沼气池 0.7 万座，农村沼气乡村服务网点 742 处，县级服务站 20 处。全省累计建成户用沼气 117.88 万户、农村沼气乡村服务网点 5594 处、县级服务站 63 处，建成规模化沼气工程 94 处、规模化生物天然气工程 2 处，全省规模化沼气工程累计达到 160 处，年处理畜禽粪污 293 万吨、农作物秸秆 10 万吨和其他有机废弃物 7.8 万吨，年产沼气 5763 万米^3，其中 22 处沼气工程为 1.4 万户农村居民供应沼气。依托各类沼气工程、“进棚入园”户用沼气池等，开展以沼气为纽带的生态循环农业建设，累计建成沼气生态循环农业示范点 84 处，在果菜薯药等优势特色产业推广沼肥 50 万多亩，探索形成了园区沼气生态循环农业模式、“第三方经营”沼气生态循环农业模式、工农复合型沼气生态循环农业模式、种养一体化沼气生态循环农业模式等典型模式。

【清洁能源开发利用】按照“因地制宜、多能互补、综合利用、讲求实效”的总方针，2013—2020 年，甘肃省依托省级财政补助资金，积极发挥农村清洁能源在推进农村冬季清洁取暖、大气污染治理等方面优势，建成农村清洁能源开发利用示范村 94 个，累计推广高效低排节能炉 4871 台、新型水暖（电）炕 3578 铺、太阳能路灯 2846 盏、太阳能热水器 2730 台，同时在新建、改建住房过程中开展太阳能采暖技术等建筑节能改造试点，有效提高了农村生活用能效率。通过项目实施，示范村清洁能源使用比重提高 20%以上，农户能源消费节本增收成果明显，基本形成以沼气、太阳能、秸秆成型燃料和电能互为补充的农村清洁能源消费格局，有力推动了生态宜居美丽乡村创建和农村低碳绿色发展。

【秸秆综合利用】2019 年以来，在中央财政秸秆综合利用试点项目资金的支持下，大力推进秸秆固化成型、生物气化、炭气联产等燃料化利用，同步配套生物质水暖炉，实现农户冬季取暖清洁化；推广秸秆炭气联产和集中供气，实现农户炊事用能清洁化；依托已建规模化沼气工程，通过干式、湿式厌氧发酵工艺生产沼气，实现秸秆利用沼气化；探索形成了“秸秆炭-气-肥联产增效＋集中供气”“秸秆燃料化＋肥料化”等技术模式。截至 2020 年底，全省累计建成生物质成型燃料加工企业 34 家，年生产生物质成型燃料 41 万吨，带动推广高效低排放生物质炉（锅炉）2500 余台。2020 年，秸秆燃料化利用量 184.33 万吨，燃料化利用率 14.28%。

【政策扶持】2014 年 7 月 31 日，甘肃省第十二届人民代表大会常务委员会第十次会议通过《甘肃省农村能源条例》，并于 2014 年 10 月 1 日起施行，标志着甘肃农村能源工作进一步走向法制化、科学化。2014—2019 年，利用政府向社会力量购买服务项目，积极探索沼气后续服务机制，在 31 个项目县实施了政府向社会力量购买沼气后续服务试点项目，使 4.7 万户停用半停用的沼气池重新恢复正常使用。

【资金投入】2013—2020 年，甘肃省投入农村能源建设的补助资金 78412 万元，其中中央预算内投资 49602 万元，省级财政补助 10300 万元，政府补助资金带动企业和农户自筹资金 18510 万元。

【项目管理】2016 年 1 月，甘肃省发展改革委会同甘肃省农牧厅制定印发了《甘肃省农村沼气工程建设管理实施细则（试行）》；2020 年 6 月甘肃省财政厅会同甘肃省农业农村厅制定印发了《甘肃省农业资源及生态保护补助资金管理办法实施细则》。

【体系建设】2018 年机构改革以来，全省 14 个市州、86 个县市区共有农村能源机构 88 个，农村能源管理技术人员 836 人，其中：省级机构 1 个，由原甘肃省农村能源办公室更名为甘肃省农村能源资源服务总站，为参照公务员管理的县级事业单位；市级机构 14 个，其中独立法人设置的 9 个（与农业环保机构合署设置的 5 个），农业农村局内设机构的 5 个；县级机构 73 个，其中主管部门是农业农村部门的 71 个、发改和科技部门的各 1 个，独立法人设置的 67 个（与农业环保机构合署设置的 27 个）。

【技术创新】甘肃省一直以来高度重视农村能源技术创新，通过技术创新推进全省农村能源高质量发展，2013—2020年，省级财政补助资金累计安排464万元，积极支持省内外农村能源企业和科研院所开展农村能源新技术新设备研发，破解农村能源建设中遇到的技术难题，并取得显著的技术成果。先后支持开展新型沼液水肥一体化设备研发和技术模式研究、沼气增保温材料和厌氧发酵低温菌剂研发与培养和沼气工程发酵工艺、有机质快速水解酶剂及沼气生物膜脱硫技术创新研发、新型高效低排放炉具和水暖炕研发等工作；取得水洗循环利用脱硫装置、多功能新型暖床等领域专利9项，甘肃方正节能科技服务有限公司“沼液综合利用关键技术研究”获得甘肃省科技进步三等奖。同时，与兰州理工大学合作，开展了全省农牧业生物质资源调查与评价工作，形成了《甘肃省农村生物质资源调查报告》《甘肃省各地区生物质资源能源化利用调查报告》，为制定全省生物质能源化利用中长期发展规划和加快甘肃省生物质能源建设步伐提供了科学依据。

◁典型案例▷

甘肃省生物质水暖炉一体化清洁取暖典型模式

近两年，甘肃省依托农村人居环境整治技术服务与提升项目，积极开展生物质水暖炉一体化清洁取暖试点示范。项目针对甘肃省农户独门独院分散居住特点，以生物质成型燃料为主要燃料，通过高效低排放生物质水暖炉具和恒温节能水暖炕为农户供暖，辅以被动式太阳能暖廊、外墙屋顶门窗保温改造等增温手段，实现分散型农户冬季清洁取暖。此外，配以太阳灶、太阳能热水器解决洗浴和热水供应，形成绿色低碳的“户用生物质水暖炉具＋恒温节能水暖炕＋秸秆成型燃料＋被动式太阳能暖廊＋太阳能热水器＋太阳灶”冬季清洁取暖兼顾炊事、洗浴集成模式。

该模式注重取暖与炊事并重、开发与节约并重、增温与保温并重，构建了以生物质能为主，太阳能、电能为辅的多能互补清洁能源供给模式，有效减少煤炭使用，农户冬季取暖的洁净性、便捷性、经济性、舒适性、安全性显著提升，为农村地区分散性居住农户冬季清洁取暖提供了很好的实践探索。

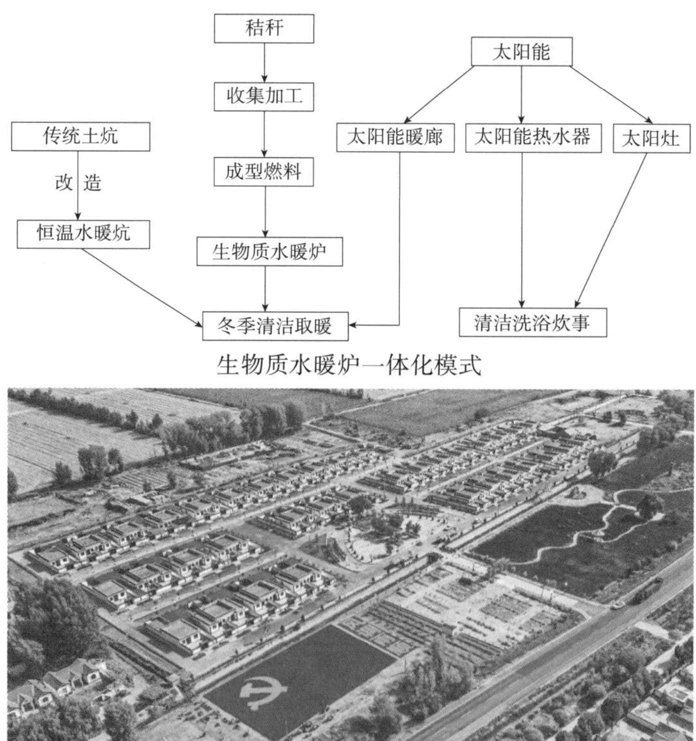

生物质水暖炉一体化模式

典型模式示范区

玉门市秸秆能源化利用典型模式

甘肃省玉门市以秸秆能源化利用、市场化运行、长效化发展为突破口，探索出了“炭-气-肥联产增效＋集中供气”能源化利用模式，使大量农作物秸秆和木材等农业农村废弃物通过现代化工艺处理变废为宝。该模式将农作物秸秆和林业废弃物进行收集、粉碎、致密成型、热解（干馏）气化，产出的生物质炭装箱，出售用于烧烤燃料；生物燃气经过净化、冷却、除尘、脱焦、过滤和碱洗除酸后，送入贮气罐，并经燃气输配系统输送用户使用；二级冷却、分离器分离出的木焦油、木醋液净化后装桶出售；产生的废弃生物质炭用于生产炭基肥，供周边设施蔬菜种植。主要做法：

拓宽利用渠道。玉门市紧盯秸秆能源化利用关键环节，依托甘肃西能环保科技有限公司，建设机制木炭棒生产线2条、生物质气化站2处，年产原木炭和机制炭5000吨、生物质燃气100万米^3、木醋液3000吨、木焦油400吨，向气化站周边500户农户提供管道燃气；木醋液做叶面肥、驱虫剂、融雪剂、杀虫剂；木焦油用于提炼煤油、防腐剂；生产中产生的废弃生物质炭用于生产炭基肥，有效带动了当地农业绿色发展。

创新运营模式。以农民专业合作社为主体，建设“秸秆银行”，带动周边农户收集、交售秸秆，搭建“企业＋合作社＋农户”的秸秆收储运运营模式，由西能环保科技有限公司牵头，农户以每吨秸秆折价200元入股，可随时免费兑换生物质颗粒燃料、生物质燃气、木炭等能源产品，有效激发了农民群众收集出售秸秆的积极性。

强化宣传发动。充分利用广播、电视、报刊、网络、手机终端等媒体，大力宣传秸秆综合利用扶持政策，帮助农民算好秸秆禁烧的成本账、增收账和生态账，积极引导社会公众参与秸秆综合利用工作。为提高农民群众使用可再生能源的积极性，玉门市对使用生物质燃气的农户，给予每户1200元的安装补助。

以“炭-气-肥联产增效＋集中供气”模式为主的能源化利用项目建设，有效解决了附近村镇3万多亩农田秸秆回收难题，秸秆折价入股受益农户达3000多户，不仅杜绝了大量秸秆、柴草等农林废弃物堆放焚烧的污染问题，也为农户提供了清洁便利的可再生能源，在增加农民收入的同时，节约了能源支出。据测算，户均年节本增收1300余元，真正实现了“变废为宝”。

第三方建设运营大型沼气工程案例

2014年以来随着规模化沼气工程建设的深入推进，甘肃省武威市、张掖市等地区一些无养殖、无种植的第三方机构，在中央财政补助资金的撬动下，自发融资开展规模化沼气工程的建设和运营管理，由第三方经营沼气站承担起养殖场的环保责任，彻底解决养殖场的后顾之忧。以县域为范围，上游联系养殖、市政粪污、餐饮、食品生产等企业，代其处理粪污、餐厨垃圾、废水等有机废弃物；下游连接种植园区，供给沼渣沼液，为周边农户、餐饮、学校、工业用户等提供沼气，构建起一条种养结合、农工结合的绿色循环产业链。

典型工程：武威市凉州区柏树庄规模化沼气站，位于黄羊镇黄羊村，占地面积48.46亩，于2014年启动建设，累计投资4980万元分三期建成罐容9000米^{3}的规模化沼气工程及1000亩沼肥实验基地，年可处理畜禽粪污、秸秆、尾菜、厕改污水、餐厨垃圾、食品生产废水等有机废弃物8万吨，已累计处理区域各类有机垃圾20余万吨。目前承担了区域内1200余户居民、50余家商业用户、5家工业用户、2所学校的沼气供气工作，日均供气量5000米^3。

经过6年运营，凉州区在不断对第三方沼气经营模式的完善和总结基础上，形成了凉州区南安新型社区、汪家寨社区、高坝镇天马社区等多个第三方规模化沼气工程建设运营主体，集沼气商业化供给，沼渣、沼液有机肥研发应用，有机种植为一体的区域性农业农村生产有机废弃物处理中心、循环利用中心已成为凉州区农业面源污染治理、畜禽粪污资源化利用、农村节能减排的重要抓手。

厕所粪污无害化处理资源化利用典型案例

农村“厕所革命”建设以来，武威市凉州区因地制宜利用沼气工程，在双城镇小果园村利用省级补助资金和新型经营主体自筹资金60万元，按照“财政资金＋新型农业经营主体自筹资金＋农户付费＋沼气工程处理＋三沼综合利用”的模式，为农户开展厕所粪污处理服务。粪污处理站由新型农业经营主体武威市凉州区绿燃沼气农民专业合作社负责粪污抽取拉运、农户厕具维修等，粪污清掏由农户付费。统筹处理厕所粪污、畜禽养殖粪污、农作物秸秆、有机生活垃圾等农业农村有机废弃物，生产的沼气为周边100户农户集中供气，产生的沼渣沼液作为优质有机肥大部分被合作社的日光温室自用，剩余的售卖给周边种植户，实现沼气、沼渣、沼液综合利用。

一、服务流程

农户粪污→粪污处理站安排抽吸车辆清运→集中收集→粪污预处理池→厌氧发酵→沼气供农户→沼肥还田

二、运营机制

1. 粪污清运机制。设立专人值守服务电话，做好来电记录，安排人员开展厕所维修维护、粪污清运、沼渣沼液还田服务等工作；收到农户来电后2日内完成厕所维修维护，3日内完成厕所粪污清运或沼渣沼液还田等工作。清运过程要保持周围环境卫生、爱护现场公共设施。清掏结束后清理完现场方可离开，管理人员做好服务记录工作。

2. 抽吸车辆管理机制。粪污抽吸车辆由粪污处理站购置和专人管理、指派，驾驶人员要具有相应的车型驾驶资格，并做好车辆的日常保养和维修维护；抽吸车辆按照当日指派及时到达指定地点进行服务，农户承担粪污处理费用。1.5 米^3 化粪池每次吸污收取服务费 30 元。

3. 沼气利用机制。生产的沼气通过管道供应周边农户作为炊事用能。粪污处理站负责沼气供应的安全责任，及供气管路、农户灶具的日常检查和维修维护。农户按照用气量付费使用，每立方米沼气供应收费 2 元。

4. 沼渣沼液综合利用。沼渣沼液以每立方米 40 元供给周边种植户使用。

三、模式具备条件

1. 原料要有保障。粪污处理站所在地双城镇有户用卫生厕所 3500 余座，肉牛养殖规模 500 头以上。粪污处理站周边的粪污原料可满足处理站沼气工程的正常运转。

2. 业主要有热情。粪污处理是一项兼顾社会服务和环保的公益事业，经营主体要热爱该项工作，愿意为群众服务，同时要有一定的自筹能力。

3. 沼肥要能消纳。粪污处理站在选址时，要充分考虑沼肥的消纳利用，尤其是在果菜药等优势特色产业中的消纳利用。

庄浪县农村低碳社区建设典型案例

庄浪县以大型沼气集中供气工程为基础，因地制宜配套开发生物质能、太阳能等可再生能源，推广省柴节煤炉、节能炕，实现炊事洗浴取暖用能清洁化，村容村貌明亮化，有力助推了生态宜居美丽乡村、低碳幸福美好家园的建设。

一、通化乡野赵村案例

庄浪县通化乡野赵村有村民小组 5 个、农户 382 户、村民 1831 人，其中贫困户 155 户 631 人，自然资源匮乏，增收渠道狭窄，是典型的山区贫困村（2020 年前）。近年来，该村依托规模化养猪场，建成厌氧发酵容积 1000 米^3 的隧道式沼气集中供气工程 1 处，产生的沼气集中供应 316 户农户，占到总农户的 82.3%；整合项目配套安装太阳能热水器 304 台、节能炉 304 台、太阳能路灯 50 盏，太阳能热水器和节能炉覆盖面达到 79.2%，实现了“沼气＋太阳能”综合利用、“节能＋用能”双向统筹、“治污＋减排”互动双赢的目的。同时，举办“三沼”综合利用、沼气和太阳能热水器、太阳能路灯安全使用等技术培训 8 期，制作宣传牌（面）5 幅，刷写标语4 条，推广沼肥示范田 2600 亩，使农村清洁能源综合利用和农业循环利用技术得到普及。

二、流程图

该典型模式的流程如下：

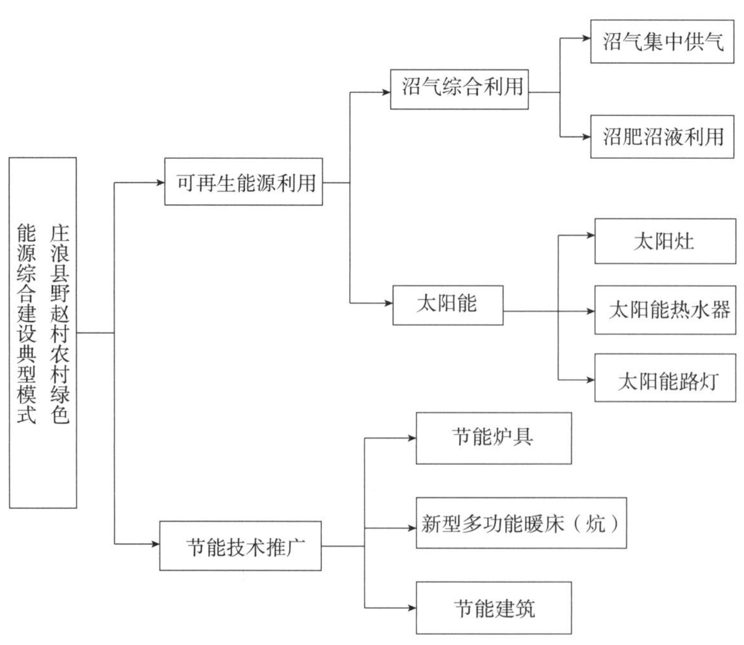

农村绿色能源综合建设典型模式

示范点建成以来，沼气集中供气工程年产沼气15万米^3，生产有机沼肥1.5万吨，实现经济收入30万元；农户使用沼气、节能炉、太阳能热水器和太阳能路灯等农村清洁能源和节能设备，年可减少二氧化碳排放761.1吨、二氧化硫排放14.9吨，节约煤炭199.5吨，户均节支2235元。依托沼气工程打造沼肥示范田2600亩，形成了"畜-沼-果（菜）"生态循环农业发展模式。示范点建设不仅促进了农业增效、农民增收，而且有效改善了农民的居住环境和卫生条件，净化了周边环境，改变了农民很少洗澡的习惯，提高了农民群众的认识水平和精神面貌，树立了低碳环保、节约用能、循环发展的新理念，推动了美丽乡村和农村低碳社区建设。

青海省农村能源建设

【机构改革】2020年，青海省农业生态环境与可再生能源指导站与青海省农村牧区能源办公室合并为青海省农业农村与资源保护技术指导服务中心，由科级单位升为处级单位，为省农业农村厅管理的公益一类事业单位，内设正处级领导1名，副处级领导2名，编制由7人增加至19人，现有工作人员18人。主要承担全省农业清洁能源利用和农业农村节能减排的技术推广工作；全省农用地、农产品产地污染防治工作；全省农业秸秆综合利用的研究和技术推广应用工作；全省农业生态资源监测工作；农村能源与农业环境保护重大项目的技术指导和管理；农业废弃物处理及资源综合利用技术的研究。

【基本情况】2013—2020年，青海省推广建设农村户用沼气800户，建设养殖小区和联户沼气工程69处，建设养殖场大中型沼气工程9个；在全省退耕还林区推广太阳灶2万台、生物质炉4万台、太阳能热水器1万台、太阳能庭院节能灯6077座。全省农村能源工作稳步推进，有效改善了农村生态环境。随着第一轮巩固退耕还林成果项目结束，2015年停止了巩固退耕还林成果农村能源项目推广；2015年停止了对全省各类农村户用沼气项目及沼气服务项目的建设推广工作；2019年全面停止各类沼气项目的建设推广工作。2020年组织全省6个市（州）26个区（县）按照《青海省农村沼气设施安全处置工作实施方案》，对正常使用的以及长期废弃需要报废的沼气设施进行了摸底调查，目前各地按《青海省农村沼气设施安全处置工作实施方案》中的报废程序进行报废，严格实施安全处置，确保安全措施落到实处。

【农作物秸秆综合利用】2019年开始建立青海省农作物秸秆台账，邀请农业农村部及系统开发公司相关专家举办了专题培训班，对全省8个市（州）农业农村局的负责领导、43个区（县）农业农村局负责人及具体的专业技术人员进行了培训，严把数据审核关，切实完成了每年度农作物秸秆资源台账建设工作。2018年度农作物秸秆综合利用率77.05%，2019年度农作物秸秆综合利用率80.41%，2020年度农作物秸秆综合利用率87.37%。

宁夏回族自治区农村能源建设

【基本情况】2013—2020年，宁夏农村能源建设完成了28处大中型沼气工程建设项目、农村阳光沐浴工程项目、生态循环农业综合技术示范推广项目、生物质锅炉清洁供暖项目、无烟智能集成暖炕项目、农村人居环境整治项目等农村能源建设项目。

【大中型沼气工程建设项目】2014年宁夏建设23处大中型沼气工程项目。2015—2017年，宁夏建设10000米^{3}以上规模化沼气工程5处，其中在青铜峡市、灵武市、利通区建成12000～15000米^{3}特大型沼气工程4座，在沙坡头区建成宁夏首座日产1万米^{3}的生物天然气试点工程1处。青铜峡市12000米^{3}特大型沼气工程沼气发电成功输入国家电网，沼气从最初的炊事向发电、车载燃气等生产生活用途转变，沼渣沼液向综合利用方向发展。据不完全统计，仅上述5处特大型沼气工程，就与40多家规模化养殖场签订了粪污处理合同，年处理粪污60万吨。生产的复合微生物沼肥广泛应用于经果林等特色农作物的种植，大大提升了作物品质及口感。同时，沼肥应用不仅促进了沼气工程的稳定运行及提升了粪污等农业废弃物无害化处理资源化利用的能力，而且对改善农村人居环境、建设美丽宜居乡村发挥了重要作用。2019年自治区农业农村厅印发《宁夏农村沼气设施安全处置办法的通知》，规范了农村沼气设施安全生产、安全管理、安全运营、安全处置。

宁夏生物天然气试点工程发酵罐

宁夏生物天然气试点项目气囊及脱硫设施

农村阳光沐浴工程安装太阳能热水器一隅

【农村阳光沐浴工程项目】2015 年 1 月，宁夏回族自治区第十一届人民代表大会常务委员会第四次会议审议通过，将宁夏农村阳光沐浴工程列入自治区财政预算，列为自治区民生计划实事和自治区“三重一改”任务。2015—2018 年，在宁夏各市、县（区），每年为 20 万农户每户安装一台 130 升水箱、16 支真空管的太阳能热水器。工程由原自治区农牧厅牵头，自治区发改、财政等部门分工协作，自治区农村能源工作站承担具体工作。4 年来，全区周密安排部署，强化顶层设计，严格执行政策，加强全程质量管控，加快工程进度，强化监督指导，到 2018 年 9 月下旬，宁夏农村阳光沐浴工程圆满收官，累计安装太阳能热水器 713204 套，实现了全区乡村农户全覆盖。项目总投资 10 亿多元，其中，自治区财政投资 7.13 亿元。

宁夏农村阳光沐浴工程成为改善农村人居环境，建设生态宜居乡村，提高农民生活质量的德政工程、民心工程和民生工程，成为全国第一个全省域乡村农户太阳能热水器清洁能源使用全覆盖的省区。工程实施完成后，中央、地方和行业多家媒体对其进行报道，新华社和《宁夏日报》分别以《让百万农民告别洗澡难》《“种”在屋顶的“太阳”》为题做了报道，道出了老百姓对阳光沐浴工程的心声。节能减排、增收节支、拉动投资，让宁夏农村从“里”到“外”美起来，真正实现了生活美、环境美，农户自此过上了节能环保的低碳生活。同时，形成了以太阳能热水器利用为纽带的多种农村能源利用模式。

农村阳光沐浴工程深受农民朋友喜爱

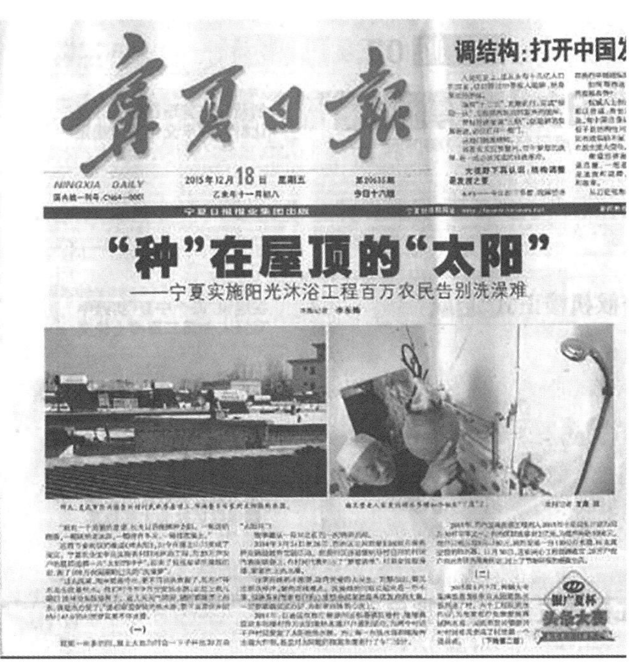

宁夏日報

NINGXIA DAILY

2015年12月18日 星期五

乙未年十一月初八

调结构：打开中国

“种”在屋顶的“太阳”

——宁夏实施阳光沐浴工程百万农民告别洗澡难

《宁夏日报》刊登纪实文章

【生态循环农业综合技术示范推广项目】从2016年起，宁夏生态循环农业综合技术示范推广项目连续4年被列入自治区20项重大农业实用技术推广项目。2016年，在银川市兴庆区、西夏区等8个县（市、区）及农垦系统共6个专业合作社和5个农业公司（农业服务中心），设立示范种植点20个，实施规模3850亩。2017年，按照农业部部长韩长赋关于沼气工程要“以肥为先”、着力推动沼气工程转型升级的指示，该项目利用农业微生物技术等研发沼液发酵剂2种、沼渣沼液有机肥配方10多种，制定出我国第一个《沼液肥》（Q/DJH 002—2008）企业标准，研发生产出8种性能各异的沼液复合微生物肥料，建成示范基地20个，总结形成了“沼肥有机肥-设施农业”等产业结合模式、沼液肥有机肥一体化模式、沼肥施用与农艺栽培等技术融合模式。2018年在5个县（区）设立示范推广点15个，示范推广面积18048亩。2019年，依托以沼气工程为纽带的农业废弃物循环利用技术，在中卫市沙坡头区、青铜峡市、金凤区、盐池县等4县（区）设立示范推广点10个，示范推广面积11200亩，形成了“养殖基地＋规模化大型沼气＋种植基地和养殖业（农业废弃物）＋中小型沼气＋休闲农业”等综合利用模式，实现了农业废弃物的循环利用。沼气工程年处理畜禽粪污等农业废弃物超过20万吨，年生产销售沼肥超过2万吨。近年来，沼肥已广泛施用于设施蔬菜、西瓜、苹果、葡萄、枸杞、红枣、有机水稻、玉米等特色优质农作物和瓜果蔬菜等，施用面积达到18万亩。

玉米秧苗施肥对比

【生物质锅炉清洁供暖项目】用生物质燃料等替代劣质燃煤是国家和自治区的重大战略部署和大势所趋。2014年，青铜峡市成为全国第一批绿色能源示范县，在青铜峡市广武移民安置区建设生物质成型燃料生产基地1处。同年，在青铜峡市乡村中小学校、幼儿园、卫生院、敬老院、村委会、农村社区等公共场所陆续示范推广“生物质燃料＋生物质锅炉”模式，替代劣质煤和燃煤锅炉。2017—2020年该模式集中清洁供热面积已近30万米^2。推广龙头企业建立了从原料收集、成型加工、仓储运输到终端用户的整套网络体系，初步实现了产业化、规模化运营。对生物质燃料热值、灰分、硫分及供暖锅炉、污染物排放等项目检（监）测表明：生物质燃料具有碳活性高、体积小、比重大、密度大、热值高、燃烧后的剩余物少等特性。“生物质成型燃料＋生物质热水锅炉”供暖，排放颗粒物浓度均大大低于标准煤燃烧后的排放浓度，也低于重点地区锅炉执行的大气污染物特别排放限值。随着煤炭价格的上涨，生物质燃料供暖将成为农村冬季清洁取暖的主要方式之一。

【无烟智能集成暖炕项目】随着农民生活水平的提高和农村人居环境改善，需要不断创新农村能源节能技术，提升农村清洁能源综合利用效率。2019年，在农业农村部生态与资源保护总站支持下，宁夏隆德县风岭乡李士村作为全国农村能源综合利用示范提升试点，重点对传统土炕改造，优化和形成“清洁燃料＋采暖设施＋太阳能热水器＋沐浴室＋新型太阳能照明设施”的组合，采用电（水）暖炕技术将传统火炕改造为无烟智能集成暖炕，100铺电暖炕和125铺水暖炕解决了225户农户675米^{2}的冬季取暖问题。经监测：一个采暖季可节约标准煤236.25吨，减少二氧化碳排放量618.75吨、二氧化硫排放量2吨，有力地推动了农村生活节能，促进了清洁能源的使用。

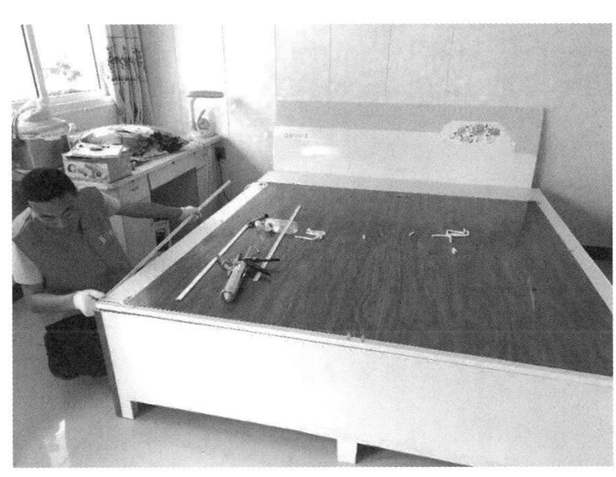

安装智能暖炕

【农村人居环境整治项目】 改善农村人居环境是党中央、国务院实施乡村振兴战略的重大决策部署，按照自治区党委政府和人居办领导小组安排，自治区农业农村厅党组赋予自治区农村能源工作站农村人居环境整治新职责。2019—2020 年自治区农村能源工作站承担了以下两项工作。

1. 实施村庄清洁行动，村容村貌显著改善。一是抓顶层设计。制定《宁夏农村人居环境整治示范村庄技术指导意见》，汇编农村人居整治典型案例 120 篇。二是抓宣传培训。组织住房建设、生态环境、乡村干部采取现场观摩、交流发言、典型示范和理论讲授的方式，提高各级各类农村人居环境的工作人员业务技能。三是抓明查暗访。围绕农民群众最关心、最现实、最需要解决的村庄“脏乱差”问题，打响春节战役、春季战役、夏季战役、秋季战役，深入宁夏 22 个县（市、区）176 个乡镇 1744 个村，对宁夏农村人居环境整治情况进行了明察暗访和调研督查，现场采集照片 1.5 万余张，针对发现的问题及时反馈各地人居办领导小组，限期整改落实。目前，宁夏所有行政村实现了村庄清洁行动全覆盖，农村人居环境村容村貌显著提升，农村形成了四个“新风尚”，即垃圾分类成为新风尚，遵守村规民约、争当“星级文明户”成为新风尚，不比吃穿、比谁家门前笑脸多成为新风尚，农户“门前三包”、积分兑换日用品成为新风尚。

2. 实施农村改厕行动，农村厕所普及率大幅提升。宁夏将“厕所革命”列为自治区人民政府的民生实事之一，也是自治区全面建设小康社会的指标之一。农村“厕所革命”遵循建一个、成一个、一年四季都能用的标准，坚持因地制宜、分类推进原则，统筹抓好厕所建设进度和质量。一是积极参与顶层设计。参与修改了《宁夏农村节水防冻型地下储水式电动高压冲水厕所建设技术指导意见》等规范性文件。二是严格农村户厕验收。自治区农村能源工作站负责 2019 年、2020 年石嘴山市、银川市、中卫市 11 个县（市、区）127209 户农村厕所建设数量、质量、进度和检查验收任务。研究制定验收方案，组织全站人员开展培训，坚持一把尺子、一个标准量到底。全站人员历时近 5 个月，足迹遍布 11 个县 83 个乡镇 320 个村，抽验户厕 5816 户，形成 11 份户厕验收报告，整改落实、规范建设。三是开展农村公厕督查。2019 年对全区 470 座农村公厕建设、管理使用、运行维护、档案资料进行督查，形成《宁夏农村公厕建设情况的通报》，推动公厕建设。截至 2020 年底，宁夏 11 个一二类县农村厕所普及率已达到 85%以上。

实施村庄清洁行动和农村改厕行动以来，农村面貌焕然一新。此举深刻改变了农村人居环境，深刻改变了农村生产生活状况，让宁夏农民从“里子”到“面子”靓起来。

◁典型案例▷

五丰微生物沼液沼渣复合肥服务技术模式

宁夏五丰微生物沼液沼渣复合肥服务技术模式由宁夏五丰农业科技有限公司、沼液肥生产厂家、经销商三方合作开展。宁夏五丰农业科技有限公司与种植大户对接，提供技术支持、肥料配方、微生物菌种，并负责质量检测和监控。沼液肥的生产由沼气生产单位负责。经销商与生产厂家和农户对接，销售沼液复合微生物肥。

宁夏五丰微生物沼液沼渣复合肥服务站依托宁夏农业微生物应用技术院士工作站、宁夏特殊生境微生物重点实验室、宁夏农业微生物（银川）技术创新中心，研发沼液沼渣复合肥配方、菌种技术。服务站拥有沼液复合微生物肥的发明专利 3 个，且具备农业农村部批准的沼液复合微生物肥登记证。

服务站在沙坡头区、青铜峡市、利通区、金凤区、盐池县等县区建立示范推广点 60 多个，示范推广面积 5 万多亩，年处理畜禽粪污等农业废弃物超过 20 万吨、年生产销售沼肥超过 2 万吨。在苹果、拱棚西瓜、葡萄等生产中，初步形成了“养殖基地＋规模化沼气工程＋种植基地”的种养结合循环利用模式；在大青葡萄生产中形成了“家庭农场＋联户沼气＋设施农业”的生态农场综合利用模式；在设施水果、蔬菜和大田蔬菜生产中，形成“农家肥＋沼渣沼液混合肥＋商品有机肥＋配方肥”替代化肥的生产模式；在西瓜、西蓝花、栝楼生产中，形成了“公司

（沼肥生产企业）＋生产基地（专业合作社）＋农户（生产者）”的推广模式。创新完善了“生物有机肥＋沼液＋水肥一体化”的生产技术，实现了“三节一省”（节水、节肥、节药、省工），初步形成了设施水果（葡萄、冬枣、蟠桃）、设施瓜类（小拱棚西瓜、小拱棚甜瓜）、设施蔬菜（小拱棚茄子、辣椒、番茄）、大田蔬菜（大田茄子、辣椒、番茄、豆角、南瓜等）、经果林（桃、杏、李、苹果等）等5个沼肥施用技术规程或技术方案，有效改善了农作物品质和土壤质量，减少了化肥和农药施用量，为推进农业绿色发展、清洁生产和农业可持续发展，提高综合循环利用效益进行了积极探索和有效尝试。

宁夏阜康规模化生物天然气工程试点项目

宁夏阜康规模化生物天然气工程是国家投资建设的试点项目，是国家发展改革委、农业部2015年生物天然气工程试点项目，也是宁夏第一座生物天然气工程。该项目主要以收集周边中小型养殖场的畜禽粪便为主，利用厌氧发酵沼气提纯生产生物天然气，利用厌氧发酵沼气产生的沼渣、沼液生产沼液有机肥和沼渣有机肥，形成了第三方处理畜禽养殖废弃物的沙坡头模式，是资源化利用、新能源综合开发利用的典范。

一、沙坡头模式流程

该模式的流程如下：

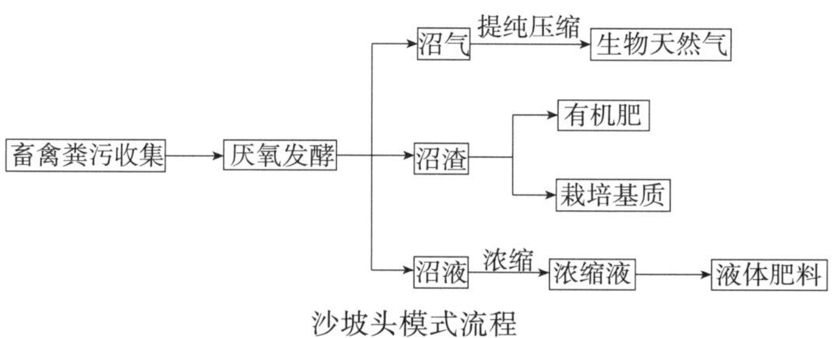

沙坡头模式流程

1. 收集粪污。政府补贴中小型养殖场建设粪污收集设施；公司利用政府补贴购买专用粪污车辆，定期上门收集。

2. 厌氧发酵。引进先进的沼气工程技术，经厌氧发酵和净化提纯生产生物天然气，同时产生沼渣沼液。

3. 肥料还田。厌氧发酵过程中产生的沼渣沼液可生产有机肥；在涉农企业、专业合作社、农户果菜生产基地建设田间储液罐，示范推广“果（菜）-沼-畜”模式和“有机肥＋水肥一体化”模式。

二、取得成效

一是养殖场处理粪污的环保压力得到缓解。与沙坡头区39家中小型养殖场签订《畜禽粪污合作处理协议》，明确粪污收集标准和要求，既解决了养殖场粪污排放压力，又解决了公司收集粪污原料困难的问题。

二是粪污处理的质量和数量明显提高。利用科学的预处理设备、搅拌设备，对原料进行粉碎、挤压，操作安全、运行稳定，为后续发酵提供高质量的混合原料，满足工程原料质量要求。先进的高浓度恒温厌氧发酵工艺和固液分离系统，可针对不同原料设计特殊进料设备和发酵工艺，采用10%～12%的高浓度发酵，可提高产气量，且固液分离机可24小时连续工作。采用德国AdFis活性炭系统，脱硫率高，无二次污染，可日处理粪污400吨（相当于6000头奶牛或6万头猪的粪便以及6亩地玉米秸秆量），年产生物天然气330万米^3、沼液19.2万吨、沼渣1.8万吨，减少碳排放量450万吨。

三是沼渣沼液肥料效果明显。与西北农林科技大学、浙江大学深度合作，根据不同作物生长特性、需肥特点，生产出沼液系列有机水溶肥和沼渣系列有机肥（包含生物有机肥、作物栽培基质等）新型肥料，示范推广“果（菜）-沼-畜”模式和“有机肥＋水肥一体化”模式，化肥使用量减少20%以上，农药使用量降低21.5%，茄果类保鲜期提高3～5天，从根本上实现节本、提质、增产的目标。

田间储液罐

四是农户施肥技术服务问题得到解决。组建服务团队，提高团队专业技术服务能力，由过去“强推强卖”转变为“先开方子后抓药”。采购特种运输车辆，将公司系列产品配送到农户的田间地头，方便农户使用。在各个片区建立加肥站，根据客户需要配置20～30米^{3}田间储液罐，方便农户使用，降低包装成本。截至2020年底，共计安装田间储液罐30台（537米^3），有效带动了周边农户使用沼液有机水溶肥，一定程度上实现了有机肥替代化肥的目的，对农业生产起到节本、提质、增收的效果。

新疆维吾尔自治区农村能源建设

【沼气建设】2014—2020年，新疆农村户用沼气户数达到62.1426万户，新建养殖小区和联户沼气工程101项，累计达637项；新建农村沼气乡村服务网点30项，累计达2983项；乡村服务网网点覆盖率达95%以上。

2014—2018年，新疆大力发展大中型沼气工程，首次启动生物天然气工程。其中新建大中型沼气工程项目46处（包括1处生物天然气工程），累计建设127处（包括1处生物天然气工程）。2014年，共投资13260万元，其中中央预算内投资5818万元、地方投资1173万元，新建养殖小区和联户沼气工程101项，新建农村沼气乡村服务网点30项，建设大中型沼气工程17处，建设规模19200米^3。2015年，共投资13141万元，其中中央预算内投资6020万元，地方投资90万元，建设大中型沼气工程4处，总规模7000米^3；建设生物天然气工程1处，规模36000米^3。2016年，共投资5953万元，其中中央预算内投资1944万元，地方投资100万元，建设大中型沼气工程11处，总规模11000米^3。2017年，共投资5297万元，其中中央预算内投资1845万元，建设大中型沼气工程6处，总规模11250米^3。2018年，共投资6365万元，其中中央预算内投资2165万元，建设大中型沼气工程7处，总规模13000米^3。经过5年的建设，沼气建设由户用沼气、联户沼气工程、养殖小区沼气工程建设，进一步发展为规模化大型沼气工程建设，同时启动规模化生物天然气试点工程建设。其中中广核呼图壁种牛场生物天然气示范项目，经2016年农业部专家组认定，被评为全国28个试点项目中，建设规模最大、进度最快、配套设计最完备的项目。

【能力建设】2014—2020年，新疆举办9期培训班，重点提升各地农村能源管理干部、专业技术人员、大中型沼气工程项目业主和工程运行管理维护人员、农作物秸秆综合利用重点县相关技术人员的技能水平，共计培训520人次，其中130名学员经职业技能鉴定考核，取得沼气物管员国家职业资格证书。通过培训，在全区农村能源领域管理干部、专业技术人员和重点企业业主、重点县项目承办方等增进了共识、拓展了思路，并有了开展技术经验交流的平台，增强了行业发展动力。在全国沼气生产职业技能竞赛中，自治区荣获优秀组织奖。

同时，自治区组织编写《农村能源安全运行手册》和《美丽乡村创建手册》，指导各地沼气安全生产，加大美丽乡村创建宣传力度。编印《新疆农业废弃物（秸秆、畜粪）综合利用技术模式选编》和《新疆农村能源生态循环农业技术（规程）选编》，向社会宣传推广，进一步扩大农村沼气工程在提供清洁能源、防治农业面源污染、发展生态循环农业等方面的重要影响力。

【专题调研】2013年以来，新疆多次开展专题调研，由自治区农业农村厅分管农村能源工作的副厅长带队，到北京市、河北省等地考察沼气发电、有机肥生产、生物质固化成型、绿色农房、热泵采暖、沼气提纯压缩等技术，了解当地可再生能源相关的政策措施、经验及今后发展建议。在全区选择具有代表性的地县乡村，开展了农民生活用能现状、秸秆综合利用、太阳能利用情况等调研，摸清农村能源现状及农牧民需求；对农村沼气建设及利用情况进行调研，对各地先进典型进行提炼推广，以先进典型促全区农村沼气利用率提高。

【典型模式】新疆农村大中型沼气工程建设，从无到有，从试点到扩大建设范围有了很大的发展，主要是通过多年的建设，积累了许多经验，展现出一些闪光的典型示范点。这几年，以村委会为主体进行项目申报与建管农村沼气集中供气工程，配套建设运行服务网点，形成“建、管、用”为一体的农村沼气运营体系。由于实行了村建村管，极大提高了农民的主人翁意识，生产建设稳定运行，具有良好的发展前景。新疆大部分大中型沼气工程申报主体主要是大中型畜禽养殖企业，其目标是通过建设沼气工程，解决养殖场粪便污染问题。同时，生产沼气发电供气，解决养殖场内部生产、生活用气用电；利用沼渣、沼液生产有机肥还可以解决沼气工程运维经费，提高企业运营利润。规模化生物天然气工程“以肥养气，气肥双赢”发展模式不断升级。呼图壁种牛场养殖废弃物生产生物天然气项目是新疆唯一一个生物天然气工程，不同于传统生物质企业的“重气轻肥”，该项目以“天然气＋有机肥”的模式运作，使得两种产品形成了有利互补，可在行业发展初期或能源价格低迷期，缓解盈利风险、压力，做到“以肥养气、气肥双赢”。在有机肥深加工及相关商业模式上的成功探索，不但为项目自身开拓了新的利润增长空间，也为后续有机肥利用指明了出路。更为重要的是，对有机肥商业模式的持续探索，完善、丰富了生物天然气产业体系，也改变了国家和自治区对生物天然气产业的认识，加强了有机肥产品的推进力度和政策扶持力度，此举将带动有机肥产业的高速发展。

【安全生产】新疆非常重视农村沼气安全生产工作。每年印发安全生产通知，对安全生产工作进行安排部署。开展农村沼气安全生产大检查、安全生产月活动，发放安全生产技术手册，举办安全生产培训，积极宣传农村沼气安全生产技术要点，培训农村沼气监管部门和利用主体，加强农村沼气安全生产工作，将农村沼气工作落到实处。2014—2020 年新疆农村沼气利用设施未发生安全事故。

【项目管理】新疆维吾尔自治区农业农村厅、自治区发展改革委加强农村沼气项目管理力度，严格按照《中央预算内投资补助和贴息项目管理办法》《农村沼气工程建设管理办法（试行）》和国家有关法律法规要求，切实加强项目管理，规范项目建设程序，确保发挥投资效益。项目建设实行项目法人责任制、招标投标制、合同管理制和建设监理制。强化项目事中事后监管，有关地（州、市）发展改革部门、农业农村部门严格落实投资计划执行和项目实施监管责任，采取项目单位自查、复核检查、实地查看、在线监管等多种方式，加大对项目申报落实，地方建设投资落实、工程建设管理、计划执行进度、资金使用与拨付等关键环节的监督检查力度，发现问题及时解决，奖优罚劣，切实履行好监管职责。

【秸秆能源化利用】按照农业农村部相关要求，2019 年新疆启动了农作物秸秆资源台账建设工作。3 年来完成了 2018—2020 年度全区农作物秸秆资源台账建设工作的组织、指导、数据收集、分析、审核和报送等工作。

新疆生产建设兵团农村能源建设

【沼气建设】2013—2020 年，为解决新疆生产建设兵团集约化养殖场生态污染和畜禽粪便资源浪费问题，推进农业废弃物的无害化和资源化利用，提高养殖场的综合经济效益，实现农业节本增收，兵团累计申报大中型沼气工程项目 22 个，国家批复 22 个，累计申请国家投资 13886 万元。22 个沼气工程中有 2 座是生物天然气工程，申请国家投资 8000 万元，建设规模 45062 米^3，2020 年底处于调试阶段；20 个中大型沼气工程发酵总池容 1.4 万米^3，年产气量 121 万米^3，养殖场粪污基本得到无害化处理和资源化利用。截至 2020 年底，运行成效显著的沼气工程是第一师十四团宏盛天兆养殖有限公司大型沼气工程（1500 米^3，4 座），于 2017 年 5 月底正式投产，当年企业累计销售各类生物沼肥 5000 余吨，涉及果树、棉花、蔬菜面积 10000 余亩。公司每年接收种猪场排出的粪污约 20000 吨以上，无害化处理粪污 10000 吨以上，发酵产生沼气 20 余万米^3，供养殖场自用，可节省煤炭 180 吨；公司充分利用发酵产生的沼液沼渣，可获得年产 5 万吨固体生物沼肥和 10 万吨液体生物沼肥。十四团宏盛天兆沼气工程已建成投产运营 3 年，实现年收入 5500 万元，利润 1077 万元。公司积极探索生物有机肥的深加工，抢占高端商品有机肥市场，开拓市场，创造更多价值，做到“以肥养气、气肥双赢”。

【秸秆综合利用】新疆生产建设兵团从 2019 年开始建立秸秆资源台账。根据《农业农村部办公厅关于做好 2018 年国家重要农业资源台账制度建设工作的通知》（农办计〔2018〕16 号）要求，兵团积极搭建国家、兵团、师、团四级秸秆资源数据共享平台，为国家、兵、师、团制定相关政策、规划及相关产业布局等提供理论依据。2019 年，兵团 14 个师秸秆产生量约 1644.41 万吨，可收集资源量约 1567.76 万吨，秸秆综合利用量约 1552.19 万吨，秸秆综合利用率达 99%。其中秸秆肥料化利用总量约 1501.98 万吨，肥料化利用率为 96.7%；秸秆饲料化利用量 27.16 万吨，饲料化利用率 1.75%。2020 年，兵团 14 个师农作物秸秆产生量约 1187.44 万吨，可收集资源量约 1095.15 万吨，直接还田量约 965.31 万吨，直接还田率 88.14%，秸秆综合利用量约 1077.73 万吨，秸秆综合利用率达 98.41%。其中秸秆肥料化利用总量约 980.83 万吨，肥料化利用率为 91%。兵团秸秆台账数据统计中需要注明的是，兵团农作物秸秆产生量较大的作物是棉花，其次是小麦、玉米、水稻、油菜等。2018 年和 2019 年棉花秸秆台账数据统计依据棉花籽棉单产，2020 年以后国家要求棉花秸秆台账数据统计依据棉花皮棉单产，因此2020年兵团农作物秸秆产生量明显低于2018年和2019年。

【秸秆生物天然气开发利用】兵团第十三师红星一场新疆奥士特新能源有限公司投资1.125亿元建设了秸秆生物天然气工程（申请国家补助4000万元）。该工程遵循科学发展观和废弃物资源化、减量化、无害化与生态化的原则，以兵团第十三师红星一场及附近规模化养殖场的粪污和农作物秸秆为原料，通过厌氧发酵、沼气提纯等措施加工生产生物天然气，年产生物天然气量为650万米^3，一是供应红星一场铁路以西居民生活用气；二是供应车辆加气（在红星一场配套建设了一座加油加气合建站，且已建成投产，占地15亩）。公司为沼气工程发酵产生的沼液沼渣配套建设了有机肥生产线，年产固态有机肥约4.69万吨（包括3万吨有机复合肥、1.69万吨有机肥）和液态有机肥19.6万吨，全部施用于附近农业种植基地，既实现了粪污的无害排放又改良了土壤，同时生产出优质的绿色果蔬，为市场提供大量的绿色食品。秸秆生物天然气的开发利用实现了第十三师红星一场秸秆、畜粪废弃物的无害化处理、资源化利用，构建了“养殖业＋生物天然气＋种植业＋公司运营”的农业生态良性循环系统，促进和带动了兵团农牧业的可持续发展，改善了区域内的生态环境，提高了农业综合生产能力，经济效益、生态效益、社会效益显著提高。

【项目管理】一是规范项目管理。兵团农业农村局、发展改革委、农业技术推广总站等部门多次联合发文，规范农村能源建设项目管理，尤其对农村沼气工程建设，要求各师农业农村局、发展改革委及团场项目办、基建科、农业科在各自职责范围内负责本区域内养殖场大中型沼气工程建设项目的管理工作，严格实行法人负责制，大中型沼气工程的咨询、设计和施工实行资格准入备案制度，项目资金实行专账核算、专款专用、专人管理。二是强化项目宣传和培训。兵、师级相关部门加强沼气生态循环农业、沼肥高值高效综合利用技术、沼气工程安全生产、安全管理和安全运营等方面的宣传和培训；团场对职工进行宣传、培训和引导，一方面开展沼液的肥效、病虫害防治效果、有机农业发展理念等理论知识培训；另一方面多次开展示范观摩学习，使职工在生产实际中看到沼液肥的综合利用效果，从思想上支持团场林果业走绿色、有机农产品发展之路。三是抓好试点、示范区建设。重点是将沼气工程建设与种植业和养殖业发展有机结合，进一步完善以沼气工程建设为纽带的“猪-沼-果（菜）”生态循环农业示范区的建设，大力推进农业废弃物发酵无害化处理、商品有机肥加工、有机肥替代化肥等，利用有限的农业资源提高农作物的品质和产量（如南疆的红枣、苹果，北疆的葡萄及设施蔬菜等），实现团场农业提质增效，职工增收。

【安全监管】兵团始终高度重视沼气安全生产和安全管理工作，要求各师市农业农村局严格按照“管行业必须管安全、管业务必须管安全、管生产经营必须管安全”的原则，厘清职责分工，牢固树立“安全第一、预防为主”的观念，强化沼气工程安全生产

兵团第十三师红星一场生物天然气工程现场

“红线”意识，落实专人负责制、沼气生产工上岗制，加强对大中型沼气工程的监督检查，制定落实安全应急预案，彻底解决安全隐患。一是建立和完善沼气工程安全生产和运营管理制度，成立沼气工程管理站，安排专人负责日常管理工作。沼气工程日常运行管理的人员必须持有中级以上沼气生产工国家职业资格证。沼气工程运行调试完成后，要求工程设计和建设单位必须指导项目单位建立健全工程安全运行管理制度和相关操作规程，并负责培训 2～3 名持有沼气生产工上岗证的工程运行和管护人员。二是制定安全运行和突发事件应急预案。三是加强沼气工程日常运行的监管，重点监管工程安全运行情况、安全生产责任制上墙情况、应急预案的落实情况等，一旦发生安全事故要及时逐级上报，并积极参与事故处理工作。四是沼气管理站必须设立“闲杂人员严禁进入”警示标志，张贴沼气安全使用挂图，防范安全事故发生。

兵团第十三师红星一场生物天然气入户室外管网

兵团第十三师红星一场生物天然气加气加油站

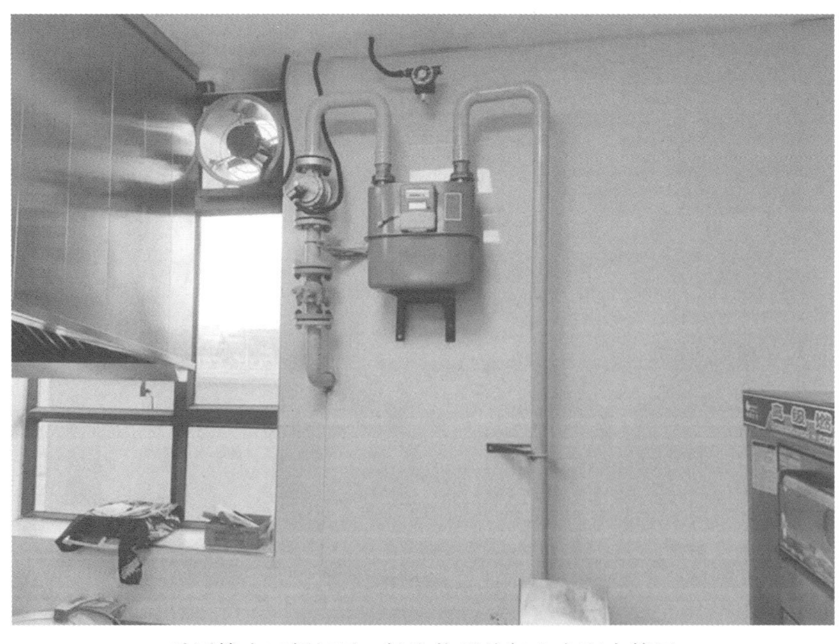

兵团第十三师红星一场生物天然气入户室内管网

◁典型案例▷

十四团盛兆天地沼气“公司＋基地＋合作社＋种植大户”运营模式

一、基本情况

十四团盛兆天地农业开发有限公司成立于2013年，公司由阿克苏宏盛养殖有限责任公司、四川天兆猪业集团及两名自然人共同出资兴建，主要从事大型养殖场废弃物的无害化处理和资源化利用。经过几年的发展，公司已初具规模，现有员工34人，其中养殖场员工21人，管理人员8人。公司总投资达6.07亿元，总产值4亿元以上。公司运营内容包括五个部分，即3300头原种猪场、8800头二元母猪扩繁场、30栋4000米^{2}家庭养猪场、年处理30万吨规模的粪污无害化处理及日无害化处理4.5吨的病死动物。项目已建成投产运营3年，年实现收入5500万元，利润1077万元。

二、主要做法

1. 加强硬件建设。一是养殖基地的标准化建设。公司严格按照“整栋分区模式”建造圈舍，各圈之间有4米的防疫间距。公司年提供猪5万头，其中种猪1.6万头，优质商品肉猪3.4万头。二是建设沼气工程及相关配套设施，处理养殖粪污。公司现有容量1500米^{3}的沼气发酵罐4座，沼液沼渣池7个（4000米^3），年处理粪污能力10万吨，总投资约6000万元，其中，十四团采用固定分红模式为项目出资500万元，申请国家补助资金210万元，剩余部分资金为企业自筹。公司每年向社会提供沼渣、沼液等优质有机肥3万余吨。三是建设年生产5万吨固体生物沼肥的生产线一条、年生产10万吨液体生物沼肥的生产线一条。四是公司建设蔬菜大棚12座，十四团及周边共2万亩以上土地用于消纳沼肥。

2. 成立养殖专业合作社。阿拉尔宏达富农畜禽养殖专业合作社成立于2018年5月，入社成员9人，合作社总资产3000万元，目前拥有标准化家庭养猪场2万米^2。入社成员按照“公司＋合作社＋农户”的模式，为公司饲养20～120千克育肥猪，同时采取“个人投资、公司借款、承建商垫资、五统一代养（统一品种、饲料、防疫、出栏、结算）”合作方式。养殖户自行投资建圈（总造价600万元），资金不足部分的20%向公司借款，40%由承建商垫资建设，三年付清欠款。公司提供仔猪、饲料以及全程技术服务，并负责回收育肥猪。农户在交纳风险押金（每头200元）后与公司签订代养合同，为公司代养仔猪直至出栏。公司按照合同支付给农户代养费（每头130元左右）。

3. 探索沼液沼渣的高值化利用。公司致力于发展养殖业、沼气工程、种植业和有机肥加工产业有机结合的生态循环农业，一是通过沼气发酵产生的沼液、沼渣经过自然循环沉淀、曝气除臭、石英砂过滤器、碟片过滤器等设施处理后，在沼液中加入针对当地土壤状况、农作物主要病虫害防治的有益微生物功能菌，同时加入活化腐殖酸、氮磷钾、中微量元素等营养元素并混合均匀，经过300～500目的精细过滤，生产高效沼液复合微生物肥料。二是采用水肥一体化模式将沼液复合微生物肥料应用于种植业，推广“猪-沼-枣”“猪-沼-菜”“猪-沼-棉”等绿色生态循环农业模式，改良土壤，增加土壤肥力，提高作物的抗逆性，减少化肥和农药的使用，实现提质增效，推动兵团生态循环农业的发展。

三、取得成效

1. 沼液沼渣的高值化利用有力推动了绿色生态循环农业的发展。公司每年生产的沼液沼渣复合微生物肥料、生物有机肥约15万吨，产品提供给兵团蔬菜大棚、周边团场及喀什、和田等地区的种植大户，可改良受损土壤20万亩，减少化肥使用量30%～50%，减少农药使用量70%，增加产量15%～30%，明显提高果蔬品质，有助于打造兵团绿色有机食品品牌，增加农民收入。如公司生产的菌液宝（全期亩施200～300千克）所含有机质、腐殖酸、菌体活性物质能改良土壤理化性状，减少化肥、农药的使用量，大幅提高肥料利用率，提高农产品品质（着色迅速、色泽鲜亮、肉厚汁浓、增加糖度、果皮薄、口感好）和产量，提高作物抗寒、抗旱、抗涝、抗倒伏及养分吸收和运转能力。菌液宝适用于果树、棉花、蔬菜等各类作物，可用于滴灌，也可冲施、喷施。

2.“公司＋基地＋合作社＋种植大户”运营模式保障了种植业、养殖业、农业废弃物的综合利用、生物有机肥加工、水肥一体化等可持续发展。公司2020年无害化处理粪污约6万余吨，累计销售各类生物沼肥3万余吨，施用面积10万余亩（其中果树地7万亩），成效显著。一是公司将养殖基地和养殖合作社产生的粪污转化为营养价值、附加值更高的生物沼肥用于种植业，保障了发酵原料的可持续供应，减少了大型养殖场的粪污污染，保护了周边的生态环境，保障了绿色种植业的发展，得到了农场和农户的普遍认可。二是公司生产的生物有机肥提高了肥料利用率，降低了生产成本，实现了节本增收。生物有机肥具有固氮、解磷、解钾、增加土壤肥力、驱虫、提高作物的抗逆性和抗病等作用，减少化肥施用量，每亩可降低成本50～100元，同时提高了周边农户施用有机肥替代化肥的积极性。三是种植大户实现了提质增效的目的。经过绿色种植（疏密提干、增施有机肥、生物防治、科学管理），红枣色泽鲜亮、果实大小均匀、果肉厚实、口感甜中带有果香味，没有任何的苦味、涩味，品质明显提高，一级率达到60%以上。种植合作社成员的红枣经过检测，农残和重金属含量达到国家标准，收购价格高于使用化肥的红枣2～3元/千克，仅此一项每亩增加收入1000余元（按照产量700千克/亩），收益明显提高。

质量标准

一、国家标准

（一）沼气

（二）生物质能

（三）节能炉具

（四）太阳能

（五）小风电

（六）新型液体燃料

二、行业标准

（一）农业行业标准

（二）能源行业标准

三、地方标准

北京市

天津市

河北省

山西省

内蒙古自治区

辽宁省

吉林省

黑龙江省

江苏省

浙江省

安徽省

福建省

山东省

河南省

湖北省

湖南省

广东省

广西壮族自治区

重庆市

四川省

贵州省

云南省

陕西省

甘肃省

宁夏回族自治区

新疆维吾尔自治区

质量标准

一、国家标准

（一）沼气

GB/T 3606—2001　家用沼气灶

GB/T 26715—2011　沼气阀

GB/T 29488—2013　中大功率沼气发电机组

GB/T 30393—2013　制取沼气秸秆预处理复合菌剂

GB/T 51063—2014　大中型沼气工程技术规范

GB/T 4750—2016　户用沼气池设计规范

GB/T 4751—2016　户用沼气池质量检查验收规范

GB/T 4752—2016　户用沼气池施工操作规程

（二）生物质能

GB/T 21923—2008　固体生物质燃料检验通则

GB/T 28730—2012　固体生物质燃料样品制备方法

GB/T 28731—2012　固体生物质燃料工业分析方法

GB/T 28732—2012　固体生物质燃料全硫测定方法

GB/T 28733—2012　固体生物质燃料全水分测定方法

GB/T 28734—2012　固体生物质燃料中碳氢测定方法

GB 50762—2012　秸秆发电厂设计规范

GB/T 30366—2013　生物质术语

GB/T 30725—2014　固体生物质燃料灰成分测定方法

GB/T 30726—2014　固体生物质燃料灰熔融性的测定方法

GB/T 30727—2014　固体生物质燃料发热量测定方法

GB/T 30728—2014　固体生物质燃料中氮的测定方法

GB/T 30729—2014　固体生物质燃料中氯的测定方法

GB/T 35564—2017　生物质清洁炊事炉具

GB/T 27424—2020　合格评定 非可溯源生物质控品质量控制规范

（三）节能炉具

GB/T 35564—2017　生物质清洁炊事炉具

GB 16154—2018　民用水暖煤炉通用技术条件

GB/T 16155—2018　民用水暖煤炉性能试验方法

GB 25034—2020　燃气采暖热水炉

GB/T 39809—2021　平板玻璃窑炉能耗测定方法

（四）太阳能

GB/T 15405—2006　被动式太阳房热工技术条件和测试方法

GB/T 18708—2002　家用太阳热水系统热性能试验方法

GB/T 19064—2003　家用太阳能光伏电源系统技术条件和试验方法

GB/T 19141—2011　家用太阳能热水系统技术条件

GB/T 25969—2010　家用太阳能热水系统主要部件选材通用技术条件

GB/T 26071—2018　太阳能电池用硅单晶片

GB/T 26072—2010　太阳能电池用锗单晶

GB/T 26709—2011　太阳能热水器用硬质聚氨酯泡沫塑料

GB/T 26849—2011　太阳能光伏照明用电子控制装置 性能要求

GB 26969—2011　家用太阳能热水系统能效限定值及能效等级

GB/T 26970—2011　家用分体双回路太阳能热水系统 技术条件

GB/T 26971—2011　家用分体双回路太阳能热水系统 试验方法

GB/T 26975—2011　全玻璃热管真空太阳集热管

GB/T 26976—2011　太阳能空气集热器技术条件

GB/T 26977—2011　太阳能空气集热器热性能试验方法

GB/T 28745—2012 家用太阳能热水系统储水箱试验方法

GB/T 28746—2012 家用太阳能热水系统储水箱技术要求

GB/T 29724—2013 太阳能热水系统能量监测

GB/T 29759—2013 建筑用太阳能光伏中空玻璃

GB/T 30153—2013 光伏发电站太阳能资源实时监测技术要求

GB/T 13539.6—2013 低压熔断器 第 6 部分：太阳能光伏系统保护用熔断体的补充要求

GB/T 35606—2017 绿色产品评价 太阳能热水系统

GB/T 34377—2017 家用太阳能热水系统应用设计、安装及验收技术规范

GB/T 34325—2017 太阳能资源数据准确性评判方法

（五）小风电

GB/T 10760.1—2017 小型风力发电机组用发电机 第 1 部分：技术条件

GB/T 10760.2—2017 小型风力发电机组用发电机 第 2 部分：试验方法

GB/T 19068.1—2017 小型风力发电机组 第 1 部分：技术条件

GB/T 19068.2—2017 小型风力发电机组 第 2 部分：试验方法

GB/T 19068.3—2017 小型风力发电机组 第 3 部分：风洞试验方法

GB/T 19115.1—2018 风光互补发电系统 第 1 部分：技术条件

GB/T 19115.2—2018 风光互补发电系统 第 2 部分：试验方法

GB/T 20321.1—2006 离网型风能、太阳能发电系统用逆变器 第 1 部分：技术条件

（六）新型液体燃料

GB 16663—1996 醇基液体燃料

二、行业标准

（一）农业行业标准

沼气

NY/T 465—2001 户用农村能源生态工程 南方模式设计施工与使用规范

NY/T 466—2001 户用农村能源生态工程 北方模式设计施工与使用规范

NY/T 860—2004 户用沼气池密封涂料

NY/T 1221—2006 规模化畜禽养殖场沼气工程运行、维护及其安全技术规程

NY/T 1222—2006 规模化畜禽养殖场沼气工程设计规范

NY/T 1223—2006 沼气发电机组

NY/T 1638—2008 沼气饭锅

NY/T 1639—2008 农村沼气“一池三改”技术规范

NY/T 1700—2009 沼气中甲烷和二氧化碳的测定气相色谱法

NY/T 1702—2009 生活污水净化沼气池技术规范

NY/T 1704—2009 沼气电站技术规范

NY/T 1912—2010 沼气物管员

NY/T 1916—2010 非自走式沼渣沼液抽排设备技术条件

NY/T 1917—2010 自走式沼渣沼液抽排设备技术条件

NY/T 667—2011 沼气工程规模分类

NY/T 2065—2011 沼肥施用技术规范

NY/T 2139—2012 沼肥加工设备

NY/T 2141—2012 秸秆沼气工程施工操作规程

NY/T 2142—2012 秸秆沼气工程工艺设计规范

NY/T 2371—2013 农村沼气集中供气工程技术规范

NY/T 2372—2013 秸秆沼气工程运行管理规范

NY/T 2373—2013 秸秆沼气工程质量验收规范

NY/T 2374—2013 沼气工程沼液沼渣后处理技术规范

NY/T 2450—2013 户用沼气池材料技术条件

NY/T 2451—2013 户用沼气池运行维护规范

NY/T 2452—2013 户用农村能源生态工程 西北模式设计施工与使用规范

NY/T 858—2014 户用沼气压力显示器

NY/T 859—2014 户用沼气脱硫器

NY/T 90—2014 农村户用沼气发酵工艺规程

NY/T 2596—2014 沼肥

NY/T 2597—2014 生活污水净化沼气池标准图集

NY/T 2598—2014 沼气工程储气装置技术条件

NY/T 2599—2014 规模化畜禽养殖场沼气工程验收规范

NY/T 2600—2014 规模化畜禽养殖场沼气工程设备选型技术规范

NY/T 2601—2014 生活污水净化沼气池施工规程

NY/T 2602—2014 生活污水净化沼气池运行管理规程

NY/T 1220.6—2014 沼气工程技术规范 第6部分：安全使用

NY/T 1496.4—2014 农村户用沼气输气系统 第4部分：设计与安装规范

NY/T 344—2014 户用沼气灯

NY/T 1496.1—2015 户用沼气输气系统 第1部分：塑料管材

NY/T 1496.2—2015 户用沼气输气系统 第2部分：塑料管件

NY/T 1496.3—2015 户用沼气输气系统 第3部分：塑料开关

NY/T 2853—2015 沼气生产用原料收储运技术规范

NY/T 2854—2015 沼气工程发酵装置

NY/T 2855—2015 自走式沼渣沼液抽排设备试验方法

NY/T 2856—2015 非自走式沼渣沼液抽排设备试验方法

NY/T 2910—2016 硬质塑料户用沼气池

NY/T 3239—2018 沼气工程远程监测技术规范

NY/T 3437—2019 沼气工程安全管理规范

NY/T 3438.1—2019 村级沼气集中供气站技术规范 第1部分：设计

NY/T 3438.2—2019 村级沼气集中供气站技术规范 第2部分：施工与验收

NY/T 3438.3—2019 村级沼气集中供气站技术规范 第3部分：运行管理

NY/T 3439—2019 沼气工程钢制焊接发酵罐技术条件

NY/T 3440—2019 生活污水净化沼气池质量验收规范

NY/T 1220.1—2019 沼气工程技术规范 第1部分：工程设计

NY/T 1220.2—2019 沼气工程技术规范 第2部分：输配系统设计

NY/T 1220.3—2019 沼气工程技术规范 第3部分：施工及验收

NY/T 1220.4—2019 沼气工程技术规范 第4部分：运行管理

NY/T 1220.5—2019 沼气工程技术规范 第5部分：质量评价

生物质能

NY/T 12—1985 生物质燃料发热量测试方法

NY/T 652—2002 民用轻烃混合燃气工程技术规范

NY/T 1017—2006 秸秆气化装置和系统测试方法

NY/T 1561—2007 秸秆燃气灶

NY/T 1701—2009 农作物秸秆资源调查与评价技术规范

NY/T 1878—2010 生物质固体成型燃料 技术条件

NY/T 1879—2010 生物质固体成型燃料 采样方法

NY/T 1880—2010 生物质固体成型燃料 样品制备方法

NY/T 1881.1—2010 生物质固体成型燃料试验方法 第1部分：通则

NY/T 1881.2—2010 生物质固体成型燃料试验方法 第2部分：全水分

NY/T 1881.3—2010 生物质固体成型燃料试验方法 第3部分：一般分析样品水分

NY/T 1881.4—2010 生物质固体成型燃料试验方法 第4部分：挥发分

NY/T 1881.5—2010 生物质固体成型燃料试验方法 第5部分：灰分

NY/T 1881.6—2010 生物质固体成型燃料试验方法 第6部分：堆积密度

NY/T 1881.7—2010 生物质固体成型燃料试验方法 第7部分：密度

NY/T 1881.8—2010 生物质固体成型燃料试验方法 第8部分：机械耐久性

NY/T 1882—2010 生物质固体成型燃料成型设备 技术条件

NY/T 1883—2010 生物质固体成型燃料成型设备 试验方法

NY/T 1915—2010 生物质固体成型燃料术语

NY/T 2369—2013 户用生物质炊事炉具通用技术条件

NY/T 2370—2013 户用生物质炊事炉具性能试验方法

NY/T 2705—2015 生物质燃料成型机质量评价技术规范

NY/T 2880—2015 生物质成型燃料工程运行管理规范

NY/T 2881—2015 生物质成型燃料工程设计规范

NY/T 2907—2016 生物质常压固定床气化炉技术条件

NY/T 2908—2016 生物质气化集中供气运行与管理规范

NY/T 2909—2016 生物质固体成型燃料质量分级

NY/T 3020—2016 农作物秸秆综合利用技术通则

NY/T 3021—2016 生物质成型燃料原料技术条件

NY/T 443—2016 生物制气化供气系统技术条件及验收规范

NY/T 3337—2018 生物质气化集中供气站建设标准

NY/T 3672—2020 生物炭检测方法通则

NY/T 3494—2019 农业生物质原料 纤维素、半纤维素、木质素测定

NY/T 3495—2019 农业生物质原料热重分析法通则

NY/T 3496—2019 农业生物质原料热重分析法热裂解动力学参数

NY/T 3497—2019 农业生物质原料热重分析法工业分析

节能炉具

NY/T 348—1999 节能烟叶初烤房标准图集

NY/T 349—1999 节能烟叶初烤房质量检查验收标准

NY/T 350—1999 节能烟叶初烤房施工操作规程

NY/T 8—2006 民用柴炉、柴灶热性能测试方法

NY/T 1001—2006 民用省柴节煤灶、炉、炕技术条件

NY/T 1636—2008 高效预制组装架空炕连灶 施工工艺规程

NY/T 1703—2009 民用水暖炉采暖系统安装及验收规范

NY/T 58—2009 民用火炕性能试验方法

NY/T 2369—2013 户用生物质炊事炉具通用技术条件

NY/T 2370—2013 户用生物质炊事炉具性能试验方法

太阳能

NY/T 343—1998 家用太阳热水器技术条件

NY/T 513—2002 家用太阳热水器电辅助热源

NY/T 514—2002 家用太阳热水器储水箱

NY/T 651—2002 家用太阳能热水系统安装、运行维护技术规范

NY/T 759—2003 承压式家用太阳热水器技术条件

NY/T 805—2004 太阳灶镀铝薄膜反光材料技术条件

NY/T 1146.1—2006 家用太阳能光伏系统 第1部分：技术条件

NY/T 1146.2—2006 家用太阳能光伏系统 第2部分：试验方法

NY/T 1913—2010 农村太阳能光伏室外照明装置 第1部分：技术要求

NY/T 1914—2010 农村太阳能光伏室外照明装置 第2部分：安装规范

小风电

NY/T 1137—2006 小型风力发电系统安装规范

NY/T 3022—2016 离网型风力发电机组运行质量及安全检测规程

微水电

NY 663—2003 微型水力发电设备质量分等

NY 664—2003 微型水力发电设备 电子式控制器技术条件

NY/T 665—2003 微型水力发电设备鉴定规范

NY/T 666—2003 微型水力发电设备安全操作规程

NY/T 845—2004 微型水力发电机技术条件

新型液体燃料

NY 312—1997 醇基民用燃料灶具

NY 313—1997 轻烃民用燃料

NY 314—1997 轻烃民用燃料灶具

NY/T 652—2002 民用轻烃混合燃气工程技术规范

NY/T 1637—2008 二甲醚民用燃料

综合类

NY/T 2449—2013 农村能源术语

NY/T 3023—2016 畜禽粪污处理场建设标准

（二）能源行业标准

沼气

NB/T 10136—2019　生物天然气产品质量标准

生物质能

NB/T 34004—2011　生物质气化集中供气净化装置性能测试方法

NB/T 34009—2021　清洁炊事烤火炉具技术条件

NB/T 34010—2021　清洁炊事烤火炉具试验方法

NB/T 34011—2012　生物质气化集中供气污水处理装置技术规范

NB/T 34015—2013　生物质炊事大灶通用技术条件

NB/T 34012—2013　生物质锅炉用水冷振动炉排技术条件

NB/T 42030—2014　生物质循环流化床锅炉技术条件

NB/T 42031—2014　生物质能锅炉炉前螺旋给料装置技术条件

NB/T 34016—2014　生物质炕炉试验方法

NB/T 34017—2014　生物质炕炉通用技术条件

NB/T 34018—2014　环模式块状生物质燃料成型设备技术条件

NB/T 34019—2014　平模式块状生物质燃料成型设备技术条件

NB/T 34020—2014　活塞冲压式棒状生物质燃料成型设备技术条件

NB/T 42031—2014　生物质能锅炉炉前螺旋给料装置技术条件

NB/T 34021—2015　生物质清洁炊事炉具

NB/T 34024—2015　生物质成型燃料质量分级

NB/T 34025—2015　生物质固体燃料结渣性试验方法

NB/T 34026—2015　生物质颗粒燃料燃烧器

NB/T 42116—2017　生物质锅炉燃料元素（铝、钙、铁、镁、磷、钾、硅、钠和钛）的测定方法

NB/T 42117—2017　生物质水冷振动炉排锅炉技术条件

NB/T 42118—2017　生物质链条炉排锅炉技术条件

NB/T 47062—2017　生物质成型燃料锅炉

NB/T 34039—2017　生物质成型燃料供热工程可行性研究报告编制规程

NB/T 34040—2017　小型生物质热风炉技术条件

NB/T 34041—2017　小型生物质热风炉试验方法

NB/T 34061—2018　生物质锅炉供热成型燃料贮运技术规范

NB/T 34062—2018　生物质锅炉供热成型燃料工程设计规范

NB/T 34063—2018　生物质锅炉供热成型燃料术语

NB/T 34064—2018　生物质锅炉供热成型燃料工程运行管理规范

NB/T 34065—2018　生物质锅炉供热成型燃料试验方法通则

NB/T 34035—2020　小型生物质锅炉技术条件

NB/T 34036—2020　小型生物质锅炉试验方法

NB/T 10470—2020　固体生物质燃料砷、磷、氯测定方法 X射线荧光光谱法

节能炉具

NB/T 34007—2012　生物质炊事采暖炉具通用技术条件

NB/T 34008—2012　生物质炊事采暖炉具试验方法

NB/T 34009—2021　清洁炊事烤火炉具技术条件

NB/T 34010—2021　清洁炊事烤火炉具试验方法

NB/T 34014—2013　生物质炊事大灶试验方法

NB/T 34015—2013　生物质炊事大灶通用技术条件

NB/T 34016—2014　生物质炕炉试验方法

NB/T 34017—2014　生物质炕炉通用技术条件

NB/T 34021—2015　生物质清洁炊事炉具

NB/T 34059—2017　炉具术语

NB/T 34040—2017　小型生物质热风炉技术条件

NB/T 34041—2017　小型生物质热风炉试验方法

NB/T 34005—2020　清洁采暖炉具试验方法

NB/T 34006—2020　清洁采暖炉具技术条件

NB/T 34035—2020　小型生物质锅炉技术条件

NB/T 34036—2020　小型生物质锅炉试验方法

太阳能

NB/T 34001—2011　太阳能杀虫灯通用技术条件

NB/T 34002—2011 农村风光互补室外照明装置

NB/T 34003—2011 聚光型太阳灶通用技术条件

NB/T 32002—2012 太阳能草坪灯

NB/T 32003—2012 太阳能热利用自限温电热带

NB/T 32017—2013 太阳能光伏水泵系统

NB/T 32018—2013 户用太阳能采暖系统技术条件

NB/T 32019—2013 太阳能游泳池加热系统技术规范

NB/T 32020—2014 便携式太阳能光伏电源

NB/T 32021—2014 太阳能光伏滴灌系统

NB/T 32022—2014 壁挂式太阳能热水系统设计、安装及验收规范

NB/T 32023—2014 太阳能热利用自限温电热带安装规范

NB/T 32024—2014 太阳能热水工程联箱

NB/T 34022—2015 太阳能干燥系统通用技术要求

NB/T 34023—2015 太阳能热水器搪瓷储热水箱

NB/T 34032—2016 家用太阳能热水系统售后服务规范

NB/T 34033—2016 家用太阳能热水器支架

NB/T 34037—2016 太阳能光伏喷灌系统

NB/T 34038—2016 太阳能光伏水泵系统用逆变器

NB/T 34042—2017 供热搪瓷储热水箱

NB/T 34043—2017 太阳能热水工程不锈钢常压储热水箱

NB/T 34044—2017 季节蓄热太阳能热利用工程技术规范

NB/T 34045—2017 中温太阳能集热器

NB/T 34046—2017 家用太阳能热水系统安全技术规范

NB/T 34048—2017 中温真空太阳吸收涂层

NB/T 34049—2017 太阳能热水工程施工、监理及验收规范

NB/T 34070—2018 全玻璃真空太阳集热管技术规范

NB/T 34071—2018 家用太阳能热水系统测试方法

NB/T 34072—2018 平板型太阳能集热器吸热体耐候性技术规范

NB/T 34073—2018 太阳能低温热利用工质丙二醇型

NB/T 34074—2018 平板型太阳能集热器技术规范

NB/T 10150—2019 北方农村户用太阳能采暖系统技术条件

NB/T 10151—2019 北方农村户用太阳能采暖系统性能测试及评价方法

NB/T 10152—2019 太阳能供热系统节能量和环境效益计算方法

NB/T 10153—2019 太阳能供热系统实时监测技术规范

NB/T 10154—2019 家用直膨式太阳能热泵热水系统技术条件

NB/T 10155—2019 家用直膨式太阳能热泵热水系统试验方法

NB/T 10415—2020 中温玻璃-金属封接式真空直通太阳集热管

NB/T 10464.1—2020 太阳能热利用系统采购技术规范 第1部分：通则

NB/T 10464.2—2020 太阳能热利用系统采购技术规范 第2部分：家用太阳能热水系统

NB/T 10464.3—2020 太阳能热利用系统采购技术规范 第3部分：太阳能热水工程

NB/T 10464.4—2020 太阳能热利用系统采购技术规范 第4部分：户用太阳能采暖系统

NB/T 10464.5—2020 太阳能热利用系统采购技术规范 第5部分：太阳能采暖工程

NB/T 10464.6—2020 太阳能热利用系统采购技术规范 第6部分：太阳能工业、农业供热工程

新型液体燃料

NB/T 34013—2013 农用醇醚柴油燃料

空气源热泵

NB/T 34027—2015 家用和类似用途空气源热泵热水器全年综合能效比测试方法

NB/T 34034—2016 空气源热泵热水器搪瓷储热水箱

NB/T 34047—2017 分体式空气源热泵热水器安装规范

NB/T 34050—2017 商业或工业用及类似用途空气源热泵热水机全年综合能效比测试方法

NB/T 34066—2018 户用及类似用途空气源热泵采暖机组

NB/T 34067—2018 空气源热泵热水工程施工及验收规范

NB/T 34068—2018 家用和类似用途空气源热

泵热水器售后服务规范

NB/T 34069—2018 搪瓷水箱内表面强制电流阴极保护装置

NB/T 34075—2018 户用及类似用途热泵系统安装集成装置

NB/T 10156—2019 空气源热泵干燥机组通用技术规范

NB/T 10157—2019 热泵干燥用涡旋式制冷剂压缩机

NB/T 10158—2019 空气源热泵果蔬烘干机

NB/T 10416—2020 空气源热泵集中供暖工程安装验收规范

NB/T 10417—2020 低环境温度空气源热泵热风机安装验收规范

NB/T 10418—2020 空气源热泵粮食烘干机

NB/T 10419—2020 空气源热泵烤烟房

NB/T 104—2020 20空气源热泵烤烟房烟叶调制技术规程

三、地方标准

北京市

DB11/T 1322.47—2018 安全生产等级评定技术规范 第47部分：生物质气化站

DB11/T 1322.48—2018 安全生产等级评定技术规范 第48部分：沼气站

天津市

DB12/T 844—2018 设施番茄/芹菜生产施用猪粪沼液技术规范

DB12/ 765—2016 生物质成型燃料锅炉大气污染物排放标准

DB12/T 663—2016 生物质成型燃料

河北省

DB13/T 1369—2011 聚丙烯塑料沼气发生器

DB13/T 1305—2010 秸秆沼气集中供气系统工程设计、施工及验收规范

DB13/T 993—2008 猪、沼、厕“三位一体”生态养猪技术规程

DB13/T 2305—2015 蒸菌专用生物质燃料炉

DB13/T 2080—2014 生物质颗粒燃料燃烧器

DB13/T 2078—2014 生物质直燃常压热水锅炉

DB13/T 1538—2012 生物质压缩成型设备

DB13/T 1407—2011 生物质成型燃料炉具

DB13/T 1175—2010 生物质成型燃料

山西省

DB14/T 2037—2020 设施蔬菜畜禽粪污沼渣沼液施用技术规程

DB14/T 2031—2020 禾谷作物施用畜禽粪污沼液技术规程

DB14/T 2027—2020 畜禽粪污沼渣基质制备技术规程

DB14/T 2017—2020 果园施用畜禽粪污沼液技术规程

内蒙古自治区

DB15/T 1450—2018 西芹施用沼肥种植技术规程

DB15/T 1277—2017 沼气发电机组运行管理规范

DB15/T 1009—2016 规模化畜禽养殖场沼气工程标准图集

辽宁省

DB21/T 3316—2020 农用沼渣沼液无害化处理技术规程

DB21/T 3315—2020 户用沼气池增温保温技术规程

DB21/T 3141—2019 设施农业生物质废弃物堆肥技术规程

DB21/T 2924—2018 环模颗粒状生物质燃料压制机能耗限值

DB21/T 2922—2018 冲压式棒状生物质燃料成型机 质量评价技术规范

DB21/T 2786—2017 生物质固体成型燃料技术条件

DB21/T 2662.4—2016 锅炉运行规范 第4部分：生物质层燃发电锅炉运行导则

吉林省

DB22/T 2363—2015 户用沼气池及沼气工程增、保温技术规范

DB22/T 2581—2016 生物质成型燃料锅炉大气污染物排放标准

DB22/T 1759—2013 生物质干馏热解燃气装置技术条件

黑龙江省

DB23/T 2782—2020 养殖小区小型沼气工程运

行管理规范

DB23/T 2781—2020 养殖小区小型沼气工程设计规范

DB23/T 2041—2017 退化草本沼泽湿地植被恢复技术规程

DB23/T 2008—2017 村镇生活垃圾厌氧湿式产沼技术规范

DB23/T 1023—2006 燃池-沼气池技术规范

DB23/T 2679—2020 电力行业（生物质发电企业）清洁生产评价指标体系

DB23/T 2485—2019 生物质炭源头削减氮磷面源污染技术规程

江苏省

DB32/T 2558—2013 稻麦农田沼液施用技术规程

DB32/T 2274—2012 设施大棚内沼气池使用技术规程

DB32/T 2276—2012 茄果类蔬菜沼液施用技术规程

DB32/T 2132—2012 沼渣沼液施用于葡萄生产技术规程

DB32/T 1871—2011 水葫芦厌氧发酵与沼液还田技术规程

浙江省

DB3302/T 157—2018 沼液喷灌技术规程

DB33/T 2097—2018 生物质成型燃料锅炉安全节能管理要求

安徽省

DB34/T 3018—2017 秸秆生物燃气（沼气）工程技术规范

DB34/T 3017—2017 规模养殖场沼气清洁生产技术规范

DB34/T 3786—2021 固体生物质燃料分类

DB34/T 3069—2017 固体生物质燃料中碳氢的测定方法-电量重量法

福建省

DB35/T 1257—2012 红泥塑料厌氧发酵沼气工程技术规范

DB35/T 1675—2017 生物质燃烧器通用技术规范

DB35/T 1588—2016 燃生物质成型燃料工业锅炉能效限定值

DB35/T 1581—2016 竹柏生物质能源林培育技术规程

DB35/T 1462—2014 在用生物质锅炉能效简单测试方法

DB35/T 1398—2013 生物质固体成型燃料

山东省

DB37/T 4178—2020 沼渣沼液在樱桃生产中的应用技术规程

DB37/T 4174—2020 沼渣沼液在番茄生产中的应用技术规程

DB37/T 4173—2020 沼渣沼液在韭菜生产中的应用技术规程

DB37/T 4072—2020 沼渣沼液在苹果栽培上的应用技术规程

DB37/T 3482—2018 沼渣沼液在葡萄栽培上的应用技术规程

DB37/T 3117—2018 畜禽场废弃物厌氧发酵制取沼气技术规程

DB37/T 2880—2016 猪-沼-菜循环农业生产技术规程

DB37/T 104—2016 酒精厂酒糟制取沼气技术规范

DB37/T 2256—2012 沼肥在草莓上的应用技术规程

DB37/T 2422—2013 中温高效沼气工程成套装备通用技术条件

DB37/T 1949—2011 设施黄瓜栽培沼渣沼液的应用技术规程

河南省

DB41/T 2011—2020 黑膜沼气废水处理工程技术规范

DB4105/T 142—2020 沼渣沼液小麦玉米农田施用技术规程

DB4107/T 448—2020 大中型沼气工程安全管理操作规程

DB41/T 915—2014 隧道式大中型沼气工程工艺设计规范

DB41/T 518—2008 辅热集箱式沼气工程技术条件

DB41/T 519—2008 辅热集箱式沼气工程施工及验收规范

湖北省

DB42/T 1342—2018 小型沼气工程设计、施工

及验收规范

湖南省

DB43/T 139—1999 生活污水净化沼气池标准图集

DB43/T 864—2014 生物质成型燃料

DB43/T 804—2013 家用生物质、型煤炉灶

广东省

DB44/T 1052—2018 工业锅炉用生物质成型燃料

DB44/T 1510—2014 生物质成型燃料工业锅炉技术条件

广西壮族自治区

DB45/T 1675—2018 户用沼气池施工规程

DB45/T 1674 2018 农村有机垃圾沼气工程运行与维护规范

DB45/T 1133—2015 户用沼气池建设规范

DB45/T 958—2013 蔬菜种植 沼液生物液体肥施用技术规程

DB45/T 957—2013 水稻种植 沼液、沼液生物液体肥施用技术规程

DB45/T 956—2013 沼液生物液体肥生产技术规程

DB45/T 627—2009 户用沼气池运行、维护及安全操作规程

重庆市

DB50/T 485—2012 农用沼液管道还田技术规程

四川省

DB51/T 2206—2016 农村户用沼气池安全操作管理规程

DB51/T 2524—2018 秸秆原料厌氧消化产沼气预处理技术规范

DB51/T 2486—2018 大中型沼气工程安全管理规程

DB51/T 2480—2018 小型沼气集中供气工程玻璃钢制品通用要求

DB51/T 2204—2016 小型沼气集中供气工程施工规范

DB51/T 1874—2014 农村生活污水净化沼气池施工规范

DB51/T 1684—2013 农村户用沼气池运行管理规程

DB51/T 1183—2011 秸秆沼气集中供气工程设计规范

DB51/T 807—2008 农村户用沼气池使用管理规程

DB51/T 770—2008 农村户用沼气池配套安装规范

DB51/T 1377—2020 低压生物质燃气室内工程施工及验收规范

DB51/T 1357—2020 低压生物质燃气管网工程施工及验收规范

DB51/T 1868—2014 生物质固体成型燃料压制机安全技术要求

DB51/T 1685—2013 生物质成型燃料

DB51/T 1631—2013 高寒山区直燃式户用生物质炉通用技术条件

DB51/T 1376 2011 固体生物质气化燃气焦油灰尘含量测定方法

DB51/T 1398—2011 生物质燃气热值测定方法

贵州省

DB5227/T 25—2010 农村沼气发酵技术规程

DB52/T 1326—2018 生物质锅炉经济运行管理规范

DB52/T 1205—2017 层燃燃煤锅炉改生物质锅炉技术导则

云南省

DB5304/T 039 $100m^3$沼气池工程建设规范

DB5305/T 67—2021 生物质颗粒燃料生产技术规程

DB53/T 949—2019 烟用生物质颗粒燃料烘烤操作管理规程

DB53/T 871—2018 密集烤房生物质颗粒燃料烟叶烘烤技术规程

DB53/T 869.1—2018 烟用生物质颗粒燃料 第1部分：生产技术规程

陕西省

DB6106/T 167—2020 苹果园沼肥综合利用技术规程

DB61/T 501—2010 农村中小型畜禽养殖场沼气工程管理规范

DB61/T 503—2010 农村中小型畜禽养殖场沼气工程建设规范

DB61/T 502—2010 农村中小型畜禽养殖场沼

气工程设计规范

甘肃省

DB62/T 2590—2015 日光温室沼气生产及综合利用技术规程

DB62/T 2585—2015 循环农业 玉米秸秆-牛-沼-肥技术规程

DB62/T 2275—2012 绿色农业“玉米-牛-沼-肥”种养结合循环型技术规范

DB62/T 2272—2012 绿色农业“牛-沼/蚯蚓-肥/饲料”小型养殖场循环型技术规范

DB62/T 2278—2012 沼液沼渣利用技术规程

DB62/T 2194—2011 日光温室无公害黄瓜沼肥施用技术规程

DB62/T 2023—2011 张掖市农业循环 玉米秸秆-堆沤肥、沼肥还田技术规程

DB62/T 2022—2011 张掖市制种玉米生产施用沼肥技术规程

DB62/T 1993—2010 无公害马铃薯生产施用沼肥技术规程

宁夏回族自治区

DB64/T 1046—2014 小麦、水稻、玉米沼液浸种操作技术规程

DB64/T 898—2013 水稻沼渣复混肥施用技术规程

新疆维吾尔自治区

DB65/T 3626—2014 加工番茄沼肥施用技术规程

DB65/T 3443—2012 农村户用秸秆沼气生产技术规程

科技成果

一、国家级科技成果

二、省部级科技成果

（一）部级科技成果

（二）省级科技成果

科技成果

一、国家级科技成果

2013—2020年，农村能源领域共有7项国家级科技成果。

1. 河南省科学院能源研究所有限公司、北京奥科瑞丰新能源股份有限公司、河南农业大学、大连理工大学等单位完成的“农业废弃物成型燃料清洁生产技术与整套设备”获得2013年度国家科学技术进步奖二等奖。

2. 农业部规划设计研究院、合肥天焱绿色能源开发有限公司、北京盛昌绿能科技有限公司等单位完成的“秸秆成型燃料高效清洁生产与燃烧关键技术装备”获得2013年度国家科学技术进步奖二等奖。

3. 天津大学、山东大学、山东理工大学、山东省科学院能源研究所、山东百川同创能源有限公司、张家界三木能源开发有限公司、广州迪森热能技术股份有限公司等单位完成的“农林废弃物清洁热解气化多联产关键技术与装备”获得2015年度国家科学技术进步奖二等奖。

4. 中国林业科学研究院林产化学工业研究所、江苏悦达卡特新能源有限公司、金骄特种新材料（集团）有限公司等单位完成的“农林生物质定向转化制备液体燃料多联产关键技术”获得2016年度国家科学技术进步奖二等奖。

5. 中国农业科学院农业环境与可持续发展研究所、江苏省农业科学院、华南农业大学、中国科学院生态环境研究中心、广东温氏食品集团股份有限公司、全国畜牧总站、农业部农业生态与资源保护总站完成的“畜禽粪便污染监测核算方法和减排增效关键技术研发与应用”获得2018年度国家科学技术进步奖二等奖。

6. 中国电力科学研究院有限公司、合肥工业大学、国电南瑞科技股份有限公司、北京科诺伟业科技股份有限公司、阳光电源股份有限公司、国网西藏电力有限公司、龙源西藏新能源有限公司等单位完成的“青藏地区可再生能源独立供电系统关键技术及工程应用”获得2019年度国家科学技术进步奖二等奖。

7. 天津大学、北京化工大学、中国人民解放军火箭军工程大学、武汉科技大学、中国环境保护集团有限公司、无锡湖光工业炉有限公司、西藏大学等单位完成的“基于3S维度的生物质固废清洁高效燃气能源化关键技术及应用”获得2020年度国家科学技术进步奖二等奖。

二、省部级科技成果

2013—2020年，农村能源领域共有26项省部级科技成果。

（一）部级科技成果

1. 农业部规划设计研究院、北京盈和瑞环保工程有限公司、青岛天人环境股份有限公司、河北省青县新能源办公室、河北耿忠生物质能源有限公司等单位完成的“农业废弃生物质高效厌氧转化关键技术创新及应用”获得2012—2013年度中华农业科技奖科学研究成果一等奖。

2. 中国农业科学院农业环境与可持续发展研究所、江苏省农业科学院、华南农业大学、中国科学院生态环境研究中心、广东温氏食品集团股份有限公司、全国畜牧总站、农业部农业生态与资源保护总站、河北裕丰京安养殖有限公司等单位完成的“畜禽粪便环境污染核算方法和处理利用关键技术研发与应用”获得2016—2017年度神农中华农业科技奖科研成果一等奖。

3. 中国农业大学、北京市环境保护科学研究院、黑龙江省农业科学院土壤肥料与环境资源研究所、北京中源创能工程技术有限公司、山东民和生物科技股份有限公司、河北省科学院生物研究所、河北耿忠生物质能源开发有限公司等单位完成的“规模化沼气工程沼渣沼液高值利用关键技术及设备研发与应用”获得2016—2017年度神农中华农业科技奖科研成果二等奖。

4. 农业农村部农业生态与资源保护总站牵头完成的“现代高效生态农业技术集成创新与示范推广”获得2016—2018年度全国农牧渔业丰收奖农业技术推广成果奖一等奖。

5. 内蒙古自治区农村生态能源环保站牵头完成的“农村牧区清洁能源采暖技术集成与示范推广”获

得 2016—2018 年度全国农牧渔业丰收奖农业技术推广成果奖二等奖。

6. 中国农业科学院农业经济与发展研究所牵头完成的“畜禽粪污资源化利用的 PPP 模式及效果研究”获得 2018 年度农业农村部软科学优秀研究成果奖三等奖。

7. 农业农村部规划设计研究院、广州迪森热能技术股份有限公司、河南农业大学、北京化工大学、合肥天焱绿色能源开发有限公司、承德市本特生态能源技术有限公司等单位完成的“北方村镇秸秆清洁供暖关键技术研发与应用”获得 2018—2019 年度神农中华农业科技奖科学研究类成果一等奖。

8. 江苏大学、雷沃重工股份有限公司、东南大学、山东理工大学、北京信息科技大学等单位完成的“农林生物质高效利用关键技术创制与应用”获得 2018—2019 年度神农中华农业科技奖科学研究类成果二等奖。

9. 江苏省农业科学院、农业农村部农业生态与资源保护总站、农业农村部规划设计研究院、中国科学院南京土壤研究所、黑龙江省农业科学院耕作栽培研究所、南京宁粮生物工程有限公司、辽宁祥和农牧实业有限公司等单位完成的“农作物秸秆区域全量利用关键技术研发与集成应用”获得 2018—2019 年度神农中华农业科技奖科学研究类成果二等奖。

10. 北京市农林科学院、江苏省农业科学院、农业农村部农业生态与资源保护总站、北京合力清源科技有限公司、北京海华云拓能源研发中心有限公司等单位完成的“养殖场沼液农田利用污染防控技术”获得 2018—2019 年度神农中华农业科技奖科学研究类成果三等奖。

11. 农业农村部沼气科学研究所、中国科学院成都生物研究所、农业农村部农业生态与资源保护总站、西北农林科技大学、四川省农村能源办公室等单位完成的“现代农村沼气产业化关键技术研发与应用”获得 2018—2019 年度神农中华农业科技奖科学研究类成果三等奖。

12. 沈阳农业大学、农业农村部农业生态与资源保护总站、辽宁省农业发展服务中心、沈阳隆泰生物工程有限公司、辽宁金和福农业科技股份有限公司、云南威鑫农业科技股份有限公司、河南惠农土质保育研发有限公司、时科生物科技（上海）有限公司、贵州省烟草公司毕节市公司、铁岭市农业科学院等单位完成的“生物炭暨秸秆炭化还田技术体系构建与应用”获得 2020—2021 年度神农中华农业科技奖科学研究类成果一等奖。

13. 农业农村部农业生态与资源保护总站、中国建筑科学研究院有限公司、中国砖瓦工业协会、中国建材检验认证集团西安有限公司、中节能东方双鸭山建材设备有限公司、功力机器有限公司、四川国立能源科技有限公司等单位完成的“乡村生态宜居领域土地资源节约和节能减排关键技术创新与示范”获得 2020—2021 年度神农中华农业科技奖科学研究类成果二等奖。

（二）省级科技成果

天津市：农业农村部环境保护科研监测所、天津大学、北京市农林科学院、农业农村部农业生态与资源保护总站、农业农村部沼气科学研究所、西安墙体材料研究设计院有限公司、中国农业大学、北京化工大学、西北农林科技大学等单位完成的“生活污泥沼气化处理利用技术及设备研究与应用”获得 2018 年度天津市科技进步奖二等奖。

河北省：河北省科学院生物研究所、中国农业大学等单位完成的“畜禽粪污厌氧发酵及沼渣沼液资源化利用关键技术研究及应用”获得 2017 年度河北省科技进步奖一等奖。

内蒙古自治区：内蒙古农村生态能源环保站、赤峰市农业环保能源站、巴彦淖尔市农业环境保护能源监察站、呼和浩特市农业技术推广中心等单位完成的“农村新能源先进适用技术及产品集成示范”获得 2019 年度内蒙古自治区科学技术进步奖三等奖。

吉林省：吉林师范大学完成的“回转搅拌户用玻璃钢沼气池中试与应用”获得 2018 年度吉林省科学技术进步奖三等奖；东辽天泰新能源有限公司完成的“寒冷地区沼气池发酵技术”获得 2018 年度吉林省科学技术进步奖三等奖。

黑龙江省：黑龙江省农业科学院农村能源研究所、北京化工大学化学工程学院等单位完成的“基于城乡有机废弃物的寒区沼气生产技术研究与示范”获得 2018 年度黑龙江省科学技术进步奖二等奖。

江西省：江西省农业生态与资源保护站、江西省农业科学院土壤肥料与资源环境研究所、江西正合环保工程有限公司、南昌大学等单位完成的“以沼气为纽带的南方 N2N 生态循环农业模式创新与推广”获得 2019 年度江西省科学技术进步奖三等奖；江西省农村能源管理站、吉安市农村能源管理站、万安县农村能源管理站等单位完成的“协会领办式农村沼气服务技术示范”于 2015 年被江西省科学技术厅确认为江西省科学技术成果；江西省农业生态与资源保护站、江西省农业科学院农业应用微生物研究所、江西晨明实业有限公司等单位完成的“规模化畜禽养殖污染治理与资源化实用技术集成与示范”于2019年被江西省科学技术厅确认为江西省科学技术成果。

广西壮族自治区：广西壮族自治区林业科学研究院、农业部沼气科学研究所、广西壮族自治区国有钦廉林场、玉林市容县奇昌种猪养殖有限公司、广西壮族自治区国有七坡林场等单位完成的“沼气工程绿色循环技术研发与规模化应用”获得2017年度广西科学技术进步奖三等奖。

四川省：农业部沼气科学研究所、四川农业大学、四川大学、德阳好韵复合材料有限公司等单位完成的“西南地区农村生物燃气产供关键技术及保障体系”获得2017年度四川省科学技术进步奖二等奖；农业农村部沼气科学研究所完成的“猪场粪污处理利用关键技术研发与应用”获得2018年度四川省科学技术进步奖一等奖。

甘肃省：甘肃方正节能科技服务有限公司完成的“沼液综合利用关键技术创新与示范”获得2020年度甘肃省科技进步奖三等奖。

文献法规

一、法律法规

（一）国家法律法规

（二）地方条例

二、政策文件

（一）全国性政策文件

（二）地方性政策文件

文 献 法 规

一、法律法规

（一）国家法律法规

中华人民共和国农业法（节选）

（1993年7月2日第八届全国人民代表大会常务委员会第二次会议通过　2002年12月28日第九届全国人民代表大会常务委员会第三十一次会议修订根据2009年8月27日第十一届全国人民代表大会常务委员会第十次会议《关于修改部分法律的决定》第一次修正　根据2012年12月28日第十一届全国人民代表大会常务委员会第三十次会议《关于修改〈中华人民共和国农业法〉的决定》第二次修正）

第八章　农业资源与农业环境保护

第五十七条　发展农业和农村经济必须合理利用和保护土地、水、森林、草原、野生动植物等自然资源，合理开发和利用水能、沼气、太阳能、风能等可再生能源和清洁能源，发展生态农业，保护和改善生态环境。

县级以上人民政府应当制定农业资源区划或者农业资源合理利用和保护的区划，建立农业资源监测制度。

第五十八条　农民和农业生产经营组织应当保养耕地，合理使用化肥、农药、农用薄膜，增加使用有机肥料，采用先进技术，保护和提高地力，防止农用地的污染、破坏和地力衰退。

县级以上人民政府农业行政主管部门应当采取措施，支持农民和农业生产经营组织加强耕地质量建设，并对耕地质量进行定期监测。

第五十九条　各级人民政府应当采取措施，加强小流域综合治理，预防和治理水土流失。从事可能引起水土流失的生产建设活动的单位和个人，必须采取预防措施，并负责治理因生产建设活动造成的水土流失。

各级人民政府应当采取措施，预防土地沙化，治理沙化土地。国务院和沙化土地所在地区的县级以上地方人民政府应当按照法律规定制定防沙治沙规划，并组织实施。

第六十条　国家实行全民义务植树制度。各级人民政府应当采取措施，组织群众植树造林，保护林地和林木，预防森林火灾，防治森林病虫害，制止滥伐、盗伐林木，提高森林覆盖率。

国家在天然林保护区域实行禁伐或者限伐制度，加强造林护林。

第六十一条　有关地方人民政府，应当加强草原的保护、建设和管理，指导、组织农（牧）民和农（牧）业生产经营组织建设人工草场、饲草饲料基地和改良天然草原，实行以草定畜，控制载畜量，推行划区轮牧、休牧和禁牧制度，保护草原植被，防止草原退化沙化和盐渍化。

第六十二条　禁止毁林毁草开垦、烧山开垦以及开垦国家禁止开垦的陡坡地，已经开垦的应当逐步退耕还林、还草。

禁止围湖造田以及围垦国家禁止围垦的湿地。已经围垦的，应当逐步退耕还湖、还湿地。

对在国务院批准规划范围内实施退耕的农民，应当按照国家规定予以补助。

第六十三条　各级人民政府应当采取措施，依法执行捕捞限额和禁渔、休渔制度，增殖渔业资源，保护渔业水域生态环境。

国家引导、支持从事捕捞业的农（渔）民和农（渔）业生产经营组织从事水产养殖业或者其他职业，对根据当地人民政府统一规划转产转业的农（渔）民，应当按照国家规定予以补助。

第六十四条　国家建立与农业生产有关的生物物种资源保护制度，保护生物多样性，对稀有、濒危、珍贵生物资源及其原生地实行重点保护。从境外引进生物物种资源应当依法进行登记或者审批，并采取相应安全控制措施。

农业转基因生物的研究、试验、生产、加工、经营及其他应用，必须依照国家规定严格实行各项安全控制措施。

第六十五条　各级农业行政主管部门应当引导农民和农业生产经营组织采取生物措施或者使用高效低毒低残留农药、兽药，防治动植物病、虫、杂草、鼠害。

农产品采收后的秸秆及其他剩余物质应当综合利

用，妥善处理，防止造成环境污染和生态破坏。

从事畜禽等动物规模养殖的单位和个人应当对粪便、废水及其他废弃物进行无害化处理或者综合利用，从事水产养殖的单位和个人应当合理投饵、施肥、使用药物，防止造成环境污染和生态破坏。

第六十六条　县级以上人民政府应当采取措施，督促有关单位进行治理，防治废水、废气和固体废弃物对农业生态环境的污染。排放废水、废气和固体废弃物造成农业生态环境污染事故的，由环境保护行政主管部门或者农业行政主管部门依法调查处理；给农民和农业生产经营组织造成损失的，有关责任者应当依法赔偿。

…………

第九十九条　本法自2003年3月1日起施行。

中华人民共和国农业技术推广法（节选）

（1993年7月2日第八届全国人民代表大会常务委员会第二次会议通过　根据2012年8月31日第十一届全国人民代表大会常务委员会第二十八次会议《关于修改〈中华人民共和国农业技术推广法〉的决定》修正）

第一章　总　　则

第一条　为了加强农业技术推广工作，促使农业科研成果和实用技术尽快应用于农业生产，增强科技支撑保障能力，促进农业和农村经济可持续发展，实现农业现代化，制定本法。

第二条　本法所称农业技术，是指应用于种植业、林业、畜牧业、渔业的科研成果和实用技术，包括：

（一）良种繁育、栽培、肥料施用和养殖技术；

（二）植物病虫害、动物疫病和其他有害生物防治技术；

（三）农产品收获、加工、包装、贮藏、运输技术；

（四）农业投入品安全使用、农产品质量安全技术；

（五）农田水利、农村供排水、土壤改良与水土保持技术；

（六）农业机械化、农用航空、农业气象和农业信息技术；

（七）农业防灾减灾、农业资源与农业生态安全和农村能源开发利用技术；

（八）其他农业技术。

本法所称农业技术推广，是指通过试验、示范、培训、指导以及咨询服务等，把农业技术普及应用于农业产前、产中、产后全过程的活动。

第三条　国家扶持农业技术推广事业，加快农业技术的普及应用，发展高产、优质、高效、生态、安全农业。

第四条　农业技术推广应当遵循下列原则：

（一）有利于农业、农村经济可持续发展和增加农民收入；

（二）尊重农业劳动者和农业生产经营组织的意愿；

（三）因地制宜，经过试验、示范；

（四）公益性推广与经营性推广分类管理；

（五）兼顾经济效益、社会效益，注重生态效益。

第五条　国家鼓励和支持科技人员开发、推广应用先进的农业技术，鼓励和支持农业劳动者和农业生产经营组织应用先进的农业技术。

国家鼓励运用现代信息技术等先进传播手段，普及农业科学技术知识，创新农业技术推广方式方法，提高推广效率。

第六条　国家鼓励和支持引进国外先进的农业技术，促进农业技术推广的国际合作与交流。

第七条　各级人民政府应当加强对农业技术推广工作的领导，组织有关部门和单位采取措施，提高农业技术推广服务水平，促进农业技术推广事业的发展。

第八条　对在农业技术推广工作中做出贡献的单位和个人，给予奖励。

第九条　国务院农业、林业、水利等部门（以下统称农业技术推广部门）按照各自的职责，负责全国范围内有关的农业技术推广工作。县级以上地方各级人民政府农业技术推广部门在同级人民政府的领导下，按照各自的职责，负责本行政区域内有关的农业技术推广工作。同级人民政府科学技术部门对农业技术推广工作进行指导。同级人民政府其他有关部门按照各自的职责，负责农业技术推广的有关工作。

…………

第三十九条　本法自公布之日起施行。

中华人民共和国循环经济促进法（节选）

（2008年8月29日第十一届全国人民代表大会常务委员会第四次会议通过　根据2018年10月26日第十三届全国人民代表大会常务委员会第六次会议《关于修改〈中华人民共和国野生动物保护法〉等十

五部法律的决定》修正）

第四章　再利用和资源化

第二十九条　县级以上人民政府应当统筹规划区域经济布局，合理调整产业结构，促进企业在资源综合利用等领域进行合作，实现资源的高效利用和循环使用。

各类产业园区应当组织区内企业进行资源综合利用，促进循环经济发展。

国家鼓励各类产业园区的企业进行废物交换利用、能量梯级利用、土地集约利用、水的分类利用和循环使用，共同使用基础设施和其他有关设施。

新建和改造各类产业园区应当依法进行环境影响评价，并采取生态保护和污染控制措施，确保本区域的环境质量达到规定的标准。

第三十条　企业应当按照国家规定，对生产过程中产生的粉煤灰、煤矸石、尾矿、废石、废料、废气等工业废物进行综合利用。

第三十一条　企业应当发展串联用水系统和循环用水系统，提高水的重复利用率。

企业应当采用先进技术、工艺和设备，对生产过程中产生的废水进行再生利用。

第三十二条　企业应当采用先进或者适用的回收技术、工艺和设备，对生产过程中产生的余热、余压等进行综合利用。

建设利用余热、余压、煤层气以及煤矸石、煤泥、垃圾等低热值燃料的并网发电项目，应当依照法律和国务院的规定取得行政许可或者报送备案。电网企业应当按照国家规定，与综合利用资源发电的企业签订并网协议，提供上网服务，并全额收购并网发电项目的上网电量。

第三十三条　建设单位应当对工程施工中产生的建筑废物进行综合利用；不具备综合利用条件的，应当委托具备条件的生产经营者进行综合利用或者无害化处置。

第三十四条　国家鼓励和支持农业生产者和相关企业采用先进或者适用技术，对农作物秸秆、畜禽粪便、农产品加工业副产品、废农用薄膜等进行综合利用，开发利用沼气等生物质能源。

第三十五条　县级以上人民政府及其林业草原主管部门应当积极发展生态林业，鼓励和支持林业生产者和相关企业采用木材节约和代用技术，开展林业废弃物和次小薪材、沙生灌木等综合利用，提高木材综合利用率。

第三十六条　国家支持生产经营者建立产业废物交换信息系统，促进企业交流产业废物信息。

企业对生产过程中产生的废物不具备综合利用条件的，应当提供给具备条件的生产经营者进行综合利用。

第三十七条　国家鼓励和推进废物回收体系建设。

地方人民政府应当按照城乡规划，合理布局废物回收网点和交易市场，支持废物回收企业和其他组织开展废物的收集、储存、运输及信息交流。

废物回收交易市场应当符合国家环境保护、安全和消防等规定。

第三十八条　对废电器电子产品、报废机动车船、废轮胎、废铅酸电池等特定产品进行拆解或者再利用，应当符合有关法律、行政法规的规定。

第三十九条　回收的电器电子产品，经过修复后销售的，必须符合再利用产品标准，并在显著位置标识为再利用产品。

回收的电器电子产品，需要拆解和再生利用的，应当交售给具备条件的拆解企业。

第四十条　国家支持企业开展机动车零部件、工程机械、机床等产品的再制造和轮胎翻新。

销售的再制造产品和翻新产品的质量必须符合国家规定的标准，并在显著位置标识为再制造产品或者翻新产品。

第四十一条　县级以上人民政府应当统筹规划建设城乡生活垃圾分类收集和资源化利用设施，建立和完善分类收集和资源化利用体系，提高生活垃圾资源化率。

县级以上人民政府应当支持企业建设污泥资源化利用和处置设施，提高污泥综合利用水平，防止产生再次污染。

…………

第五十八条　本法自2009年1月1日起施行。

中华人民共和国节约能源法（节选）

（1997年11月1日第八届全国人民代表大会常务委员会第二十八次会议通过　2007年10月28日第十届全国人民代表大会常务委员会第三十次会议修订　根据2016年7月2日第十二届全国人民代表大会常务委员会第二十一次会议《关于修改〈中华人民共和国节约能源法〉等六部法律的决定》第一次修正　根据2018年10月26日第十三届全国人民代表大会常务委员会第六次会议《关于修改〈中华人民共和国野生动物保护法〉等十五部法律的决

定》第二次修正）

第四章　节能技术进步

第五十六条　国务院管理节能工作的部门会同国务院科技主管部门发布节能技术政策大纲，指导节能技术研究、开发和推广应用。

第五十七条　县级以上各级人民政府应当把节能技术研究开发作为政府科技投入的重点领域，支持科研单位和企业开展节能技术应用研究，制定节能标准，开发节能共性和关键技术，促进节能技术创新与成果转化。

第五十八条　国务院管理节能工作的部门会同国务院有关部门制定并公布节能技术、节能产品的推广目录，引导用能单位和个人使用先进的节能技术、节能产品。

国务院管理节能工作的部门会同国务院有关部门组织实施重大节能科研项目、节能示范项目、重点节能工程。

第五十九条　县级以上各级人民政府应当按照因地制宜、多能互补、综合利用、讲求效益的原则，加强农业和农村节能工作，增加对农业和农村节能技术、节能产品推广应用的资金投入。

农业、科技等有关主管部门应当支持、推广在农业生产、农产品加工储运等方面应用节能技术和节能产品，鼓励更新和淘汰高耗能的农业机械和渔业船舶。

国家鼓励、支持在农村大力发展沼气，推广生物质能、太阳能和风能等可再生能源利用技术，按照科学规划、有序开发的原则发展小型水力发电，推广节能型的农村住宅和炉灶等，鼓励利用非耕地种植能源植物，大力发展薪炭林等能源林。

…………

第八十七条　本法自2008年4月1日起施行。

中华人民共和国大气污染防治法（节选）

（1987年9月5日第六届全国人民代表大会常务委员会第二十二次会议通过　根据1995年8月29日第八届全国人民代表大会常务委员会第十五次会议《关于修改〈中华人民共和国大气污染防治法〉的决定》第一次修正　2000年4月29日第九届全国人民代表大会常务委员会第十五次会议第一次修订　2015年8月29日第十二届全国人民代表大会常务委员会第十六次会议第二次修订　根据2018年10月26日第十三届全国人民代表大会常务委员会第六次会议《关于修改〈中华人民共和国野生动物保护法〉等十五部法律的决定》第二次修正）

第四章　大气污染防治措施

第五节　农业和其他污染防治

第七十三条　地方各级人民政府应当推动转变农业生产方式，发展农业循环经济，加大对废弃物综合处理的支持力度，加强对农业生产经营活动排放大气污染物的控制。

第七十四条　农业生产经营者应当改进施肥方式，科学合理施用化肥并按照国家有关规定使用农药，减少氨、挥发性有机物等大气污染物的排放。

禁止在人口集中地区对树木、花草喷洒剧毒、高毒农药。

第七十五条　畜禽养殖场、养殖小区应当及时对污水、畜禽粪便和尸体等进行收集、贮存、清运和无害化处理，防止排放恶臭气体。

第七十六条　各级人民政府及其农业行政等有关部门应当鼓励和支持采用先进适用技术，对秸秆、落叶等进行肥料化、饲料化、能源化、工业原料化、食用菌基料化等综合利用，加大对秸秆还田、收集一体化农业机械的财政补贴力度。

县级人民政府应当组织建立秸秆收集、贮存、运输和综合利用服务体系，采用财政补贴等措施支持农村集体经济组织、农民专业合作经济组织、企业等开展秸秆收集、贮存、运输和综合利用服务。

第七十七条　省、自治区、直辖市人民政府应当划定区域，禁止露天焚烧秸秆、落叶等产生烟尘污染的物质。

第七十八条　国务院生态环境主管部门应当会同国务院卫生行政部门，根据大气污染物对公众健康和生态环境的危害和影响程度，公布有毒有害大气污染物名录，实行风险管理。

排放前款规定名录中所列有毒有害大气污染物的企业事业单位，应当按照国家有关规定建设环境风险预警体系，对排放口和周边环境进行定期监测，评估环境风险，排查环境安全隐患，并采取有效措施防范环境风险。

第七十九条　向大气排放持久性有机污染物的企业事业单位和其他生产经营者以及废弃物焚烧设施的运营单位，应当按照国家有关规定，采取有利于减少持久性有机污染物排放的技术方法和工艺，配备有效的净化装置，实现达标排放。

第八十条　企业事业单位和其他生产经营者在生产经营活动中产生恶臭气体的，应当科学选址，设置合理的防护距离，并安装净化装置或者采取其他措施，防止排放恶臭气体。

第八十一条 排放油烟的餐饮服务业经营者应当安装油烟净化设施并保持正常使用，或者采取其他油烟净化措施，使油烟达标排放，并防止对附近居民的正常生活环境造成污染。

禁止在居民住宅楼、未配套设立专用烟道的商住综合楼以及商住综合楼内与居住层相邻的商业楼层内新建、改建、扩建产生油烟、异味、废气的餐饮服务项目。

任何单位和个人不得在当地人民政府禁止的区域内露天烧烤食品或者为露天烧烤食品提供场地。

第八十二条 禁止在人口集中地区和其他依法需要特殊保护的区域内焚烧沥青、油毡、橡胶、塑料、皮革、垃圾以及其他产生有毒有害烟尘和恶臭气体的物质。

禁止生产、销售和燃放不符合质量标准的烟花爆竹。任何单位和个人不得在城市人民政府禁止的时段和区域内燃放烟花爆竹。

第八十三条 国家鼓励和倡导文明、绿色祭祀。

火葬场应当设置除尘等污染防治设施并保持正常使用，防止影响周边环境。

第八十四条 从事服装干洗和机动车维修等服务活动的经营者，应当按照国家有关标准或者要求设置异味和废气处理装置等污染防治设施并保持正常使用，防止影响周边环境。

第八十五条 国家鼓励、支持消耗臭氧层物质替代品的生产和使用，逐步减少直至停止消耗臭氧层物质的生产和使用。

国家对消耗臭氧层物质的生产、使用、进出口实行总量控制和配额管理。具体办法由国务院规定。

…………

第一百二十九条 本法自 2016 年 1 月 1 日起施行。

中华人民共和国环境保护法（节选）

（1989 年 12 月 26 日第七届全国人民代表大会常务委员会第十一次会议通过 2014 年 4 月 24 日第十二届全国人民代表大会常务委员会第八次会议修订）

第一章 总 则

第一条 为保护和改善环境，防治污染和其他公害，保障公众健康，推进生态文明建设，促进经济社会可持续发展，制定本法。

第二条 本法所称环境，是指影响人类生存和发展的各种天然的和经过人工改造的自然因素的总体，包括大气、水、海洋、土地、矿藏、森林、草原、湿地、野生生物、自然遗迹、人文遗迹、自然保护区、风景名胜区、城市和乡村等。

第三条 本法适用于中华人民共和国领域和中华人民共和国管辖的其他海域。

第四条 保护环境是国家的基本国策。

国家采取有利于节约和循环利用资源、保护和改善环境、促进人与自然和谐的经济、技术政策和措施，使经济社会发展与环境保护相协调。

第五条 环境保护坚持保护优先、预防为主、综合治理、公众参与、损害担责的原则。

第六条 一切单位和个人都有保护环境的义务。

地方各级人民政府应当对本行政区域的环境质量负责。

企业事业单位和其他生产经营者应当防止、减少环境污染和生态破坏，对所造成的损害依法承担责任。

公民应当增强环境保护意识，采取低碳、节俭的生活方式，自觉履行环境保护义务。

第七条 国家支持环境保护科学技术研究、开发和应用，鼓励环境保护产业发展，促进环境保护信息化建设，提高环境保护科学技术水平。

第八条 各级人民政府应当加大保护和改善环境、防治污染和其他公害的财政投入，提高财政资金的使用效益。

第九条 各级人民政府应当加强环境保护宣传和普及工作，鼓励基层群众性自治组织、社会组织、环境保护志愿者开展环境保护法律法规和环境保护知识的宣传，营造保护环境的良好风气。

教育行政部门、学校应当将环境保护知识纳入学校教育内容，培养学生的环境保护意识。

新闻媒体应当开展环境保护法律法规和环境保护知识的宣传，对环境违法行为进行舆论监督。

第十条 国务院环境保护主管部门，对全国环境保护工作实施统一监督管理；县级以上地方人民政府环境保护主管部门，对本行政区域环境保护工作实施统一监督管理。

县级以上人民政府有关部门和军队环境保护部门，依照有关法律的规定对资源保护和污染防治等环境保护工作实施监督管理。

第十一条 对保护和改善环境有显著成绩的单位和个人，由人民政府给予奖励。

第十二条　每年6月5日为环境日。

…………

第三章　保护和改善环境

第二十八条　地方各级人民政府应当根据环境保护目标和治理任务，采取有效措施，改善环境质量。

未达到国家环境质量标准的重点区域、流域的有关地方人民政府，应当制定限期达标规划，并采取措施按期达标。

第二十九条　国家在重点生态功能区、生态环境敏感区和脆弱区等区域划定生态保护红线，实行严格保护。

各级人民政府对具有代表性的各种类型的自然生态系统区域，珍稀、濒危的野生动植物自然分布区域，重要的水源涵养区域，具有重大科学文化价值的地质构造、著名溶洞和化石分布区、冰川、火山、温泉等自然遗迹，以及人文遗迹、古树名木，应当采取措施予以保护，严禁破坏。

第三十条　开发利用自然资源，应当合理开发，保护生物多样性，保障生态安全，依法制定有关生态保护和恢复治理方案并予以实施。

引进外来物种以及研究、开发和利用生物技术，应当采取措施，防止对生物多样性的破坏。

第三十一条　国家建立、健全生态保护补偿制度。

国家加大对生态保护地区的财政转移支付力度。有关地方人民政府应当落实生态保护补偿资金，确保其用于生态保护补偿。

国家指导受益地区和生态保护地区人民政府通过协商或者按照市场规则进行生态保护补偿。

第三十二条　国家加强对大气、水、土壤等的保护，建立和完善相应的调查、监测、评估和修复制度。

第三十三条　各级人民政府应当加强对农业环境的保护，促进农业环境保护新技术的使用，加强对农业污染源的监测预警，统筹有关部门采取措施，防治土壤污染和土地沙化、盐渍化、贫瘠化、石漠化、地面沉降以及防治植被破坏、水土流失、水体富营养化、水源枯竭、种源灭绝等生态失调现象，推广植物病虫害的综合防治。

县级、乡级人民政府应当提高农村环境保护公共服务水平，推动农村环境综合整治。

第三十四条　国务院和沿海地方各级人民政府应当加强对海洋环境的保护。向海洋排放污染物、倾倒废弃物，进行海岸工程和海洋工程建设，应当符合法律法规规定和有关标准，防止和减少对海洋环境的污染损害。

第三十五条　城乡建设应当结合当地自然环境的特点，保护植被、水域和自然景观，加强城市园林、绿地和风景名胜区的建设与管理。

第三十六条　国家鼓励和引导公民、法人和其他组织使用有利于保护环境的产品和再生产品，减少废弃物的产生。

国家机关和使用财政资金的其他组织应当优先采购和使用节能、节水、节材等有利于保护环境的产品、设备和设施。

第三十七条　地方各级人民政府应当采取措施，组织对生活废弃物的分类处置、回收利用。

第三十八条　公民应当遵守环境保护法律法规，配合实施环境保护措施，按照规定对生活废弃物进行分类放置，减少日常生活对环境造成的损害。

第三十九条　国家建立、健全环境与健康监测、调查和风险评估制度；鼓励和组织开展环境质量对公众健康影响的研究，采取措施预防和控制与环境污染有关的疾病。

…………

第七十条　本法自2015年1月1日起施行。

中华人民共和国固体废物污染环境防治法（节选）

（1995年10月30日第八届全国人民代表大会常务委员会第十六次会议通过　2004年12月29日第十届全国人民代表大会常务委员会第十三次会议第一次修订　根据2013年6月29日第十二届全国人民代表大会常务委员会第三次会议《关于修改〈中华人民共和国文物保护法〉等十二部法律的决定》第一次修正　根据2015年4月24日第十二届全国人民代表大会常务委员会第十四次会议《关于修改〈中华人民共和国港口法〉等七部法律的决定》第二次修正　根据2016年11月7日第十二届全国人民代表大会常务委员会第二十四次会议《关于修改〈中华人民共和国对外贸易法〉等十二部法律的决定》第三次修正　2020年4月29日第十三届全国人民代表大会常务委员会第十七次会议第二次修订）

第一章　总　　则

第一条　为了保护和改善生态环境，防治固体废物污染环境，保障公众健康，维护生态安全，推进生态文明建设，促进经济社会可持续发展，制定本法。

第二条　固体废物污染环境的防治适用本法。

固体废物污染海洋环境的防治和放射性固体废物污染环境的防治不适用本法。

第三条 国家推行绿色发展方式，促进清洁生产和循环经济发展。

国家倡导简约适度、绿色低碳的生活方式，引导公众积极参与固体废物污染环境防治。

第四条 固体废物污染环境防治坚持减量化、资源化和无害化的原则。

任何单位和个人都应当采取措施，减少固体废物的产生量，促进固体废物的综合利用，降低固体废物的危害性。

第五条 固体废物污染环境防治坚持污染担责的原则。

产生、收集、贮存、运输、利用、处置固体废物的单位和个人，应当采取措施，防止或者减少固体废物对环境的污染，对所造成的环境污染依法承担责任。

第六条 国家推行生活垃圾分类制度。

生活垃圾分类坚持政府推动、全民参与、城乡统筹、因地制宜、简便易行的原则。

第七条 地方各级人民政府对本行政区域固体废物污染环境防治负责。

国家实行固体废物污染环境防治目标责任制和考核评价制度，将固体废物污染环境防治目标完成情况纳入考核评价的内容。

第八条 各级人民政府应当加强对固体废物污染环境防治工作的领导，组织、协调、督促有关部门依法履行固体废物污染环境防治监督管理职责。

省、自治区、直辖市之间可以协商建立跨行政区域固体废物污染环境的联防联控机制，统筹规划制定、设施建设、固体废物转移等工作。

第九条 国务院生态环境主管部门对全国固体废物污染环境防治工作实施统一监督管理。国务院发展改革、工业和信息化、自然资源、住房城乡建设、交通运输、农业农村、商务、卫生健康、海关等主管部门在各自职责范围内负责固体废物污染环境防治的监督管理工作。

地方人民政府生态环境主管部门对本行政区域固体废物污染环境防治工作实施统一监督管理。地方人民政府发展改革、工业和信息化、自然资源、住房城乡建设、交通运输、农业农村、商务、卫生健康等主管部门在各自职责范围内负责固体废物污染环境防治的监督管理工作。

第十条 国家鼓励、支持固体废物污染环境防治的科学研究、技术开发、先进技术推广和科学普及，加强固体废物污染环境防治科技支撑。

第十一条 国家机关、社会团体、企业事业单位、基层群众性自治组织和新闻媒体应当加强固体废物污染环境防治宣传教育和科学普及，增强公众固体废物污染环境防治意识。

学校应当开展生活垃圾分类以及其他固体废物污染环境防治知识普及和教育。

第十二条 各级人民政府对在固体废物污染环境防治工作以及相关的综合利用活动中做出显著成绩的单位和个人，按照国家有关规定给予表彰、奖励。

…………

第五章 建筑垃圾、农业固体废物等

第六十条 县级以上地方人民政府应当加强建筑垃圾污染环境的防治，建立建筑垃圾分类处理制度。

县级以上地方人民政府应当制定包括源头减量、分类处理、消纳设施和场所布局及建设等在内的建筑垃圾污染环境防治工作规划。

第六十一条 国家鼓励采用先进技术、工艺、设备和管理措施，推进建筑垃圾源头减量，建立建筑垃圾回收利用体系。

县级以上地方人民政府应当推动建筑垃圾综合利用产品应用。

第六十二条 县级以上地方人民政府环境卫生主管部门负责建筑垃圾污染环境防治工作，建立建筑垃圾全过程管理制度，规范建筑垃圾产生、收集、贮存、运输、利用、处置行为，推进综合利用，加强建筑垃圾处置设施、场所建设，保障处置安全，防止污染环境。

第六十三条 工程施工单位应当编制建筑垃圾处理方案，采取污染防治措施，并报县级以上地方人民政府环境卫生主管部门备案。

工程施工单位应当及时清运工程施工过程中产生的建筑垃圾等固体废物，并按照环境卫生主管部门的规定进行利用或者处置。

工程施工单位不得擅自倾倒、抛撒或者堆放工程施工过程中产生的建筑垃圾。

第六十四条 县级以上人民政府农业农村主管部门负责指导农业固体废物回收利用体系建设，鼓励和引导有关单位和其他生产经营者依法收集、贮存、运输、利用、处置农业固体废物，加强监督管理，防止污染环境。

第六十五条 产生秸秆、废弃农用薄膜、农药包装废弃物等农业固体废物的单位和其他生产经营者，应当采取回收利用和其他防止污染环境的措施。

从事畜禽规模养殖应当及时收集、贮存、利用或者处置养殖过程中产生的畜禽粪污等固体废物，避免造成环境污染。

禁止在人口集中地区、机场周围、交通干线附近以及当地人民政府划定的其他区域露天焚烧秸秆。

国家鼓励研究开发、生产、销售、使用在环境中可降解且无害的农用薄膜。

第六十六条　国家建立电器电子、铅蓄电池、车用动力电池等产品的生产者责任延伸制度。

电器电子、铅蓄电池、车用动力电池等产品的生产者应当按照规定以自建或者委托等方式建立与产品销售量相匹配的废旧产品回收体系，并向社会公开，实现有效回收和利用。

国家鼓励产品的生产者开展生态设计，促进资源回收利用。

第六十七条　国家对废弃电器电子产品等实行多渠道回收和集中处理制度。

禁止将废弃机动车船等交由不符合规定条件的企业或者个人回收、拆解。

拆解、利用、处置废弃电器电子产品、废弃机动车船等，应当遵守有关法律法规的规定，采取防止污染环境的措施。

第六十八条　产品和包装物的设计、制造，应当遵守国家有关清洁生产的规定。国务院标准化主管部门应当根据国家经济和技术条件、固体废物污染环境防治状况以及产品的技术要求，组织制定有关标准，防止过度包装造成环境污染。

生产经营者应当遵守限制商品过度包装的强制性标准，避免过度包装。县级以上地方人民政府市场监督管理部门和有关部门应当按照各自职责，加强对过度包装的监督管理。

生产、销售、进口依法被列入强制回收目录的产品和包装物的企业，应当按照国家有关规定对该产品和包装物进行回收。

电子商务、快递、外卖等行业应当优先采用可重复使用、易回收利用的包装物，优化物品包装，减少包装物的使用，并积极回收利用包装物。县级以上地方人民政府商务、邮政等主管部门应当加强监督管理。

国家鼓励和引导消费者使用绿色包装和减量包装。

第六十九条　国家依法禁止、限制生产、销售和使用不可降解塑料袋等一次性塑料制品。

商品零售场所开办单位、电子商务平台企业和快递企业、外卖企业应当按照国家有关规定向商务、邮政等主管部门报告塑料袋等一次性塑料制品的使用、回收情况。

国家鼓励和引导减少使用、积极回收塑料袋等一次性塑料制品，推广应用可循环、易回收、可降解的替代产品。

第七十条　旅游、住宿等行业应当按照国家有关规定推行不主动提供一次性用品。

机关、企业事业单位等的办公场所应当使用有利于保护环境的产品、设备和设施，减少使用一次性办公用品。

第七十一条　城镇污水处理设施维护运营单位或者污泥处理单位应当安全处理污泥，保证处理后的污泥符合国家有关标准，对污泥的流向、用途、用量等进行跟踪、记录，并报告城镇排水主管部门、生态环境主管部门。

县级以上人民政府城镇排水主管部门应当将污泥处理设施纳入城镇排水与污水处理规划，推动同步建设污泥处理设施与污水处理设施，鼓励协同处理，污水处理费征收标准和补偿范围应当覆盖污泥处理成本和污水处理设施正常运营成本。

第七十二条　禁止擅自倾倒、堆放、丢弃、遗撒城镇污水处理设施产生的污泥和处理后的污泥。

禁止重金属或者其他有毒有害物质含量超标的污泥进入农用地。

从事水体清淤疏浚应当按照国家有关规定处理清淤疏浚过程中产生的底泥，防止污染环境。

第七十三条　各级各类实验室及其设立单位应当加强对实验室产生的固体废物的管理，依法收集、贮存、运输、利用、处置实验室固体废物。实验室固体废物属于危险废物的，应当按照危险废物管理。

…………

第九章　附　　则

第一百二十四条　本法下列用语的含义：

（一）固体废物，是指在生产、生活和其他活动中产生的丧失原有利用价值或者虽未丧失利用价值但被抛弃或者放弃的固态、半固态和置于容器中的气态的物品、物质以及法律、行政法规规定纳入固体废物管理的物品、物质。经无害化加工处理，并且符合强制性国家产品质量标准，不会危害公众健康和生态安全，或者根据固体废物鉴别标准和鉴别程序认定为不属于固体废物的除外。

（二）工业固体废物，是指在工业生产活动中产生的固体废物。

（三）生活垃圾，是指在日常生活中或者为日常生活提供服务的活动中产生的固体废物，以及法律、行政法规规定视为生活垃圾的固体废物。

（四）建筑垃圾，是指建设单位、施工单位新建、改建、扩建和拆除各类建筑物、构筑物、管网等，以及居民装饰装修房屋过程中产生的弃土、弃料和其他固体废物。

（五）农业固体废物，是指在农业生产活动中产生的固体废物。

（六）危险废物，是指列入国家危险废物名录或者根据国家规定的危险废物鉴别标准和鉴别方法认定的具有危险特性的固体废物。

（七）贮存，是指将固体废物临时置于特定设施或者场所中的活动。

（八）利用，是指从固体废物中提取物质作为原材料或者燃料的活动。

（九）处置，是指将固体废物焚烧和用其他改变固体废物的物理、化学、生物特性的方法，达到减少已产生的固体废物数量、缩小固体废物体积、减少或者消除其危险成分的活动，或者将固体废物最终置于符合环境保护规定要求的填埋场的活动。

第一百二十五条　液态废物的污染防治，适用本法；但是，排入水体的废水的污染防治适用有关法律，不适用本法。

第一百二十六条　本法自 2020 年 9 月 1 日起施行。

畜禽规模养殖污染防治条例

（2013 年 10 月 8 日国务院第 26 次常务会议通过　2013 年 11 月 11 日中华人民共和国国务院令第 643 号公布）

第一章　总　　则

第一条　为了防治畜禽养殖污染，推进畜禽养殖废弃物的综合利用和无害化处理，保护和改善环境，保障公众身体健康，促进畜牧业持续健康发展，制定本条例。

第二条　本条例适用于畜禽养殖场、养殖小区的养殖污染防治。

畜禽养殖场、养殖小区的规模标准根据畜牧业发展状况和畜禽养殖污染防治要求确定。

牧区放牧养殖污染防治，不适用本条例。

第三条　畜禽养殖污染防治，应当统筹考虑保护环境与促进畜牧业发展的需要，坚持预防为主、防治结合的原则，实行统筹规划、合理布局、综合利用、激励引导。

第四条　各级人民政府应当加强对畜禽养殖污染防治工作的组织领导，采取有效措施，加大资金投入，扶持畜禽养殖污染防治以及畜禽养殖废弃物综合利用。

第五条　县级以上人民政府环境保护主管部门负责畜禽养殖污染防治的统一监督管理。

县级以上人民政府农牧主管部门负责畜禽养殖废弃物综合利用的指导和服务。

县级以上人民政府循环经济发展综合管理部门负责畜禽养殖循环经济工作的组织协调。

县级以上人民政府其他有关部门依照本条例规定和各自职责，负责畜禽养殖污染防治相关工作。

乡镇人民政府应当协助有关部门做好本行政区域的畜禽养殖污染防治工作。

第六条　从事畜禽养殖以及畜禽养殖废弃物综合利用和无害化处理活动，应当符合国家有关畜禽养殖污染防治的要求，并依法接受有关主管部门的监督检查。

第七条　国家鼓励和支持畜禽养殖污染防治以及畜禽养殖废弃物综合利用和无害化处理的科学技术研究和装备研发。各级人民政府应当支持先进适用技术的推广，促进畜禽养殖污染防治水平的提高。

第八条　任何单位和个人对违反本条例规定的行为，有权向县级以上人民政府环境保护等有关部门举报。接到举报的部门应当及时调查处理。

对在畜禽养殖污染防治中作出突出贡献的单位和个人，按照国家有关规定给予表彰和奖励。

第二章　预　　防

第九条　县级以上人民政府农牧主管部门编制畜牧业发展规划，报本级人民政府或者其授权的部门批准实施。畜牧业发展规划应当统筹考虑环境承载能力以及畜禽养殖污染防治要求，合理布局，科学确定畜禽养殖的品种、规模、总量。

第十条　县级以上人民政府环境保护主管部门会同农牧主管部门编制畜禽养殖污染防治规划，报本级人民政府或者其授权的部门批准实施。畜禽养殖污染防治规划应当与畜牧业发展规划相衔接，统筹考虑畜禽养殖生产布局，明确畜禽养殖污染防治目标、任务、重点区域，明确污染治理重点设施建设，以及废弃物综合利用等污染防治措施。

第十一条　禁止在下列区域内建设畜禽养殖场、养殖小区：

（一）饮用水水源保护区，风景名胜区；

（二）自然保护区的核心区和缓冲区；

（三）城镇居民区、文化教育科学研究区等人口集中区域；

（四）法律、法规规定的其他禁止养殖区域。

第十二条　新建、改建、扩建畜禽养殖场、养殖小区，应当符合畜牧业发展规划、畜禽养殖污染防治规划，满足动物防疫条件，并进行环境影响评价。对环境可能造成重大影响的大型畜禽养殖场、养殖小区，应当编制环境影响报告书；其他畜禽养殖场、养殖小区应当填报环境影响登记表。大型畜禽养殖场、养殖小区的管理目录，由国务院环境保护主管部门商国务院农牧主管部门确定。

环境影响评价的重点应当包括畜禽养殖产生的废弃物种类和数量，废弃物综合利用和无害化处理方案和措施，废弃物的消纳和处理情况以及向环境直接排放的情况，最终可能对水体、土壤等环境和人体健康产生的影响以及控制和减少影响的方案和措施等。

第十三条　畜禽养殖场、养殖小区应当根据养殖规模和污染防治需要，建设相应的畜禽粪便、污水与雨水分流设施，畜禽粪便、污水的贮存设施，粪污厌氧消化和堆沤、有机肥加工、制取沼气、沼渣沼液分离和输送、污水处理、畜禽尸体处理等综合利用和无害化处理设施。已经委托他人对畜禽养殖废弃物代为综合利用和无害化处理的，可以不自行建设综合利用和无害化处理设施。

未建设污染防治配套设施、自行建设的配套设施不合格，或者未委托他人对畜禽养殖废弃物进行综合利用和无害化处理的，畜禽养殖场、养殖小区不得投入生产或者使用。

畜禽养殖场、养殖小区自行建设污染防治配套设施的，应当确保其正常运行。

第十四条　从事畜禽养殖活动，应当采取科学的饲养方式和废弃物处理工艺等有效措施，减少畜禽养殖废弃物的产生量和向环境的排放量。

第三章　综合利用与治理

第十五条　国家鼓励和支持采取粪肥还田、制取沼气、制造有机肥等方法，对畜禽养殖废弃物进行综合利用。

第十六条　国家鼓励和支持采取种植和养殖相结合的方式消纳利用畜禽养殖废弃物，促进畜禽粪便、污水等废弃物就地就近利用。

第十七条　国家鼓励和支持沼气制取、有机肥生产等废弃物综合利用以及沼渣沼液输送和施用、沼气发电等相关配套设施建设。

第十八条　将畜禽粪便、污水、沼渣、沼液等用作肥料的，应当与土地的消纳能力相适应，并采取有效措施，消除可能引起传染病的微生物，防止污染环境和传播疫病。

第十九条　从事畜禽养殖活动和畜禽养殖废弃物处理活动，应当及时对畜禽粪便、畜禽尸体、污水等进行收集、贮存、清运，防止恶臭和畜禽养殖废弃物渗出、泄漏。

第二十条　向环境排放经过处理的畜禽养殖废弃物，应当符合国家和地方规定的污染物排放标准和总量控制指标。畜禽养殖废弃物未经处理，不得直接向环境排放。

第二十一条　染疫畜禽以及染疫畜禽排泄物、染疫畜禽产品、病死或者死因不明的畜禽尸体等病害畜禽养殖废弃物，应当按照有关法律、法规和国务院农牧主管部门的规定，进行深埋、化制、焚烧等无害化处理，不得随意处置。

第二十二条　畜禽养殖场、养殖小区应当定期将畜禽养殖品种、规模以及畜禽养殖废弃物的产生、排放和综合利用等情况，报县级人民政府环境保护主管部门备案。环境保护主管部门应当定期将备案情况抄送同级农牧主管部门。

第二十三条　县级以上人民政府环境保护主管部门应当依据职责对畜禽养殖污染防治情况进行监督检查，并加强对畜禽养殖环境污染的监测。

乡镇人民政府、基层群众自治组织发现畜禽养殖环境污染行为的，应当及时制止和报告。

第二十四条　对污染严重的畜禽养殖密集区域，市、县人民政府应当制定综合整治方案，采取组织建设畜禽养殖废弃物综合利用和无害化处理设施、有计划搬迁或者关闭畜禽养殖场所等措施，对畜禽养殖污染进行治理。

第二十五条　因畜牧业发展规划、土地利用总体规划、城乡规划调整以及划定禁止养殖区域，或者因对污染严重的畜禽养殖密集区域进行综合整治，确需关闭或者搬迁现有畜禽养殖场所，致使畜禽养殖者遭受经济损失的，由县级以上地方人民政府依法予以补偿。

第四章　激励措施

第二十六条　县级以上人民政府应当采取示范奖励等措施，扶持规模化、标准化畜禽养殖，支持畜禽养殖场、养殖小区进行标准化改造和污染防治设施建设与改造，鼓励分散饲养向集约饲养方式转变。

第二十七条　县级以上地方人民政府在组织编制

土地利用总体规划过程中，应当统筹安排，将规模化畜禽养殖用地纳入规划，落实养殖用地。

国家鼓励利用废弃地和荒山、荒沟、荒丘、荒滩等未利用地开展规模化、标准化畜禽养殖。

畜禽养殖用地按农用地管理，并按照国家有关规定确定生产设施用地和必要的污染防治等附属设施用地。

第二十八条　建设和改造畜禽养殖污染防治设施，可以按照国家规定申请包括污染治理贷款贴息补助在内的环境保护等相关资金支持。

第二十九条　进行畜禽养殖污染防治，从事利用畜禽养殖废弃物进行有机肥产品生产经营等畜禽养殖废弃物综合利用活动的，享受国家规定的相关税收优惠政策。

第三十条　利用畜禽养殖废弃物生产有机肥产品的，享受国家关于化肥运力安排等支持政策；购买使用有机肥产品的，享受不低于国家关于化肥的使用补贴等优惠政策。

畜禽养殖场、养殖小区的畜禽养殖污染防治设施运行用电执行农业用电价格。

第三十一条　国家鼓励和支持利用畜禽养殖废弃物进行沼气发电，自发自用、多余电量接入电网。电网企业应当依照法律和国家有关规定为沼气发电提供无歧视的电网接入服务，并全额收购其电网覆盖范围内符合并网技术标准的多余电量。

利用畜禽养殖废弃物进行沼气发电的，依法享受国家规定的上网电价优惠政策。利用畜禽养殖废弃物制取沼气或进而制取天然气的，依法享受新能源优惠政策。

第三十二条　地方各级人民政府可以根据本地区实际，对畜禽养殖场、养殖小区支出的建设项目环境影响咨询费用给予补助。

第三十三条　国家鼓励和支持对染疫畜禽、病死或者死因不明畜禽尸体进行集中无害化处理，并按照国家有关规定对处理费用、养殖损失给予适当补助。

第三十四条　畜禽养殖场、养殖小区排放污染物符合国家和地方规定的污染物排放标准和总量控制指标，自愿与环境保护主管部门签订进一步削减污染物排放量协议的，由县级人民政府按照国家有关规定给予奖励，并优先列入县级以上人民政府安排的环境保护和畜禽养殖发展相关财政资金扶持范围。

第三十五条　畜禽养殖户自愿建设综合利用和无害化处理设施、采取措施减少污染物排放的，可以依照本条例规定享受相关激励和扶持政策。

第五章　法律责任

第三十六条　各级人民政府环境保护主管部门、农牧主管部门以及其他有关部门未依照本条例规定履行职责的，对直接负责的主管人员和其他直接责任人员依法给予处分；直接负责的主管人员和其他直接责任人员构成犯罪的，依法追究刑事责任。

第三十七条　违反本条例规定，在禁止养殖区域内建设畜禽养殖场、养殖小区的，由县级以上地方人民政府环境保护主管部门责令停止违法行为；拒不停止违法行为的，处 3 万元以上 10 万元以下的罚款，并报县级以上人民政府责令拆除或者关闭。在饮用水水源保护区建设畜禽养殖场、养殖小区的，由县级以上地方人民政府环境保护主管部门责令停止违法行为，处 10 万元以上 50 万元以下的罚款，并报经有批准权的人民政府批准，责令拆除或者关闭。

第三十八条　违反本条例规定，畜禽养殖场、养殖小区依法应当进行环境影响评价而未进行的，由有权审批该项目环境影响评价文件的环境保护主管部门责令停止建设，限期补办手续；逾期不补办手续的，处 5 万元以上 20 万元以下的罚款。

第三十九条　违反本条例规定，未建设污染防治配套设施或者自行建设的配套设施不合格，也未委托他人对畜禽养殖废弃物进行综合利用和无害化处理，畜禽养殖场、养殖小区即投入生产、使用，或者建设的污染防治配套设施未正常运行的，由县级以上人民政府环境保护主管部门责令停止生产或者使用，可以处 10 万元以下的罚款。

第四十条　违反本条例规定，有下列行为之一的，由县级以上地方人民政府环境保护主管部门责令停止违法行为，限期采取治理措施消除污染，依照《中华人民共和国水污染防治法》《中华人民共和国固体废物污染环境防治法》的有关规定予以处罚：

（一）将畜禽养殖废弃物用作肥料，超出土地消纳能力，造成环境污染的；

（二）从事畜禽养殖活动或者畜禽养殖废弃物处理活动，未采取有效措施，导致畜禽养殖废弃物渗出、泄漏的。

第四十一条　排放畜禽养殖废弃物不符合国家或者地方规定的污染物排放标准或者总量控制指标，或者未经无害化处理直接向环境排放畜禽养殖废弃物的，由县级以上地方人民政府环境保护主管部门责令限期治理，可以处 5 万元以下的罚款。县级以上地方人民政府环境保护主管部门作出限期治理决定后，应当会同同级人民政府农牧等有关部门对整改措施的落实情况及时进行核查，并向社会公布核查结果。

第四十二条　未按照规定对染疫畜禽和病害畜禽养殖废弃物进行无害化处理的，由动物卫生监督机构责令无害化处理，所需处理费用由违法行为人承担，可以处3000元以下的罚款。

第六章　附　　则

第四十三条　畜禽养殖场、养殖小区的具体规模标准由省级人民政府确定，并报国务院环境保护主管部门和国务院农牧主管部门备案。

第四十四条　本条例自2014年1月1日起施行。

（二）地方条例

江西省农业生态环境保护条例

（2017年3月21日江西省第十二届人民代表大会常务委员会第三十二次会议通过　2018年5月31日江西省第十三届人民代表大会常务委员会第三次会议修正）

第一章　总　　则

第一条　为了保护和改善农业生态环境，保障农产品质量安全和公众健康，促进农业可持续发展，推动本省国家生态文明试验区建设，根据《中华人民共和国环境保护法》《中华人民共和国农业法》等有关法律、行政法规的规定，结合本省实际，制定本条例。

第二条　在本省行政区域内从事与农业生态环境保护有关的活动，适用本条例。

第三条　本条例所称农业生态环境，是指农业生物赖以生存和繁衍的各种天然的和人工改造的自然因素总体，包括土壤、水、大气、生物等。

第四条　农业生态环境保护应当遵循预防为主、防治结合、管护并举、职责严明的原则。

第五条　县级以上人民政府应当对本行政区域的农业生态环境质量负责，将农业生态环境保护纳入国民经济和社会发展规划，建立健全农业生态环境保护体系，提高农业生态环境保护能力，改善农业生态环境。

县级以上人民政府应当加大农业生态环境保护的投入，将农业生态环境保护经费纳入财政预算，保障农业生态环境质量调查与监测、污染防治、农业废弃物综合利用以及示范项目建设等工作的开展；统筹相关农业补贴资金，采取农业生态环境补贴或者生态补偿等措施，对从事有机农业、生态循环农业活动的农业生产者给予扶持。

乡镇人民政府应当在其职责范围内组织实施农业生态环境保护活动。

第六条　环境保护主管部门依法对本行政区域内的农业生态环境保护工作实施统一监督管理。

县级以上人民政府农业主管部门对本行政区域内农业生态环境保护实施具体监督管理，履行下列职责：

（一）会同有关部门制定并组织实施农业生态环境保护规划；

（二）会同有关部门组织开展农业生态环境质量调查与监测；

（三）宣传普及农业生态环境保护知识，组织指导对农业生态环境污染进行预防和治理；

（四）制定并实施农业生态环境污染突发事件应急专项预案；

（五）组织调查或者参与调查农业生态环境污染事故；

（六）依法查处污染和破坏农业生态环境的违法行为；

（七）法律法规规定的其他监督管理职责。

县级以上人民政府国土资源、发展改革、住房城乡建设、财政、水利、林业等有关部门，在各自职责范围内，做好农业生态环境保护有关工作。

村（居）民委员会应当协助做好农业生态环境保护有关工作。

第七条　各级人民政府及其有关部门应当加强农业生态环境保护的宣传教育，增强公民保护农业生态环境的意识，支持和鼓励农业生态环境保护科学技术的研究开发、成果转化和推广应用。

县级以上人民政府农业主管部门应当对农业生产者开展技术培训，推广农业生态环境保护先进技术，指导和帮助农业生产者保护和改善农业生态环境。

第八条　任何单位和个人都有保护农业生态环境的义务。对危害农业生态环境的行为，有权进行举报、投诉。

县级以上人民政府农业主管部门、环境保护主管部门应当公布举报和投诉电话、电子邮箱等；接到举报或者投诉后，应当依法及时处理，并将处理结果告知举报人或者投诉人。

第二章　农用地保护

第九条　农用地实行分类保护。根据农用地土壤污染程度，将未污染和轻微污染的划为优先保护类，轻度污染和中度污染的划为安全利用类，重度污染的划为严格管控类。

县级人民政府农业主管部门和环境保护主管部门应当会同国土资源、水利、林业等有关部门，对本行政区域内的农用地土壤环境质量状况进行调查、监测，提出农用地分类保护清单，经本级人民政府审核，逐级报省人民政府审定后实施。

农用地土壤环境质量发生变化，需要对农用地分类进行调整的，应当按照前款规定的程序办理。

第十条　对优先保护类农用地，县级以上人民政府农业等有关部门、环境保护主管部门应当采取有效措施，防止各种污染源对农用地环境造成污染。

优先保护类农用地中的耕地划为永久基本农田的，除法律规定的重点建设项目选址确实无法避让外，其他任何建设不得占用。

优先保护类农用地中的耕地集中区域，禁止新建有色金属冶炼、石油加工、化工、焦化、电镀、制革等企业以及垃圾填埋场。现有相关企业应当采用新技术、新工艺进行升级改造。在优先保护类农用地中的耕地集中区域周边地区，建设有色金属冶炼、石油加工、化工、焦化、电镀、制革等企业，应当遵守法律法规和国家、省有关规定。

第十一条　对安全利用类农用地中的耕地集中区域，县级以上人民政府农业主管部门、环境保护主管部门应当结合当地主要作物品种和种植习惯，制定实施受污染耕地安全利用方案，采取替代种植、轮耕休耕等措施降低农产品超标风险。

对安全利用类农用地，应当对其周边地区采取环境准入限制等措施，减少或者消除污染。

第十二条　对严格管控类农用地中的耕地，县级以上人民政府农业主管部门、环境保护主管部门应当依法划定特定农产品禁止生产区域，禁止种植食用农产品，调整种植结构或者退耕还林，优先实行土壤污染治理与修复。

第十三条　各级人民政府应当组织农业生产者依法合理开发利用农业资源，改造中低产田，开展小流域治理，预防和治理水土流失、土壤沙化、酸化、盐渍化和贫瘠化。

任何单位和个人从事采（探）矿、挖砂、取土等活动，应当依照有关法律法规的规定，采取措施，恢复植被，预防和减轻水土流失。

第十四条　在农用地修建处置、堆存固体废弃物场地的，应当符合国家环境保护标准，并征求当地农业主管部门的意见。对固体废弃物应当采取措施，防止扬散、自燃、渗漏、流失。

第三章　农用水保护

第十五条　各级人民政府应当采取措施，加强对江河、湖泊、水库的水质保护，严格控制在江河、湖泊、水库新建、改建或者扩大排污口，防止农用水水体污染。

各级人民政府应当发展节水灌溉农业，加强农田水利工程建设和维护，定期组织疏浚、清理塘坝、沟渠，推广渠道防渗、管道输水、喷灌微灌等节水灌溉技术，完善灌溉用水计量设施。

第十六条　环境保护主管部门应当会同县级以上人民政府水行政主管部门、农业主管部门加强农田灌溉用水水质监测，对不符合农田灌溉水质标准的污水，应当采取相应措施，防止污染土壤、农产品和地下水。

第十七条　县级以上人民政府渔业主管部门负责对渔业水域的污染情况进行监测。

渔业水域遭受突发性污染时，县级以上人民政府渔业主管部门应当及时向本级人民政府和上级人民政府渔业主管部门报告。经本级人民政府批准，县级以上人民政府渔业主管部门可以发布公告，禁止在规定的期限和受污染区域内采捕水产品；情况严重时，应当采取其他应急措施。

第十八条　水产养殖用水应当符合渔业水质标准，养殖场所的进排水系统应当分开，养殖废水排放应当符合国家规定标准。

从事水产养殖的单位和个人应当加强养殖用水水质监测，养殖用水水质受到污染时，应当立即停止使用，经净化处理达到渔业水质标准后方可使用；污染严重的，应当及时报告当地渔业主管部门。

禁止在江河、湖泊、水库使用无机肥、有机肥、生物复合肥进行水产养殖。

禁止将病害高发期或者发生疫情时的养殖用水向公共水域排放。

第十九条　禁止向农田和渔业水域直接排放不符合国家和省规定标准的工业废水、城镇污水。向农田灌溉渠道排放工业废水、城镇污水的，应当进行无害化处理，保证其下游最近灌溉取水点的水质符合国家规定的农田灌溉水质标准。

禁止向农田灌溉渠道、渔业水域倾倒油类、酸液、碱液、有毒废液、含病原体废水，以及在灌溉渠道、渔业水域浸泡或者清洗装储油类、有毒、有害污染物的器具、包装物。

第四章 生物资源保护

第二十条 县级以上人民政府应当根据国家有关农业生产的生物资源保护制度，对稀有、濒危、珍贵生物资源及其原生地实行重点保护，防止农业生产活动对生物多样性造成危害。

第二十一条 县级以上人民政府农业、林业主管部门应当加强对野生植物的监测、保护、研究和利用，在国家和地方重点保护野生植物物种的天然集中分布区域，依法建立保护区；在其他区域，根据实际情况建立保护点或者设立保护标志。对生长受到威胁的国家和地方重点保护野生植物，应当采取拯救措施，保护或者恢复其生长环境，必要时建立繁育基地、种质资源库或者采取迁地保护措施。

第二十二条 鼓励运用生物技术防治农作物病虫害。

县级以上人民政府应当加强对农作物害虫、害兽的天敌的保护，禁止非法猎捕、收购、运输和出售野生蛙类、蛇类、鸟类等农作物害虫、害兽的天敌。

第二十三条 从境外引进农业外来物种，引进单位或者个人应当按照国家规定履行登记或者审批手续。

县级以上人民政府应当组织有关部门对引进物种进行跟踪观察，发现可能对农业生态环境造成危害的，应当及时采取相应的安全控制措施，避免危害的发生或者减轻、消除危害。

县级以上人民政府农业主管部门应当加强对农业外来入侵生物的监控，并对农业外来入侵有害生物组织灭杀。

第五章 农业污染防治

第一节 畜禽养殖污染防治

第二十四条 县级人民政府应当按照国家和省有关规定划分畜禽养殖禁养区、限养区、可养区。

在禁养区内，不得新建畜禽养殖场（小区）；已经建成的，由当地县级人民政府责令限期关闭或者搬迁，并依法给予补偿。

在限养区内，严格控制畜禽养殖规模，不得新建和扩建畜禽养殖场（小区）。

第二十五条 建设畜禽养殖场（小区）应当符合当地畜禽养殖布局规划，并进行环境影响评价。

畜禽养殖场（小区）自行建设的粪便、废水、畜禽尸体及其他废弃物综合利用和无害化处理设施，应当与主体工程同时设计、同时施工、同时投入使用。畜禽养殖场（小区）未自行建设废弃物综合利用和无害化处理设施的，应当委托有能力的单位代为处理。

自行建设畜禽养殖废弃物综合利用和无害化处理设施的畜禽养殖场（小区）或者代为处理畜禽养殖废弃物的单位，应当建立相关设施运行管理台账，载明设施运行、维护情况以及相应污染物产生、排放和综合利用等情况；排放的畜禽粪便、污水等废弃物，应当符合国家和省规定的污染物排放标准和总量控制指标。

第二十六条 分散养殖户应当对畜禽进行圈养，对畜禽粪便就地消纳。散户圈养地应当与居民集中区间隔一定距离。

鼓励和支持对散养密集区畜禽粪便、污水等废弃物实行分户收集、集中处理利用。

第二十七条 县级以上人民政府应当采取措施，扶持畜禽养殖废弃物综合利用。县级以上人民政府畜牧兽医主管部门应当加强对畜禽养殖废弃物综合利用的指导和服务。

鼓励和支持单位、个人建设集中式畜禽养殖废弃物处理或者有机肥制取等设施。

第二十八条 县级以上人民政府畜牧兽医主管部门应当依法规范、限制使用抗生素等化学药品，采取畜禽集中养殖区域环境激素类化学品限制、替代、淘汰等措施，防止兽药、饲料添加剂中的有害成分污染农业生态环境。

第二节 农药、化肥、农膜污染防治

第二十九条 省人民政府农业主管部门应当定期公布国家和省明令淘汰或者禁止生产、销售和使用的农药、化肥、农膜等农业投入品目录，及时推广无毒低毒的农业投入品。

县级以上人民政府农业主管部门应当制定农药、化肥、农膜等农业投入品减量使用计划，推广测土配方施肥、病虫草害绿色防控技术，鼓励、引导农业生产者通过种植绿肥、增施有机肥、种植结构调整等措施培肥地力，治理和改善农业生态环境。

第三十条 禁止违法生产、销售下列农业投入品：

（一）剧毒、高毒、高残留农药；

（二）重金属、持久性有机污染物等有毒有害物质超标的肥料、土壤改良剂或者添加物；

（三）不符合标准的农膜。

向农业生产者提供城镇垃圾、粉煤灰和污泥作为肥料的，应当符合国家和省有关标准。

第三十一条 农业生产者使用农业投入品时，应当采取下列措施保护农业生态环境：

（一）使用高效、低毒、低残留农药和生物农药，

减量使用植物生长调节剂、除草剂；

（二）按照规定的用药品种、用药量、用药次数、用药方法和安全间隔期施药，防止农药残留污染土壤环境；

（三）将秸秆和粪肥还田，合理使用化肥；

（四）使用符合国家标准的农膜；

（五）及时回收农药、肥料的包装物和难降解的残留废弃农膜等。

农业生产者不得使用国家和省明令淘汰或者禁止使用的农药、化肥、农膜等农业投入品。

第三十二条　县级以上人民政府应当确定负责农业投入品废弃物回收和处理的主管部门，并采取奖励补贴等措施，因地制宜设置农业投入品废弃物回收点，健全回收、贮运和综合利用网络，实施集中无害化处理。

鼓励、支持单位和个人从事农业投入品废弃物的无害化处理和回收利用。

第三节　大气污染和其他污染防治

第三十三条　禁止超过国家和省规定标准排放烟尘、粉尘及有毒、有害气体。因超标准排放对农业生态环境造成有害影响的，排放单位应当采取治理措施，达标后方可排放。

第三十四条　县级以上人民政府应当通过肥料化、饲料化、燃料化、基料化、原料化等多种途径，组织建立秸秆收集、贮存、运输和综合利用服务体系，促进秸秆的综合利用。

禁止露天焚烧秸秆、落叶等产生烟尘污染的物质。

第三十五条　县级以上人民政府应当采取措施，防止含有不易降解的有机物和重金属的废水污染农业生态环境。

禁止在农业生产中施用未经检验和安全处理的污水处理厂污泥、清淤底泥和矿渣等。

第三十六条　禁止向农田和农用水源附近倾倒、弃置、堆存垃圾、固体废弃物或者其他有毒有害物质。

鼓励对垃圾分类投放收集、综合循环利用，逐步实现垃圾处理的减量化、资源化、无害化。

第三十七条　采矿企业应当采取科学的开采方式、选矿工艺、运输方式和环境保护措施，防止废气、废水、矸石和废石等污染或者破坏农业生态环境。

第六章　监督管理

第三十八条　县级以上人民政府应当组织农业、环境保护、国土资源、发展改革、住房城乡建设、财政、水利、林业、供销等有关部门建立农业生态环境保护协调机制，研究和协调解决农业生态环境保护中的重大问题。

第三十九条　省人民政府农业主管部门应当会同环境保护等有关部门制定农业生态环境调查监测、风险评估、治理修复等技术规范。

第四十条　县级以上人民政府农业主管部门应当根据法律法规规定和国家监测规范要求，加强监测网络建设，定期开展农业生态环境调查、监测和评价工作，编制本行政区域农业生态环境状况及发展趋势报告，并报本级人民政府和上级农业主管部门，为开展农业生态环境保护、改善农业生态环境质量提供准确可靠的监测数据和评价资料。

省人民政府环境保护主管部门和农业主管部门应当在下列地区设置省级监测点，监测农产品产地生态环境变化动态.

（一）工矿企业周边的农产品生产区；

（二）污水灌溉区；

（三）大中城市郊区农产品生产区；

（四）重要农产品生产区；

（五）其他需要监测的区域。

县级以上人民政府农业主管部门应当加强农业生态环境监督管理队伍建设，保障监督管理所需装备，提高监督管理能力。

第四十一条　县级以上人民政府农业主管部门、环境保护主管部门应当依照有关法律法规的规定，按照各自的职责，采取随机抽查与重点检查相结合的方式，对本行政区域内的农业生态环境污染和破坏情况进行监督检查。被检查单位、个人应当如实反映情况，提供必要的资料。

第四十二条　县级以上人民政府农业主管部门、环境保护主管部门及其他负有农业生态环境保护监督管理职责的部门依法进行现场检查时，有权采取下列措施：

（一）向有关单位和个人了解情况，查阅、复制有关文件资料；

（二）责令立即消除或者限期消除农业生态环境污染事故隐患；

（三）责令停止使用不符合法律法规规定或者国家标准、行业标准的设施、设备、物质；

（四）依法查封、扣押造成或者可能造成严重污染的污染物排放的设施、设备，以及国家和省明令淘汰或者禁止生产、销售的农业投入品；

（五）责令停止污染农业生态环境的其他违法

行为。

第四十三条　发生农业生态环境污染突发事件时，当地农业、环境保护主管部门应当及时向本级人民政府报告，赶赴现场调查取证和应急处理，并启动相应的应急预案。

第四十四条　因发生事故或者突发性事件，造成或者可能造成农业生态环境污染的单位或者个人，应当立即采取有效防治措施控制、减轻或者消除污染，及时告知可能受到污染的单位和居民，并向当地农业、环境保护主管部门和其他有关部门报告，依法接受调查处理。

第四十五条　县级以上人民政府农业主管部门应当会同环境保护主管部门，对因农业投入品的不合理使用等造成的农业生态环境污染进行调查处理。环境保护主管部门应当会同县级以上人民政府农业主管部门，对因工业污染、城乡生活污染、畜禽规模养殖污染等造成的农业生态环境污染进行调查处理。

第四十六条　县级以上人民政府应当组织农业、环境保护、国土资源、水利、林业等部门制定农业生态环境污染的治理与修复方案，开展农业生态环境综合治理，逐步恢复受污染的农业生态环境的基本功能。

造成农业生态环境污染和生态破坏的单位或者个人应当承担治理与修复的主体责任。责任主体灭失或者责任主体不明确的，由县级以上人民政府确定治理与修复责任人。

第四十七条　跨行政区域的农业生态环境污染防治工作，由有关人民政府协商解决，协商不成的应当报共同上一级人民政府协调解决。

第四十八条　县级以上人民政府农业主管部门应当建立农业生态环境重大污染违法案件当事人名录，纳入公共信用信息平台，定期向社会公布。

第四十九条　县级以上人民政府应当将农业生态环境保护情况，纳入环境保护考核评价内容，对本级人民政府负有农业生态环境保护监督管理职责的部门及其负责人和下级人民政府及其负责人进行考核。考核结果应当向社会公开。

省人民政府对本行政区域内优先保护类农用地中的耕地面积减少或者土壤环境质量下降的县（市、区）进行预警提醒、约谈，并依法采取环境影响评价限批等限制性措施。

第五十条　对重大农业生态环境违法案件或者突出的农业生态环境污染问题查处不力或者社会反映强烈的，省和设区的市人民政府农业、环境保护主管部门按照各自的职责实施挂牌督办，责成所在地人民政府农业、环境保护主管部门限期查处或者整改。挂牌督办情况应当向社会公开。

第七章　法律责任

第五十一条　法律法规对违反本条例规定的行为已设定处罚的，从其规定。

第五十二条　违反本条例规定，县级以上人民政府农业等有关部门、环境保护主管部门及其工作人员有下列行为之一的，由本级人民政府或者上级主管部门根据情节轻重对直接负责的主管人员和其他直接责任人员依法给予处分：

（一）未按照规定开展农业生态环境有关监测的；

（二）未依法审批项目，造成农业生态环境污染的；

（三）违法批准占用农用地的；

（四）未按照规定启动应急预案，采取相应措施的；

（五）未按照规定组织调查农业生态环境污染事故的；

（六）未依法查处污染和破坏农业生态环境违法行为的；

（七）未按照规定处理农业生态环境污染举报投诉的；

（八）其他滥用职权、玩忽职守、徇私舞弊的行为。

第五十三条　违反本条例规定，未经依法登记或者批准，擅自从境外引进农业外来物种的，由县级以上人民政府农业主管部门责令改正，没收实物和违法所得，并处违法所得三倍以上五倍以下罚款；没有违法所得或者违法所得不足一万元的，处三千元以上三万元以下罚款。

第五十四条　违反本条例规定，畜禽养殖场（小区）未建设畜禽养殖废弃物综合利用和无害化处理设施，也未委托处理畜禽养殖废弃物的，或者废弃物综合利用和无害化处理设施未正常运行的，由环境保护主管部门责令停止生产或者使用，可以处一万元以上五万元以下罚款；造成严重后果的，可以处五万元以上十万元以下罚款。

第五十五条　违反本条例规定，违法生产、销售剧毒、高毒、高残留农药，重金属等有毒有害物质超标的肥料、土壤改良剂或者添加物以及不符合标准的农膜的，由县级以上人民政府农业主管部门或者法律、行政法规规定的其他有关部门责令停止生产、销售，没收实物，并依照有关法律、行政法规的规定予以处罚。

第五十六条　违反本条例规定，不按照国家有关农药安全使用的规定使用农药的，由县级人民政府农业主管部门责令改正，农药使用者为农产品生产企业、食品和食用农产品仓储企业、专业化病虫害防治服务组织和从事农产品生产的农民专业合作社等单位的，处五万元以上十万元以下罚款，农药使用者为个人的，处一万元以下罚款。

第五十七条　违反本条例规定，不及时回收农药、肥料的包装物和难降解的残留废弃农膜的，由县级以上人民政府负责农业投入品废弃物回收和处理的主管部门责令限期改正；逾期不改正造成农业生态环境污染的，处二百元以上二千元以下罚款。

第五十八条　违反本条例规定，造成农业生态环境污染的，由环境保护主管部门或者县级以上人民政府农业主管部门责令限期治理；逾期不治理或者治理达不到要求的，由作出责令限期治理决定的部门组织治理，所需费用由违法行为人承担。给农业生产者造成损失的，有关责任者应当依法赔偿。

第五十九条　违反本条例规定的行为，构成犯罪的，依法追究刑事责任。

第八章　附　　则

第六十条　本条例自2017年10月1日起施行。

山东省农村可再生能源条例

（2007年11月23日山东省第十届人民代表大会常务委员会第三十一次会议通过　根据2015年7月24日山东省第十二届人民代表大会常务委员会第十五次会议《关于修改〈山东省农村可再生能源条例〉等十二件地方性法规的决定》第一次修正　根据2020年7月24日山东省第十三届人民代表大会常务委员会第二十二次会议《关于修改〈山东省农民专业合作社条例〉等十二件地方性法规的决定》第二次修正）

第一章　总　　则

第一条　为促进农村可再生能源的开发利用，改善农村生产条件，提高农村居民生活质量，保护生态环境，实现农业和农村经济可持续发展，根据《中华人民共和国可再生能源法》等有关法律、法规，结合本省实际，制定本条例。

第二条　本条例所称农村可再生能源，是指主要用于农业生产、农民生活的生物质能、太阳能、风能、水能、地热能、海洋能等非化石能源。

第三条　在本省行政区域内开发利用农村可再生能源以及进行相关管理活动，适用本条例。

第四条　开发利用农村可再生能源，应当遵循因地制宜、多能互补、节用并举、群众自愿的原则，坚持资源节约与生态环境保护相结合，实现经济效益、社会效益、生态效益的统一。

鼓励各种所有制经济主体参与农村可再生能源的开发利用，依法保护农村可再生能源开发利用者的合法权益。

第五条　县级以上人民政府应当将农村可再生能源工作纳入国民经济和社会发展规划，并制定相应的优惠政策和保障措施，扶持农村可再生能源的科研开发和推广应用。

县级以上人民政府应当组织有关部门加强对农村可再生能源开发利用的宣传和教育，充分利用广播、电视、报纸、互联网等各种媒体，普及科学用能和技术推广应用知识。

第六条　县级以上人民政府农业农村主管部门负责本行政区域内农村可再生能源开发利用的管理工作。

乡镇人民政府负责本行政区域内的农村可再生能源开发利用工作。

县级以上人民政府发展改革、工业和信息化、财政、科技、自然资源、住房和城乡建设、生态环境、市场监督管理等有关部门，应当按照各自职责，做好农村可再生能源开发利用的相关工作。

第二章　科研开发

第七条　省人民政府应当将农村可再生能源开发利用的科学技术研究和产业化发展，纳入科技发展规划和高新技术产业发展规划，组织并支持科研、教学、推广、生产等单位从事农村可再生能源基础性、关键性、公益性技术的研究，促进农村可再生能源开发利用的技术进步。

省发展改革、工业和信息化、科技、财政部门应当在项目安排、创新奖励、政策及资金扶持等方面，支持农村可再生能源的科研开发和成果转化。

第八条　县级以上人民政府应当鼓励科研机构、企业和个人研究开发农用太阳能、小型风能、小型水能技术以及沼气贮运、沼气低温发酵、秸秆发酵沼气、秸秆气化、秸秆固化和炭化等生物质资源转化技术，并给予政策及财政支持。

第九条　鼓励科技人员通过技术转让、技术承包和技术入股等形式，加快农村可再生能源成果的转化。

第十条 省标准化行政主管部门应当会同省农业农村主管部门及其他有关部门，制定全省农村可再生能源产品地方标准和工程技术规范，并组织实施。

第十一条 农村可再生能源产品的生产，必须符合国家、行业或者地方标准。没有国家、行业或者地方标准的，生产企业可以制定企业标准。

第三章 推广应用

第十二条 各级人民政府应当将农村可再生能源技术推广工作纳入农业技术推广体系，充分发挥农村可再生能源技术推广机构的作用，开展农村可再生能源科学研究、技术指导、技术培训、信息咨询、安全管理等公益性服务，并鼓励和支持农村集体经济组织、企业和个人建立专业服务组织，开展农村可再生能源社会化服务活动。

乡镇农业技术推广机构应当确定专职或者兼职人员负责农村可再生能源的推广工作。

第十三条 县级以上人民政府财政部门应当对政府设立的农村可再生能源技术推广机构履行职能所需经费给予保证，并在农业技术推广资金中，安排部分资金用于农村可再生能源技术推广项目。

第十四条 推广应用农村可再生能源新技术、新产品，应当努力降低相对成本，提高相对效能，有利于生态环境保护和可持续协调发展。

农村可再生能源新技术、新产品，应当在推广地区经过实地试验证明具有先进性、适用性和安全性。

鼓励单位与个人参与农村可再生能源新技术、新产品的推广活动。

第十五条 生产、销售的农村可再生能源产品和转让的技术，应当实用、安全、方便，易于群众接受。

农村可再生能源产品和技术的生产、销售、转让单位和个人，应当对所生产、销售的产品质量或者所提供的技术负责，并向用户传授安全操作知识，提供售后服务。

禁止生产、销售国家明令淘汰或者质量不合格的农村可再生能源产品。

第十六条 县（市、区）、乡镇人民政府应当结合农村村镇规划、生态农业建设、农村改厕防疫等工作，在适宜地区推广农村户用沼气。

县（市、区）农业农村主管部门应当按照国家和省制定的农村户用沼气工程技术标准和规范，为农村居民应用沼气提供技术指导和服务。

第十七条 支持大中型畜禽养殖企业和标准化养殖区采用环保能源技术，利用畜禽养殖废弃物生产沼气；鼓励农村集体经济组织、企业和个人采用厌氧发酵技术处理有机垃圾和污水生产沼气，并用于发电或者向农村集中供气。

第十八条 各级人民政府应当加强对秸秆综合利用的指导，有计划地示范推广秸秆发酵沼气、秸秆气化、秸秆固化等技术。

第十九条 农村新建或者改建校舍、医院、敬老院等公用设施的，应当推广使用太阳能供水供热采暖、光伏发电和建筑节能技术；设计单位应当按照要求提供相应的设计方案。太阳能利用设施应当与主体工程同时设计、同时施工。

县级以上人民政府住房和城乡建设主管部门应当为农村住宅建设利用太阳能提供技术指导和通用设计方案。

第二十条 各级人民政府及其有关部门应当在农村推广先进适用的省柴节煤灶以及烤烟、制茶等方面的节能技术，鼓励用能单位和个人逐步淘汰或者改造高能耗设备和工艺。

第二十一条 鼓励单位和个人在条件适宜的地区，推广风能、水能、地热能、海洋能等可再生能源利用技术。

第四章 保障措施

第二十二条 省农业农村主管部门应当根据省可再生能源开发利用规划，组织编制全省农村可再生能源开发利用规划，按规定程序报经批准后实施。

设区的市、县（市、区）农业农村主管部门应当根据全省农村可再生能源开发利用规划，组织编制本行政区域的农村可再生能源开发利用规划，报本级人民政府批准后实施。

编制农村可再生能源开发利用规划，应当采取听证会、座谈会等形式，广泛征求有关单位、专家和公众的意见，进行科学论证。

第二十三条 县级以上人民政府应当在年度财政预算中安排专项资金，用于扶持农村可再生能源建设，并随着经济和社会的发展逐年增加。

县级以上人民政府可以在节能资金中安排部分资金，用于支持农村可再生能源的开发利用。

第二十四条 列入国家和省农村可再生能源开发利用规划的建设项目，县级以上人民政府应当安排相应的配套资金。

列入国家农村可再生能源产业发展指导目录、符合信贷条件的建设项目，可以按照国家的有关规定享受财政贴息贷款，并享受税收优惠。

第二十五条　采用厌氧发酵等技术处理有机垃圾、污水和畜禽养殖废弃物生产沼气用于发电或者向农村集中供气，以及采用秸秆发酵沼气、秸秆气化、秸秆固化等技术综合利用秸秆的，县级以上人民政府应当按照国家和省的有关规定给予补贴。

第二十六条　农村新建或者改建校舍、医院、敬老院等公用设施，采用太阳能供水供热采暖、光伏发电和建筑节能技术的，县级以上人民政府应当按照国家和省的有关规定给予适当补贴。

第二十七条　农村居民或农村集体经济组织集中建设农村沼气项目的，县级以上人民政府应当按照国家和省的有关规定给予补贴。

提倡和鼓励农村居民利用住宅及其周围空闲地建设户用沼气池。

第五章　安全管理

第二十八条　县级以上人民政府农业农村主管部门应当加强对农村可再生能源开发利用的安全管理，建立健全能源利用工程质量监督制度，提高管理和服务水平。

第二十九条　县级以上人民政府农业农村主管部门应当加强对农村可再生能源利用工程的技术服务和指导。

从事农村可再生能源利用工程设计、施工、监理的单位和个人，应当按照国家有关规定取得相应的资质证书后，方可承担设计、施工、监理业务，并保证设计和施工质量。

农村可再生能源利用工程，涉及行业管理的，应当遵守相关的行业管理规定及其专业技术标准。

第三十条　县级以上人民政府农业农村主管部门应当会同同级市场监督管理部门，对本地区生产、销售的农村可再生能源产品进行监督检查。

第六章　法律责任

第三十一条　违反本条例规定，擅自推广未经实地试验证明具有先进性、适用性和安全性的农村可再生能源新技术、新产品的，由农业农村主管部门责令其停止推广；给他人造成损失的，应当依法予以赔偿。

第三十二条　违反本条例规定，生产、销售国家明令淘汰或者质量不合格的农村可再生能源产品的，由市场监督管理部门依照国家有关法律、法规的规定处罚。

第三十三条　违反本条例规定，未按国家有关规定取得相应资质证书，从事农村可再生能源利用工程设计、施工或者监理活动的，由住房和城乡建设主管部门依法处罚；给用户造成损失的，应当依法予以赔偿；构成犯罪的，依法追究刑事责任。

第三十四条　农业农村主管部门及其他有关部门的工作人员在农村可再生能源开发利用监督管理工作中，玩忽职守、滥用职权、徇私舞弊的，由其所在单位或者上级主管部门给予处分；构成犯罪的，依法追究刑事责任。

第七章　附　　则

第三十五条　本条例自2008年1月1日起施行。

四川省农村能源条例

（2010年11月24日四川省第十一届人民代表大会常务委员会第十九次会议通过　根据2017年7月27日四川省第十二届人民代表大会常务委员会第三十五次会议《关于修改〈四川省农村能源条例〉的决定》修正）

第一章　总　　则

第一条　为促进农村能源的开发利用节约，保护和改善生态环境，加强农村能源的建设和管理，根据《中华人民共和国可再生能源法》《中华人民共和国节约能源法》等相关法律法规，结合四川省实际，制定本条例。

第二条　本条例所称农村能源，是指沼气、秸秆、薪柴等生物质能和用于农村生产生活的太阳能、风能、地热能等非化石能源。

本条例所指农村能源产品，是指沼气及其他生物质燃气、生物质成型燃料等农村能源制成品和农村能源的开发利用节约所使用的设备、器材等。

第三条　在四川省行政区域内从事农村能源开发利用节约、生产经营、技术服务、监督管理等活动的单位和个人，应当遵守本条例。

第四条　开发利用节约农村能源应当坚持因地制宜、科学规划、多能互补、综合利用、讲求效益的方针，遵循政府扶持、市场引导、群众自愿、社会参与的原则。

第五条　县级以上地方人民政府农业行政主管部门是本行政区域内农村能源的行政主管部门，农村能源管理机构负责具体工作。

县级以上地方人民政府有关部门按照各自职责，做好农村能源建设、管理、服务的相关工作。

乡镇人民政府负责做好本行政区域内农村能源开发利用节约的组织、推广和安全管理教育工作。

第六条 县级以上地方人民政府农业行政主管部门负责下列工作：

（一）贯彻执行农村能源开发利用节约有关法律、法规和政策；

（二）组织开展农村能源资源调查与评价，编制农村能源发展规划；

（三）指导、监督农村能源建设项目的实施；

（四）组织开展农村能源科学技术普及、宣传教育、培训、职业技能鉴定、服务体系建设，以及国内外技术合作与交流；

（五）组织开展农村能源技术、工艺、产品的试验、示范、推广；

（六）会同有关部门对农村能源技术推广和产品质量进行监督管理。

第二章 扶持服务和开发利用

第七条 县级以上地方人民政府应当加强领导，统筹规划，将农村能源发展纳入国民经济和社会发展规划。

县级以上地方人民政府农业行政主管部门及农村能源管理机构负责编制本行政区域农村能源发展规划和年度计划。农村能源发展规划和年度计划应当与能源总体规划以及可再生能源开发利用规划和节能规划相衔接，并与节能减排的总体要求相适应。

第八条 县级以上地方人民政府应当在政策制定、资金扶持、项目安排、创新奖励等方面支持农村能源的开发利用节约和服务体系建设。

鼓励社会资金投资农村能源建设。鼓励各种经济主体及个人参与投资农村能源的开发利用节约。

第九条 县级以上地方人民政府应当按照农村能源发展规划，重点支持下列地区开发利用农村能源：

（一）农村贫困地区；

（二）少数民族地区；

（三）生态环境脆弱地区；

（四）畜牧业发展重点区域。

第十条 列入国家和省农村能源发展规划的、符合产业发展政策的农村能源开发利用节约和技术推广，按照国家和省的有关规定享受优惠政策。

第十一条 利用沼气发电、沼气和秸秆气集中供气以及应用秸秆气化、固化、碳化、液化技术的项目所购置的设备，按照国家和省有关规定享受优惠扶持政策。农村居民住宅利用太阳能供水供热或者购买使用省柴节能炉灶的，按照国家和省有关规定享受优惠政策。

第十二条 鼓励和引导金融机构加大对利用荒山、荒坡或者边际土地发展能源作物，利用农作物秸秆、农业废弃物等生产生物质能的支持力度。

第十三条 地方各级人民政府应当将农村能源技术推广纳入农业技术推广体系。

县级以上地方人民政府应当加强农村能源服务体系建设，建立和完善农村能源公益性服务网络，并在具备条件的乡、镇设立农村能源服务站，在政策咨询、规划设计、技术指导、安全检查、维修维护等方面为用户提供服务。

鼓励各种经济主体及个人参与农村能源工程的经营和服务；支持农民专业合作社等新型农业经营主体为用户提供维修维护、技术指导、安全培训等服务。

第十四条 县级以上地方人民政府应当鼓励支持科研、教学、推广、生产等单位研究开发农村能源新技术、新产品，对在农村能源开发利用节约工作中有重大创新的单位和个人给予表彰。

第十五条 县级以上地方人民政府农业行政主管部门应当按照农村能源发展规划和相关技术标准组织推广下列农村能源技术：

（一）沼气池、沼气工程及沼气、沼渣、沼液综合利用；

（二）农村和城市污水管网不能覆盖的乡镇生活污水净化沼气工程；

（三）农作物秸秆生物气化、热解气化、固化、炭化、液化等能源化利用；

（四）农村太阳能、风能、地热能等利用；

（五）农产品初加工、农房建设和炊事节能；

（六）其他农村能源技术。

第十六条 鼓励在农村新建、改建、扩建农宅、公益设施和办公场所时，优先采用集中供气、太阳能利用等新能源利用和节能技术，其相关设施建设应当纳入农村建设统一规划。

鼓励在处理农村生活污水和畜禽养殖场、养殖小区等排放的有机废弃物时，优先采用沼气工程技术。

第十七条 农户利用自留地、住宅周围空闲地建设户用沼气池，不需办理建设用地审批手续。

乡镇、农村集体经济组织进行农村能源建设，以及农村集体经济组织进行能源产品开发需要使用土地的，按照国家关于集体建设用地的规定办理。

农村集体经济组织可以土地使用权入股、联营等方式，与其他经济主体、个人合作进行农村能源建设或者能源产品开发，所需土地按本条第二款规定办理。

第十八条　省人民政府农业行政主管部门按职能会同有关部门建立农村温室气体排放管理制度，组织开展农村能源碳交易工作。

第三章　质量监督和安全管理

第十九条　农村能源产品应当符合国家标准、行业标准或者地方标准。无以上标准的，生产企业应当制定企业标准。

农村能源产品及工程按照标准达到设计使用年限的或者因为其他原因存在安全隐患且无法排除，达不到安全使用条件的，应当报废。具体报废条件、程序及处置办法由省人民政府农业行政主管部门制定。

第二十条　农村能源新技术、新工艺、新产品，由县级人民政府农业行政主管部门会同科技、质量技术监督等部门进行论证评估认定后，方可推广。新技术、新工艺、新产品的评估认定办法由省农业行政主管部门会同其他相关部门制定。

引进农村能源技术、工艺、产品，应当具有国家或省级有关部门出具的质量检验合格证明或者鉴定证书，并报县级农业行政主管部门备案。

第二十一条　生产经营的农村能源产品，应当检验合格。纳入国家能效标识管理的，应当加贴能效标识；纳入国家公布的强制性认证产品目录的，应当加贴强制性认证标志。

禁止生产、销售国家明令淘汰或者质量不合格的农村能源产品。

第二十二条　从事农村能源项目设计、施工、产品生产经营和服务的单位和个人，应当对其质量安全和所提供的服务负责。县级以上农业行政主管部门应当对从事农村能源项目设计、施工、产品生产经营和服务的单位进行信用监督管理，并将监督管理情况及时向社会公告。

使用农村能源设施的单位应当制定、遵守有关安全管理、使用制度；使用农村能源设施的个人应当遵守相关安全使用制度。

第二十三条　农村能源建设项目立项、安全评价、招标投标、施工、监理、验收等应当遵守国家有关规定。

第二十四条　农村能源建设项目的防雷、防火、防爆等安全设施应当与主体工程同时设计、同时施工、同时验收、同时投入生产和使用，依法履行审批或备案手续。

第二十五条　从事农村能源建设设计、施工、监理的单位，应当具有相应的资质证书，并履行审批或备案手续。

从事农村能源建设施工、安装、维修、管护的技术人员，应当具备相应的职业技能。

第二十六条　下列农村能源工程，政府投资或补助兴建的，其初步设计方案应当经县级以上农业行政主管部门审核；非政府投资或补助建设的，其初步设计方案应当报县级农业行政主管部门备案：

（一）单池容积 50 米^3 以上的沼气工程和生活污水净化沼气工程；

（二）日产气量 50 米^3 以上的秸秆沼气工程和秸秆气化工程；

（三）日产 5 吨以上的生物质固化工程；

（四）非公共可再生能源电力系统的 1 千瓦以上 5 千瓦以下的太阳能光伏电站和 5 千瓦以上 10 千瓦以下风力发电站；

（五）集热面积 100 米^2 以上的太阳能热水系统，500 米^2 以上的太阳能供暖系统，1000 米^2 以上的太阳能干燥系统；

（六）其他按规定应当由农业行政主管部门审核或者备案的农村能源建设和农村节能工程。

法律法规另有规定的，从其规定。

第二十七条　县级以上农业行政主管部门应当建立健全农村能源安全运行管理应急预案。

第二十八条　鼓励和支持各类保险机构开展沼气安全综合保险。

第四章　法律责任

第二十九条　违反本条例第二十六条规定，未经审核或者未报备案擅自开工建设的，由县级以上地方人民政府农业行政主管部门责令停工并限期改正。

第三十条　农业行政主管部门及其他有关部门的工作人员在农村能源监督管理工作中，滥用职权、玩忽职守、徇私舞弊的，依法给予行政处分；构成犯罪的，依法追究刑事责任。

第三十一条　违反本条例的行为，法律、行政法规已有行政处罚规定的，从其规定；构成犯罪的，依法追究刑事责任。

第五章　附　　则

第三十二条　本条例自 2011 年 1 月 1 日起施行。

甘肃省农村能源条例

（2014 年 7 月 31 日甘肃省第十二届人民代表大会常务委员会第十次会议通过）

第一章 总 则

第一条 为了促进农村能源合理开发、科学利用，加强农村能源建设和管理，根据《中华人民共和国农业法》《中华人民共和国可再生能源法》等有关法律、行政法规，结合本省实际，制定本条例。

第二条 在本省行政区域内从事农村能源开发利用与节约、生产经营、产品使用、技术服务、监督管理活动的单位和个人，应当遵守本条例。

第三条 本条例所称农村能源，是指沼气、秸秆、薪柴等生物质能和用于农村生产生活的太阳能、风能、地热能、微水能等能源。

本条例所称农村能源产品，是指沼气及其他生物质燃气、生物质成型燃料等农村能源制成品和农村能源的开发利用与节约所使用的设备、器材等。

第四条 开发利用与节约农村能源应当坚持因地制宜、多能互补、综合利用、讲求效益和开发与节约并举的方针，与村镇基础设施、畜禽规模养殖、现代农业设施建设相结合，遵循政府扶持、市场引导、社会参与的原则。

第五条 县级以上人民政府应当将农村能源产业发展纳入国民经济和社会发展规划，在政策制定、资金扶持、项目安排、创新奖励等方面支持农村能源的开发利用与节约和服务体系建设，促进农村能源事业可持续发展。

第六条 省农业行政部门是农村能源建设及其管理的主管部门。

县级以上人民政府农村能源管理机构负责本条例的具体实施，并履行下列职责：

（一）宣传和贯彻实施农村能源法律、法规；

（二）编制农村能源发展规划，报同级人民政府批准后，组织实施；

（三）组织实施农村能源试验、示范和技术改造项目，会同有关部门组织农村能源新技术、新产品的检测及成果鉴定；

（四）负责农村能源资源调查与评价、农村节能工作监督管理及宣传教育；

（五）负责农村能源技术推广、教育培训、咨询服务、职业技能鉴定以及国内外技术合作与交流；

（六）指导农村能源社会化服务体系建设，监督农村能源建设项目的实施；

（七）依法查处违反本条例的行政案件；

（八）法律法规规定的其他职责。

第七条 县级以上人民政府发展和改革、科学技术、城乡建设、安全生产监督管理等有关部门，应当在各自的职责范围内做好农村能源建设和监督管理的相关工作。

乡镇人民政府负责做好本行政区域内农村能源开发利用与节约的组织、推广和安全生产宣传教育工作。

第二章 开发利用与节约

第八条 各级人民政府应当发挥本地资源优势，优化用能结构，提高新能源和可再生能源在农村能源消费中的比重；加大节能技术推广力度，提高能源利用效率，减少农村地区能源消耗和污染物排放。

第九条 各级人民政府应当鼓励引进外资及社会资金开发利用农村能源，创新节能技术，研发节能产品，提供技术服务。

第十条 鼓励科研机构、大专院校、企业等单位和个人，通过技术转让、入股、咨询与服务等形式开展农村新能源和可再生能源新技术、新产品的研究开发和成果转化；支持用能单位和个人引进、开发、使用农村能源新技术、新产品。

第十一条 鼓励开发利用下列农村能源技术、产品：

（一）大中型沼气集中供气、沼气沼渣沼液综合利用、农村生产生活污水净化和粪污的厌氧发酵处理；

（二）秸秆等生物质的气化、液化、固化、炭化；

（三）能源作物的种植及其合理利用；

（四）高效低排节能炉、炕、灶；

（五）太阳能热水、采暖、干燥、种植、养殖以及太阳能光伏电源利用；

（六）地热能、微水能和风能利用；

（七）其他先进适用的新能源、可再生能源。

第十二条 各级人民政府应当引导和支持乡村兴建沼气集中供气工程、生产生活污水沼气净化工程，因地制宜开展户用沼气建设。

鼓励单位和个人利用农村生产生活污水、畜禽养殖场（区）排放的有机废弃物、秸秆等生物质原料，建设沼气集中供气、沼气发电工程。

县（市、区）农业行政主管部门应当组织沼气生产单位和个人对沼渣、沼液实行综合利用，生产无公害、绿色和有机农产品。

第十三条 各级人民政府应当制定扶持政策，支持秸秆能源化利用，推广秸秆气化、固化、炭化等技术。

禁止在田间地头焚烧秸秆。

第十四条 风、光、热等资源富集地区的各级人民政府，应当将风、光、热等能源的开发利用与节约纳入现代农业设施建设、村镇规划。

牧区、林区以及林缘地区的各级人民政府，应当重点推广节能设施，利用太阳能、风能、水能、地热能和沼气等能源，解决农牧民生产生活用能。

第十五条 新建、改建、扩建农村住宅、校舍、医院等建筑，应当优先采用建筑节能技术、太阳能利用技术、新型节能建筑材料、节能炉和节能炕灶等设施。

第三章 保障与服务

第十六条 县级以上人民政府应当在年度财政预算中安排资金支持农村能源建设发展，并逐年增加。

第十七条 乡镇、农村集体经济组织进行农村能源和农村能源产品的开发利用与节约，需要使用集体土地的，按照国家关于集体建设用地的规定办理。

农村集体经济组织可以通过土地使用权入股、联营等方式，与其他经济主体、个人合作进行农村能源和农村能源产品开发，所需土地按前款规定办理。

农村居民利用住宅院落空闲地建设户用沼气池，不需要办理建设用地审批手续。

第十八条 农村居民利用太阳能供水供热或者购买高效低排节能炉具的，按照国家和本省有关规定享受优惠政策。

利用沼气、秸秆气集中供气、发电以及应用固化、炭化、液化技术开发利用生物质能所购置的设备，可以享受农机具购置补贴。

第十九条 利用畜禽养殖废弃物、秸秆等原料制取沼气并向农村居民集中供气的，按照国家和本省有关规定减免相关费用，并对产品给予补贴；其工程设施运行用电执行农业用电价格。

利用畜禽养殖废弃物进行沼气发电的，享受国家规定的税收优惠政策。

第二十条 县级以上人民政府农村能源管理机构应当建立和完善农村能源开发利用信息系统，为农村能源生产者、经营者和使用者提供市场供求、新产品及新技术推广、科研成果和农村能源管理等信息服务。

第二十一条 县级以上人民政府应当支持组建农村能源利用服务平台，鼓励社会力量向农村能源用户提供物资、技术及劳务等服务。

第二十二条 省发展和改革部门会同省农业行政部门建立农村温室气体排放管理制度，省农村能源管理机构组织开展农村能源碳排放交易工作。

第四章 监督与管理

第二十三条 本省农村能源工程和产品的技术标准由省质量技术监督部门会同省农业行政部门制定。

农村能源产品应当符合国家标准、行业标准、地方标准。无以上标准的应当制定企业标准，并报所在地的县（市、区）质量技术监督部门和农村能源主管部门备案。

第二十四条 引进推广农村能源新技术、新工艺，应当持有国家或者本省有关部门出具的评价证书。

生产、销售农村能源产品，应当持有法定的产品质量检验机构出具的质量检验合格证明。

从事农村能源工程设计、施工、监理、物管、维修的单位和个人，应当具有相应的资质、资格证书和技术等级证书。

第二十五条 从事农村能源工程建设、产品生产经营、技术推广服务的单位和个人，对其工程或者产品质量、技术安全负责。

使用农村能源产品及其设施的单位，应当建立健全并严格遵守有关安全管理、使用制度。使用农村能源产品及其设施的个人，应当严格遵守相关安全使用规程与制度，定期检查维护，确保使用安全。

第二十六条 生产经营规模化沼气、秸秆气供气，坚持谁经营、谁受益、谁管理的原则。生产经营单位和个人应当制定沼气、秸秆气安全事故应急预案，加强对维护人员沼气、秸秆气安全知识和技能的培训，并定期组织演练；应当定期对供气设施维护维修，对用户用气设施进行安全检查。

沼气、秸秆气用户应当遵守安全用气规则，使用合格的沼气、秸秆气燃烧器具和管件，及时更换国家明令淘汰或者使用年限已届满的沼气、秸秆气燃烧器具、管件。

第二十七条 兴建农村能源工程，应当按照国家和本省有关基本建设项目的规定执行，其工程的设计和施工应当符合相应的标准和规范。

第二十八条 农村能源生产、使用单位和个人，应当如实向农村能源管理机构提供有关数据和资料。

第五章 法律责任

第二十九条 违反本条例规定，未持有国家或者本省有关部门出具的评价证书引进推广农村能源新技术新工艺的，责令停止违法行为，可并处五千元以下罚款。

违反本条例规定，未持有法定的产品质量检验机构出具的质量检验合格证明销售农村能源产品的，责令停止违法行为，可并处五千元以下罚款。

第三十条　违反本条例规定，未取得相应的资质、资格证书和技术等级证书从事农村能源工程设计、施工、监理、物管、维修的，责令停止违法行为，对单位可并处一万元以上三万元以下罚款。

第三十一条　违反本条例规定，农村能源工程和产品不符合标准或者质量要求的、农村能源技术不符合安全要求的，从事农村能源工程建设、产品生产经营、技术推广服务的单位和个人应当依法承担相应责任。

违反本条例规定，使用农村能源产品及其设施的单位和个人，未严格遵守相关安全使用规程与制度造成安全事故的，应当依法承担相应责任。

第三十二条　违反本条例规定，生产和经营规模化沼气、秸秆气供气的单位和个人未定期对供气设施维护维修、未对用户用气设施安全检查的，责令改正，可并处五千元以上一万元以下罚款；造成安全事故的，应当依法承担相应责任。

违反本条例规定，沼气、秸秆气用户未遵守安全用气规定或者使用不合格的沼气、秸秆气燃烧器具和管件，未及时更换国家明令淘汰或者使用年限已届满的沼气秸秆气燃烧器具和管件，造成安全事故和他人伤亡、人身财产损失的，应当依法承担相应责任。

第三十三条　违反本条例规定的其他行为，法律法规已有处罚规定的，从其规定。

第三十四条　农业行政主管部门和农村能源管理机构工作人员，在履行监督管理职责中，滥用职权、玩忽职守、徇私舞弊，尚不构成犯罪的，由其所在单位或者上级主管机关依法给予行政处分；构成犯罪的，依法追究刑事责任。

第六章　附　　则

第三十五条　本条例自 2014 年 10 月 1 日起施行。1998 年 9 月 28 日甘肃省第九届人民代表大会常务委员会第六次会议通过，2004 年 6 月 4 日甘肃省第十届人民代表大会常务委员会第十次会议第一次修正，2005 年 9 月 23 日甘肃省第十届人民代表大会常务委员会第十八次会议第二次修正，2010 年 9 月 29 日甘肃省第十一届人民代表大会常务委员会第十七次会议第三次修正的《甘肃省农村能源建设管理条例》同时废止。

二、政策文件

（一）全国性政策文件

2013 年

国务院关于促进光伏产业健康发展的若干意见

国发〔2013〕24 号　2013 年 7 月 4 日

各省、自治区、直辖市人民政府，国务院各部委、各直属机构：

发展光伏产业对调整能源结构、推进能源生产和消费革命、促进生态文明建设具有重要意义。为规范和促进光伏产业健康发展，现提出以下意见：

一、充分认识促进光伏产业健康发展的重要性

近年来，我国光伏产业快速发展，光伏电池制造产业规模迅速扩大，市场占有率位居世界前列，光伏电池制造达到世界先进水平，多晶硅冶炼技术日趋成熟，形成了包括硅材料及硅片、光伏电池及组件、逆变器及控制设备的完整制造产业体系。光伏发电国内应用市场逐步扩大，发电成本显著降低，市场竞争力明显提高。

当前，在全球光伏市场需求增速减缓、产品出口阻力增大、光伏产业发展不协调等多重因素作用下，我国光伏企业普遍经营困难。同时，我国光伏产业存在产能严重过剩、市场无序竞争，产品市场过度依赖外需、国内应用市场开发不足，技术创新能力不强、关键技术装备和材料发展缓慢，财政资金支持需要加强、补贴机制有待完善，行业管理比较薄弱、应用市场环境亟待改善等突出问题，光伏产业发展面临严峻形势。

光伏产业是全球能源科技和产业的重要发展方向，是具有巨大发展潜力的朝阳产业，也是我国具有国际竞争优势的战略性新兴产业。我国光伏产业当前遇到的问题和困难，既是对产业发展的挑战，也是促进产业调整升级的契机，特别是光伏发电成本大幅下降，为扩大国内市场提供了有利条件。要坚定信心，抓住机遇，开拓创新，毫不动摇地推进光伏产业持续健康发展。

二、总体要求

（一）指导思想。

深入贯彻党的十八大精神，以邓小平理论、“三个代表”重要思想、科学发展观为指导，创新体制机制，完善支持政策，通过市场机制激发国内市场有效需求，努力巩固国际市场；健全标准体系，规范产业发展秩序，着力推进产业重组和转型升级；完善市场机制，加快技术进步，着力提高光伏产业发展质量和效益，为提升经济发展活力和竞争力作出贡献。

（二）基本原则。

远近结合，标本兼治。在扩大光伏发电应用的同时，控制光伏制造总产能，加快淘汰落后产能，着力推进产业结构调整和技术进步。

统筹兼顾，综合施策。统筹考虑国内外市场需求、产业供需平衡、上下游协调等因素，采取综合措施解决产业发展面临的突出问题。

市场为主，重点扶持。发挥市场机制在推动光伏产业结构调整、优胜劣汰、优化布局以及开发利用方面的基础性作用。对不同光伏企业实行区别对待，重点支持技术水平高、市场竞争力强的骨干优势企业发展，淘汰劣质企业。

协调配合，形成合力。加强政策的协调配合和行业自律，支持地方创新发展方式，调动地方、企业和消费者的积极性，共同推动光伏产业发展。

（三）发展目标。

把扩大国内市场、提高技术水平、加快产业转型升级作为促进光伏产业持续健康发展的根本出路和基本立足点，建立适应国内市场的光伏产品生产、销售和服务体系，形成有利于产业持续健康发展的法规、政策、标准体系和市场环境。2013—2015年，年均新增光伏发电装机容量1000万千瓦左右，到2015年总装机容量达到3500万千瓦以上。加快企业兼并重组，淘汰产品质量差、技术落后的生产企业，培育一批具有较强技术研发能力和市场竞争力的龙头企业。加快技术创新和产业升级，提高多晶硅等原材料自给能力和光伏电池制造技术水平，显著降低光伏发电成本，提高光伏产业竞争力。保持光伏产品在国际市场的合理份额，对外贸易和投融资合作取得新进展。

三、积极开拓光伏应用市场

（一）大力开拓分布式光伏发电市场。鼓励各类电力用户按照“自发自用，余量上网，电网调节”的方式建设分布式光伏发电系统。优先支持在用电价格较高的工商业企业、工业园区建设规模化的分布式光伏发电系统。支持在学校、医院、党政机关、事业单位、居民社区建筑和构筑物等推广小型分布式光伏发电系统。在城镇化发展过程中充分利用太阳能，结合建筑节能加强光伏发电应用，推进光伏建筑一体化建设，在新农村建设中支持光伏发电应用。依托新能源示范城市、绿色能源示范县、可再生能源建筑应用示范市（县），扩大分布式光伏发电应用，建设100个分布式光伏发电规模化应用示范区、1000个光伏发电应用示范小镇及示范村。开展适合分布式光伏发电运行特点和规模化应用的新能源智能微电网试点、示范项目建设，探索相应的电力管理体制和运行机制，形成适应分布式光伏发电发展的建设、运行和消费新体系。支持偏远地区及海岛利用光伏发电解决无电和缺电问题。鼓励在城市路灯照明、城市景观以及通讯基站、交通信号灯等领域推广分布式光伏电源。

（二）有序推进光伏电站建设。按照“合理布局、就近接入、当地消纳、有序推进”的总体思路，根据当地电力市场发展和能源结构调整需要，在落实市场消纳条件的前提下，有序推进各种类型的光伏电站建设。鼓励利用既有电网设施按多能互补方式建设光伏电站。协调光伏电站与配套电网规划和建设，保证光伏电站发电及时并网和高效利用。

（三）巩固和拓展国际市场。积极妥善应对国际贸易摩擦，推动建立公平合理的国际贸易秩序。加强对话协商，推动全球产业合作，规范光伏产品进出口秩序。鼓励光伏企业创新国际贸易方式，优化制造产地分布，在境外开展投资生产合作。鼓励企业实施“引进来”和“走出去”战略，集聚全球创新资源，促进光伏企业国际化发展。

四、加快产业结构调整和技术进步

（一）抑制光伏产能盲目扩张。严格控制新上单纯扩大产能的多晶硅、光伏电池及组件项目。光伏制造企业应拥有先进技术和较强的自主研发能力，新上光伏制造项目应满足单晶硅光伏电池转换效率不低于20%、多晶硅光伏电池转换效率不低于18%、薄膜光伏电池转换效率不低于12%，多晶硅生产综合电耗不高于100千瓦时/千克。加快淘汰能耗高、物料循环利用不完善、环保不达标的多晶硅产能，在电力净输入地区严格控制建设多晶硅项目。

（二）加快推进企业兼并重组。利用“市场倒逼”机制，鼓励企业兼并重组。加强政策引导和推动，建立健全淘汰落后产能长效机制，加快关停淘汰落后光伏产能。重点支持技术水平高、市场竞争力强的多晶硅和光伏电池制造企业发展，培育形成一批综合能耗低、物料消耗少、具有国际竞争力的多晶硅制造企业和技术研发能力强、具有自主知识产权和品牌优势的光伏电池制造企业。引导多晶硅产能向中西部能源资源优势地区聚集，鼓励多晶硅制造企业与先进化工企业合作或重组，降低综合电耗、提高副产品综合利用率。

（三）加快提高技术和装备水平。通过实施新能源集成应用工程，支持高效率晶硅电池及新型薄膜电池、电子级多晶硅、四氯化硅闭环循环装置、高端切割机、全自动丝网印刷机、平板式镀膜工艺、高纯度关键材料等的研发和产业化。提高光伏逆变器、跟踪系统、功率预测、集中监控以及智能电网等技术和装备水平，提高光伏发电的系统集成技术能力。支持企业开发硅材料生产新工艺和光伏新产品、新技术，支持骨干企业建设光伏发电工程技术研发和试验平台。支持高等院校和企业培养光伏产业相关专业人才。

（四）积极开展国际合作。鼓励企业加强国际研发合作，开展光伏产业前沿、共性技术联合研发。鼓励有条件的国内光伏企业和基地与国外研究机构、产业集群建立战略合作关系。支持有关科研院所和企业建立国际化人才引进和培养机制，重点培养创新能力强的高端专业技术人才和综合管理人才。积极参与光伏行业国际标准制定，加大自主知识产权标准体系海外推广，推动检测认证国际互认。

五、规范产业发展秩序

（一）加强规划和产业政策指导。根据光伏产业发展需要，编制实施光伏产业发展规划。各地区可根据国家光伏产业发展规划和本地区发展需要，编制实施本地区相关规划及实施方案。加强全国规划与地方规划、制造产业与发电应用、光伏发电与配套电网建设的衔接和协调。加强光伏发电规划和年度实施指导。完善光伏电站和分布式光伏发电项目建设管理制度，促进光伏发电有序发展。

（二）推进标准化体系和检测认证体系建设。建立健全光伏材料、电池及组件、系统及部件等标准体系，完善光伏发电系统及相关电网技术标准体系。制定完善适合不同气候区及建筑类型的建筑光伏应用标准体系，在城市规划、建筑设计和旧建筑改造中统筹考虑光伏发电应用。加强硅材料及硅片、光伏电池及组件、逆变器及控制设备等产品的检测和认证平台建设，健全光伏产品检测和认证体系，及时发布符合标准的光伏产品目录。开展太阳能资源观测与评价，建立太阳能信息数据库。

（三）加强市场监管和行业管理。制定完善并严格实施光伏制造行业规范条件，规范光伏市场秩序，促进落后产能退出市场，提高产业发展水平。实行光伏电池组件、逆变器、控制设备等关键产品检测认证制度，未通过检测认证的产品不准进入市场。严格执行光伏电站设备采购、设计监理和工程建设招投标制度，反对不正当竞争，禁止地方保护。完善光伏发电工程建设、运行技术岗位资质管理。加强光伏发电电网接入和运行监管。建立光伏产业发展监测体系，及时发布产业发展信息。加强对《中华人民共和国可再生能源法》及配套政策的执法监察。地方各级政府不得以征收资源使用费等名义向太阳能发电企业收取法律法规规定之外的费用。

六、完善并网管理和服务

（一）加强配套电网建设。电网企业要加强与光伏发电相适应的电网建设和改造，保障配套电网与光伏发电项目同步建成投产。积极发展融合先进储能技术、信息技术的微电网和智能电网技术，提高电网系统接纳光伏发电的能力。接入公共电网的光伏发电项目，其接网工程以及接入引起的公共电网改造部分由电网企业投资建设。接入用户侧的分布式光伏发电，接入引起的公共电网改造部分由电网企业投资建设。

（二）完善光伏发电并网运行服务。各电网企业要为光伏发电提供并网服务，优化系统调度运行，优先保障光伏发电运行，确保光伏发电项目及时并网，全额收购所发电量。简化分布式光伏发电的电网接入方式和管理程序，公布分布式光伏发电并网服务流程，建立简捷高效的并网服务体系。对分布式光伏发电项目免收系统备用容量费和相关服务费用。加强光伏发电电网接入和并网运行监管。

七、完善支持政策

（一）大力支持用户侧光伏应用。开放用户侧分布式电源建设，支持和鼓励企业、机构、社区和家庭安装、使用光伏发电系统。鼓励专业化能源服务公司与用户合作，投资建设和经营管理为用户供电的光伏发电及相关设施。对分布式光伏发电项目实行备案管理，豁免分布式光伏发电应用发电业务许可。对不需要国家资金补贴的分布式光伏发电项目，如具备接入电网运行条件，可放开规模建设。分布式光伏发电全部电量纳入全社会发电量和用电量统计，并作为地方政府和电网企业业绩考核指标。自发自用发电量不计入阶梯电价适用范围，计入地方政府和用户节能量。

（二）完善电价和补贴政策。对分布式光伏发电实行按照电量补贴的政策。根据资源条件和建设成本，制定光伏电站分区域上网标杆电价，通过招标等竞争方式发现价格和补贴标准。根据光伏发电成本变化等因素，合理调减光伏电站上网电价和分布式光伏发电补贴标准。上网电价及补贴的执行期限原则上为20年。根据光伏发电发展需要，调整可再生能源电价附加征收标准，扩大可再生能源发展基金规模。光伏发电规模与国家可再生能源发展基金规模相协调。

（三）改进补贴资金管理。严格可再生能源电价附加征收管理，保障附加资金应收尽收。完善补贴资金支付方式和程序，对光伏电站，由电网企业按照国家规定或招标确定的光伏发电上网电价与发电企业按月全额结算；对分布式光伏发电，建立由电网企业按月转付补贴资金的制度。中央财政按季度向电网企业预拨补贴资金，确保补贴资金及时足额到位。鼓励各级地方政府利用财政资金支持光伏发电应用。

（四）加大财税政策支持力度。完善中央财政资金支持光伏产业发展的机制，加大对太阳能资源测量、评价及信息系统建设、关键技术装备材料研发及产业化、标准制定及检测认证体系建设、新技术应用示范、农村和牧区光伏发电应用以及无电地区光伏发电项目建设的支持。对分布式光伏发电自发自用电量免收可再生能源电价附加等针对电量征收的政府性基金。企业研发费用符合有关条件的，可按照税法规定在计算应纳税所得额时加计扣除。企业符合条件的兼并重组，可以按照现行税收政策规定，享受税收优惠政策。

（五）完善金融支持政策。金融机构要继续实施“有保有压”的信贷政策，支持具有自主知识产权、技术先进、发展潜力大的企业做优做强，对有市场、有订单、有效益、有信誉的光伏制造企业提供信贷支持。根据光伏产业特点和企业资金运转周期，按照风险可控、商业可持续、信贷准入可达标的原则，采取灵活的信贷政策，支持优质企业正常生产经营，支持技术创新、兼并重组和境外投资等具有竞争优势的项目。创新金融产品和服务，支持中小企业和家庭自建自用分布式光伏发电系统。严禁资金流向盲目扩张产能项目和落后产能项目建设，对国家禁止建设的、不符合产业政策的光伏制造项目不予信贷支持。

（六）完善土地支持政策和建设管理。对利用戈壁荒滩等未利用土地建设光伏发电项目的，在土地规划、计划安排时予以适度倾斜，不涉及转用的，可不占用土地年度计划指标。探索采用租赁国有未利用土地的供地方式，降低工程的前期投入成本。光伏发电项目使用未利用土地的，依法办理用地审批手续后，可采取划拨方式供地。完善光伏发电项目建设管理并简化程序。

八、加强组织领导

各有关部门要根据本意见要求，按照职责分工抓紧制定相关配套文件，完善光伏发电价格、税收、金融信贷和建设用地等配套政策，确保各项任务措施的贯彻实施。各省级人民政府要加强对本地区光伏产业发展的管理，结合实际制定具体实施方案，落实政策，引导本地区光伏产业有序协调发展。健全行业组织机构，充分发挥行业组织在加强行业自律、推广先进技术和管理经验、开展统计监测和研究制定标准等方面的作用。加强产业服务，建立光伏产业监测体系，及时发布行业信息，搭建银企沟通平台，引导产业健康发展。

（此件有删减）

国家发展改革委关于印发《分布式发电管理暂行办法》的通知

发改能源〔2013〕1381号　2013年7月18日

各省、自治区、直辖市及计划单列市、新疆生产建设兵团发展改革委、能源局，华能、大唐、国电、华电、中电投集团公司，国家电网公司、南方电网公司，中广核、中节能集团公司，国家开发投资公司，中石油、中石化集团公司，中海油总公司，神华、中煤集团公司、中联煤层气公司：

为推动分布式发电应用，促进节能减排和可再生能源发展，我委组织制定了《分布式发电管理暂行办法》。现印发你们，请按照执行。

分布式发电管理暂行办法

第一章　总　　则

第一条　为推进分布式发电发展，加快可再生能源开发利用，提高能源效率，保护生态环境，根据《中华人民共和国可再生能源法》《中华人民共和国节约能源法》等规定，制定本办法。

第二条　本办法所指分布式发电，是指在用户所在场地或附近建设安装、运行方式以用户端自发自用为主、多余电量上网，且在配电网系统平衡调节为特征的发电设施或有电力输出的能量综合梯级利用多联供设施。

第三条　本办法适用于以下分布式发电方式：

（一）总装机容量5万千瓦及以下的小水电站；

（二）以各个电压等级接入配电网的风能、太阳能、生物质能、海洋能、地热能等新能源发电；

（三）除煤炭直接燃烧以外的各种废弃物发电，多种能源互补发电，余热余压余气发电、煤矿瓦斯发电等资源综合利用发电；

（四）总装机容量5万千瓦及以下的煤层气发电；

（五）综合能源利用效率高于70%且电力就地消纳的天然气热电冷联供等。

第四条　分布式发电应遵循因地制宜、清洁高效、分散布局、就近利用的原则，充分利用当地可再生能源和综合利用资源，替代和减少化石能源消费。

第五条　分布式发电在投资、设计、建设、运营等各个环节均依法实行开放、公平的市场竞争机制。分布式发电项目应符合有关管理要求，保证工程质量和生产安全。

第六条　国务院能源主管部门会同有关部门制定全国分布式发电产业政策，发布技术标准和工程规范，指导和监督各地区分布式发电的发展规划、建设和运行的管理工作。

第二章　资源评价和综合规划

第七条　发展分布式发电的领域包括：

（一）各类企业、工业园区、经济开发区等；

（二）政府机关和事业单位的建筑物或设施；

（三）文化、体育、医疗、教育、交通枢纽等公共建筑物或设施；

（四）商场、宾馆、写字楼等商业建筑物或设施；

（五）城市居民小区、住宅楼及独立的住宅建筑物；

（六）农村地区村庄和乡镇；

（七）偏远农牧区和海岛；

（八）适合分布式发电的其他领域。

第八条　目前适用于分布式发电的技术包括：

（一）小水电发供用一体化技术；

（二）与建筑物结合的用户侧光伏发电技术；

（三）分散布局建设的并网型风电、太阳能发电技术；

（四）小型风光储等多能互补发电技术；

（五）工业余热余压余气发电及多联供技术；

（六）以农林剩余物、畜禽养殖废弃物、有机废水和生活垃圾等为原料的气化、直燃和沼气发电及多联供技术；

（七）地热能、海洋能发电及多联供技术；

（八）天然气多联供技术、煤层气（煤矿瓦斯）发电技术；

（九）其他分布式发电技术。

第九条　省级能源主管部门会同有关部门，对可用于分布式发电的资源进行调查评价，为分布式发电规划编制和项目建设提供科学依据。

第十条　省级能源主管部门会同有关部门，根据各种可用于分布式发电的资源情况和当地用能需求，编制本省、自治区、直辖市分布式发电综合规划，明确分布式发电各重点领域的发展目标、建设规模和总体布局等，报国务院能源主管部门备案。

第十一条　分布式发电综合规划应与经济社会发展总体规划、城市规划、天然气管网规划、配电网建设规划和无电地区电力建设规划等相衔接。

第三章　项目建设和管理

第十二条　鼓励企业、专业化能源服务公司和包括个人在内的各类电力用户投资建设并经营分布式发电项目，豁免分布式发电项目发电业务许可。

第十三条　各省级投资主管部门和能源主管部门组织实施本地区分布式发电建设。依据简化程序、提高效率的原则，实行分级管理。

第十四条　国务院能源主管部门组织分布式发电示范项目建设，推动分布式发电发展和管理方式创新，促进技术进步和产业化。

第四章　电网接入

第十五条　国务院能源主管部门会同有关方面制定分布式发电接入配电网的技术标准、工程规范和相关管理办法。

第十六条　电网企业负责分布式发电外部接网设施以及由接入引起公共电网改造部分的投资建设，并为分布式发电提供便捷、及时、高效的接入电网服务，与投资经营分布式发电设施的项目单位（或个体经营者、家庭用户）签订并网协议和购售电合同。

第十七条　电网企业应制定分布式发电并网工作流程，以城市或县为单位设立并公布接受分布式发电投资人申报的地点及联系方式，提高服务效率，保证无障碍接入。

对于以35千伏及以下电压等级接入配电网的分布式发电，电网企业应按专门设置的简化流程办理并网申请，并提供咨询、调试和并网验收等服务。

对于小水电站和以35千伏以上电压等级接入配

电网的分布式发电，电网企业应根据其接入方式、电量使用范围，本着简便和及时高效的原则做好并网管理，提供相关服务。

第十八条　鼓励结合分布式发电应用建设智能电网和微电网，提高分布式能源的利用效率和安全稳定运行水平。

第十九条　国务院能源主管部门派出机构负责建立分布式发电监管和并网争议解决机制，切实保障各方权益。

第五章　运行管理

第二十条　分布式发电有关并网协议、购售电合同的执行及多余上网电量的收购、调剂等事项，由国务院能源主管部门派出机构会同省级能源主管部门协调，或委托下级部门协调。

分布式发电如涉及供电营业范围调整，由国务院能源土管部门派出机构会同省级能源土管部门根据相关法律法规予以明确。

第二十一条　分布式发电以自发自用为主，多余电量上网，电网调剂余缺。采用双向计量电量结算或净电量结算的方式，并可考虑峰谷电价因素。结算周期在合同中商定，原则上按月结算。电网企业应保证分布式发电多余电量的优先上网和全额收购。

第二十二条　国务院能源主管部门派出机构会同省级能源主管部门组织建立分布式发电的监测、统计、信息交换和信息公开等体系，可委托电网企业承担有关信息统计工作，分布式发电项目单位（或个体经营者、家庭用户）应配合提供有关信息。

第二十三条　分布式发电投资方要建立健全运行管理规章制度。包括个人和家庭用户在内的所有投资方，均有义务在电网企业的指导下配合或参与运行维护，保障项目安全可靠运行。

第二十四条　分布式发电设施并网接入点应安装电能计量装置，满足上网电量的结算需要。电网企业负责对电能计量进行管理。

分布式发电在运行过程中应保存完整的能量输出和燃料消耗计量数据。

第二十五条　拥有分布式发电设施的项目单位、个人及家庭用户应接受能源主管部门及相关部门的监督检查，如实提供包括原始数据在内的运行记录。

第二十六条　分布式发电应满足有关发电、供电质量要求，运行管理应满足有关技术、管理规定和规程规范要求。

电网及电力运行管理机构应优先保障分布式发电正常运行。具备条件的分布式发电在紧急情况下应接受并服从电力运行管理机构的应急调度。

第六章　政策保障及措施

第二十七条　根据有关法律法规及政策规定，对符合条件的分布式发电给予建设资金补贴或单位发电量补贴。建设资金补贴方式仅限于电力普遍服务范围。享受建设资金补贴的，不再给予单位发电量补贴。

享受补贴的分布式发电包括风力发电、太阳能发电、生物质发电、地热发电、海洋能发电等新能源发电。其他分布式发电的补贴政策按相关规定执行。

第二十八条　对农村、牧区、偏远地区和海岛的分布式发电，以及分布式发电的科学技术研究、标准制定和示范工程，国家给予资金支持。

第二十九条　加强科学技术普及和舆论宣传工作，营造有利于加快发展分布式发电的社会氛围。

第七章　附　　则

第三十条　各省级能源主管部门会同国务院能源主管部门派出机构及价格、财政等主管部门，根据本办法制定分布式发电管理实施细则。

第三十一条　本办法自发布之日起施行。

2014 年

中共中央 国务院印发《关于全面深化农村改革加快推进农业现代化的若干意见》

2014 年 1 月 19 日

2013 年，农业农村发展持续向好、稳中有进，粮食生产再创历史新高，城乡居民收入差距继续缩小，农村改革向纵深推进，农村民生有新的改善，农村社会保持和谐稳定。

我国经济社会发展正处在转型期，农村改革发展面临的环境更加复杂、困难挑战增多。工业化信息化城镇化快速发展对同步推进农业现代化的要求更为紧迫，保障粮食等重要农产品供给与资源环境承载能力的矛盾日益尖锐，经济社会结构深刻变化对创新农村社会管理提出了亟待破解的课题。必须全面贯彻落实党的十八大和十八届三中全会精神，进一步解放思想，稳中求进，改革创新，坚决破除体制机制弊端，坚持农业基础地位不动摇，加快推进农业现代化。

全面深化农村改革，要坚持社会主义市场经济改革方向，处理好政府和市场的关系，激发农村经济社会活力；要鼓励探索创新，在明确底线的前提下，支持地方先行先试，尊重农民群众实践创造；要因地制宜、循序渐进，不搞“一刀切”、不追求一步到位，允许采取差异性、过渡性的制度和政策安排；要城乡统筹联动，赋予农民更多财产权利，推进城乡要素平等交换和公共资源均衡配置，让农民平等参与现代化进程、共同分享现代化成果。

推进中国特色农业现代化，要始终把改革作为根本动力，立足国情农情，顺应时代要求，坚持家庭经营为基础与多种经营形式共同发展，传统精耕细作与现代物质技术装备相辅相成，实现高产高效与资源生态永续利用协调兼顾，加强政府支持保护与发挥市场配置资源决定性作用功能互补。要以解决好地怎么种为导向加快构建新型农业经营体系，以解决好地少水缺的资源环境约束为导向深入推进农业发展方式转变，以满足吃得好吃得安全为导向大力发展优质安全农产品，努力走出一条生产技术先进、经营规模适度、市场竞争力强、生态环境可持续的中国特色新型农业现代化道路。

2014年及今后一个时期，农业农村工作要以邓小平理论、“三个代表”重要思想、科学发展观为指导，按照稳定政策、改革创新、持续发展的总要求，力争在体制机制创新上取得新突破，在现代农业发展上取得新成就，在社会主义新农村建设上取得新进展，为保持经济社会持续健康发展提供有力支撑。

一、完善国家粮食安全保障体系

1. 抓紧构建新形势下的国家粮食安全战略。把饭碗牢牢端在自己手上，是治国理政必须长期坚持的基本方针。综合考虑国内资源环境条件、粮食供求格局和国际贸易环境变化，实施以我为主、立足国内、确保产能、适度进口、科技支撑的国家粮食安全战略。任何时候都不能放松国内粮食生产，严守耕地保护红线，划定永久基本农田，不断提升农业综合生产能力，确保谷物基本自给、口粮绝对安全。更加积极地利用国际农产品市场和农业资源，有效调剂和补充国内粮食供给。在重视粮食数量的同时，更加注重品质和质量安全；在保障当期供给的同时，更加注重农业可持续发展。加大力度落实“米袋子”省长负责制，进一步明确中央和地方的粮食安全责任与分工，主销区也要确立粮食面积底线、保证一定的口粮自给率。增强全社会节粮意识，在生产流通消费全程推广节粮减损设施和技术。

2. 完善粮食等重要农产品价格形成机制。继续坚持市场定价原则，探索推进农产品价格形成机制与政府补贴脱钩的改革，逐步建立农产品目标价格制度，在市场价格过高时补贴低收入消费者，在市场价格低于目标价格时按差价补贴生产者，切实保证农民收益。2014年，启动东北和内蒙古大豆、新疆棉花目标价格补贴试点，探索粮食、生猪等农产品目标价格保险试点，开展粮食生产规模经营主体营销贷款试点。继续执行稻谷、小麦最低收购价政策和玉米、油菜籽、食糖临时收储政策。

3. 健全农产品市场调控制度。综合运用储备吞吐、进出口调节等手段，合理确定不同农产品价格波动调控区间，保障重要农产品市场基本稳定。科学确定重要农产品储备功能和规模，强化地方尤其是主销区的储备责任，优化区域布局和品种结构。完善中央储备粮管理体制，鼓励符合条件的多元市场主体参与大宗农产品政策性收储。健全“菜篮子”市长负责制考核激励机制，完善生猪市场价格调控体系，抓好牛羊肉生产供应。进一步开展国家对农业大县的直接统计调查。编制发布权威性的农产品价格指数。

4. 合理利用国际农产品市场。抓紧制定重要农产品国际贸易战略，加强进口农产品规划指导，优化进口来源地布局，建立稳定可靠的贸易关系。有关部门要密切配合，加强进出境动植物检验检疫，打击农产品进出口走私行为，保障进口农产品质量安全和国内产业安全。加快实施农业走出去战略，培育具有国际竞争力的粮棉油等大型企业。支持到境外特别是与周边国家开展互利共赢的农业生产和进出口合作。鼓励金融机构积极创新为农产品国际贸易和农业走出去服务的金融品种和方式。探索建立农产品国际贸易基金和海外农业发展基金。

5. 强化农产品质量和食品安全监管。建立最严格的覆盖全过程的食品安全监管制度，完善法律法规和标准体系，落实地方政府属地管理和生产经营主体责任。支持标准化生产、重点产品风险监测预警、食品追溯体系建设，加大批发市场质量安全检验检测费用补助力度。加快推进县乡食品、农产品质量安全检测体系和监管能力建设。严格农业投入品管理，大力开展园艺作物标准园、畜禽规模化养殖、水产健康养殖等创建活动。完善农产品质量和食品安全工作考核评价制度，开展示范市、县创建试点。

二、强化农业支持保护制度

6. 健全“三农”投入稳定增长机制。完善财政支农政策，增加“三农”支出。公共财政要坚持把

“三农”作为支出重点，中央基建投资继续向“三农”倾斜，优先保证“三农”投入稳定增长。拓宽“三农”投入资金渠道，充分发挥财政资金引导作用，通过贴息、奖励、风险补偿、税费减免等措施，带动金融和社会资金更多投入农业农村。

7. 完善农业补贴政策。按照稳定存量、增加总量、完善方法、逐步调整的要求，积极开展改进农业补贴办法的试点试验。继续实行种粮农民直接补贴、良种补贴、农资综合补贴等政策，新增补贴向粮食等重要农产品、新型农业经营主体、主产区倾斜。在有条件的地方开展按实际粮食播种面积或产量对生产者补贴试点，提高补贴精准性、指向性。加大农机购置补贴力度，完善补贴办法，继续推进农机报废更新补贴试点。强化农业防灾减灾稳产增产关键技术补助。继续实施畜牧良种补贴政策。

8. 加快建立利益补偿机制。加大对粮食主产区的财政转移支付力度，增加对商品粮生产大省和粮油猪生产大县的奖励补助，鼓励主销区通过多种方式到主产区投资建设粮食生产基地，更多地承担国家粮食储备任务，完善粮食主产区利益补偿机制。支持粮食主产区发展粮食加工业。降低或取消产粮大县直接用于粮食生产等建设项目资金配套。完善森林、草原、湿地、水土保持等生态补偿制度，继续执行公益林补偿、草原生态保护补助奖励政策，建立江河源头区、重要水源地、重要水生态修复治理区和蓄滞洪区生态补偿机制。支持地方开展耕地保护补偿。

9. 整合和统筹使用涉农资金。稳步推进从财政预算编制环节清理和归并整合涉农资金。支持黑龙江省进行涉农资金整合试点，在认真总结经验基础上，推动符合条件的地方开展涉农资金整合试验。改革项目审批制度，创造条件逐步下放中央和省级涉农资金项目审批权限。改革项目管理办法，加快项目实施和预算执行，切实提高监管水平。加强专项扶贫资金监管，强化省、市两级政府对资金和项目的监督责任，县级政府切实管好用好扶贫资金。盘活农业结余资金和超规定期限的结转资金，由同级预算统筹限时用于农田水利等建设。

10. 完善农田水利建设管护机制。深化水利工程管理体制改革，加快落实灌排工程运行维护经费财政补助政策。开展农田水利设施产权制度改革和创新运行管护机制试点，落实小型水利工程管护主体、责任和经费。通过以奖代补、先建后补等方式，探索农田水利基本建设新机制。深入推进农业水价综合改革。加大各级政府水利建设投入，落实和完善土地出让收益计提农田水利资金政策，提高水资源费征收标准、加大征收力度。完善大中型水利工程建设征地补偿政策。谋划建设一批关系国计民生的重大水利工程，加强水源工程建设和雨洪水资源化利用，启动实施全国抗旱规划，提高农业抗御水旱灾害能力。实施全国高标准农田建设总体规划，加大投入力度，规范建设标准，探索监管维护机制。

11. 推进农业科技创新。深化农业科技体制改革，对具备条件的项目，实施法人责任制和专员制，推行农业领域国家科技报告制度。明晰和保护财政资助科研成果产权，创新成果转化机制，发展农业科技成果托管中心和交易市场。采取多种方式，引导和支持科研机构与企业联合研发。加大农业科技创新平台基地建设和技术集成推广力度，推动发展国家农业科技园区协同创新战略联盟，支持现代农业产业技术体系建设。加强以分子育种为重点的基础研究和生物技术开发，建设以农业物联网和精准装备为重点的农业全程信息化和机械化技术体系，推进以设施农业和农产品精深加工为重点的新兴产业技术研发，组织重大农业科技攻关。继续开展高产创建，加大农业先进适用技术推广应用和农民技术培训力度。发挥现代农业示范区的引领作用。加强农用航空建设。将农业作为财政科技投入优先领域，引导金融信贷、风险投资等进入农业科技创新领域。推行科技特派员制度，发挥高校在农业科研和农技推广中的作用。

12. 加快发展现代种业和农业机械化。建立以企业为主体的育种创新体系，推进种业人才、资源、技术向企业流动，做大做强育繁推一体化种子企业，培育推广一批高产、优质、抗逆、适应机械化生产的突破性新品种。推行种子企业委托经营制度，强化种子全程可追溯管理。加快推进大田作物生产全程机械化，主攻机插秧、机采棉、甘蔗机收等薄弱环节，实现作物品种、栽培技术和机械装备的集成配套。积极发展农机作业、维修、租赁等社会化服务，支持发展农机合作社等服务组织。

13. 加强农产品市场体系建设。着力加强促进农产品公平交易和提高流通效率的制度建设，加快制定全国农产品市场发展规划，落实部门协调机制，加强以大型农产品批发市场为骨干、覆盖全国的市场流通网络建设，开展公益性农产品批发市场建设试点。健全大宗农产品期货交易品种体系。加快发展主产区大宗农产品现代化仓储物流设施，完善鲜活农产品冷链物流体系。支持产地小型农产品收集市场、集配中心建设。完善农村物流服务体系，推进农产品现代流通综合示范区创建，加快邮政系统服务“三农”综合平台建设。实施粮食收储、供应安全保障工程。启动农村流通设施和农产品批发市场信息化提升工程，加强农产品电子商务平台建设。加快清除农产品市场壁垒。

三、建立农业可持续发展长效机制

14. 促进生态友好型农业发展。落实最严格的耕地保护制度、节约集约用地制度、水资源管理制度、环境保护制度，强化监督考核和激励约束。分区域规模化推进高效节水灌溉行动。大力推进机械化深松整地和秸秆还田等综合利用，加快实施土壤有机质提升补贴项目，支持开展病虫害绿色防控和病死畜禽无害化处理。加大农业面源污染防治力度，支持高效肥和低残留农药使用、规模养殖场畜禽粪便资源化利用、新型农业经营主体使用有机肥、推广高标准农膜和残膜回收等试点。

15. 开展农业资源休养生息试点。抓紧编制农业环境突出问题治理总体规划和农业可持续发展规划。启动重金属污染耕地修复试点。从2014年开始，继续在陡坡耕地、严重沙化耕地、重要水源地实施退耕还林还草。开展华北地下水超采漏斗区综合治理、湿地生态效益补偿和退耕还湿试点。通过财政奖补、结构调整等综合措施，保证修复区农民总体收入水平不降低。

16. 加大生态保护建设力度。抓紧划定生态保护红线。继续实施天然林保护、京津风沙源治理二期等林业重大工程。在东北、内蒙古重点国有林区，进行停止天然林商业性采伐试点。推进林区森林防火设施建设和矿区植被恢复。完善林木良种、造林、森林抚育等林业补贴政策。加强沙化土地封禁保护。加大天然草原退牧还草工程实施力度，启动南方草地开发利用和草原自然保护区建设工程。支持饲草料基地的品种改良、水利建设、鼠虫害和毒草防治。加大海洋生态保护力度，加强海岛基础设施建设。严格控制渔业捕捞强度，继续实施增殖放流和水产养殖生态环境修复补助政策。实施江河湖泊综合整治、水土保持重点建设工程，开展生态清洁小流域建设。

四、深化农村土地制度改革

17. 完善农村土地承包政策。稳定农村土地承包关系并保持长久不变，在坚持和完善最严格的耕地保护制度前提下，赋予农民对承包地占有、使用、收益、流转及承包经营权抵押、担保权能。在落实农村土地集体所有权的基础上，稳定农户承包权、放活土地经营权，允许承包土地的经营权向金融机构抵押融资。有关部门要抓紧研究提出规范的实施办法，建立配套的抵押资产处置机制，推动修订相关法律法规。切实加强组织领导，抓紧抓实农村土地承包经营权确权登记颁证工作，充分依靠农民群众自主协商解决工作中遇到的矛盾和问题，可以确权确地，也可以确权确股不确地，确权登记颁证工作经费纳入地方财政预算，中央财政给予补助。稳定和完善草原承包经营制度，2015年基本完成草原确权承包和基本草原划定工作。切实维护妇女的土地承包权益。加强农村经营管理体系建设。深化农村综合改革，完善集体林权制度改革，健全国有林区经营管理体制，继续推进国有农场办社会职能改革。

18. 引导和规范农村集体经营性建设用地入市。在符合规划和用途管制的前提下，允许农村集体经营性建设用地出让、租赁、入股，实行与国有土地同等入市、同权同价，加快建立农村集体经营性建设用地产权流转和增值收益分配制度。有关部门要尽快提出具体指导意见，并推动修订相关法律法规。各地要按照中央统一部署，规范有序推进这项工作。

19. 完善农村宅基地管理制度。改革农村宅基地制度，完善农村宅基地分配政策，在保障农户宅基地用益物权前提下，选择若干试点，慎重稳妥推进农民住房财产权抵押、担保、转让。有关部门要抓紧提出具体试点方案，各地不得自行其是、抢跑越线。完善城乡建设用地增减挂钩试点工作，切实保证耕地数量不减少、质量有提高。加快包括农村宅基地在内的农村地籍调查和农村集体建设用地使用权确权登记颁证工作。

20. 加快推进征地制度改革。缩小征地范围，规范征地程序，完善对被征地农民合理、规范、多元保障机制。抓紧修订有关法律法规，保障农民公平分享土地增值收益，改变对被征地农民的补偿办法，除补偿农民被征收的集体土地外，还必须对农民的住房、社保、就业培训给予合理保障。因地制宜采取留地安置、补偿等多种方式，确保被征地农民长期受益。提高森林植被恢复费征收标准。健全征地争议调处裁决机制，保障被征地农民的知情权、参与权、申诉权、监督权。

五、构建新型农业经营体系

21. 发展多种形式规模经营。鼓励有条件的农户流转承包土地的经营权，加快健全土地经营权流转市场，完善县乡村三级服务和管理网络。探索建立工商企业流转农业用地风险保障金制度，严禁农用地非农化。有条件的地方，可对流转土地给予奖补。土地流转和适度规模经营要尊重农民意愿，不能强制推动。

22. 扶持发展新型农业经营主体。鼓励发展专业合作、股份合作等多种形式的农民合作社，引导规范运行，着力加强能力建设。允许财政项目资金直接投向符合条件的合作社，允许财政补助形成的资产转交合作社持有和管护，有关部门要建立规范透明的管理制度。推进财政支持农民合作社创新试点，引导发展农民专业合作社联合社。按照自愿原则开展家庭农场登记。鼓励发展混合所有制农业产业化龙头企业，推动集群发展，密切与农户、农民合作社的利益联结关系。在国家年度建设用地指标中单列一定比例专门用于新型农业经营主体建设配套辅助设施。鼓励地方政府和民间出资设立融资性担保公司，为新型农业经营主体提供贷款担保服务。加大对新型职业农民和新型农业经营主体领办人的教育培训力度。落实和完善相关税收优惠政策，支持农民合作社发展农产品加工流通。

23. 健全农业社会化服务体系。稳定农业公共服务机构，健全经费保障、绩效考核激励机制。采取财政扶持、税费优惠、信贷支持等措施，大力发展主体多元、形式多样、竞争充分的社会化服务，推行合作式、订单式、托管式等服务模式，扩大农业生产全程社会化服务试点范围。通过政府购买服务等方式，支持具有资质的经营性服务组织从事农业公益性服务。扶持发展农民用水合作组织、防汛抗旱专业队、专业技术协会、农民经纪人队伍。完善农村基层气象防灾减灾组织体系，开展面向新型农业经营主体的直通式气象服务。

24. 加快供销合作社改革发展。发挥供销合作社扎根农村、联系农民、点多面广的优势，积极稳妥开展供销合作社综合改革试点。按照改造自我、服务农民的要求，创新组织体系和服务机制，努力把供销合作社打造成为农民生产生活服务的生力军和综合平台。支持供销合作社加强新农村现代流通网络和农产品批发市场建设。

六、加快农村金融制度创新

25. 强化金融机构服务“三农”职责。稳定大中型商业银行的县域网点，扩展乡镇服务网络，根据自身业务结构和特点，建立适应“三农”需要的专门机构和独立运营机制。强化商业金融对“三农”和县域小微企业的服务能力，扩大县域分支机构业务授权，不断提高存贷比和涉农贷款比例，将涉农信贷投放情况纳入信贷政策导向效果评估和综合考评体系。稳步扩大农业银行三农金融事业部改革试点。鼓励邮政储蓄银行拓展农村金融业务。支持农业发展银行开展农业开发和农村基础设施建设中长期贷款业务，建立差别监管体制。增强农村信用社支农服务功能，保持县域法人地位长期稳定。积极发展村镇银行，逐步实现县市全覆盖，符合条件的适当调整主发起行与其他股东的持股比例。支持由社会资本发起设立服务“三农”的县域中小型银行和金融租赁公司。对小额贷款公司，要拓宽融资渠道，完善管理政策，加快接入征信系统，发挥支农支小作用。支持符合条件的农业企业在主板、创业板发行上市，督促上市农业企业改善治理结构，引导暂不具备上市条件的高成长性、创新型农业企业到全国中小企业股份转让系统进行股权公开挂牌与转让，推动证券期货经营机构开发适合“三农”的个性化产品。

26. 发展新型农村合作金融组织。在管理民主、运行规范、带动力强的农民合作社和供销合作社基础上，培育发展农村合作金融，不断丰富农村地区金融机构类型。坚持社员制、封闭性原则，在不对外吸储放贷、不支付固定回报的前提下，推动社区性农村资金互助组织发展。完善地方农村金融管理体制，明确地方政府对新型农村合作金融监管职责，鼓励地方建立风险补偿基金，有效防范金融风险。适时制定农村合作金融发展管理办法。

27. 加大农业保险支持力度。提高中央、省级财政对主要粮食作物保险的保费补贴比例，逐步减少或取消产粮大县县级保费补贴，不断提高稻谷、小麦、玉米三大粮食品种保险的覆盖面和风险保障水平。鼓励保险机构开展特色优势农产品保险，有条件的地方提供保费补贴，中央财政通过以奖代补等方式予以支持。扩大畜产品及森林保险范围和覆盖区域。鼓励开展多种形式的互助合作保险。规范农业保险大灾风险准备金管理，加快建立财政支持的农业保险大灾风险分散机制。探索开办涉农金融领域的贷款保证保险和信用保险等业务。

七、健全城乡发展一体化体制机制

28. 开展村庄人居环境整治。加快编制村庄规划，推行以奖促治政策，以治理垃圾、污水为重点，改善村庄人居环境。实施村内道路硬化工程，加强村内道路、供排水等公用设施的运行管护，有条件的地方建立住户付费、村集体补贴、财政补助相结合的管护经费保障制度。制定传统村落保护发展规划，抓紧把有历史文化等价值的传统村落和民居列入保护名录，切实加大投入和保护力度。提高农村饮水安全工程建设标准，加强水源地水质监测与保护，有条件的地方推进城镇供水管网向农村延伸。以西部和集中连片特困地区为重点加快农村公路建设，加强农村公路养护和安全管理，推进城乡道路客运一体化。因地制宜发展户用沼气和规模化沼气。在地震高风险区实施农村民居地震安全工程。加快农村互联网基础设施建设，推进信息进村入户。

29. 推进城乡基本公共服务均等化。加快改善农村义务教育薄弱学校基本办学条件，适当提高农村义务教育生均公用经费标准。大力支持发展农村学前教育。落实中等职业教育国家助学政策，紧密结合市场需求，加强农村职业教育和技能培训。支持和规范农村民办教育。提高重点高校招收农村学生比例。有效整合各类农村文化惠民项目和资源，推动县乡公共文化体育设施和服务标准化建设。深化农村基层医疗卫生机构综合改革，实施中西部全科医生特岗计划。继续提高新型农村合作医疗的筹资标准和保障水平，完善重大疾病保险和救助制度，推动基本医疗保险制度城乡统筹。稳定农村计划生育网络和队伍，开展城乡计生卫生公共服务均等化试点。整合城乡居民基本养老保险制度，逐步建立基础养老金标准正常调整机制，加快构建农村社会养老服务体系。加强农村最低生活保障的规范管理。开展农村公共服务标准化试点工作。着力创新扶贫开发工作机制，改进对国家扶贫开发工作重点县的考核办法，提高扶贫精准度，抓紧落实扶贫开发重点工作。

30. 加快推动农业转移人口市民化。积极推进户籍制度改革，建立城乡统一的户口登记制度，促进有能力在城镇合法稳定就业和生活的常住人口有序实现市民化。全面实行流动人口居住证制度，逐步推进居住证持有人享有与居住地居民相同的基本公共服务，保障农民工同工同酬。鼓励各地从实际出发制定相关政策，解决好辖区内农业转移人口在本地城镇的落户问题。

八、改善乡村治理机制

31. 加强农村基层党的建设。深入开展党的群众路线教育实践活动，推动农村基层服务型党组织建设。进一步加强农民合作社、专业技术协会等的党建工作，创新和完善组织设置，理顺隶属关系。加强农村基层党组织带头人队伍和党员队伍建设，提升村干部“一定三有”保障水平。总结宣传农村基层干部先进典型，树立正确舆论导向。加强城乡基层党建资源整合，建立稳定的村级组织运转经费保障制度。加强农村党风廉政建设，强化农村基层干部教育管理和监督，改进农村基层干部作风，坚决查处和纠正涉农领域侵害群众利益的腐败问题和加重农民负担行为。

32. 健全基层民主制度。强化党组织的领导核心作用，巩固和加强党在农村的执政基础，完善和创新村民自治机制，充分发挥其他社会组织的积极功能。深化乡镇行政体制改革，完善乡镇政府功能。深入推进村务公开、政务公开和党务公开，实现村民自治制度化和规范化。探索不同情况下村民自治的有效实现形式，农村社区建设试点单位和集体土地所有权在村民小组的地方，可开展以社区、村民小组为基本单元的村民自治试点。

33. 创新基层管理服务。按照方便农民群众生产生活、提高公共资源配置效率的原则，健全农村基层管理服务体系。推动农村集体产权股份合作制改革，保障农民集体经济组织成员权利，赋予农民对落实到户的集体资产股份占有、收益、有偿退出及抵押、担保、继承权，建立农村产权流转交易市场，加强农村集体资金、资产、资源管理，提高集体经济组织资产运营管理水平，发展壮大农村集体经济。扩大小城镇对农村基本公共服务供给的有效覆盖，统筹推进农村基层公共服务资源有效整合和设施共建共享，有条件的地方稳步推进农村社区化管理服务。总结推广“枫桥经验”，创新群众工作机制。深入推进农村精神文明建设，倡导移风易俗，培养良好道德风尚，提高农民综合素质。加强对农村留守儿童、留守妇女、留守老年人的关爱和服务。发展农村残疾人事业。健全农村治安防控体系，充分发挥司法调解、人民调解的作用，维护农村社会和谐安定。

各级党委和政府要切实加强对“三农”工作的领导，把握好农村改革的方向和节奏，谋划好农业农村发展的思路和方法，落实好党在农村的各项方针和政策。各级党政干部要真正了解农民群众的诉求和期盼，真心实意解决农民群众生产生活中的实际问题。进一步加强党委农村工作综合部门建设，强化统筹协调、决策服务等职能。加强对农村改革试验区工作的指导，加大改革放权和政策支持力度，充实试验内容，完善工作机制，及时总结推广成功经验。

让我们紧密团结在以习近平同志为总书记的党中央周围，积极进取，锐意创新，力求农村改革发展取得新突破新进展。

2015 年

财政部关于印发《可再生能源发展专项资金管理暂行办法》的通知

财建〔2015〕87 号　2015 年 4 月 2 日

各省、自治区、直辖市、计划单列市财政厅（局），新疆生产建设兵团财务局：

为促进可再生能源开发利用，优化能源结构，保障能源安全，根据《中华人民共和国预算法》《中华人民共和国可再生能源法》等相关法律法规以及党的十八届三中全会关于深化财税体制改革的具体要求，我部制定了《可再生能源发展专项资金管理暂行办法》。现予印发，请遵照执行。

可再生能源发展专项资金管理暂行办法

第一条　为规范和加强可再生能源发展专项资金管理，提高资金使用效益，根据《中华人民共和国预算法》《中华人民共和国可再生能源法》等有关法律法规规定，制定本办法。

第二条　可再生能源发展专项资金，是指通过中央财政预算安排，用于支持可再生能源和新能源开发利用的专项资金。

第三条　可再生能源发展专项资金实行专款专用，专项管理。

第四条　可再生能源发展专项资金由财政部会同有关部门管理。

第五条　财政部主要职责如下：

（一）会同相关部门制定可再生能源发展专项资金管理制度以及相关配套文件；

（二）负责可再生能源发展专项资金预算编制和下达；

（三）监督检查资金使用情况，组织开展绩效评价。

第六条　国务院有关部门主要职责如下：

（一）按照有关法律规定，制定可再生能源和新能源相关行业工作方案；

（二）会同财政部门组织实施可再生能源和新能源开发利用工作；

（三）负责监督检查可再生能源和新能源开发利用工作执行及完成情况。

第七条　地方财政和相关主管部门主要职责如下：

（一）落实地方扶持政策措施及应承担的专项资金，制定具体操作规程；

（二）组织可再生能源发展专项资金申报，核实并提供相关材料；

（三）按规定管理可再生能源发展专项资金，对相关工作实施、任务完成以及资金使用情况进行监督检查。

第八条　可再生能源发展专项资金重点支持范围：

（一）可再生能源和新能源重点关键技术示范推广和产业化示范；

（二）可再生能源和新能源规模化开发利用及能力建设；

（三）可再生能源和新能源公共平台建设；

（四）可再生能源、新能源等综合应用示范；

（五）其他经国务院批准的有关事项。

第九条　由财政部会同有关部门组织地方和中央部门申请可再生能源发展专项资金，具体办法另行制定。

第十条　可再生能源发展专项资金根据项目任务、特点等情况采用奖励、补助、贴息等方式支持并下达地方或纳入中央部门预算。

第十一条　资金分配结合可再生能源和新能源相关工作性质、目标、投资成本以及能源资源综合利用水平等因素，主要采用竞争性分配、因素法分配和据实结算等方式。对据实结算项目，主要采用先预拨、后清算的资金拨付方式。

第十二条　项目实施过程中，因实施环境和条件发生重大变化需要调整时，应按规定程序上报财政部和有关部门，经批准后执行。

第十三条　资金支付应按照国库集中支付制度有关规定执行。涉及政府采购的，应按照政府采购有关法律制度规定执行。

第十四条　省级财政部门会同有关部门按照职责分工，将本年度可再生能源发展专项资金安排使用及其项目实施情况及时报财政部和有关部门备案。

第十五条　财政部会同有关部门对可再生能源发展专项资金使用情况进行监督检查和绩效考评。

第十六条　任何单位或个人不得截留、挪用可再生能源发展专项资金。对违反规定，骗取、截留、挪用可再生能源发展专项资金的，依照《财政违法行为处罚处分条例》等国家有关规定进行处理。涉嫌犯罪的，依法移送司法机关处理。

第十七条　本办法由财政部商有关部门按职责分工负责解释。

第十八条　本办法自发布之日起施行。《财政部关于印发〈可再生能源发展专项资金管理暂行办法〉的通知》（财建〔2006〕237号）、《财政部关于印发〈生物能源和生物化工非粮引导奖励资金管理暂行办法〉的通知》（财建〔2007〕282号）、《财政部关于印发〈生物能源和生物化工原料基地补助资金管理暂行办法〉的通知》（财建〔2007〕435号）、《财政部关于印发〈生物燃料乙醇弹性补贴财政财务管理办法〉的通知》（财建〔2007〕724号）、《财政部关于印发〈秸秆能源化利用补助资金暂行办法〉的通知》

（财建〔2008〕735 号）、《财政部关于印发〈太阳能光电建筑应用财政补助资金管理暂行办法〉的通知》（财建〔2009〕129 号）、《财政部 科技部 国家能源局关于实施金太阳示范工程的通知》（财建〔2009〕397 号）、《财政部 国家能源局 农业部关于印发〈绿色能源示范县建设补助资金管理暂行办法〉的通知》（财建〔2011〕113 号）同时废止。

农业部关于打好农业面源污染防治攻坚战的实施意见

农科教发〔2015〕1 号　2015 年 4 月 10 日

各省、自治区、直辖市及计划单列市农业（农牧、农村经济）、农机、畜牧、兽医、农垦、农产品加工、渔业厅（局、委、办），新疆生产建设兵团农业局：

加强农业面源污染治理，是转变农业发展方式、推进现代农业建设、实现农业可持续发展的重要任务。习近平总书记指出，农业发展不仅要杜绝生态环境欠新账，而且要逐步还旧账，要打好农业面源污染治理攻坚战。李克强总理提出，要坚决把资源环境恶化势头压下来，让透支的资源环境得到休养生息。2015 年中央 1 号文件对“加强农业生态治理”作出专门部署，强调要加强农业面源污染治理。今年政府工作报告也提出了加强农业面源污染治理的重大任务。为贯彻落实好党中央、国务院一系列部署要求，坚决打好农业面源污染防治攻坚战，加快推进农业生态文明建设，不断提升农业可持续发展支撑能力，促进农业农村经济又好又快发展，提出如下意见。

一、打好农业面源污染防治攻坚战的总体要求

（一）深刻认识打好农业面源污染防治攻坚战的重要意义。农业资源环境是农业生产的物质基础，也是农产品质量安全的源头保障。随着人口增长、膳食结构升级和城镇化不断推进，我国农产品需求持续刚性增长，对保护农业资源环境提出了更高要求。目前，我国农业资源环境遭受着外源性污染和内源性污染的双重压力，已成为制约农业健康发展的瓶颈约束。一方面，工业和城市污染向农业农村转移排放，农产品产地环境质量堪忧；另一方面，化肥、农药等农业投入品过量使用，畜禽粪便、农作物秸秆和农田残膜等农业废弃物不合理处置，导致农业面源污染日益严重，加剧了土壤和水体污染风险。打好农业面源污染防治攻坚战，确保农产品产地环境安全，是实现我国粮食安全和农产品质量安全的现实需要，是促进农业资源永续利用、改善农业生态环境、实现农业可持续发展的内在要求。同时，农业是高度依赖资源条件、直接影响自然环境的产业，加强农业面源污染防治，可以充分发挥农业生态服务功能，把农业建设成为美丽中国的“生态屏障”，为加快推进生态文明建设作出更大贡献。

（二）理清打好农业面源污染防治攻坚战的总体思路。要坚持转变发展方式、推进科技进步、创新体制机制的发展思路。要把转变农业发展方式作为防治农业面源污染的根本出路，促进农业发展由主要依靠资源消耗向资源节约型、环境友好型转变，走产出高效、产品安全、资源节约、环境友好的现代农业发展道路。要把推进科技进步作为防治农业面源污染的主要依靠，积极推进农业科技计划、项目和经费管理改革，提升农业科技自主创新能力，坚定不移地用现代物质条件装备农业，用现代科学技术改造农业，全面推进农业机械化，加快农业信息化步伐，加强新型职业农民培养，努力提高土地产出率、资源利用率和劳动生产率。要把创新体制机制作为防治农业面源污染的强大动力，培育新型农业经营主体，发展多种形式适度规模经营，构建覆盖全程、综合配套、便捷高效的新型农业社会化服务体系，逐步推进政府购买服务和第三方治理，探索建立农业面源污染防治的生态补偿机制。

（三）明确打好农业面源污染防治攻坚战的工作目标。力争到 2020 年农业面源污染加剧的趋势得到有效遏制，实现“一控两减三基本”。“一控”，即严格控制农业用水总量，大力发展节水农业，确保农业灌溉用水量保持在 3720 亿米^3，农田灌溉水有效利用系数达到 0.55；“两减”，即减少化肥和农药使用量，实施化肥、农药零增长行动，确保测土配方施肥技术覆盖率达 90%以上，农作物病虫害绿色防控覆盖率达 30%以上，肥料、农药利用率均达到 40%以上，全国主要农作物化肥、农药使用量实现零增长；“三基本”，即畜禽粪便、农作物秸秆、农膜基本资源化利用，大力推进农业废弃物的回收利用，确保规模畜禽养殖场（小区）配套建设废弃物处理设施比例达 75%以上，秸秆综合利用率达 85%以上，农膜回收率达 80%以上。农业面源污染监测网络常态化、制度化运行，农业面源污染防治模式和运行机制基本建立，农业资源环境对农业可持续发展的支撑能力明显提高，农业生态文明程度明显提高。

二、明确打好农业面源污染防治攻坚战的重点任务

（四）大力发展节水农业。确立水资源开发利用

控制红线、用水效率控制红线和水功能区限制纳污红线。严格控制入河湖排污总量，加强灌溉水质监测与管理，确保农业灌溉用水达到农田灌溉水质标准，严禁未经处理的工业和城市污水直接灌溉农田。实施“华北节水压采、西北节水增效、东北节水增粮、南方节水减排”战略，加快农业高效节水体系建设。加强节水灌溉工程建设和节水改造，推广保护性耕作、农艺节水保墒、水肥一体化、喷灌、滴灌等技术，改进耕作方式，在水资源问题严重地区，适当调整种植结构，选育耐旱新品种。推进农业水价改革、精准补贴和节水奖励试点工作，增强农民节水意识。

（五）实施化肥零增长行动。扩大测土配方施肥在设施农业及蔬菜、果树、茶叶等园艺作物上的应用，基本实现主要农作物测土配方施肥全覆盖；创新服务方式，推进农企对接，积极探索公益性服务与经营性服务结合、政府购买服务的有效模式。推进新型肥料产品研发与推广，集成推广种肥同播、化肥深施等高效施肥技术，不断提高肥料利用率。积极探索有机养分资源利用有效模式，鼓励开展秸秆还田、种植绿肥、增施有机肥，合理调整施肥结构，引导农民积造施用农家肥。结合高标准农田建设，大力开展耕地质量保护与提升行动，着力提升耕地内在质量。

（六）实施农药零增长行动。建设自动化、智能化田间监测网点，构建病虫监测预警体系。加快绿色防控技术推广，因地制宜集成推广适合不同作物的技术模式；选择“三品一标”农产品生产基地，建设一批示范区，带动大面积推广应用绿色防控措施。提升植保装备水平，发展一批反应快速、服务高效的病虫害专业化防治服务组织；大力推进专业化统防统治与绿色防控融合，有效提升病虫害防治组织化程度和科学化水平。扩大低毒生物农药补贴项目实施范围，加速生物农药、高效低毒低残留农药推广应用，逐步淘汰高毒农药。

（七）推进养殖污染防治。各地要统筹考虑环境承载能力及畜禽养殖污染防治要求，按照农牧结合、种养平衡的原则，科学规划布局畜禽养殖。推行标准化规模养殖，配套建设粪便污水贮存、处理、利用设施，改进设施养殖工艺，完善技术装备条件，鼓励和支持散养密集区实行畜禽粪污分户收集、集中处理。在种养密度较高的地区和新农村集中区因地制宜建设规模化沼气工程，同时支持多种模式发展规模化生物天然气工程。因地制宜推广畜禽粪污综合利用技术模式，规范和引导畜禽养殖场做好养殖废弃物资源化利用。加强水产健康养殖示范场建设，推广工厂化循环水养殖、池塘生态循环水养殖及大水面网箱养殖底排污等水产养殖技术。

（八）着力解决农田残膜污染。加快地膜标准修订，严格规定地膜厚度和拉伸强度，严禁生产和使用厚度0.01毫米以下地膜，从源头保证农田残膜可回收。加大旱作农业技术补助资金支持，对加厚地膜使用、回收加工利用给予补贴。开展农田残膜回收区域性示范，扶持地膜回收网点和废旧地膜加工能力建设，逐步健全回收加工网络，创新地膜回收与再利用机制。加快生态友好型可降解地膜及地膜残留捡拾与加工机械的研发，建立健全可降解地膜评估评价体系。在重点地区实施全区域地膜回收加工行动，率先实现东北黑土地大田生产地膜零增长。

（九）深入开展秸秆资源化利用。进一步加大示范和政策引导力度，大力开展秸秆还田和秸秆肥料化、饲料化、基料化、原料化和能源化利用。建立健全政府推动、秸秆利用企业和收储组织为轴心、经纪人参与、市场化运作的秸秆收储运体系，降低收储运输成本，加快推进秸秆综合利用的规模化、产业化发展。完善激励政策，研究出台秸秆初加工用电享受农用电价格、收储用地纳入农用地管理、扩大税收优惠范围、信贷扶持等政策措施。选择京津冀等大气污染重点区域，启动秸秆综合利用示范县建设，率先实现秸秆全量化利用，从根本上解决秸秆露天焚烧问题。

（十）实施耕地重金属污染治理。加快推进全国农产品产地土壤重金属污染普查，启动重点地区土壤重金属污染加密调查和农作物与土壤的协同监测，切实摸清农产品产地重金属污染底数，实施农产品产地分级管理。加强耕地重金属污染治理修复，在轻度污染区，通过灌溉水源净化、推广低镉积累品种、加强水肥管理、改变农艺措施等，实现水稻安全生产；在中、重度污染区，开展农艺措施修复治理，同时通过品种替代、粮油作物调整和改种非食用经济作物等方式，因地制宜调整种植结构，少数污染特别严重区域，划定为禁止种植食用农产品区。实施好湖南省耕地重金属污染治理修复和种植结构调整试点工作。

三、加快推进农业面源污染综合治理

（十一）大力推进农业清洁生产。加快推广科学施肥、安全用药、绿色防控、农田节水等清洁生产技术与装备，改进种植和养殖技术模式，实现资源利用节约化、生产过程清洁化、废物再生资源化。在“菜篮子”主产县全面推行减量化生产和清洁生产技术，提高优质安全农产品供给能力。进一步加大尾菜回收利用、畜禽清洁养殖、地膜回收利用等为载体的农业清洁生产示范建设支持力度，大力推进农业清洁生产示范区建设，积极探索先进适用的农业清洁生产技术模式。建立完善农业清洁生产技术规范和标准体系，逐步构建农业清洁生产认证制度。

（十二）大力推行农业标准化生产。推行生产全程监管，加快推进全国农产品质量追溯管理信息平台建设，强化生产经营主体责任，推进农产品质量标识制度。加快制修订农兽药残留标准，尽快制定推广一批简明易懂的生产技术操作规程，继续创建一批标准化农产品生产基地，实现生产设施、过程和产品标准化。创新政府支持方式，引导社会资本参与园艺作物标准园、畜禽标准化养殖场和水产健康养殖场建设，大力扶持新型农业经营主体率先开展标准化生产。积极发展无公害农产品、绿色食品、有机农产品和地理标志农产品。

（十三）大力发展现代生态循环农业。推进浙江省现代生态循环农业试点省和10个循环农业示范市建设，深入实施现代生态循环农业示范基地建设，积极探索高效生态循环农业模式，构建现代生态循环农业技术体系、标准化生产体系和社会化服务体系。依托国家现代农业示范区和国家农业科技创新与集成示范基地，以种植业减量化利用、畜禽养殖废弃物循环利用、秸秆高值利用、水产养殖污染减排、农田残膜回收利用、农村生活污染处理等为重点，扶持和引导以市场化运作为主的生态循环农业建设，探索形成产业相互整合、物质多级循环的产业结构和生态布局。

（十四）大力推进适度规模经营。加强新型农业经营主体培育，因地制宜探索适度规模经营的有效实现形式。引导土地重点流向种养大户、家庭农场，使之成为引领适度规模经营的有生力量。引导农民以承包地入股组建土地股份合作组织，通过自营或委托经营等方式发展农业适度规模经营。支持种养大户、家庭农场、农民合作社和农业产业化龙头企业等发展现代生态循环农业，提高农业投入品利用效率，实施好农业废弃物资源化利用。积极推广合作式、托管式、订单式等服务形式，以社会化服务推动生产经营的规模化、标准化和清洁化。

（十五）大力培育新型治理主体。大力发展农机、植保、农技和农业信息化服务合作社、专业服务公司等服务性组织，构建公益性服务和经营性服务相结合、专项服务和综合服务相协调的新型农业社会化服务体系。采取财政扶持、税收优惠、信贷支持等措施，加快培育多种形式的农业面源污染防治经营性服务组织，鼓励新型治理主体开展畜禽养殖污染治理、地膜回收利用、农作物秸秆回收加工、沼渣沼液综合利用、有机肥生产等服务。探索开展政府向经营性服务组织购买服务机制和PPP模式创新试点，支持具有资质的经营性服务组织从事农业面源污染防治。鼓励农业产业化龙头企业、规模化养殖场等，采用绩效合同服务等方式引入第三方治理，实施农业面源污染防治工程整体式设计、模块化建设、一体化运营。

（十六）大力推进综合防治示范区建设。落实好《全国农业可持续发展规划（2015—2030年）》和《农业环境突出问题治理总体规划（2014—2018年）》部署的农业面源污染防治重点任务，在重点流域和区域实施一批农田氮磷拦截、畜禽养殖粪污综合治理、地膜回收、农作物秸秆资源化利用和耕地重金属污染治理修复等农业面源污染综合防治示范工程，总结一批农业面源污染防治的新技术、新模式和新产品。继续实施太湖、洱海、巢湖和三峡库区农业面源污染综合防治示范区建设，尽快再建设一批跨区域、跨流域、涵盖农业面源污染全要素的综合防治示范区，加强单项治理技术的集成配套，积极探索流域农业面源污染防治有效机制。

四、不断强化农业面源污染防治保障措施

（十七）加强组织领导。农业部成立相关司局参加的农业面源污染防治推进工作组，及时加强对地方工作的指导与服务。各级农业部门要切实增强对农业面源污染防治工作重要性、紧迫性的认识，将农业面源污染防治纳入打好节能减排和环境治理攻坚战的总体安排，积极争取当地党委政府关心与支持，及时加强与发展改革、财政、国土、环保、水利等部门的沟通协作，形成打好农业面源污染防治攻坚战的工作合力。

（十八）强化工作落实。农业部要强化顶层设计，做好科学谋划部署，并加强对地方工作的督查、考核和评估，建立综合评价指标体系和评价方法，客观评价农业面源污染防治效果。各级农业部门要强化责任意识和主体意识，分工明确、责任到位，科学制定规划和具体实施方案，加大投入力度，因地制宜创设实施一批重大工程项目，加强监管与综合执法，确保农业面源污染防治工作取得实效。

（十九）加强法制建设。贯彻落实《农业法》《环境保护法》《畜禽规模养殖污染防治条例》等有关农业面源污染防治要求，推动《土壤污染防治法》《耕地质量保护条例》《肥料管理条例》等出台及《农产品质量安全法》《农药管理条例》等修订工作。制定完善农业投入品生产、经营、使用，节水、节肥、节

药等农业生产技术及农业面源污染监测、治理等标准和技术规范体系。依法明确农业部门的职能定位，围绕执法队伍、执法能力、执法手段等方面加强执法体系建设。

（二十）完善政策措施。不断拓宽农业面源污染防治经费渠道，加大测土配方施肥、低毒生物农药补贴、病虫害统防统治补助、耕地质量保护与提升、农业清洁生产示范、种养结合循环农业、畜禽粪污资源化利用等项目资金投入力度，逐步形成稳定的资金来源。探索建立农业生态补偿机制，推动落实金融、税收等扶持政策，完善投融资体制，拓宽市场准入，鼓励和吸引社会资本参与，引导各类农业经营主体、社会化服务组织和企业等参与农业面源污染防治工作。

（二十一）加强监测预警。建立完善农田氮磷流失、畜禽养殖废弃物排放、农田地膜残留、耕地重金属污染等农业面源污染监测体系，摸清农业面源污染的组成、发生特征和影响因素，进一步加强流域尺度农业面源污染监测，实现监测与评价、预报与预警的常态化和规范化，定期发布《全国农业面源污染状况公报》。加强农业环境监测队伍机构建设，不断提升农业面源污染例行监测的能力和水平。

（二十二）强化科技支撑。发挥全国农业科技协同创新联盟作用，促进科研资源整合与协同创新，紧紧围绕科学施肥用药、农业投入品高效利用、农业面源污染综合防治、农业废弃物循环利用、耕地重金属污染修复、生态友好型农业和农业机械化关键技术问题，启动实施一批重点科研项目，尽快形成一整套适合我国国情农情的农业清洁生产技术和农业面源污染防治技术模式与体系。健全经费保障和激励机制，进一步加强农业面源污染防治技术推广服务力度。

（二十三）加强舆论引导。充分利用报纸、广播、电视、新媒体等途径，加强农业面源污染防治的科学普及、舆论宣传和技术推广，让社会公众和农民群众认清农业面源污染的来源、本质和危害。大力宣传农业面源污染防治工作的意义，推广普及化害为利、变废为宝的清洁生产技术和污染防治措施，让广大群众理解、支持、参与到农业面源污染防治工作。

（二十四）推进公众参与。建立完善农业资源环境信息系统和数据发布平台，推动环境信息公开，及时回应社会关切的热点问题，畅通公众表达及诉求渠道，充分保障和发挥社会公众的环境知情权和监督作用。深入开展生态文明教育培训，切实提高农民节约资源、保护环境的自觉性和主动性，为推进农业面源污染防治的公众参与创造良好的社会环境。

国家发展改革委办公厅 农业部办公厅关于请抓紧申报2015年农村沼气工程中央预算内投资计划的通知

发改办农经〔2015〕879号

2015年4月13日

各省、自治区、直辖市及计划单列市、新疆生产建设兵团发展改革委、农业（农牧、农林）厅（委、局），广西壮族自治区林业厅，黑龙江省农垦总局：

根据2015年中央投资专项方案，2015年农村沼气工程中央投资为20亿元，明确要求“用于规模化大型沼气项目”。请各省（区、市）发展改革委和农村能源主管部门加强沟通、协调，根据《2015年农村沼气工程转型升级工作方案》（见附件1），抓紧开展农村沼气工程中央预算内投资计划申报工作，填写申报计划表（见附件2－4），并于4月24日前将投资计划申报文件报送国家发展改革委和农业部。同时发送电子版至国家发展改革委农经司（通过纵向网）和农业部计划司（nybzhaoqi@126.corn）、科教司（kjsnyc@126.com）。

附件：1.2015年农村沼气工程转型升级工作方案

2.______省（区、市）2015年农村沼气工程中央预算内投资计划申报汇总表（略）

3.______省（区、市）2015年规模化大型沼气工程项目中央预算内投资计划申报表（不含规模化生物天然气工程）（略）

4.______省（区、市）2015年规模化生物天然气工程试点项目中央预算内投资计划申报表（略）

附件1

2015年农村沼气工程转型升级工作方案

为加快推进农村沼气转型升级，加强农村沼气项目建设管理，经认真研究，制定本工作方案。

一、总体思路、基本原则和预期目标

（一）总体思路

贯彻落实中央关于建设生态文明、做好“三农”工作的总体部署，适应农业生产方式、农村居住方式、农民用能方式的变化对农村沼气发展的新要求，积极发展规模化大型沼气工程，开展规模化生物天然气工程①建设试点，推动农村沼气工程向规模发展、综合利用、科学管理、效益拉动的方向转型升级，全面发挥农村沼气工程在提供可再生清洁能源、防治农业面源污染和大气污染、改善农村人居环境、发展现代生态农业、提高农民生活水平等方面的重要作用，促进沼气事业健康持续发展。

（二）基本原则

1. 坚持发展农村清洁能源与改善农村生态环境相结合。农村沼气综合效益显著，不仅是提供清洁可再生能源的重要方式，而且对于防治农业面源污染和大气污染、改善农村人居环境、发展生态农业等具有重要作用。必须深刻领会农村沼气建设的重要意义，在项目建设和运营时，不仅要重视农村沼气工程的能源效益，促进沼气高值高效利用，而且要重视农村沼气工程的生态效益，促进农业农村废弃物的资源化利用和农村生态环境的改善。

2. 坚持统筹兼顾与转型升级相结合。根据农村沼气发展需要，因地制宜开展农村沼气工程各类项目建设。鼓励地方政府利用地方资金建设中小型沼气工程、户用沼气、沼气服务体系等。中央预算内投资突出重点，主要用于支持规模化大型沼气工程建设，开展规模化生物天然气工程建设试点，促进农村沼气工程转型升级。

3. 坚持引导沼气工程向规模化发展与科学规划建设布局相结合。在利用中央投资引导沼气工程向规模化发展的同时，要根据当地经济社会发展水平、农业农村发展情况、资源环境承载能力、沼气工程原料的可获得性、周边农田的消纳能力和终端产品利用渠道，因地制宜、因区施策，科学规划项目建设布局，合理确定区域内规模化大型沼气工程建设数量、建设地点和建设规模。

4. 坚持完善政府扶持政策与推进市场化运营相结合。沼气工程兼有公益性和经营性。政府对项目建设给予投资补助，加强技术指导和服务，探索完善终端产品补贴政策，逐步破除行业壁垒和体制机制障碍，为沼气工程发展创造良好的环境。同时要注重更好地发挥市场机制作用，引导企业和农民合作组织等各种社会主体进行规模化沼气工程建设，形成多元化投入机制；推进工程实行专业化管理、市场化运营，不断提高经济效益和可持续发展能力。

5. 坚持推广先进工艺技术与强化建设管理相结合。鼓励规模化大型沼气工程推广中温高浓度混合原料发酵工艺技术路线，采用专业化设施和成套化装备，提高沼气产气率，提升沼渣沼液综合利用的便捷程度和附加值。严格标准化设计、规范化施工，确保项目建设质量和运行效果。规范建设程序，强化管理措施，保证项目任务与技术力量相匹配，发展速度与建设质量相协调。在规范事前审核的同时，切实加强事中事后监管，提高投资效益。

（三）预期目标

2015 年在适宜地区支持建设一批规模化大型沼气工程，开展规模化生物天然气工程建设试点，年可新增沼气生产能力 4.87 亿米^3（折合生物天然气生产能力 2.92 亿米^3），年处理 150 万吨农作物秸秆或 800 万吨畜禽鲜粪等农业有机废弃物。2015 年促进农村沼气转型升级试点，重点围绕规模化生物天然气工程，综合考虑不同区域特点、不用原料来源、不同建设运营模式等，择优选取典型项目开展试点，在创新项目建设管理机制和运营模式、完善支持政策、破除行业壁垒和体制机制障碍、提高沼气工程科技水平等方面，探索总结有价值、可复制、可推广的经验。

二、项目建设与试点的范围、中央支持政策

（一）项目建设与试点范围

1. 支持建设规模化大型沼气工程。支持建设日产沼气 500 米^3 及以上的沼气工程②（不含规模化生物天然气工程）。其中，给农户集中供气的规模化大型沼气工程，可适当考虑由同一业主建设的多个集中供气工程组成。支持沼气开展给农户供气、发电上网、企业自用等多元化利用。沼渣沼液用于还田、加工有机肥或开展其他有效利用。

2. 开展规模化生物天然气工程试点。支持日产生物天然气 1 万米^3 以上的工程开展试点。提纯后的生物天然气主要用于并入城镇天然气管网、车用燃气、罐装销售等。沼渣沼液用于还田、加工有机肥或

---

① 生物天然气指沼气提纯后达到天然气标准，即甲烷含量 95%以上。一般而言，1 米^3 沼气提纯后可生产 0.6 米^3 左右生物天然气。

② 参照《沼气工程规模分类》（NY/T 667－2011），规模化大型沼气项目要求日产沼气量大于等于 500 米^3。

开展其他有效利用。

根据专家意见，日产生物天然气 1 万米^3 以上的工程，由于工程规模大，对原料收集、周边农田消纳能力和终端产品利用渠道的要求高，工程能否实现持续良性运营、能否形成可复制的模式还有待检验。为择优选取试点项目，有利于形成有价值、可推广的经验，有利于用成功的典型来统一认识、争取政策，2015 年将积极稳妥地开展试点，原则上每个省推荐安排 1 个符合条件的试点项目，对于种植业优势产区和规模化养殖重点区域等原料资源丰富、工程需求量大的省份，最多可推荐安排 2 个试点项目。

（二）试点内容

对于规模化生物天然气试点工程，一是开展工程建设和运营机制创新试点，以专业化企业为主体，按照市场机制，投资工程建设，开展原料收集、工程运行管理、终端产品销售利用为一体的全产业链运营，探索可持续、可复制、可推广的生物天然气产业化发展模式。二是终端产品补贴试点，鼓励有积极性的地方政府，利用地方财政资金，按照生物天然气（沼气）销售量或有效利用量、沼渣沼液利用量或加工成有机肥的数量，对项目业主进行补贴，探索建立生物天然气或沼气工程终端产品补贴机制。三是破除行业壁垒和体制机制障碍试点，鼓励地方政府比照国产化石天然气，探索制定鼓励生物天然气或沼气产业发展的税收优惠政策；清理和整顿燃气特许经营权市场，为生物天然气或沼气发展创造公平的市场竞争环境。

对于具备条件的规模化大型沼气工程，若项目业主和地方政府有积极性，也鼓励在项目建管模式、工程运营机制、终端产品补贴政策、税收优惠等方面开展试点。

（三）中央支持政策

中央对符合条件的规模化大型沼气工程、规模化生物天然气试点工程予以投资补助。补助标准：规模化大型沼气工程，每立方米沼气生产能力安排中央投资补助 1500 元；规模化生物天然气工程试点项目，每立方米生物天然气生产能力安排中央投资补助 2500 元。其余资金由企业自筹解决，鼓励地方安排资金配套。中央对单个项目的补助额度上限为 5000 万元。

当地政府已出台沼气或生物天然气发展的支持政策、对中央补助投资项目给予地方资金配套、已按照或在申报时明确将按照试点内容开展相关工作的地区，中央将优先支持。

对于已经建成或已投入运营的规模化生物天然气工程，也鼓励按上述内容积极开展试点，中央将进一步研究完善有关支持政策。

三、选项条件和项目建设内容

（一）选项条件

1. 项目单位具有法人资格，具备沼气专业化运营的条件，配备必需的专业技术人才；具有较高的信用等级、较强的资金实力，能够落实承诺的自筹资金。规模化生物天然气工程项目单位的经营范围应包括生物质能源或可再生能源的生产、销售、安全管理等内容，掌握规模化生物天然气生产的主要技术，对项目建设、运营的可行性进行了充分论证，优先安排具有天然气生产、销售等有关特许经营许可的项目单位。

2. 工程具有充足、稳定的原料来源，能够保障沼气工程达到设计日产气量的原料需要。鼓励以农作物秸秆、畜禽粪便和园艺等多种农业有机废弃物作为发酵原料，确定合理的配比结构。对于规模化生物天然气工程，建设地点周边 20 千米范围内有数量足够、可以获取且价格稳定的有机废弃物，其中半径 10 千米以内核心区的原料要保障整个工程原料需求的 80%以上；与原料供应方签订协议，建立完善的原料收储运体系，并考虑原料不足时的替代方案。

3. 工程建设方案应参照国内外成功运行案例和运行监测数据，工艺技术和建设内容要符合有关标准规范要求（相关标准见附件）。规模化大型沼气工程执行《沼气工程规模分类》（NY/T 667—2011）中对于发酵工艺和池容产气率的要求。规模化生物天然气工程采用中高温高浓度混合原料发酵工艺技术路线，池容产气率大于等于 1，所产沼气提纯制取生物天然气（BNG）。沼渣生产固体有机肥，沼液加工制作液体有机肥。

4. 要科学评估终端产品产出量、产品潜在用户、输送方式和距离、周边农田和农业生产对养分需求等因素，科学确定沼气工程终端产品的利用方式。其中，沼渣沼液的消纳标准应按照每立方米沼气生产能力配套 0.5 亩以上农田计算。要与用户签订供气、供电、沼肥利用协议，使工程所产沼气、沼渣沼液全部得到有效利用，确保沼气不排空，确保沼渣沼液不产生二次污染。

5. 项目单位应委托有资质、有经验的专业机构承担项目设计、施工、监理等工作，成立或委托专业化运营机构承担日常维护管理。落实必要的流动资金，制定产品质量保证、成本控制、设施管护等管理制度，确保工程能安全、稳定、持续运行。

6. 项目备案、土地、规划、环评、能评、资金等前期工作落实，配套条件较好，确保 2015 年能开工建设。

（二）建设内容

1. 原料仓储和预处理系统。以秸秆为主要原料的，要建设不低于4个月连续运行所需原料的仓储和预处理设施；以畜禽粪便为主要原料的，要建立粪污输送管道等设施设备或配备运输车。

2. 厌氧消化系统。按照《沼气工程技术规范》（NY/T 1220）等标准执行，包括进出料、厌氧发酵、增温保温和搅拌等设施设备。其中规模化生物天然气工程厌氧发酵装置总容积要求1.67万米^{3}以上，单体发酵装置容积一般控制在3000米^{3}左右；规模化大型沼气工程发酵装置总容积要求500米^{3}以上。

3. 沼气利用系统。包括脱硫脱水等净化设备，燃气提纯装备，气柜、管网等储存输配系统，气热电等利用设施设备，防雷、防爆、防火等安全防护设施。规模化生物天然气工程利用系统按照《城镇燃气设计规范》（GB 50028—2006）、《城镇燃气输配工程施工及验收规范》（CJJ 33—2005）等标准执行。规模化大型沼气工程利用系统按照《农村沼气集中供气工程技术规范》（NY/T 2371—2013）、《沼气电站技术规范》（NY/T 1704—2009）等标准执行。

4. 沼肥利用系统。包括沼渣、沼液存贮设施，有机肥料的生产加工设施设备，按照《沼肥加工设备》（NY/T 2139—2012）、《沼肥施用技术规范》（NY/T 2065—2011）等标准执行。

5. 智能监控系统。包括在线计量和远程监控智能平台，具备可测量、可识别、可核查和可追溯的功能。监控系统按照《沼气远程信息化管理技术规范》（待颁布）标准执行。

四、工作程序和要求

（一）工作程序

1. 地方发展改革部门和农村能源主管部门要按照职能分工，密切配合，根据国家发展改革委和农业部联合下发的申报通知和工作方案，抓紧开展需求摸底，为项目单位做好指导服务，及时组织项目申报。

2. 对于规模化大型沼气工程，项目单位在落实前期工作后，根据工作方案提出资金申请，其资金申请的批复程序和要求等由省级发展改革部门商省级农村能源主管部门制定。

3. 对于规模化生物天然气工程试点项目，为达到试点目标，要严格管理，规范事前审核。由项目单位委托有资质的咨询设计单位编制项目资金申请报告，报送省级发展改革部门审批，审批前应由省级农村能源主管部门出具行业审查意见。农业部成立专家委员会，提供技术指导。

项目资金申请报告应包括以下内容：（1）项目单位的基本情况；（2）项目的基本情况，包括建设地点、建设内容和规模、总投资及资金来源、建设条件落实情况等；（3）申请投资补助的主要理由和政策依据；（4）“选项条件”中要求的相关内容；（5）项目经济、环境、社会效益分析，项目风险分析与控制；（6）附具项目备案、环评、用地、能评、规划选址等审批文件复印件，并提供自筹资金落实证明或承诺函。

4. 省级发展改革部门会同农村能源主管部门，根据项目单位报送的资金申请报告，开展实地调查，择优选取1～2个符合本工作方案要求，能探索出有价值、可复制、可推广的经验，有利于用成功的典型来推动国家政策完善的试点项目，在此基础上编制项目试点方案。项目试点方案除包括每个项目的资金申请报告外，还应说明项目试点的必要性和可行性，明确试点工作的目标和任务，以及试点工作的保障措施。对于地方政府已经或有积极性即将开展地方财政支持沼气终端产品补贴试点、燃气特许经营权市场清理和整顿工作试点、制定鼓励生物天然气或沼气产业发展的税收优惠试点等情况，一并在试点方案中说明。

5. 省级发展改革部门会同农村能源主管部门编制本省农村沼气工程年度投资建议计划，联合报送至国家发展改革委、农业部。申报规模化生物天然气工程试点项目的省份，一并报送项目试点方案。

6. 国家发展改革委会同农业部对各省报送的建议计划和项目试点方案进行初审，经综合平衡后，编制农村沼气工程年度投资规模计划并联合下达。

7. 省级发展改革部门和农村能源主管部门要在接到中央投资规模计划后20个工作日内，分解落实到具体项目并下达投资计划，明确项目建设地点、建设内容、建设工期及有关工作要求，确保项目按计划实施，并将分解的投资计划报国家发展改革委和农业部备核。凡安排中央预算内投资的项目，必须完成资金申请审批工作，可单独批复或者在下达投资计划的同时一并批复。

（二）有关要求

1. 各省发展改革和农村能源主管部门应当对项目资金申请是否符合中央预算内投资使用方向和有关规定、是否符合工作方案要求、是否符合投资补助的安排原则、项目前期工作是否落实等进行严格审查，并对审查结果和申报材料的真实性、合规性负责。要加强项目统筹，突出重点，确保申报项目质量。

2. 按照政府信息公开要求，凡安排中央预算内投资的项目，各省应在政府网站上公开项目名称、项目建设单位、建设地点、建设内容等信息。凡申报项目的单位，视同同意公开项目信息。不同意公开相关信息的项目，请勿组织申报。

3. 切实加强事中事后监管。一是严格执行中央预算内投资管理的有关规定，切实加强资金和项目实施管理。对于中央补助投资，要做到专户管理，独立核算，专款专用，严禁滞留、挪用。二是推行资金管理报账制，根据项目实施进度拨付资金。对于已完成项目前期工作且企业自筹资金30%到位的项目，方可申请中央投资；工程竣工验收后申请最终20%中央投资。三是省级农村能源主管部门会同发展改革部门建立定期检查和通报制度，对建设进度、质量、效益等进行检查和通报，并将通报内容报送农业部和国家发展改革委，原则上每半年一次。其中规模化生物天然气工程试点项目每月报一次。四是国家发展改革委和农业部，将不定期对项目执行情况进行监督和抽查，或者组织各地交叉检查，并将根据需要开展项目稽查。检查和稽查结果将作为安排后续年度中央投资的重要依据。五是进一步细化责任追究制度，对项目事中事后监管中发现的问题，根据情节轻重采取责令限期整改、通报批评、暂停拨付中央资金、扣减或收回项目资金、列入信用黑名单、一定时期内不再受理其资金申请、追究有关责任人行政或法律责任等处罚措施。六是开展项目后评价，组织有关专家和机构对项目质量、投资效益等进行后评价，进一步提高项目决策的科学性。

4. 及时总结试点经验。对于安排中央投资的规模化生物天然气试点项目，要及时跟踪了解其建设和运营情况，总结成功经验，发展存在问题，积极推动国家相关政策的完善。各省发展改革部门要会同农村能源主管部门，于年底前将项目试点总结报告报送国家发展改革委和农业部。对于其他具备条件的规模化大型沼气工程，或未申请中央投资支持的规模化生物天然气工程，也在开展相关试点的，请将其试点情况一并报送。

五、其他重点工作

（一）编制农村沼气工程相关规划

在全面总结“十二五”以来农村沼气工程的发展情况、深入分析农村沼气工程发展面临的新形势和新问题、2015年推进规模化大型沼气工程建设和开展规模化生物天然气工程试点的基础上，研究制定全国农村沼气工程中长期发展规划，明确农村沼气发展的总体思路、方向目标、建设原则、区域布局、重点任务、保障措施等。

（二）修订项目管理办法

按照投资体制改革的要求，根据农村沼气工程发展方向、建设任务的变化，进一步修订完善《农村沼气建设项目管理办法》并及时印发。

（三）起草关于加快农村沼气工程转型升级的指导意见

根据项目试点情况，探索成功的运营管理模式、有效的支持政策，基本形成有价值、可复制、可推广的经验，争取有关部门统一认识，完善农村沼气发展的扶持政策。会同有关部门研究起草《关于加快农村沼气转型升级的指导意见》，为顺利推进农村沼气工程转型升级指明方向，提供政策支撑。

中共中央 国务院关于加快推进生态文明建设的意见

2015年4月25日

生态文明建设是中国特色社会主义事业的重要内容，关系人民福祉，关乎民族未来，事关“两个一百年”奋斗目标和中华民族伟大复兴中国梦的实现。党中央、国务院高度重视生态文明建设，先后出台了一系列重大决策部署，推动生态文明建设取得了重大进展和积极成效。但总体上看我国生态文明建设水平仍滞后于经济社会发展，资源约束趋紧，环境污染严重，生态系统退化，发展与人口资源环境之间的矛盾日益突出，已成为经济社会可持续发展的重大瓶颈制约。

加快推进生态文明建设是加快转变经济发展方式、提高发展质量和效益的内在要求，是坚持以人为本、促进社会和谐的必然选择，是全面建成小康社会、实现中华民族伟大复兴中国梦的时代抉择，是积极应对气候变化、维护全球生态安全的重大举措。要充分认识加快推进生态文明建设的极端重要性和紧迫性，切实增强责任感和使命感，牢固树立尊重自然、顺应自然、保护自然的理念，坚持绿水青山就是金山银山，动员全党、全社会积极行动、深入持久地推进生态文明建设，加快形成人与自然和谐发展的现代化建设新格局，开创社会主义生态文明新时代。

一、总体要求

（一）指导思想。以邓小平理论、“三个代表”重要思想、科学发展观为指导，全面贯彻党的十八大和十八届二中、三中、四中全会精神，深入贯彻习近平总书记系列重要讲话精神，认真落实党中央、国务院的决策部署，坚持以人为本、依法推进，坚持节约资源和保护环境的基本国策，把生态文明建设放在突出的战略位置，融入经济建设、政治建设、文化建设、社会建设各方面和全过程，协同推进新型工业化、信息化、城镇化、农业现代化和绿色化，以健全生态文明制度体系为重点，优化国土空间开发格局，全面促进资源节约利用，加大自然生态系统和环境保护力度，大力推进绿色发展、循环发展、低碳发展，弘扬生态文化，倡导绿色生活，加快建设美丽中国，使蓝天常在、青山常在、绿水常在，实现中华民族永续发展。

（二）基本原则

坚持把节约优先、保护优先、自然恢复为主作为基本方针。在资源开发与节约中，把节约放在优先位置，以最少的资源消耗支撑经济社会持续发展；在环境保护与发展中，把保护放在优先位置，在发展中保护、在保护中发展；在生态建设与修复中，以自然恢复为主，与人工修复相结合。

坚持把绿色发展、循环发展、低碳发展作为基本途径。经济社会发展必须建立在资源得到高效循环利用、生态环境受到严格保护的基础上，与生态文明建设相协调，形成节约资源和保护环境的空间格局、产业结构、生产方式。

坚持把深化改革和创新驱动作为基本动力。充分发挥市场配置资源的决定性作用和更好发挥政府作用，不断深化制度改革和科技创新，建立系统完整的生态文明制度体系，强化科技创新引领作用，为生态文明建设注入强大动力。

坚持把培育生态文化作为重要支撑。将生态文明纳入社会主义核心价值体系，加强生态文化的宣传教育，倡导勤俭节约、绿色低碳、文明健康的生活方式和消费模式，提高全社会生态文明意识。

坚持把重点突破和整体推进作为工作方式。既立足当前，着力解决对经济社会可持续发展制约性强、群众反映强烈的突出问题，打好生态文明建设攻坚战；又着眼长远，加强顶层设计与鼓励基层探索相结合，持之以恒全面推进生态文明建设。

（三）主要目标

到2020年，资源节约型和环境友好型社会建设取得重大进展，主体功能区布局基本形成，经济发展质量和效益显著提高，生态文明主流价值观在全社会得到推行，生态文明建设水平与全面建成小康社会目标相适应。

——国土空间开发格局进一步优化。经济、人口布局向均衡方向发展，陆海空间开发强度、城市空间规模得到有效控制，城乡结构和空间布局明显优化。

——资源利用更加高效。单位国内生产总值二氧化碳排放强度比2005年下降40%～45%，能源消耗强度持续下降，资源产出率大幅提高，用水总量力争控制在6700亿米^{3}以内，万元工业增加值用水量降低到65米^{3}以下，农田灌溉水有效利用系数提高到0.55以上，非化石能源占一次能源消费比重达到15%左右。

——生态环境质量总体改善。主要污染物排放总量继续减少，大气环境质量、重点流域和近岸海域水环境质量得到改善，重要江河湖泊水功能区水质达标率提高到80%以上，饮用水安全保障水平持续提升，土壤环境质量总体保持稳定，环境风险得到有效控制。森林覆盖率达到23%以上，草原综合植被覆盖度达到56%，湿地面积不低于8亿亩，50%以上可治理沙化土地得到治理，自然岸线保有率不低于35%，生物多样性丧失速度得到基本控制，全国生态系统稳定性明显增强。

——生态文明重大制度基本确立。基本形成源头预防、过程控制、损害赔偿、责任追究的生态文明制度体系，自然资源资产产权和用途管制、生态保护红线、生态保护补偿、生态环境保护管理体制等关键制度建设取得决定性成果。

二、强化主体功能定位，优化国土空间开发格局

国土是生态文明建设的空间载体。要坚定不移地实施主体功能区战略，健全空间规划体系，科学合理布局和整治生产空间、生活空间、生态空间。

（四）积极实施主体功能区战略。全面落实主体功能区规划，健全财政、投资、产业、土地、人口、环境等配套政策和各有侧重的绩效考核评价体系。推进市县落实主体功能定位，推动经济社会发展、城乡、土地利用、生态环境保护等规划“多规合一”，形成一个市县一本规划、一张蓝图。区域规划编制、重大项目布局必须符合主体功能定位。对不同主体功能区的产业项目实行差别化市场准入政策，明确禁止开发区域、限制开发区域准入事项，明确优化开发区域、重点开发区域禁止和限制发展的产业。编制实施全国国土规划纲要，加快推进国土综合整治。构建平衡适宜的城乡建设空间体系，适当增加生活空间、生态用地，保护和扩大绿地、水域、湿地等生态空间。

（五）大力推进绿色城镇化。认真落实《国家新型城镇化规划（2014－2020年）》，根据资源环境承载能力，构建科学合理的城镇化宏观布局，严格控制特大城市规模，增强中小城市承载能力，促进大中小城市和小城镇协调发展。尊重自然格局，依托现有山水脉络、气象条件等，合理布局城镇各类空间，尽量

减少对自然的干扰和损害。保护自然景观，传承历史文化，提倡城镇形态多样性，保持特色风貌，防止“千城一面”。科学确定城镇开发强度，提高城镇土地利用效率、建成区人口密度，划定城镇开发边界，从严供给城市建设用地，推动城镇化发展由外延扩张式向内涵提升式转变。严格新城、新区设立条件和程序。强化城镇化过程中的节能理念，大力发展绿色建筑和低碳、便捷的交通体系，推进绿色生态城区建设，提高城镇供排水、防涝、雨水收集利用、供热、供气、环境等基础设施建设水平。所有县城和重点镇都要具备污水、垃圾处理能力，提高建设、运行、管理水平。加强城乡规划“三区四线”（禁建区、限建区和适建区，绿线、蓝线、紫线和黄线）管理，维护城乡规划的权威性、严肃性，杜绝大拆大建。

（六）加快美丽乡村建设。完善县域村庄规划，强化规划的科学性和约束力。加强农村基础设施建设，强化山水林田路综合治理，加快农村危旧房改造，支持农村环境集中连片整治，开展农村垃圾专项治理，加大农村污水处理和改厕力度。加快转变农业发展方式，推进农业结构调整，大力发展农业循环经济，治理农业污染，提升农产品质量安全水平。依托乡村生态资源，在保护生态环境的前提下，加快发展乡村旅游休闲业。引导农民在房前屋后、道路两旁植树护绿。加强农村精神文明建设，以环境整治和民风建设为重点，扎实推进文明村镇创建。

（七）加强海洋资源科学开发和生态环境保护。根据海洋资源环境承载力，科学编制海洋功能区划，确定不同海域主体功能。坚持“点上开发、面上保护”，控制海洋开发强度，在适宜开发的海洋区域，加快调整经济结构和产业布局，积极发展海洋战略性新兴产业，严格生态环境评价，提高资源集约节约利用和综合开发水平，最大程度减少对海域生态环境的影响。严格控制陆源污染物排海总量，建立并实施重点海域排污总量控制制度，加强海洋环境治理、海域海岛综合整治、生态保护修复，有效保护重要、敏感和脆弱海洋生态系统。加强船舶港口污染控制，积极治理船舶污染，增强港口码头污染防治能力。控制发展海水养殖，科学养护海洋渔业资源。开展海洋资源和生态环境综合评估。实施严格的围填海总量控制制度、自然岸线控制制度，建立陆海统筹、区域联动的海洋生态环境保护修复机制。

三、推动技术创新和结构调整，提高发展质量和效益

从根本上缓解经济发展与资源环境之间的矛盾，必须构建科技含量高、资源消耗低、环境污染少的产业结构，加快推动生产方式绿色化，大幅提高经济绿色化程度，有效降低发展的资源环境代价。

（八）推动科技创新。结合深化科技体制改革，建立符合生态文明建设领域科研活动特点的管理制度和运行机制。加强重大科学技术问题研究，开展能源节约、资源循环利用、新能源开发、污染治理、生态修复等领域关键技术攻关，在基础研究和前沿技术研发方面取得突破。强化企业技术创新主体地位，充分发挥市场对绿色产业发展方向和技术路线选择的决定性作用。完善技术创新体系，提高综合集成创新能力，加强工艺创新与试验。支持生态文明领域工程技术类研究中心、实验室和实验基地建设，完善科技创新成果转化机制，形成一批成果转化平台、中介服务机构，加快成熟适用技术的示范和推广。加强生态文明基础研究、试验研发、工程应用和市场服务等科技人才队伍建设。

（九）调整优化产业结构。推动战略性新兴产业和先进制造业健康发展，采用先进适用节能低碳环保技术改造提升传统产业，发展壮大服务业，合理布局建设基础设施和基础产业。积极化解产能严重过剩矛盾，加强预警调控，适时调整产能严重过剩行业名单，严禁核准产能严重过剩行业新增产能项目。加快淘汰落后产能，逐步提高淘汰标准，禁止落后产能向中西部地区转移。做好化解产能过剩和淘汰落后产能企业职工安置工作。推动要素资源全球配置，鼓励优势产业走出去，提高参与国际分工的水平。调整能源结构，推动传统能源安全绿色开发和清洁低碳利用，发展清洁能源、可再生能源，不断提高非化石能源在能源消费结构中的比重。

（十）发展绿色产业。大力发展节能环保产业，以推广节能环保产品拉动消费需求，以增强节能环保工程技术能力拉动投资增长，以完善政策机制释放市场潜在需求，推动节能环保技术、装备和服务水平显著提升，加快培育新的经济增长点。实施节能环保产业重大技术装备产业化工程，规划建设产业化示范基地，规范节能环保市场发展，多渠道引导社会资金投入，形成新的支柱产业。加快核电、风电、太阳能光伏发电等新材料、新装备的研发和推广，推进生物质发电、生物质能源、沼气、地热、浅层地温能、海洋能等应用，发展分布式能源，建设智能电网，完善运行管理体系。大力发展节能与新能源汽车，提高创新能力和产业化水平，加强配套基础设施建设，加大推广普及力度。发展有机农业、生态农业，以及特色经济林、林下经济、森林

旅游等林产业。

四、全面促进资源节约循环高效使用，推动利用方式根本转变

节约资源是破解资源瓶颈约束、保护生态环境的首要之策。要深入推进全社会节能减排，在生产、流通、消费各环节大力发展循环经济，实现各类资源节约高效利用。

（十一）推进节能减排。发挥节能与减排的协同促进作用，全面推动重点领域节能减排。开展重点用能单位节能低碳行动，实施重点产业能效提升计划。严格执行建筑节能标准，加快推进既有建筑节能和供热计量改造，从标准、设计、建设等方面大力推广可再生能源在建筑上的应用，鼓励建筑工业化等建设模式。优先发展公共交通，优化运输方式，推广节能与新能源交通运输装备，发展甩挂运输。鼓励使用高效节能农业生产设备。开展节约型公共机构示范创建活动。强化结构、工程、管理减排，继续削减主要污染物排放总量。

（十二）发展循环经济。按照减量化、再利用、资源化的原则，加快建立循环型工业、农业、服务业体系，提高全社会资源产出率。完善再生资源回收体系，实行垃圾分类回收，开发利用"城市矿产"，推进秸秆等农林废弃物以及建筑垃圾、餐厨废弃物资源化利用，发展再制造和再生利用产品，鼓励纺织品、汽车轮胎等废旧物品回收利用。推进煤矸石、矿渣等大宗固体废弃物综合利用。组织开展循环经济示范行动，大力推广循环经济典型模式。推进产业循环式组合，促进生产和生活系统的循环链接，构建覆盖全社会的资源循环利用体系。

（十三）加强资源节约。节约集约利用水、土地、矿产等资源，加强全过程管理，大幅降低资源消耗强度。加强用水需求管理，以水定需、量水而行，抑制不合理用水需求，促进人口、经济等与水资源相均衡，建设节水型社会。推广高效节水技术和产品，发展节水农业，加强城市节水，推进企业节水改造。积极开发利用再生水、矿井水、空中云水、海水等非常规水源，严控无序调水和人造水景工程，提高水资源安全保障水平。按照严控增量、盘活存量、优化结构、提高效率的原则，加强土地利用的规划管控、市场调节、标准控制和考核监管，严格土地用途管制，推广应用节地技术和模式。发展绿色矿业，加快推进绿色矿山建设，促进矿产资源高效利用，提高矿产资源开采回采率、选矿回收率和综合利用率。

五、加大自然生态系统和环境保护力度，切实改善生态环境质量

良好生态环境是最公平的公共产品，是最普惠的民生福祉。要严格源头预防、不欠新账，加快治理突出生态环境问题、多还旧账，让人民群众呼吸新鲜的空气，喝上干净的水，在良好的环境中生产生活。

（十四）保护和修复自然生态系统。加快生态安全屏障建设，形成以青藏高原、黄土高原-川滇、东北森林带、北方防沙带、南方丘陵山地带、近岸近海生态区以及大江大河重要水系为骨架，以其他重点生态功能区为重要支撑，以禁止开发区域为重要组成的生态安全战略格局。实施重大生态修复工程，扩大森林、湖泊、湿地面积，提高沙区、草原植被覆盖率，有序实现休养生息。加强森林保护，将天然林资源保护范围扩大到全国；大力开展植树造林和森林经营，稳定和扩大退耕还林范围，加快重点防护林体系建设；完善国有林场和国有林区经营管理体制，深化集体林权制度改革。严格落实禁牧休牧和草畜平衡制度，加快推进基本草原划定和保护工作；加大退牧还草力度，继续实行草原生态保护补助奖励政策；稳定和完善草原承包经营制度。启动湿地生态效益补偿和退耕还湿。加强水生生物保护，开展重要水域增殖放流活动。继续推进京津风沙源治理、黄土高原地区综合治理、石漠化综合治理，开展沙化土地封禁保护试点。加强水土保持，因地制宜推进小流域综合治理。实施地下水保护和超采漏斗区综合治理，逐步实现地下水采补平衡。强化农田生态保护，实施耕地质量保护与提升行动，加大退化、污染、损毁农田改良和修复力度，加强耕地质量调查监测与评价。实施生物多样性保护重大工程，建立监测评估与预警体系，健全国门生物安全查验机制，有效防范物种资源丧失和外来物种入侵，积极参加生物多样性国际公约谈判和履约工作。加强自然保护区建设与管理，对重要生态系统和物种资源实施强制性保护，切实保护珍稀濒危野生动植物、古树名木及自然生境。建立国家公园体制，实行分级、统一管理，保护自然生态和自然文化遗产原真性、完整性。研究建立江河湖泊生态水量保障机制。加快灾害调查评价、监测预警、防治和应急等防灾减灾体系建设。

（十五）全面推进污染防治。按照以人为本、防治结合、标本兼治、综合施策的原则，建立以保障人体健康为核心、以改善环境质量为目标、以防控环境风险为基线的环境管理体系，健全跨区域污染防治协调机制，加快解决人民群众反映强烈的大气、水、土

壤污染等突出环境问题。继续落实大气污染防治行动计划，逐渐消除重污染天气，切实改善大气环境质量。实施水污染防治行动计划，严格饮用水源保护，全面推进涵养区、源头区等水源地环境整治，加强供水全过程管理，确保饮用水安全；加强重点流域、区域、近岸海域水污染防治和良好湖泊生态环境保护，控制和规范淡水养殖，严格入河（湖、海）排污管理；推进地下水污染防治。制定实施土壤污染防治行动计划，优先保护耕地土壤环境，强化工业污染场地治理，开展土壤污染治理与修复试点。加强农业面源污染防治，加大种养业特别是规模化畜禽养殖污染防治力度，科学施用化肥、农药，推广节能环保型炉灶，净化农产品产地和农村居民生活环境。加大城乡环境综合整治力度。推进重金属污染治理。开展矿山地质环境恢复和综合治理，推进尾矿安全、环保存放，妥善处理处置矿渣等大宗固体废物。建立健全化学品、持久性有机污染物、危险废物等环境风险防范与应急管理工作机制。切实加强核设施运行监管，确保核安全万无一失。

（十六）积极应对气候变化。坚持当前长远相互兼顾、减缓适应全面推进，通过节约能源和提高能效，优化能源结构，增加森林、草原、湿地、海洋碳汇等手段，有效控制二氧化碳、甲烷、氢氟碳化物、全氟化碳、六氟化硫等温室气体排放。提高适应气候变化特别是应对极端天气和气候事件能力，加强监测、预警和预防，提高农业、林业、水资源等重点领域和生态脆弱地区适应气候变化的水平。扎实推进低碳省区、城市、城镇、产业园区、社区试点。坚持共同但有区别的责任原则、公平原则、各自能力原则，积极建设性地参与应对气候变化国际谈判，推动建立公平合理的全球应对气候变化格局。

六、健全生态文明制度体系

加快建立系统完整的生态文明制度体系，引导、规范和约束各类开发、利用、保护自然资源的行为，用制度保护生态环境。

（十七）健全法律法规。全面清理现行法律法规中与加快推进生态文明建设不相适应的内容，加强法律法规间的衔接。研究制定节能评估审查、节水、应对气候变化、生态补偿、湿地保护、生物多样性保护、土壤环境保护等方面的法律法规，修订土地管理法、大气污染防治法、水污染防治法、节约能源法、循环经济促进法、矿产资源法、森林法、草原法、野生动物保护法等。

（十八）完善标准体系。加快制定修订一批能耗、水耗、地耗、污染物排放、环境质量等方面的标准，实施能效和排污强度“领跑者”制度，加快标准升级步伐。提高建筑物、道路、桥梁等建设标准。环境容量较小、生态环境脆弱、环境风险高的地区要执行污染物特别排放限值。鼓励各地区依法制定更加严格的地方标准。建立与国际接轨、适应我国国情的能效和环保标识认证制度。

（十九）健全自然资源资产产权制度和用途管制制度。对水流、森林、山岭、草原、荒地、滩涂等自然生态空间进行统一确权登记，明确国土空间的自然资源资产所有者、监管者及其责任。完善自然资源资产用途管制制度，明确各类国土空间开发、利用、保护边界，实现能源、水资源、矿产资源按质量分级、梯级利用。严格节能评估审查、水资源论证和取水许可制度。坚持并完善最严格的耕地保护和节约用地制度，强化土地利用总体规划和年度计划管控，加强土地用途转用许可管理。完善矿产资源规划制度，强化矿产开发准入管理。有序推进国家自然资源资产管理体制改革。

（二十）完善生态环境监管制度。建立严格监管所有污染物排放的环境保护管理制度。完善污染物排放许可证制度，禁止无证排污和超标准、超总量排污。违法排放污染物、造成或可能造成严重污染的，要依法查封扣押排放污染物的设施设备。对严重污染环境的工艺、设备和产品实行淘汰制度。实行企事业单位污染物排放总量控制制度，适时调整主要污染物指标种类，纳入约束性指标。健全环境影响评价、清洁生产审核、环境信息公开等制度。建立生态保护修复和污染防治区域联动机制。

（二十一）严守资源环境生态红线。树立底线思维，设定并严守资源消耗上限、环境质量底线、生态保护红线，将各类开发活动限制在资源环境承载能力之内。合理设定资源消耗“天花板”，加强能源、水、土地等战略性资源管控，强化能源消耗强度控制，做好能源消费总量管理。继续实施水资源开发利用控制、用水效率控制、水功能区限制纳污三条红线管理。划定永久基本农田，严格实施永久保护，对新增建设用地占用耕地规模实行总量控制，落实耕地占补平衡，确保耕地数量不下降、质量不降低。严守环境质量底线，将大气、水、土壤等环境质量“只能更好、不能变坏”作为地方各级政府环保责任红线，相应确定污染物排放总量限值和环境风险防控措施。在重点生态功能区、生态环境敏感区和脆弱区等区域划定生态红线，确保生态功能不降低、面积不减少、性质不改变；科学划定森林、草原、湿地、海洋等领域生态红线，严格自然生态空间征（占）用管理，有效遏制生态系统退化的趋势。探索建立资源环境承载能力监测预警机制，对资源消耗和环境容量接近或超过承载能力的地区，及时采取区域限批等限制性措施。

（二十二）完善经济政策。健全价格、财税、金融等政策，激励、引导各类主体积极投身生态文明建设。深化自然资源及其产品价格改革，凡是能由市场形成价格的都交给市场，政府定价要体现基本需求与非基本需求以及资源利用效率高低的差异，体现生态环境损害成本和修复效益。进一步深化矿产资源有偿使用制度改革，调整矿业权使用费征收标准。加大财政资金投入，统筹有关资金，对资源节约和循环利用、新能源和可再生能源开发利用、环境基础设施建设、生态修复与建设、先进适用技术研发示范等给予支持。将高耗能、高污染产品纳入消费税征收范围。推动环境保护费改税。加快资源税从价计征改革，清理取消相关收费基金，逐步将资源税征收范围扩展到占用各种自然生态空间。完善节能环保、新能源、生态建设的税收优惠政策。推广绿色信贷，支持符合条件的项目通过资本市场融资。探索排污权抵押等融资模式。深化环境污染责任保险试点，研究建立巨灾保险制度。

（二十三）推行市场化机制。加快推行合同能源管理、节能低碳产品和有机产品认证、能效标识管理等机制。推进节能发电调度，优先调度可再生能源发电资源，按机组能耗和污染物排放水平依次调用化石类能源发电资源。建立节能量、碳排放权交易制度，深化交易试点，推动建立全国碳排放权交易市场。加快水权交易试点，培育和规范水权市场。全面推进矿业权市场建设。扩大排污权有偿使用和交易试点范围，发展排污权交易市场。积极推进环境污染第三方治理，引入社会力量投入环境污染治理。

（二十四）健全生态保护补偿机制。科学界定生态保护者与受益者权利义务，加快形成生态损害者赔偿、受益者付费、保护者得到合理补偿的运行机制。结合深化财税体制改革，完善转移支付制度，归并和规范现有生态保护补偿渠道，加大对重点生态功能区的转移支付力度，逐步提高其基本公共服务水平。建立地区间横向生态保护补偿机制，引导生态受益地区与保护地区之间、流域上游与下游之间，通过资金补助、产业转移、人才培训、共建园区等方式实施补偿。建立独立公正的生态环境损害评估制度。

（二十五）健全政绩考核制度。建立体现生态文明要求的目标体系、考核办法、奖惩机制。把资源消耗、环境损害、生态效益等指标纳入经济社会发展综合评价体系，大幅增加考核权重，强化指标约束，不唯经济增长论英雄。完善政绩考核办法，根据区域主体功能定位，实行差别化的考核制度。对限制开发区域、禁止开发区域和生态脆弱的国家扶贫开发工作重点县，取消地区生产总值考核；对农产品主产区和重点生态功能区，分别实行农业优先和生态保护优先的绩效评价；对禁止开发的重点生态功能区，重点评价其自然文化资源的原真性、完整性。根据考核评价结果，对生态文明建设成绩突出的地区、单位和个人给予表彰奖励。探索编制自然资源资产负债表，对领导干部实行自然资源资产和环境责任离任审计。

（二十六）完善责任追究制度。建立领导干部任期生态文明建设责任制，完善节能减排目标责任考核及问责制度。严格责任追究，对违背科学发展要求、造成资源环境生态严重破坏的要记录在案，实行终身追责，不得转任重要职务或提拔使用，已经调离的也要问责。对推动生态文明建设工作不力的，要及时诫勉谈话；对不顾资源和生态环境盲目决策、造成严重后果的，要严肃追究有关人员的领导责任；对履职不力、监管不严、失职渎职的，要依纪依法追究有关人员的监管责任。

七、加强生态文明建设统计监测和执法监督

坚持问题导向，针对薄弱环节，加强统计监测、执法监督，为推进生态文明建设提供有力保障。

（二十七）加强统计监测。建立生态文明综合评价指标体系。加快推进对能源、矿产资源、水、大气、森林、草原、湿地、海洋和水土流失、沙化土地、土壤环境、地质环境、温室气体等的统计监测核算能力建设，提升信息化水平，提高准确性、及时性，实现信息共享。加快重点用能单位能源消耗在线监测体系建设。建立循环经济统计指标体系、矿产资源合理开发利用评价指标体系。利用卫星遥感等技术手段，对自然资源和生态环境保护状况开展全天候监测，健全覆盖所有资源环境要素的监测网络体系。提高环境风险防控和突发环境事件应急能力，健全环境与健康调查、监测和风险评估制度。定期开展全国生态状况调查和评估。加大各级政府预算内投资等财政性资金对统计监测等基础能力建设的支持力度。

（二十八）强化执法监督。加强法律监督、行政监察，对各类环境违法违规行为实行“零容忍”，加大查处力度，严厉惩处违法违规行为。强化对浪费能源资源、违法排污、破坏生态环境等行为的执法监察和专项督察。资源环境监管机构独立开展行政执法，

禁止领导干部违法违规干预执法活动。健全行政执法与刑事司法的衔接机制，加强基层执法队伍、环境应急处置救援队伍建设。强化对资源开发和交通建设、旅游开发等活动的生态环境监管。

八、加快形成推进生态文明建设的良好社会风尚

生态文明建设关系各行各业、千家万户。要充分发挥人民群众的积极性、主动性、创造性，凝聚民心、集中民智、汇集民力，实现生活方式绿色化。

（二十九）提高全民生态文明意识。积极培育生态文化、生态道德，使生态文明成为社会主流价值观，成为社会主义核心价值观的重要内容。从娃娃和青少年抓起，从家庭、学校教育抓起，引导全社会树立生态文明意识。把生态文明教育作为素质教育的重要内容，纳入国民教育体系和干部教育培训体系。将生态文化作为现代公共文化服务体系建设的重要内容，挖掘优秀传统生态文化思想和资源，创作一批文化作品，创建一批教育基地，满足广大人民群众对生态文化的需求。通过典型示范、展览展示、岗位创建等形式，广泛动员全民参与生态文明建设。组织好世界地球日、世界环境日、世界森林日、世界水日、世界海洋日和全国节能宣传周等主题宣传活动。充分发挥新闻媒体作用，树立理性、积极的舆论导向，加强资源环境国情宣传，普及生态文明法律法规、科学知识等，报道先进典型，曝光反面事例，提高公众节约意识、环保意识、生态意识，形成人人、事事、时时崇尚生态文明的社会氛围。

（三十）培育绿色生活方式。倡导勤俭节约的消费观。广泛开展绿色生活行动，推动全民在衣、食、住、行、游等方面加快向勤俭节约、绿色低碳、文明健康的方式转变，坚决抵制和反对各种形式的奢侈浪费、不合理消费。积极引导消费者购买节能与新能源汽车、高能效家电、节水型器具等节能环保低碳产品，减少一次性用品的使用，限制过度包装。大力推广绿色低碳出行，倡导绿色生活和休闲模式，严格限制发展高耗能、高耗水服务业。在餐饮企业、单位食堂、家庭全方位开展反食品浪费行动。党政机关、国有企业要带头厉行勤俭节约。

（三十一）鼓励公众积极参与。完善公众参与制度，及时准确披露各类环境信息，扩大公开范围，保障公众知情权，维护公众环境权益。健全举报、听证、舆论和公众监督等制度，构建全民参与的社会行动体系。建立环境公益诉讼制度，对污染环境、破坏生态的行为，有关组织可提起公益诉讼。在建设项目立项、实施、后评价等环节，有序增强公众参与程度。引导生态文明建设领域各类社会组织健康有序发展，发挥民间组织和志愿者的积极作用。

九、切实加强组织领导

健全生态文明建设领导体制和工作机制，勇于探索和创新，推动生态文明建设蓝图逐步成为现实。

（三十二）强化统筹协调。各级党委和政府对本地区生态文明建设负总责，要建立协调机制，形成有利于推进生态文明建设的工作格局。各有关部门要按照职责分工，密切协调配合，形成生态文明建设的强大合力。

（三十三）探索有效模式。抓紧制定生态文明体制改革总体方案，深入开展生态文明先行示范区建设，研究不同发展阶段、资源环境禀赋、主体功能定位地区生态文明建设的有效模式。各地区要抓住制约本地区生态文明建设的瓶颈，在生态文明制度创新方面积极实践，力争取得重大突破。及时总结有效做法和成功经验，完善政策措施，形成有效模式，加大推广力度。

（三十四）广泛开展国际合作。统筹国内国际两个大局，以全球视野加快推进生态文明建设，树立负责任大国形象，把绿色发展转化为新的综合国力、综合影响力和国际竞争新优势。发扬包容互鉴、合作共赢的精神，加强与世界各国在生态文明领域的对话交流和务实合作，引进先进技术装备和管理经验，促进全球生态安全。加强南南合作，开展绿色援助，对其他发展中国家提供支持和帮助。

（三十五）抓好贯彻落实。各级党委和政府及中央有关部门要按照本意见要求，抓紧提出实施方案，研究制定与本意见相衔接的区域性、行业性和专题性规划，明确目标任务、责任分工和时间要求，确保各项政策措施落到实处。各地区各部门贯彻落实情况要及时向党中央、国务院报告，同时抄送国家发展改革委。中央就贯彻落实情况适时组织开展专项监督检查。

国家发展改革委 农业部关于下达2015年农村沼气工程中央预算内投资计划的通知

发改投资〔2015〕1377号 2015年6月12日

国家农村沼气工程建设管理办法（试行）

第一章 总 则

第一条 为加强农村沼气工程建设管理，根据

《中央预算内投资补助和贴息项目管理办法》（国家发展改革委第3号令）、《关于将廉租住房等31类点多面广量大单项资金少的中央预算内投资补助项目交由地方具体安排的通知》（发改投资〔2013〕1238号）等的有关规定和要求，制定本办法。

第二条 本办法适用于中央预算内投资补助建设的规模化大型沼气工程、规模化生物天然气工程。

第三条 各级发展改革部门和农村能源主管部门要按照职能分工，各负其责，密切配合，加强对工程建设管理的组织、指导和协调，共同做好工程建设管理的各项工作，确保发挥中央投资效益。

发展改革部门负责农村沼气建设规划衔接平衡；联合农村能源主管部门，做好年度投资计划申报、审核和下达，监督检查投资计划执行和项目实施情况。

农村能源主管部门负责农村沼气建设规划编制、行业审核、行业管理和监督检查等工作，具体组织和指导项目实施。

第四条 在农村沼气建设和运行过程中应牢固树立“安全第一、预防为主”的意识，落实安全生产责任制，科学规范操作，确保安全生产。

第二章 项目申报和投资计划管理

第五条 申请中央预算内投资补助的规模化大型沼气工程和规模化生物天然气工程，应符合国家发展改革委和农业部编制的农村沼气工程有关规划、工作方案和申报通知的要求，落实备案、土地、规划、环评、能评、资金、安评等前期工作，确保当年能开工建设。已经获得中央财政投资或其他部门支持的项目不得重复申报，已经申报国家发展改革委其他专项或国家其他部门的项目不得多头申报。

第六条 规模化大型沼气工程，项目单位在落实前期工作后，根据工作方案提出资金申请，其资金申请的批复程序和要求等由省级发展改革部门商省级农村能源主管部门制定。

第七条 规模化生物天然气工程，在试点阶段，应由项目单位委托农业或环境工程设计甲级资质的咨询设计单位编制项目资金申请报告，报送省级发展改革部门审批，审批前应由省级农村能源主管部门出具行业审查意见。农业部成立专家委员会，提供技术指导。省级发展改革部门会同农村能源主管部门，根据项目单位报送的资金申请报告，开展实地调查，择优选取试点项目，在此基础上编制项目试点方案。

第八条 各地发展改革和农村能源主管部门应当对项目资金申请是否符合中央预算内投资使用方向和有关规定、是否符合工作方案或申报通知要求、是否符合投资补助的安排原则、项目前期工作是否落实等进行严格审查，并对审查结果和申报材料的真实性、合规性负责。要加强项目统筹，突出重点，确保申报项目质量。

第九条 省级发展改革部门会同农村能源主管部门编制本省农村沼气工程年度投资建议计划，联合报送至国家发展改革委和农业部。在试点阶段，申报规模化生物天然气工程试点项目的省份，一并报送项目试点方案，试点方案中要包含项目资金申请报告。

第十条 国家发展改革委会同农业部对各省报送的建议计划和项目试点方案进行审核，经综合平衡后，编制农村沼气工程年度投资计划并联合下达。

第十一条 省级发展改革部门和农村能源主管部门要在接到中央投资规模计划后20个工作日内，分解落实到具体项目并下达投资计划，明确项目建设地点、建设内容、建设工期及有关工作要求，确保项目按计划实施，并将分解的投资计划报国家发展改革委和农业部备核。凡安排中央预算内投资的项目，必须完成资金申请审批工作，可单独批复或者在下达投资计划的同时一并批复。

第十二条 投资计划一经下达，应严格执行。项目实施过程中确需调整的，由省级发展改革委会同农村能源主管部门做出调整决定。调整后拟安排中央补助资金的项目，要符合农村沼气工程中央投资支持范围，且要严格执行国家明确的投资补助标准，并报国家发展改革委和农业部备核。在试点阶段，规模化生物天然气工程报请国家发展改革委和农业部做出调整决定。

第十三条 按照政府信息公开要求，凡安排中央预算内投资的项目，各省应在政府网站上公开项目名称、项目建设单位、建设地点、建设内容等信息。凡申报项目的单位，视同同意公开项目信息。不同意公开相关信息的项目，请勿组织申报。

第三章 资金管理

第十四条 对于符合条件的规模化大型沼气工程和规模化生物天然气工程，按照规定的中央投资标准进行投资补助，其余资金由企业自筹解决。鼓励地方安排资金配套。对中央补助投资项目给予资金配套的地区，中央将加大支持力度。

第十五条 严格执行中央预算内投资管理的有关规定，切实加强资金和项目实施管理。对于中央补助投资，要做到专户管理，独立核算，专款专用，严禁滞留、挪用。

第十六条 推行资金管理报账制，根据项目实施进度拨付资金。对于已完成项目前期工作且自筹资金30%到位的项目，方可申请中央投资；工程竣工验收后申请最终20%中央投资。

第四章 组织实施

第十七条 鼓励各地在地方资金中安排部分工作经费，用于农村沼气工程的项目组织、审查论证、监督检查、技术指导、竣工验收和宣传培训等。

第十八条 项目实施要严格执行基本建设程序，落实项目法人责任制、招标投标制、建设监理制和合同管理制，确保工程质量和安全。

第十九条 农村沼气工程设计和建筑施工应严格执行国家、行业或地方标准，规范建设行为。规模化大型沼气工程的设计和施工单位应具备相应的资质。规模化生物天然气工程的施工单位原则上应具备环境工程专业承包一级资质。

第二十条 省级发展改革部门会同农村能源主管部门制定本省（区、市）的农村沼气工程竣工验收办法，并组织验收工作。项目建设完成后，应按照有关规定及时组织验收，确保验收合格的项目能达到预期效果。对验收不合格的项目，要限期整改。省级验收总结报告报送农业部，国家发展改革委、农业部视情况进行抽查。

第五章 建后管护

第二十一条 项目单位应成立或委托专业化运营机构承担日常维护管理，确保工程安全、稳定、持续运行。要做好必要的原料使用量、沼气沼渣沼液生产量和利用量、工程运营情况等的日常记录，配合当地农村能源主管部门开展技术培训、示范推广和信息搜集，接受行政主管部门在合理期限和范围内的跟踪监管。

第二十二条 农村能源主管部门要加强对项目运行管护的指导和监督，加强对项目单位和工程运行人员的专业技术培训，促进工程良性运行。

第二十三条 工程质量管理按照《建设工程质量管理条例》（国务院令〔2010〕第279号）执行，实行终身负责制，农村沼气工程在合理运行期内，出现重大安全、质量事故的，将倒查责任，严格问责，严肃追究。

第六章 监督管理

第二十四条 省级农村能源主管部门要会同省级发展改革部门全面加强对本省农村沼气工程的监督检查。检查内容包括组织领导、相关管理制度和办法制定、项目进度、工程质量、竣工验收和工程效益发挥情况等。要建立项目信息定期通报制度，对建设进度、质量、效益等进行通报，并将通报内容报送农业部、国家发展改革委，原则上每半年一次，其中规模化生物天然气工程试点项目每月报一次。

第二十五条 省级农村能源主管部门具体负责项目信息的搜集、汇总与报送，并根据有关规定制定农村沼气工程档案管理的具体办法，档案保存年限不得少于工程设计寿命年限。规模化生物天然气工程项目建设要纳入农业建设信息系统管理，及时报送项目建设进度；项目建成后，要接入农业部正在建设的沼气远程在线监测平台。对于具备条件的规模化沼气工程，可根据需要，纳入农业建设信息系统管理或接入沼气远程在线监测平台。

第二十六条 国家发展改革委和农业部将不定期对项目执行情况进行监督和抽查，或者组织各地交叉检查，并将根据需要开展项目稽查。检查和稽查结果将作为安排后续年度中央投资的重要依据。

第二十七条 细化责任追究制度，对项目事中事后监管中发现的问题，国家发展改革委和农业部将根据情节轻重采取责令限期整改、通报批评、暂停拨付中央资金、扣减或收回项目资金、列入信用黑名单、一定时期内不再受理其资金申请、追究有关责任人行政或法律责任等处罚措施。各省也要进一步细化责任追究制度。

第二十八条 国家发展改革委和农业部将根据需要，组织有关专家和机构对项目质量、投资效益等进行后评价，进一步提高项目决策的科学性。鼓励各省积极开展后评价工作。

第二十九条 由于地方审核项目时把关不严、项目建设中和建成后监管工作不到位等问题，导致出现不能如期完成年度投资计划任务或未实现项目建设目标、频繁调整投资计划且调整范围大项目多等情况，将核减其后续年度投资计划规模。

第七章 附 则

第三十条 本办法由国家发展改革委会同农业部负责解释，农村沼气工程涉及的建设规范和技术标准由农业部组织制定。各地应根据本办法，结合当地实际，制定实施细则。

第三十一条 本办法自发布之日起施行。原《农村沼气建设国债项目管理办法（试行）》同时废止。

国务院办公厅关于加快转变农业发展方式的意见

国办发〔2015〕59号 2015年7月30日

各省、自治区、直辖市人民政府，国务院各部委、各直属机构：

近年来，我国粮食生产“十一连增”，农民收入持续较快增长，农业农村经济发展取得巨大成绩，为经济社会持续健康发展提供了有力支撑。当前，我国经济发展进入新常态，农业发展面临农产品价格“天花板”封顶、生产成本“地板”抬升、资源环境“硬约束”加剧等新挑战，迫切需要加快转变农业发展方式。经国务院同意，现提出以下意见。

一、总体要求

（一）指导思想。全面贯彻落实党的十八大和十八届二中、三中、四中全会精神，按照党中央、国务院决策部署，把转变农业发展方式作为当前和今后一个时期加快推进农业现代化的根本途径，以发展多种形式农业适度规模经营为核心，以构建现代农业经营体系、生产体系和产业体系为重点，着力转变农业经营方式、生产方式、资源利用方式和管理方式，推动农业发展由数量增长为主转到数量质量效益并重上来，由主要依靠物质要素投入转到依靠科技创新和提高劳动者素质上来，由依赖资源消耗的粗放经营转到可持续发展上来，走产出高效、产品安全、资源节约、环境友好的现代农业发展道路。

（二）基本原则。

坚持把增强粮食生产能力作为首要前提。坚守耕地红线，做到面积不减少、质量不下降、用途不改变，稳定提升粮食产能，确保饭碗任何时候都牢牢端在自己手中，夯实转变农业发展方式的基础。

坚持把提高质量效益作为主攻方向。以市场需求为导向，适应居民消费结构变化，调整优化农业结构，向规模经营要效率、向一二三产业融合要效益、向品牌经营要利润，全面推进节本降耗、提质增效。

坚持把促进可持续发展作为重要内容。以资源环境承载能力为依据，优化农业生产力布局，加强农业环境突出问题治理，促进资源永续利用。

坚持把推进改革创新作为根本动力。打破传统农业发展路径依赖，全面深化农村改革，加快农业科技创新和制度创新，完善粮食等重要农产品价格形成机制，激活各类农业生产要素。

坚持把尊重农民主体地位作为基本遵循。尊重农民意愿，维护农民权益，在充分发挥市场机制作用的基础上，更好发挥政府作用，保护和调动农民积极性。

（三）主要目标。

到2020年，转变农业发展方式取得积极进展。多种形式的农业适度规模经营加快发展，农业综合生产能力稳步提升，产业结构逐步优化，农业资源利用和生态环境保护水平不断提高，物质技术装备条件显著改善，农民收入持续增加，为全面建成小康社会提供重要支撑。

到2030年，转变农业发展方式取得显著成效。产品优质安全，农业资源利用高效，产地生态环境良好，产业发展有机融合，农业质量和效益明显提升，竞争力显著增强。

二、增强粮食生产能力，提高粮食安全保障水平

（四）加快建设高标准农田。以高标准农田建设为平台，整合新增建设用地土地有偿使用费、农业综合开发资金、现代农业生产发展资金、农田水利设施建设补助资金、测土配方施肥资金、大型灌区续建配套与节水改造投资、新增千亿斤粮食生产能力规划投资等，统筹使用资金，集中力量开展土地平整、农田水利、土壤改良、机耕道路、配套电网林网等建设，统一上图入库，到2020年建成8亿亩高标准农田。有计划分片推进中低产田改造，改善农业生产条件，增强抵御自然灾害能力。探索建立有效机制，鼓励金融机构支持高标准农田建设和中低产田改造，引导各类新型农业经营主体积极参与。按照“谁受益、谁管护”的原则，明确责任主体，建立奖惩机制，落实管护措施。

（五）切实加强耕地保护。落实最严格耕地保护制度，加快划定永久基本农田，确保基本农田落地到户、上图入库、信息共享。完善耕地质量保护法律制度，研究制定耕地质量等级国家标准。完善耕地保护补偿机制。充分发挥国家土地督察作用，坚持数量与质量并重，加强土地督察队伍建设，落实监督责任，重点加强东北等区域耕地质量保护。实施耕地质量保护与提升行动，分区域开展退化耕地综合治理、污染耕地阻控修复、土壤肥力保护提升、耕地质量监测等建设，开展东北黑土地保护利用试点，逐步扩大重金属污染耕地治理与种植结构调整试点，全面推进建设占用耕地耕作层土壤剥离再利用。

（六）积极推进粮食生产基地建设。结合永久基本农田划定，探索建立粮食生产功能区，优先在东北、黄淮海和长江中下游等水稻、小麦主产区，建成一批优质高效的粮食生产基地，将口粮生产能力落实到田块地头。加大财政均衡性转移支付力度，涉农项目资金要向粮食主产区倾斜。大力开展粮食高产创建活动，推广绿色增产模式，提高单产水平。引导企业积极参与粮食生产基地建设，发展产前、产中、产后等环节的生产和流通服务。加强粮食烘干、仓储设施建设。

三、创新农业经营方式，延伸农业产业链

（七）培育壮大新型农业经营主体。逐步扩大新

型农业经营主体承担农业综合开发、中央基建投资等涉农项目规模。支持农民合作社建设农产品加工仓储冷链物流设施，允许财政补助形成的资产转交农民合作社持有和管护。鼓励引导粮食等大宗农产品收储加工企业为新型农业经营主体提供订单收购、代烘代储等服务。落实好新型农业经营主体生产用地政策。研究改革农业补贴制度，使补贴资金向种粮农民以及家庭农场等新型农业经营主体倾斜。支持粮食生产规模经营主体开展营销贷款试点。创新金融服务，把新型农业经营主体纳入银行业金融机构客户信用评定范围，对信用等级较高的在同等条件下实行贷款优先等激励措施，对符合条件的进行综合授信；探索开展农村承包土地经营权抵押贷款、大型农机具融资租赁试点，积极推动厂房、渔船抵押和生产订单、农业保单质押等业务，拓宽抵质押物范围；支持新型农业经营主体利用期货、期权等衍生工具进行风险管理；在全国范围内引导建立健全由财政支持的农业信贷担保体系，为粮食生产规模经营主体贷款提供信用担保和风险补偿；鼓励商业保险机构开发适应新型农业经营主体需求的多档次、高保障保险产品，探索开展产值保险、目标价格保险等试点。

（八）推进多种形式的农业适度规模经营。稳步开展农村土地承包经营权确权登记颁证工作。各地要采取财政奖补等措施，扶持多种形式的农业适度规模经营发展，引导农户依法采取转包、出租、互换、转让、入股等方式流转承包地。有条件的地方在坚持农地农用和坚决防止“非农化”的前提下，可以根据农民意愿统一连片整理耕地，尽量减少田埂，扩大耕地面积，提高机械化作业水平。采取财政扶持、信贷支持等措施，加快培育农业经营性服务组织，开展政府购买农业公益性服务试点，积极推广合作式、托管式、订单式等服务形式。支持供销合作社开展农业社会化服务，加快形成综合性、规模化、可持续的为农服务体系。总结推广多种形式农业适度规模经营的典型案例，充分发挥其示范带动作用。在坚持农村土地集体所有和充分尊重农民意愿的基础上，在农村改革试验区稳妥开展农户承包地有偿退出试点，引导有稳定非农就业收入、长期在城镇居住生活的农户自愿退出土地承包经营权。

（九）大力开展农业产业化经营。把发展多种形式农业适度规模经营与延伸农业产业链有机结合起来，立足资源优势，鼓励农民通过合作与联合的方式发展规模种养业、农产品加工业和农村服务业，开展农民以土地经营权入股农民合作社、农业产业化龙头企业试点，让农民分享产业链增值收益。充实和完善龙头企业联农带农的财政激励机制，鼓励龙头企业为农户提供技术培训、贷款担保、农业保险资助等服务，大力发展一村一品、村企互动的产销对接模式；创建农业产业化示范基地，推进原料生产、加工物流、市场营销等一二三产业融合发展，促进产业链增值收益更多留在产地、留给农民。支持农业产业化示范基地开展技术研发、质量检测、物流信息等公共服务平台建设。从国家技改资金项目中划定一定比例支持龙头企业转型升级。

（十）加快发展农产品加工业。扩大农产品初加工补助资金规模、实施区域和品种范围。深入实施主食加工提升行动，推动马铃薯等主食产品开发。支持精深加工装备改造升级，建设一批农产品加工技术集成基地，提升农产品精深加工水平。支持粮油加工企业节粮技术改造，开展副产品综合利用试点。加大标准化生猪屠宰体系建设力度，支持屠宰加工企业一体化经营。

（十一）创新农业营销服务。加强全国性和区域性农产品产地市场建设，加大农产品促销扶持力度，提升农户营销能力。培育新型流通业态，大力发展农业电子商务，制定实施农业电子商务应用技术培训计划，引导各类农业经营主体与电商企业对接，促进物流配送、冷链设施设备等发展。加快发展供销合作社电子商务。积极推广农产品拍卖交易方式。

（十二）积极开发农业多种功能。加强规划引导，研究制定促进休闲农业与乡村旅游发展的用地、财政、金融等扶持政策，加大配套公共设施建设支持力度，加强从业人员培训，强化体验活动创意、农事景观设计、乡土文化开发，提升服务能力。保持传统乡村风貌，传承农耕文化，加强重要农业文化遗产发掘和保护，扶持建设一批具有历史、地域、民族特点的特色景观旅游村镇。提升休闲农业与乡村旅游示范创建水平，加大美丽乡村推介力度。

四、深入推进农业结构调整，促进种养业协调发展

（十三）大力推广轮作和间作套作。支持因地制宜开展生态型复合种植，科学合理利用耕地资源，促进种地养地结合。重点在东北地区推广玉米/大豆（花生）轮作，在黄淮海地区推广玉米/花生（大豆）间作套作，在长江中下游地区推广双季稻-绿肥或水稻-油菜种植，在西南地区推广玉米/大豆间作套作，在西北地区推广玉米/马铃薯（大豆）轮作。

（十四）鼓励发展种养结合循环农业。面向市场需求，加快建设现代饲草料产业体系，开展优质饲草

料种植推广补贴试点，引导发展青贮玉米、苜蓿等优质饲草料，提高种植比较效益。加大对粮食作物改种饲草料作物的扶持力度，支持在干旱地区、高寒高纬度玉米种植区域和华北地下水超采漏斗区、南方石漠化地区率先开展试点。统筹考虑种养规模和环境消纳能力，积极开展种养结合循环农业试点示范。发展现代渔业，开展稻田综合种养技术示范，推广稻渔共生、鱼菜共生等综合种养技术新模式。

（十五）积极发展草食畜牧业。针对居民膳食结构和营养需求变化，促进安全、绿色畜产品生产。分区域开展现代草食畜牧业发展试点试验，在种养结构调整、适度规模经营培育、金融信贷支持、草原承包经营制度完善等方面开展先行探索。大力推进草食家畜标准化规模养殖，突出抓好疫病防控，加快推广先进适用技术模式，重点支持生态循环畜牧业发展，引导形成牧区繁育、农区育肥的新型产业结构。实施牛羊养殖大县财政奖励补助政策。

五、提高资源利用效率，打好农业面源污染治理攻坚战

（十六）大力发展节水农业。落实最严格水资源管理制度，逐步建立农业灌溉用水量控制和定额管理制度。进一步完善农田灌排设施，加快大中型灌区续建配套与节水改造、大中型灌排泵站更新改造，推进新建灌区和小型农田水利工程建设，扩大农田有效灌溉面积。大力发展节水灌溉，全面实施区域规模化高效节水灌溉行动。分区开展节水农业示范，改善田间节水设施设备，积极推广抗旱节水品种和喷灌滴灌、水肥一体化、深耕深松、循环水养殖等技术。积极推进农业水价综合改革，合理调整农业水价，建立精准补贴机制。开展渔业资源环境调查，加大增殖放流力度，加强海洋牧场建设。统筹推进流域水生态保护与治理，加大对农业面源污染综合治理的支持力度，开展太湖、洱海、巢湖、洞庭湖和三峡库区等湖库农业面源污染综合防治示范。

（十七）实施化肥和农药零增长行动。坚持化肥减量提效、农药减量控害，建立健全激励机制，力争到2020年，化肥、农药使用量实现零增长，利用率提高到40％以上。深入实施测土配方施肥，扩大配方肥使用范围，鼓励农业社会化服务组织向农民提供配方施肥服务，支持新型农业经营主体使用配方肥。探索实施有机肥和化肥合理配比计划，鼓励农民增施有机肥，支持发展高效缓（控）释肥等新型肥料，提高有机肥施用比例和肥料利用效率。加强对农药使用的管理，强化源头治理，规范农民使用农药的行为。全面推行高毒农药定点经营，建立高毒农药可追溯体系。开展低毒低残留农药使用试点，加大高效大中型药械补贴力度，推行精准施药和科学用药。鼓励农业社会化服务组织对农民使用农药提供指导和服务。

（十八）推进农业废弃物资源化利用。落实畜禽规模养殖环境影响评价制度。启动实施农业废弃物资源化利用示范工程。推广畜禽规模化养殖、沼气生产、农家肥积造一体化发展模式，支持规模化养殖场（区）开展畜禽粪污综合利用，配套建设畜禽粪污治理设施；推进农村沼气工程转型升级，开展规模化生物天然气生产试点；引导和鼓励农民利用畜禽粪便积造农家肥。支持秸秆收集机械还田、青黄贮饲料化、微生物腐化和固化炭化等新技术示范，加快秸秆收储运体系建设。扩大旱作农业技术应用，支持使用加厚或可降解农膜；开展区域性残膜回收与综合利用，扶持建设一批废旧农膜回收加工网点，鼓励企业回收废旧农膜。加快可降解农膜研发和应用。加快建成农药包装废弃物收集处理系统。

六、强化农业科技创新，提升科技装备水平和劳动者素质

（十九）加强农业科技自主创新。按照深化科技体制改革的总体要求，深入推进农业科技管理体制改革，提高创新效率。推进农业科技协同创新联盟建设。加快农业科技创新能力条件建设，按程序启动农业领域重点科研项目，加强农业科技国际交流与合作，着力突破农业资源高效利用、生态环境修复等共性关键技术。探索完善科研成果权益分配激励机制。建设农业科技服务云平台，提升农技推广服务效能。深入推进科技特派员农村科技创业行动，加快科技进村入户，让农民掌握更多的农业科技知识。

（二十）深化种业体制改革。在总结完善种业科研成果权益分配改革试点工作的基础上，逐步扩大试点范围；完善成果完成人分享制度，健全种业科技资源、人才向企业流动机制，做大做强育繁推一体化种子企业。国家财政科研经费加大用于基础性公益性研究的投入，逐步减少用于农业科研院所和高等院校开展商业化育种的投入。实施现代种业提升工程，加强国家种质资源体系、植物新品种测试体系和品种区域试验体系建设，加大种质资源保护力度，完善植物品种数据库。实施粮食作物制种大县财政奖励补助政策，积极推进海南、甘肃、四川三大国家级育种制种基地建设，规划建设一批区域级育种制种基地。

（二十一）推进农业生产机械化。适当扩大农机深松整地作业补助试点，大力推广保护性耕作技术，

开展粮棉油糖生产全程机械化示范，构建主要农作物全程机械化生产技术体系。完善适合我国国情的农业机械化技术与装备研发支持政策，主攻薄弱环节机械化，推进农机农艺融合，促进工程、生物、信息、环境等技术集成应用。探索完善农机报废更新补贴实施办法。

（二十二）加快发展农业信息化。开展“互联网+”现代农业行动。鼓励互联网企业建立农业服务平台，加强产销衔接。推广成熟可复制的农业物联网应用模式，发展精准化生产方式。大力实施农业物联网区域试验工程，加快推进设施园艺、畜禽水产养殖、质量安全追溯等领域物联网示范应用。加强粮食储运监管领域物联网建设。支持研发推广一批实用信息技术和产品，提高农业智能化和精准化水平。强化农业综合信息服务能力，提升农业生产要素、资源环境、供给需求、成本收益等监测预警水平，推进农业大数据应用，完善农业信息发布制度。大力实施信息进村入户工程，研究制定农业信息化扶持政策。加快国家农村信息化示范省建设。

（二十三）大力培育新型职业农民。加快建立教育培训、规范管理和政策扶持“三位一体”的新型职业农民培育体系。建立公益性农民培养培训制度，深入实施新型职业农民培育工程，推进农民继续教育工程。加强农民教育培训体系条件能力建设，深化产教融合、校企合作和集团化办学，促进学历、技能和创业培养相互衔接。鼓励进城农民工和职业院校毕业生等人员返乡创业，实施现代青年农场主计划和农村实用人才培养计划。

七、提升农产品质量安全水平，确保“舌尖上的安全”

（二十四）全面推行农业标准化生产。加强农业标准化工作，健全推广和服务体系。加快制修订农兽药残留标准，制定推广一批简明易懂的生产技术操作规程，继续推进农业标准化示范区、园艺作物标准园、畜禽标准化示范场和水产健康养殖示范场建设，扶持新型农业经营主体率先开展标准化生产，实现生产设施、过程和产品标准化。积极推行减量化生产和清洁生产技术，规范生产行为，控制农兽药残留，净化产地环境。

（二十五）推进农业品牌化建设。加强政策引导，营造公平有序的市场竞争环境，开展农业品牌塑造培育、推介营销和社会宣传，着力打造一批有影响力、有文化内涵的农业品牌，提升增值空间。鼓励企业在国际市场注册商标，加大商标海外保护和品牌培育力度。发挥有关行业协会作用，加强行业自律，规范企业行为。

（二十六）提高农产品质量安全监管能力。开展农产品质量安全县创建活动，探索建立有效的监管机制和模式。依法加强对农业投入品的监管，打击各类非法添加行为。开展农产品质量安全追溯试点，优先将新型农业经营主体纳入试点范围，探索建立产地质量证明和质量安全追溯制度，推进产地准出和市场准入。构建农产品质量安全监管追溯信息体系，促进各类追溯平台互联互通和监管信息共享。加强农产品产地环境监测和农业面源污染监测，强化产地安全管理。支持病死畜禽无害化处理设施建设，加快建立运行长效机制。加强农业执法监管能力建设，改善农业综合执法条件，稳定增加经费支持。

八、加强农业国际合作，统筹国际国内两个市场两种资源

（二十七）推进国际产能合作。拓展与“一带一路”沿线国家和重点区域的农业合作，带动农业装备、生产资料等优势产能对外合作。健全农业对外合作部际联席会议制度。在充分利用现有政策渠道的同时，研究农业对外合作支持政策，加快培育具有国际竞争力的农业企业集团。积极引导外商投资现代农业。

（二十八）加强农产品贸易调控。积极支持优势农产品出口。健全农产品进口调控机制，完善重要农产品国营贸易和关税配额管理，把握好进口规模、节奏，合理有效利用国际市场。加快构建全球重要农产品监测、预警和分析体系，建设基础数据平台，建立中长期预测模型和分级预警与响应机制。

九、强化组织领导

（二十九）落实地方责任。各省（区、市）人民政府要提高对转变农业发展方式重要性、复杂性和长期性的认识，增强紧迫感和自觉性，加强组织领导和统筹协调，落实工作责任，健全工作机制，切实把各项任务措施落到实处；要按照本意见要求，结合当地实际，制定具体实施方案。

（三十）加强部门协作。农业部要强化对转变农业发展方式工作的组织指导，密切跟踪工作进展，及时总结和推广经验。发展改革委、财政部要强化对重大政策、重大工程和重大项目的扶持。人民银行、银监会、证监会、保监会要积极落实金融支持政策。教育部、科技部、工业和信息化部、国土资源部、环境保护部、水利部、商务部、质检总局等部门要按照职

责分工，抓紧出台相关配套政策。

国家发展改革委 财政部 农业部环境保护部联合印发《关于进一步加快推进农作物秸秆综合利用和禁烧工作的通知》

发改环资〔2015〕2651号
2015年11月16日

各省、自治区、直辖市及计划单列市发展改革委（经信委），财政厅（局），农业（农牧、农村经济）厅（委、局），环保厅（局）；新疆建设兵团发展改革委、财务局、农业局、环保局：

2008年，国务院办公厅印发《关于加快推进农作物秸秆综合利用的意见》（国办发〔2008〕105号）以来，各地区、各部门积极采取有效措施，农作物秸秆（以下简称秸秆）综合利用和禁止露天焚烧（以下简称禁烧）工作取得了积极进展，综合利用水平有所提高，露天焚烧火点数明显减少。但是，由于全社会对秸秆焚烧危害性认识不足，秸秆综合利用激励政策不到位，部分地区秸秆露天焚烧现象仍屡屡发生，导致资源浪费、环境污染，甚至引发火灾，危及交通安全，形势仍十分严峻。为了进一步加强秸秆综合利用与禁烧工作，现就有关事宜通知如下：

一、总体要求和目标任务

（一）总体要求。贯彻落实党的十八大提出的大力推进生态文明建设的战略部署，坚持节约资源和保护环境的基本国策，按照政府引导、市场运作、多元利用、疏堵结合、以疏为主的原则，完善秸秆收储体系，进一步推进秸秆肥料化、饲料化、燃料化、基料化和原料化利用，加快推进秸秆综合利用产业化，加大秸秆禁烧力度，进一步落实地方政府职责，不断提高禁烧监管水平，促进农民增收、环境改善和农业可持续发展。

（二）主要目标。力争到2020年，全国秸秆综合利用率达到85%以上；秸秆焚烧火点数或过火面积较2016年下降5%，在人口集中区域、机场周边和交通干线沿线以及地方政府划定的区域内，基本消除露天焚烧秸秆现象。

二、推动产业化发展，拓宽秸秆利用渠道

（三）完善高效收集体系。各地要根据当地农用地分布情况、种植制度、秸秆产生和利用现状，鼓励农户、新型农业经营主体在购买农作物收获机械时，配备秸秆粉碎还田或捡拾打捆设备，完善激励措施，健全服务网络，开展秸秆还田、收储服务。要加强收获作业技术指导，推行秸秆机械化还田作业和留茬高度等标准，促进秸秆就地还田或应收尽收。

（四）建立专业化储运网络。各地要积极扶持秸秆收储运服务组织发展，建立规范的秸秆储存场所，促进秸秆后续利用。各地应出台方便秸秆运输的政策措施，提高秸秆运输效率。鼓励有条件的企业和社会组织组建专业化秸秆收储运机构，鼓励社会资本参与秸秆收集和利用，逐步形成商品化秸秆收储和供应能力，实现秸秆收储运的专业化和市场化。

（五）提高秸秆农用水平。各地要按照种养结合、农业优先的原则，进一步加大秸秆还田力度，大力推广秸秆生物炭还田改土技术，积极开展秸秆-牲畜养殖-能源化利用-沼肥还田、秸秆-沼气-沼肥还田等循环利用，加大秸秆机械化粉碎还田、快速腐熟还田力度，鼓励畜禽养殖场（户）和小区、饲料企业利用秸秆生产优质饲料，引导秸秆基料食用菌规模化生产。开展农业循环经济试点示范，探索秸秆综合利用方式的合理搭配和有机耦合模式，推动区域秸秆全量利用。

（六）拓宽综合利用渠道。各地要做好统筹规划，坚持市场化的发展方向，在政策、资金和技术上给予支持，通过建立利益导向机制，支持秸秆代木、纤维原料、清洁制浆、生物质能、商品有机肥等新技术的产业化发展，完善配套产业及下游产品开发，延伸秸秆综合利用产业链。在秸秆产生量大且难以利用的地区，应根据秸秆资源量和分布特点，科学规划秸秆热电联产以及循环流化床、水冷振动炉排等直燃发电厂，秸秆发电优先上网且不限发。

三、健全工作机制，强化秸秆禁烧监管

（七）加强基础能力建设和考核。强化卫星遥感、无人机等应用，提高秸秆焚烧火点监测的效率和水平。健全秸秆资源评估、综合利用和焚烧监测的统计、评价体系。逐步建立以过火面积、焚烧量和综合利用量为核心的秸秆禁烧工作评价、考核方法和奖惩机制。

（八）加强信息公开和执法。各地要加大秸秆禁烧执法检查力度，及时公开违法焚烧秸秆的相关信息，对因焚烧秸秆造成火灾、人员伤害、交通事故的严肃依法查处，对构成犯罪的追究刑事责任。实行目标责任制，对秸秆焚烧严重和综合利用率低的地区启动问责机制，并追究相关负责人及直接责任人的责任。

四、推动技术进步，提高收集和利用水平

（九）积极支持新技术和装备研发。各地要切实加强对秸秆还田、饲料化、能源化、原料化领域新技术的创新，扶持引导基层农技部门、社会化服务体系推广应用先进适用的秸秆综合利用技术。鼓励秸秆综合利用企业、科研单位引进和开发先进实用的秸秆粉碎还田、捡拾打捆、固化成型、炭汽油联产等新装备，推广秸秆就地就近实现资源转化的小型化、移动式装备，推进秸秆综合利用装备的产业化发展与应用。

（十）完善秸秆综合利用标准体系。有关部门要加快制定秸秆收储运体系建设标准，完善秸秆制生物炭、秸秆粉碎还田作业、秸秆生物炭还田改土等质量标准和技术规范，逐步建立秸秆综合利用产品标准与质量检测体系，实现装备、产品和工艺操作的标准化。

五、完善扶持政策，构建有效激励机制

（十一）完善落实有利于秸秆利用的经济政策。财政投入方面：各地可根据实际情况，统筹各方面资金加大秸秆有机肥、秸秆还田、秸秆养畜补贴力度，以及对秸秆综合利用项目给予支持。秸秆焚烧严重的地区，要加大财政性资金支持力度，用于秸秆综合利用和禁烧工作。税收优惠方面：落实好秸秆综合利用税收优惠政策，切实促进秸秆资源化利用。研究将符合条件的秸秆综合利用产品列入节能环保产品政府采购清单和资源综合利用产品目录。金融信贷方面：鼓励银行业金融机构结合秸秆综合利用项目特点，创新金融产品和服务，按照风险可控、商业可持续原则，积极为秸秆收储和加工利用企业提供金融信贷支持。

（十二）贯彻执行有利于秸秆利用的土地和用电政策。土地政策：秸秆收储设施用地尽量利用存量建设用地、空闲地、废弃地等，原则上按临时用地管理，属于永久性占用的，按建设用地依法依规办理审批手续。电价方面：粮棉主产区和大气污染防治重点地区秸秆捡拾、打捆、切割、粉碎、压块等初加工用电纳入农业生产用电价格政策范围，降低秸秆初加工成本。

六、加强宣传培训，提高资源环境保护意识

（十三）开展秸秆综合利用教育培训。各地要强化秸秆禁烧和利用的意识，在农业职业教育和新型职业农民培训中，加大秸秆综合利用实用技术推广和操作人员培训力度，提高技术普及率。各地要充分发挥相关行业学会协会、现有农村基层组织和服务组织的作用，组织开展多种形式的农机作业和秸秆收储运规范培训，大力推广秸秆综合利用实用成熟技术，提高农民秸秆综合利用技术能力。

（十四）充分发挥舆论导向宣传作用。各地要充分利用广播、电视、互联网等媒体开展秸秆利用和禁烧的专题系列报道，大力宣传秸秆综合利用重要意义、政策措施和典型经验以及露天焚烧的危害性，并采取面向基层、贴近农民、生动活泼的形式，普及相关知识和技术，逐步提高全社会对秸秆综合利用的意识和自觉性。

七、加强组织领导，落实任务责任

（十五）明确任务，强化责任。各地要加强对秸秆综合利用和禁烧工作领导，明确目标任务，强化主体责任；要健全相关法规规章，出台配套政策，明确执法主体，落实工作职责，建立考核机制，严格奖惩措施；实行秸秆综合利用和禁烧工作目标责任制，把任务分解落实到部门、乡镇和村组，明确分工、责任到人，构建政府主导、部门联动、农民参与的工作格局。

（十六）强化部门协调合作。充分发挥秸秆综合利用统筹协调机制作用，各相关部门要按照职责分工，统筹研究推进秸秆综合利用和禁烧的重大问题，提出促进秸秆综合利用的政策建议，加强对地方秸秆综合利用工作的督促和指导，扩大利用规模，提升技术水平，促进秸秆收储运体系建设，改善大气环境。

2016年

农业部办公厅 财政部办公厅关于开展农作物秸秆综合利用试点促进耕地质量提升工作的通知

农办财〔2016〕39号 2016年5月29日

为了贯彻落实中央1号文件精神和中央关于加强生态文明建设的战略部署，中央财政继续支持耕地保护和质量提升工作，并选择部分地区重点开展农作物秸秆综合利用试点，推动地方进一步做好秸秆禁烧和综合利用工作，保护和提升耕地质量，实现“藏粮于地、藏粮于技”。现就有关事项通知如下。

一、工作目标与原则

以绿色生态为导向，以秸秆综合利用和地力培肥为主要手段，以耕地质量提升为目标，因地制宜、综

合施策，加快构建耕地质量保护与提升的长效机制。

通过开展秸秆综合利用试点，秸秆综合利用率达到90%以上或在上年基础上提高5个百分点，基本杜绝露天焚烧；秸秆直接还田和过腹还田水平大幅提升；耕地土壤有机质含量平均提高1%，耕地质量明显提升；秸秆能源化利用得到加强，农村环境得到有效改善；探索出可持续、可复制推广的秸秆综合利用技术路线、模式和机制。

秸秆综合利用试点坚持以下原则：一是集中连片、整体推进。优先支持秸秆资源量大、禁烧任务重和综合利用潜力大的区域，整县推进。二是多元利用、农用优先。因地制宜，多元利用，突出肥料化、饲料化、能源化利用重点，科学确定秸秆综合利用的结构和方式。三是市场运作、政府扶持。充分发挥农民、社会化服务组织和企业的主体作用，通过政府引导扶持，调动全社会参与积极性，打通利益链，形成产业链，实现多方共赢。

二、实施区域

2016年耕地保护与质量提升工作，根据秸秆综合利用和地力培肥及退化耕地治理两项内容确定实施区域。

围绕加快构建环京津冀生态一体化屏障的重点区域，选择农作物秸秆焚烧问题较为突出的河北、山西、内蒙古、辽宁、吉林、黑龙江、江苏、安徽、山东、河南10省（自治区，以下简称试点省）开展秸秆综合利用试点。北京、天津市可结合相关工作要求、立足自身财力开展农作物秸秆综合利用工作。试点省要结合本地实际，选择部分重点县开展秸秆综合利用试点，集中投入，提高试点效率。

其他省份主要开展地力培肥及退化耕地治理工作，要根据耕地质量实际状况，以粮食主产区为重点，选择部分重点县建设万亩以上的集中连片示范区，综合采用秸秆还田、增施有机肥、种植绿肥、治理退化耕地等措施，保护和提升耕地质量。

三、工作任务

（一）秸秆综合利用试点

一是采取强力措施严禁秸秆露天焚烧。秸秆禁烧是倒逼秸秆综合利用的有效手段。一方面，各地要加大宣传力度，提高农民对焚烧秸秆危害性的认识，通过政策鼓励扶持，引导农民自主自觉开展秸秆综合利用；另一方面，要层层落实地方各级政府责任，加强对秸秆焚烧起火点的卫星监控，加大行政管理和执法力度，建立健全奖惩措施。

二是坚持农用为主推进秸秆综合利用。秸秆肥料化和饲料化利用是增加土壤有机质、发展循环农业的有效途径。各地要因地制宜制定秸秆还田规范，对秸秆综合利用亟须的农机装备应补尽补，促进种养结合，推动秸秆机械化还田、生物腐熟还田、养畜过腹还田，进一步提高肥料化、饲料化综合利用率。因地制宜发展以秸秆为原料的农村沼气集中供气工程、秸秆成型燃料、秸秆食用菌种植等能源化、燃料化和基料化利用工作。

三是提高秸秆工业化利用水平。坚持市场主导、政府引导的原则，充分发挥市场主体的作用，对已经形成一定产业规模的生物质燃油、乙醇、秸秆发电、秸秆多糖、秸秆淀粉、造纸、板材等，在现有政策基础上，积极研究加快产业扩张和技术扩散的政策措施，进一步提高秸秆工业化利用率和利用水平。

四是充分发挥社会化服务组织的作用。各地要加快培育发展秸秆收储运等农村社会化服务组织，并将农机购置补贴、粮食适度规模经营、农业生产全程社会化服务、农村一二三产业融合发展等扶持措施与秸秆综合利用有机结合，形成政策合力，做大做强秸秆综合利用的基础平台。

（二）地力培肥及退化耕地治理

一是开展土壤肥力保护提升。通过增施有机肥、种植绿肥，合理利用畜禽粪便等有机肥资源，提升土壤肥力。种植绿肥的可配套建设绿肥种子基地。

二是退化耕地综合治理。开展南方土壤酸化、北方土壤盐渍化和东北黑土地保护综合治理。通过施用石灰、石膏、土壤调理剂，配套开展秸秆还田、增施有机肥等培肥措施，每县建设万亩以上的集中连片示范区。

四、支持方式

农作物秸秆综合利用试点采取“以奖代补”方式，中央财政根据试点省秸秆综合利用情况予以适当补助，补助资金由试点省根据试点任务自主安排，用于支持秸秆综合利用的重点领域和关键环节。

开展地力培肥及退化耕地治理的地区，可采取物化补助和购买服务相结合的方式，促进社会化服务组织发展。

五、相关要求

（一）强化组织领导。地方政府是秸秆综合利用和秸秆禁烧的责任主体。各省要结合本地实际，以提升耕地质量和提高秸秆综合利用率为中心任务，研究确定工作内容，及时制定省级方案，与农业部财务司、财政部农业司充分沟通后，于2016年7月31日前报送农业部、财政部备案。各省试点总结请于2017年1月31日前报送农业部、财政部。

（二）建立考核机制。 农业部、财政部将建立对农作物秸秆综合利用试点省的绩效考核机制，重点对秸秆综合利用率（肥料化、饲料化、基料化、燃料化、原料化利用情况）、全国秸秆焚烧卫星遥感巡查监测情况等指标进行考核，绩效考核结果作为今后资金安排的重要因素，考核后三名的省份将退出试点范围。具体绩效考核办法另行制定。各试点省也要建立对试点县的考评机制，实现试点县"有进有退"、资金安排"有增有减"，形成有利于推动试点工作开展的激励约束机制。

（三）加强管理服务。 各地要加强技术推广、科研、教学等单位合作，不断优化耕地质量保护与提升技术模式，并加强耕地质量动态监测，及时评价耕地质量保护与提升实施效果。秸秆综合利用试点县要扎实做好基础工作，建立工作台账，加强动态管理，要重视政策宣传，及时总结典型模式和成功经验，提高农民有效利用秸秆、培肥地力和改良土壤的自觉性和主动性，大力营造推进秸秆综合利用和耕地质量保护的良好环境。

（四）强化资金监管。 各级财政、农业部门要切实强化资金监管，提高资金使用效率，不得擅自调剂或挪用，对骗取套取、挤占挪用补助资金的，要依法依规严肃处理。要统筹利用好农机购置补贴、农业适度规模经营、农业生产全程社会化服务、农村一二三产业融合发展等政策措施，综合施策，形成推动耕地质量保护与提升的强大合力。

农业部 国家发展改革委 财政部 环境保护部 住房和城乡建设部 科学技术部关于印发《关于推进农业废弃物资源化利用试点的方案》的通知

农计发〔2016〕90号

2016年8月11日

各省、自治区、直辖市及计划单列市、新疆生产建设兵团农业（农牧、农村经济）厅（局、委）、发展改革委、财政厅（局）、住房和城乡建设厅（局）、环境保护厅（局）、科技厅（局）：

党中央、国务院高度重视农业废弃物资源化利用工作，十八届五中全会、2016年中央1号文件、《中共中央 国务院关于加快推进生态文明建设的意见》和《国务院办公厅关于加快转变农业发展方式的意见》都作出了明确部署。按照党中央、国务院要求，我们研究制定了《关于推进农业废弃物资源化利用试点的方案》，并经国务院领导同志审定，现印发给你们。

农业废弃物量大、面广，用则利，弃则害。请各地务必高度重视，把试点工作纳入本省（区、市）生态文明建设总体布局中，作为深化农业供给侧结构性改革、推进农业可持续发展的重要平台，明确责任分工、加强协作配合、制定配套政策，精心组织实施、确保取得实效，并从本地实际出发逐步扩大试点范围。请各地方每年12月底前向主管部门报送试点工作年度总结。

关于推进农业废弃物资源化利用试点的方案

农业废弃物资源化利用是农村环境治理的重要内容。据估算，全国每年产生畜禽粪污38亿吨，综合利用率不到60%；每年生猪病死淘汰量约6000万头，集中的专业无害化处理比例不高；每年产生秸秆近9亿吨，未利用的约2亿吨；每年使用农膜200多万吨，当季回收率不足2/3。这些未实现资源化利用无害化处理的农业废弃物量大面广、乱堆乱放、随意焚烧，给城乡生态环境造成了严重影响。开展农业废弃物资源化利用试点工作，是贯彻中央有关"推进种养业废弃物资源化利用"等决策部署的具体行动，是解决农村环境脏乱差、建设美丽宜居乡村的关键环节，也是应对经济新常态、促投资稳增长的积极举措。为此，特制定本方案。

一、总体思路

贯彻党的十八届五中全会、2016年中央1号文件、《中共中央 国务院关于加快推进生态文明建设的意见》《国务院办公厅关于加快转变农业发展方式的意见》和《全国农业可持续发展规划（2015—2030年）》的有关决策部署，围绕解决农村环境脏乱差等突出问题，聚焦畜禽粪污、病死畜禽、农作物秸秆、废旧农膜及废弃农药包装物等五类废弃物，以就地消纳、能量循环、综合利用为主线，采取政府支持、市场运作、社会参与、分步实施的方式，注重县乡村企联动、建管运行结合，着力探索构建农业废弃物资源化利用的有效治理模式。力争到2020年，试点县规模养殖场配套建设粪污处理设施比例达80%左右，畜禽粪污基本资源化利用；病死畜禽基本实现无害化处理；秸秆综合利用率达到85%以上；当季农膜回收和综合利用率达到80%以上；废弃农药包装物有效回收利用。通过试点，形成可复制、可推广、可持续的模式和机制，辐射引领各地加快改善农村人居环境，建设美丽宜居乡村。

具体坚持以下原则：

一是整县统筹。以县为基本单元，统筹规划县域农业废弃物综合利用，加强相关资金县级整合和投融资创新，科学确定综合利用技术路径，探索整县推进农业废弃物资源化利用的有效模式。

二是技术集成。针对不同农业废弃物特点，集成现有零散的利用技术，制定不同类别、不同区域的技术解决方案，探索多元化、立体式、组合型资源化利用方式，提高综合利用效益。

三是企业运营。坚持市场主导，政府扶持，鼓励和引导企业参与，建立废弃物标准化分类收集、规范化转运、专业化处理、商品化应用的运营机制，在农业废弃物转化增值中延伸产业链。

四是因地制宜。根据各地农业废弃物种类分布、利用基础，相应采取资源化利用技术，集成适应不同区域特色的利用模式，优化和选配建设重点，避免生搬硬套和“一刀切”。

二、试点任务

（一）探索有效技术路径

针对畜禽粪污、病死畜禽、农作物秸秆、废旧农膜及废弃农药包装物等不同废弃物特点，优化集成技术方案，探索有效利用路径。

——畜禽粪污。围绕收集、处理、终端产品利用等关键环节，促进资源化利用。一是对不能自行处理废弃物的中小规模养殖场、养殖小区及散养户，实行干湿分离，干粪生产有机肥，尿液污水进行发酵处理，完善畜禽粪污收集、堆沤积肥、有机肥加工等设施设备；二是由专业化公司、农民合作社或养殖场成立专门机构，开展农村沼气工程专业化建设、管理、运营，建设原料收集存储和预处理系统、厌氧消化系统、沼气沼肥利用系统、智能监控系统等设施设备，实现沼气高值高效利用，沼渣沼液充分还田或生产商品化有机肥。

——病死畜禽。围绕收集、暂存、处理等关键环节，促进无害化处理。健全完善病死畜禽收集暂存体系，建设专业化病死畜禽无害化处理中心，配备相应收集、运输、暂存和冷藏设施，以及无害化处理设施设备。有条件的地方探索开展副产品深加工，生产工业油脂、有机肥、无机碳等产品。

——农作物秸秆。围绕收集、利用等关键环节，促进多元化综合利用。采取肥料化、饲料化、燃料化、基料化、原料化等多种途径，着力提升综合利用水平。一是各类新型农业经营主体购置秸秆粉碎还田、深松机等设备，促进秸秆就地还田；二是加强专业化养殖企业和饲料企业生产优质粗饲料产品，建设青（黄）贮窖，购置秸秆收割、收集和处理设备、蒸汽膨化设施设备等；三是专业化企业生产固化成型燃料沼气或生物天然气，建设秸秆收集、固体成型或厌氧发酵和提纯设施设备；四是专业化企业生产食用菌基料和育秧、育苗基料，建设堆肥车间，购置秸秆收集、破碎和堆肥等设施设备；五是专业化企业生产秸秆板材和墙体材料，购置秸秆收集、打包和板材生产等设施设备。

——废旧农膜及废弃农药包装物。围绕回收、处理、奖补政策制定等关键环节，提升再利用水平。研究制定《农用地膜回收利用管理办法》，完善农业地膜产品标准，提高标准准入，鼓励回收地膜。按照“谁购买谁交回、谁销售谁收集、谁生产谁处理”的原则，实施废弃农药包装物押金制度，探索基于市场机制的回收处理机制，对废弃农药包装物实施无害化处理和资源化利用。

（二）探索综合利用模式

综合考虑区域地形地貌、气候特点、产业现状、生产生活方式和市场需求等因素，按照环境问题相近、强化源头治理的原则，聚焦种养密集区，将试点重点布局在南方丘陵多雨区、南方平原水网区、北方平原区三个类型区。每个区域以种养大县为基点，自主选配、科学组合相应的综合利用模式。

一是南方丘陵多雨地区“1＋N”组合。集中在长江以南的广大区域，丘陵山地地形复杂，垂直分异明显，气温较高、雨量丰沛，全年日照1600～2500小时，人多地少，水热资源丰富，一年四季适宜种植，散养与规模养殖并存。本地区农村环境突出问题是畜禽粪污随意排放、病死畜禽无害化处理不足，可优先采用“病死畜禽无害化处理中心＋若干畜禽粪污资源化利用点”模式开展综合治理。

二是南方平原水网地区“1＋N＋N”组合。集中在长江中下游区域，地形平坦、土壤肥沃、湖泊众多、水热资源丰富，全年日照1600～2500小时，一年四季适宜种植，畜禽养殖方式以规模化为主。本地区农村环境突出问题是畜禽粪污、病死畜禽和农作物秸秆综合利用程度不高，可优先采用“病死畜禽无害化处理中心＋若干畜禽粪污资源化利用点＋若干农作物秸秆综合利用点”模式开展综合治理。

三是北方平原地区“1+N+N+1”组合。集中在华北平原、东北平原及西北部分地区，地面辽阔平坦、土壤肥沃，区域夏季暖热，冬季寒冷，以一年一熟、一年二熟为主，水热资源不均，畜禽养殖方式以规模化为主。本地区农村除畜禽粪污、病死畜禽、秸秆利用不高外，地膜残留问题突出，根据实际需求，可优先采用“病死畜禽无害化处理中心+若干畜禽粪污资源化利用点+若干农作物秸秆综合利用点+废旧农膜（废弃农药包装物）回收与处理中心”模式开展综合治理。

三、试点选择

优先选择工作有基础、种养殖规模较大、地方有积极性的国家现代农业示范区、国家农业科技园区、农村综合改革试验区，以及国家农业可持续发展试验示范区所在县市开展试点。2016 年，结合现有投资渠道在 30 个左右的县（市）开展试点。

根据试点进展和年度财政支持情况，后续年度逐步推进，并适时编制全国农业废弃物资源化利用规划，系统梳理各类农业废弃物利用模式与机制，明确建设标准、总体目标、技术路线和总体布局。

四、组织管理

按照自下而上和自上而下相结合的方式，统筹推进试点申报、实施与管理工作。

（一）试点申报

农业部等有关部门加强协调沟通，确定试点标准、内容及目标，明确各省试点指标，统筹开展试点工作。省级农业发改、财政、环保、住房城乡建设、科技等部门加强协作，按照要求组织试点申报、审核等工作，并按分配的指标确定本省试点县（市）。县（市）根据自身实际和相关要求，自愿申报。

（二）组织实施

充分发挥基层的创造性，由试点县（市）农业等部门依据本方案和有关要求制定实施方案，加强资金整合和投融资创新，合力推进试点进程，探索以企业为主体的专业化生产、市场化运营机制，保障工程设施持续运行和长久发挥作用。

（三）管理考核

试点县（市）加强工作自查，主动公开项目进度、资金使用等情况；省级农业等相关部门加强项目定期调度、考核评估和技术服务，研究解决试点实施中遇到的困难和问题，将有关情况及时报告农业部等部门；农业部等有关部门加强跟踪指导，及时总结试点经验，提炼形成可复制、可推广、可持续的模式和机制，适时向全国推广。

五、保障措施

（一）实行分类支持。针对不同建设内容，分别采取相应投资方式予以支持。对于开展畜禽粪污、农作物秸秆综合利用的试点，充分利用沼气工程、农业面源污染综合治理、奶牛肉牛肉羊标准化养殖小区（场）等现有投资渠道予以支持。对于病死畜禽无害化处理的试点，各地采取多种方式，探索以企业为主体的村收集、乡（镇）转运、县处理运行机制。对于有机肥加工厂、沼气纯化等利用内容，积极探索市场化方式，引导和鼓励社会资本投资。

（二）积极完善配套政策。各地要优先落实项目建设有关土地、水电等条件，将秸秆和畜禽粪污等储存用地按照设施农业用地管理。鼓励各地探索对沼气、秸秆发电企业的上网价格及有机肥生产企业的支持政策，实现与市场上其他相互替代产品的平等竞争。

（三）强化技术创新转化。围绕产品开发，分类开展科技创新，加强成果转化应用。加大生物燃料科技研发力度，探索生物液体燃料和生物质成型燃料商业化的有效途径。实施生物基材料集群式科技示范工程，提升生物基材料产品在高分子材料市场中的替代率。突破新型饲料、生物肥料和生物基料转化核心技术，探索多种循环利用技术体系和商业化有效途径。

（四）营造良好氛围。强化政策宣讲、技术业务培训等工作，提高基层和广大农民对农业废弃物资源化利用重要性的认识，激发改变生活环境的内生动力。采取“以奖代补”等方式，鼓励各地通过“一事一议”，引导农民投资投劳参与相关设施建设和污染防治，积极营造良好的社会氛围。

2017 年

国家发展改革委 农业部关于印发《全国农村沼气发展“十三五”规划》的通知

发改农经〔2017〕178 号 2017 年 1 月 25 日

各省、自治区、直辖市及计划单列市、新疆生产建设兵团发展改革委、农业（农牧、农村经济）厅（委、局），广西壮族自治区林业厅：

为贯彻落实党中央、国务院关于农村沼气工作的决策部署，进一步做好“十三五”时期的农村沼气转型升级工作，我们组织编制了《全国农村沼气发展“十三五”规划》，现印发给你们，请认真组织实施。

全国农村沼气发展“十三五”规划

前言

“十二五”期间，农村沼气快速发展，在改善农村生活条件，促进农业发展方式转变，推进农业农村节能减排及保护生态环境等方面，发挥了重要作用。当前，农村沼气事业发展的外部环境发生了巨大变化，特别是农业生产方式、农村居住方式、农民用能方式的新转变，对农村沼气事业发展提出了新任务和新要求。

习近平总书记在中央财经领导小组第十四次会议上指出，以沼气和生物天然气为主要处理方向，以就地就近用于农村能源和农用有机肥为主要使用方向，力争在“十三五”时期，基本解决大规模畜禽养殖场粪污处理和资源化问题。遵照中央部署和习近平总书记的重要指示精神，国家发展改革委和农业部会同有关部门、地方主管部门，在大量调查研究和反复论证的基础上，编制了《全国农村沼气发展“十三五”规划》(以下简称《规划》)。《规划》在分析农村沼气发展成就、机遇与挑战、资源潜力等基础上，明确了“十三五”农村沼气发展的指导思想、基本原则、目标任务，规划了发展布局和重大工程，提出了政策措施和组织实施要求。

《规划》与《中华人民共和国国民经济和社会发展第十三个五年规划纲要》《中共中央 国务院关于加快推进生态文明建设的意见》《全国农业可持续发展规划（2015—2030 年）》《全国农业现代化规划（2016—2020 年）》《全国农村经济发展“十三五”规划》《可再生能源发展“十三五”规划》等作了衔接。

本规划是“十三五”时期全国农村沼气发展的指导性文件。

一、“十二五”农村沼气发展成就

党中央、国务院始终高度重视发展农村沼气事业，自 2004 年起，每年中央 1 号文件都对发展农村沼气提出明确要求。“十二五”期间，国家发展改革委会同农业部累计安排中央预算内投资 142 亿元用于农村沼气建设，并不断优化投资结构。根据农村沼气发展面临的新形势，2015 年调整中央投资方向，重点用于支持规模化大型沼气工程和生物天然气工程试点项目建设，农村沼气迈出了转型升级的新步伐。

（一）增强了能源安全保障能力

农村沼气历史性的解决 2 亿多人口炊事用能质量提升问题，促进了农村家庭用能清洁化、便捷化。规模化沼气工程在为周边农户供气的同时，也满足了养殖场内部的用气、用热、用电等清洁用能需求。规模化大型沼气工程尤其是生物天然气工程所产沼气用于发电上网或提纯后并入天然气管网、车用燃气、工商企业用气，实现了高值高效利用。到 2015 年，全国沼气年生产能力达到 158 亿米^3，约为全国天然气消费量的 5%，每年可替代化石能源约 1100 万吨标准煤，对优化国家能源结构、增强国家能源安全保障能力发挥了积极作用。

（二）推动了农业发展方式转变

农村沼气上联养殖业，下促种植业，是促进生态循环农业发展的重要举措，不仅有效防止和减轻了畜禽粪便排放和化肥农药过量施用造成的面源污染，而且对提高农产品质量安全水平，促进绿色和有机农产品生产，实现农业节本增效，转变农业发展方式发挥了重要作用。据测算，农村沼气年可生产沼肥 7100 万吨，按氮素折算可减施 310 万吨化肥，每年可为农民增收节支近 500 亿元。

（三）促进了农村生态文明发展

农村沼气实现了畜禽养殖粪便、秸秆、有机垃圾等农业农村有机废弃物的无害化处理、资源化利用，缓解了困扰农村环境的“脏乱差”问题。沼气利用不增加大气中二氧化碳排放，具有显著的温室气体减排效应。农户建设农村沼气配套改厨、改厕、改圈，改善了家庭卫生条件。规模化大型沼气工程和规模化生物天然气工程，大幅提升了畜禽粪便、农作物秸秆等农业废弃物集中处理水平和清洁燃气集中供应能力，适应了新时代广大农民对美丽宜居乡村建设的新要求。目前，全国农村沼气年处理畜禽养殖粪便、秸秆、有机生活垃圾近 20 亿吨，年减排二氧化碳 6300 多万吨，对实现农村家园、田园、水源清洁，建设美丽宜居乡村、发展农村生态文明起到了积极作用。

（四）转型升级取得了积极成效

2015 年农村沼气转型升级以来，中央重点支持建设日产 1 万米^3 以上的规模化生物天然气工程试点项目与厌氧消化装置总体容积 500 米^3 以上的规模化大型沼气工程项目，着重在创新建设组织方式、发挥规模效益、利用先进技术、建立有效运转模式等方面进行试点，实现了四个转变，由主要发展户用沼气向规模化沼气转变，由功能单一向功能多元化转变，由单个环节项目建设向全产业链一体化统筹推进转变，由政府出资为主向政府与社会资本合作转变。一批规模化沼气工程和生物天然气工程，在集中供气、发电上网以及城镇燃气供应等方面取得了积极成效，正在不断探索有价值、可复制、可推广的实践经验。

专栏1 农村沼气发展成就

2003—2015年，在中央投资带动下，经过各地共同努力，农村沼气发展进入了大发展、快发展的新阶段。截至2015年底，全国户用沼气达到4193.3万户，受益人口达2亿人；由中央和地方投资支持建成各类型沼气工程达到110975处，其中，中小型沼气工程103898处，大型沼气工程6737处，特大型沼气工程34处，工业废弃物沼气工程306处。以秸秆为主要原料的沼气工程有458处，以畜禽粪污为主要原料的沼气工程有110517处。全国农村沼气工程总池容达到1892.58万米^3，年产沼气22.25亿米^3，供气户数达到209.18万户。

2015年，中央安排预算内投资20亿元，重点支持建设了25个规模化生物天然气工程试点项目与386个规模化大型沼气工程项目，其中，25个生物天然气项目和3个特大型沼气工程日处理14888.2吨畜禽粪便（含部分冲洗水）、1411.1吨秸秆、620吨能源草、512.7吨酒糟、40吨餐厨垃圾，22.6吨果蔬或其他有机废弃物，可生产沼气102.66万米^3，提纯后生物天然气55.713万米^3，主要用作车用燃料、居民、工业用气，农村沼气转型升级工作取得较为显著成效。

据统计，在同时具备果园、菜园、茶园和畜禽养殖优势的350个（次）大县（以下简称“双优县”）中，共有大、中、小型沼气工程25688处，池容约为658万米^3，部分覆盖了果树、蔬菜和茶叶优势区域，为果（菜、茶）沼畜种养循环发展奠定了很好的基础。长期以来，各地在沼气工程建设中，将果树、蔬菜、茶叶种植与沼渣沼液消纳利用结合在一起，在种养循环方面积累了许多成功经验和做法。

全国乡村服务网点达到11.07万个、县（区）级服务站达到1140处，服务沼气用户3257.62万户，覆盖率达到74.3%，服务体系不断完善，服务能力显著提升；以沼气设计、沼气施工、沼气服务、沼气装备和“三沼”综合利用为主要内容的服务体系初步建立。

二、“十三五”农村沼气发展机遇与挑战

在充分肯定农村沼气发展取得巨大成就的同时，也要清楚地看到，农村沼气的定位、工作思路和发展模式始于2003年的沼气建设政策体系框架，长期的实践积累了丰富的经验，同时也有不少教训。“十三五”时期是农业发展方式的加快转变期，农业现代化的快速发展期，新型城镇化建设的加速推进期，农村沼气发展面临的形势和环境将持续发生重要变化，对农村沼气事业提出了新的更高的要求。

（一）发展机遇

1. 生态文明建设对农村沼气事业发展提出了新任务

生态文明建设已纳入“五位一体”国家总体战略布局，农村生态文明建设的任务也更加重要，农村生态环境向清洁化转变的要求也更加迫切。随着农业集约化程度提高和规模化种养业的快速发展，畜禽粪便随意堆弃、秸秆就地废弃焚烧等问题越来越突出，对大气、土壤和水等生产生活环境造成破坏，导致农业面源污染日趋严重。据测算，全国每年产生农作物秸秆10.4亿吨，可收集资源量约9亿吨，尚有1.8亿吨的秸秆未得到有效利用，多数被田间就地焚烧；规模化畜禽养殖场每年产生畜禽粪污20.5亿吨，仍有56%未得到有效利用。农业发展不仅要杜绝生态环境欠新账，而且要逐步还旧账，要打好农业面源污染治理攻坚战，力争到2020年农业面源污染加剧的趋势得到有效遏制，实现“一控两减三基本”的目标任务。据测算，建设1处5000米^{3}池容的规模化大型沼气工程，每年可消纳3万吨粪便或0.6万吨干秸秆，可减少COD排放1500吨或颗粒物排放90吨。因此，发展农村沼气，能够有效处理农业农村废弃物、减少温室气体排放和雾霾产生、改善农村环境“脏、乱、差”状况等，留住绿水青山。

2. 农业供给侧改革对农村沼气事业发展提出了新要求

农业供给侧结构性改革的关键是“提质增效转方式、稳粮增收可持续”。为市场提供更多优质安全的“米袋子”“菜篮子”“果盘子”和“茶盒子”等农产品，是农业供给侧结构性改革的重要任务。目前全国大田作物播种面积24.82亿亩，亩均化肥施用量21.9千克，远高于世界平均水平（每亩8千克），是美国的2.6倍，欧盟的2.5倍。果树亩均化肥用量73.4千克，是美国的6倍、欧盟的7倍；蔬

菜亩均化肥用量 46.7 千克，比美国高 29.7 千克、比欧盟高 31.4 千克。化肥的过量使用，增加了生产成本，在一些地区导致了土壤板结、地力下降、土壤和水体污染等问题。沼肥富含氮磷钾、微量元素、氨基酸等，可以替代或部分替代大田作物和果（菜、茶）园化肥施用，能够显著改善产地生态环境，生产包括大田作物、水果蔬菜茶叶在内的优质农产品，提升产品品质，有效满足人们对优质农产品日益增长的旺盛需求。据测算，建设 1 处日产 500 米^3 沼气的规模化沼气工程，每年可生产沼肥 1000 吨，按氮素折算可减施 43 吨化肥，沼液作为生物农药长期施用可减施化学农药 20%以上。因此，发展农村沼气能够实现化肥、农药减量，推动优质绿色农产品生产，保障食品安全。

专栏 2　果（菜、茶）园发展现状

2015 年，全国果（菜、茶）园种植面积达 5.27 亿亩，其中，果园种植面积达 1.89 亿亩，形成了柑橘、苹果、梨等优势水果产业带；蔬菜种植面积达 3 亿亩，包括设施蔬菜 0.5 亿亩，已经形成了华南西南热区、长江中下游、云贵高原、黄土高原、高纬度地区、黄淮海地区等六大优势产区；茶园种植面积 0.38 亿亩，形成了西南、华南、江南和江北等四大茶叶主产区。据统计，全国果（菜、茶）园种植优势县有 1039 个，拥有总面积 2.32 亿亩。

据测算，全国果树亩均化肥施用量达 73.4 千克，蔬菜亩均化肥施用量达 46.7 千克，茶叶亩均化肥施用量达 30 千克。目前，全国果（菜、茶）园化肥年施用量达 2900 万吨，约占全国化肥施用量的 50%。果（菜、茶）园化肥减施潜力巨大。

3. 国家能源革命对农村沼气事业发展注入了新动力

我国能源生产供应结构不合理、总体缺口较大。2015 年，全国能源消费总量 43 亿吨标准煤，其中煤炭消费量占比为 64%，比重过高；天然气净进口量 621 亿米^3，对外依存度 32.1%。能源生产和消费要立足国内多元供应保安全，形成煤、油、气、核、新能源、可再生能源多轮驱动的能源供应体系。我国在 G20 峰会和巴黎峰会做出承诺，到 2030 年非化石能源占一次能源消费比重提高到 20%左右。据测算，建设 1 处日产 1 万米^3 的生物天然气工程，年可产生物天然气 365 万米^3，可替代 4343 吨标准煤。据统计，全国每年可用于沼气生产的农业废弃物资源总量约 14.04 亿吨，可产生物天然气 736 亿米^3，可替代约 8760 万吨标准煤。因此，发展农村沼气，可降低煤炭消费比重、填补天然气缺口，进一步优化能源供应结构。

4. 新型城镇化建设对农村沼气事业发展提供了新契机

《国家新型城镇化规划（2014—2020 年）》的发布开启了积极稳妥、扎实有序推进城镇化建设的新时期，规划到 2020 年，全国常住人口城镇化率达到 60%左右，实现 1 亿左右农业转移人口和其他常住人口在城镇落户。据国务院发展研究中心研究表明，城镇化率每提高 1 个百分点，能源消费至少会增长 6000 万吨以上标准煤。同时，国家鼓励农村人口在中小城市和小城镇就近就地城镇化，这些地区民用燃气短缺、管网铺设投资和输送成本过高，现有的城镇燃气供应体系难以覆盖新型城镇化区域。据测算，每户每年炊事热水平均用天然气 284 米^3，要实现 1 亿农业人口转移年需增加沼气 118 亿米^3。加之，城镇及农村地区经济水平不断提高，对优质清洁便利能源的需求显著增加，也对居住环境提出了更高要求。因此，发展农村沼气，生产供应清洁能源，能够实现新型城镇集中供气供热，满足炊事采暖用能需求。

（二）面临挑战

1. 农村沼气的发展方式亟待转型升级

近年来，随着种养业的规模化发展、城镇化步伐的加快、农村生活用能的日益多元化和便捷化、农民对生态环保的要求更加迫切，农村沼气建设与发展的外部环境发生了很大变化。农村户用沼气使用率普遍下降，农民需求意愿越来越小，废弃现象日益突出；中小型沼气工程整体运行不佳，多数亏损，长期可持续运营能力较低，存在许多闲置现象。此外，现有的沼气工程还面临着原料保障难和储运成本过高、大量沼液难以消纳、工程科技含量不高、沼气工程终端产品商品化开发不足等瓶颈，一些工程甚至存在沼气排空和沼液二次污染等严重问题。因此，农村沼气亟待向规模发展、综合利用、效益拉动、科技支撑的方向转型升级。2015 年开始的农村沼气转型升级，在这方面进行了有益的尝试。

2. 农村沼气发展的扶持政策亟待完善

农村沼气承担着农村废弃物的处理、农村清洁能源供应、农村生态环境保护等多重社会公益职能，国家应不断健全沼气政策支持体系，加大支持力度。长期以来，国家支持主要体现在前端的投资补助，方式单一，且存在较大的资金缺口，政府和社会资本合作机制尚未有效建立，社会资金投入沼气工程建设运营不足，政府投资放大效应发挥不够。农村沼气持续发展的支持政策还不够系统，农业废弃物处理收费、终端产品补贴、沼气产品保障收购以及流通等环节的政策还有所缺失。沼气转型升级发展以来，大型沼气工程和生物天然气工程建设对用地、用电、信贷等方面的政策需求也在迅速增加。此外，沼气标准体系建设还不够完善，沼气项目建设手续不够清晰，各地执行标准不同，给项目建设、施工、运营和监管带来困难。

3. 农村沼气的体制性和制度性障碍亟须破除

沼气可通过开展高值高效利用实现商品化、产业化开发，但在沼气发电上网和生物天然气并入城镇天然气管网等方面还存在许多歧视和障碍。目前全国地级以上城市和绝大部分县城的燃气特许经营权已经授出，存在生物天然气无法在当地销售或被取得特许经营权的企业对生物天然气压制价格现象。国家出台的《中华人民共和国可再生能源法》《畜禽规模养殖污染防治条例》等法律法规及《关于完善农林生物质发电价格政策的通知》《可再生能源电价附加收入调配暂行办法》等相关政策在沼气领域难以落地，有的电网公司以各种理由阻碍沼气发电上网，沼气发电上网后也无法享受农林生物质电价。这些问题造成了沼气和生物天然气的市场竞争能力不强，制约了农村沼气的发展。

4. 农村沼气的科技支撑和监管能力亟须强化

长期以来，中央和地方对沼气技术、适用产品和装备设备的研发投入有限，科研单位和企业缺乏技术创新的动力与积极性，尚未形成与产业紧密结合的产学研推用技术支撑体系。与沼气技术先进的国家相比，我国规模化沼气工程池容产气率和自动化水平有待提高，新技术、新材料的标准和规范急需建立。农村沼气管理体系仍存在注重项目投资建设、忽视行业监管的问题，一些地方在政府与市场之间、政府部门之间还存在边界不清、职能交叉、缺乏统筹等问题。沼气服务体系尽管已基本实现了全覆盖，但服务对象主要是户用沼气和中小型沼气工程，也未建立有效的服务机制和运营模式，服务人员不稳定、服务范围小、服务内容单一、技术水平偏低等问题致使现有沼气服务体系难以维系。

（三）资源潜力

目前，全国可用于沼气的农业废弃物资源潜力巨大。农村沼气原料主要包括农作物秸秆、畜禽粪便、农产品加工剩余物、蔬菜剩余物、农村有机生活垃圾等。据测算，可用于沼气生产的废弃物资源总量约14.04亿吨，其中，秸秆可利用资源量超过1亿吨、畜禽粪便可利用资源量超过10亿吨、其他有机废弃物可利用量超过1亿吨，沼气生产潜力约为1227亿米^3。随着经济社会发展、生态文明建设和农业现代化推进，沼气生产潜力还将进一步增大。其中：

农作物秸秆。主要包括玉米、水稻、小麦、豆类、薯类等作物秸秆，2015年作物秸秆的理论资源量为10.4亿吨，可收集资源量约9亿吨，主要分布在华北平原、长江中下游平原、东北平原等13个粮食主产省（自治区）。作为肥料、饲料、食用菌基料以及造纸等用途共计约7.2亿吨，可供沼气生产利用的秸秆资源量约1.8亿吨，沼气生产潜力约为500亿米^3。

畜禽粪便。主要包括奶牛、肉牛、生猪、肉鸡、蛋鸡等畜禽的粪便。2015年，全国现有猪、牛、鸡三大类畜禽粪便资源量为19亿吨。目前，粪便堆肥化处理量约为8.4亿吨，可供沼气生产利用的畜禽粪便资源量约10.6亿吨，沼气生产潜力约为640亿米^3。

其他有机废弃物。主要包括农产品加工副产物、蔬菜尾菜、农村有机生活垃圾等。2015年，全国粮食加工副产物（米糠、稻壳、玉米芯、糟类）总量约2.1亿吨，可供沼气生产利用的资源量约0.2亿吨；全国果蔬加工废弃物总量约2.6亿吨，可供沼气生产利用的资源量约1.14亿吨；全国农村有机生活垃圾总量约0.8亿吨，可供沼气生产利用的资源量为0.3亿吨。其他有机废弃物可利用量共1.64亿吨，沼气生产潜力约为87亿米^3。

三、总体要求

（一）指导思想

深入贯彻落实“创新、协调、绿色、开放、共享”理念，适应农业生产方式、农村居住方式和农民用能方式的新变化，坚持清洁能源供给、生态环境保护和循环农业发展的三重复合定位，按照种养结合、生态循环、绿色发展的要求，强化政策创新、科技创新和管理创新，加快规模化生物天然气和规模化大型沼气工程建设，大力推动果（菜、茶）沼畜种养循环发展，巩固户用沼气和中小型沼气工程建设成果，促进沼气沼肥的高值高效综合利用，实现规模效益兼顾、沼气沼肥并重、建设监管结合，开创农村沼气事业健康发展的新局面，为建设农村生态文明、转变农业发展方式、优化国家能源结构、改善农村人居环境作出更大的贡献。

（二）基本原则

1. 统筹谋划，多元发展

针对各地资源状况和环境承载力情况，统筹谋划，优化农村沼气发展结构和建设布局。鼓励各地建设不同规模和类型的沼气项目，因地制宜发展以生物天然气为主、以沼肥利用为主、以农业农村废弃物处理为主、以用气为主和果（菜、茶）沼畜循环等多种形式和特点的沼气模式，鼓励各地发展沼气沼肥产品多元化利用模式，推动农村沼气转型升级。

2. 气肥并重，综合利用

统筹考虑农村沼气的能源、生态效益，兼顾沼气沼肥的经济社会价值。适应市场需求及建设农村清洁能源生产供应体系的需要，积极开拓沼气在城乡居民集中供气、并网发电、车用燃气、工业原料等领域的应用。突出农村沼气供肥功能，以沼气工程为纽带，以沼肥高效利用为抓手，将农作物种植与畜牧养殖有机联结起来，推进种养循环发展。

3. 政府支持，市场运作

政府通过健全法规、政策引导、组织协调、投资补助和终端补贴等方式引领农村沼气发展方向，为农村沼气发展创造良好的环境。充分发挥市场机制作用，积极引导社会资本投入农村沼气建设和运营，大力推进沼气工程的企业化主体、专业化管理、产业化发展、市场化运营，不断提高经济效益和可持续发展能力，形成政府、企业、种养大户、终端用户等市场主体共建多赢新格局。

4. 科技支撑，机制创新

加强农村沼气科研平台建设，强化科研院所、大专院校和龙头企业密切合作，建设产学研推用一体化沼气技术创新与推广体系。中央与地方联动，发挥地方政府作用，建立种植、养殖业主与农村沼气经营主体等各方利益共享、成本分担的联结机制。统筹推进融资方式、运营模式、监管机制创新。

（三）发展目标

农村沼气转型升级取得重大进展，产业体系基本完善，多元协调发展的格局基本形成，以沼气工程为纽带的种养循环发展模式更加普及，科技支撑与行业监管能力显著提升，服务体系与政策体系更加健全。农村沼气在处理农业废弃物、改善农村环境、供给清洁能源、助推循环农业发展和新农村建设等方面的作用更加突出。

——沼气规模化水平显著提高。新建规模化生物天然气工程172个、规模化大型沼气工程3150个，认定果（菜、茶）沼畜循环农业基地1000个，供气供肥协调发展新格局基本形成。

——户用沼气和中小型沼气工程功能得到巩固和提高。户用沼气和中小型沼气工程的建设成果得到巩固，相关工程得到修复，安全隐患得到消除，功能效益得到优化提升。在“老少边穷”且农户还有散养习惯的地区因地制宜建设户用沼气，在中小型养殖场密布地区有序发展中小型沼气工程。

——“三沼”产品高值高效综合利用水平大幅提升。沼气供气、供暖、发电、提纯生物天然气等多元化利用渠道畅通，效益明显提升；沼渣沼液有机肥、基质、生物农药等多元化功能进一步拓展。新增池容2277万米^3，新增沼气生产能力49亿米^3，达到207亿米^3；新增沼肥2651万吨，按氮素折算替代化肥114万吨。

——生态与社会效益更加显著。农村沼气年新增秸秆处理能力864万吨、畜禽粪便处理能力7183万吨，替代化石能源349万吨标准煤，二氧化碳减排1762万吨，COD减排372万吨，农村地区沼气消费受益人口达2.3亿人以上。沼气和生物天然气作为畜禽粪便等农业废弃物主要处理方向的作用更加突出，基本解决大规模畜禽养殖场粪污处理和资源化利用问题。

专栏3 全国农村沼气“十三五”发展目标

序号	指标		单位	现状值（2015）	目标值（2020）	增速（累计增量）
1	规模	规模化生物天然气工程	处	25	197	（172）
2		规模化大型沼气工程	处	6972	10122	（3150）
3		中小型沼气工程	处	103476	128976	（25500）
4		户用沼气	万户	4193	4304	（111）
5	能力	沼气总产量	亿米^3	158	207	5.6%
6		沼肥产量	万吨	7100	9751	7.5%
7	农业生态环境	农业废弃物处理能力	万吨/年	200000	208047	（8047）
8		减排二氧化碳	万吨/年	2860	4622	（1762）
9		减排COD	万吨/年	1209	1581	（372）

四、重点任务

（一）优化农村沼气发展结构

按照全产业链总体设计、统筹谋划，建立从原料保障、厌氧发酵、沼气沼肥利用、运营监管以及社会化服务的一体化体系，培育沼气工程终端产品多元化利用市场，建立新型商业化运营模式，推动规模化生物天然气工程和规模化大型沼气工程加快建设。考虑原料来源、运输半径、资金实力、产品销路等因素，配套建设原料基地，推广中高温高浓度混合原料发酵工艺以及沼气提纯等先进技术。结合果（菜、茶）园用肥需求和布局，发展"'三园'＋沼气工程＋畜禽养殖"的模式，认定一批果（菜、茶）沼畜循环农业基地，推动发展生态循环农业。继续巩固户用沼气和中小型沼气工程在农村生产和生活中的重要作用，制定农村户用沼气报废标准，优化改造老旧病池，填平补齐生活污水净化沼气池、沼渣沼液综合利用设施，积极促进沼气建设与生态农业发展有机结合，提升沼气综合功能。

（二）提升"三沼"产品利用水平

推进沼气高值化利用。大力发展生物天然气并入天然气管网、罐装和作为车用燃料，沼气发电并网或企业自用，稳步发展农村集中供气或分布式撬装供气工程，促进沼气和生物天然气更多用于农村清洁取暖，提高沼气利用效率。

推动沼肥高效利用。将沼渣沼液加工作为规模化生物天然气工程和规模化大型沼气工程项目不可缺少的建设内容，同步实施，同时投产。大力开展沼渣沼液生产加工有机肥、基质、生物农药等多功能利用，试点推广植物营养液、生物活性制剂等高端产品，推广以农村有机生活垃圾作为沼气原料生产沼肥，提高沼气项目综合效益。

推广"'三园'＋沼气工程＋畜禽养殖"循环模式。在果（菜、茶）园优势区，开展沼气工程配备沼肥生产设备，配套沼肥暂存调配设施以及园区储肥施肥设施设备、沼肥运输和施用机具、沼液田间水肥一体化灌溉设施建设，使沼气工程有效联结畜禽养殖和高效种植，实现沼肥充分高效利用，保障优质农产品生产。

（三）提高科技创新支撑水平

以促进沼气技术成果转化为主攻方向，依托优势科研团队建设沼气科研创新平台和重点实验室，完善实验室基础设施，购置先进实验仪器设备，建设中试基地。深化科研院所、大专院校和龙头企业之间的合作，加强农村沼气产、学、研技术体系建设，建设一批沼气科研创新团队，集中优势科研资源研发沼气新工艺、新材料、新设备，开展秸秆预处理、稳产高产发酵工艺、多能互补增温保温、沼气提纯罐装、沼肥高效施用等关键环节的技术攻关。结合云计算、大数据、物联网和"互联网＋"等新一代信息技术和互联网发展模式，建设覆盖全国的信息化沼气科技服务平台，促进沼气科技成果转化为现实生产力，提高沼气行业科技水平。

（四）加强服务保障能力建设

在户用沼气和沼气工程集中的地区，稳步开展农村沼气服务体系提档升级，优化整合农村沼气服务网点，形成功能齐全、设施完备、技术先进的新型服务网络。创新政府购买公益性服务、市场主体提供经营性服务的运营机制，培育壮大社会化服务队伍，鼓励社会资本进入沼气沼肥的销售、流通、售后服务等环节。

依托科研院所和大专院校的技术力量，大力开展从业人员技能培训，重点推动沼气工程设计、施工标准化，提高沼气人才队伍的专业化和职业化水平。大力培育农村沼气事业新型社会化服务主体和沼气中介服务组织，培育一批沼气行业的骨干企业。

着力提高行业监管能力。加快农村沼气监管由建设项目管理向行业监督管理转变，建立农村沼气产业发展和市场监管系统；建立农村沼气工程、产品检测和评估体系，建设可测量、可识别、可核查、可追溯的信息化监控平台，建设全国沼气远程在线监测系统，对沼气工程实行全周期动态监管。加强沼气生产过程安全管理，加大对沼气易燃易爆等危险特性的宣传和教育力度，认真辨识生产过程的安全风险并落实管控措施，严格动火、进入受限空间等特殊作业管理，提高沼气工程生产安全水平。

五、重大工程

（一）规模化生物天然气工程

功能定位。在天然气市场需求量大和农业废弃物资源量集中的地区，发展以畜禽粪便、秸秆和农产品加工有机废弃物等为原料的规模化生物天然气工程，生产的沼气进行提纯净化，生产的生物天然气通过车用燃气、压缩天然气及并入天然气管网等方式利用，沼渣沼液加工生产高效有机肥及其他高值化产品。

建设规模与内容。单项工程建设规模日产生物天然气1万米^{3}以上。主要建设内容：(1)原料仓储和预处理系统。建设秸秆原料的仓储和预处理设施，建立畜禽粪污输送管道等设施设备或配备运输车。(2)厌氧消化系统。包括进出料、厌氧发酵、增温保温和搅拌等设施设备。(3)沼气利用系统。包括脱硫脱水等净化设备、燃气提纯装备、气柜和管网等储存输配系统以及防雷、防爆、防火等安全防护设施。(4)沼肥利用系统。包括沼渣、沼液存贮设施，沼肥有机肥生产加工设施设备。(5) 智能监控系统。包括在线计量和远程监控智能平台。

（二）规模化大型沼气工程

功能定位。在农户居住区较集中、秸秆资源或畜禽粪便较丰富的地区，以自然村、镇或养殖场为单元，建设以畜禽粪便、农作物秸秆为原料的规模化大型沼气工程，生产的沼气用于为农户供气、供暖、发电上网或企业自用等多元化利用，沼渣沼液用于还田、加工有机肥或开展其他有效利用。在果（菜、茶）园和畜禽养殖双优县中，建设一批以畜禽粪便、尾菜烂果等为主要原料的沼气工程，沼气用于城乡居民炊事取暖及锅炉清洁燃料等领域；突出沼肥供应功能，将沼肥施用于果（菜、茶）园，达到园区内种养平衡，实现良性循环发展。

建设规模与内容。建设厌氧消化装置总体容积500米^{3}及以上的沼气工程。主要建设内容包括原料预处理单元、沼气生产单元、沼气净化与储存单元、沼气输配与利用单元（包括管网、入户设施、沼气炉具等）、沼气发电及上网单元（包括沼气发电、余热回收、上网设备与监控等）、沼渣沼液综合利用单元等设施设备，配套建设供配电、仪表控制、给排水、消防、避雷、道路、绿化、围墙、业务用房等设施设备。在果（菜、茶）园和畜禽养殖双优县中，按果树、蔬菜和茶叶的沼肥需求量确定整县农村沼气建设的规模，新建以畜禽粪便、尾菜烂果等为主要原料的沼气工程，主要包括原料预处理单元、沼气生产单元、沼气净化与储存单元、沼气输配与利用单元、沼肥存储调质单元、自动控制单元，果（菜、茶）园配套储肥施肥设施设备、沼肥运输和施用机具、沼液田间水肥一体化灌溉施肥设施、沼肥暂存调配设施等设施设备。

（三）户用沼气和中小型沼气工程

功能定位。在“老少边穷”且农户有散养习惯的地区，以及中小型养殖场密布地区，因地制宜发展户用沼气和中小型沼气工程，生产的沼气用于解决农户家庭和养殖场清洁燃气需求，生产的优质沼肥与优势特色产业相结合，创建特色农产品品牌，促进种养业增效增收和美丽乡村建设。

建设内容与规模。建设8～10米^{3}池容的户用沼气池，同步实施改圈、改厕、改厨。建设厌氧消化装置总体容积在20～500米^{3}的中小型沼气工程，建设内容主要包括原料预处理池（秸秆粉碎、堆沤）、沼气发酵设施、贮气水封池（基础）、沼液储存池，配套泵、管路、脱硫装置、沼气灶具等设备。有针对性地对有修复价值的老旧病池和沼气工程进行修复改造。

（四）支撑服务能力建设工程

功能定位。适应新时期沼气事业发展需求，从科技创新能力、服务体系队伍和行业监管能力等方面加强顶层设计，统筹推进能力建设工作，建成满足农村沼气事业健康持续发展的支撑保障体系。

建设内容。主要包括：(1) 科技创新能力建设。建立健全沼气科技创新研发平台，支持科研单位和教学单位改善实验室基础设施，购置实验仪器设备，配套完善实验室功能，提高科研条件，建设中试基地，增强沼气技术基础研发及成果转化能力。建设国家级科研平台1个，区域级科研平台3个，重点实验室5个。建设企业创新平台，培育设备生产、规模化生物天然气运营、沼气工程设计施工、关键设备生产及后续服务的龙头企业，建设原料分析、发酵条件参数基础实验室，建设规模化服务基地，升级服务设备。(2) 服务体系队伍建设。实施沼气实用人才培养工程，建设规模化沼气设计、建设和后续运行服务体系，组建专业技术团队，扶持一批高素质、专业化、功能齐全的沼气工程公司和设计院所，培养一批实用技术人员。(3) 行业监管能力建设。建设全国农村沼气数据中心，实地数据采集验证移动站，远程在线监测点，实时传输系统，在线预警诊断平台，购置核心信息系统软件、服务器群、无线数据采集器、网络与安全设备、操作系统等。建设农村沼气数据中心1个，在线监测点3322个。

六、发展布局

综合考虑各地区畜禽粪便、农作物秸秆等资源量，肥料化、饲料化、原料化、基料化等竞争性利用途径，以及地域分异规律、沼气发展基础、经济水平、清洁能源需求等因素，将全国31个省（直辖市、自治区）划分为三类地区：Ⅰ类地区（资源量丰富地区）；Ⅱ类地区（资源量中等地区）；Ⅲ类地区（资源量一般地区）。

专栏4　资源量测算依据

1. 畜禽粪便资源量测算。依据《中国统计年鉴2016年》，查阅2015年全国蛋鸡、肉鸡、奶牛、肉牛、生猪等饲养量，采用《第一次全国污染源普查畜禽养殖业源产排污系数手册》所公布的畜禽粪污产排污系数，蛋鸡取0.17千克/羽/天，肉鸡取0.2千克/羽/天，奶牛取32.86千克/头/天，肉牛取15.01千克/头/天，生猪取2.37千克/头/天。

2. 农作物秸秆资源量测算。依据《中国统计年鉴 2016 年》，查阅 2015 年全国玉米、水稻、小麦、大豆、薯类等作物产量，采用《国家发展改革委办公厅 农业部办公厅关于开展农作物秸秆综合利用规划终期评估的通知》（发改办环资〔2015〕3264 号）公布的草谷比，华北农区：玉米 1.73、水稻 0.93、小麦 1.34、豆类 1.57、薯类 1.00；东北农区：玉米 1.86、水稻 0.97、小麦 0.93、豆类 1.70、薯类 0.71；长江中下游农区：玉米 2.05、水稻 1.28、小麦 1.38、豆类 1.68、薯类 1.16；西北农区：玉米 1.52、小麦 1.23、豆类 1.07、薯类 1.22；西南农区：玉米 1.29、水稻 1.00、小麦 1.31、豆类 1.05、薯类 0.60；南方农区：玉米 1.32、水稻 1.06、小麦 1.38、豆类 1.08、薯类 1.41。

专栏 5 全国农村沼气原料资源区域划分表

分区	省（市、区）
Ⅰ类地区	河南、山东、四川、湖南、广西、黑龙江、安徽、河北、湖北、辽宁、吉林、江苏
Ⅱ类地区	云南、内蒙古、江西、贵州、甘肃、广东、陕西、重庆、山西、海南
Ⅲ类地区	新疆、西藏、浙江、福建、青海、宁夏、天津、北京、上海

（一）Ⅰ类地区

区域范围：黑龙江、吉林、辽宁、河北、山东、河南、安徽、江苏、湖北、湖南、四川、广西 12 个省（自治区）。

区域特征：按照区位和地形特征不同，该类地区又分两类。

——黑龙江、吉林、辽宁、河北、山东、河南、安徽、江苏等省，是粮食主产区，同时果园、菜园和畜禽养殖双优县较集中，土地消纳沼渣沼液的能力较强，发展种养结合循环农业模式的空间较大；清洁能源需求较大，适宜发展规模化大型沼气和生物天然气。

——湖北、湖南、四川、广西等省（自治区），属于亚热带温带丘陵山区，地形地貌差异显著，大田作物分布较广，菜园、果园、茶园和畜禽养殖双优县均有分布，贫困集中连片区域对户用沼气需求大，丘陵地区适宜发展中小规模沼气工程，平原地区可发展各类沼气工程。

发展任务：在该区域新建规模化大型沼气工程 1884 处，中型沼气工程 4815 处，小型沼气工程 11000 处，规模化生物天然气工程 123 处，总池容达到 886 万米^3；新建户用沼气 76 万户；处理畜禽粪便 4551 万吨、农作物秸秆 588 万吨，年沼气总产量 32 亿米^3。

（二）Ⅱ类地区

区域范围：内蒙古、山西、陕西、甘肃、江西、重庆、贵州、云南、广东、海南 10 个省（直辖市、自治区）。

区域特征：按照区位和地形特征不同，该类地区又分三类。

——内蒙古、山西、陕西、甘肃等省（自治区），属于“镰刀弯”地区，是玉米结构调整的重点地区，也是草食动物养殖优势区，菜园、果园和畜禽养殖双优县均有分布，适宜发展以规模化沼气为纽带的循环农业模式，适度发展生物天然气工程和中小型沼气工程。

——江西、重庆、贵州、云南等省（直辖市），山区面积大，沼气原料资源分散，贫困人口多、扶贫任务重，大田作物分布较广，菜园、果园和畜禽养殖双优县较多，茶园和畜禽养殖双优区也有分布，适宜发展户用沼气和中小型沼气工程。

——广东、海南等省，属于热带亚热带地区，气候条件好，同时畜禽养殖量大，面源污染防治任务重，热带作物分布较广，菜园、果园和畜禽养殖双优县较多，发展规模化沼气需求迫切，海南部分贫困地区有发展户用沼气的需求。

发展任务：在该区域新建规模化大型沼气工程 973 处，中型沼气工程 4000 处，小型沼气工程 4450 处，规模化生物天然气工程 39 处，总池容达到 402 万米^3；新建户用沼气 34 万户；处理畜禽粪便 2226 万吨、农作物秸秆 219 万吨，年沼气总产量 14 亿米^3。

（三）Ⅲ类地区

区域范围：北京、天津、上海、浙江、福建、宁夏、青海、新疆、西藏 9 个省（直辖市、自治区）。

区域特征：按照区位和地形分异规律的区域特征不同，该类地区又分两类。

——北京、天津、上海、浙江、福建等省（直辖市），人口密集，经济条件优越，优质农产品需求大，清洁燃气需求旺盛，环保要求高，菜园、果园和畜禽养殖双优县较多，茶园和畜禽养殖双优区也有分布，适宜发展规模化沼气工程，因地制宜推广生态循环农业模式。

——宁夏、青海、新疆、西藏等省（自治区），属于生态脆弱区以及水源保护地，环保压力大，适宜推广能源环保型模式；在规模化牲畜养殖集中的牧区和绿洲农业区可适度发展菜-沼-畜规模化沼气工程。

发展任务：在该区域新建规模化大型沼气工程293处，中型沼气工程1185处，小型沼气工程50处，规模化生物天然气工程10处，总池容达到101万米^3；新建户用沼气1万户；处理畜禽粪便407万吨、农作物秸秆56万吨，年沼气总产量3亿米^3。

七、资金测算与筹措

通过对规模化大型沼气工程和生物天然气工程进行典型设计经济分析，确定了沼气工程的投资强度和补贴标准。在实施过程中还应考虑农业产业结构调整和市场需求变化等因素，结合各地区对中央预算内投资计划上一年度完成情况及实施效果，对各省（市、区）沼气工程数量和投资实行动态调整，保证有序发展。

（一）资金测算

“十三五”期间农村沼气工程总投资500亿元，其中规模化生物天然气工程181.2亿元，规模化大型沼气工程133.61亿元，中型沼气工程91亿元，小型沼气工程59亿元，户用沼气33.3亿元，沼气科技创新平台1.89亿元。

专栏6 投资测算依据

1. 规模化生物天然气工程。按照日产1万米^{3}生物天然气测算，单项工程总投资6680万元；日产2万米^{3}生物天然气，单项工程总投资11690万元。

2. 规模化大型沼气工程。按照新建厌氧发酵装置总体容积1000米^{3}的沼气工程测算，单项工程总投资450万元。

（二）资金筹措

相关投资主要由企业和个人自主多渠道筹措，充分吸引和调动社会资本积极投入，中央和地方各级财力予以适当补助。中央投资补助标准将根据农村沼气转型升级试点情况和规划实施中期评估进一步调整优化。

八、政策措施

（一）建立多元化投入机制

坚持政府支持、企业主体、市场化运作的方针，大力推进沼气工程建设和运营的市场化、企业化、专业化，创新政府投入方式，健全政府和社会资本合作机制，积极引导各类社会资本参与，政府采用投资补助、产业投资基金注资、股权投资、购买服务等多种形式对沼气工程建设给予支持。支持地方政府建立运营补偿机制，鼓励通过项目有效整理打包，提高整体收益能力，保障社会资本获得合理投资回报。研究出台政府和社会资本合作（PPP）实施细则，完善行业准入标准体系，去除不合理门槛。积极支持技术水平高、资金实力强、诚实守信的企业从事规模化沼气项目建设和管理，鼓励同一专业化主体建设多个沼气工程。积极探索碳排放权交易机制，鼓励专业化经营主体完善沼气碳减排方案，开展碳排放权交易试点。研究建立沼气项目信用记录体系。

（二）完善农村沼气优惠政策

研究建立规模化养殖场废弃物强制性资源化处理制度。完善促进市场主体开展多种形式畜禽养殖废弃物处理和资源化的激励机制，研究建立农业废弃物处理收费机制。完善沼气沼肥等终端产品补贴政策，对生产沼气和提纯生物天然气用于城乡居民生活的可参照沼气发电上网补贴方式予以支持；在实施绿色生态导向的农业政策中，支持农村居民、新型农村经营主体等使用农业废弃物资源化生产的有机肥。比照资源循环型企业的政策，支持从事利用畜禽养殖废弃物、秸秆、餐厨垃圾等生产沼气、生物天然气的企业发展。健全农业废弃物收储运体系，推动将沼气发酵、提纯、运输等相关设备纳入农机购置补贴目录，研究建立健全并落实规模化沼气和生物天然气工程项目用地、用电、税收等优惠政策。

（三）营造产品公平竞争环境

将生物天然气和沼气纳入国家能源和生态战略，落实《可再生能源法》《畜禽规模养殖污染防治条例》《可再生能源发电全额收购保障办法》中对沼气利用的相关规定，破除行业壁垒和歧视，推进生物天然气和沼气发电无障碍并入燃气管网及电网并享受相关补贴，对生物天然气和沼气进行全额收购或配额保障收购，支持规模化沼气集中供气并获得与城镇燃气同等经营许可权利，完善农村集中供气管网建设扶持政策，保障生物天然气、沼气发电、沼气集中供气获得公平的市场待遇。

（四）加快完善沼气标准体系

加快农村沼气标准的制定和修订工作，包括各类沼气工程设计规范、安全设计与运营规范、污染物排放标准、生物天然气产品和并入燃气管网标准、沼肥工程技术规范、沼肥产品等，加强检测认证体系建设，提高行业技术水平，强化对农村沼气及沼肥产品质量和安全监管。研究制定沼气（生物天然气）前期工作编制规程，指导项目单位科学规范开展前期工作。

（五）加强国际合作与交流

在互惠互利的基础上，加强同发达国家企业的合作，学习和借鉴他们的先进技术和管理经验，有目的有选择地引进消化吸收国外先进技术、工艺及关键设备。充分利用国际金融组织赠款、贷款以及直接融资等方式，高起点发展农村沼气工程龙头企业，加快产业技术开发步伐，提升产业技术水平。

九、组织实施

（一）加强组织领导

各地要准确把握转型升级新要求，充分认识做大做强农村沼气事业的重要意义，把农村沼气建设纳入地方政府国民经济与社会发展“十三五”规划并提供必要的保障。各级发展改革、农业等部门要加强沟通协调，各负其责，形成合力。深入开展资源与市场需求调查研究，及时应对形势需求，合理优化区域布局。建立农村沼气建设和使用考核评价制度，考核结果作为项目安排和绩效考核的重要依据。

（二）强化行业监管

加强对沼气工程建设到运营全过程监管。进一步健全农村沼气技术监督体系，加强沼气工程质量安全检查，规范市场行为；建立健全项目环境监管体系，严格执行污染物排放监测监督；完善规模化生物天然气工程和规模化大型沼气工程项目管理办法，严格执行项目法人责任制、招标投标制、建设监理制和合同管理制；项目立项、建设、运营等全程公开接受用户和社会的监督、质询和评议。完善项目建设与运行中安全生产制度，建立定期巡回检查、隐患排查、政企应急联动和安全互查等工作机制，确保生产安全。

（三）开展宣传评估

对规划实施情况进行动态监测，及时发现规划实施存在的问题，开展规划实施中期评估和末期评估。利用网络、电视、报纸等媒体，开展农村沼气多形式、多层次、多途径的宣传活动，营造良好的社会舆论氛围。组织开展专业技能培训，对规模化生物天然气工程和规模化大型沼气工程技术和管理人员进行安全生产宣传培训。结合新型职业农民培训工程、农村实用人才带头人素质提升计划，加强沼气服务网站点技术人员和新型经营主体知识更新再培训，着力提高专业化水平。

农业部关于印发《开展果菜茶有机肥替代化肥行动方案》的通知

农农发〔2017〕2号　2017年2月8日

有关省、自治区、直辖市农业（农牧、农村经济）厅（委、局）：

为贯彻中央农村工作会议、中央1号文件和全国农业工作会议精神，按照“一控两减三基本”的要求，深入开展化肥使用量零增长行动，加快推进农业绿色发展，农业部制定了《开展果菜茶有机肥替代化肥行动方案》，现印发给你们。请结合本地实际，细化实施方案，强化责任落实，有力有序推进，确保取得实效。

开展果菜茶有机肥替代化肥行动方案

加快推进农业绿色发展，要以果菜茶生产为重点，实施有机肥替代化肥，推进资源循环利用，实现节本增效、提质增效，探索产出高效、产品安全、资源节约、环境友好的现代农业发展之路。为此，特制定本方案。

一、开展果菜茶有机肥替代化肥的必要性和可行性

多年来，为促增产、保供给，农业资源超强利用，化肥投入过量，特别是水果、蔬菜、茶叶生产规模不断扩大，加之农村劳动力加快转移，畜禽养殖废弃物等有机肥资源利用不足，带来成本增加和环境污染，也影响产品的品质和生产效益。推行果菜茶有机肥替代化肥十分紧迫、十分重要。

（一）促进农业节本增效的需要。目前，我国化肥施用量总体偏多，远高于美国、欧盟等发达国家。特别是水果、蔬菜化肥用量更多，果树亩均化肥用量是日本的2倍多、美国的6倍、欧盟的7倍，蔬菜亩均化肥用量比日本高12.8千克、比美国高29.7千克、比欧盟高31.4千克。化肥的过量使用，增加了生产成本。开发利用我国丰富的有机肥资源，实施有机肥替代化肥，利于果菜茶节本增效。

（二）促进产品提质增效的需要。化肥过量施用、有机肥用量减少，影响产品品质。试验表明，施用有机肥的果园，果实外观和内在品质明显提高，可溶性固型物含量增加10%～20%，果皮花青素含量增加

20%～30%，维生素C含量提高10%～30%，糖酸比提高20%～50%。同时，果色鲜艳、适口性好、商品价值也高。增施有机肥还可以增强作物抗性，降低病虫危害，减少农药用量。开发利用我国丰富的有机肥资源，实施有机肥替代化肥，利于果菜茶提质增效。

（三）促进循环农业发展的需要。近年来，我国畜牧业生产发生重大变化，规模养殖成为主体。同时，养殖的集中区畜禽废弃物利用率较低，既造成资源浪费，也带来环境污染。开发利用我国丰富的有机肥资源，支持农民利用畜禽粪便积造、生产有机肥，利于实现资源循环利用。

（四）保护农业生态环境的需要。化肥过量施用，不仅造成耕地质量下降，对生态环境也有不利影响。目前，我国耕地退化面积占总面积的40%以上，耕地污染问题突出。同时，南方地表水富营养化，北方地下水硝酸盐污染，重要的原因是化肥过量施用导致的氮磷元素流失和畜禽养殖产生的面源污染。开发利用我国丰富的有机肥资源，实施有机肥替代化肥，可减少土壤和水体污染，利于保护生态环境。

开展果菜茶有机肥替代化肥，技术成熟、条件具备。一是有较好的政策环境。中央作出推进生态文明建设的重大部署，正采取一系列强有力措施，保护生态环境，实行永续发展。二是有机肥资源丰富。我国有机肥资源养分总量7000多万吨，实际利用不足40%。资源丰富，潜力巨大。三是有成熟的技术模式。各地探索形成了一批种养结合的生产模式，集成了一套畜禽粪便堆沤还田、施用商品有机肥、沼渣沼液无害化处理还田、农作物秸秆覆盖等技术模式，为有机肥替代化肥创造了条件。

二、总体思路、基本原则和目标

（一）总体思路

全面贯彻党的十八大和十八届三中、四中、五中、六中全会精神，深入贯彻习近平总书记系列重要讲话精神，牢固树立新发展理念，以发展生态循环农业、促进果菜茶质量效益提升为目标，以绿色发展为导向，以改革创新为动力，突出果菜茶优势产区、核心产区、知名品牌生产基地，强化政策扶持，依靠科技进步，推进畜禽养殖废弃物及农作物秸秆资源化利用，加快有机肥替代化肥，实现节本增效、提质增效，促进农业转型升级和可持续发展。

（二）基本原则

坚持政策引导。落实绿色生态导向的农业补贴政策，支持农民和新型农业经营主体等使用畜禽养殖废弃物资源化产生的有机肥，鼓励农民采取秸秆还田、生草覆盖等措施，减少化肥用量，降低生产成本，改善生态环境。

坚持分类指导。根据不同区域、不同作物的用肥需求和有机肥资源情况，因地制宜推广符合生产实际的有机肥利用方式，配套相应的有机肥施用设施，做到省工省时、简便易行，让农民愿意用、用得上、有效果。

坚持创新驱动。积极探索适宜的组织方式和服务方式，集成组装有机肥利用技术模式。采取政府购买服务等多种方式，形成社会多方参与的格局。培育新型服务主体，开展肥料统供统施等社会化服务，加快有机肥推广应用。

坚持示范带动。选择果菜茶优势产区、核心产区的重点县（市、区），以及畜禽养殖大县（市、区），推进种养结合，加快畜禽养殖废弃物资源化利用，集中打造一批有机肥替代、绿色优质农产品生产基地（园区），发挥示范效应。

（三）行动目标

2017年，选择100个果菜茶重点县（市、区）开展有机肥替代化肥示范，创建一批果菜茶知名品牌，集成一批可复制、可推广、可持续的有机肥替代化肥的生产运营模式，做到建一批、成一批。力争用3～5年时间，初步建立起有机肥替代化肥的组织方式和政策体系，集成推广有机肥替代化肥的生产技术模式，构建果菜茶有机肥替代化肥长效机制。

具体目标是“一减两提”：

一是化肥用量明显减少。到2020年，果菜茶优势产区化肥用量减少20%以上，果菜茶核心产区和知名品牌生产基地（园区）化肥用量减少50%以上。

二是产品品质明显提高。到2020年，在果菜茶优势产区加快推进“三品一标”认证，创建一批地方特色突出、特性鲜明的区域公用品牌，推动品质指标大幅提高，100%符合食品安全国家标准或农产品质量安全行业标准。

三是土壤质量明显提升。到2020年，优势产区果园土壤有机质含量达到1.2%或提高0.3个百分点以上，茶园土壤有机质含量达到1.2%或提高0.2个百分点以上，菜地土壤有机质含量稳定在2%以上。果园、茶园、菜地土壤贫瘠化、酸化、次生盐渍化等问题得到有效改善。

三、重点任务

（一）提升种植与养殖结合水平。综合考虑土地和环境承载能力，合理确定果菜茶种植规模和畜禽养殖规模，引导农民利用畜禽粪便等畜禽养殖废弃物积造施用有机肥、加工施用商品有机肥，就地就近利用好畜禽粪便等有机肥资源，实现循环利用、变废为宝。

（二）提升有机肥施用技术与配套设施水平。集成推广堆肥还田、商品有机肥施用、沼渣沼液还田、自然生草覆盖等技术模式，推进有机肥替代化肥。在果菜茶产地及周边，建设畜禽养殖废弃物堆沤和沼渣沼液无害化处理、输送及施用等设施，配套果菜茶生产的机械施肥、水肥一体化等设施，应用设施环境调控及物联网设备，提高有机肥施用和作物生产管理机械化、智能化水平。

（三）提升标准化生产与品牌创建水平。加快制定果菜茶有机肥替代化肥的技术规范和产品标准，推进设施标准化、生产过程标准化、投入品管理标准化，实现良好农业规范。以此为基础，创响 批地方特色突出、特性鲜明的区域公用品牌和企业品牌，提高产品知名度和附加值，促进农民持续增收和精准脱贫。

（四）提升主体培育与绿色产品供给水平。制定支持有机肥生产施用的用地、用电、信贷、税收等优惠政策，优先扶持利用畜禽养殖废弃物和农作物秸秆等专业从事有机肥生产的企业和社会化服务组织。引导种养大户、农民合作社、龙头企业等新型农业经营主体生产有机肥、施用有机肥，打造一批绿色优质果菜茶生产基地（园区），增加中高端供给，满足市场多样化需求。

四、区域重点及技术模式

（一）苹果

我国苹果种植面积和产量均占世界总量的40%以上，但单产较低、品质较差。生产中偏施化肥，有机肥投入不足，大部分果园位于丘陵山区，设施条件差，土壤有机质含量低，酸化、碱化问题突出，保水保肥能力弱。推行有机肥替代化肥，在黄土高原苹果优势产区、渤海湾苹果优势产区推广4种技术模式：一是“有机肥＋配方肥”模式。在畜禽粪便等有机肥资源丰富的区域，鼓励种植大户和专业合作社集中积造利用堆肥，减少化肥用量。结合测土配方施肥，在城市近郊果园推广商品有机肥。二是“果-沼-畜”模式。在苹果集中产区，依托种植大户和专业合作社，与规模养殖相配套，建立大型沼气设施，将沼渣沼液施于果园，减少化肥用量。三是“有机肥＋水肥一体化”模式。在水肥条件较好的产区和新建果园，推进矮化密植，在增施有机肥的同时，推广水肥一体化技术，提高水肥利用效率。四是“自然生草＋绿肥”模式。在水热条件适宜的区域，通过自然生草或种植绿肥覆盖土壤，减少裸露，防止水土流失，培肥地力。

（二）柑橘

我国柑橘种植面积世界第一，产量世界第二，但柑橘园设施装备落后，基础地力低，部分地区土层瘠薄，土壤养分含量不平衡，施肥呈现化肥用量逐年增加，有机肥施用比例逐年下降的态势。推行有机肥替代化肥，在长江上中游柑橘带、赣南-湘南-桂北柑橘带、浙-闽-粤柑橘带推广4种技术模式：一是“有机肥＋配方肥”模式。在畜禽粪便等有机肥资源丰富的区域，鼓励种植大户和专业合作社集中积造利用堆肥，减少化肥用量。结合测土配方施肥，在城市近郊果园应用商品有机肥。二是“果-沼-畜”模式。在柑橘集中产区，依托种植大户和专业合作社，与规模养殖相配套，建立大型沼气设施，将沼渣沼液施于果园。三是“有机肥＋水肥一体化”模式。在水肥条件较好的果园，增施有机肥的同时，推广水肥一体化技术，提高水肥利用效率。四是“自然生草＋绿肥”模式。在水热条件适宜区域，通过自然生草或种植绿肥覆盖土壤，减少裸露，防止水土流失，培肥地力。

（三）设施蔬菜

蔬菜是重要的民生产品。近年来，我国设施蔬菜发展迅速，产量占到蔬菜总产量的30%以上，为蔬菜周年均衡供应提供了重要保障。由于设施蔬菜生产周期长、产量高，用肥量大、施肥结构不合理，偏施氮肥现象严重，土壤次生盐渍化等问题突出。推行有机肥替代化肥，在北方设施蔬菜集中产区推广4种技术模式：一是“有机肥＋配方肥”模式。推广配方施肥，增施有机肥，减少化肥用量。二是“菜-沼-畜”模式。在设施蔬菜集中产区，依托种植大户和专业合作社，与规模养殖相配套，建立大型沼气设施，将沼渣沼液施于设施蔬菜。三是“有机肥＋水肥一体化”模式。在增施有机肥的同时，推广水肥一体化技术，重点是推广滴灌、微喷等技术，提高水肥利用效率。四是“秸秆生物反应堆”模式。推广秸秆生物反应堆，释放二氧化碳、增强光合作用，提高地温，增加土壤有机质含量，抑制土壤次生盐渍化。

（四）茶叶

我国是茶叶原产地，茶叶产量位居世界第一。但茶叶施肥结构不合理问题比较突出，茶园有机肥施用量不足。推行有机肥替代化肥，在长江中下游名优绿茶重点区域、长江上中游特色和出口绿茶重点区域、西南红茶和特种茶重点区域、东南沿海优质乌龙茶重点区域推广4种技术模式：一是“有机肥＋配方肥”模式。推广配方施肥，增施有机肥，减少化肥用量。二是“茶-沼-畜”模式。在茶叶集中产区，依托种植大户和专业合作社，与规模养殖相配套，建立大型沼气设施，将沼渣沼液施于茶园。三是“有机肥＋水肥一体化”模式。在增施有机肥的同时，推广水肥一体化技术，提高水肥利用效率。四是“有机肥＋机械深施”模式。在水肥流失较严重茶园，推进农机农艺结合，因地制宜推广有机肥机械深施等技术，提高肥料利用效率。

五、保障措施

（一）加强组织领导。果菜茶有机肥替代化肥的省（区、市）农业部门成立由分管负责同志任组长的推进落实小组，加强协调、搞好服务、推进落实。示范县成立由政府主要负责同志任组长的实施领导小组，明确责任、强化措施、确保实效。农业部加强对有机肥替代化肥行动指导，定期调度进展，协调指导落实，形成上下联动、协同推进的工作格局。

（二）强化政策扶持。落实绿色生态为导向的农业补贴政策，依托“五区一园”，支持重点县（市、区）开展果菜茶有机肥替代化肥示范。结合实施沼气工程、农业综合开发区域生态循环农业、畜禽粪污资源化利用试点、秸秆综合利用试点等项目，支持果菜茶有机肥替代化肥，同向推进，发挥集合效应，形成政策合力。

（三）加强技术指导。各地要组织专家分区域、分作物制定有机肥替代化肥技术方案，开展技术培训，指导农民和新型农业经营主体落实好关键技术。培育新型服务组织，开展有机肥积造、运输、施用等社会化服务。结合国家重点研发专项，开展产学研协作攻关，研发推广一批有机肥生产施用新技术、新产品和新设备，集成一套可复制、可推广、易操作的有机肥替代化肥技术模式。

（四）创新服务机制。因地制宜探索政府购买服务的有效模式，采取向有机肥生产企业、规模化养殖场、专业合作组织购买服务等方式，加快有机肥推广。支持新型农业经营主体参与有机肥替代化肥行动，发挥其规模化、标准化、集约化示范作用。通过补贴、贷款贴息，以及鼓励设立引导性基金等方式，撬动各类资本支持有机肥生产应用。

（五）强化监督监测。在示范县（市、区）科学布置耕地质量监测网点，跟踪耕地质量等级和土壤肥力变化。在示范基地（园区）开展土壤质量、产地环境、产品质量、投入品使用等调查，推进果菜茶生产全覆盖、全过程监测。建立目标考核机制，开展第三方评估，科学评价行动实施效果。完善肥料登记管理制度，严把有机肥原料关，完善标准体系，提高有机肥产品质量。

（六）搞好宣传引导。结合新型职业农民培训工程、现代青年农场主培养计划、新型农业经营主体带头人培训计划，加强果菜茶新型农业经营主体培训力度，发挥示范引领作用。总结各地好做法、好经验，树立典型，相互交流，推进工作。充分利用广播、电视、报刊、互联网等媒体，宣传果菜茶有机肥替代化肥行动在推动化肥减量增效、产品提质增效，农业绿色发展、循环发展等方面的成效，把“替”字唱响、做亮，营造良好氛围。

农业部关于实施农业绿色发展五大行动的通知

农办发〔2017〕6号

各省、自治区、直辖市及计划单列市农业（农牧、农村经济）、畜牧、渔业（水利）厅（局、委、办），新疆生产建设兵团农业局：

为贯彻党中央、国务院决策部署，落实新发展理念，加快推进农业供给侧结构性改革，增强农业可持续发展能力，提高农业发展的质量效益和竞争力，农业部决定启动实施畜禽粪污资源化利用行动、果菜茶有机肥替代化肥行动、东北地区秸秆处理行动、农膜回收行动和以长江为重点的水生生物保护行动等农业绿色发展五大行动。现就有关事项通知如下。

一、充分认识实施农业绿色发展五大行动的重要意义

习近平总书记强调，绿水青山就是金山银山，要坚持节约资源和保护环境的基本国策，推动形成绿色发展方式和生活方式。今年中央1号文件提出，要推行绿色生产方式，增强农业可持续发展能力。各级农业部门要认真学习、深刻领会习近平总书记重要讲话精神，充分认识实施五大行动的重要意义，进一步增强推进农业绿色发展的紧迫感、使命感。

（一）实施农业绿色发展五大行动是落实绿色发展理念的关键举措。绿色发展是现代农业发展的内在要求，是生态文明建设的重要组成部分。近年来，我国粮食连年丰收，农产品供给充裕，农业发展不断迈上新台阶。但由于化肥、农药过量使用，加之畜禽粪便、农作物秸秆、农膜资源化利用率不高，渔业捕捞强度过大，农业发展面临的资源压力日益加大，生态

环境亮起“红灯”，我国农业到了必须加快转型升级、实现绿色发展的新阶段。实施绿色发展五大行动，有利于推进农业生产废弃物综合治理和资源化利用，把农业资源过高的利用强度缓下来、面源污染加重的趋势降下来，推动我国农业走上可持续发展的道路。

（二）实施农业绿色发展五大行动是推动农业供给侧结构性改革的重要抓手。习近平总书记指出，推进农业供给侧结构性改革，要把增加绿色优质农产品供给放在突出位置。当前，我国农产品供给大路货多，优质品牌的少，与城乡居民消费结构快速升级的要求不相适应。推进农业绿色发展，就是要发展标准化、品牌化农业，提供更多优质、安全、特色农产品，促进农产品供给由主要满足“量”的需求向更加注重“质”的需求转变。实施绿色发展五大行动，有利于改变传统生产方式，减少化肥等投入品的过量使用，优化农产品产地环境，有效提升产品品质，从源头上确保优质绿色农产品供给。

（三）实施农业绿色发展五大行动是建设社会主义新农村的重要途径。农业和环境最具相融性，新农村的优美环境离不开农业的绿色发展。近年来，随着农业生产的快速发展，农业面源污染日益严重，特别是畜禽养殖废弃物污染等问题突出，对农民的生活和农村的环境造成了很大影响。习近平总书记强调，加快推进畜禽养殖废弃物处理和资源化，关系6亿多农村居民生产生活环境，是一件利国利民利长远的大好事。实施绿色发展五大行动，有利于减少农业生产废弃物排放，美化农村人居环境，推动新农村建设，实现人与自然和谐发展、农业生产与生态环境协调共赢。

二、深入实施农业绿色发展五大行动

（一）畜禽粪污资源化利用行动。坚持保供给与保环境并重，坚持政府支持、企业主体、市场化运作方针，以畜牧大县和规模养殖场为重点，加快构建种养结合、农牧循环的可持续发展新格局。在畜牧大县开展畜禽粪污资源化利用试点，组织实施种养结合一体化项目，集成推广畜禽粪污资源化利用技术模式，支持养殖场和第三方市场主体改造升级处理设施，提升畜禽粪污处理能力。建设畜禽规模化养殖场信息直联直报平台，完善绩效评价考核制度，压实地方政府责任。力争到2020年基本解决大规模畜禽养殖场粪污处理和资源化问题。

（二）果菜茶有机肥替代化肥行动。以发展生态循环农业、促进果菜茶质量效益提升为目标，以果菜茶优势产区、核心产区、知名品牌生产基地为重点，大力推广有机肥替代化肥技术，加快推进畜禽养殖废弃物及农作物秸秆资源化利用，实现节本增效、提质增效。2017年选择100个果菜茶重点县（市、区）开展示范，支持引导农民和新型经营主体积造和施用有机肥，因地制宜推广符合生产实际的有机肥利用方式，采取政府购买服务等方式培育有机肥统供统施服务主体，吸引社会力量参与，集成一批可复制、可推广、可持续的生产运营模式。围绕优势产区、核心产区，集中打造一批有机肥替代、绿色优质农产品生产基地（园区），发挥示范效应。强化耕地质量监测，建立目标考核机制，科学评价试点示范成果。力争到2020年，果菜茶优势产区化肥用量减少20%以上，果菜茶核心产区和知名品牌生产基地（园区）化肥用量减少50%以上。

（三）东北地区秸秆处理行动。坚持因地制宜、农用优先、就地就近、政府引导、市场运作、科技支撑，以玉米秸秆处理利用为重点，以提高秸秆综合利用率和黑土地保护为目标，大力推进秸秆肥料化、饲料化、燃料化、原料化、基料化利用，加强新技术、新工艺和新装备研发，加快建立产业化利用机制，不断提升秸秆综合利用水平。在东北地区60个玉米主产县率先开展秸秆综合利用试点，积极推广深翻还田、秸秆饲料无害防腐和零污染焚烧供热等技术，推动出台秸秆还田、收储运、加工利用等补贴政策，激发市场主体活力，构建市场化运营机制，探索综合利用模式。力争到2020年，东北地区秸秆综合利用率达到80%以上，基本杜绝露天焚烧现象。

（四）农膜回收行动。以西北为重点区域，以棉花、玉米、马铃薯为重点作物，以加厚地膜应用、机械化捡拾、专业化回收、资源化利用为主攻方向，连片实施，整县推进，综合治理。在甘肃、新疆、内蒙古等地区建设100个治理示范县，全面推广使用加厚地膜，推进减量替代；推动建立以旧换新、经营主体上交、专业化组织回收、加工企业回收等多种方式的回收利用机制，试点“谁生产、谁回收”的地膜生产者责任延伸制度；完善农田残留地膜污染监测网络，探索将地面回收率和残留状况纳入农业面源污染综合考核。力争到2020年，农膜回收率达80%以上，农田“白色污染”得到有效控制。

（五）以长江为重点的水生生物保护行动。坚持生态优先、绿色发展、减量增收、减船转产，逐步推进长江流域全面禁捕，率先在水生生物保护区实现禁捕，修复沿江近海渔业生态环境。加大资金投入，引导和支持渔民转产转业，将渔船控制目标列入地方政府和有关部门约束性考核指标，到2020年全国压减海洋捕捞机动渔船2万艘、功率150万千瓦。开展水产健康养殖示范创建，推进海洋牧场建设，推动水产养殖减量增效。强化海洋渔业资源总量管理，完善休渔禁渔制度，联合有关部门开展海洋伏季休渔等专项执法行动，继续清理整治“绝户网”和涉渔“三无”船舶。实施珍稀濒危物种拯救行动，加强水生生物栖息地保护，完善保护区功能体系，提升重点物种保护等级，加快建立长江珍稀特有物种基因保存库。力争到2020年，长江流域水生生物资源衰退、水域生态环境恶化和水生生物多样性下降的趋势得到有效遏制，水生生物资源得到恢复性增长，实现海洋捕捞总产量与海洋渔业资源总承载能力相协调。

三、加强组织领导，确保五大行动有序开展

（一）落实工作责任。农业部已经印发《果菜茶有机肥替代化肥行动方案》，近期将印发其他四大行动方案。各省级农业部门要把推动农业绿色发展五大行动作为当前的重点工作，抓紧研究制定本地区实施方案，明确目标任务、推进路径、责任分工，加大项目、资金、资源整合力度，完善绩效考核、资金奖补、农产品推介展示等激励机制，充分调动地方政府特别是县级政府抓农村资源环境保护的积极性，形成齐抓共管、上下联动的工作格局，确保各项行动有条不紊推进、取得实效。

（二）强化市场引领。要进一步转变工作方式，采取政府购买服务等方式，加大市场主体培育力度，积极发展生产性服务业。充分发挥新型经营主体的引领作用，按照“谁参与谁受益”的原则，充分调动生产经营主体特别是规模经营主体的积极性，鼓励第三方和社会力量共同参与，合力推动农业绿色发展。同时，要建立健全有进有出的运行机制，加强市场监管力度，进一步规范市场主体行为、落实市场主体责任。

（三）创新技术模式。要加强科技创新联盟建设，积极开展产学研协作攻关，加大配套新技术、新产品和新装备的研发力度。抓好试点示范，集成组装一批可复制可推广的技术模式，扩大推广范围，放大示范效应。结合新型职业农民培训工程、现代青年农场主培育计划等，强化技术培训，开展技术交流，提升技术应用水平。

（四）突出重点地区。各地要结合产业发展特色，突出种养大县，优先选择产业基础好、地方政府积极性高的地区，加大资金和政策支持力度，加快实施绿色发展战略。特别是国家现代农业示范区、农村改革试验区、农业可持续发展试验示范区和现代农业产业园要统筹推进五大行动，率先实现绿色发展。

农业部关于印发《东北地区秸秆处理行动方案》的通知

农科教发〔2017〕9号　2017年5月16日

有关省、自治区、直辖市农业（农牧、农村经济）厅（局、委）：

为贯彻中央农村工作会议、中央1号文件和全国农业工作会议精神，加快推进农业绿色发展，围绕“一控两减三基本”目标，提升东北地区秸秆综合利用水平，我部制定了《东北地区秸秆处理行动方案》，现印发给你们。请结合本地实际，细化实施方案，强化责任落实，有力有序推进，确保取得实效。

东北地区秸秆处理行动方案

为加快推进农业绿色发展，促进东北地区秸秆资源高效循环利用，推动黑土地保护和耕地质量提升，巩固黄金玉米带的战略地位，特制定本方案。

一、开展东北地区秸秆处理行动的重要意义

东北三省一区农作物秸秆总量大、密度高、利用难度大，是我国秸秆综合利用的重点和难点地区，推进东北地区秸秆处理十分紧迫、十分重要。

（一）促进生态环境保护

目前，东北地区秸秆综合利用率仅为66.6%，比全国低13.5个百分点。秸秆焚烧或废弃既浪费了资源，又污染了环境。开展东北地区秸秆处理行动，发展秸秆有机肥替代化肥、秸秆饲料替代饲草、秸秆新能源替代化石能源、秸秆板材替代木材，有利于节能减排和保护生态环境，促进农业绿色发展。

（二）促进农民节本增收

秸秆是农业副产物，也是宝贵的生物质资源，将东北地区丰富的秸秆资源变废为宝，形成多元化、高值化利用格局，大幅度提高秸秆资源的产业附加值，带动秸秆收集、储存、运输等服务业发展，可有效提供就业机会、增加农民收入，助推东北经济振兴。

（三）促进耕地质量提升

近年来，由于保护意识不强、重用轻养，东北黑土地面临“量减质退”局面，尤其是有机质下降、耕

层变浅等土壤退化问题突出，给农业可持续发展带来潜在风险。推广秸秆直接还田和过腹还田，有利于提高土壤有机质和养分含量，改善土壤结构和墒情，培肥地力，实现黑土资源的永续利用。

二、总体思路、原则和目标

（一）总体思路

贯彻落实绿色发展理念，坚持因地制宜、农用优先、就地就近、政府引导、市场运作、科技支撑，以玉米秸秆处理利用为重点，以提高秸秆综合利用率和加强黑土地保护为目标，与“五区一园”创建相衔接，加强试点示范，完善扶持政策，拓宽利用渠道，创新工作方法，健全政府、企业与农民三方共赢的利益链接机制，不断提高秸秆处理水平。

（二）基本原则

农用优先、多元利用。坚持秸秆综合利用与农业生产相结合，在满足种植业和畜牧业需求的基础上，抓好肥料化、饲料化、基料化等领域新技术、新装备、新工艺的示范推广，合理引导秸秆燃料化、原料化等其他综合利用方式，推动秸秆向多元循环的方向发展。

统筹规划、合理布局。根据东北地区秸秆资源种类和资源量、生产方式、农民意愿、产业布局等，统筹编制秸秆综合利用方案，因地制宜，合理安排秸秆肥料化、饲料化、燃料化、基料化、原料化利用（以下简称“五料化”利用）的优先时序，避免资源竞争或资源不足。

市场导向、政策扶持。充分发挥市场在资源配置中的决定性作用，建立以市场为导向、企业为主体、农民积极参与的长效机制。加大政策创设力度，完善秸秆收储运、加工利用等配套政策。

科技推动、试点先行。加强科技攻关，着力解决东北高寒地区玉米秸秆综合利用的难题，提高秸秆综合利用技术、装备和工艺水平。积极打造秸秆综合利用试点县（农场），建设一批示范工程，扶持一批重点企业，加快推进产业化发展。

（三）行动目标

到2020年，力争东北地区秸秆综合利用率达到80%以上，比2015年提高13.4个百分点，新增秸秆利用能力2700多万吨，基本杜绝露天焚烧现象，农村环境得到有效改善；秸秆直接还田和过腹还田水平大幅提升，耕地质量有所提升；培育专业从事秸秆收储运的经营主体1000个以上，年收储能力达到1000万吨以上，新增年秸秆利用量10万吨以上的龙头企业50个以上，形成可持续、可复制、可推广的秸秆综合利用模式和机制。

三、重点任务

（一）以粮食生产功能区为重点，提高秸秆农用水平

针对东北地区农业产业结构和自然气候条件特点，加大秸秆还田工作力度，大力推广玉米秸秆深翻还田技术、秸秆覆盖还田保护性耕作技术，提高还田质量；大力推广秸-饲-肥、秸-能-肥、秸-菌-肥等循环利用技术，推动以秸秆为纽带的循环农业发展，夯实粮食生产功能区发展基础。

（二）以新型农业经营主体为依托，提高秸秆收储运专业化水平

针对东北地区秸秆收储运主体少、装备水平低等问题，加快培育秸秆收储运专业化人才和社会化服务组织，建设秸秆储存规范化场所，配备秸秆收储运专业化装备，建立玉米主产县（农场）全覆盖的服务网络，逐步形成商品化秸秆收储和供应能力，实现秸秆收储运的专业化和市场化，促进秸秆后续利用。

（三）以科技创新为支撑，提高秸秆综合利用标准化水平

针对东北地区玉米秸秆还田、收储和利用方式的特点和瓶颈，发挥东北区域玉米秸秆综合利用协同创新联盟和现代农业产业技术体系的科技引领作用，围绕秸秆肥料、饲料、燃料、基料、原料等利用领域，熟化一批新技术、新工艺和新装备，形成从农作物品种、种植、收获、秸秆还田、收储到“五料化”利用等全过程完整的技术规范和装备标准，提高秸秆综合利用的标准化水平。

（四）以产业提档升级为目标，提高秸秆市场化利用水平

针对东北地区秸秆产业化利用主体不多、竞争力不强、效益不高等问题，出台并落实用地、用电、信贷、税收等优惠政策，建立政府引导、市场主体、多方参与的产业化发展培育机制，发展一批生物质供热供气、燃料乙醇、颗粒燃料、板材、造纸、食用菌等领域可市场化运行的经营主体，推动秸秆综合利用产业结构优化和提质增效。

四、重点工作

（一）编制省级方案，强化统筹推动

加强东北地区秸秆综合利用规划研究，统筹不同区域、不同作物秸秆综合利用的目标和重点，编制三省一区“十三五”秸秆综合利用省级实施方案，合理布局秸秆产业化利用途径、收储运基地，建立健全政府推动、市场化运作、多方参与的秸秆综合利用

体系。

（二）实施一批试点，强化示范带动

依托中央财政秸秆综合利用试点补助资金，支持东北地区秸秆综合利用的重点领域和关键环节，鼓励以县（农场）为单元统筹相关资金，加大秸秆综合利用支持力度，2017 年试点规模达到 60 个县，力争到 2020 年实现 147 个玉米主产县（农场）全覆盖。重点遴选 20 个秸秆综合利用试点县，加大支持力度，总结推广适合东北不同区域、不同作物的利用模式 10 套以上，打造具有区域代表性的秸秆综合利用示范样板，构建政策、工作、技术三大措施互相配套的长效机制。

（三）搭建创新平台，强化科技支撑

开展协同技术创新。依托东北区域玉米秸秆综合利用协同创新联盟，东北三省一区农科院及农垦科学院要搭建区域农业科技创新与交流平台；现代农业产业技术体系内增设的秸秆综合利用岗位科学家，要围绕秸秆肥料化、饲料化、燃料化、基料化等利用方式的技术瓶颈，积极争取国家重点研发项目，开展协同技术创新，加大科技攻关力度。

研发关键技术装备。在肥料化方面，重点攻克与玉米-大豆轮作、玉米连作种植制度相配套的秸秆覆盖还田和深翻还田技术，研发低温快速腐解微生物菌剂，研发 147 千瓦以上的深翻还田机械；在饲料化方面，筛选优良的秸秆降解与生物转化微生物菌株，研发秸秆饲料无害防腐剂调节剂；在燃料化方面，研发低排放、抗结渣的秸秆生物质燃烧设备，攻克秸秆热解气化焦油去除难题。

（四）推介典型模式，强化培训推广

推介秸秆农用十大模式。按照工作措施、技术措施、政策措施“三位一体”的要求，深入总结东北高寒区玉米秸秆深翻养地、秸-饲-肥种养结合、秸-沼-肥能源生态、秸-菌-肥基质利用等循环利用模式，向社会发布推介。

召开系列现场交流会。在东北三省一区按“五料化”利用途径，召开秸秆机械化还田、离田系列现场交流会，广泛宣传推广秸秆综合利用的好做法、好经验和好典型。

举办系列技术培训。结合新型职业农民培训工程、现代青年农场主培养计划、新型农业经营主体带头人培训计划等，部、省、县（市）分层次、分环节、分对象举办秸秆综合利用技术培训班，加强东北地区各级技术推广人员、新型农业经营主体的培训力度，培训规模达到 10000 人次，不断提高专业化水平。

（五）推出一批政策，强化发展动能

推动政策落实。贯彻落实好国家发展改革委、财政部、农业部、环境保护部《关于进一步加快推进农作物秸秆综合利用和禁烧工作的通知》（发改环资〔2015〕2651 号）要求，推动地方落实财政投入、税收优惠、金融信贷、用地、用电等政策。

完善配套政策。各地结合实际情况，研究出台秸秆运输绿色通道、秸秆深加工享受农业用电价格、还田离田补贴等政策措施。

培育新型主体。鼓励引导龙头企业、专业合作社、家庭农场、种养大户等新型经营主体，发展以秸秆为原料的生物有机肥、食用菌、成型燃料、生物炭、清洁制浆等新型产业，提高产业化水平，到 2020 年新增年秸秆利用量 10 万吨以上的龙头企业 50 个以上。

五、保障措施

（一）加强组织领导

农业部加强对东北地区秸秆处理行动指导，定期调度进展，协调指导落实；东北三省一区农业主管部门成立由分管负责同志任组长的行动推进落实小组，加强协调、搞好服务、推进行动落实；试点县（农场）成立由政府主要负责同志任组长的实施领导小组，明确责任、强化措施、确保实效；建立行动实施的监管责任制和责任追究制，形成齐抓共管、上下联动的工作格局。

（二）加强技术指导

省级农业主管部门要强化技术服务体系建设，统领本区域秸秆综合利用技术支撑工作，组建秸秆综合利用技术专家组；专家组要协助编制实施方案，做好业务知识培训，承担政策研究、技术咨询等任务，为东北地区秸秆处理行动提供全程科技服务。

（三）加强督导考核

农业部建立定期调度督导机制，推动地方工作落实；进一步完善秸秆综合利用试点绩效评价机制，形成有利于推动试点工作开展的激励约束机制；秸秆综合利用试点县要扎实做好基础工作，建立工作台账，加强动态管理。

（四）加强宣传引导

东北三省一区和重点县市要及时总结秸秆综合利用的典型模式和成功做法，加强模式推介工作。充分利用广播、电视、报刊、互联网等媒体，宣传东北秸秆处理行动的做法成效，提高农民有效利用秸秆、培肥地力和改良土壤的自觉性和主动性，大力营造推进东北秸秆综合利用和黑土地保护的良好环境。

国务院办公厅关于加快推进畜禽养殖废弃物资源化利用的意见

国办发〔2017〕48号 2017年5月31日

各省、自治区、直辖市人民政府，国务院各部委、各直属机构：

近年来，我国畜牧业持续稳定发展，规模化养殖水平显著提高，保障了肉蛋奶供给，但大量养殖废弃物没有得到有效处理和利用，成为农村环境治理的一大难题。抓好畜禽养殖废弃物资源化利用，关系畜产品有效供给，关系农村居民生产生活环境改善，是重大的民生工程。为加快推进畜禽养殖废弃物资源化利用，促进农业可持续发展，经国务院同意，现提出以下意见。

一、总体要求

（一）指导思想。全面贯彻党的十八大和十八届三中、四中、五中、六中全会精神，深入贯彻习近平总书记系列重要讲话精神和治国理政新理念新思想新战略，认真落实党中央、国务院决策部署，统筹推进“五位一体”总体布局和协调推进“四个全面”战略布局，牢固树立和贯彻落实创新、协调、绿色、开放、共享的发展理念，坚持保供给与保环境并重，坚持政府支持、企业主体、市场化运作的方针，坚持源头减量、过程控制、末端利用的治理路径，以畜牧大县和规模养殖场为重点，以沼气和生物天然气为主要处理方向，以农用有机肥和农村能源为主要利用方向，健全制度体系，强化责任落实，完善扶持政策，严格执法监管，加强科技支撑，强化装备保障，全面推进畜禽养殖废弃物资源化利用，加快构建种养结合、农牧循环的可持续发展新格局，为全面建成小康社会提供有力支撑。

（二）基本原则。

统筹兼顾，有序推进。统筹资源环境承载能力、畜产品供给保障能力和养殖废弃物资源化利用能力，协同推进生产发展和环境保护，奖惩并举，疏堵结合，加快畜牧业转型升级和绿色发展，保障畜产品供给稳定。

因地制宜，多元利用。根据不同区域、不同畜种、不同规模，以肥料化利用为基础，采取经济高效适用的处理模式，宜肥则肥，宜气则气，宜电则电，实现粪污就地就近利用。

属地管理，落实责任。畜禽养殖废弃物资源化利用由地方人民政府负总责。各有关部门在本级人民政府的统一领导下，健全工作机制，督促指导畜禽养殖场切实履行主体责任。

政府引导，市场运作。建立企业投入为主、政府适当支持、社会资本积极参与的运营机制。完善以绿色生态为导向的农业补贴制度，充分发挥市场配置资源的决定性作用，引导和鼓励社会资本投入，培育发展畜禽养殖废弃物资源化利用产业。

（三）主要目标。到2020年，建立科学规范、权责清晰、约束有力的畜禽养殖废弃物资源化利用制度，构建种养循环发展机制，全国畜禽粪污综合利用率达到75%以上，规模养殖场粪污处理设施装备配套率达到95%以上，大型规模养殖场粪污处理设施装备配套率提前一年达到100%。畜牧大县、国家现代农业示范区、农业可持续发展试验示范区和现代农业产业园率先实现上述目标。

二、建立健全畜禽养殖废弃物资源化利用制度

（四）严格落实畜禽规模养殖环评制度。规范环评内容和要求。对畜禽规模养殖相关规划依法依规开展环境影响评价，调整优化畜牧业生产布局，协调畜禽规模养殖和环境保护的关系。新建或改扩建畜禽规模养殖场，应突出养分综合利用，配套与养殖规模和处理工艺相适应的粪污消纳用地，配备必要的粪污收集、贮存、处理、利用设施，依法进行环境影响评价。加强畜禽规模养殖场建设项目环评分类管理和相关技术标准研究，合理确定编制环境影响报告书和登记表的畜禽规模养殖场规模标准。对未依法进行环境影响评价的畜禽规模养殖场，环保部门予以处罚。（环境保护部、农业部牵头）

（五）完善畜禽养殖污染监管制度。建立畜禽规模养殖场直联直报信息系统，构建统一管理、分级使用、共享直联的管理平台。健全畜禽粪污还田利用和检测标准体系，完善畜禽规模养殖场污染物减排核算制度，制定畜禽养殖粪污土地承载能力测算方法，畜禽养殖规模超过土地承载能力的县要合理调减养殖总量。完善肥料登记管理制度，强化商品有机肥原料和质量的监管与认证。实施畜禽规模养殖场分类管理，对设有固定排污口的畜禽规模养殖场，依法核发排污许可证，依法严格监管；改革完善畜禽粪污排放统计核算方法，对畜禽粪污全部还田利用的畜禽规模养殖场，将无害化还田利用量作为统计污染物削减量的重要依据。（农业部、环境保护部牵头，质检总局参与）

（六）建立属地管理责任制度。地方各级人民政府对本行政区域内的畜禽养殖废弃物资源化利用工作

负总责，要结合本地实际，依法明确部门职责，细化任务分工，健全工作机制，加大资金投入，完善政策措施，强化日常监管，确保各项任务落实到位。统筹畜产品供给和畜禽粪污治理，落实“菜篮子”市长负责制。各省（区、市）人民政府应于 2017 年底前制定并公布畜禽养殖废弃物资源化利用工作方案，细化分年度的重点任务和工作清单，并抄送农业部备案。（农业部牵头，环境保护部参与）

（七）落实规模养殖场主体责任制度。畜禽规模养殖场要严格执行环境保护法、畜禽规模养殖污染防治条例、水污染防治行动计划、土壤污染防治行动计划等法律法规和规定，切实履行环境保护主体责任，建设污染防治配套设施并保持正常运行，或者委托第三方进行粪污处理，确保粪污资源化利用。畜禽养殖标准化示范场要带头落实，切实发挥示范带动作用。（农业部、环境保护部牵头）

（八）健全绩效评价考核制度。以规模养殖场粪污处理、有机肥还田利用、沼气和生物天然气使用等指标为重点，建立畜禽养殖废弃物资源化利用绩效评价考核制度，纳入地方政府绩效评价考核体系。农业部、环境保护部要联合制定具体考核办法，对各省（区、市）人民政府开展考核。各省（区、市）人民政府要对本行政区域内畜禽养殖废弃物资源化利用工作开展考核，定期通报工作进展，层层传导压力。强化考核结果应用，建立激励和责任追究机制。（农业部、环境保护部牵头，中央组织部参与）

（九）构建种养循环发展机制。畜牧大县要科学编制种养循环发展规划，实行以地定畜，促进种养业在布局上相协调，精准规划引导畜牧业发展。推动建立畜禽粪污等农业有机废弃物收集、转化、利用网络体系，鼓励在养殖密集区域建立粪污集中处理中心，探索规模化、专业化、社会化运营机制。通过支持在田间地头配套建设管网和储粪（液）池等方式，解决粪肥还田“最后一公里”问题。鼓励沼液和经无害化处理的畜禽养殖废水作为肥料科学还田利用。加强粪肥还田技术指导，确保科学合理施用。支持采取政府和社会资本合作（PPP）模式，调动社会资本积极性，形成畜禽粪污处理全产业链。培育壮大多种类型的粪污处理社会化服务组织，实行专业化生产、市场化运营。鼓励建立受益者付费机制，保障第三方处理企业和社会化服务组织合理收益。（农业部牵头，国家发展改革委、财政部、环境保护部参与）

三、保障措施

（十）加强财税政策支持。启动中央财政畜禽粪污资源化利用试点，实施种养业循环一体化工程，整县推进畜禽粪污资源化利用。以果菜茶大县和畜牧大县等为重点，实施有机肥替代化肥行动。鼓励地方政府利用中央财政农机购置补贴资金，对畜禽养殖废弃物资源化利用装备实行敞开补贴。开展规模化生物天然气工程和大中型沼气工程建设。落实沼气发电上网标杆电价和上网电量全额保障性收购政策，降低单机发电功率门槛。生物天然气符合城市燃气管网入网技术标准的，经营燃气管网的企业应当接收其入网。落实沼气和生物天然气增值税即征即退政策，支持生物天然气和沼气工程开展碳交易项目。地方财政要加大畜禽养殖废弃物资源化利用投入，支持规模养殖场、第三方处理企业、社会化服务组织建设粪污处理设施，积极推广使用有机肥。鼓励地方政府和社会资本设立投资基金，创新粪污资源化利用设施建设和运营模式。（财政部、国家发展改革委、农业部、环境保护部、住房城乡建设部、税务总局、国家能源局、国家电网公司等负责）

（十一）统筹解决用地用电问题。落实畜禽规模养殖用地，并与土地利用总体规划相衔接。完善规模养殖设施用地政策，提高设施用地利用效率，提高规模养殖场粪污资源化利用和有机肥生产积造设施用地占比及规模上限。将以畜禽养殖废弃物为主要原料的规模化生物天然气工程、大型沼气工程、有机肥厂、集中处理中心建设用地纳入土地利用总体规划，在年度用地计划中优先安排。落实规模养殖场内养殖相关活动农业用电政策。（国土资源部、国家发展改革委、国家能源局牵头，农业部参与）

（十二）加快畜牧业转型升级。优化调整生猪养殖布局，向粮食主产区和环境容量大的地区转移。大力发展标准化规模养殖，建设自动喂料、自动饮水、环境控制等现代化装备，推广节水、节料等清洁养殖工艺和干清粪、微生物发酵等实用技术，实现源头减量。加强规模养殖场精细化管理，推行标准化、规范化饲养，推广散装饲料和精准配方，提高饲料转化效率。加快畜禽品种遗传改良进程，提升母畜繁殖性能，提高综合生产能力。落实畜禽疫病综合防控措施，降低发病率和死亡率。以畜牧大县为重点，支持规模养殖场圈舍标准化改造和设备更新，配套建设粪污资源化利用设施。以生态养殖场为重点，继续开展畜禽养殖标准化示范创建。（农业部牵头，国家发展改革委、财政部、质检总局参与）

（十三）加强科技及装备支撑。组织开展畜禽粪污资源化利用先进工艺、技术和装备研发，制修订相关标准，提高资源转化利用效率。开发安全、高效、环保新型饲料产品，引导矿物元素类饲料添加剂减量使用。加强畜禽粪污资源化利用技术集成，根据不同资源条件、不同畜种、不同规模，推广粪污全量收集还田利用、专业化能源利用、固体粪便肥料化利用、异位发酵床、粪便垫料回用、污水肥料化利用、污水达标排放等经济实用技术模式。集成推广应用有机肥、水肥一体化等关键技术。以畜牧大县为重点，加大技术培训力度，加强示范引领，提升养殖场粪污资源化利用水平。（农业部、科技部牵头，质检总局参与）

（十四）强化组织领导。各地区、各有关部门要根据本意见精神，按照职责分工，加大工作力度，抓紧制定和完善具体政策措施。农业部要会同有关部门对本意见落实情况进行定期督查和跟踪评估，并向国务院报告。（农业部牵头）

中共中央办公厅 国务院办公厅印发《关于创新体制机制推进农业绿色发展的意见》

推进农业绿色发展，是贯彻新发展理念、推进农业供给侧结构性改革的必然要求，是加快农业现代化、促进农业可持续发展的重大举措，是守住绿水青山、建设美丽中国的时代担当，对保障国家食物安全、资源安全和生态安全，维系当代人福祉和保障子孙后代永续发展具有重大意义。党的十八大以来，党中央、国务院作出一系列重大决策部署，农业绿色发展实现了良好开局。但总体上看，农业主要依靠资源消耗的粗放经营方式没有根本改变，农业面源污染和生态退化的趋势尚未有效遏制，绿色优质农产品和生态产品供给还不能满足人民群众日益增长的需求，农业支撑保障制度体系有待进一步健全。为创新体制机制，推进农业绿色发展，现提出如下意见。

一、总体要求

（一）指导思想。全面贯彻党的十八大和十八届三中、四中、五中、六中全会精神，深入贯彻习近平总书记系列重要讲话精神和治国理政新理念新思想新战略，紧紧围绕统筹推进“五位一体”总体布局和协调推进“四个全面”战略布局，牢固树立和贯彻落实新发展理念，认真落实党中央、国务院决策部署，以绿水青山就是金山银山理念为指引，以资源环境承载力为基准，以推进农业供给侧结构性改革为主线，尊重农业发展规律，强化改革创新、激励约束和政府监管，转变农业发展方式，优化空间布局，节约利用资源，保护产地环境，提升生态服务功能，全力构建人与自然和谐共生的农业发展新格局，推动形成绿色生产方式和生活方式，实现农业强、农民富、农村美，为建设美丽中国、增进民生福祉、实现经济社会可持续发展提供坚实支撑。

（二）基本原则

——坚持以空间优化、资源节约、环境友好、生态稳定为基本路径。牢固树立节约集约循环利用的资源观，把保护生态环境放在优先位置，落实构建生态功能保障基线、环境质量安全底线、自然资源利用上线的要求，防止将农业生产与生态建设对立，把绿色发展导向贯穿农业发展全过程。

——坚持以粮食安全、绿色供给、农民增收为基本任务。突出保供给、保收入、保生态的协调统一，保障国家粮食安全，增加绿色优质农产品供给，构建绿色发展产业链价值链，提升质量效益和竞争力，变绿色为效益，促进农民增收，助力脱贫攻坚。

——坚持以制度创新、政策创新、科技创新为基本动力。全面深化改革，构建以资源管控、环境监控和产业准入负面清单为主要内容的农业绿色发展制度体系，科学适度有序的农业空间布局体系，绿色循环发展的农业产业体系，以绿色生态为导向的政策支持体系和科技创新推广体系，全面激活农业绿色发展的内生动力。

——坚持以农民主体、市场主导、政府依法监管为基本遵循。既要明确生产经营者主体责任，又要通过市场引导和政府支持，调动广大农民参与绿色发展的积极性，推动实现资源有偿使用、环境保护有责、生态功能改善激励、产品优质优价。加大政府支持和执法监管力度，形成保护有奖、违法必究的明确导向。

（三）目标任务。把农业绿色发展摆在生态文明建设全局的突出位置，全面建立以绿色生态为导向的制度体系，基本形成与资源环境承载力相匹配、与生产生活生态相协调的农业发展格局，努力实现耕地数量不减少、耕地质量不降低、地下水不超采，化肥、农药使用量零增长，秸秆、畜禽粪污、农膜全利用，实现农业可持续发展、农民生活更加富裕、乡村更加美丽宜居。

资源利用更加节约高效。到 2020 年，严守 18.65 亿亩耕地红线，全国耕地质量平均比 2015 年提高 0.5 个等级，农田灌溉水有效利用系数提高到 0.55 以上。到 2030 年，全国耕地质量水平和农业用水效率进一步提高。

产地环境更加清洁。到 2020 年，主要农作物化肥、农药使用量实现零增长，化肥、农药利用率达到

40%；秸秆综合利用率达到85%，养殖废弃物综合利用率达到75%，农膜回收率达到80%。到2030年，化肥、农药利用率进一步提升，农业废弃物全面实现资源化利用。

生态系统更加稳定。到2020年，全国森林覆盖率达到23%以上，湿地面积不低于8亿亩，基本农田林网控制率达到95%，草原综合植被盖度达到56%。到2030年，田园、草原、森林、湿地、水域生态系统进一步改善。

绿色供给能力明显提升。到2020年，全国粮食（谷物）综合生产能力稳定在5.5亿吨以上，农产品质量安全水平和品牌农产品占比明显提升，休闲农业和乡村旅游加快发展。到2030年，农产品供给更加优质安全，农业生态服务能力进一步提高。

二、优化农业主体功能与空间布局

（四）落实农业功能区制度。大力实施国家主体功能区战略，依托全国农业可持续发展规划和优势农产品区域布局规划，立足水土资源匹配性，将农业发展区域细划为优化发展区、适度发展区、保护发展区，明确区域发展重点。加快划定粮食生产功能区、重要农产品生产保护区，认定特色农产品优势区，明确区域生产功能。

（五）建立农业生产力布局制度。围绕解决空间布局上资源错配和供给错位的结构性矛盾，努力建立反映市场供求与资源稀缺程度的农业生产力布局，鼓励因地制宜、就地生产、就近供应，建立主要农产品生产布局定期监测和动态调整机制。在优化发展区更好发挥资源优势，提升重要农产品生产能力；在适度发展区加快调整农业结构，限制资源消耗大的产业规模；在保护发展区坚持保护优先、限制开发，加大生态建设力度，实现保供给与保生态有机统一。完善粮食主产区利益补偿机制，健全粮食产销协作机制，推动粮食产销横向利益补偿。鼓励地方积极开展试验示范、农垦率先示范，提高军地农业绿色发展水平。推进国家农业可持续发展试验示范区创建，同时成为农业绿色发展的试点先行区。

（六）完善农业资源环境管控制度。强化耕地、草原、渔业水域、湿地等用途管控，严控围湖造田、滥垦滥占草原等不合理开发建设活动对资源环境的破坏。坚持最严格的耕地保护制度，全面落实永久基本农田特殊保护政策措施。以县为单位，针对农业资源与生态环境突出问题，建立农业产业准入负面清单制度，因地制宜制定禁止和限制发展产业目录，明确种植业、养殖业发展方向和开发强度，强化准入管理和底线约束，分类推进重点地区资源保护和严重污染地区治理。

（七）建立农业绿色循环低碳生产制度。在华北、西北等地下水过度利用区适度压减高耗水作物，在东北地区严格控制旱改水，选育推广节肥、节水、抗病新品种。以土地消纳粪污能力确定养殖规模，引导畜牧业生产向环境容量大的地区转移，科学合理划定禁养区，适度调减南方水网地区养殖总量。禁养区划定减少的畜禽规模养殖用地，可在适宜养殖区域按有关规定及时予以安排，并强化服务。实施动物疫病净化计划，推动动物疫病防控从有效控制到逐步净化消灭转变。推行水产健康养殖制度，合理确定湖泊、水库、滩涂、近岸海域等养殖规模和养殖密度，逐步减少河流湖库、近岸海域投饵网箱养殖，防控水产养殖污染。建立低碳、低耗、循环、高效的加工流通体系。探索区域农业循环利用机制，实施粮经饲统筹、种养加结合、农林牧渔融合循环发展。

（八）建立贫困地区农业绿色开发机制。立足贫困地区资源禀赋，坚持保护环境优先，因地制宜选择有资源优势的特色产业，推进产业精准扶贫。把贫困地区生态环境优势转化为经济优势，推行绿色生产方式，大力发展绿色、有机和地理标志优质特色农产品，支持创建区域品牌；推进一二三产融合发展，发挥生态资源优势，发展休闲农业和乡村旅游，带动贫困农户脱贫致富。

三、强化资源保护与节约利用

（九）建立耕地轮作休耕制度。推动用地与养地相结合，集成推广绿色生产、综合治理的技术模式，在确保国家粮食安全和农民收入稳定增长的前提下，对土壤污染严重、区域生态功能退化、可利用水资源匮乏等不宜连续耕作的农田实行轮作休耕。降低耕地利用强度，落实东北黑土地保护制度，管控西北内陆、沿海滩涂等区域开垦耕地行为。全面建立耕地质量监测和等级评价制度，明确经营者耕地保护主体责任。实施土地整治，推进高标准农田建设。

（十）建立节约高效的农业用水制度。推行农业灌溉用水总量控制和定额管理。强化农业取水许可管理，严格控制地下水利用，加大地下水超采治理力度。全面推进农业水价综合改革，按照总体不增加农民负担的原则，加快建立合理农业水价形成机制和节水激励机制，切实保护农民合理用水权益，提高农民有偿用水意识和节水积极性。突出农艺节水和工程节水措施，推广水肥一体化及喷灌、微灌、管道输水灌溉等农业节水技术，健全基层节水农业技术推广服务体系。充分利用天然降水，积极有序发展雨养农业。

（十一）健全农业生物资源保护与利用体系。加强动植物种质资源保护利用，加快国家种质资源库、畜禽水产基因库和资源保护场（区、圃）规划建设，推进种质资源收集保存、鉴定和育种，全面普查农作物种质资源。加强野生动植物自然保护区建设，推进濒危野生植物资源原生境保护、移植保存和人工繁育。实施生物多样性保护重大工程，开展濒危野生动植物物种调查和专项救护，实施珍稀濒危水生生物保护行动计划和长江珍稀特有水生生物拯救工程。加强海洋渔业资源调查研究能力建设。完善外来物种风险监测评估与防控机制，建设生物天敌繁育基地和关键区域生物入侵阻隔带，扩大生物替代防治示范技术试点规模。

四、加强产地环境保护与治理

（十二）建立工业和城镇污染向农业转移防控机制。制定农田污染控制标准，建立监测体系，严格工业和城镇污染物处理和达标排放，依法禁止未经处理达标的工业和城镇污染物进入农田、养殖水域等农业区域。强化经常性执法监管制度建设。出台耕地土壤污染治理及效果评价标准，开展污染耕地分类治理。

（十三）健全农业投入品减量使用制度。继续实施化肥农药使用量零增长行动，推广有机肥替代化肥、测土配方施肥，强化病虫害统防统治和全程绿色防控。完善农药风险评估技术标准体系，加快实施高剧毒农药替代计划。规范限量使用饲料添加剂，减量使用兽用抗菌药物。建立农业投入品电子追溯制度，严格农业投入品生产和使用管理，支持低消耗、低残留、低污染农业投入品生产。

（十四）完善秸秆和畜禽粪污等资源化利用制度。严格依法落实秸秆禁烧制度，整县推进秸秆全量化综合利用，优先开展就地还田。推进秸秆发电并网运行和全额保障性收购，开展秸秆高值化、产业化利用，落实好沼气、秸秆等可再生能源电价政策。开展尾菜、农产品加工副产物资源化利用。以沼气和生物天然气为主要处理方向，以农用有机肥和农村能源为主要利用方向，强化畜禽粪污资源化利用，依法落实规模养殖环境评价准入制度，明确地方政府属地责任和规模养殖场主体责任。依据土地利用规划，积极保障秸秆和畜禽粪污资源化利用用地。健全病死畜禽无害化处理体系，引导病死畜禽集中处理。

（十五）完善废旧地膜和包装废弃物等回收处理制度。加快出台新的地膜标准，依法强制生产、销售和使用符合标准的加厚地膜，以县为单位开展地膜使用全回收、消除土壤残留等试验试点。建立农药包装废弃物等回收和集中处理体系，落实使用者妥善收集、生产者和经营者回收处理的责任。

五、养护修复农业生态系统

（十六）构建田园生态系统。遵循生态系统整体性、生物多样性规律，合理确定种养规模，建设完善生物缓冲带、防护林网、灌溉渠系等田间基础设施，恢复田间生物群落和生态链，实现农田生态循环和稳定。优化乡村种植、养殖、居住等功能布局，拓展农业多种功能，打造种养结合、生态循环、环境优美的田园生态系统。

（十七）创新草原保护制度。健全草原产权制度，规范草原经营权流转，探索建立全民所有草原资源有偿使用和分级行使所有权制度。落实草原生态保护补助奖励政策，严格实施草原禁牧休牧轮牧和草畜平衡制度，防止超载过牧。加强严重退化、沙化草原治理。完善草原监管制度，加强草原监理体系建设，强化草原征占用审核审批管理，落实土地用途管制制度。

（十八）健全水生生态保护修复制度。科学划定江河湖海限捕、禁捕区域，健全海洋伏季休渔和长江、黄河、珠江等重点河流禁渔期制度，率先在长江流域水生生物保护区实现全面禁捕，严厉打击“绝户网”等非法捕捞行为。实施海洋渔业资源总量管理制度，完善渔船管理制度，建立幼鱼资源保护机制，开展捕捞限额试点，推进海洋牧场建设。完善水生生物增殖放流，加强水生生物资源养护。因地制宜实施河湖水系自然连通，确定河道沙石禁采区、禁采期。

（十九）实行林业和湿地养护制度。建设覆盖全面、布局合理、结构优化的农田防护林和村镇绿化林带。严格实施湿地分级管理制度，严格保护国际重要湿地、国家重要湿地、国家级湿地自然保护区和国家湿地公园等重要湿地。开展退化湿地恢复和修复，严格控制开发利用和围垦强度。加快构建退耕还林还草、退耕还湿、防沙治沙，以及石漠化、水土流失综合生态治理长效机制。

六、健全创新驱动与约束激励机制

（二十）构建支撑农业绿色发展的科技创新体系。完善科研单位、高校、企业等各类创新主体协同攻关机制，开展以农业绿色生产为重点的科技联合攻关。在农业投入品减量高效利用、种业主要作物联合攻关、有害生物绿色防控、废弃物资源化利用、产地环境修复和农产品绿色加工贮藏等领域尽快取得一批突破性科研成果。完善农业绿色科技创新成果评价和转化机制，探索建立农业技术环境风险评估体系，加快成熟适用绿色技术、绿色品种的示范、推广和应用。借鉴国际农业绿色发展经验，加强国际间科技和成果交流合作。

（二十一）完善农业生态补贴制度。建立与耕地地力提升和责任落实相挂钩的耕地地力保护补贴机制。改革完善农产品价格形成机制，深化棉花目标价格补贴，统筹玉米和大豆生产者补贴，坚持补贴向优势区倾斜，减少或退出非优势区补贴。改革渔业补贴政策，支持捕捞渔民减船转产、海洋牧场建设、增殖放流等资源养护措施。完善耕地、草原、森林、湿地、水生生物等生态补偿政策，继续支持退耕还林还草。有效利用绿色金融激励机制，探索绿色金融服务农业绿色发展的有效方式，加大绿色信贷及专业化担保支持力度，创新绿色生态农业保险产品。加大政府和社会资本合作（PPP）在农业绿色发展领域的推广应用，引导社会资本投向农业资源节约、废弃物资源化利用、动物疫病净化和生态保护修复等领域。

（二十二）建立绿色农业标准体系。清理、废止与农业绿色发展不适应的标准和行业规范。制定修订农兽药残留、畜禽屠宰、饲料卫生安全、冷链物流、畜禽粪污资源化利用、水产养殖尾水排放等国家标准和行业标准。强化农产品质量安全认证机构监管和认证过程管控。改革无公害农产品认证制度，加快建立统一的绿色农产品市场准入标准，提升绿色食品、有机农产品和地理标志农产品等认证的公信力和权威性。实施农业绿色品牌战略，培育具有区域优势特色和国际竞争力的农产品区域公用品牌、企业品牌和产品品牌。加强农产品质量安全全程监管，健全与市场准入相衔接的食用农产品合格证制度，依托现有资源建立国家农产品质量安全追溯管理平台，加快农产品质量安全追溯体系建设。积极参与国际标准的制定修订，推进农产品认证结果互认。

（二十三）完善绿色农业法律法规体系。研究制定修订体现农业绿色发展需求的法律法规，完善耕地保护、农业污染防治、农业生态保护、农业投入品管理等方面的法律制度。开展农业节约用水立法研究工作。加大执法和监督力度，依法打击破坏农业资源环境的违法行为。健全重大环境事件和污染事故责任追究制度及损害赔偿制度，提高违法成本和惩罚标准。

（二十四）建立农业资源环境生态监测预警体系。建立耕地、草原、渔业水域、生物资源、产地环境以及农产品生产、市场、消费信息监测体系，加强基础设施建设，统一标准方法，实时监测报告，科学分析评价，及时发布预警。定期监测农业资源环境承载能力，建立重要农业资源台账制度，构建充分体现资源稀缺和损耗程度的生产成本核算机制，研究农业生态价值统计方法。充分利用农业信息技术，构建天空地数字农业管理系统。

（二十五）健全农业人才培养机制。把节约利用农业资源、保护产地环境、提升生态服务功能等内容纳入农业人才培养范畴，培养一批具有绿色发展理念、掌握绿色生产技术技能的农业人才和新型职业农民。积极培育新型农业经营主体，鼓励其率先开展绿色生产。健全生态管护员制度，在生态环境脆弱地区因地制宜增加护林员、草管员等公益岗位。

七、保障措施

（二十六）落实领导责任。地方各级党委和政府要加强组织领导，把农业绿色发展纳入领导干部任期生态文明建设责任制内容。农业部要发挥好牵头协调作用，会同有关部门按照本意见的要求，抓紧研究制定具体实施方案，明确目标任务、职责分工和具体要求，建立农业绿色发展推进机制，确保各项政策措施落到实处，重要情况要及时向党中央、国务院报告。

（二十七）实施农业绿色发展全民行动。在生产领域，推行畜禽粪污资源化利用、有机肥替代化肥、秸秆综合利用、农膜回收、水生生物保护，以及投入品绿色生产、加工流通绿色循环、营销包装低耗低碳等绿色生产方式。在消费领域，从国民教育、新闻宣传、科学普及、思想文化等方面入手，持续开展“光盘行动”，推动形成厉行节约、反对浪费、抵制奢侈、低碳循环等绿色生活方式。

（二十八）建立考核奖惩制度。依据绿色发展指标体系，完善农业绿色发展评价指标，适时开展部门联合督查。结合生态文明建设目标评价考核工作，对农业绿色发展情况进行评价和考核。建立奖惩机制，对农业绿色发展中取得显著成绩的单位和个人，按照有关规定给予表彰，对落实不力的进行问责。

关于印发《北方地区冬季清洁取暖规划（2017—2021年）》的通知

发改能源〔2017〕2100号　2017年12月5日

为深入贯彻党的十九大精神，落实习近平总书记在中央财经领导小组第14次会议上的重要指示，以习近平新时代中国特色社会主义思想为指导，按照党中央、国务院决策部署，发展改革委、能源局、财政部、环境保护部、住房城乡建设部、国资委、质检总局、银监会、证监会、军委后勤保障部制定了《北方地区冬季清洁取暖规划（2017—2021年）》，已经国务院同意。现印发你们，请按照执行。

北方地区冬季清洁取暖规划（2017—2021年）

清洁取暖是指利用天然气、电、地热、生物质、太阳能、工业余热、清洁化燃煤（超低排放）、核能等清洁化能源，通过高效用能系统实现低排放、低能耗的取暖方式，包含以降低污染物排放和能源消耗为目标的取暖全过程，涉及清洁热源、高效输配管网（热网）、节能建筑（热用户）等环节。当前，我国北方地区清洁取暖比例低，特别是部分地区冬季大量使用散烧煤，大气污染物排放量大，迫切需要推进清洁取暖，这关系北方地区广大群众温暖过冬，关系雾霾天能不能减少，是能源生产和消费革命、农村生活方式革命的重要内容。为提高北方地区取暖清洁化水平，减少大气污染物排放，根据中央财经领导小组第14次会议关于推进北方地区冬季清洁取暖的要求，特制定本规划。

一、规划基础

本规划所指北方地区包括北京、天津、河北、山西、内蒙古、辽宁、吉林、黑龙江、山东、陕西、甘肃、宁夏、新疆、青海等14个省（区、市）以及河南省部分地区，涵盖了京津冀大气污染传输通道的“2+26”个重点城市（含雄安新区，下同），具体包括：北京市、天津市，河北省石家庄、唐山、廊坊、保定、沧州、衡水、邢台、邯郸市，山西省太原、阳泉、长治、晋城市，山东省济南、淄博、济宁、德州、聊城、滨州、菏泽市，河南省郑州、开封、安阳、鹤壁、新乡、焦作、濮阳市的行政区域。冬季取暖时间因地域不同有所差异，华北地区一般为4个月，东北、西北地区一般为5～7个月。

规划基准年为2016年。规划期为2017—2021年。

（一）北方地区取暖总体情况

1. 取暖面积。截至2016年底，我国北方地区城乡建筑取暖总面积约206亿米^2。其中，城镇建筑取暖面积141亿米^2，农村建筑取暖面积65亿米^2。“2+26”城市城乡建筑取暖面积约50亿米^2。

2. 用能结构。我国北方地区取暖使用能源以燃煤为主，燃煤取暖面积约占总取暖面积的83%，天然气、电、地热能、生物质能、太阳能、工业余热等合计约占17%。取暖用煤年消耗约4亿吨标煤，其中散烧煤（含低效小锅炉用煤）约2亿吨标煤，主要分布在农村地区。北方地区供热平均综合能耗约22千克标煤/米^2，其中，城镇约19千克标煤/米^2，农村约27千克标煤/米^2。

3. 供暖热源。在北方城镇地区，主要通过热电联产、大型区域锅炉房等集中供暖设施满足取暖需求，承担供暖面积约70亿米^2，集中供暖尚未覆盖的区域以燃煤小锅炉、天然气、电、可再生能源等分散供暖作为补充。城乡结合部、农村等地区则多数为分散供暖，大量使用柴灶、火炕、炉子或土暖气等供暖，少部分采用天然气、电、可再生能源供暖。

4. 热网系统。截至2016年底，我国城镇集中供热管网总里程达到31.2万千米，其中供热一级网长度约9.6万千米，供热二级网长度约21.6万千米。集中供热管网主要分布在城市，城市集中供热管网总里程约23.3万千米，占城镇集中供热管网总里程的74.6%，县城集中供热管网总里程约7.9万千米，占城镇集中供热管网总里程的25.4%。

5. 热用户。热用户取暖系统包括室内末端设备和取暖建筑。室内末端设备主要有散热器、地面辐射、发热电缆或电热膜、空调等，以散热器为主。北方地区城镇新建建筑执行节能强制性标准比例基本达到100%，节能建筑占城镇民用建筑面积比重超过50%。农村取暖建筑中仅20%采取了一定节能措施。

（二）北方地区清洁取暖情况

为满足用户清洁取暖需求，采取以下清洁供暖方式：

1. 天然气供暖。天然气供暖是以天然气为燃料，使用脱氮改造后的燃气锅炉等集中式供暖设施，或壁挂炉等分散式供暖设施，向用户供暖的方式，包括燃气热电联产、天然气分布式能源、燃气锅炉、分户式壁挂炉等，具有燃烧效率较高、基本不排放烟尘和二氧化硫的优势。截至2016年底，我国北方地区天然气供暖面积约22亿米^2，占总取暖面积11%。

2. 电供暖。电供暖是利用电力，使用电锅炉等集中式供暖设施或发热电缆、电热膜、蓄热电暖器等分散式电供暖设施，以及各类电驱动热泵，向用户供暖的方式，布置和运行方式灵活，有利于提高电能占终端能源消费的比重。蓄热式电锅炉还可以配合电网调峰，促进可再生能源消纳。截至2016年底，我国北方地区电供暖面积约4亿米^2，占比2%。

3. 清洁燃煤集中供暖。清洁燃煤集中供暖是对燃煤热电联产、燃煤锅炉房实施超低排放改造后（即在基准氧含量6%条件下，烟尘、二氧化硫、氮氧化物排放浓度分别不高于10、35、50毫克/米^3），通过热网系统向用户供暖的方式，包括达到超低排放的燃煤热电联产和大型燃煤锅炉供暖，环保排放要求高，成本优势大，对城镇民生取暖、清洁取暖、减少大气污染物排放起主力作用。截至2016年底，我国北方地区清洁燃煤集中供暖面积约35亿米²，均为燃煤热电联产集中供暖，占比17%。

4. 可再生能源等其他清洁供暖。包括地热供暖、生物质能清洁供暖、太阳能供暖、工业余热供暖，合计供暖面积约8亿米²，占比4%。

地热供暖是利用地热资源，使用换热系统提取地热资源中的热量，向用户供暖的方式。截至2016年底，我国北方地区地热供暖面积约5亿米²。

生物质能清洁供暖是指利用各类生物质原料，及其加工转化形成的固体、气体、液体燃料，在专用设备中清洁燃烧供暖的方式。主要包括达到相应环保排放要求的生物质热电联产、生物质锅炉等。截至2016年底，我国北方地区生物质能清洁供暖面积约2亿米²。

太阳能供暖是利用太阳能资源，使用太阳能集热装置，配合其他稳定性好的清洁供暖方式向用户供暖。太阳能供暖主要以辅助供暖形式存在，配合其他供暖方式使用，目前供暖面积较小。

工业余热供暖是回收工业企业生产过程中产生的余热，经余热利用装置换热提质，向用户供暖的方式。截至2016年底，我国北方地区工业余热供暖面积约1亿米²。

（三）清洁取暖发展面临问题

总的来看，我国北方地区清洁取暖比例低（占总取暖面积约34%），且发展缓慢。

1. 缺少统筹规划与管理。长期以来，北方地区供热缺乏对煤炭、天然气、电、可再生能源等多种能源形式供热的统筹谋划，热力供需平衡不足，导致供热布局不科学、区域优化困难。现役纯凝机组供热改造无统筹优化，改造后电网调峰能力下降，加剧部分地区弃风、弃光等现象。部分地区将清洁取暖等同于“一刀切”去煤化，整体效果较差。此外，清洁取暖工作涉及面广，职能分散，缺少统一管理部门，在具体推进过程中存在协调联动不足的问题。

2. 体制机制与支持政策需要改进。部分供热区域热源不能互相调节。热电联产供热范围内小锅炉关停缓慢的情况比较普遍，供热能力未充分发挥。热价、天然气价、电价等均执行地方政府统一定价，市场化调节能力不足。风电供暖项目没有实现直接电量交易，不能发挥富余风电低价优势。天然气供应中间环节过多，导致成本偏高制约推广应用。集中供暖按面积计费的方式不科学，浪费严重。除京津冀等地区出台了力度较大的支持措施外，大部分地区支持政策，特别是资金、价格、市场交易等具有实质性推动作用的政策仍然较少。

3. 清洁能源供应存在短板且成本普遍较高。天然气季节性峰谷差较大（最大峰谷差超过10倍），造成天然气供暖期存在缺口、非供暖期供大于求的情况。燃气管网存在薄弱环节，农村地区燃气管网条件普遍较差。部分地区配电网网架依然较弱，改造投资较大。部分集中供热管网老化腐蚀严重，影响了供热系统安全与供热质量。清洁供暖成本普遍高于普通燃煤供暖，很难同时保证清洁供暖企业盈利且用户可承受。

4. 技术支撑能力有待提升。很多清洁供暖技术应用范围还不广，相关技术标准和规范仍不完善，造成市场标准不统一，操作不规范，产品质量和性能不够稳定，导致用户体验较差。

5. 商业模式创新不足。受历史上计划经济下的供暖模式影响，供暖行业仍处于向市场化运作转变的过程之中，投资运行依靠补贴，服务方式单一，在经营管理模式、融资方式、服务范围和水平方面有待进一步提升。

6. 建筑节能水平较低。北方地区大部分建筑特别是广大农村地区建筑，围护结构热工性能较差，导致取暖过程中热量损耗较大，不利于节约能源和降低供暖成本。

7. 取暖消费方式落后。受长期以来的观念、习惯等因素影响，相当数量取暖用户仍依赖传统、落后的供暖方式满足取暖需求，对新的清洁供暖方式接受度较低。

二、总体要求

在坚持发展经济的同时，要更加关心人民群众的身边事，改善人民群众的生活环境、生活质量。推进北方地区冬季清洁取暖，对于北方温暖过冬、减少雾霾天具有重要意义，是北方地区广大群众迫切希望解决的问题，必须坚定信心，明确方向，全力推进。

（一）指导思想

全面贯彻党的十九大精神，以习近平新时代中国特色社会主义思想为指导，落实习近平总书记在中央财经领导小组第14次会议上的重要指示，按照党中央、国务院决策部署，统筹推进“五位一体”总体布局，协调推进“四个全面”战略布局，坚定不移贯彻创新、协调、绿色、开放、共享的发展理念，紧扣新时代我国社会主要矛盾变化，推动能源生产和消费革命、农村生活方式革命，以保障北方地区广大群众温暖过冬、减少大气污染为立足点，按照企业为主、政府推动、居民可承受的方针，宜气则气，宜电则电，尽可能利用清洁能源，加快提高清洁供暖比重，构建绿色、节约、高效、协调、适用的北方地区清洁供暖体系，为建设美丽中国作出贡献。

（二）基本原则

一是坚持清洁替代，安全发展。以清洁化为目标，在确保民生取暖安全的前提下，统筹热力供需平衡，单独或综合采用各类清洁供暖方式，替代城镇和乡村地区的取暖用散烧煤，减少取暖领域大气污染物排放。坚守安全底线，构建规模合理、安全可靠的热力供应系统。

二是坚持因地制宜，居民可承受。立足本地资源禀赋、经济实力、基础设施等条件及大气污染防治要求，科学评估，根据不同区域自身特点，充分考虑居民消费能力，采取适宜的清洁供暖策略，在同等条件下选择成本最低和污染物排放最少的清洁供暖组合方式。

三是坚持全面推进，重点先行。综合考虑大气污染防治紧迫性、经济承受能力、工作推进难度等因素，全面统筹推进城市城区、县城和城乡接合部、农村三类地区的清洁取暖工作。同一类别地区，经济条件、基础设施条件较好的优先推进。以京津冀大气污染传输通道的“2＋26”个重点城市为重点，在城市城区、县城和城乡接合部、农村地区全面推进清洁供暖。

四是坚持企业为主，政府推动。充分调动企业和用户的积极性，鼓励民营企业进入清洁供暖领域，强化企业在清洁取暖领域的主体地位。发挥各级政府在清洁取暖中的推动作用，按照国家统筹优化顶层设计、推动体制机制改革，省级政府负总责并制定实施方案，市县级及基层具体抓落实的工作机制，构建科学高效的政府推动责任体系。

五是坚持军民一体，协同推进。地方政府与驻地部队要加强相互沟通，建立完善清洁取暖军地协调机制，确保军地一体衔接，同步推进实施。军队清洁取暖一并纳入国家规划，享受有关支持政策。

（三）工作目标

1. 总体目标

到 2019 年，北方地区清洁取暖率达到 50%，替代散烧煤（含低效小锅炉用煤）7400 万吨。到 2021 年，北方地区清洁取暖率达到 70%，替代散烧煤（含低效小锅炉用煤）1.5 亿吨。供热系统平均综合能耗降低至 15 千克标煤/米^2 以下。热网系统失水率、综合热损失明显降低。新增用户全部使用高效末端散热设备，既有用户逐步开展高效末端散热设备改造。北方城镇地区既有节能居住建筑占比达到 80%。力争用 5 年左右时间，基本实现雾霾严重城市化地区的散煤供暖清洁化，形成公平开放、多元经营、服务水平较高的清洁供暖市场。

2. “2＋26”重点城市发展目标

北方地区冬季大气污染以京津冀及周边地区最为严重，“2＋26”重点城市作为京津冀大气污染传输通道城市，且所在省份经济实力相对较强，有必要、有能力率先实现清洁取暖。在“2＋26”重点城市形成天然气与电供暖等替代散烧煤的清洁取暖基本格局，对于减轻京津冀及周边地区大气污染具有重要意义。2019 年，“2＋26”重点城市城区清洁取暖率要达到 90%以上，县城和城乡接合部（含中心镇，下同）达到 70%以上，农村地区达到 40%以上。2021 年，城市城区全部实现清洁取暖，35 蒸吨以下燃煤锅炉全部拆除；县城和城乡接合部清洁取暖率达到 80%以上，20 蒸吨以下燃煤锅炉全部拆除；农村地区清洁取暖率 60%以上。

3. 其他地区发展目标

按照由城市到农村分类全面推进的总体思路，加快提高非重点地区清洁取暖比重。

城市城区优先发展集中供暖，集中供暖暂时难以覆盖的，加快实施各类分散式清洁供暖。2019 年，清洁取暖率达到 60%以上；2021 年，清洁取暖率达到 80%以上，20 蒸吨以下燃煤锅炉全部拆除。新建建筑全部实现清洁取暖。

县城和城乡接合部构建以集中供暖为主、分散供暖为辅的基本格局。2019 年，清洁取暖率达到 50%以上；2021 年，清洁取暖率达到 70%以上，10 蒸吨以下燃煤锅炉全部拆除。

农村地区优先利用地热、生物质、太阳能等多种清洁能源供暖，有条件的发展天然气或电供暖，适当利用集中供暖延伸覆盖。2019 年，清洁取暖率达到 20%以上；2021 年，清洁取暖率达到 40%以上。

三、推进策略

清洁取暖方式多样，适用于不同条件和地区，且涉及热源、热网、用户等多个环节，应科学分析，精心比选，全程优化，有序推进。

（一）因地制宜选择供暖热源

1. 可再生能源供暖

（1）地热供暖。地热能具有储量大、分布广、清洁环保、稳定可靠等特点。我国北方地区地热资源丰富，可因地制宜作为集中或分散供暖热源。

积极推进水热型（中深层）地热供暖。按照“取热不取水”的原则，采用“采灌均衡、间接换热”或“井下换热”技术，以集中式与分散式相结合的方式推进中深层地热供暖，实现地热资源的可持续开发。

在经济较发达、环境约束较高的京津冀鲁豫和生态环境脆弱的青藏高原及毗邻区，将地热能供暖纳入城镇基础设施建设范畴，集中规划，统一开发。

大力开发浅层地热能供暖。按照“因地制宜，集约开发，加强监管，注重环保”的方式，加快各类浅层地热能利用技术的推广应用，经济高效替代散煤供暖。

完善地热能开发利用行业管理。建立健全管理制度和技术标准，维护地热能开发利用市场秩序。制定地热能开发利用管理办法，理顺地热探矿权许可证办理、地热水采矿许可证办理、地热水资源补偿费征收与管理等机制。完善地热行业标准规范，确保地热回灌率100%，依法推行资格认证、规划审查和许可制度。

专栏 1　地热供暖发展路线及适用条件

中深层地热能供暖：具有清洁、环保、利用系数高等特点，主要适于地热资源条件良好、地质条件便于回灌的地区，重点在松辽盆地、渤海湾盆地、河淮盆地、江汉盆地、汾河—渭河盆地、环鄂尔多斯盆地、银川平原等地区，代表地区为京津冀、山西、陕西、山东、黑龙江、河南等。

浅层地热能供暖：适用于分布式或分散供暖，可利用范围广，具有较大的市场和节能潜力。在京津冀鲁豫的主要城市及中心城镇等地区，优先发展再生水源（含污水、工业废水等），积极发展地源（土壤源），适度发展地表水源（含河流、湖泊等），鼓励采用供暖、制冷、热水联供技术。

专栏 2　地热供暖发展目标

到2021年，地热供暖面积达到10亿米^2，其中中深层地热供暖5亿米^2，浅层地热供暖5亿米^2（含电供暖中的地源、水源热泵）。

（2）生物质能清洁供暖。生物质能清洁供暖布局灵活，适应性强，适宜就近收集原料、就地加工转换、就近消费、分布式开发利用，可用于北方生物质资源丰富地区的县城及农村取暖，在用户侧直接替代煤炭。

大力发展县域农林生物质热电联产。在北方粮食主产区，根据新型城镇化进程，结合资源条件和供热市场，加快发展为县城供暖的农林生物质热电联产。鼓励对已投产的农林生物质纯凝发电项目进行供热改造，为周边区域集中供暖。

稳步发展城镇生活垃圾焚烧热电联产。在做好环保、选址及社会稳定风险评估的前提下，在人口密集、具备条件的大中城市稳步推进生活垃圾焚烧热电联产项目建设。加快应用现代垃圾焚烧处理及污染防治技术，提高垃圾焚烧发电环保水平。加强宣传和舆论引导，避免或减少邻避效应。

加快发展生物质锅炉供暖。鼓励利用农林剩余物或其加工形成的生物质成型燃料，在专用锅炉中清洁燃烧用于供暖。加快20蒸吨以上大型先进低排放生物质锅炉区域供暖项目建设。积极推动生物质锅炉在中小工业园区、工商业及公共设施中的应用。在热力管网、天然气管道无法覆盖的区域，推进中小型生物质锅炉项目建设。在农村地区，大力推进生物质成型燃料替代散烧煤。

积极推进生物沼气等其他生物质能清洁供暖。加快发展以畜禽养殖废弃物、秸秆等为原料发酵制取沼气，以及提纯形成生物天然气，用于清洁取暖和居民生活。积极推进符合入网标准的生物天然气并入城镇燃气管网，加快生物天然气产业化发展进程。推动大中型沼气工程为周边居民供气，建设村级燃气供应站及小规模管网，提升燃气普遍服务水平。积极发展各种技术路线的生物质气化及气电多联产，实施秸秆热解气化清洁能源利用工程。

严格生物质能清洁供暖标准要求。提高生物质热电联产新建项目环保水平，加快已投产项目环保改造步伐，实现超低排放（在基准氧含量6%条件下，烟尘、二氧化硫、氮氧化物排放浓度分别不高于10、35、50毫克/米^3）。城市城区生物质锅炉烟尘、二氧化硫、氮氧化物排放浓度要达到天然气锅炉排放标准。推进生物质成型燃料产品、加工机械、工程建设等标准化建设。加快大型高效低排放生物质锅炉、工业化厌氧发酵等重大技术攻关。加强对沼气及生物天然气全过程污染物排放监测。

专栏 3　生物质能清洁供暖发展路线及适用条件

生物质能区域供暖：采用生物质热电联产和大型生物质集中供热锅炉，为500万米^{2}以下的县城、大型工商业和公共设施等供暖。其中，生物质热电联产适合为县级区域供暖，大型生物质集中供热锅炉适合为产业园区提供供热供暖一体化服务。直燃型生物质集中供暖锅炉应使用生物质成型燃料，配置高效除尘设施。

生物质能分散式供暖：采用中小型生物质锅炉等，为居民社区、楼宇、学校等供暖。采用生物天然气及生物质气化技术建设村级生物燃气供应站及小型管网，为农村提供取暖燃气。

专栏4 生物质能清洁供暖发展目标

到2021年，生物质能清洁供暖面积达到21亿米^2，其中：农林生物质热电联产供暖面积10亿米^2，城镇生活垃圾热电联产供暖面积5亿米^2，生物质成型燃料供暖面积5亿米^2，生物天然气与其他生物质气化供暖面积超1亿米^2。

(3) 太阳能供暖。太阳能热利用技术成熟，已广泛用于生活及工业热水供应。在资源丰富地区，太阳能适合与其他能源结合，实现热水、供暖复合系统的应用。

大力推广太阳能供暖。积极推进太阳能与常规能源融合，采取集中式与分布式结合的方式进行建筑供暖。鼓励在条件适宜的中小城镇、民用及公共建筑上推广太阳能供暖系统。在农业大棚、养殖场等用热需求大且与太阳能特性匹配的行业，充分利用太阳能供热。

进一步推动太阳能热水应用。在太阳能资源适宜地区，加大太阳能热水系统推广力度。以小城镇建设、棚户区改造等项目为依托，推动太阳能热水规模化应用。支持农村和小城镇居民安装使用太阳能热水器，在农村推行太阳能公共浴室工程。在城市新建、改建、扩建的有稳定热水需求的公共建筑和住宅建筑上，推动太阳能热水系统与建筑的统筹规划、设计和应用。

专栏5 太阳能供暖发展路线及适用条件

太阳能供暖：适合与其他能源结合，实现热水、供暖复合系统的应用，是热网无法覆盖时的有效分散供暖方式。特别适用于办公楼、教学楼等只在白天使用的建筑。

太阳能热水：适合小城镇、城乡接合部和广大的农村地区。太阳能集中热水系统也可应用在中大型城市的学校、浴室、体育馆等公共设施和大型居住建筑。

专栏6 太阳能供暖发展目标

配合其他清洁供暖方式，到2021年，实现太阳能供暖面积目标5000万米^2。

2. 天然气供暖

“煤改气”要在落实气源的前提下有序推进，供用气双方要签订“煤改气”供气协议并严格履行协议，各级地方政府要根据供气协议制定“煤改气”实施方案和年度计划。按照“宜管则管、宜罐则罐”原则，综合利用管道气、撬装液化天然气（LNG）、压缩天然气（CNG）、非常规天然气和煤层气等多种气源，强化安全保障措施，积极推进天然气供暖发展。以“2+26”城市为重点，着力推动天然气替代散烧煤供暖。

有条件城市城区和县城优先发展天然气供暖。在北方地区城市城区和县城，加快城镇天然气管网配套建设，制定时间表和路线图，优先发展燃气供暖。因地制宜适度发展天然气热电联产，对于环保不达标、改造难度大的既有燃煤热电联产机组，优先实施燃气热电联产替代升级（热电比不低于60%）。在具有稳定冷热电需求的楼宇或建筑群，大力发展天然气分布式能源。加快现有燃煤锅炉天然气置换力度，积极推进新建取暖设施使用天然气。充分利用燃气锅炉启停灵活的优势，鼓励在集中供热区域用作调峰和应急热源。

城乡接合部延伸覆盖。在城乡接合部，结合限煤区的规划设立，通过城区天然气管网延伸以及LNG、CNG点对点气化装置，安装燃气锅炉房、燃气壁挂炉等，大力推广天然气供暖。

农村地区积极推广。在农村地区，根据农村经济发展速度和不同地区农民消费承受能力，以“2+26”城市周边为重点，积极推广燃气壁挂炉。在具备管道天然气、LNG、CNG供气条件的地区率先实施天然气“村村通”工程。

专栏7 天然气供暖发展路线及适用条件

燃气热电联产机组：在气源充足、经济承受能力较强的条件下，可作为大中型城市集中供热的新建基础热源，应安装脱硝设施降低氮氧化物排放浓度。

热电冷三联供分布式机组：结合电负荷及冷、热负荷需求，适用于政府机关、医院、宾馆、综合商业及办公、机场、交通枢纽等公用建筑。

燃气锅炉（房）：适合作为集中供热的调峰热源，与热电联产机组联合运行，鼓励有条件的地区将环保难以达到超低排放的燃煤调峰锅炉改为燃气调峰锅炉。大热网覆盖不到、供热面积有限的区域，在气源充足、经济承受能力较强的条件下也可作为基础热源。应重点降低燃气锅炉氮氧化物排放浓度。

分户燃气壁挂炉：适合热网覆盖不到区域的分散供热，作为集中供热的有效补充，也适用于独栋别墅或城中村、城郊村等居民用户分散的区域。

专栏 8 “2+26”城市天然气供暖发展目标

“2+26”城市 2017—2021 年累计新增天然气供暖面积 18 亿米^2，新增用气 230 亿米^3。其中，燃气热电联产新建/改造规模 1100 万千瓦，新增用气 75 亿米^3；燃气锅炉新建/改造 5 万蒸吨，新增用气 56 亿米^3；“煤改气”壁挂炉用户增加 1200 万户，新增用气 90 亿米^3；天然气分布式能源增加 120 万千瓦，新增用气 9 亿米^3。新增清洁取暖“煤改气”需求主要集中在城镇地区，新增 146 亿米^3，占比 63%；农村地区新增 85 亿米^3，占比 37%。

3. 电供暖

结合采暖区域的热负荷特性、环保生态要求、电力资源、电网支撑能力等因素，因地制宜发展电供暖。统筹考虑电力、热力供需，实现电力、热力系统协调优化运行。

积极推进各种类型电供暖。以“2+26”城市为重点，在热力管网覆盖不到的区域，推广碳晶、石墨烯发热器件、电热膜、蓄热电暖器等分散式电供暖，科学发展集中电锅炉供暖，鼓励利用低谷电力，有效提升电能占终端能源消费比重。根据气温、水源、土壤等条件特性，结合电网架构能力，因地制宜推广使用空气源、水源、地源热泵供暖，发挥电能高品质优势，充分利用低温热源热量，提升电能取暖效率。

鼓励可再生能源发电规模较大地区实施电供暖。在新疆、甘肃、内蒙古、河北、辽宁、吉林、黑龙江等“三北”可再生能源资源丰富地区，充分利用存量机组发电能力，重点利用低谷时期的富余风电，推广电供暖，鼓励建设具备蓄热功能的电供暖设施，促进风电和光伏发电等可再生能源电力消纳。

专栏 9 电供暖发展路线及适用条件

分散式电供暖：适合非连续性供暖的学校、部队、办公楼等场所，也适用于集中供热管网、燃气管网无法覆盖的老旧城区、城乡接合部、农村或生态要求较高区域的居民住宅。

电锅炉供暖：应配套蓄热设施，适合可再生能源消纳压力较大，弃风、弃光问题严重，电网调峰需求较大的地区，可用于单体建筑或小型区域供热。

空气源热泵：对冬季室外最低气温有一定要求（一般高于−5℃），适宜作为集中供热的补充，承担单体建筑或小型区域供热（冷），也可用于分户取暖。

水源热泵：适用于水量、水温、水质等条件适宜的区域。优先利用城镇污水资源，发展污水源热泵，对于海水或者湖水资源丰富地区根据水温等情况适当发展。对于有冷热需求的建筑可兼顾夏季制冷。适宜作为集中供热的补充，承担单体建筑或小型区域供热（冷）。

地源热泵：适宜于地质条件良好，冬季供暖与夏季制冷基本平衡，易于埋管的建筑或区域，承担单体建筑或小型区域供热（冷）。

专栏 10 电供暖发展目标

到 2021 年，电供暖（含热泵）面积达到 15 亿米^2，其中分散式电供暖 7 亿米^2，电锅炉供暖 3 亿米^2，热泵供暖 5 亿米^2。城镇电供暖 10 亿米^2，农村 5 亿米^2。

电供暖带动新增电量消费 1100 亿千瓦时。

4. 工业余热供暖

继续做好工业余热回收供暖。开展工业余热供热资源调查，对具备工业余热供热的工业企业，鼓励其采用余热余压利用等技术进行对外供暖。因地制宜，选择具有示范作用、辐射效应的园区和城市，统筹整合钢铁、水泥等高耗能企业的余热余能资源和区域用能需求，实现能源梯级利用。大力发展热泵、蓄热及中低温余热利用技术，进一步提升余热利用效率和范围。

专栏 11 工业余热供暖发展路线及适用条件

供暖区域内，存在生产连续稳定并排放余热的工业企业，回收余热，满足一定区域内的取暖需求。余热供暖企业应合理确定供暖规模，不影响用户取暖安全和污染治理、错峰生产、重污染应对等环保措施。

专栏 12 工业余热供暖发展目标

到 2021 年，工业余热（不含电厂余热）供暖面积目标达到 2 亿米^2。

5. 清洁燃煤集中供暖

清洁燃煤集中供暖是实现环境保护与成本压力平衡的有效方式，未来较长时期内，在多数北方城市城区、县城和城乡接合部应作为基础性热源使用。

充分利用存量机组供热能力。加强热电联产供热范围内燃煤小锅炉的关停力度，提高热电联产供热比重。扩大热电机组供热范围，经技术论证和经济比较后，稳步推进中长距离供热。鼓励热电联产机组充分利用乏汽余热、循环冷却水余热，进一步增加对外供暖能力，降低机组发电煤耗。统筹考虑区域用热需求和电力系统运行情况，经科学评估，确保民生供暖和电力系统安全后，可对城市周边具备改造条件且运行未满15年的纯凝发电机组实施供热改造，必要的需同步加装蓄热设施等调峰装置。鼓励生物质成型燃料在燃煤热电联产设施中的科学混烧，多渠道消化生物质资源。

科学新建热电联产机组。新建燃煤热电联产项目要优先考虑背压式热电联产机组，省会（直辖）城市限制新建抽凝式热电联产机组。

着力提升热电联产机组运行灵活性。全面推动热电联产机组灵活性改造，实施热电解耦，提升电网调峰能力。通过技术改造，使热电联产机组增加20%额定容量的调峰能力，最小技术出力达到40%～50%额定容量。

重点提高环保水平。进一步提高热电联产机组和燃煤锅炉的环保要求，热电联产机组和城市城区的燃煤锅炉必须达到超低排放（即在基准氧含量6%条件下，烟尘、二氧化硫、氮氧化物排放浓度分别不高于10、35、50毫克/米^3）。推进燃煤锅炉“以大代小”（大型高效节能环保锅炉替代低效分散小锅炉）和节能环保综合改造，开展燃煤锅炉超高能效和超低排放示范，推广高效节能环保煤粉锅炉。提高供热燃煤质量，优先燃用低硫分、低灰分的优质煤。

联合运行提高供热可靠性。整合城镇地区供热管网，在已形成的大型热力网内，鼓励不同类型热源一并接入，实现互联互通，提高供热可靠性。热电联产机组与调峰锅炉联网运行，热电联产机组为基础热源，锅炉为调峰热源。

专栏13 清洁燃煤集中供暖发展路线及适用条件

大型抽凝式热电联产机组：适合作为大中型城市集中供热基础热源，应充分利用存量机组的供热能力，扩大供热范围，鼓励进行乏汽供热改造。做好热电机组灵活性改造工作，提升电网调峰能力。

背压式热电联产机组：适合作为城镇集中供热基础热源，新建热电联产应优先考虑背压式热电联产机组。

大型燃煤锅炉（房）：适合作为集中供热的调峰热源，与热电联产机组联合运行。在大热网覆盖不到、供热面积有限的区域（如小型县城、中心镇、工矿区等），也可作为基础热源。重点提升燃煤锅炉环保水平，逐步淘汰环保水平落后、能耗高的层燃型锅炉。

专栏14 清洁燃煤集中供暖发展目标

到2021年，清洁燃煤集中供暖面积达到110亿米^2，其中超低排放热电联产80亿米^2，超低排放锅炉房30亿米^2。热电联产供热能力利用率达到60%。实施燃煤热电联产灵活性改造1.3亿千瓦。结合城镇新增取暖需求及燃煤小锅炉替代，新建背压式热电联产机组1000万千瓦，现役热电联产机组超低排放改造1.2亿千瓦。

（二）全面提升热网系统效率

1. 加大供热管网优化改造力度。有条件的城镇地区要采用清洁集中供暖。优化城镇供热管网规划建设，充分发挥清洁热源供热能力。加大老旧一、二级管网、换热站及室内取暖系统的节能改造。

对存在多个热源的大型供热系统，应具备联网运行条件，实现事故时互相保障。一、二级供热管网新建或改造工程优先采用无补偿直埋技术。对于采用管沟敷设方式的管网，根据现场实际对管沟进行必要的防水和排水改造；经评估运行不良且具备改造条件的管网，宜改为直埋式敷设。鼓励采用综合管廊方式建设改造城市地下管网，对已经建有综合管廊的地段，应将供热管网纳入综合管廊。二级网及用户引入口应设有水力平衡装置及热计量装置。

2. 加快供热系统升级。积极推广热源侧运行优化、热网自动控制系统、管网水力平衡改造、无人值守热力站、用户室温调控及无补偿直埋敷设等节能技术措施。通过增设必备的调节控制设备和热计量装置等手段，推动供热企业加快供热系统自动化升级改造，实现从热源、一级管网、热力站、二级管网及用户终端的全系统的运行调节、控制和管理。利用先进的信息通信技术和互联网平台的优势，实现与传统供热行业的融合，加强在线水力优化和基于负荷预测的动态调控，推进供热企业管理的规范化、供热系统运行的高效化和用户服务多样化、便捷化，提升供热的现代化水平。新建或改造热力站应设有节能、控制系统或设备。

专栏15 供热管网与供热系统建设改造目标

2017—2021年，北方地区新建供热管网8.4

万千米。其中，新建供热一级网、二级网各4.2万千米。完成供热管网改造里程5万千米。其中，改造供热一级网1.6万千米、二级网3.4万千米。

2017—2021年，北方地区新建智能化热力站2.2万座，改造1.4万座。

（三）有效降低用户取暖能耗

1. 提高建筑用能效率。城镇新建建筑全面执行国家65%建筑节能强制性标准，推动严寒及寒冷地区新建居住建筑加快实施更高水平节能强制性标准。引导重点地区抓紧制定75%或更高节能要求的地方标准。提高建筑门窗等关键部位节能性能要求，稳步推进既有建筑节能改造。积极开展超低能耗建筑、近零能耗建筑建设示范。鼓励农房按照节能标准建设和改造，提升围护结构保温性能，在太阳能资源条件较好的省份推动被动式太阳房建设。

2. 完善高效供暖末端系统。根据供热系统所在地的气候特征、建筑类型、使用规律、舒适度要求和控制性能，按照节约能源、因地制宜的原则，合理确定室内供暖末端形式，逐步推广低温采暖末端形式。

3. 推广按热计量收费方式。大力推行集中供暖地区居住和公共建筑供热计量。新建住宅在配套建设供热设施时，必须全部安装供热分户计量和温控装置，既有住宅要逐步实施供热分户计量改造。配套制定计量计费标准。不断提高居民分户计量、节约能源的意识，建立健全用热监测体系，实现用户行为节能。

专栏16 建筑能效提升目标

2017—2021年，北方城镇新建建筑全面执行国家建筑节能强制性标准，京津冀及周边地区等重点区域新建居住建筑执行75%建筑节能强制性标准；实施既有建筑节能改造面积5亿米^2，其中，城镇既有居住建筑节能改造4亿米^2，公共建筑节能改造5000万米^2，农村农房节能改造5000万米^2。

四、保障措施

清洁取暖是一项系统性工程，要在能源供应与利用、管网线路建设改造与维护、技术装备、项目运行、建筑节能、环保要求、体制机制改革、舆论宣传等各个环节细化措施，保障规划落实。

（一）上下联动落实任务分工

1. 国家部门做好总体设计，指导推动

国家相关部门根据职能，确定总体推进路径，解决共性问题，做好相关政策的统筹衔接。

国家发展改革委、住房城乡建设部、国家能源局负责制定国家层面的清洁取暖规划，研究制定清洁取暖评估考核体系。

国家发展改革委、国家能源局牵头建立清洁取暖规划部际联席会议机制，指导督促规划落实，协调清洁取暖过程中需要国家部门解决的重大问题，保障清洁能源供应，改革完善价格、市场交易等方面的体制机制，推动清洁供暖技术装备升级，建立健全行业标准体系，推动重点地区煤炭消费减量替代和煤炭清洁高效利用。

清洁取暖规划部际联席会议办公室设在国家能源局，负责日常工作。国家能源局要成立专门机构，落实人员，负责协调推进规划执行。

住房城乡建设部负责指导城镇清洁供暖和建筑能效提升工作，制定城镇清洁供暖评估考核体系。

财政部负责中央层面清洁取暖财政政策研究制定等工作。

环境保护部负责各类清洁供暖的排放标准制定及监管工作。

质检总局负责锅炉安全、节能、环保的监督检查工作，配合开展锅炉节能环保改造及落后锅炉淘汰工作。

军委后勤保障部负责北方地区部队清洁取暖工作，编制规划计划，协调落实相关政策，指导督促工作任务落实。

各部门要根据以上任务分工，制定出台政策文件，落实相关工作。

2. 地方政府制定实施方案，抓好落实

各省（区、市）要明确省级清洁取暖主管部门，按照国家清洁取暖规划统一要求，根据本地区实际，经与本地区能源、供暖、城乡建设等规划衔接后，组织编制省级清洁取暖实施方案，明确目标任务，提出资金来源和使用方法，落实国家规划要求。实施方案制定完成后，需报送清洁取暖规划部际联席会议办公室备案，抄送国家发展改革委、财政部、环保部、住房城乡建设部、军委后勤保障部。工作方案滚动调整的，要在当年供暖季开始前三个月报送。

省级清洁取暖工作方案确定后，各市（县）也要编制市（县）级清洁取暖工作方案，进一步细化国家规划和省级实施方案的相关要求，抓好具体落实。

各地方要切实履行职责，明确专门机构，组织开展清洁取暖工作，建立常态协调机制，加强发改、能源、住建、财政、环保、国土、城市规划、金融、工业和信息化、质检、安全等政府部门及电力、天然气、供暖等相关企业的协作，就推进清洁取暖过程中的能源供应、环保监管、项目用地、资金支持、安全保障等各类问题进行协调，在保证民生供热安全的前提下做好清洁取暖工作。各省（区、市）要将本规划确定的发展目标、重点任务和政策措施分解落实，明确责任单位，设立进度安排协调和目标考核机制，精心组织实施。

3. 企业承担供暖主体责任，提供优质服务

企业是清洁供暖的主体，是清洁供暖工程、热力生产、供暖服务等具体工作的实施者，对于清洁供暖的成功推进至关重要，应加强经营模式创新，为用户提供多元化综合能源服务，不断提高产品和服务质量，提升用户满意度，推动成熟、完善、可持续的清洁供暖市场的建立。

电力、油气、可再生能源、供暖等相关企业，要及时将政府明确的目标任务分解落实，并按照政府规划统一要求，编制企业清洁供暖工作方案。

（二）多种渠道提供资金支持

1. 精准高效使用财政资金。中央财政充分利用现有可再生能源发展、大气污染防治等资金渠道，加大对清洁取暖的支持力度。以“2＋26”城市为重点开展清洁取暖城市示范，中央财政通过调整现有专项支出结构对示范城市给予奖补激励，中央预算内投资加大支持力度。鼓励各地方创新体制机制、完善政策措施，引导企业和社会加大资金投入，构建“企业为主、政府推动、居民可承受”的运营模式。地方政府有关部门应结合本地实际，研究出台支持清洁取暖的政策措施，统筹使用相关政府资金，加大对清洁取暖工作的支持力度，并对重点城市倾斜。

2. 多方拓宽资金渠道。一是鼓励银行业金融机构在风险可控、商业可持续的前提下，依法合规对符合信贷条件的清洁取暖项目给予信贷支持。二是通过发展绿色金融、开展政府和社会资本合作（PPP）等方式支持清洁供暖项目建设运营。三是鼓励社会资本设立产业投资基金，投资清洁取暖项目和技术研发。四是支持符合条件的清洁供暖企业首次公开发行（IPO）股票并上市，鼓励符合条件的已上市企业依法依规进行再融资。五是鼓励和支持符合条件的清洁供暖企业通过发行企业（公司）债券、短期融资券、中期票据、中小企业集合票据等多种债务融资工具，扩大直接融资的规模和比重。六是研究支持煤改清洁能源供暖项目参与温室气体自愿减排交易项目。

（三）完善价格与市场化机制

1. 创新优化取暖用电价格机制。对具备资源条件，适宜电供暖的地区，综合采取完善峰谷分时价格制度、优化居民用电阶梯价格政策、扩大市场化交易等支持政策，降低电供暖成本。对于通过市场化交易实施电供暖的，电力调度部门要根据电供暖直接交易需要，优化电力调度机制，以最大程度促进可再生能源消纳、最低供热煤耗等为目标，科学搭配用于供暖的可再生能源电力与火电比例，调剂余缺，保障电供暖直接交易切实可行。鼓励建设蓄热式电锅炉等具有调峰功能的电供暖设施，参与提供电力系统辅助服务，促进电力运行削峰填谷，按规定获得收益。

2. 多措并举完善取暖用气价格机制。对天然气资源有保障，适宜天然气供暖的地区，通过完善阶梯价格制度、推行季节性差价政策、运用市场化交易机制等方式，降低天然气取暖成本，促进北方地区天然气供暖发展。

3. 因地制宜健全供热价格机制。在居民承受能力范围内，兼顾考虑供热清洁化改造和运行成本，合理制定清洁取暖价格，疏导清洁取暖价格矛盾，不足部分通过地方财政予以支持。

（四）保障清洁取暖能源供应

1. 加快天然气供应能力建设。一是多方开拓气源。中石油、中石化、中海油等主要供气企业要按计划做好气源供应，各省市要推动民营企业、城镇燃气企业开辟新供应渠道。加快推动非常规天然气开发，鼓励煤层气开发利用，研究给予致密气开发一定支持政策。二是加快天然气基础设施建设。推动已纳入规划的长输管道和LNG接收站加快建设，加快中俄东线、进口LNG等气源引进和建设步伐，推进全国长输管道互联互通。具备扩建条件的已有接收站均要建储罐，扩建增压、气化设施，按实际接收LNG能力进行核定。三是建立储气调峰辅助服务市场机制。落实《天然气基础设施建设与运营管理办法》，到2020年，县级以上地区至少形成不低于本行政区域平均3天需求量的应急储气能力。推动建设供用气双方共同承担调峰责任的体制机制。鼓励承担储气调峰义务的企业从第三方购买储气调峰服务和气量。鼓励更多投资主体投资建设地下储气库。四是加强监管完善法规。北方地区推进燃气清洁取暖的地方政府要以试点等方式，加强对本地区燃气特别是农村燃气取暖工作的指导，督促相关企业加强供用气安全管理。相关企业要承担安全供气的主体责任，制定完善的企业规范和操作规程。

2. 加强配电网建设。一是电网企业应加强与相关城市“煤改电”规划的协调配合，加快配电网改造。结合国家配电网建设行动计划和农网改造计划，有效利用农网改造中央预算内投资、电网企业资金等资金渠道，满足电供暖设施运行对配套电网的需求。二是将地下电力管线建设纳入地方重点工程，加大协调支持力度。结合重点部队电网升级改造工程，为电供暖部队营区进行配套电网改造。三是加快研究出台电力普遍服务补偿机制，支持企业在偏远地区做好电网建设和运行维护工作。四是结合配售电改革，调动社会资本参与配电网建设的积极性。

3. 组织开展北方地区地热资源潜力勘查与选区评价。在全国地热资源开发利用现状普查的基础上，查明我国北方地区主要水热型地热区（田）及浅层地热能、干热岩开发区地质条件、热储特征、地热资源的质量和数量，并对其开采技术经济条件做出评价，为合理开发利用提供依据。

4. 建立健全生物质原料供应体系。以县为单位进行生物质资源调查，明确可作为能源化利用的资源潜力。适应各地区不同情况，支持企业建立健全生物质原料收集体系，推进收储运专业化发展，提高原料保障程度。因地制宜，结合生态建设和环境保护要求，建设生物质原料基地。

5. 加强余热资源需求调查评价和利用体系建设。各有关地区要深入开展余热资源和热负荷需求调查摸底，全面梳理本地区相关行业余热资源的种类、品质、数量、连续性、稳定性、分布和利用状况。加快建设高效率的余热采集、管网输送、终端利用供热体系，按照能源梯级利用原则，实现余热资源利用最大化。

6. 加强节能环保锅炉清洁煤供应能力建设。以提高煤炭清洁高效利用水平为重点，推进与节能环保锅炉配套的清洁煤制备、配送、储存、使用等环节的设施建设与升级改造。推进清洁煤制备储运专业化发展，统一规划、合理布局建设清洁煤制备储运中心。完善清洁煤质量要求和检测标准。

7. 加强集中供热管线建设与维护。一是积极推进老旧热力网优化改造，对城市既有供热管网系统进行认真梳理，结合城市道路及管线改造，对运行年限较长及存在安全隐患的管线制定改造计划。鼓励供暖企业将符合接入技术条件的部队纳入集中供暖。二是加强热网整合，形成多热源联合供热环状热网，提高热力网安全可靠性。充分利用热电联产的供热优势，因地制宜发展长距离输送高温水热网。三是合理确定多热源联合供热环状热网的水力工况、热力工况，设置热力网泄漏检测，做好热力网自动化、智能化控制，提高热力网从热源到热用户的自动化、智能化控制水平，降低热力网热耗、电耗、水耗。

8. 适当给予中央企业业绩考核政策支持。为支持中央企业做好北方地区冬季清洁取暖能源供应保障工作，对于中央企业在偏远地区建设天然气管道、配电网等方式支持北方地区冬季清洁取暖造成的亏损，在业绩考核中予以适当考虑。

（五）加快集中供暖方式改革

1. 大力发展供热市场。放开能源生产、供暖等方面的准入限制，鼓励民营企业进入清洁供暖领域，多种模式参与集中供热设施建设和运营。引导各集中供热特许经营区经营主体通过兼并、收购、重组等方式合并，形成专业化、规模化的大型企业集团，扩大集中供热面积，淘汰不符合环境要求的小锅炉。推动以招投标等市场化方式选择供热主体。支持和鼓励企业发展源、网、站及热用户一体化的经营管理模式，减少中间管理环节，降低供热成本。

2. 改进集中供暖方式。在适合集中供暖的区域，优先以热电联产满足取暖需求，加快推进热电联产替代燃煤锅炉。按照《热电联产管理办法》（发改能源〔2016〕617 号）要求，优先发展背压式热电联产机组，并落实背压机组两部制电价等支持政策，结合电力系统运行情况严格管理纯凝机组供热改造。热电联产供热区域内，热电联产机组承担基本热负荷，调峰锅炉承担尖峰热负荷，确保热电联产供热区域内热电联产供热率高于 80%以上。城市城区燃煤锅炉房须达到超低排放，并安装大气污染源自动监控设施，达不到要求的锅炉要制定替代措施（方案），明确关停淘汰计划并取消补贴。

（六）加强取暖领域排放监管

1. 继续推进燃煤热电超低排放改造。到 2020 年，全国所有具备改造条件的燃煤热电联产机组实现超低排放（在基准氧含量 6%条件下，烟尘、二氧化硫、氮氧化物排放浓度分别不高于 10、35、50 毫克/米^3）。对现役燃煤热电联产机组，东部地区 2017 年前总体完成超低排放改造，中部地区力争在 2018 年前基本完成，西部地区在 2020 年前完成。逐步扩大改造范围，没有列入关停计划的集中供暖小型热电联产机组，也要实施超低排放改造。

2. 提高燃煤集中供暖锅炉排放监管力度。所有燃煤集中供暖锅炉必须达标排放，安装大气污染源自动监控设施。对城市城区的燃煤锅炉进行超低排放改造（在基准氧含量 6%条件下，烟尘、二氧化硫、氮氧化物排放浓度分别不高于 10、35、50 毫克/米^3），并纳入超低排放监管范围。鼓励其余燃煤锅炉参照超低排放和天然气锅炉标准提高环保排放水平。出台限制和淘汰类燃煤锅炉设备技术和装备目录，明确更新淘汰时限，推动更新换代，推广高效节能环保锅炉。

3. 建设地热能开发利用信息监测统计体系。建立浅层及水热型地热能开发利用过程中的水质、水位、水温等地热资源信息监测系统。建立全国地热能开发利用监测信息系统，利用现代信息技术，对地热能勘查、开发利用情况进行系统的监测和动态评价。

4. 明确天然气壁挂炉、生物质锅炉排放标准与监管要求。从设备、销售环节提高天然气壁挂炉氮氧化物的排放标准和监管要求。生物质锅炉（含热电联产）必须配套布袋除尘设施，达到相应环保排放标准要求，并安装大气污染源自动监控设备。城市城区生物质锅炉烟尘、二氧化硫、氮氧化物排放浓度要达到天然气锅炉排放标准。

5. 严格散烧煤流通监管。从煤炭销售流通环节开始加强散烧煤监管，制定严格的散烧煤质量标准，对硫分、灰分、挥发分、有害元素等进行更严格的限制，对不符合要求的煤炭经销商业务资质予以取消，严控劣质煤流向农村消费市场。

（七）推动技术装备创新升级

1. 加强清洁供暖科技创新。跟踪清洁供暖技术前沿发展，形成清洁供暖关键技术研发目录，有序组织研发工作。依托骨干企业、科研院所和高校，建设一批有影响力的清洁供暖技术研究基地。加大科研力量投入，增强原始创新、集成创新能力，在先进相变储热和化学储热等各类储热技术、智能供热技术、大气污染物排放控制技术、多能互补技术等专项技术上取得突破。研究探索核能供热，推动现役核电机组向周边供热，安全发展低温泳池堆供暖示范。

2. 推动清洁供暖装备升级。集中攻关高效热泵、低氮天然气供暖设施、煤炭清洁高效利用设施等关键设备，推动清洁供暖装备升级。提升热电联产机组灵活性，满足清洁取暖和电力系统调峰需求。推动智能供热研究及应用示范，重点研究先进传感技术、控制技术、信息技术、通讯技术、大数据技术等新技术，促进供热设备和运行方式升级，推动供热装备行业的高效化、自动化、信息化发展。

3. 着力提高清洁供暖设备质量。推进供热行业强制性节能标准编制和修订，充分发挥其节能准入作用。清洁供暖设备生产企业要加强内部质量管理体系建设，强化质量控制，向市场提供优质产品。各相关部门要加强市场各类清洁供暖设备监督检查力度，对存在不符合产品功效宣传、未达到设计寿命等各类质量问题的企业给予严肃处罚。地方各级政府有关部门在清洁供暖设备招标过程中，要注意产品质量，并跟踪用户使用情况，将产品较差的企业列入采购黑名单。供热企业要加强在役设备能效实时监督，对清洁供热设备开展能效检测和项目后评价。

（八）构建清洁取暖产业体系

1. 建立健全行业标准体系建设。根据清洁取暖需求，结合能源革命与"互联网+"技术发展，及时健全清洁取暖标准、统计和计量体系，修订和完善相关设备、设计、建设、运行标准，从标准体系上保障清洁取暖可持续发展。构建国家清洁取暖大数据研究平台，综合运用互联网、大数据、云计算等先进手段，集成产学研交流和管理、宣传等多功能，加强清洁取暖需求形势分析研判和预测预警，显著提高清洁取暖数据统计分析和决策支持能力。

2. 创新经营模式。在清洁供暖领域积极引入合同能源管理、设备租赁、以租代建等新型模式。强调市场引领，创新商业模式，鼓励有关企业结合自身优势，突出核心业务，采用合同能源管理（EMC）、工程总包（EPC）、政府和社会资本合作（PPP）、融资租赁、能源托管、以租代建等商业模式，引导社会共同参与实施清洁供暖项目的市场化建设运营，保障合理投资收益，带动产品升级和产业发展。

3. 提供多元化综合能源服务。结合市场需求，鼓励企业提供多样化的综合能源解决方案。鼓励因地制宜采用天然气、清洁电力、地热能、余热、太阳能等多种清洁供暖方式配合互补的方式，满足不同地区取暖需求。支持地方政府有关部门采用项目招标、购买服务等市场化方式，引导有关企业和社会资本积极参与清洁供暖，提供技术咨询、方案设计、设备研制、投资建设、运营管理等清洁供暖工程（项目）整体解决方案。支持公共建筑率先实施综合能源解决方案。

（九）做好清洁取暖示范推广

1. 主动推进雄安新区等清洁取暖示范。发挥中央企业积极性，加大各级政策倾斜力度，结合雄安新区建设规划，重点推动雄安新区清洁取暖示范。综合利用天然气、电、地热、生物质等多种能源形式，构建安全、清洁、绿色的供暖体系，打造北方地区清洁取暖的样板工程。以"2+26"城市为重点，开展城市清洁取暖试点。

2. 全方位宣传推广清洁取暖。通过各类媒体宣传清洁取暖的优点，普及清洁取暖知识，展示清洁取暖成果，改变传统取暖习惯。打造清洁取暖典型项目或示范工程，开展专题报道，形成显著示范效应和良好舆论导向。推动用户侧逐步改变原有的用暖观念和用暖方式，提高对清洁取暖环保价值的认识，改进粗放的用暖方式，节约能源。

（十）加大农村清洁取暖力度

农村地区是北方地区清洁取暖的最大短板，是散烧煤消费的主力地区，必须加大力度，提升农村地区清洁取暖水平。

1. 建立农村取暖管理机制。改变农村取暖无规划、无管理、无支持的状况，地方各级政府明确责任部门，建立管理机制，加强各部门协调，保障农村取暖科学有序发展。

2. 选择适宜推进策略。农村取暖具有用户分散、建筑独立、经济承受能力弱等特点，应因地制宜，将农村炊事、养殖、大棚用能与清洁取暖相结合，充分利用生物质、沼气、太阳能、罐装天然气、电等多种清洁能源供暖。对于偏远山区等暂时不能通过清洁供暖替代散烧煤供暖的，要重点利用“洁净型煤＋环保炉具”“生物质成型燃料＋专用炉具”等模式替代散烧煤供暖。通过集中供煤等方式提高供暖用煤质量，采用先进的专用炉具，并明确大气污染物排放标准，尽可能减少供暖污染物排放。推进现有农村住房建筑节能改造，不断完善政策和监管措施，提高北方地区农村建筑节能水平。

3. 保障重点地区农村清洁取暖补贴资金。对于“2＋26”城市的农村地区，要享受与城市地区同等的财政补贴政策，探索农村清洁取暖补贴机制，保障大气污染传输通道散烧煤治理工作顺利完成。

五、评估调整

省级发改（能源）、住建、财政、环保等有关部门及国家能源局派出机构建立清洁取暖规划实施情况监管组织体系，有效开展监管工作。要创新监管措施和手段，密切跟踪工作进展，掌握目标任务完成情况及工作推进中的实际困难，定期组织开展监督检查和考核评价。省级清洁取暖主管部门负责牵头编制规划实施情况评估报告，并报送清洁取暖规划部际联席会议办公室。

清洁取暖规划部际联席会议办公室会同有关部门，根据地方评估报告，对规划实施情况做出总体评估，适时调整规划内容，保障规划适应最新变化情况。

国家发展改革委办公厅 农业部办公厅 国家能源局综合司关于开展秸秆气化清洁能源利用工程建设的指导意见

发改办环资〔2017〕2143 号

2017 年 12 月 28 日

有关省、自治区、直辖市、新疆生产建设兵团、黑龙江省农垦总局发展改革委、农业厅（委、办、局）、能源局（办）：

为贯彻落实党的十九大会议精神，大力推进生态文明建设、乡村振兴战略和农村能源革命，开展秸秆气化清洁能源利用工程建设，拓展农村清洁能源供给渠道，推动秸秆综合利用高值化、产业化发展，完成“十三五”秸秆综合利用目标任务，提出如下意见。

一、实施秸秆气化清洁能源利用工程的重要意义

（一）实施秸秆气化清洁能源利用工程是提高秸秆综合利用率的重要抓手。秸秆气化清洁能源利用工程是以农作物秸秆为主要原料的农林废弃物，采用热解气化或厌氧发酵等工艺，生产热解气、沼气（热、电）、生物炭（肥）、沼肥或油等多联产项目。2017 年《政府工作报告》提出要加快秸秆综合利用，“十三五”秸秆综合利用目标任务艰巨，到 2020 年秸秆综合利用率要达到 85%，比 2015 年增加近 5 个百分点。在坚持农用优先，秸秆饲料化、肥料化利用相对稳定的基础上，实施秸秆气化清洁能源利用工程，能够进一步拓展综合利用渠道，切实提高秸秆综合利用率。

（二）实施秸秆气化清洁能源利用工程是农村清洁能源供给的重要方式。国务院办公厅《关于印发能源发展战略行动计划（2014—2020）》（国办发〔2014〕31 号），提出要推动能源生产和消费革命，实施新城镇、新能源、新生活行动计划，促进农村用能方式变革。当前，农村清洁能源供需矛盾依旧突出，农村地区生活能源仍以秸秆、薪柴和煤炭为主，燃烧效率低下，污染严重。因地制宜推动秸秆气化清洁能源利用，能够完善农村能源基础设施、优化农村用能结构、提高农村用能水平。

（三）实施秸秆气化清洁能源利用工程是解决突出环境问题的有效手段。2016 年，全国人大修订实施的《大气污染防治法》规定，要发展农业循环经济，加大对废弃物综合处理的支持力度，禁止露天焚烧秸秆、落叶等产生烟尘污染的物质。当前，秸秆违规焚烧现象屡禁不止，随意抛弃现象时有发生，造成局部地区环境污染加剧。通过推广秸秆气化清洁能源利用，推动秸秆综合利用产业化发展，能够有效减少秸秆露天焚烧和资源浪费，改善区域生态环境质量，提高民生福祉。

二、总体要求

（一）总体思路。全面贯彻落实党的十九大会议

精神，以“创新、协调、绿色、开放、共享”五大发展理念为指导，以加快推进秸秆综合利用和改善农村能源供应体系为目标，以加强政策引领、整县推进为抓手，优化产业组织结构，促进农村生产、生活和产业体系相融合，切实发挥龙头企业带动作用，推进粮棉主产区和北方地区冬季清洁取暖，推动秸秆综合利用高值化、产业化发展，促进2020年全国秸秆综合利用率目标任务完成。

（二）基本原则。

——坚持区域统筹，因地制宜。根据当地秸秆种类和产生量、秸秆综合利用现状与发展条件、社会经济发展水平、农村清洁能源需求，统筹规划，合理布局。

——坚持突出重点、集中建设。以生态文明试验区、先行示范区，循环经济示范城市（县）和绿色能源示范县、农业可持续发展试验示范区为重点，以乡镇居民集中居住区为中心集中建设，整县推进。

——坚持政府推动、市场运作。坚持政府扶持引导，以企业为主体，实施秸秆气化清洁能源利用工程项目，充分发挥市场配置资源作用，形成农村清洁能源供应体系，构建利益链，实现多方共赢。

——坚持科技创新、强化支撑。鼓励产学研相结合，加强技术自主创新，推广先进适用成熟技术和设备，提升产业技术装备水平。

（三）总体目标。到2020年，建成若干秸秆气化清洁能源利用实施县，实施区域内秸秆综合利用率达到85%以上，有效替代农村散煤，为农户以及乡镇学校、医院、养老院等公共设施供应炊事取暖清洁燃气。

三、重点任务

（一）根据资源禀赋，科学规划布局。根据各地农业生产特点和清洁能源需求，立足秸秆资源禀赋与社会经济发展水平，主要在北方冬季取暖地区和粮棉主产省（区）以县为单位规划实施秸秆气化清洁能源利用工程。各地重点选择一批秸秆产量大、利用能力强、基础条件好的县（区、市）作为实施县，科学制定建设方案，合理规划项目布局，宜气则气、宜暖则暖，规模化推进秸秆气化清洁能源利用工程建设，构建“集星成月”的格局。

（二）合理选择技术工艺，确保终端产品全量利用。秸秆气化技术主要包括秸秆热解气化和秸秆沼气等。实施县要根据自身实际情况，合理选择工艺路线，生物质燃气产生和净化设备能够适应于以秸秆为主要原料的农林废弃物，生物质燃气要达到相应标准，能够满足农村居民炊事采暖需求；要选择在技术、资金、运营管理等方面综合实力较强的行业龙头企业作为项目实施主体，确保生物质燃气入农户、工业锅炉、燃气发电等技术方案的可行性和安全性；要合理配套生物炭、焦油、木醋液、沼渣沼液等副产物资源化利用系统，确保终端产品得到全量利用，避免造成二次污染，提高工程效益。

（三）严格执行标准，确保工程质量。严格履行法定的项目建设程序和相关标准规范，规范招投标行为，落实工程建设质量主体责任，切实把加强质量监管贯穿于规划、建设、运营全过程。项目前期工作扎实，备案、规划、土地、环评、安评、资金证明等手续齐全。项目的原料和产品的收集、储存、运输应满足相关规程、规范和条例的要求。工程必须贯彻国家、地方行政当局颁布的有关环境保护法令、条例、标准和行业的有关规定。

（四）创新运营机制，推动产业化发展。建立健全政府引导、市场主体、多方参与的产业化发展机制，吸引社会资本投入，培育一批可市场化运营的经营主体，提高秸秆气化清洁能源利用工程建设的规范化、标准化水平，健全以市场化为导向的长效机制和政策扶持体系，壮大秸秆气化清洁能源利用产业，推动秸秆综合利用产业结构优化、提质增效。

（五）依托新型经营主体，健全收储运体系。针对目前各地秸秆离田利用收储运主体少、装备水平低等问题，加快培育秸秆收储运专业化人才队伍和社会化服务组织。根据区域产业布局和秸秆时空分布现状，建设秸秆储存规范化场所，配备秸秆收储运专业化装备，完善激励措施，建立健全区域范围内全覆盖的服务网络体系，逐步形成商品化秸秆收储和供应能力，为秸秆气化清洁能源利用工程提供有力保障。

四、保障措施

（一）加强组织领导。各地发展改革、农业、能源部门按照职能分工，密切配合，充分发挥秸秆综合利用统筹协调机制作用，共同研究确定积极性高、符合相关条件的实施县。确定的实施县人民政府，结合本地资源禀赋、能源需求等情况，积极编制《秸秆气化清洁能源利用工程实施方案》（以下简称《实施方案》）。搞好统筹规划和组织协调，认真组织实施，做到领导到位，责任到人，目标明确，重点突出，将《实施方案》的主要目标和重点任务，按年度逐级分解，建立考核制度，加强目标考核。

（二）加大支持力度。国家发展改革委、农业部、国家能源局将加强统筹协调和示范引导，加大支持力度，推动秸秆气化清洁能源利用工程建设。农业部成立专家委员会，对秸秆汽化清洁能源利用工程实施提供技术指导，定期组织专家对实施县建设进行跟踪评估；国家能源局协调相关省（区、市）能源主管部门做好秸秆气化发电接入电网等工作，按照可再生能源法及相关规定，由电网企业全额收购秸秆气化发电上网电量。省级相关部门加强对实施县的监督检查，确保实施县达到预期目标。实施县相关部门要为秸秆气化项目积极争取本地区清洁能源利用、燃煤替代、秸秆禁烧与综合利用等相关优惠政策，为项目可持续运营提供政策保障，进一步调动企业参与的积极性。

（三）抓好安全生产。各级管理部门要落实安全监管职责，建立和完善安全隐患排查治理闭环管理机制，加强对秸秆气化清洁利用工程的安全隐患监管排查，定期组织监督检查。督促企业制定应急预案，落实安全生产主体责任，明确岗位职责，细化操作规程，加强对从业人员的教育管理和用户的宣传培训，自觉排查治理安全隐患，确保生产安全。

（四）总结推广应用。各省（区、市）要及时总结秸秆气化清洁能源利用工程建设工作进展情况，形成年度报告，并报送国家发展改革委、农业部等有关部门，及时总结成功经验，树立先进典型，在全国范围内进行宣传推广，用技术指导群众，用示范带动群众，用效益吸引群众，逐步提高全社会对秸秆汽化清洁能源利用工程的认识程度。

2018 年

中共中央 国务院关于全面加强生态环境保护 坚决打好污染防治攻坚战的意见

2018 年 6 月 16 日

良好生态环境是实现中华民族永续发展的内在要求，是增进民生福祉的优先领域。为深入学习贯彻习近平新时代中国特色社会主义思想和党的十九大精神，决胜全面建成小康社会，全面加强生态环境保护，打好污染防治攻坚战，提升生态文明，建设美丽中国，现提出如下意见。

一、深刻认识生态环境保护面临的形势

党的十八大以来，以习近平同志为核心的党中央把生态文明建设作为统筹推进“五位一体”总体布局和协调推进“四个全面”战略布局的重要内容，谋划开展了一系列根本性、长远性、开创性工作，推动生态文明建设和生态环境保护从实践到认识发生了历史性、转折性、全局性变化。各地区各部门认真贯彻落实党中央、国务院决策部署，生态文明建设和生态环境保护制度体系加快形成，全面节约资源有效推进，大气、水、土壤污染防治行动计划深入实施，生态系统保护和修复重大工程进展顺利，核与辐射安全得到有效保障，生态文明建设成效显著，美丽中国建设迈出重要步伐，我国成为全球生态文明建设的重要参与者、贡献者、引领者。

同时，我国生态文明建设和生态环境保护面临不少困难和挑战，存在许多不足。一些地方和部门对生态环境保护认识不到位，责任落实不到位；经济社会发展同生态环境保护的矛盾仍然突出，资源环境承载能力已经达到或接近上限；城乡区域统筹不够，新老环境问题交织，区域性、布局性、结构性环境风险凸显，重污染天气、黑臭水体、垃圾围城、生态破坏等问题时有发生。这些问题，成为重要的民生之患、民心之痛，成为经济社会可持续发展的瓶颈制约，成为全面建成小康社会的明显短板。

进入新时代，解决人民日益增长的美好生活需要和不平衡不充分的发展之间的矛盾对生态环境保护提出许多新要求。当前，生态文明建设正处于压力叠加、负重前行的关键期，已进入提供更多优质生态产品以满足人民日益增长的优美生态环境需要的攻坚期，也到了有条件有能力解决突出生态环境问题的窗口期。必须加大力度、加快治理、加紧攻坚，打好标志性的重大战役，为人民创造良好生产生活环境。

二、深入贯彻习近平生态文明思想

习近平总书记传承中华民族传统文化、顺应时代潮流和人民意愿，站在坚持和发展中国特色社会主义、实现中华民族伟大复兴中国梦的战略高度，深刻回答了为什么建设生态文明、建设什么样的生态文明、怎样建设生态文明等重大理论和实践问题，系统形成了习近平生态文明思想，有力指导生态文明建设和生态环境保护取得历史性成就、发生历史性变革。

坚持生态兴则文明兴。建设生态文明是关系中华民族永续发展的根本大计，功在当代、利在千秋，关系人民福祉，关乎民族未来。

坚持人与自然和谐共生。保护自然就是保护人类，建设生态文明就是造福人类。必须尊重自然、顺应自然、保护自然，像保护眼睛一样保护生态环境，像对待生命一样对待生态环境，推动形成人与自然和谐发展现代化建设新格局，还自然以宁静、和谐、美丽。

坚持绿水青山就是金山银山。绿水青山既是自然财富、生态财富，又是社会财富、经济财富。保护生态环境就是保护生产力，改善生态环境就是发展生产力。必须坚持和贯彻绿色发展理念，平衡和处理好发展与保护的关系，推动形成绿色发展方式和生活方式，坚定不移走生产发展、生活富裕、生态良好的文明发展道路。

坚持良好生态环境是最普惠的民生福祉。生态文明建设同每个人息息相关。环境就是民生，青山就是美丽，蓝天也是幸福。必须坚持以人民为中心，重点解决损害群众健康的突出环境问题，提供更多优质生态产品。

坚持山水林田湖草是生命共同体。生态环境是统一的有机整体。必须按照系统工程的思路，构建生态环境治理体系，着力扩大环境容量和生态空间，全方位、全地域、全过程开展生态环境保护。

坚持用最严格制度最严密法治保护生态环境。保护生态环境必须依靠制度、依靠法治。必须构建产权清晰、多元参与、激励约束并重、系统完整的生态文明制度体系，让制度成为刚性约束和不可触碰的高压线。

坚持建设美丽中国全民行动。美丽中国是人民群众共同参与共同建设共同享有的事业。必须加强生态文明宣传教育，牢固树立生态文明价值观念和行为准则，把建设美丽中国化为全民自觉行动。

坚持共谋全球生态文明建设。生态文明建设是构建人类命运共同体的重要内容。必须同舟共济、共同努力，构筑尊崇自然、绿色发展的生态体系，推动全球生态环境治理，建设清洁美丽世界。

习近平生态文明思想为推进美丽中国建设、实现人与自然和谐共生的现代化提供了方向指引和根本遵循，必须用以武装头脑、指导实践、推动工作。要教育广大干部增强“四个意识”，树立正确政绩观，把生态文明建设重大部署和重要任务落到实处，让良好生态环境成为人民幸福生活的增长点、成为经济社会持续健康发展的支撑点、成为展现我国良好形象的发力点。

三、全面加强党对生态环境保护的领导

加强生态环境保护、坚决打好污染防治攻坚战是党和国家的重大决策部署，各级党委和政府要强化对生态文明建设和生态环境保护的总体设计和组织领导，统筹协调处理重大问题，指导、推动、督促各地区各部门落实党中央、国务院重大政策措施。

（一）落实党政主体责任。落实领导干部生态文明建设责任制，严格实行党政同责、一岗双责。地方各级党委和政府必须坚决扛起生态文明建设和生态环境保护的政治责任，对本行政区域的生态环境保护工作及生态环境质量负总责，主要负责人是本行政区域生态环境保护第一责任人，至少每季度研究一次生态环境保护工作，其他有关领导成员在职责范围内承担相应责任。各地要制定责任清单，把任务分解落实到有关部门。抓紧出台中央和国家机关相关部门生态环境保护责任清单。各相关部门要履行好生态环境保护职责，制定生态环境保护年度工作计划和措施。各地区各部门落实情况每年向党中央、国务院报告。

健全环境保护督察机制。完善中央和省级环境保护督察体系，制定环境保护督察工作规定，以解决突出生态环境问题、改善生态环境质量、推动高质量发展为重点，夯实生态文明建设和生态环境保护政治责任，推动环境保护督察向纵深发展。完善督查、交办、巡查、约谈、专项督察机制，开展重点区域、重点领域、重点行业专项督察。

（二）强化考核问责。制定对省（自治区、直辖市）党委、人大、政府以及中央和国家机关有关部门污染防治攻坚战成效考核办法，对生态环境保护立法执法情况、年度工作目标任务完成情况、生态环境质量状况、资金投入使用情况、公众满意程度等相关方面开展考核。各地参照制定考核实施细则。开展领导干部自然资源资产离任审计。考核结果作为领导班子和领导干部综合考核评价、奖惩任免的重要依据。

严格责任追究。对省（自治区、直辖市）党委和政府以及负有生态环境保护责任的中央和国家机关有关部门贯彻落实党中央、国务院决策部署不坚决不彻底、生态文明建设和生态环境保护责任制执行不到位、污染防治攻坚任务完成严重滞后、区域生态环境问题突出的，约谈主要负责人，同时责成其向党中央、国务院作出深刻检查。对年度目标任务未完成、考核不合格的市、县，党政主要负责人和相关领导班子成员不得评优评先。对在生态环境方面造成严重破坏负有责任的干部，不得提拔使用或者转任重要职务。对不顾生态环境盲目决策、违法违规审批开发利用规划和建设项目的，对造成生态环境质量恶化、生态严重破坏的，对生态环境事件多发高发、应对不力、群众反映强烈的，对生态环境保护责任没有落实、推诿扯皮、没有完成工作任务的，依纪依法严格问责、终身追责。

四、总体目标和基本原则

（一）总体目标。到2020年，生态环境质量总体

改善，主要污染物排放总量大幅减少，环境风险得到有效管控，生态环境保护水平同全面建成小康社会目标相适应。

具体指标：全国细颗粒物（PM2.5）未达标地级及以上城市浓度比2015年下降18%以上，地级及以上城市空气质量优良天数比率达到80%以上；全国地表水Ⅰ～Ⅲ类水体比例达到70%以上，劣Ⅴ类水体比例控制在5%以内；近岸海域水质优良（一、二类）比例达到70%左右；二氧化硫、氮氧化物排放量比2015年减少15%以上，化学需氧量、氨氮排放量减少10%以上；受污染耕地安全利用率达到90%左右，污染地块安全利用率达到90%以上；生态保护红线面积占比达到25%左右；森林覆盖率达到23.04%以上。

通过加快构建生态文明体系，确保到2035年节约资源和保护生态环境的空间格局、产业结构、生产方式、生活方式总体形成，生态环境质量实现根本好转，美丽中国目标基本实现。到本世纪中叶，生态文明全面提升，实现生态环境领域国家治理体系和治理能力现代化。

（二）基本原则

——坚持保护优先。落实生态保护红线、环境质量底线、资源利用上线硬约束，深化供给侧结构性改革，推动形成绿色发展方式和生活方式，坚定不移走生产发展、生活富裕、生态良好的文明发展道路。

——强化问题导向。以改善生态环境质量为核心，针对流域、区域、行业特点，聚焦问题、分类施策、精准发力，不断取得新成效，让人民群众有更多获得感。

——突出改革创新。深化生态环境保护体制机制改革，统筹兼顾、系统谋划，强化协调、整合力量，区域协作、条块结合，严格环境标准，完善经济政策，增强科技支撑和能力保障，提升生态环境治理的系统性、整体性、协同性。

——注重依法监管。完善生态环境保护法律法规体系，健全生态环境保护行政执法和刑事司法衔接机制，依法严惩重罚生态环境违法犯罪行为。

——推进全民共治。政府、企业、公众各尽其责、共同发力，政府积极发挥主导作用，企业主动承担环境治理主体责任，公众自觉践行绿色生活。

五、推动形成绿色发展方式和生活方式

坚持节约优先，加强源头管控，转变发展方式，培育壮大新兴产业，推动传统产业智能化、清洁化改造，加快发展节能环保产业，全面节约能源资源，协同推动经济高质量发展和生态环境高水平保护。

（一）促进经济绿色低碳循环发展。对重点区域、重点流域、重点行业和产业布局开展规划环评，调整优化不符合生态环境功能定位的产业布局、规模和结构。严格控制重点流域、重点区域环境风险项目。对国家级新区、工业园区、高新区等进行集中整治，限期进行达标改造。加快城市建成区、重点流域的重污染企业和危险化学品企业搬迁改造，2018年年底前，相关城市政府就此制定专项计划并向社会公开。促进传统产业优化升级，构建绿色产业链体系。继续化解过剩产能，严禁钢铁、水泥、电解铝、平板玻璃等行业新增产能，对确有必要新建的必须实施等量或减量置换。加快推进危险化学品生产企业搬迁改造工程。提高污染排放标准，加大钢铁等重点行业落后产能淘汰力度，鼓励各地制定范围更广、标准更严的落后产能淘汰政策。构建市场导向的绿色技术创新体系，强化产品全生命周期绿色管理。大力发展节能环保产业、清洁生产产业、清洁能源产业，加强科技创新引领，着力引导绿色消费，大力提高节能、环保、资源循环利用等绿色产业技术装备水平，培育发展一批骨干企业。大力发展节能和环境服务业，推行合同能源管理、合同节水管理，积极探索区域环境托管服务等新模式。鼓励新业态发展和模式创新。在能源、冶金、建材、有色、化工、电镀、造纸、印染、农副食品加工等行业，全面推进清洁生产改造或清洁化改造。

（二）推进能源资源全面节约。强化能源和水资源消耗、建设用地等总量和强度双控行动，实行最严格的耕地保护、节约用地和水资源管理制度。实施国家节水行动，完善水价形成机制，推进节水型社会和节水型城市建设，到2020年，全国用水总量控制在6700亿米^{3}以内。健全节能、节水、节地、节材、节矿标准体系，大幅降低重点行业和企业能耗、物耗，推行生产者责任延伸制度，实现生产系统和生活系统循环链接。鼓励新建建筑采用绿色建材，大力发展装配式建筑，提高新建绿色建筑比例。以北方采暖地区为重点，推进既有居住建筑节能改造。积极应对气候变化，采取有力措施确保完成2020年控制温室气体排放行动目标。扎实推进全国碳排放权交易市场建设，统筹深化低碳试点。

（三）引导公众绿色生活。加强生态文明宣传教育，倡导简约适度、绿色低碳的生活方式，反对奢侈浪费和不合理消费。开展创建绿色家庭、绿色学校、绿色社区、绿色商场、绿色餐馆等行动。推行绿色消费，出台快递业、共享经济等新业态的规范标准，推

广环境标志产品、有机产品等绿色产品。提倡绿色居住，节约用水用电，合理控制夏季空调和冬季取暖室内温度。大力发展公共交通，鼓励自行车、步行等绿色出行。

六、坚决打赢蓝天保卫战

编制实施打赢蓝天保卫战三年作战计划，以京津冀及周边、长三角、汾渭平原等重点区域为主战场，调整优化产业结构、能源结构、运输结构、用地结构，强化区域联防联控和重污染天气应对，进一步明显降低PM2.5浓度，明显减少重污染天数，明显改善大气环境质量，明显增强人民的蓝天幸福感。

（一）加强工业企业大气污染综合治理。全面整治“散乱污”企业及集群，实行拉网式排查和清单式、台账式、网格化管理，分类实施关停取缔、整合搬迁、整改提升等措施，京津冀及周边区域2018年年底前完成，其他重点区域2019年年底前完成。坚决关停用地、工商手续不全并难以通过改造达标的企业，限期治理可以达标改造的企业，逾期依法一律关停。强化工业企业无组织排放管理，推进挥发性有机物排放综合整治，开展大气氨排放控制试点。到2020年，挥发性有机物排放总量比2015年下降10%以上。重点区域和大气污染严重城市加大钢铁、铸造、炼焦、建材、电解铝等产能压减力度，实施大气污染物特别排放限值。加大排放高、污染重的煤电机组淘汰力度，在重点区域加快推进。到2020年，具备改造条件的燃煤电厂全部完成超低排放改造，重点区域不具备改造条件的高污染燃煤电厂逐步关停。推动钢铁等行业超低排放改造。

（二）大力推进散煤治理和煤炭消费减量替代。增加清洁能源使用，拓宽清洁能源消纳渠道，落实可再生能源发电全额保障性收购政策。安全高效发展核电。推动清洁低碳能源优先上网。加快重点输电通道建设，提高重点区域接受外输电比例。因地制宜、加快实施北方地区冬季清洁取暖五年规划。鼓励余热、浅层地热能等清洁能源取暖。加强煤层气（煤矿瓦斯）综合利用，实施生物天然气工程。到2020年，京津冀及周边、汾渭平原的平原地区基本完成生活和冬季取暖散煤替代；北京、天津、河北、山东、河南及珠三角区域煤炭消费总量比2015年均下降10%左右，上海、江苏、浙江、安徽及汾渭平原煤炭消费总量均下降5%左右；重点区域基本淘汰每小时35蒸吨以下燃煤锅炉。推广清洁高效燃煤锅炉。

（三）打好柴油货车污染治理攻坚战。以开展柴油货车超标排放专项整治为抓手，统筹开展油、路、车治理和机动车船污染防治。严厉打击生产销售不达标车辆、排放检验机构检测弄虚作假等违法行为。加快淘汰老旧车，鼓励清洁能源车辆、船舶的推广使用。建设“天地车人”一体化的机动车排放监控系统，完善机动车遥感监测网络。推进钢铁、电力、电解铝、焦化等重点工业企业和工业园区货物由公路运输转向铁路运输。显著提高重点区域大宗货物铁路水路货运比例，提高沿海港口集装箱铁路集疏港比例。重点区域提前实施机动车国六排放标准，严格实施船舶和非道路移动机械大气排放标准。鼓励淘汰老旧船舶、工程机械和农业机械。落实珠三角、长三角、环渤海京津冀水域船舶排放控制区管理政策，全国主要港口和排放控制区内港口靠港船舶率先使用岸电。到2020年，长江干线、西江航运干线、京杭运河水上服务区和待闸锚地基本具备船舶岸电供应能力。2019年1月1日起，全国供应符合国六标准的车用汽油和车用柴油，力争重点区域提前供应。尽快实现车用柴油、普通柴油和部分船舶用油标准并轨。内河和江海直达船舶必须使用硫含量不大于10毫克/千克的柴油。严厉打击生产、销售和使用非标车（船）用燃料行为，彻底清除黑加油站点。

（四）强化国土绿化和扬尘管控。积极推进露天矿山综合整治，加快环境修复和绿化。开展大规模国土绿化行动，加强北方防沙带建设，实施京津风沙源治理工程、重点防护林工程，增加林草覆盖率。在城市功能疏解、更新和调整中，将腾退空间优先用于留白增绿。落实城市道路和城市范围内施工工地等扬尘管控。

（五）有效应对重污染天气。强化重点区域联防联控联治，统一预警分级标准、信息发布、应急响应，提前采取应急减排措施，实施区域应急联动，有效降低污染程度。完善应急预案，明确政府、部门及企业的应急责任，科学确定重污染期间管控措施和污染源减排清单。指导公众做好重污染天气健康防护。推进预测预报预警体系建设，2018年年底前，进一步提升国家级空气质量预报能力，区域预报中心具备7至10天空气质量预报能力，省级预报中心具备7天空气质量预报能力并精确到所辖各城市。重点区域采暖季节，对钢铁、焦化、建材、铸造、电解铝、化工等重点行业企业实施错峰生产。重污染期间，对钢铁、焦化、有色、电力、化工等涉及大宗原材料及产品运输的重点企业实施错峰运输；强化城市建设施工工地扬尘管控措施，加强道路机扫。依法严禁秸秆露天焚烧，全面推进综合利用。到2020年，地级及以上城市重污染天数比2015年减少25%。

七、着力打好碧水保卫战

深入实施水污染防治行动计划，扎实推进河长制湖长制，坚持污染减排和生态扩容两手发力，加快工业、农业、生活污染源和水生态系统整治，保障饮用水安全，消除城市黑臭水体，减少污染严重水体和不达标水体。

（一）打好水源地保护攻坚战。加强水源水、出厂水、管网水、末梢水的全过程管理。划定集中式饮用水水源保护区，推进规范化建设。强化南水北调水源地及沿线生态环境保护。深化地下水污染防治。全面排查和整治县级及以上城市水源保护区内的违法违规问题，长江经济带于2018年年底前、其他地区于2019年年底前完成。单一水源供水的地级及以上城市应当建设应急水源或备用水源。定期监（检）测、评估集中式饮用水水源、供水单位供水和用户水龙头水质状况，县级及以上城市至少每季度向社会公开一次。

（二）打好城市黑臭水体治理攻坚战。实施城镇污水处理“提质增效”三年行动，加快补齐城镇污水收集和处理设施短板，尽快实现污水管网全覆盖、全收集、全处理。完善污水处理收费政策，各地要按规定将污水处理收费标准尽快调整到位，原则上应补偿到污水处理和污泥处置设施正常运营并合理盈利。对中西部地区，中央财政给予适当支持。加强城市初期雨水收集处理设施建设，有效减少城市面源污染。到2020年，地级及以上城市建成区黑臭水体消除比例达90%以上。鼓励京津冀、长三角、珠三角区域城市建成区尽早全面消除黑臭水体。

（三）打好长江保护修复攻坚战。开展长江流域生态隐患和环境风险调查评估，划定高风险区域，从严实施生态环境风险防控措施。优化长江经济带产业布局和规模，严禁污染型产业、企业向上中游地区转移。排查整治入河入湖排污口及不达标水体，市、县级政府制定实施不达标水体限期达标规划。到2020年，长江流域基本消除劣Ⅴ类水体。强化船舶和港口污染防治，现有船舶到2020年全部完成达标改造，港口、船舶修造厂环卫设施、污水处理设施纳入城市设施建设规划。加强沿河环湖生态保护，修复湿地等水生态系统，因地制宜建设人工湿地水质净化工程。实施长江流域上中游水库群联合调度，保障干流、主要支流和湖泊基本生态用水。

（四）打好渤海综合治理攻坚战。以渤海海区的渤海湾、辽东湾、莱州湾、辽河口、黄河口等为重点，推动河口海湾综合整治。全面整治入海污染源，规范入海排污口设置，全部清理非法排污口。严格控制海水养殖等造成的海上污染，推进海洋垃圾防治和清理。率先在渤海实施主要污染物排海总量控制制度，强化陆海污染联防联控，加强入海河流治理与监管。实施最严格的围填海和岸线开发管控，统筹安排海洋空间利用活动。渤海禁止审批新增围填海项目，引导符合国家产业政策的项目消化存量围填海资源，已审批但未开工的项目要依法重新进行评估和清理。

（五）打好农业农村污染治理攻坚战。以建设美丽宜居村庄为导向，持续开展农村人居环境整治行动，实现全国行政村环境整治全覆盖。到2020年，农村人居环境明显改善，村庄环境基本干净整洁有序，东部地区、中西部城市近郊区等有基础、有条件的地区人居环境质量全面提升，管护长效机制初步建立；中西部有较好基础、基本具备条件的地区力争实现90%左右的村庄生活垃圾得到治理，卫生厕所普及率达到85%左右，生活污水乱排乱放得到管控。减少化肥农药使用量，制修订并严格执行化肥农药等农业投入品质量标准，严格控制高毒高风险农药使用，推进有机肥替代化肥、病虫害绿色防控替代化学防治和废弃农膜回收，完善废旧地膜和包装废弃物等回收处理制度。到2020年，化肥农药使用量实现零增长。坚持种植和养殖相结合，就地就近消纳利用畜禽养殖废弃物。合理布局水产养殖空间，深入推进水产健康养殖，开展重点江河湖库及重点近岸海域破坏生态环境的养殖方式综合整治。到2020年，全国畜禽粪污综合利用率达到75%以上，规模养殖场粪污处理设施装备配套率达到95%以上。

八、扎实推进净土保卫战

全面实施土壤污染防治行动计划，突出重点区域、行业和污染物，有效管控农用地和城市建设用地土壤环境风险。

（一）强化土壤污染管控和修复。加强耕地土壤环境分类管理。严格管控重度污染耕地，严禁在重度污染耕地种植食用农产品。实施耕地土壤环境治理保护重大工程，开展重点地区涉重金属行业排查和整治。2018年年底前，完成农用地土壤污染状况详查。2020年年底前，编制完成耕地土壤环境质量分类清单。建立建设用地土壤污染风险管控和修复名录，列入名录且未完成治理修复的地块不得作为住宅、公共管理与公共服务用地。建立污染地块联动监管机制，将建设用地土壤环境管理要求纳入用地规划和供地管理，严格控制用地准入，强化暂不开发污染地块的风险管控。2020年年底前，完成重点行业企业用地土壤污染状况调查。严格土壤污染重点行业企业搬迁改造过程中拆除活动的环境监管。

（二）加快推进垃圾分类处理。到2020年，实现所有城市和县城生活垃圾处理能力全覆盖，基本完成非正规垃圾堆放点整治；直辖市、计划单列市、省会城市和第一批分类示范城市基本建成生活垃圾分类处理系统。推进垃圾资源化利用，大力发展垃圾焚烧发电。推进农村垃圾就地分类、资源化利用和处理，建立农村有机废弃物收集、转化、利用网络体系。

（三）强化固体废物污染防治。全面禁止洋垃圾入境，严厉打击走私，大幅减少固体废物进口种类和数量，力争2020年年底前基本实现固体废物零进口。开展"无废城市"试点，推动固体废物资源化利用。调查、评估重点工业行业危险废物产生、贮存、利用、处置情况。完善危险废物经营许可、转移等管理制度，建立信息化监管体系，提升危险废物处理处置能力，实施全过程监管。严厉打击危险废物非法跨界转移、倾倒等违法犯罪活动。深入推进长江经济带固体废物大排查活动。评估有毒有害化学品在生态环境中的风险状况，严格限制高风险化学品生产、使用、进出口，并逐步淘汰、替代。

九、加快生态保护与修复

坚持自然恢复为主，统筹开展全国生态保护与修复，全面划定并严守生态保护红线，提升生态系统质量和稳定性。

（一）划定并严守生态保护红线。按照应保尽保、应划尽划的原则，将生态功能重要区域、生态环境敏感脆弱区域纳入生态保护红线。到2020年，全面完成全国生态保护红线划定、勘界定标，形成生态保护红线全国"一张图"，实现一条红线管控重要生态空间。制定实施生态保护红线管理办法、保护修复方案，建设国家生态保护红线监管平台，开展生态保护红线监测预警与评估考核。

（二）坚决查处生态破坏行为。2018年年底前，县级及以上地方政府全面排查违法违规挤占生态空间、破坏自然遗迹等行为，制定治理和修复计划并向社会公开。开展病危险尾矿库和"头顶库"专项整治。持续开展"绿盾"自然保护区监督检查专项行动，严肃查处各类违法违规行为，限期进行整治修复。

（三）建立以国家公园为主体的自然保护地体系。到2020年，完成全国自然保护区范围界限核准和勘界立标，整合设立一批国家公园，自然保护地相关法规和管理制度基本建立。对生态严重退化地区实行封禁管理，稳步实施退耕还林还草和退牧还草，扩大轮作休耕试点，全面推行草原禁牧休牧和草畜平衡制度。依法依规解决自然保护地内的矿业权合理退出问题。全面保护天然林，推进荒漠化、石漠化、水土流失综合治理，强化湿地保护和恢复。加强休渔禁渔管理，推进长江、渤海等重点水域禁捕限捕，加强海洋牧场建设，加大渔业资源增殖放流。推动耕地草原森林河流湖泊海洋休养生息。

十、改革完善生态环境治理体系

深化生态环境保护管理体制改革，完善生态环境管理制度，加快构建生态环境治理体系，健全保障举措，增强系统性和完整性，大幅提升治理能力。

（一）完善生态环境监管体系。整合分散的生态环境保护职责，强化生态保护修复和污染防治统一监管，建立健全生态环境保护领导和管理体制、激励约束并举的制度体系、政府企业公众共治体系。全面完成省以下生态环境机构监测监察执法垂直管理制度改革，推进综合执法队伍特别是基层队伍的能力建设。完善农村环境治理体制。健全区域流域海域生态环境管理体制，推进跨地区环保机构试点，加快组建流域环境监管执法机构，按海域设置监管机构。建立独立权威高效的生态环境监测体系，构建天地一体化的生态环境监测网络，实现国家和区域生态环境质量预报预警和质控，按照适度上收生态环境质量监测事权的要求加快推进有关工作。省级党委和政府加快确定生态保护红线、环境质量底线、资源利用上线，制定生态环境准入清单，在地方立法、政策制定、规划编制、执法监管中不得变通突破、降低标准，不符合不衔接不适应的于2020年年底前完成调整。实施生态环境统一监管。推行生态环境损害赔偿制度。编制生态环境保护规划，开展全国生态环境状况评估，建立生态环境保护综合监控平台。推动生态文明示范创建、绿水青山就是金山银山实践创新基地建设活动。

严格生态环境质量管理。生态环境质量只能更好、不能变坏。生态环境质量达标地区要保持稳定并持续改善；生态环境质量不达标地区的市、县级政府，要于2018年年底前制定实施限期达标规划，向上级政府备案并向社会公开。加快推行排污许可制度，对固定污染源实施全过程管理和多污染物协同控制，按行业、地区、时限核发排污许可证，全面落实企业治污责任，强化证后监管和处罚。在长江经济带率先实施入河污染源排放、排污口排放和水体水质联动管理。2020年，将排污许可证制度建设成为固定源环境管理核心制度，实现“一证式”管理。健全环保信用评价、信息强制性披露、严惩重罚等制度。将企业环境信用信息纳入全国信用信息共享平台和国家企业信用信息公示系统，依法通过“信用中国”网站和国家企业信用信息公示系统向社会公示。监督上市公司、发债企业等市场主体全面、及时、准确地披露环境信息。建立跨部门联合奖惩机制。完善国家核安全工作协调机制，强化对核安全工作的统筹。

（二）健全生态环境保护经济政策体系。资金投入向污染防治攻坚战倾斜，坚持投入同攻坚任务相匹配，加大财政投入力度。逐步建立常态化、稳定的财政资金投入机制。扩大中央财政支持北方地区清洁取暖的试点城市范围，国有资本要加大对污染防治的投入。完善居民取暖用气用电定价机制和补贴政策。增加中央财政对国家重点生态功能区、生态保护红线区域等生态功能重要地区的转移支付，继续安排中央预算内投资对重点生态功能区给予支持。各省（自治区、直辖市）合理确定补偿标准，并逐步提高补偿水平。完善助力绿色产业发展的价格、财税、投资等政策。大力发展绿色信贷、绿色债券等金融产品。设立国家绿色发展基金。落实有利于资源节约和生态环境保护的价格政策，落实相关税收优惠政策。研究对从事污染防治的第三方企业比照高新技术企业实行所得税优惠政策，研究出台“散乱污”企业综合治理激励政策。推动环境污染责任保险发展，在环境高风险领域建立环境污染强制责任保险制度。推进社会化生态环境治理和保护。采用直接投资、投资补助、运营补贴等方式，规范支持政府和社会资本合作项目；对政府实施的环境绩效合同服务项目，公共财政支付水平同治理绩效挂钩。鼓励通过政府购买服务方式实施生态环境治理和保护。

（三）健全生态环境保护法治体系。依靠法治保护生态环境，增强全社会生态环境保护法治意识。加快建立绿色生产消费的法律制度和政策导向。加快制定和修改土壤污染防治、固体废物污染防治、长江生态环境保护、海洋环境保护、国家公园、湿地、生态环境监测、排污许可、资源综合利用、空间规划、碳排放权交易管理等方面的法律法规。鼓励地方在生态环境保护领域先于国家进行立法。建立生态环境保护综合执法机关、公安机关、检察机关、审判机关信息共享、案情通报、案件移送制度，完善生态环境保护领域民事、行政公益诉讼制度，加大生态环境违法犯罪行为的制裁和惩处力度。加强涉生态环境保护的司法力量建设。整合组建生态环境保护综合执法队伍，统一实行生态环境保护执法。将生态环境保护综合执法机构列入政府行政执法机构序列，推进执法规范化建设，统一着装、统一标识、统一证件、统一保障执法用车和装备。

（四）强化生态环境保护能力保障体系。增强科技支撑，开展大气污染成因与治理、水体污染控制与治理、土壤污染防治等重点领域科技攻关，实施京津冀环境综合治理重大项目，推进区域性、流域性生态环境问题研究。完成第二次全国污染源普查。开展大数据应用和环境承载力监测预警。开展重点区域、流域、行业环境与健康调查，建立风险监测网络及风险评估体系。健全跨部门、跨区域环境应急协调联动机制，建立全国统一的环境应急预案电子备案系统。国家建立环境应急物资储备信息库，省、市级政府建设环境应急物资储备库，企业环境应急装备和储备物资应纳入储备体系。落实全面从严治党要求，建设规范化、标准化、专业化的生态环境保护人才队伍，打造政治强、本领高、作风硬、敢担当，特别能吃苦、特别能战斗、特别能奉献的生态环境保护铁军。按省、市、县、乡不同层级工作职责配备相应工作力量，保障履职需要，确保同生态环境保护任务相匹配。加强国际交流和履约能力建设，推进生态环境保护国际技术交流和务实合作，支撑核安全和核电共同走出去，积极推动落实 2030 年可持续发展议程和绿色“一带一路”建设。

（五）构建生态环境保护社会行动体系。把生态环境保护纳入国民教育体系和党政领导干部培训体系，推进国家及各地生态环境教育设施和场所建设，培育普及生态文化。公共机构尤其是党政机关带头使用节能环保产品，推行绿色办公，创建节约型机关。健全生态环境新闻发布机制，充分发挥各类媒体作用。省、市两级要依托党报、电视台、政府网站，曝光突出环境问题，报道整改进展情况。建立政府、企业环境社会风险预防与化解机制。完善环境信息公开制度，加强重特大突发环境事件信息公开，对涉及群众切身利益的重大项目及时主动公开。2020 年年底前，地级及以上城市符合条件的环保设施和城市污水垃圾处理设施向社会开放，接受公众参观。强化排污者主体责任，企业应严格守法，规范自身环境行为，落实资金投入、物资保障、生态环境保护措施和应急处置主体责任。实施工业污染源全面达标排放计划。2018 年年底前，重点排污单位全部安装自动在线监控设备并同生态环境主管部门联网，依法公开排污信息。到 2020 年，实现长江经济带入河排污口监测全覆盖，并将监测数据纳入长江经济带综合信息平台。

推动环保社会组织和志愿者队伍规范健康发展，引导环保社会组织依法开展生态环境保护公益诉讼等活动。按照国家有关规定表彰对保护和改善生态环境有显著成绩的单位和个人。完善公众监督、举报反馈机制，保护举报人的合法权益，鼓励设立有奖举报基金。

新思想引领新时代，新使命开启新征程。让我们更加紧密地团结在以习近平同志为核心的党中央周围，以习近平新时代中国特色社会主义思想为指导，不忘初心、牢记使命，锐意进取、勇于担当，全面加强生态环境保护，坚决打好污染防治攻坚战，为决胜全面建成小康社会、实现中华民族伟大复兴的中国梦不懈奋斗。

国务院关于印发《打赢蓝天保卫战三年行动计划》的通知

国发〔2018〕22号　2018年6月27日

各省、自治区、直辖市人民政府，国务院各部委、各直属机构：

现将《打赢蓝天保卫战三年行动计划》印发给你们，请认真贯彻执行。

打赢蓝天保卫战三年行动计划

打赢蓝天保卫战，是党的十九大作出的重大决策部署，事关满足人民日益增长的美好生活需要，事关全面建成小康社会，事关经济高质量发展和美丽中国建设。为加快改善环境空气质量，打赢蓝天保卫战，制定本行动计划。

一、总体要求

（一）指导思想。以习近平新时代中国特色社会主义思想为指导，全面贯彻党的十九大和十九届二中、三中全会精神，认真落实党中央、国务院决策部署和全国生态环境保护大会要求，坚持新发展理念，坚持全民共治、源头防治、标本兼治，以京津冀及周边地区、长三角地区、汾渭平原等区域（以下称重点区域）为重点，持续开展大气污染防治行动，综合运用经济、法律、技术和必要的行政手段，大力调整优化产业结构、能源结构、运输结构和用地结构，强化区域联防联控，狠抓秋冬季污染治理，统筹兼顾、系统谋划、精准施策，坚决打赢蓝天保卫战，实现环境效益、经济效益和社会效益多赢。

（二）目标指标。经过3年努力，大幅减少主要大气污染物排放总量，协同减少温室气体排放，进一步明显降低细颗粒物（PM2.5）浓度，明显减少重污染天数，明显改善环境空气质量，明显增强人民的蓝天幸福感。

到2020年，二氧化硫、氮氧化物排放总量分别比2015年下降15%以上；PM2.5未达标地级及以上城市浓度比2015年下降18%以上，地级及以上城市空气质量优良天数比率达到80%，重度及以上污染天数比率比2015年下降25%以上；提前完成“十三五”目标任务的省份，要保持和巩固改善成果；尚未完成的，要确保全面实现“十三五”约束性目标；北京市环境空气质量改善目标应在“十三五”目标基础上进一步提高。

（三）重点区域范围。京津冀及周边地区，包含北京市，天津市，河北省石家庄、唐山、邯郸、邢台、保定、沧州、廊坊、衡水市以及雄安新区，山西省太原、阳泉、长治、晋城市，山东省济南、淄博、济宁、德州、聊城、滨州、菏泽市，河南省郑州、开封、安阳、鹤壁、新乡、焦作、濮阳市等；长三角地区，包含上海市、江苏省、浙江省、安徽省；汾渭平原，包含山西省晋中、运城、临汾、吕梁市，河南省洛阳、三门峡市，陕西省西安、铜川、宝鸡、咸阳、渭南市以及杨凌示范区等。

二、调整优化产业结构，推进产业绿色发展

（四）优化产业布局。各地完成生态保护红线、环境质量底线、资源利用上线、环境准入清单编制工作，明确禁止和限制发展的行业、生产工艺和产业目录。修订完善高耗能、高污染和资源型行业准入条件，环境空气质量未达标城市应制定更严格的产业准入门槛。积极推行区域、规划环境影响评价，新、改、扩建钢铁、石化、化工、焦化、建材、有色等项目的环境影响评价，应满足区域、规划环评要求。（生态环境部牵头，发展改革委、工业和信息化部、自然资源部参与，地方各级人民政府负责落实。以下均需地方各级人民政府落实，不再列出）

加大区域产业布局调整力度。加快城市建成区重污染企业搬迁改造或关闭退出，推动实施一批水泥、平板玻璃、焦化、化工等重污染企业搬迁工程；重点区域城市钢铁企业要切实采取彻底关停、转型发展、就地改造、域外搬迁等方式，推动转型升级。重点区域禁止新增化工园区，加大现有化工园区整治力度。各地已明确的退城企业，要明确时间表，逾期不退城的予以停产。（工业和信息化部、发展改革委、生态

环境部等按职责负责）

（五）严控“两高”行业产能。重点区域严禁新增钢铁、焦化、电解铝、铸造、水泥和平板玻璃等产能；严格执行钢铁、水泥、平板玻璃等行业产能置换实施办法；新、改、扩建涉及大宗物料运输的建设项目，原则上不得采用公路运输。（工业和信息化部、发展改革委牵头，生态环境部等参与）

加大落后产能淘汰和过剩产能压减力度。严格执行质量、环保、能耗、安全等法规标准。修订《产业结构调整指导目录》，提高重点区域过剩产能淘汰标准。重点区域加大独立焦化企业淘汰力度，京津冀及周边地区实施“以钢定焦”，力争2020年炼焦产能与钢铁产能比达到0.4左右。严防“地条钢”死灰复燃。2020年，河北省钢铁产能控制在2亿吨以内；列入去产能计划的钢铁企业，需一并退出配套的烧结、焦炉、高炉等设备。（发展改革委、工业和信息化部牵头，生态环境部、财政部、市场监管总局等参与）

（六）强化“散乱污”企业综合整治。全面开展“散乱污”企业及集群综合整治行动。根据产业政策、产业布局规划，以及土地、环保、质量、安全、能耗等要求，制定“散乱污”企业及集群整治标准。实行拉网式排查，建立管理台账。按照“先停后治”的原则，实施分类处置。列入关停取缔类的，基本做到“两断三清”（切断工业用水、用电，清除原料、产品、生产设备）；列入整合搬迁类的，要按照产业发展规模化、现代化的原则，搬迁至工业园区并实施升级改造；列入升级改造类的，树立行业标杆，实施清洁生产技术改造，全面提升污染治理水平。建立“散乱污”企业动态管理机制，坚决杜绝“散乱污”企业项目建设和已取缔的“散乱污”企业异地转移、死灰复燃。京津冀及周边地区2018年底前全面完成；长三角地区、汾渭平原2019年底前基本完成；全国2020年底前基本完成。（生态环境部、工业和信息化部牵头，发展改革委、市场监管总局、自然资源部等参与）

（七）深化工业污染治理。持续推进工业污染源全面达标排放，将烟气在线监测数据作为执法依据，加大超标处罚和联合惩戒力度，未达标排放的企业一律依法停产整治。建立覆盖所有固定污染源的企业排放许可制度，2020年底前，完成排污许可管理名录规定的行业许可证核发。（生态环境部负责）

推进重点行业污染治理升级改造。重点区域二氧化硫、氮氧化物、颗粒物、挥发性有机物（VOCs）全面执行大气污染物特别排放限值。推动实施钢铁等行业超低排放改造，重点区域城市建成区内焦炉实施炉体加罩封闭，并对废气进行收集处理。强化工业企业无组织排放管控。开展钢铁、建材、有色、火电、焦化、铸造等重点行业及燃煤锅炉无组织排放排查，建立管理台账，对物料（含废渣）运输、装卸、储存、转移和工艺过程等无组织排放实施深度治理，2018年底前京津冀及周边地区基本完成治理任务，长三角地区和汾渭平原2019年底前完成，全国2020年底前基本完成。（生态环境部牵头，发展改革委、工业和信息化部参与）

推进各类园区循环化改造、规范发展和提质增效。大力推进企业清洁生产。对开发区、工业园区、高新区等进行集中整治，限期进行达标改造，减少工业集聚区污染。完善园区集中供热设施，积极推广集中供热。有条件的工业集聚区建设集中喷涂工程中心，配备高效治污设施，替代企业独立喷涂工序。（发展改革委牵头，工业和信息化部、生态环境部、科技部、商务部等参与）

（八）大力培育绿色环保产业。壮大绿色产业规模，发展节能环保产业、清洁生产产业、清洁能源产业，培育发展新动能。积极支持培育一批具有国际竞争力的大型节能环保龙头企业，支持企业技术创新能力建设，加快掌握重大关键核心技术，促进大气治理重点技术装备等产业化发展和推广应用。积极推行节能环保整体解决方案，加快发展合同能源管理、环境污染第三方治理和社会化监测等新业态，培育一批高水平、专业化节能环保服务公司。（发展改革委牵头，工业和信息化部、生态环境部、科技部等参与）

三、加快调整能源结构，构建清洁低碳高效能源体系

（九）有效推进北方地区清洁取暖。坚持从实际出发，宜电则电、宜气则气、宜煤则煤、宜热则热，确保北方地区群众安全取暖过冬。集中资源推进京津冀及周边地区、汾渭平原等区域散煤治理，优先以乡镇或区县为单元整体推进。2020年采暖季前，在保障能源供应的前提下，京津冀及周边地区、汾渭平原的平原地区基本完成生活和冬季取暖散煤替代；对暂不具备清洁能源替代条件的山区，积极推广洁净煤，并加强煤质监管，严厉打击销售使用劣质煤行为。燃气壁挂炉能效不得低于2级水平。（能源局、发展改革委、财政部、生态环境部、住房城乡建设部牵头，市场监管总局等参与）

抓好天然气产供储销体系建设。力争2020年天然气占能源消费总量比重达到10%。新增天然气量

优先用于城镇居民和大气污染严重地区的生活和冬季取暖散煤替代，重点支持京津冀及周边地区和汾渭平原，实现“增气减煤”。“煤改气”坚持“以气定改”，确保安全施工、安全使用、安全管理。有序发展天然气调峰电站等可中断用户，原则上不再新建天然气热电联产和天然气化工项目。限时完成天然气管网互联互通，打通“南气北送”输气通道。加快储气设施建设步伐，2020 年采暖季前，地方政府、城镇燃气企业和上游供气企业的储备能力达到量化指标要求。建立完善调峰用户清单，采暖季实行“压非保民”。（发展改革委、能源局牵头，生态环境部、财政部、住房城乡建设部等参与）

加快农村“煤改电”电网升级改造。制定实施工作方案。电网企业要统筹推进输变电工程建设，满足居民采暖用电需求。鼓励推进蓄热式等电供暖。地方政府对“煤改电”配套电网工程建设应给予支持，统筹协调“煤改电”“煤改气”建设用地。（能源局、发展改革委牵头，生态环境部、自然资源部参与）

（十）重点区域继续实施煤炭消费总量控制。到 2020 年，全国煤炭占能源消费总量比重下降到 58%以下；北京、天津、河北、山东、河南五省（直辖市）煤炭消费总量比 2015 年下降 10%，长三角地区下降 5%，汾渭平原实现负增长；新建耗煤项目实行煤炭减量替代。按照煤炭集中使用、清洁利用的原则，重点削减非电力用煤，提高电力用煤比例，2020 年全国电力用煤占煤炭消费总量比重达到 55%以上。继续推进电能替代燃煤和燃油，替代规模达到 1000 亿度以上。（发展改革委牵头，能源局、生态环境部参与）

制定专项方案，大力淘汰关停环保、能耗、安全等不达标的 30 万千瓦以下燃煤机组。对于关停机组的装机容量、煤炭消费量和污染物排放量指标，允许进行交易或置换，可统筹安排建设等容量超低排放燃煤机组。重点区域严格控制燃煤机组新增装机规模，新增用电量主要依靠区域内非化石能源发电和外送电满足。限时完成重点输电通道建设，在保障电力系统安全稳定运行的前提下，到 2020 年，京津冀、长三角地区接受外送电量比例比 2017 年显著提高。（能源局、发展改革委牵头，生态环境部等参与）

（十一）开展燃煤锅炉综合整治。加大燃煤小锅炉淘汰力度。县级及以上城市建成区基本淘汰每小时 10 蒸吨及以下燃煤锅炉及茶水炉、经营性炉灶、储粮烘干设备等燃煤设施，原则上不再新建每小时 35 蒸吨以下的燃煤锅炉，其他地区原则上不再新建每小时 10 蒸吨以下的燃煤锅炉。环境空气质量未达标城市应进一步加大淘汰力度。重点区域基本淘汰每小时 35 蒸吨以下燃煤锅炉，每小时 65 蒸吨及以上燃煤锅炉全部完成节能和超低排放改造；燃气锅炉基本完成低氮改造；城市建成区生物质锅炉实施超低排放改造。（生态环境部、市场监管总局牵头，发展改革委、住房城乡建设部、工业和信息化部、能源局等参与）

加大对纯凝机组和热电联产机组技术改造力度，加快供热管网建设，充分释放和提高供热能力，淘汰管网覆盖范围内的燃煤锅炉和散煤。在不具备热电联产集中供热条件的地区，现有多台燃煤小锅炉的，可按照等容量替代原则建设大容量燃煤锅炉。2020 年底前，重点区域 30 万千瓦及以上热电联产电厂供热半径 15 千米范围内的燃煤锅炉和落后燃煤小热电全部关停整合。（能源局、发展改革委牵头，生态环境部、住房城乡建设部等参与）

（十二）提高能源利用效率。继续实施能源消耗总量和强度双控行动。健全节能标准体系，大力开发、推广节能高效技术和产品，实现重点用能行业、设备节能标准全覆盖。重点区域新建高耗能项目单位产品（产值）能耗要达到国际先进水平。因地制宜提高建筑节能标准，加大绿色建筑推广力度，引导有条件地区和城市新建建筑全面执行绿色建筑标准。进一步健全能源计量体系，持续推进供热计量改革，推进既有居住建筑节能改造，重点推动北方采暖地区有改造价值的城镇居住建筑节能改造。鼓励开展农村住房节能改造。（发展改革委、住房城乡建设部、市场监管总局牵头，能源局、工业和信息化部等参与）

（十三）加快发展清洁能源和新能源。到 2020 年，非化石能源占能源消费总量比重达到 15%。有序发展水电，安全高效发展核电，优化风能、太阳能开发布局，因地制宜发展生物质能、地热能等。在具备资源条件的地方，鼓励发展县域生物质热电联产、生物质成型燃料锅炉及生物天然气。加大可再生能源消纳力度，基本解决弃水、弃风、弃光问题。（能源局、发展改革委、财政部负责）

四、积极调整运输结构，发展绿色交通体系

（十四）优化调整货物运输结构。大幅提升铁路货运比例。到 2020 年，全国铁路货运量比 2017 年增长 30%，京津冀及周边地区增长 40%、长三角地区增长 10%、汾渭平原增长 25%。大力推进海铁联运，全国重点港口集装箱铁水联运量年均增长 10%以上。制定实施运输结构调整行动计划。（发展改革委、交通运输部、铁路局、中国铁路总公司牵头，财政部、

生态环境部参与）

推动铁路货运重点项目建设。加大货运铁路建设投入，加快完成蒙华、唐曹、水曹等货运铁路建设。大力提升张唐、瓦日等铁路线煤炭运输量。在环渤海地区、山东省、长三角地区，2018年底前，沿海主要港口和唐山港、黄骅港的煤炭集港改由铁路或水路运输；2020年采暖季前，沿海主要港口和唐山港、黄骅港的矿石、焦炭等大宗货物原则上主要改由铁路或水路运输。钢铁、电解铝、电力、焦化等重点企业要加快铁路专用线建设，充分利用已有铁路专用线能力，大幅提高铁路运输比例，2020年重点区域达到50%以上。（发展改革委、交通运输部、铁路局、中国铁路总公司牵头，财政部、生态环境部参与）

大力发展多式联运。依托铁路物流基地、公路港、沿海和内河港口等，推进多式联运型和干支衔接型货运枢纽（物流园区）建设，加快推广集装箱多式联运。建设城市绿色物流体系，支持利用城市现有铁路货场物流货场转型升级为城市配送中心。鼓励发展江海联运、江海直达、滚装运输、甩挂运输等运输组织方式。降低货物运输空载率。（发展改革委、交通运输部牵头，财政部、生态环境部、铁路局、中国铁路总公司参与）

（十五）加快车船结构升级。推广使用新能源汽车。2020年新能源汽车产销量达到200万辆左右。加快推进城市建成区新增和更新的公交、环卫、邮政、出租、通勤、轻型物流配送车辆使用新能源或清洁能源汽车，重点区域使用比例达到80%；重点区域港口、机场、铁路货场等新增或更换作业车辆主要使用新能源或清洁能源汽车。2020年底前，重点区域的直辖市、省会城市、计划单列市建成区公交车全部更换为新能源汽车。在物流园、产业园、工业园、大型商业购物中心、农贸批发市场等物流集散地建设集中式充电桩和快速充电桩。为承担物流配送的新能源车辆在城市通行提供便利。（工业和信息化部、交通运输部牵头，财政部、住房城乡建设部、生态环境部、能源局、铁路局、民航局、中国铁路总公司等参与）

大力淘汰老旧车辆。重点区域采取经济补偿、限制使用、严格超标排放监管等方式，大力推进国三及以下排放标准营运柴油货车提前淘汰更新，加快淘汰采用稀薄燃烧技术和“油改气”的老旧燃气车辆。各地制定营运柴油货车和燃气车辆提前淘汰更新目标及实施计划。2020年底前，京津冀及周边地区、汾渭平原淘汰国三及以下排放标准营运中型和重型柴油货车100万辆以上。2019年7月1日起，重点区域、珠三角地区、成渝地区提前实施国六排放标准。推广使用达到国六排放标准的燃气车辆。（交通运输部、生态环境部牵头，工业和信息化部、公安部、财政部、商务部等参与）

推进船舶更新升级。2018年7月1日起，全面实施新生产船舶发动机第一阶段排放标准。推广使用电、天然气等新能源或清洁能源船舶。长三角地区等重点区域内河应采取禁限行等措施，限制高排放船舶使用，鼓励淘汰使用20年以上的内河航运船舶。（交通运输部牵头，生态环境部、工业和信息化部参与）

（十六）加快油品质量升级。2019年1月1日起，全国全面供应符合国六标准的车用汽柴油，停止销售低于国六标准的汽柴油，实现车用柴油、普通柴油、部分船舶用油“三油并轨”，取消普通柴油标准，重点区域、珠三角地区、成渝地区等提前实施。研究销售前在车用汽柴油中加入符合环保要求的燃油清净增效剂。（能源局、财政部牵头，市场监管总局、商务部、生态环境部等参与）

（十七）强化移动源污染防治。严厉打击新生产销售机动车环保不达标等违法行为。严格新车环保装置检验，在新车销售、检验、登记等场所开展环保装置抽查，保证新车环保装置生产一致性。取消地方环保达标公告和目录审批。构建全国机动车超标排放信息数据库，追溯超标排放机动车生产和进口企业、注册登记地、排放检验机构、维修单位、运输企业等，实现全链条监管。推进老旧柴油车深度治理，具备条件的安装污染控制装置、配备实时排放监控终端，并与生态环境等有关部门联网，协同控制颗粒物和氮氧化物排放，稳定达标的可免于上线排放检验。有条件的城市定期更换出租车三元催化装置。（生态环境部、交通运输部牵头，公安部、工业和信息化部、市场监管总局等参与）

加强非道路移动机械和船舶污染防治。开展非道路移动机械摸底调查，划定非道路移动机械低排放控制区，严格管控高排放非道路移动机械，重点区域2019年底前完成。推进排放不达标工程机械、港作机械清洁化改造和淘汰，重点区域港口、机场新增和更换的作业机械主要采用清洁能源或新能源。2019年底前，调整扩大船舶排放控制区范围，覆盖沿海重点港口。推动内河船舶改造，加强颗粒物排放控制，开展减少氮氧化物排放试点工作。（生态环境部、交通运输部、农业农村部负责）

推动靠港船舶和飞机使用岸电。加快港口码头和机场岸电设施建设，提高港口码头和机场岸电设施使用率。2020年底前，沿海主要港口50%以上专业化泊位（危险货物泊位除外）具备向船舶供应岸电的能力。新建码头同步规划、设计、建设岸电设施。重点区域沿海港口新增、更换拖船优先使用清洁能源。推广地面电源替代飞机辅助动力装置，重点区域民航机场在飞机停靠期间主要使用岸电。（交通运输部、民航局牵头，发展改革委、财政部、生态环境部、能源局等参与）

五、优化调整用地结构，推进面源污染治理

（十八）实施防风固沙绿化工程。建设北方防沙带生态安全屏障，重点加强三北防护林体系建设、京津风沙源治理、太行山绿化、草原保护和防风固沙。推广保护性耕作、林间覆盖等方式，抑制季节性裸地农田扬尘。在城市功能疏解、更新和调整中，将腾退空间优先用于留白增绿。建设城市绿道绿廊，实施“退工还林还草”。大力提高城市建成区绿化覆盖率。（自然资源部牵头，住房城乡建设部、农业农村部、林草局参与）

（十九）推进露天矿山综合整治。全面完成露天矿山摸底排查。对违反资源环境法律法规、规划，污染环境、破坏生态、乱采滥挖的露天矿山，依法予以关闭；对污染治理不规范的露天矿山，依法责令停产整治，整治完成并经相关部门组织验收合格后方可恢复生产，对拒不停产或擅自恢复生产的依法强制关闭；对责任主体灭失的露天矿山，要加强修复绿化、减尘抑尘。重点区域原则上禁止新建露天矿山建设项目。加强矸石山治理。（自然资源部牵头，生态环境部等参与）

（二十）加强扬尘综合治理。严格施工扬尘监管。2018年底前，各地建立施工工地管理清单。因地制宜稳步发展装配式建筑。将施工工地扬尘污染防治纳入文明施工管理范畴，建立扬尘控制责任制度，扬尘治理费用列入工程造价。重点区域建筑施工工地要做到工地周边围挡、物料堆放覆盖、土方开挖湿法作业、路面硬化、出入车辆清洗、渣土车辆密闭运输“六个百分之百”，安装在线监测和视频监控设备，并与当地有关主管部门联网。将扬尘管理工作不到位的不良信息纳入建筑市场信用管理体系，情节严重的，列入建筑市场主体“黑名单”。加强道路扬尘综合整治。大力推进道路清扫保洁机械化作业，提高道路机械化清扫率，2020年底前，地级及以上城市建成区达到70%以上，县城达到60%以上，重点区域要显著提高。严格渣土运输车辆规范化管理，渣土运输车要密闭。（住房城乡建设部牵头，生态环境部参与）

实施重点区域降尘考核。京津冀及周边地区、汾渭平原各市平均降尘量不得高于9吨/月·千米^2；长三角地区不得高于5吨/月·千米^2，其中苏北、皖北不得高于7吨/月·千米^2。（生态环境部负责）

（二十一）加强秸秆综合利用和氨排放控制。切实加强秸秆禁烧管控，强化地方各级政府秸秆禁烧主体责任。重点区域建立网格化监管制度，在夏收和秋收阶段开展秸秆禁烧专项巡查。东北地区要针对秋冬季秸秆集中焚烧和采暖季初锅炉集中起炉的问题，制定专项工作方案，加强科学有序疏导。严防因秸秆露天焚烧造成区域性重污染天气。坚持堵疏结合，加大政策支持力度，全面加强秸秆综合利用，到2020年，全国秸秆综合利用率达到85%。（生态环境部、农业农村部、发展改革委按职责负责）

控制农业源氨排放。减少化肥农药使用量，增加有机肥使用量，实现化肥农药使用量负增长。提高化肥利用率，到2020年，京津冀及周边地区、长三角地区达到40%以上。强化畜禽粪污资源化利用，改善养殖场通风环境，提高畜禽粪污综合利用率，减少氨挥发排放。（农业农村部牵头，生态环境部等参与）

六、实施重大专项行动，大幅降低污染物排放

（二十二）开展重点区域秋冬季攻坚行动。制定并实施京津冀及周边地区、长三角地区、汾渭平原秋冬季大气污染综合治理攻坚行动方案，以减少重污染天气为着力点，狠抓秋冬季大气污染防治，聚焦重点领域，将攻坚目标、任务措施分解落实到城市。各市要制定具体实施方案，督促企业制定落实措施。京津冀及周边地区要以北京为重中之重，雄安新区环境空气质量要力争达到北京市南部地区同等水平。统筹调配全国环境执法力量，实行异地交叉执法、驻地督办，确保各项措施落实到位。（生态环境部牵头，发展改革委、工业和信息化部、财政部、住房城乡建设部、交通运输部、能源局等参与）

（二十三）打好柴油货车污染治理攻坚战。制定柴油货车污染治理攻坚战行动方案，统筹油、路、车治理，实施清洁柴油车（机）、清洁运输和清洁油品行动，确保柴油货车污染排放总量明显下降。加强柴油货车生产销售、注册使用、检验维修等环节的监督管理，建立天地车人一体化的全方位监控体系，实施在用汽车排放检测与强制维护制度。各地开展多部门联合执法专项行动。（生态环境部、交通运输部、财政部、市场监管总局牵头，工业和信息化部、公安部、商务部、能源局等参与）

（二十四）开展工业炉窑治理专项行动。各地制定工业炉窑综合整治实施方案。开展拉网式排查，建立各类工业炉窑管理清单。制定行业规范，修订完善涉各类工业炉窑的环保、能耗等标准，提高重点区域排放标准。加大不达标工业炉窑淘汰力度，加快淘汰中小型煤气发生炉。鼓励工业炉窑使用电、天然气等清洁能源或由周边热电厂供热。重点区域取缔燃煤热风炉，基本淘汰热电联产供热管网覆盖范围内的燃煤加热、烘干炉（窑）；淘汰炉膛直径 3 米以下燃料类煤气发生炉，加大化肥行业固定床间歇式煤气化炉整改力度；集中使用煤气发生炉的工业园区，暂不具备改用天然气条件的，原则上应建设统一的清洁煤制气中心；禁止掺烧高硫石油焦。将工业炉窑治理作为环保强化督查重点任务，凡未列入清单的工业炉窑均纳入秋冬季错峰生产方案。（生态环境部牵头，发展改革委、工业和信息化部、市场监管总局等参与）

（二十五）实施 VOCs 专项整治方案。制定石化、化工、工业涂装、包装印刷等 VOCs 排放重点行业和油品储运销综合整治方案，出台泄漏检测与修复标准，编制 VOCs 治理技术指南。重点区域禁止建设生产和使用高 VOCs 含量的溶剂型涂料、油墨、胶粘剂等项目，加大餐饮油烟治理力度。开展 VOCs 整治专项执法行动，严厉打击违法排污行为，对治理效果差、技术服务能力弱、运营管理水平低的治理单位，公布名单，实行联合惩戒，扶持培育 VOCs 治理和服务专业化规模化龙头企业。2020 年，VOCs 排放总量较 2015 年下降 10%以上。（生态环境部牵头，发展改革委、工业和信息化部、商务部、市场监管总局、能源局等参与）

七、强化区域联防联控，有效应对重污染天气

（二十六）建立完善区域大气污染防治协作机制。将京津冀及周边地区大气污染防治协作小组调整为京津冀及周边地区大气污染防治领导小组；建立汾渭平原大气污染防治协作机制，纳入京津冀及周边地区大气污染防治领导小组统筹领导；继续发挥长三角区域大气污染防治协作小组作用。相关协作机制负责研究审议区域大气污染防治实施方案、年度计划、目标、重大措施，以及区域重点产业发展规划、重大项目建设等事关大气污染防治工作的重要事项，部署区域重污染天气联合应对工作。（生态环境部负责）

（二十七）加强重污染天气应急联动。强化区域环境空气质量预测预报中心能力建设，2019 年底前实现 7～10 天预报能力，省级预报中心实现以城市为单位的 7 天预报能力。开展环境空气质量中长期趋势预测工作。完善预警分级标准体系，区分不同区域不同季节应急响应标准，同一区域内要统一应急预警标准。当预测到区域将出现大范围重污染天气时，统一发布预警信息，各相关城市按级别启动应急响应措施，实施区域应急联动。（生态环境部牵头，气象局等参与）

（二十八）夯实应急减排措施。制定完善重污染天气应急预案。提高应急预案中污染物减排比例，黄色、橙色、红色级别减排比例原则上分别不低于 10%、20%、30%。细化应急减排措施，落实到企业各工艺环节，实施“一厂一策”清单化管理。在黄色及以上重污染天气预警期间，对钢铁、建材、焦化、有色、化工、矿山等涉及大宗物料运输的重点用车企业，实施应急运输响应。（生态环境部牵头，交通运输部、工业和信息化部参与）

重点区域实施秋冬季重点行业错峰生产。加大秋冬季工业企业生产调控力度，各地针对钢铁、建材、焦化、铸造、有色、化工等高排放行业，制定错峰生产方案，实施差别化管理。要将错峰生产方案细化到企业生产线、工序和设备，载入排污许可证。企业未按期完成治理改造任务的，一并纳入当地错峰生产方案，实施停产。属于《产业结构调整指导目录》限制类的，要提高错峰限产比例或实施停产。（工业和信息化部、生态环境部负责）

八、健全法律法规体系，完善环境经济政策

（二十九）完善法律法规标准体系。研究将 VOCs 纳入环境保护税征收范围。制定排污许可管理条例、京津冀及周边地区大气污染防治条例。2019 年底前，完成涂料、油墨、胶粘剂、清洗剂等产品 VOCs 含量限值强制性国家标准制定工作，2020 年 7 月 1 日起在重点区域率先执行。研究制定石油焦质量标准。修改《环境空气质量标准》中关于监测状态的有关规定，实现与国际接轨。加快制修订制药、农药、日用玻璃、铸造、工业涂装类、餐饮油烟等重点行业污染物排放标准，以及 VOCs 无组织排放控制标准。鼓励各地制定实施更严格的污染物排放标准。研究制定内河大型船舶用燃料油标准和更加严格的汽柴油质量标准，降低烯烃、芳烃和多环芳烃含量。制定更严格的机动车、非道路移动机械和船舶大气污染物排放标准。制定机动车排放检测与强制维修管理办法，修订《报废汽车回收管理办法》。（生态环境部、财政部、工业和信息化部、交通运输部、商务部、市

场监管总局牵头，司法部、税务总局等参与）

（三十）拓宽投融资渠道。各级财政支出要向打赢蓝天保卫战倾斜。增加中央大气污染防治专项资金投入，扩大中央财政支持北方地区冬季清洁取暖的试点城市范围，将京津冀及周边地区、汾渭平原全部纳入。环境空气质量未达标地区要加大大气污染防治资金投入。（财政部牵头，生态环境部等参与）

支持依法合规开展大气污染防治领域的政府和社会资本合作（PPP）项目建设。鼓励开展合同环境服务，推广环境污染第三方治理。出台对北方地区清洁取暖的金融支持政策，选择具备条件的地区，开展金融支持清洁取暖试点工作。鼓励政策性、开发性金融机构在业务范围内，对大气污染防治、清洁取暖和产业升级等领域符合条件的项目提供信贷支持，引导社会资本投入。支持符合条件的金融机构、企业发行债券，募集资金用于大气污染治理和节能改造。将“煤改电”超出核价投资的配套电网投资纳入下一轮输配电价核价周期，核算准许成本。（财政部、发展改革委、人民银行牵头，生态环境部、银保监会、证监会等参与）

（三十一）加大经济政策支持力度。建立中央大气污染防治专项资金安排与地方环境空气质量改善绩效联动机制，调动地方政府治理大气污染积极性。健全环保信用评价制度，实施跨部门联合奖惩。研究将致密气纳入中央财政开采利用补贴范围，以鼓励企业增加冬季供应量为目标调整完善非常规天然气补贴政策。研究制定推进储气调峰设施建设的扶持政策。推行上网侧峰谷分时电价政策，延长采暖用电谷段时长至10个小时以上，支持具备条件的地区建立采暖用电的市场化竞价采购机制，采暖用电参加电力市场化交易谷段输配电价减半执行。农村地区利用地热能向居民供暖（制冷）的项目运行电价参照居民用电价格执行。健全供热价格机制，合理制定清洁取暖价格。完善跨省跨区输电价格形成机制，降低促进清洁能源消纳的跨省跨区专项输电工程增送电量的输配电价，优化电力资源配置。落实好燃煤电厂超低排放环保电价。全面清理取消对高耗能行业的优待类电价以及其他各种不合理价格优惠政策。建立高污染、高耗能、低产出企业执行差别化电价、水价政策的动态调整机制，对限制类、淘汰类企业大幅提高电价，支持各地进一步提高加价幅度。加大对钢铁等行业超低排放改造支持力度。研究制定“散乱污”企业综合治理激励政策。进一步完善货运价格市场化运行机制，科学规范两端费用。大力支持港口和机场岸基供电，降低岸电运营商用电成本。支持车船和作业机械使用清洁能源。研究完善对有机肥生产销售运输等环节的支持政策。利用生物质发电价格政策，支持秸秆等生物质资源消纳处置。（发展改革委、财政部牵头，能源局、生态环境部、交通运输部、农业农村部、铁路局、中国铁路总公司等参与）

加大税收政策支持力度。严格执行环境保护税法，落实购置环境保护专用设备企业所得税抵免优惠政策。研究对从事污染防治的第三方企业给予企业所得税优惠政策。对符合条件的新能源汽车免征车辆购置税，继续落实并完善对节能、新能源车船减免车船税的政策。（财政部、税务总局牵头，交通运输部、生态环境部、工业和信息化部、交通运输部等参与）

九、加强基础能力建设，严格环境执法督察

（三十二）完善环境监测监控网络。加强环境空气质量监测，优化调整扩展国控环境空气质量监测站点。加强区县环境空气质量自动监测网络建设，2020年底前，东部、中部区县和西部大气污染严重城市的区县实现监测站点全覆盖，并与中国环境监测总站实现数据直联。国家级新区、高新区、重点工业园区及港口设置环境空气质量监测站点。加强降尘量监测，2018年底前，重点区域各区县布设降尘量监测点位。重点区域各城市和其他臭氧污染严重的城市，开展环境空气VOCs监测。重点区域建设国家大气颗粒物组分监测网、大气光化学监测网以及大气环境天地空大型立体综合观测网。研究发射大气环境监测专用卫星。（生态环境部牵头，国防科工局等参与）

强化重点污染源自动监控体系建设。排气口高度超过45米的高架源，以及石化、化工、包装印刷、工业涂装等VOCs排放重点源，纳入重点排污单位名录，督促企业安装烟气排放自动监控设施，2019年底前，重点区域基本完成；2020年底前，全国基本完成。（生态环境部负责）

加强移动源排放监管能力建设。建设完善遥感监测网络、定期排放检验机构国家-省-市三级联网，构建重型柴油车车载诊断系统远程监控系统，强化现场路检路查和停放地监督抽测。2018年底前，重点区域建成三级联网的遥感监测系统平台，其他区域2019年底前建成。推进工程机械安装实时定位和排放监控装置，建设排放监控平台，重点区域2020年底前基本完成。研究成立国家机动车污染防治中心，建设区域性国家机动车排放检测实验室。（生态环境部牵头，公安部、交通运输部、科技部等参与）

强化监测数据质量控制。城市和区县各类开发区

环境空气质量自动监测站点运维全部上收到省级环境监测部门。加强对环境监测和运维机构的监管，建立质控考核与实验室比对、第三方质控、信誉评级等机制，健全环境监测量值传递溯源体系，加强环境监测相关标准物质研制，建立“谁出数谁负责、谁签字谁负责”的责任追溯制度。开展环境监测数据质量监督检查专项行动，严厉惩处环境监测数据弄虚作假行为。对地方不当干预环境监测行为的，监测机构运行维护不到位及篡改、伪造、干扰监测数据的，排污单位弄虚作假的，依纪依法从严处罚，追究责任。（生态环境部负责）

（三十三）强化科技基础支撑。汇聚跨部门科研资源，组织优秀科研团队，开展重点区域及成渝地区等其他区域大气重污染成因、重污染积累与天气过程双向反馈机制、重点行业与污染物排放管控技术、居民健康防护等科技攻坚。大气污染成因与控制技术研究、大气重污染成因与治理攻关等重点项目，要紧密围绕打赢蓝天保卫战需求，以目标和问题为导向，边研究、边产出、边应用。加强区域性臭氧形成机理与控制路径研究，深化 VOCs 全过程控制及监管技术研发。开展钢铁等行业超低排放改造、污染排放源头控制、货物运输多式联运、内燃机及锅炉清洁燃烧等技术研究。常态化开展重点区域和城市源排放清单编制、源解析等工作，形成污染动态溯源的基础能力。开展氨排放与控制技术研究。（科技部、生态环境部牵头，卫生健康委、气象局、市场监管总局等参与）

（三十四）加大环境执法力度。坚持铁腕治污，综合运用按日连续处罚、查封扣押、限产停产等手段依法从严处罚环境违法行为，强化排污者责任。未依法取得排污许可证、未按证排污的，依法依规从严处罚。加强区县级环境执法能力建设。创新环境监管方式，推广“双随机、一公开”等监管。严格环境执法检查，开展重点区域大气污染热点网格监管，加强工业炉窑排放、工业无组织排放、VOCs 污染治理等环境执法，严厉打击“散乱污”企业。加强生态环境执法与刑事司法衔接。（生态环境部牵头，公安部等参与）

严厉打击生产销售排放不合格机动车和违反信息公开要求的行为，撤销相关企业车辆产品公告、油耗公告和强制性产品认证。开展在用车超标排放联合执法，建立完善环境部门检测、公安交管部门处罚、交通运输部门监督维修的联合监管机制。严厉打击机动车排放检验机构尾气检测弄虚作假、屏蔽和修改车辆环保监控参数等违法行为。加强对油品制售企业的质量监督管理，严厉打击生产、销售、使用不合格油品和车用尿素行为，禁止以化工原料名义出售调和油组分，禁止以化工原料勾兑调和油，严禁运输企业储存使用非标油，坚决取缔黑加油站点。（生态环境部、公安部、交通运输部、工业和信息化部牵头，商务部、市场监管总局等参与）

（三十五）深入开展环境保护督察。将大气污染防治作为中央环境保护督察及其“回头看”的重要内容，并针对重点区域统筹安排专项督察，夯实地方政府及有关部门责任。针对大气污染防治工作不力、重污染天气频发、环境质量改善达不到进度要求甚至恶化的城市，开展机动式、点穴式专项督察，强化督察问责。全面开展省级环境保护督察，实现对地市督察全覆盖。建立完善排查、交办、核查、约谈、专项督察“五步法”监管机制。（生态环境部负责）

十、明确落实各方责任，动员全社会广泛参与

（三十六）加强组织领导。有关部门要根据本行动计划要求，按照管发展的管环保、管生产的管环保、管行业的管环保原则，进一步细化分工任务，制定配套政策措施，落实“一岗双责”。有关地方和部门的落实情况，纳入国务院大督查和相关专项督查，对真抓实干成效明显的强化表扬激励，对庸政懒政怠政的严肃追责问责。地方各级政府要把打赢蓝天保卫战放在重要位置，主要领导是本行政区域第一责任人，切实加强组织领导，制定实施方案，细化分解目标任务，科学安排指标进度，防止脱离实际层层加码，要确保各项工作有力有序完成。完善有关部门和地方各级政府的责任清单，健全责任体系。各地建立完善“网格长”制度，压实各方责任，层层抓落实。生态环境部要加强统筹协调，定期调度，及时向国务院报告。（生态环境部牵头，各有关部门参与）

（三十七）严格考核问责。将打赢蓝天保卫战年度和终期目标任务完成情况作为重要内容，纳入污染防治攻坚战成效考核，做好考核结果应用。考核不合格的地区，由上级生态环境部门会同有关部门公开约谈地方政府主要负责人，实行区域环评限批，取消国家授予的有关生态文明荣誉称号。发现篡改、伪造监测数据的，考核结果直接认定为不合格，并依纪依法追究责任。对工作不力、责任不实、污染严重、问题突出的地区，由生态环境部公开约谈当地政府主要负责人。制定量化问责办法，对重点攻坚任务完成不到位或环境质量改善不到位的实施量化问责。对打赢蓝天保卫战工作中涌现出的先进典型予以表彰奖励。（生态环境部牵头，中央组织部等参与）

（三十八）加强环境信息公开。各地要加强环境空气质量信息公开力度。扩大国家城市环境空气质量排名范围，包含重点区域和珠三角、成渝、长江中游等地区的地级及以上城市，以及其他省会城市、计划单列市等，依据重点因素每月公布环境空气质量、改善幅度最差的20个城市和最好的20个城市名单。各省（自治区、直辖市）要公布本行政区域内地级及以上城市环境空气质量排名，鼓励对区县环境空气质量排名。各地要公开重污染天气应急预案及应急措施清单，及时发布重污染天气预警提示信息。（生态环境部负责）

建立健全环保信息强制性公开制度。重点排污单位应及时公布自行监测和污染排放数据、污染治理措施、重污染天气应对、环保违法处罚及整改等信息。已核发排污许可证的企业应按要求及时公布执行报告。机动车和非道路移动机械生产、进口企业应依法向社会公开排放检验、污染控制技术等环保信息。（生态环境部负责）

（三十九）构建全民行动格局。环境治理，人人有责。倡导全社会“同呼吸共奋斗”，动员社会各方力量，群防群治，打赢蓝天保卫战。鼓励公众通过多种渠道举报环境违法行为。树立绿色消费理念，积极推进绿色采购，倡导绿色低碳生活方式。强化企业治污主体责任，中央企业要起到模范带头作用，引导绿色生产。（生态环境部牵头，各有关部门参与）

积极开展多种形式的宣传教育。普及大气污染防治科学知识，纳入国民教育体系和党政领导干部培训内容。各地建立宣传引导协调机制，发布权威信息，及时回应群众关心的热点、难点问题。新闻媒体要充分发挥监督引导作用，积极宣传大气环境管理法律法规、政策文件、工作动态和经验做法等。（生态环境部牵头，各有关部门参与）

中共中央 国务院印发《乡村振兴战略规划（2018—2022年）》

前言

党的十九大提出实施乡村振兴战略，是以习近平同志为核心的党中央着眼党和国家事业全局，深刻把握现代化建设规律和城乡关系变化特征，顺应亿万农民对美好生活的向往，对“三农”工作作出的重大决策部署，是决胜全面建成小康社会、全面建设社会主义现代化国家的重大历史任务，是新时代做好“三农”工作的总抓手。从党的十九大到二十大，是“两个一百年”奋斗目标的历史交汇期，既要全面建成小康社会、实现第一个百年奋斗目标，又要乘势而上开启全面建设社会主义现代化国家新征程，向第二个百年奋斗目标进军。为贯彻落实党的十九大、中央经济工作会议、中央农村工作会议精神和政府工作报告要求，描绘好战略蓝图，强化规划引领，科学有序推动乡村产业、人才、文化、生态和组织振兴，根据《中共中央、国务院关于实施乡村振兴战略的意见》，特编制《乡村振兴战略规划（2018—2022年）》。

本规划以习近平总书记关于“三农”工作的重要论述为指导，按照产业兴旺、生态宜居、乡风文明、治理有效、生活富裕的总要求，对实施乡村振兴战略作出阶段性谋划，分别明确至2020年全面建成小康社会和2022年召开党的二十大时的目标任务，细化实化工作重点和政策措施，部署重大工程、重大计划、重大行动，确保乡村振兴战略落实落地，是指导各地区各部门分类有序推进乡村振兴的重要依据。

第一篇　规划背景

党的十九大作出中国特色社会主义进入新时代的科学论断，提出实施乡村振兴战略的重大历史任务，在我国“三农”发展进程中具有划时代的里程碑意义，必须深入贯彻习近平新时代中国特色社会主义思想和党的十九大精神，在认真总结农业农村发展历史性成就和历史性变革的基础上，准确研判经济社会发展趋势和乡村演变发展态势，切实抓住历史机遇，增强责任感、使命感、紧迫感，把乡村振兴战略实施好。

第一章　重大意义

乡村是具有自然、社会、经济特征的地域综合体，兼具生产、生活、生态、文化等多重功能，与城镇互促互进、共生共存，共同构成人类活动的主要空间。乡村兴则国家兴，乡村衰则国家衰。我国人民日益增长的美好生活需要和不平衡不充分的发展之间的矛盾在乡村最为突出，我国仍处于并将长期处于社会主义初级阶段的特征很大程度上表现在乡村。全面建成小康社会和全面建设社会主义现代化强国，最艰巨最繁重的任务在农村，最广泛最深厚的基础在农村，最大的潜力和后劲也在农村。实施乡村振兴战略，是解决新时代我国社会主要矛盾、实现“两个一百年”奋斗目标和中华民族伟大复兴中国梦的必然要求，具有重大现实意义和深远历史意义。

实施乡村振兴战略是建设现代化经济体系的重要基础。农业是国民经济的基础，农村经济是现代化经济体系的重要组成部分。乡村振兴，产业兴旺是重点。实施乡村振兴战略，深化农业供给侧结构性改革，构建现代农业产业体系、生产体系、经营体系，实现农村一二三产业深度融合发展，有利于推动农业从增产导向转向提质导向，增强我国农业创新力和竞争力，为建设现代化经济体系奠定坚实基础。

实施乡村振兴战略是建设美丽中国的关键举措。农业是生态产品的重要供给者，乡村是生态涵养的主体区，生态是乡村最大的发展优势。乡村振兴，生态宜居是关键。实施乡村振兴战略，统筹山水林田湖草系统治理，加快推行乡村绿色发展方式，加强农村人居环境整治，有利于构建人与自然和谐共生的乡村发展新格局，实现百姓富、生态美的统一。

实施乡村振兴战略是传承中华优秀传统文化的有效途径。中华文明根植于农耕文化，乡村是中华文明的基本载体。乡村振兴，乡风文明是保障。实施乡村振兴战略，深入挖掘农耕文化蕴含的优秀思想观念、人文精神、道德规范，结合时代要求在保护传承的基础上创造性转化、创新性发展，有利于在新时代焕发出乡风文明的新气象，进一步丰富和传承中华优秀传统文化。

实施乡村振兴战略是健全现代社会治理格局的固本之策。社会治理的基础在基层，薄弱环节在乡村。乡村振兴，治理有效是基础。实施乡村振兴战略，加强农村基层基础工作，健全乡村治理体系，确保广大农民安居乐业、农村社会安定有序，有利于打造共建共治共享的现代社会治理格局，推进国家治理体系和治理能力现代化。

实施乡村振兴战略是实现全体人民共同富裕的必然选择。农业强不强、农村美不美、农民富不富，关乎亿万农民的获得感、幸福感、安全感，关乎全面建成小康社会全局。乡村振兴，生活富裕是根本。实施乡村振兴战略，不断拓宽农民增收渠道，全面改善农村生产生活条件，促进社会公平正义，有利于增进农民福祉，让亿万农民走上共同富裕的道路，汇聚起建设社会主义现代化强国的磅礴力量。

第二章 振兴基础

党的十八大以来，面对我国经济发展进入新常态带来的深刻变化，以习近平同志为核心的党中央推动“三农”工作理论创新、实践创新、制度创新，坚持把解决好“三农”问题作为全党工作重中之重，切实把农业农村优先发展落到实处；坚持立足国内保证自给的方针，牢牢把握国家粮食安全主动权；坚持不断深化农村改革，激发农村发展新活力；坚持把推进农业供给侧结构性改革作为主线，加快提高农业供给质量；坚持绿色生态导向，推动农业农村可持续发展；坚持在发展中保障和改善民生，让广大农民有更多获得感；坚持遵循乡村发展规律，扎实推进生态宜居的美丽乡村建设；坚持加强和改善党对农村工作的领导，为“三农”发展提供坚强政治保障。这些重大举措和开创性工作，推动农业农村发展取得历史性成就、发生历史性变革，为党和国家事业全面开创新局面提供了有力支撑。

农业供给侧结构性改革取得新进展，农业综合生产能力明显增强，全国粮食总产量连续5年保持在1.2万亿斤以上，农业结构不断优化，农村新产业新业态新模式蓬勃发展，农业生态环境恶化问题得到初步遏制，农业生产经营方式发生重大变化。农村改革取得新突破，农村土地制度、农村集体产权制度改革稳步推进，重要农产品收储制度改革取得实质性成效，农村创新创业和投资兴业蔚然成风，农村发展新动能加快成长。城乡发展一体化迈出新步伐，5年间8000多万农业转移人口成为城镇居民，城乡居民收入相对差距缩小，农村消费持续增长，农民收入和生活水平明显提高。脱贫攻坚开创新局面，贫困地区农民收入增速持续快于全国平均水平，集中连片特困地区内生发展动力明显增强，过去5年累计6800多万贫困人口脱贫。农村公共服务和社会事业达到新水平，农村基础设施建设不断加强，人居环境整治加快推进，教育、医疗卫生、文化等社会事业快速发展，农村社会焕发新气象。

同时，应当清醒地看到，当前我国农业农村基础差、底子薄、发展滞后的状况尚未根本改变，经济社会发展中最明显的短板仍然在“三农”，现代化建设中最薄弱的环节仍然是农业农村。主要表现：农产品阶段性供过于求和供给不足并存，农村一二三产业融合发展深度不够，农业供给质量和效益亟待提高；农民适应生产力发展和市场竞争的能力不足，农村人才匮乏；农村基础设施建设仍然滞后，农村环境和生态问题比较突出，乡村发展整体水平亟待提升；农村民生领域欠账较多，城乡基本公共服务和收入水平差距仍然较大，脱贫攻坚任务依然艰巨；国家支农体系相对薄弱，农村金融改革任务繁重，城乡之间要素合理流动机制亟待健全；农村基层基础工作存在薄弱环节，乡村治理体系和治理能力亟待强化。

第三章 发展态势

从2018年到2022年，是实施乡村振兴战略的第一个5年，既有难得机遇，又面临严峻挑战。从国际环境看，全球经济复苏态势有望延续，我国统筹利用国内国际两个市场两种资源的空间将进一步拓展，同时国际农产品贸易不稳定性不确定性仍然突出，提高我国农业竞争力、妥善应对国际市场风险任务紧迫。特别是我国作为人口大国，粮食及重要农产品需求仍将刚性增长，保障国家粮食安全始终是头等大事。从国内形势看，随着我国经济由高速增长阶段转向高质量发展阶段，以及工业化、城镇化、信息化深入推进，乡村发展将处于大变革、大转型的关键时期。居民消费结构加快升级，中高端、多元化、个性化消费需求将快速增长，加快推进农业由增产导向转向提质导向是必然要求。我国城镇化进入快速发展与质量提升的新阶段，城市辐射带动农村的能力进一步增强，但大量农民仍然生活在农村的国情不会改变，迫切需要重塑城乡关系。我国乡村差异显著，多样性分化的趋势仍将延续，乡村的独特价值和多元功能将进一步得到发掘和拓展，同时应对好村庄空心化和农村老龄化、延续乡村文化血脉、完善乡村治理体系的任务艰巨。

实施乡村振兴战略具备较好条件。有习近平总书记把舵定向，有党中央、国务院的高度重视、坚强领导、科学决策，实施乡村振兴战略写入党章，成为全党的共同意志，乡村振兴具有根本政治保障。社会主义制度能够集中力量办大事，强农惠农富农政策力度不断加大，农村土地集体所有制和双层经营体制不断完善，乡村振兴具有坚强制度保障。优秀农耕文明源远流长，寻根溯源的人文情怀和国人的乡村情结历久弥深，现代城市文明导入融汇，乡村振兴具有深厚文化土壤。国家经济实力和综合国力日益增强，对农业农村支持力度不断加大，农村生产生活条件加快改善，农民收入持续增长，乡村振兴具有雄厚物质基础。农业现代化和社会主义新农村建设取得历史性成就，各地积累了丰富的成功经验和做法，乡村振兴具有扎实工作基础。

实施乡村振兴战略，是党对“三农”工作一系列方针政策的继承和发展，是亿万农民的殷切期盼。必须抓住机遇，迎接挑战，发挥优势，顺势而为，努力开创农业农村发展新局面，推动农业全面升级、农村全面进步、农民全面发展，谱写新时代乡村全面振兴新篇章。

第二篇　总体要求

按照到2020年实现全面建成小康社会和分两个阶段实现第二个百年奋斗目标的战略部署，2018年至2022年这5年间，既要在农村实现全面小康，又要为基本实现农业农村现代化开好局、起好步、打好基础。

第四章　指导思想和基本原则

第一节　指导思想

深入贯彻习近平新时代中国特色社会主义思想，深入贯彻党的十九大和十九届二中、三中全会精神，加强党对“三农”工作的全面领导，坚持稳中求进工作总基调，牢固树立新发展理念，落实高质量发展要求，紧紧围绕统筹推进“五位一体”总体布局和协调推进“四个全面”战略布局，坚持把解决好“三农”问题作为全党工作重中之重，坚持农业农村优先发展，按照产业兴旺、生态宜居、乡风文明、治理有效、生活富裕的总要求，建立健全城乡融合发展体制机制和政策体系，统筹推进农村经济建设、政治建设、文化建设、社会建设、生态文明建设和党的建设，加快推进乡村治理体系和治理能力现代化，加快推进农业农村现代化，走中国特色社会主义乡村振兴道路，让农业成为有奔头的产业，让农民成为有吸引力的职业，让农村成为安居乐业的美丽家园。

第二节　基本原则

坚持党管农村工作。毫不动摇地坚持和加强党对农村工作的领导，健全党管农村工作方面的领导体制机制和党内法规，确保党在农村工作中始终总揽全局、协调各方，为乡村振兴提供坚强有力的政治保障。

——坚持农业农村优先发展。把实现乡村振兴作为全党的共同意志、共同行动，做到认识统一、步调一致，在干部配备上优先考虑，在要素配置上优先满足，在资金投入上优先保障，在公共服务上优先安排，加快补齐农业农村短板。

——坚持农民主体地位。充分尊重农民意愿，切实发挥农民在乡村振兴中的主体作用，调动亿万农民的积极性、主动性、创造性，把维护农民群众根本利益、促进农民共同富裕作为出发点和落脚点，促进农民持续增收，不断提升农民的获得感、幸福感、安全感。

——坚持乡村全面振兴。准确把握乡村振兴的科学内涵，挖掘乡村多种功能和价值，统筹谋划农村经济建设、政治建设、文化建设、社会建设、生态文明建设和党的建设，注重协同性、关联性，整体部署，协调推进。

——坚持城乡融合发展。坚决破除体制机制弊端，使市场在资源配置中起决定性作用，更好发挥政府作用，推动城乡要素自由流动、平等交换，推动新型工业化、信息化、城镇化、农业现代化同步发展，加快形成工农互促、城乡互补、全面融合、共同繁荣的新型工农城乡关系。

——坚持人与自然和谐共生。牢固树立和践行绿水青山就是金山银山的理念，落实节约优先、保护优先、自然恢复为主的方针，统筹山水林田湖草系统治理，严守生态保护红线，以绿色发展引领乡村振兴。

——坚持改革创新、激发活力。不断深化农村改革，扩大农业对外开放，激活主体、激活要素、激活市场，调动各方力量投身乡村振兴。以科技创新引领和支撑乡村振兴，以人才汇聚推动和保障乡村振兴，增强农业农村自我发展动力。

——坚持因地制宜、循序渐进。科学把握乡村的差异性和发展走势分化特征，做好顶层设计，注重规划先行、因势利导，分类施策、突出重点，体现特色、丰富多彩。既尽力而为，又量力而行，不搞层层加码，不搞一刀切，不搞形式主义和形象工程，久久为功，扎实推进。

第五章　发展目标

到2020年，乡村振兴的制度框架和政策体系基本形成，各地区各部门乡村振兴的思路举措得以确立，全面建成小康社会的目标如期实现。到2022年，乡村振兴的制度框架和政策体系初步健全。国家粮食安全保障水平进一步提高，现代农业体系初步构建，农业绿色发展全面推进；农村一二三产业融合发展格局初步形成，乡村产业加快发展，农民收入水平进一步提高，脱贫攻坚成果得到进一步巩固；农村基础设施条件持续改善，城乡统一的社会保障制度体系基本建立；农村人居环境显著改善，生态宜居的美丽乡村建设扎实推进；城乡融合发展体制机制初步建立，农村基本公共服务水平进一步提升；乡村优秀传统文化得以传承和发展，农民精神文化生活需求基本得到满足；以党组织为核心的农村基层组织建设明显加强，乡村治理能力进一步提升，现代乡村治理体系初步构建。探索形成一批各具特色的乡村振兴模式和经验，乡村振兴取得阶段性成果。

第六章　远景谋划

到2035年，乡村振兴取得决定性进展，农业农村现代化基本实现。农业结构得到根本性改善，农民就业质量显著提高，相对贫困进一步缓解，共同富裕迈出坚实步伐；城乡基本公共服务均等化基本实现，城乡融合发展体制机制更加完善；乡风文明达到新高度，乡村治理体系更加完善；农村生态环境根本好转，生态宜居的美丽乡村基本实现。

到2050年，乡村全面振兴，农业强、农村美、农民富全面实现。

第三篇　构建乡村振兴新格局

坚持乡村振兴和新型城镇化双轮驱动，统筹城乡国土空间开发格局，优化乡村生产生活生态空间，分类推进乡村振兴，打造各具特色的现代版“富春山居图”。

第七章　统筹城乡发展空间

按照主体功能定位，对国土空间的开发、保护和整治进行全面安排和总体布局，推进“多规合一”，加快形成城乡融合发展的空间格局。

第一节　强化空间用途管制

强化国土空间规划对各专项规划的指导约束作用，统筹自然资源开发利用、保护和修复，按照不同主体功能定位和陆海统筹原则，开展资源环境承载能力和国土空间开发适宜性评价，科学划定生态、农业、城镇等空间和生态保护红线、永久基本农田、城镇开发边界及海洋生物资源保护线、围填海控制线等主要控制线，推动主体功能区战略格局在市县层面精准落地，健全不同主体功能区差异化协同发展长效机制，实现山水林田湖草整体保护、系统修复、综合治理。

第二节　完善城乡布局结构

以城市群为主体构建大中小城市和小城镇协调发展的城镇格局，增强城镇地区对乡村的带动能力。加快发展中小城市，完善县城综合服务功能，推动农业转移人口就地就近城镇化。因地制宜发展特色鲜明、产城融合、充满魅力的特色小镇和小城镇，加强以乡镇政府驻地为中心的农民生活圈建设，以镇带村、以村促镇，推动镇村联动发展。建设生态宜居的美丽乡村，发挥多重功能，提供优质产品，传承乡村文化，留住乡愁记忆，满足人民日益增长的美好生活需要。

第三节　推进城乡统一规划

通盘考虑城镇和乡村发展，统筹谋划产业发展、基础设施、公共服务、资源能源、生态环境保护等主要布局，形成田园乡村与现代城镇各具特色、交相辉映的城乡发展形态。强化县域空间规划和各类专项规划引导约束作用，科学安排县域乡村布局、资源利用、设施配置和村庄整治，推动村庄规划管理全覆盖。综合考虑村庄演变规律、集聚特点和现状分布，结合农民生产生活半径，合理确定县域村庄布局和规模，避免随意撤并村庄搞大社区、违背农民意愿大拆大建。加强乡村风貌整体管控，注重农房单体个性设计，建设立足乡土社会、富有地域特色、承载田园乡愁、体现现代文明的升级版乡村，避免千村一面，防止乡村景观城市化。

第八章　优化乡村发展布局

坚持人口资源环境相均衡、经济社会生态效益相统一，打造集约高效生产空间，营造宜居适度生活空间，保护山清水秀生态空间，延续人和自然有机融合的乡村空间关系。

第一节 统筹利用生产空间

乡村生产空间是以提供农产品为主体功能的国土空间，兼具生态功能。围绕保障国家粮食安全和重要农产品供给，充分发挥各地比较优势，重点建设以“七区二十三带”为主体的农产品主产区。落实农业功能区制度，科学合理划定粮食生产功能区、重要农产品生产保护区和特色农产品优势区，合理划定养殖业适养、限养、禁养区域，严格保护农业生产空间。适应农村现代产业发展需要，科学划分乡村经济发展片区，统筹推进农业产业园、科技园、创业园等各类园区建设。

第二节 合理布局生活空间

乡村生活空间是以农村居民点为主体、为农民提供生产生活服务的国土空间。坚持节约集约用地，遵循乡村传统肌理和格局，划定空间管控边界，明确用地规模和管控要求，确定基础设施用地位置、规模和建设标准，合理配置公共服务设施，引导生活空间尺度适宜、布局协调、功能齐全。充分维护原生态村居风貌，保留乡村景观特色，保护自然和人文环境，注重融入时代感、现代性，强化空间利用的人性化、多样化，着力构建便捷的生活圈、完善的服务圈、繁荣的商业圈，让乡村居民过上更舒适的生活。

第三节 严格保护生态空间

乡村生态空间是具有自然属性、以提供生态产品或生态服务为主体功能的国土空间。加快构建以“两屏三带”为骨架的国家生态安全屏障，全面加强国家重点生态功能区保护，建立以国家公园为主体的自然保护地体系。树立山水林田湖草是一个生命共同体的理念，加强对自然生态空间的整体保护，修复和改善乡村生态环境，提升生态功能和服务价值。全面实施产业准入负面清单制度，推动各地因地制宜制定禁止和限制发展产业目录，明确产业发展方向和开发强度，强化准入管理和底线约束。

第九章 分类推进乡村发展

顺应村庄发展规律和演变趋势，根据不同村庄的发展现状、区位条件、资源禀赋等，按照集聚提升、融入城镇、特色保护、搬迁撤并的思路，分类推进乡村振兴，不搞一刀切。

第一节 集聚提升类村庄

现有规模较大的中心村和其他仍将存续的一般村庄，占乡村类型的大多数，是乡村振兴的重点。科学确定村庄发展方向，在原有规模基础上有序推进改造提升，激活产业、优化环境、提振人气、增添活力，保护保留乡村风貌，建设宜居宜业的美丽村庄。鼓励发挥自身比较优势，强化主导产业支撑，支持农业、工贸、休闲服务等专业化村庄发展。加强海岛村庄、国有农场及林场规划建设，改善生产生活条件。

第二节 城郊融合类村庄

城市近郊区以及县城城关镇所在地的村庄，具备成为城市后花园的优势，也具有向城市转型的条件。综合考虑工业化、城镇化和村庄自身发展需要，加快城乡产业融合发展、基础设施互联互通、公共服务共建共享，在形态上保留乡村风貌，在治理上体现城市水平，逐步强化服务城市发展、承接城市功能外溢、满足城市消费需求能力，为城乡融合发展提供实践经验。

第三节 特色保护类村庄

历史文化名村、传统村落、少数民族特色村寨、特色景观旅游名村等自然历史文化特色资源丰富的村庄，是彰显和传承中华优秀传统文化的重要载体。统筹保护、利用与发展的关系，努力保持村庄的完整性、真实性和延续性。切实保护村庄的传统选址、格局、风貌以及自然和田园景观等整体空间形态与环境，全面保护文物古迹、历史建筑、传统民居等传统建筑。尊重原住居民生活形态和传统习惯，加快改善村庄基础设施和公共环境，合理利用村庄特色资源，发展乡村旅游和特色产业，形成特色资源保护与村庄发展的良性互促机制。

第四节 搬迁撤并类村庄

对位于生存条件恶劣、生态环境脆弱、自然灾害频发等地区的村庄，因重大项目建设需要搬迁的村庄，以及人口流失特别严重的村庄，可通过易地扶贫搬迁、生态宜居搬迁、农村集聚发展搬迁等方式，实施村庄搬迁撤并，统筹解决村民生计、生态保护等问题。拟搬迁撤并的村庄，严格限制新建、扩建活动，统筹考虑拟迁入或新建村庄的基础设施和公共服务设施建设。坚持村庄搬迁撤并与新型城镇化、农业现代化相结合，依托适宜区域进行安置，避免新建孤立的村落式移民社区。搬迁撤并后的村庄原址，因地制宜复垦或还绿，增加乡村生产生态空间。农村居民点迁建和村庄撤并，必须尊重农民意愿并经村民会议同意，不得强制农民搬迁和集中上楼。

第十章 坚决打好精准脱贫攻坚战

把打好精准脱贫攻坚战作为实施乡村振兴战略的优先任务，推动脱贫攻坚与乡村振兴有机结合相互促进，确保到2020年我国现行标准下农村贫困人口实现脱贫，贫困县全部摘帽，解决区域性整体贫困。

第一节 深入实施精准扶贫精准脱贫

健全精准扶贫精准脱贫工作机制，夯实精准扶贫精准脱贫基础性工作。因地制宜、因户施策，探索多渠道、多样化的精准扶贫精准脱贫路径，提高扶贫措施针对性和有效性。做好东西部扶贫协作和对口支援工作，着力推动县与县精准对接，推进东部产业向西部梯度转移，加大产业扶贫工作力度。加强和改进定点扶贫工作，健全驻村帮扶机制，落实扶贫责任。加大金融扶贫力度。健全社会力量参与机制，引导激励社会各界更加关注、支持和参与脱贫攻坚。

第二节　重点攻克深度贫困

实施深度贫困地区脱贫攻坚行动方案。以解决突出制约问题为重点，以重大扶贫工程和到村到户到人帮扶为抓手，加大政策倾斜和扶贫资金整合力度，着力改善深度贫困地区发展条件，增强贫困农户发展能力。推动新增脱贫攻坚资金、新增脱贫攻坚项目、新增脱贫攻坚举措主要用于“三区三州”等深度贫困地区。推进贫困村基础设施和公共服务设施建设，培育壮大集体经济，确保深度贫困地区和贫困群众同全国人民一道进入全面小康社会。

第三节　巩固脱贫攻坚成果

加快建立健全缓解相对贫困的政策体系和工作机制，持续改善欠发达地区和其他地区相对贫困人口的发展条件，完善公共服务体系，增强脱贫地区“造血”功能。结合实施乡村振兴战略，压茬推进实施生态宜居搬迁等工程，巩固易地扶贫搬迁成果。注重扶志扶智，引导贫困群众克服“等靠要”思想，逐步消除精神贫困。建立正向激励机制，将帮扶政策措施与贫困群众参与挂钩，培育提升贫困群众发展生产和务工经商的基本能力。加强宣传引导，讲好中国减贫故事。认真总结脱贫攻坚经验，研究建立促进群众稳定脱贫和防范返贫的长效机制，探索统筹解决城乡贫困的政策措施，确保贫困群众稳定脱贫。

第四篇　加快农业现代化步伐

坚持质量兴农、品牌强农，深化农业供给侧结构性改革，构建现代农业产业体系、生产体系、经营体系，推动农业发展质量变革、效率变革、动力变革，持续提高农业创新力、竞争力和全要素生产率。

第十一章　夯实农业生产能力基础

深入实施藏粮于地、藏粮于技战略，提高农业综合生产能力，保障国家粮食安全和重要农产品有效供给，把中国人的饭碗牢牢端在自己手中。

第一节　健全粮食安全保障机制

坚持以我为主、立足国内、确保产能、适度进口、科技支撑的国家粮食安全战略，建立全方位的粮食安全保障机制。按照“确保谷物基本自给、口粮绝对安全”的要求，持续巩固和提升粮食生产能力。深化中央储备粮管理体制改革，科学确定储备规模，强化中央储备粮监督管理，推进中央、地方两级储备协同运作。鼓励加工流通企业、新型经营主体开展自主储粮和经营。全面落实粮食安全省长责任制，完善监督考核机制。强化粮食质量安全保障。加快完善粮食现代物流体系，构建安全高效、一体化运作的粮食物流网络。

第二节　加强耕地保护和建设

严守耕地红线，全面落实永久基本农田特殊保护制度，完成永久基本农田控制线划定工作，确保到2020年永久基本农田保护面积不低于15.46亿亩。大规模推进高标准农田建设，确保到2022年建成10亿亩高标准农田，所有高标准农田实现统一上图入库，形成完善的管护监督和考核机制。加快将粮食生产功能区和重要农产品生产保护区细化落实到具体地块，实现精准化管理。加强农田水利基础设施建设，实施耕地质量保护和提升行动，到2022年农田有效灌溉面积达到10.4亿亩，耕地质量平均提升0.5个等级（别）以上。

第三节　提升农业装备和信息化水平

推进我国农机装备和农业机械化转型升级，加快高端农机装备和丘陵山区、果菜茶生产、畜禽水产养殖等农机装备的生产研发、推广应用，提升渔业船舶装备水平。促进农机农艺融合，积极推进作物品种、栽培技术和机械装备集成配套，加快主要作物生产全程机械化，提高农机装备智能化水平。加强农业信息化建设，积极推进信息进村入户，鼓励互联网企业建立产销衔接的农业服务平台，加强农业信息监测预警和发布，提高农业综合信息服务水平。大力发展数字农业，实施智慧农业工程和“互联网＋”现代农业行动，鼓励对农业生产进行数字化改造，加强农业遥感、物联网应用，提高农业精准化水平。发展智慧气象，提升气象为农服务能力。

第十二章　加快农业转型升级

按照建设现代化经济体系的要求，加快农业结构调整步伐，着力推动农业由增产导向转向提质导向，提高农业供给体系的整体质量和效率，加快实现由农业大国向农业强国转变。

第一节　优化农业生产力布局

以全国主体功能区划确定的农产品主产区为主体，立足各地农业资源禀赋和比较优势，构建优势区域布局和专业化生产格局，打造农业优化发展区和农业现代化先行区。东北地区重点提升粮食生产能力，依托“大粮仓”打造粮肉奶综合供应基地。华北地区着力稳定粮油和蔬菜、畜产品生产保障能力，发展节水型农业。长江中下游地区切实稳定粮油生产能力，优化水网地带生猪养殖布局，大力发展名优水产品生产。华南地区加快发展现代畜禽水产和特色园艺产品，发展具有出口优势的水产品养殖。西北、西南地区和北方农牧交错区加快调整产品结构，限制资源消耗大的产业规模，壮大区域特色产业。青海、西藏等生态脆弱区域坚持保护优先、限制开发，发展高原特色农牧业。

第二节　推进农业结构调整

加快发展粮经饲统筹、种养加一体、农牧渔结合的现代农业，促进农业结构不断优化升级。统筹调整种植业生产结构，稳定水稻、小麦生产，有序调减非优势区籽粒玉米，进一步扩大大豆生产规模，巩固主产区棉油糖胶生产，确保一定的自给水平。大力发展优质饲料牧草，合理利用退耕地、南方草山草坡和冬闲田拓展饲草发展空间。推进畜牧业区域布局调整，合理布局规模化养殖场，大力发展种养结合循环农业，促进养殖废弃物就近资源化利用。优化畜牧业生产结构，大力发展草食畜牧业，做大做强民族奶业。加强渔港经济区建设，推进渔港渔区振兴。合理确定内陆水域养殖规模，发展集约化、工厂化水产养殖和深远海养殖，降低江河湖泊和近海渔业捕捞强度，规范有序发展远洋渔业。

第三节　壮大特色优势产业

以各地资源禀赋和独特的历史文化为基础，有序开发优势特色资源，做大做强优势特色产业。创建特色鲜明、优势集聚、市场竞争力强的特色农产品优势区，支持特色农产品优势区建设标准化生产基地、加工基地、仓储物流基地，完善科技支撑体系、品牌与市场营销体系、质量控制体系，建立利益联结紧密的建设运行机制，形成特色农业产业集群。按照与国际标准接轨的目标，支持建立生产精细化管理与产品品质控制体系，采用国际通行的良好农业规范，塑造现代顶级农产品品牌。实施产业兴村强县行动，培育农业产业强镇，打造一乡一业、一村一品的发展格局。

第四节　保障农产品质量安全

实施食品安全战略，加快完善农产品质量和食品安全标准、监管体系，加快建立农产品质量分级及产地准出、市场准入制度。完善农兽药残留限量标准体系，推进农产品生产投入品使用规范化。建立健全农产品质量安全风险评估、监测预警和应急处置机制。实施动植物保护能力提升工程，实现全国动植物检疫防疫联防联控。完善农产品认证体系和农产品质量安全监管追溯系统，着力提高基层监管能力。落实生产经营者主体责任，强化农产品生产经营者的质量安全意识。建立农资和农产品生产企业信用信息系统，对失信市场主体开展联合惩戒。

第五节　培育提升农业品牌

实施农业品牌提升行动，加快形成以区域公用品牌、企业品牌、大宗农产品品牌、特色农产品品牌为核心的农业品牌格局。推进区域农产品公共品牌建设，擦亮老品牌，塑强新品牌，引入现代要素改造提升传统名优品牌，努力打造一批国际知名的农业品牌和国际品牌展会。做好品牌宣传推介，借助农产品博览会、展销会等渠道，充分利用电商、“互联网＋”等新兴手段，加强品牌市场营销。加强农产品商标及地理标志商标的注册和保护，构建我国农产品品牌保护体系，打击各种冒用、滥用公用品牌行为，建立区域公用品牌的授权使用机制以及品牌危机预警、风险规避和紧急事件应对机制。

第六节　构建农业对外开放新格局

建立健全农产品贸易政策体系。实施特色优势农产品出口提升行动，扩大高附加值农产品出口。积极参与全球粮农治理。加强与“一带一路”沿线国家合作，积极支持有条件的农业企业走出去。建立农业对外合作公共信息服务平台和信用评价体系。放宽农业外资准入，促进引资引技引智相结合。

第十三章　建立现代农业经营体系

坚持家庭经营在农业中的基础性地位，构建家庭经营、集体经营、合作经营、企业经营等共同发展的新型农业经营体系，发展多种形式适度规模经营，发展壮大农村集体经济，提高农业的集约化、专业化、组织化、社会化水平，有效带动小农户发展。

第一节　巩固和完善农村基本经营制度

落实农村土地承包关系稳定并长久不变政策，衔接落实好第二轮土地承包到期后再延长30年的政策，让农民吃上长效“定心丸”。全面完成土地承包经营权确权登记颁证工作，完善农村承包地“三权分置”制度，在依法保护集体所有权和农户承包权前提下，平等保护土地经营权。建立农村产权交易平台，加强土地经营权流转和规模经营的管理服务。加强农用地用途管制。完善集体林权制度，引导规范有序流转，鼓励发展家庭林场、股份合作林场。发展壮大农垦国有农业经济，培育一批具有国际竞争力的农垦企业集团。

第二节　壮大新型农业经营主体

实施新型农业经营主体培育工程，鼓励通过多种形式开展适度规模经营。培育发展家庭农场，提升农民专业合作社规范化水平，鼓励发展农民专业合作社联合社。不断壮大农林产业化龙头企业，鼓励建立现代企业制度。鼓励工商资本到农村投资适合产业化、规模化经营的农业项目，提供区域性、系统性解决方案，与当地农户形成互惠共赢的产业共同体。加快建立新型经营主体支持政策体系和信用评价体系，落实财政、税收、土地、信贷、保险等支持政策，扩大新型经营主体承担涉农项目规模。

第三节　发展新型农村集体经济

深入推进农村集体产权制度改革，推动资源变资产、资金变股金、农民变股东，发展多种形式的股份合作。完善农民对集体资产股份的占有、收益、有偿退出及抵押、担保、继承等权能和管理办法。研究制定农村集体经济组织法，充实农村集体产权权能。鼓励经济实力强的农村集体组织辐射带动周边村庄共同发展。发挥村党组织对集体经济组织的领导核心作用，防止内部少数人控制和外部资本侵占集体资产。

第四节　促进小农户生产和现代农业发展有机衔接

改善小农户生产设施条件，提高个体农户抵御自然风险能力。发展多样化的联合与合作，提升小农户组织化程度。鼓励新型经营主体与小农户建立契约型、股权型利益联结机制，带动小农户专业化生产，提高小农户自我发展能力。健全农业社会化服务体系，大力培育新型服务主体，加快发展“一站式”农业生产性服务业。加强工商企业租赁农户承包地的用途监管和风险防范，健全资格审查、项目审核、风险保障金制度，维护小农户权益。

第十四章　强化农业科技支撑

深入实施创新驱动发展战略，加快农业科技进步，提高农业科技自主创新水平、成果转化水平，为农业发展拓展新空间、增添新动能，引领支撑农业转型升级和提质增效。

第一节　提升农业科技创新水平

培育符合现代农业发展要求的创新主体，建立健全各类创新主体协调互动和创新要素高效配置的国家农业科技创新体系。强化农业基础研究，实现前瞻性基础研究和原创性重大成果突破。加强种业创新、现代食品、农机装备、农业污染防治、农村环境整治等方面的科研工作。深化农业科技体制改革，改进科研项目评审、人才评价和机构评估工作，建立差别化评价制度。深入实施现代种业提升工程，开展良种重大科研联合攻关，培育具有国际竞争力的种业龙头企业，推动建设种业科技强国。

第二节　打造农业科技创新平台基地

建设国家农业高新技术产业示范区、国家农业科技园区、省级农业科技园区，吸引更多的农业高新技术企业到科技园区落户，培育国际领先的农业高新技术企业，形成具有国际竞争力的农业高新技术产业。新建一批科技创新联盟，支持农业高新技术企业建立高水平研发机构。利用现有资源建设农业领域国家技术创新中心，加强重大共性关键技术和产品研发与应用示范。建设农业科技资源开放共享与服务平台，充分发挥重要公共科技资源优势，推动面向科技界开放共享，整合和完善科技资源共享服务平台。

第三节　加快农业科技成果转化应用

鼓励高校、科研院所建立一批专业化的技术转移机构和面向企业的技术服务网络，通过研发合作、技术转让、技术许可、作价投资等多种形式，实现科技成果市场价值。健全省市县三级科技成果转化工作网络，支持地方大力发展技术交易市场。面向绿色兴农重大需求，加大绿色技术供给，加强集成应用和示范推广。健全基层农业技术推广体系，创新公益性农技推广服务方式，支持各类社会力量参与农技推广，全面实施农技推广服务特聘计划，加强农业重大技术协同推广。健全农业科技领域分配政策，落实科研成果转化及农业科技创新激励相关政策。

第十五章　完善农业支持保护制度

以提升农业质量效益和竞争力为目标，强化绿色生态导向，创新完善政策工具和手段，加快建立新型农业支持保护政策体系。

第一节　加大支农投入力度

建立健全国家农业投入增长机制，政府固定资产投资继续向农业倾斜，优化投入结构，实施一批打基础、管长远、影响全局的重大工程，加快改变农业基础设施薄弱状况。建立以绿色生态为导向的农业补贴制度，提高农业补贴政策的指向性和精准性。落实和完善对农民直接补贴制度。完善粮食主产区利益补偿机制。继续支持粮改饲、粮豆轮作和畜禽水产标准化健康养殖，改革完善渔业油价补贴政策。完善农机购置补贴政策，鼓励对绿色农业发展机具、高性能机具以及保证粮食等主要农产品生产机具实行敞开补贴。

第二节　深化重要农产品收储制度改革

深化玉米收储制度改革，完善市场化收购加补贴机制。合理制定大豆补贴政策。完善稻谷、小麦最低收购价政策，增强政策灵活性和弹性，合理调整最低收购价水平，加快建立健全支持保护政策。深化国有粮食企业改革，培育壮大骨干粮食企业，引导多元市场主体入市收购，防止出现卖粮难。深化棉花目标价格改革，研究完善食糖（糖料）、油料支持政策，促进价格合理形成，激发企业活力，提高国内产业竞争力。

第三节 提高农业风险保障能力

完善农业保险政策体系，设计多层次、可选择、不同保障水平的保险产品。积极开发适应新型农业经营主体需求的保险品种，探索开展水稻、小麦、玉米三大主粮作物完全成本保险和收入保险试点，鼓励开展天气指数保险、价格指数保险、贷款保证保险等试点。健全农业保险大灾风险分散机制。发展农产品期权期货市场，扩大“保险＋期货”试点，探索“订单农业＋保险＋期货（权）”试点。健全国门生物安全查验机制，推进口岸动植物检疫规范化建设。强化边境管理，打击农产品走私。完善农业风险管理和预警体系。

第五篇 发展壮大乡村产业

以完善利益联结机制为核心，以制度、技术和商业模式创新为动力，推进农村一二三产业交叉融合，加快发展根植于农业农村、由当地农民主办、彰显地域特色和乡村价值的产业体系，推动乡村产业全面振兴。

第十六章 推动农村产业深度融合

把握城乡发展格局发生重要变化的机遇，培育农业农村新产业新业态，打造农村产业融合发展新载体新模式，推动要素跨界配置和产业有机融合，让农村一二三产业在融合发展中同步升级、同步增值、同步受益。

第一节 发掘新功能新价值

顺应城乡居民消费拓展升级趋势，结合各地资源禀赋，深入发掘农业农村的生态涵养、休闲观光、文化体验、健康养老等多种功能和多重价值。遵循市场规律，推动乡村资源全域化整合、多元化增值，增强地方特色产品时代感和竞争力，形成新的消费热点，增加乡村生态产品和服务供给。实施农产品加工业提升行动，支持开展农产品生产加工、综合利用关键技术研究与示范，推动初加工、精深加工、综合利用加工和主食加工协调发展，实现农产品多层次、多环节转化增值。

第二节 培育新产业新业态

深入实施电子商务进农村综合示范，建设具有广泛性的农村电子商务发展基础设施，加快建立健全适应农产品电商发展的标准体系。研发绿色智能农产品供应链核心技术，加快培育农业现代供应链主体。加强农商互联，密切产销衔接，发展农超、农社、农企、农校等产销对接的新型流通业态。实施休闲农业和乡村旅游精品工程，发展乡村共享经济等新业态，推动科技、人文等元素融入农业。强化农业生产性服务业对现代农业产业链的引领支撑作用，构建全程覆盖、区域集成、配套完备的新型农业社会化服务体系。清理规范制约农业农村新产业新业态发展的行政审批事项。着力优化农村消费环境，不断优化农村消费结构，提升农村消费层次。

第三节 打造新载体新模式

依托现代农业产业园、农业科技园区、农产品加工园、农村产业融合发展示范园等，打造农村产业融合发展的平台载体，促进农业内部融合、延伸农业产业链、拓展农业多种功能、发展农业新型业态等多模式融合发展。加快培育农商产业联盟、农业产业化联合体等新型产业链主体，打造一批产加销一体的全产业链企业集群。推进农业循环经济试点示范和田园综合体试点建设。加快培育一批“农字号”特色小镇，在有条件的地区建设培育特色商贸小镇，推动农村产业发展与新型城镇化相结合。

第十七章 完善紧密型利益联结机制

始终坚持把农民更多分享增值收益作为基本出发点，着力增强农民参与融合能力，创新收益分享模式，健全联农带农有效激励机制，让农民更多分享产业融合发展的增值收益。

第一节 提高农民参与程度

鼓励农民以土地、林权、资金、劳动、技术、产品为纽带，开展多种形式的合作与联合，依法组建农民专业合作社联合社，强化农民作为市场主体的平等地位。引导农村集体经济组织挖掘集体土地、房屋、设施等资源和资产潜力，依法通过股份制、合作制、股份合作制、租赁等形式，积极参与产业融合发展。积极培育社会化服务组织，加强农技指导、信用评价、保险推广、市场预测、产品营销等服务，为农民参与产业融合创造良好条件。

第二节 创新收益分享模式

加快推广“订单收购＋分红”“土地流转＋优先雇用＋社会保障”“农民入股＋保底收益＋按股分红”等多种利益联结方式，让农户分享加工、销售环节收益。鼓励行业协会或龙头企业与合作社、家庭农场、普通农户等组织共同营销，开展农产品销售推介和品牌运作，让农户更多分享产业链增值收益。鼓励农业产业化龙头企业通过设立风险资金、为农户提供信贷担保、领办或参办农民合作组织等多种形式，与农民建立稳定的订单和契约关系。完善涉农股份合作制企业利润分配机制，明确资本参与利润分配比例上限。

第三节 强化政策扶持引导

更好发挥政府扶持资金作用，强化龙头企业、合作组织联农带农激励机制，探索将新型农业经营主体带动农户数量和成效作为安排财政支持资金的重要参考依据。以土地、林权为基础的各种形式合作，凡是享受财政投入或政策支持的承包经营者均应成为股东方。鼓励将符合条件的财政资金特别是扶贫资金量化到农村集体经济组织和农户后，以自愿入股方式投入新型农业经营主体，对农户土地经营权入股部分采取特殊保护，探索实行农民负盈不负亏的分配机制。

第十八章　激发农村创新创业活力

坚持市场化方向，优化农村创新创业环境，放开搞活农村经济，合理引导工商资本下乡，推动乡村大众创业万众创新，培育新动能。

第一节　培育壮大创新创业群体

推进产学研合作，加强科研机构、高校、企业、返乡下乡人员等主体协同，推动农村创新创业群体更加多元。培育以企业为主导的农业产业技术创新战略联盟，加速资金、技术和服务扩散，带动和支持返乡创业人员依托相关产业链创业发展。整合政府、企业、社会等多方资源，推动政策、技术、资本等各类要素向农村创新创业集聚。鼓励农民就地创业、返乡创业，加大各方资源支持本地农民兴业创业力度。深入推行科技特派员制度，引导科技、信息、资金、管理等现代生产要素向乡村集聚。

第二节　完善创新创业服务体系

发展多种形式的创新创业支撑服务平台，健全服务功能，开展政策、资金、法律、知识产权、财务、商标等专业化服务。建立农村创新创业园区（基地），鼓励农业企业建立创新创业实训基地。鼓励有条件的县级政府设立“绿色通道”，为返乡下乡人员创新创业提供便利服务。建设一批众创空间、“星创天地”，降低创业门槛。依托基层就业和社会保障服务平台，做好返乡人员创业服务、社保关系转移接续等工作。

第三节　建立创新创业激励机制

加快将现有支持“双创”相关财政政策措施向返乡下乡人员创新创业拓展，把返乡下乡人员开展农业适度规模经营所需贷款按规定纳入全国农业信贷担保体系支持范围。适当放宽返乡创业园用电用水用地标准，吸引更多返乡人员入园创业。各地年度新增建设用地计划指标，要确定一定比例用于支持农村新产业新业态发展。落实好减税降费政策，支持农村创新创业。

第六篇　建设生态宜居的美丽乡村

牢固树立和践行绿水青山就是金山银山的理念，坚持尊重自然、顺应自然、保护自然，统筹山水林田湖草系统治理，加快转变生产生活方式，推动乡村生态振兴，建设生活环境整洁优美、生态系统稳定健康、人与自然和谐共生的生态宜居美丽乡村。

第十九章　推进农业绿色发展

以生态环境友好和资源永续利用为导向，推动形成农业绿色生产方式，实现投入品减量化、生产清洁化、废弃物资源化、产业模式生态化，提高农业可持续发展能力。

第一节　强化资源保护与节约利用

实施国家农业节水行动，建设节水型乡村。深入推进农业灌溉用水总量控制和定额管理，建立健全农业节水长效机制和政策体系。逐步明晰农业水权，推进农业水价综合改革，建立精准补贴和节水奖励机制。严格控制未利用地开垦，落实和完善耕地占补平衡制度。实施农用地分类管理，切实加大优先保护类耕地保护力度。降低耕地开发利用强度，扩大轮作休耕制度试点，制定轮作休耕规划。全面普查动植物种质资源，推进种质资源收集保存、鉴定和利用。强化渔业资源管控与养护，实施海洋渔业资源总量管理、海洋渔船“双控”和休禁渔制度，科学划定江河湖海限捕、禁捕区域，建设水生生物保护区、海洋牧场。

第二节　推进农业清洁生产

加强农业投入品规范化管理，健全投入品追溯系统，推进化肥农药减量施用，完善农药风险评估技术标准体系，严格饲料质量安全管理。加快推进种养循环一体化，建立农村有机废弃物收集、转化、利用网络体系，推进农林产品加工剩余物资源化利用，深入实施秸秆禁烧制度和综合利用，开展整县推进畜禽粪污资源化利用试点。推进废旧地膜和包装废弃物等回收处理。推行水产健康养殖，加大近海滩涂养殖环境治理力度，严格控制河流湖库、近岸海域投饵网箱养殖。探索农林牧渔融合循环发展模式，修复和完善生态廊道，恢复田间生物群落和生态链，建设健康稳定田园生态系统。

第三节　集中治理农业环境突出问题

深入实施土壤污染防治行动计划，开展土壤污染状况详查，积极推进重金属污染耕地等受污染耕地分类管理和安全利用，有序推进治理与修复。加强重有色金属矿区污染综合整治。加强农业面源污染综合防治。加大地下水超采治理，控制地下水漏斗区、地表水过度利用区用水总量。严格工业和城镇污染处理、达标排放，建立监测体系，强化经常性执法监管制度建设，推动环境监测、执法向农村延伸，严禁未经达标处理的城镇污水和其他污染物进入农业农村。

第二十章　持续改善农村人居环境

以建设美丽宜居村庄为导向，以农村垃圾、污水治理和村容村貌提升为主攻方向，开展农村人居环境整治行动，全面提升农村人居环境质量。

第一节 加快补齐突出短板

推进农村生活垃圾治理，建立健全符合农村实际、方式多样的生活垃圾收运处置体系，有条件的地区推行垃圾就地分类和资源化利用。开展非正规垃圾堆放点排查整治。实施“厕所革命”，结合各地实际普及不同类型的卫生厕所，推进厕所粪污无害化处理和资源化利用。梯次推进农村生活污水治理，有条件的地区推动城镇污水管网向周边村庄延伸覆盖。逐步消除农村黑臭水体，加强农村饮用水水源地保护。

第二节 着力提升村容村貌

科学规划村庄建筑布局，大力提升农房设计水平，突出乡土特色和地域民族特点。加快推进通村组道路、入户道路建设，基本解决村内道路泥泞、村民出行不便等问题。全面推进乡村绿化，建设具有乡村特色的绿化景观。完善村庄公共照明设施。整治公共空间和庭院环境，消除私搭乱建、乱堆乱放。继续推进城乡环境卫生整洁行动，加大卫生乡镇创建工作力度。鼓励具备条件的地区集中连片建设生态宜居的美丽乡村，综合提升田水路林村风貌，促进村庄形态与自然环境相得益彰。

第三节 建立健全整治长效机制

全面完成县域乡村建设规划编制或修编，推进实用性村庄规划编制实施，加强乡村建设规划许可管理。建立农村人居环境建设和管护长效机制，发挥村民主体作用，鼓励专业化、市场化建设和运行管护。推行环境治理依效付费制度，健全服务绩效评价考核机制。探索建立垃圾污水处理农户付费制度，完善财政补贴和农户付费合理分担机制。依法简化农村人居环境整治建设项目审批程序和招投标程序。完善农村人居环境标准体系。

第二十一章 加强乡村生态保护与修复

大力实施乡村生态保护与修复重大工程，完善重要生态系统保护制度，促进乡村生产生活环境稳步改善，自然生态系统功能和稳定性全面提升，生态产品供给能力进一步增强。

第一节 实施重要生态系统保护和修复重大工程

统筹山水林田湖草系统治理，优化生态安全屏障体系。大力实施大规模国土绿化行动，全面建设三北、长江等重点防护林体系，扩大退耕还林还草，巩固退耕还林还草成果，推动森林质量精准提升，加强有害生物防治。稳定扩大退牧还草实施范围，继续推进草原防灾减灾、鼠虫草害防治、严重退化沙化草原治理等工程。保护和恢复乡村河湖、湿地生态系统，积极开展农村水生态修复，连通河湖水系，恢复河塘行蓄能力，推进退田还湖还湿、退圩退垸还湖。大力推进荒漠化、石漠化、水土流失综合治理，实施生态清洁小流域建设，推进绿色小水电改造。加快国土综合整治，实施农村土地综合整治重大行动，推进农用地和低效建设用地整理以及历史遗留损毁土地复垦。加强矿产资源开发集中地区特别是重有色金属矿区地质环境和生态修复，以及损毁山体、矿山废弃地修复。加快近岸海域综合治理，实施蓝色海湾整治行动和自然岸线修复。实施生物多样性保护重大工程，提升各类重要保护地保护管理能力。加强野生动植物保护，强化外来入侵物种风险评估、监测预警与综合防控。开展重大生态修复工程气象保障服务，探索实施生态修复型人工增雨工程。

第二节 健全重要生态系统保护制度

完善天然林和公益林保护制度，进一步细化各类森林和林地的管控措施或经营制度。完善草原生态监管和定期调查制度，严格实施草原禁牧和草畜平衡制度，全面落实草原经营者生态保护主体责任。完善荒漠生态保护制度，加强沙区天然植被和绿洲保护。全面推行河长制湖长制，鼓励将河长湖长体系延伸至村一级。推进河湖饮用水水源保护区划定和立界工作，加强对水源涵养区、蓄洪滞涝区、滨河滨湖带的保护。严格落实自然保护区、风景名胜区、地质遗迹等各类保护地保护制度，支持有条件的地方结合国家公园体制试点，探索对居住在核心区域的农牧民实施生态搬迁试点。

第三节 健全生态保护补偿机制

加大重点生态功能区转移支付力度，建立省以下生态保护补偿资金投入机制。完善重点领域生态保护补偿机制，鼓励地方因地制宜探索通过赎买、租赁、置换、协议、混合所有制等方式加强重点区位森林保护，落实草原生态保护补助奖励政策，建立长江流域重点水域禁捕补偿制度，鼓励各地建立流域上下游等横向补偿机制。推动市场化多元化生态补偿，建立健全用水权、排污权、碳排放权交易制度，形成森林、草原、湿地等生态修复工程参与碳汇交易的有效途径，探索实物补偿、服务补偿、设施补偿、对口支援、干部支持、共建园区、飞地经济等方式，提高补偿的针对性。

第四节 发挥自然资源多重效益

大力发展生态旅游、生态种养等产业，打造乡村生态产业链。进一步盘活森林、草原、湿地等自然资源，允许集体经济组织灵活利用现有生产服务设施用地开展相关经营活动。鼓励各类社会主体参与生态保护修复，对集中连片开展生态修复达到一定规模的经营主体，允许在符合土地管理法律法规和土地利用总体规划、依法办理建设用地审批手续、坚持节约集约用地的前提下，利用1%～3%治理面积从事旅游、康养、体育、设施农业等产业开发。深化集体林权制度改革，全面开展森林经营方案编制工作，扩大商品林经营自主权，鼓励多种形式的适度规模经营，支持开展林权收储担保服务。完善生态资源管护机制，设立生态管护员工作岗位，鼓励当地群众参与生态管护和管理服务。进一步健全自然资源有偿使用制度，研究探索生态资源价值评估方法并开展试点。

第七篇　繁荣发展乡村文化

坚持以社会主义核心价值观为引领，以传承发展中华优秀传统文化为核心，以乡村公共文化服务体系建设为载体，培育文明乡风、良好家风、淳朴民风，推动乡村文化振兴，建设邻里守望、诚信重礼、勤俭节约的文明乡村。

第二十二章　加强农村思想道德建设

持续推进农村精神文明建设，提升农民精神风貌，倡导科学文明生活，不断提高乡村社会文明程度。

第一节　践行社会主义核心价值观

坚持教育引导、实践养成、制度保障三管齐下，采取符合农村特点的方式方法和载体，深化中国特色社会主义和中国梦宣传教育，大力弘扬民族精神和时代精神。加强爱国主义、集体主义、社会主义教育，深化民族团结进步教育。注重典型示范，深入实施时代新人培育工程，推出一批新时代农民的先进模范人物。把社会主义核心价值观融入法治建设，推动公正文明执法司法，彰显社会主流价值。强化公共政策价值导向，探索建立重大公共政策道德风险评估和纠偏机制。

第二节　巩固农村思想文化阵地

推动基层党组织、基层单位、农村社区有针对性地加强农村群众性思想政治工作。加强对农村社会热点难点问题的应对解读，合理引导社会预期。健全人文关怀和心理疏导机制，培育自尊自信、理性平和、积极向上的农村社会心态。深化文明村镇创建活动，进一步提高县级及以上文明村和文明乡镇的占比。广泛开展星级文明户、文明家庭等群众性精神文明创建活动。深入开展“扫黄打非”进基层。重视发挥社区教育作用，做好家庭教育，传承良好家风家训。完善文化科技卫生“三下乡”长效机制。

第三节　倡导诚信道德规范

深入实施公民道德建设工程，推进社会公德、职业道德、家庭美德、个人品德建设。推进诚信建设，强化农民的社会责任意识、规则意识、集体意识和主人翁意识。建立健全农村信用体系，完善守信激励和失信惩戒机制。弘扬劳动最光荣、劳动者最伟大的观念。弘扬中华孝道，强化孝敬父母、尊敬长辈的社会风尚。广泛开展好媳妇、好儿女、好公婆等评选表彰活动，开展寻找最美乡村教师、医生、村官、人民调解员等活动。深入宣传道德模范、身边好人的典型事迹，建立健全先进模范发挥作用的长效机制。

第二十三章　弘扬中华优秀传统文化

立足乡村文明，吸取城市文明及外来文化优秀成果，在保护传承的基础上，创造性转化、创新性发展，不断赋予时代内涵、丰富表现形式，为增强文化自信提供优质载体。

第一节　保护利用乡村传统文化

实施农耕文化传承保护工程，深入挖掘农耕文化中蕴含的优秀思想观念、人文精神、道德规范，充分发挥其在凝聚人心、教化群众、淳化民风中的重要作用。划定乡村建设的历史文化保护线，保护好文物古迹、传统村落、民族村寨、传统建筑、农业遗迹、灌溉工程遗产。传承传统建筑文化，使历史记忆、地域特色、民族特点融入乡村建设与维护。支持农村地区优秀戏曲曲艺、少数民族文化、民间文化等传承发展。完善非物质文化遗产保护制度，实施非物质文化遗产传承发展工程。实施乡村经济社会变迁物证征藏工程，鼓励乡村史志修编。

第二节　重塑乡村文化生态

紧密结合特色小镇、美丽乡村建设，深入挖掘乡村特色文化符号，盘活地方和民族特色文化资源，走特色化、差异化发展之路。以形神兼备为导向，保护乡村原有建筑风貌和村落格局，把民族民间文化元素融入乡村建设，深挖历史古韵，弘扬人文之美，重塑诗意闲适的人文环境和田绿草青的居住环境，重现原生田园风光和原本乡情乡愁。引导企业家、文化工作者、退休人员、文化志愿者等投身乡村文化建设，丰富农村文化业态。

第三节　发展乡村特色文化产业

加强规划引导、典型示范，挖掘培养乡土文化本土人才，建设一批特色鲜明、优势突出的农耕文化产业展示区，打造一批特色文化产业乡镇、文化产业特色村和文化产业群。大力推动农村地区实施传统工艺振兴计划，培育形成具有民族和地域特色的传统工艺产品，促进传统工艺提高品质、形成品牌、带动就业。积极开发传统节日文化用品和武术、戏曲、舞龙、舞狮、锣鼓等民间艺术、民俗表演项目，促进文化资源与现代消费需求有效对接。推动文化、旅游与其他产业深度融合、创新发展。

第二十四章　丰富乡村文化生活

推动城乡公共文化服务体系融合发展，增加优秀乡村文化产品和服务供给，活跃繁荣农村文化市场，为广大农民提供高质量的精神营养。

第一节　健全公共文化服务体系

按照有标准、有网络、有内容、有人才的要求，健全乡村公共文化服务体系。推动县级图书馆、文化馆总分馆制，发挥县级公共文化机构辐射作用，加强基层综合性文化服务中心建设，实现乡村两级公共文化服务全覆盖，提升服务效能。完善农村新闻出版广播电视公共服务覆盖体系，推进数字广播电视户户通，探索农村电影放映的新方法新模式，推进农家书屋延伸服务和提质增效。继续实施公共数字文化工程，积极发挥新媒体作用，使农民群众能便捷获取优质数字文化资源。完善乡村公共体育服务体系，推动村健身设施全覆盖。

第二节　增加公共文化产品和服务供给

深入推进文化惠民，为农村地区提供更多更好的公共文化产品和服务。建立农民群众文化需求反馈机制，推动政府向社会购买公共文化服务，开展"菜单式""订单式"服务。加强公共文化服务品牌建设，推动形成具有鲜明特色和社会影响力的农村公共文化服务项目。开展文化结对帮扶。支持"三农"题材文艺创作生产，鼓励文艺工作者推出反映农民生产生活尤其是乡村振兴实践的优秀文艺作品。鼓励各级文艺组织深入农村地区开展惠民演出活动。加强农村科普工作，推动全民阅读进家庭、进农村，提高农民科学文化素养。

第三节　广泛开展群众文化活动

完善群众文艺扶持机制，鼓励农村地区自办文化。培育挖掘乡土文化本土人才，支持乡村文化能人。加强基层文化队伍培训，培养一支懂文艺爱农村爱农民、专兼职相结合的农村文化工作队伍。传承和发展民族民间传统体育，广泛开展形式多样的农民群众性体育活动。鼓励开展群众性节日民俗活动，支持文化志愿者深入农村开展丰富多彩的文化志愿服务活动。活跃繁荣农村文化市场，推动农村文化市场转型升级，加强农村文化市场监管。

第八篇　健全现代乡村治理体系

把夯实基层基础作为固本之策，建立健全党委领导、政府负责、社会协同、公众参与、法治保障的现代乡村社会治理体制，推动乡村组织振兴，打造充满活力、和谐有序的善治乡村。

第二十五章　加强农村基层党组织对乡村振兴的全面领导

以农村基层党组织建设为主线，突出政治功能，提升组织力，把农村基层党组织建成宣传党的主张、贯彻党的决定、领导基层治理、团结动员群众、推动改革发展的坚强战斗堡垒。

第一节　健全以党组织为核心的组织体系

坚持农村基层党组织领导核心地位，大力推进村党组织书记通过法定程序担任村民委员会主任和集体经济组织、农民合作组织负责人，推行村"两委"班子成员交叉任职；提倡由非村民委员会成员的村党组织班子成员或党员担任村务监督委员会主任；村民委员会成员、村民代表中党员应当占一定比例。在以建制村为基本单元设置党组织的基础上，创新党组织设置。推动农村基层党组织和党员在脱贫攻坚和乡村振兴中提高威信、提升影响。加强农村新型经济组织和社会组织的党建工作，引导其始终坚持为农民服务的正确方向。

第二节　加强农村基层党组织带头人队伍建设

实施村党组织带头人整体优化提升行动。加大从本村致富能手、外出务工经商人员、本乡本土大学毕业生、复员退伍军人中培养选拔力度。以县为单位，逐村摸排分析，对村党组织书记集中调整优化，全面实行县级备案管理。健全从优秀村党组织书记中选拔乡镇领导干部、考录乡镇公务员、招聘乡镇事业编制人员机制。通过本土人才回引、院校定向培养、县乡统筹招聘等渠道，每个村储备一定数量的村级后备干部。全面向贫困村、软弱涣散村和集体经济薄弱村党组织派出第一书记，建立长效机制。

第三节　加强农村党员队伍建设

加强农村党员教育、管理、监督，推进"两学一做"学习教育常态化制度化，教育引导广大党员自觉用习近平新时代中国特色社会主义思想武装头脑。严格党的组织生活，全面落实"三会一课"、主题党日、谈心谈话、民主评议党员、党员联系农户等制度。加强农村流动党员管理。注重发挥无职党员作用。扩大党内基层民主，推进党务公开。加强党内激励关怀帮扶，定期走访慰问农村老党员、生活困难党员，帮助解决实际困难。稳妥有序开展不合格党员组织处置工作。加大在青年农民、外出务工人员、妇女中发展党员力度。

第四节 强化农村基层党组织建设责任与保障

推动全面从严治党向纵深发展、向基层延伸，严格落实各级党委尤其是县级党委主体责任，进一步压实县乡纪委监督责任，将抓党建促脱贫攻坚、促乡村振兴情况作为每年市县乡党委书记抓基层党建述职评议考核的重要内容，纳入巡视、巡察工作内容，作为领导班子综合评价和选拔任用领导干部的重要依据。坚持抓乡促村，整乡推进、整县提升，加强基本组织、基本队伍、基本制度、基本活动、基本保障建设，持续整顿软弱涣散村党组织。加强农村基层党风廉政建设，强化农村基层干部和党员的日常教育管理监督，加强对《农村基层干部廉洁履行职责若干规定（试行）》执行情况的监督检查，弘扬新风正气，抵制歪风邪气。充分发挥纪检监察机关在督促相关职能部门抓好中央政策落实方面的作用，加强对落实情况特别是涉农资金拨付、物资调配等工作的监督，开展扶贫领域腐败和作风问题专项治理，严厉打击农村基层黑恶势力和涉黑涉恶腐败及“保护伞”，严肃查处发生在惠农资金、征地拆迁、生态环保和农村“三资”管理领域的违纪违法问题，坚决纠正损害农民利益的行为，严厉整治群众身边腐败问题。全面执行以财政投入为主的稳定的村级组织运转经费保障政策。满怀热情关心关爱农村基层干部，政治上激励、工作上支持、待遇上保障、心理上关怀。重视发现和树立优秀农村基层干部典型，彰显榜样力量。

第二十六章 促进自治法治德治有机结合

坚持自治为基、法治为本、德治为先，健全和创新村党组织领导的充满活力的村民自治机制，强化法律权威地位，以德治滋养法治、涵养自治，让德治贯穿乡村治理全过程。

第一节 深化村民自治实践

加强农村群众性自治组织建设。完善农村民主选举、民主协商、民主决策、民主管理、民主监督制度。规范村民委员会等自治组织选举办法，健全民主决策程序。依托村民会议、村民代表会议、村民议事会、村民理事会等，形成民事民议、民事民办、民事民管的多层次基层协商格局。创新村民议事形式，完善议事决策主体和程序，落实群众知情权和决策权。全面建立健全村务监督委员会，健全务实管用的村务监督机制，推行村级事务阳光工程。充分发挥自治章程、村规民约在农村基层治理中的独特功能，弘扬公序良俗。继续开展以村民小组或自然村为基本单元的村民自治试点工作。加强基层纪委监委对村民委员会的联系和指导。

第二节 推进乡村法治建设

深入开展“法律进乡村”宣传教育活动，提高农民法治素养，引导干部群众尊法学法守法用法。增强基层干部法治观念、法治为民意识，把政府各项涉农工作纳入法治化轨道。维护村民委员会、农村集体经济组织、农村合作经济组织的特别法人地位和权利。深入推进综合行政执法改革向基层延伸，创新监管方式，推动执法队伍整合、执法力量下沉，提高执法能力和水平。加强乡村人民调解组织建设，建立健全乡村调解、县市仲裁、司法保障的农村土地承包经营纠纷调处机制。健全农村公共法律服务体系，加强对农民的法律援助、司法救助和公益法律服务。深入开展法治县（市、区）、民主法治示范村等法治创建活动，深化农村基层组织依法治理。

第三节 提升乡村德治水平

深入挖掘乡村熟人社会蕴含的道德规范，结合时代要求进行创新，强化道德教化作用，引导农民向上向善、孝老爱亲、重义守信、勤俭持家。建立道德激励约束机制，引导农民自我管理、自我教育、自我服务、自我提高，实现家庭和睦、邻里和谐、干群融洽。积极发挥新乡贤作用。深入推进移风易俗，开展专项文明行动，遏制大操大办、相互攀比、“天价彩礼”、厚葬薄养等陈规陋习。加强无神论宣传教育，抵制封建迷信活动。深化农村殡葬改革。

第四节 建设平安乡村

健全落实社会治安综合治理领导责任制，健全农村社会治安防控体系，推动社会治安防控力量下沉，加强农村群防群治队伍建设。深入开展扫黑除恶专项斗争。依法加大对农村非法宗教、邪教活动打击力度，严防境外渗透，继续整治农村乱建宗教活动场所、滥塑宗教造像。完善县乡村三级综治中心功能和运行机制。健全农村公共安全体系，持续开展农村安全隐患治理。加强农村警务、消防、安全生产工作，坚决遏制重特大安全事故。健全矛盾纠纷多元化解机制，深入排查化解各类矛盾纠纷，全面推广“枫桥经验”，做到小事不出村、大事不出乡（镇）。落实乡镇政府农村道路交通安全监督管理责任，探索实施“路长制”。探索以网格化管理为抓手，推动基层服务和管理精细化精准化。推进农村“雪亮工程”建设。

第二十七章 夯实基层政权

科学设置乡镇机构，构建简约高效的基层管理体制，健全农村基层服务体系，夯实乡村治理基础。

第一节 加强基层政权建设

面向服务人民群众合理设置基层政权机构、调配人力资源，不简单照搬上级机关设置模式。根据工作需要，整合基层审批、服务、执法等方面力量，统筹机构编制资源，整合相关职能设立综合性机构，实行扁平化和网格化管理。推动乡村治理重心下移，尽可能把资源、服务、管理下放到基层。加强乡镇领导班子建设，有计划地选派省市县机关部门有发展潜力的年轻干部到乡镇任职。加大从优秀选调生、乡镇事业编制人员、优秀村干部、大学生村官中选拔乡镇领导班子成员力度。加强边境地区、民族地区农村基层政权建设相关工作。

第二节 创新基层管理体制机制

明确县乡财政事权和支出责任划分，改进乡镇财政预算管理制度。推进乡镇协商制度化、规范化建设，创新联系服务群众工作方法。推进直接服务民生的公共事业部门改革，改进服务方式，最大限度方便群众。推动乡镇政务服务事项一窗式办理、部门信息系统一平台整合、社会服务管理大数据一口径汇集，不断提高乡村治理智能化水平。健全监督体系，规范乡镇管理行为。改革创新考评体系，强化以群众满意度为重点的考核导向。严格控制对乡镇设立不切实际的“一票否决”事项。

第三节 健全农村基层服务体系

制定基层政府在村（农村社区）治理方面的权责清单，推进农村基层服务规范化标准化。整合优化公共服务和行政审批职责，打造“一门式办理”“一站式服务”的综合服务平台。在村庄普遍建立网上服务站点，逐步形成完善的乡村便民服务体系。大力培育服务性、公益性、互助性农村社会组织，积极发展农村社会工作和志愿服务。开展农村基层减负工作，集中清理对村级组织考核评比多、创建达标多、检查督查多等突出问题。

第九篇 保障和改善农村民生

坚持人人尽责、人人享有，围绕农民群众最关心最直接最现实的利益问题，加快补齐农村民生短板，提高农村美好生活保障水平，让农民群众有更多实实在在的获得感、幸福感、安全感。

第二十八章 加强农村基础设施建设

继续把基础设施建设重点放在农村，持续加大投入力度，加快补齐农村基础设施短板，促进城乡基础设施互联互通，推动农村基础设施提档升级。

第一节 改善农村交通物流设施条件

以示范县为载体全面推进“四好农村路”建设，深化农村公路管理养护体制改革，健全管理养护长效机制，完善安全防护设施，保障农村地区基本出行条件。推动城市公共交通线路向城市周边延伸，鼓励发展镇村公交，实现具备条件的建制村全部通客车。加大对革命老区、民族地区、边疆地区、贫困地区铁路公益性运输的支持力度，继续开好“慢火车”。加快构建农村物流基础设施骨干网络，鼓励商贸、邮政、快递、供销、运输等企业加大在农村地区的设施网络布局。加快完善农村物流基础设施末端网络，鼓励有条件的地区建设面向农村地区的共同配送中心。

第二节 加强农村水利基础设施网络建设

构建大中小微结合、骨干和田间衔接、长期发挥效益的农村水利基础设施网络，着力提高节水供水和防洪减灾能力。科学有序推进重大水利工程建设，加强灾后水利薄弱环节建设，统筹推进中小型水源工程和抗旱应急能力建设。巩固提升农村饮水安全保障水平，开展大中型灌区续建配套节水改造与现代化建设，有序新建一批节水型、生态型灌区，实施大中型灌排泵站更新改造。推进小型农田水利设施达标提质，实施水系连通和河塘清淤整治等工程建设。推进智慧水利建设。深化农村水利工程产权制度与管理体制改革，健全基层水利服务体系，促进工程长期良性运行。

第三节 构建农村现代能源体系

优化农村能源供给结构，大力发展太阳能、浅层地热能、生物质能等，因地制宜开发利用水能和风能。完善农村能源基础设施网络，加快新一轮农村电网升级改造，推动供气设施向农村延伸。加快推进生物质热电联产、生物质供热、规模化生物质天然气和规模化大型沼气等燃料清洁化工程。推进农村能源消费升级，大幅提高电能在农村能源消费中的比重，加快实施北方农村地区冬季清洁取暖，积极稳妥推进散煤替代。推广农村绿色节能建筑和农用节能技术、产品。大力发展“互联网+”智慧能源，探索建设农村能源革命示范区。

第四节 夯实乡村信息化基础

深化电信普遍服务，加快农村地区宽带网络和第四代移动通信网络覆盖步伐。实施新一代信息基础设施建设工程。实施数字乡村战略，加快物联网、地理信息、智能设备等现代信息技术与农村生产生活的全面深度融合，深化农业农村大数据创新应用，推广远程教育、远程医疗、金融服务进村等信息服务，建立空间化、智能化的新型农村统计信息系统。在乡村信息化基础设施建设过程中，同步规划、同步建设、同步实施网络安全工作。

第二十九章 提升农村劳动力就业质量

坚持就业优先战略和积极就业政策，健全城乡均等的公共就业服务体系，不断提升农村劳动者素质，拓展农民外出就业和就地就近就业空间，实现更高质量和更充分就业。

第一节　拓宽转移就业渠道

增强经济发展创造就业岗位能力，拓宽农村劳动力转移就业渠道，引导农村劳动力外出就业，更加积极地支持就地就近就业。发展壮大县域经济，加快培育区域特色产业，拓宽农民就业空间。大力发展吸纳就业能力强的产业和企业，结合新型城镇化建设合理引导产业梯度转移，创造更多适合农村劳动力转移就业的机会，推进农村劳动力转移就业示范基地建设。加强劳务协作，积极开展有组织的劳务输出。实施乡村就业促进行动，大力发展乡村特色产业，推进乡村经济多元化，提供更多就业岗位。结合农村基础设施等工程建设，鼓励采取以工代赈方式就近吸纳农村劳动力务工。

第二节　强化乡村就业服务

健全覆盖城乡的公共就业服务体系，提供全方位公共就业服务。加强乡镇、行政村基层平台建设，扩大就业服务覆盖面，提升服务水平。开展农村劳动力资源调查统计，建立农村劳动力资源信息库并实行动态管理。加快公共就业服务信息化建设，打造线上线下一体的服务模式。推动建立覆盖城乡全体劳动者、贯穿劳动者学习工作终身、适应就业和人才成长需要的职业技能培训制度，增强职业培训的针对性和有效性。在整合资源基础上，合理布局建设一批公共实训基地。

第三节　完善制度保障体系

推动形成平等竞争、规范有序、城乡统一的人力资源市场，建立健全城乡劳动者平等就业、同工同酬制度，提高就业稳定性和收入水平。健全人力资源市场法律法规体系，依法保障农村劳动者和用人单位合法权益。完善政府、工会、企业共同参与的协调协商机制，构建和谐劳动关系。落实就业服务、人才激励、教育培训、资金奖补、金融支持、社会保险等就业扶持相关政策。加强就业援助，对就业困难农民实行分类帮扶。

第三十章　增加农村公共服务供给

继续把国家社会事业发展的重点放在农村，促进公共教育、医疗卫生、社会保障等资源向农村倾斜，逐步建立健全全民覆盖、普惠共享、城乡一体的基本公共服务体系，推进城乡基本公共服务均等化。

第一节　优先发展农村教育事业

统筹规划布局农村基础教育学校，保障学生就近享有有质量的教育。科学推进义务教育公办学校标准化建设，全面改善贫困地区义务教育薄弱学校基本办学条件，加强寄宿制学校建设，提升乡村教育质量，实现县域校际资源均衡配置。发展农村学前教育，每个乡镇至少办好1所公办中心幼儿园，完善县乡村学前教育公共服务网络。继续实施特殊教育提升计划。科学稳妥推行民族地区乡村中小学双语教育，坚定不移推行国家通用语言文字教育。实施高中阶段教育普及攻坚计划，提高高中阶段教育普及水平。大力发展面向农村的职业教育，加快推进职业院校布局结构调整，加强县级职业教育中心建设，有针对性地设置专业和课程，满足乡村产业发展和振兴需要。推动优质学校辐射农村薄弱学校常态化，加强城乡教师交流轮岗。积极发展“互联网＋教育”，推进乡村学校信息化基础设施建设，优化数字教育资源公共服务体系。落实好乡村教师支持计划，继续实施农村义务教育学校教师特设岗位计划，加强乡村学校紧缺学科教师和民族地区双语教师培训，落实乡村教师生活补助政策，建好建强乡村教师队伍。

第二节　推进健康乡村建设

深入实施国家基本公共卫生服务项目，完善基本公共卫生服务项目补助政策，提供基础性全方位全周期的健康管理服务。加强慢性病、地方病综合防控，大力推进农村地区精神卫生、职业病和重大传染病防治。深化农村计划生育管理服务改革，落实全面两孩政策。增强妇幼健康服务能力，倡导优生优育。加强基层医疗卫生服务体系建设，基本实现每个乡镇都有1所政府举办的乡镇卫生院，每个行政村都有1所卫生室，每个乡镇卫生院都有全科医生，支持中西部地区基层医疗卫生机构标准化建设和设备提档升级。切实加强乡村医生队伍建设，支持并推动乡村医生申请执业（助理）医师资格。全面建立分级诊疗制度，实行差别化的医保支付和价格政策。深入推进基层卫生综合改革，完善基层医疗卫生机构绩效工资制度。开展和规范家庭医生签约服务。树立大卫生大健康理念，广泛开展健康教育活动，倡导科学文明健康的生活方式，养成良好卫生习惯，提升居民文明卫生素质。

第三节　加强农村社会保障体系建设

按照兜底线、织密网、建机制的要求，全面建成覆盖全民、城乡统筹、权责清晰、保障适度、可持续的多层次社会保障体系。进一步完善城乡居民基本养老保险制度，加快建立城乡居民基本养老保险待遇确定和基础养老金标准正常调整机制。完善统一的城乡居民基本医疗保险制度和大病保险制度，做好农民重特大疾病救助工作，健全医疗救助与基本医疗保险、城乡居民大病保险及相关保障制度的衔接机制，巩固城乡居民医保全国异地就医联网直接结算。推进低保制度城乡统筹发展，健全低保标准动态调整机制。全面实施特困人员救助供养制度，提升托底保障能力和服务质量。推动各地通过政府购买服务、设置基层公共管理和社会服务岗位、引入社会工作专业人才和志愿者等方式，为农村留守儿童和妇女、老年人以及困境儿童提供关爱服务。加强和改善农村残疾人服务，将残疾人普遍纳入社会保障体系予以保障和扶持。

第四节　提升农村养老服务能力

适应农村人口老龄化加剧形势，加快建立以居家为基础、社区为依托、机构为补充的多层次农村养老服务体系。以乡镇为中心，建立具有综合服务功能、医养相结合的养老机构，与农村基本公共服务、农村特困供养服务、农村互助养老服务相互配合，形成农村基本养老服务网络。提高乡村卫生服务机构为老年人提供医疗保健服务的能力。支持主要面向失能、半失能老年人的农村养老服务设施建设，推进农村幸福院等互助型养老服务发展，建立健全农村留守老年人关爱服务体系。开发农村康养产业项目。鼓励村集体建设用地优先用于发展养老服务。

第五节　加强农村防灾减灾救灾能力建设

坚持以防为主、防抗救相结合，坚持常态减灾与非常态救灾相统一，全面提高抵御各类灾害综合防范能力。加强农村自然灾害监测预报预警，解决农村预警信息发布“最后一公里”问题。加强防灾减灾工程建设，推进实施自然灾害高风险区农村困难群众危房改造。全面深化森林、草原火灾防控治理。大力推进农村公共消防设施、消防力量和消防安全管理组织建设，改善农村消防安全条件。推进自然灾害救助物资储备体系建设。开展灾害救助应急预案编制和演练，完善应对灾害的政策支持体系和灾后重建工作机制。在农村广泛开展防灾减灾宣传教育。

第十篇　完善城乡融合发展政策体系

顺应城乡融合发展趋势，重塑城乡关系，更好激发农村内部发展活力、优化农村外部发展环境，推动人才、土地、资本等要素双向流动，为乡村振兴注入新动能。

第三十一章　加快农业转移人口市民化

加快推进户籍制度改革，全面实行居住证制度，促进有能力在城镇稳定就业和生活的农业转移人口有序实现市民化。

第一节　健全落户制度

鼓励各地进一步放宽落户条件，除极少数超大城市外，允许农业转移人口在就业地落户，优先解决农村学生升学和参军进入城镇的人口、在城镇就业居住5年以上和举家迁徙的农业转移人口以及新生代农民工落户问题。区分超大城市和特大城市主城区、郊区、新区等区域，分类制定落户政策，重点解决符合条件的普通劳动者落户问题。全面实行居住证制度，确保各地居住证申领门槛不高于国家标准、享受的各项基本公共服务和办事便利不低于国家标准，推进居住证制度覆盖全部未落户城镇常住人口。

第二节　保障享有权益

不断扩大城镇基本公共服务覆盖面，保障符合条件的未落户农民工在流入地平等享受城镇基本公共服务。通过多种方式增加学位供给，保障农民工随迁子女以流入地公办学校为主接受义务教育，以普惠性幼儿园为主接受学前教育。完善就业失业登记管理制度，面向农业转移人口全面提供政府补贴职业技能培训服务。将农业转移人口纳入社区卫生和计划生育服务体系，提供基本医疗卫生服务。把进城落户农民完全纳入城镇社会保障体系，在农村参加的养老保险和医疗保险规范接入城镇社会保障体系，做好基本医疗保险关系转移接续和异地就医结算工作。把进城落户农民完全纳入城镇住房保障体系，对符合条件的采取多种方式满足基本住房需求。

第三节　完善激励机制

维护进城落户农民土地承包权、宅基地使用权、集体收益分配权，引导进城落户农民依法自愿有偿转让上述权益。加快户籍变动与农村“三权”脱钩，不得以退出“三权”作为农民进城落户的条件，促使有条件的农业转移人口放心落户城镇。落实支持农业转移人口市民化财政政策，以及城镇建设用地增加规模与吸纳农业转移人口落户数量挂钩政策，健全由政府、企业、个人共同参与的市民化成本分担机制。

第三十二章　强化乡村振兴人才支撑

实行更加积极、更加开放、更加有效的人才政策，推动乡村人才振兴，让各类人才在乡村大施所能、大展才华、大显身手。

第一节　培育新型职业农民

全面建立职业农民制度，培养新一代爱农业、懂技术、善经营的新型职业农民，优化农业从业者结构。实施新型职业农民培育工程，支持新型职业农民通过弹性学制参加中高等农业职业教育。创新培训组织形式，探索田间课堂、网络教室等培训方式，支持农民专业合作社、专业技术协会、龙头企业等主体承担培训。鼓励各地开展职业农民职称评定试点。引导符合条件的新型职业农民参加城镇职工养老、医疗等社会保障制度。

第二节 加强农村专业人才队伍建设

加大“三农”领域实用专业人才培育力度，提高农村专业人才服务保障能力。加强农技推广人才队伍建设，探索公益性和经营性农技推广融合发展机制，允许农技人员通过提供增值服务合理取酬，全面实施农技推广服务特聘计划。加强涉农院校和学科专业建设，大力培育农业科技、科普人才，深入实施农业科研杰出人才计划和杰出青年农业科学家项目，深化农业系列职称制度改革。

第三节 鼓励社会人才投身乡村建设

建立健全激励机制，研究制定完善相关政策措施和管理办法，鼓励社会人才投身乡村建设。以乡情乡愁为纽带，引导和支持企业家、党政干部、专家学者、医生教师、规划师、建筑师、律师、技能人才等，通过下乡担任志愿者、投资兴业、行医办学、捐资捐物、法律服务等方式服务乡村振兴事业，允许符合要求的公职人员回乡任职。落实和完善融资贷款、配套设施建设补助、税费减免等扶持政策，引导工商资本积极投入乡村振兴事业。继续实施“三区”（边远贫困地区、边疆民族地区和革命老区）人才支持计划，深入推进大学生村官工作，因地制宜实施“三支一扶”、高校毕业生基层成长等计划，开展乡村振兴“巾帼行动”、青春建功行动。建立城乡、区域、校地之间人才培养合作与交流机制。全面建立城市医生教师、科技文化人员等定期服务乡村机制。

第三十三章 加强乡村振兴用地保障

完善农村土地利用管理政策体系，盘活存量，用好流量，辅以增量，激活农村土地资源资产，保障乡村振兴用地需求。

第一节 健全农村土地管理制度

总结农村土地征收、集体经营性建设用地入市、宅基地制度改革试点经验，逐步扩大试点，加快土地管理法修改。探索具体用地项目公共利益认定机制，完善征地补偿标准，建立被征地农民长远生计的多元保障机制。建立健全依法公平取得、节约集约使用、自愿有偿退出的宅基地管理制度。在符合规划和用途管制前提下，赋予农村集体经营性建设用地出让、租赁、入股权能，明确入市范围和途径。建立集体经营性建设用地增值收益分配机制。

第二节 完善农村新增用地保障机制

统筹农业农村各项土地利用活动，乡镇土地利用总体规划可以预留一定比例的规划建设用地指标，用于农业农村发展。根据规划确定的用地结构和布局，年度土地利用计划分配中可安排一定比例新增建设用地指标专项支持农业农村发展。对于农业生产过程中所需各类生产设施和附属设施用地，以及由于农业规模经营必须兴建的配套设施，在不占用永久基本农田的前提下，纳入设施农用地管理，实行县级备案。鼓励农业生产与村庄建设用地复合利用，发展农村新产业新业态，拓展土地使用功能。

第三节 盘活农村存量建设用地

完善农民闲置宅基地和闲置农房政策，探索宅基地所有权、资格权、使用权“三权分置”，落实宅基地集体所有权，保障宅基地农户资格权和农民房屋财产权，适度放活宅基地和农民房屋使用权，不得违规违法买卖宅基地，严格实行土地用途管制，严格禁止下乡利用农村宅基地建设别墅大院和私人会馆。在符合土地利用总体规划前提下，允许县级政府通过村土地利用规划调整优化村庄用地布局，有效利用农村零星分散的存量建设用地。对利用收储农村闲置建设用地发展农村新产业新业态的，给予新增建设用地指标奖励。

第三十四章 健全多元投入保障机制

健全投入保障制度，完善政府投资体制，充分激发社会投资的动力和活力，加快形成财政优先保障、社会积极参与的多元投入格局。

第一节 继续坚持财政优先保障

建立健全实施乡村振兴战略财政投入保障制度，明确和强化各级政府“三农”投入责任，公共财政更大力度向“三农”倾斜，确保财政投入与乡村振兴目标任务相适应。规范地方政府举债融资行为，支持地方政府发行一般债券用于支持乡村振兴领域公益性项目，鼓励地方政府试点发行项目融资和收益自平衡的专项债券，支持符合条件、有一定收益的乡村公益性建设项目。加大政府投资对农业绿色生产、可持续发展、农村人居环境、基本公共服务等重点领域和薄弱环节支持力度，充分发挥投资对优化供给结构的关键性作用。充分发挥规划的引领作用，推进行业内资金整合与行业间资金统筹相互衔接配合，加快建立涉农资金统筹整合长效机制。强化支农资金监督管理，提高财政支农资金使用效益。

第二节 提高土地出让收益用于农业农村比例

开拓投融资渠道，健全乡村振兴投入保障制度，为实施乡村振兴战略提供稳定可靠资金来源。坚持取之于地，主要用之于农的原则，制定调整完善土地出让收入使用范围、提高农业农村投入比例的政策性意见，所筹集资金用于支持实施乡村振兴战略。改进耕地占补平衡管理办法，建立高标准农田建设等新增耕地指标和城乡建设用地增减挂钩节余指标跨省域调剂机制，将所得收益通过支出预算全部用于巩固脱贫攻坚成果和支持实施乡村振兴战略。

第三节 引导和撬动社会资本投向农村

优化乡村营商环境，加大农村基础设施和公用事业领域开放力度，吸引社会资本参与乡村振兴。规范有序盘活农业农村基础设施存量资产，回收资金主要用于补短板项目建设。继续深化“放管服”改革，鼓励工商资本投入农业农村，为乡村振兴提供综合性解决方案。鼓励利用外资开展现代农业、产业融合、生态修复、人居环境整治和农村基础设施等建设。推广一事一议、以奖代补等方式，鼓励农民对直接受益的乡村基础设施建设投工投劳，让农民更多参与建设管护。

第三十五章 加大金融支农力度

健全适合农业农村特点的农村金融体系，把更多金融资源配置到农村经济社会发展的重点领域和薄弱环节，更好满足乡村振兴多样化金融需求。

第一节 健全金融支农组织体系

发展乡村普惠金融。深入推进银行业金融机构专业化体制机制建设，形成多样化农村金融服务主体。指导大型商业银行立足普惠金融事业部等专营机制建设，完善专业化的“三农”金融服务供给机制。完善中国农业银行、中国邮政储蓄银行“三农”金融事业部运营体系，明确国家开发银行、中国农业发展银行在乡村振兴中的职责定位，加大对乡村振兴信贷支持。支持中小型银行优化网点渠道建设，下沉服务重心。推动农村信用社省联社改革，保持农村信用社县域法人地位和数量总体稳定，完善村镇银行准入条件。引导农民合作金融健康有序发展。鼓励证券、保险、担保、基金、期货、租赁、信托等金融资源聚焦服务乡村振兴。

第二节 创新金融支农产品和服务

加快农村金融产品和服务方式创新，持续深入推进农村支付环境建设，全面激活农村金融服务链条。稳妥有序推进农村承包土地经营权、农民住房财产权、集体经营性建设用地使用权抵押贷款试点。探索县级土地储备公司参与农村承包土地经营权和农民住房财产权“两权”抵押试点工作。充分发挥全国信用信息共享平台和金融信用信息基础数据库的作用，探索开发新型信用类金融支农产品和服务。结合农村集体产权制度改革，探索利用量化的农村集体资产股权的融资方式。提高直接融资比重，支持农业企业依托多层次资本市场发展壮大。创新服务模式，引导持牌金融机构通过互联网和移动终端提供普惠金融服务，促进金融科技与农村金融规范发展。

第三节 完善金融支农激励政策

继续通过奖励、补贴、税收优惠等政策工具支持“三农”金融服务。抓紧出台金融服务乡村振兴的指导意见。发挥再贷款、再贴现等货币政策工具的引导作用，将乡村振兴作为信贷政策结构性调整的重要方向。落实县域金融机构涉农贷款增量奖励政策，完善涉农贴息贷款政策，降低农户和新型农业经营主体的融资成本。健全农村金融风险缓释机制，加快完善“三农”融资担保体系。充分发挥好国家融资担保基金的作用，强化担保融资增信功能，引导更多金融资源支持乡村振兴。制定金融机构服务乡村振兴考核评估办法。改进农村金融差异化监管体系，合理确定金融机构发起设立和业务拓展的准入门槛。守住不发生系统性金融风险底线，强化地方政府金融风险防范处置责任。

第十一篇 规划实施

实行中央统筹、省负总责、市县抓落实的乡村振兴工作机制，坚持党的领导，更好履行各级政府职责，凝聚全社会力量，扎实有序推进乡村振兴。

第三十六章 加强组织领导

坚持党总揽全局、协调各方，强化党组织的领导核心作用，提高领导能力和水平，为实现乡村振兴提供坚强保证。

第一节 落实各方责任

强化地方各级党委和政府在实施乡村振兴战略中的主体责任，推动各级干部主动担当作为。坚持工业农业一起抓、城市农村一起抓，把农业农村优先发展原则体现到各个方面。坚持乡村振兴重大事项、重要问题、重要工作由党组织讨论决定的机制，落实党政一把手是第一责任人、五级书记抓乡村振兴的工作要求。县委书记要当好乡村振兴“一线总指挥”，下大力气抓好“三农”工作。各地区要依照国家规划科学编制乡村振兴地方规划或方案，科学制定配套政策和配置公共资源，明确目标任务，细化实化政策措施，增强可操作性。各部门要各司其职、密切配合，抓紧制定专项规划或指导意见，细化落实并指导地方完成国家规划提出的主要目标任务。建立健全规划实施和工作推进机制，加强政策衔接和工作协调。培养造就一支懂农业、爱农村、爱农民的“三农”工作队伍，带领群众投身乡村振兴伟大事业。

第二节 强化法治保障

各级党委和政府要善于运用法治思维和法治方式推进乡村振兴工作，严格执行现行涉农法律法规，在规划编制、项目安排、资金使用、监督管理等方面，提高规范化、制度化、法治化水平。完善乡村振兴法律法规和标准体系，充分发挥立法在乡村振兴中的保障和推动作用。推动各类组织和个人依法依规实施和参与乡村振兴。加强基层执法队伍建设，强化市场监管，规范乡村市场秩序，有效促进社会公平正义，维护人民群众合法权益。

第三节　动员社会参与

搭建社会参与平台，加强组织动员，构建政府、市场、社会协同推进的乡村振兴参与机制。创新宣传形式，广泛宣传乡村振兴相关政策和生动实践，营造良好社会氛围。发挥工会、共青团、妇联、科协、残联等群团组织的优势和力量，发挥各民主党派、工商联、无党派人士等积极作用，凝聚乡村振兴强大合力。建立乡村振兴专家决策咨询制度，组织智库加强理论研究。促进乡村振兴国际交流合作，讲好乡村振兴的中国故事，为世界贡献中国智慧和中国方案。

第四节　开展评估考核

加强乡村振兴战略规划实施考核监督和激励约束。将规划实施成效纳入地方各级党委和政府及有关部门的年度绩效考评内容，考核结果作为有关领导干部年度考核、选拔任用的重要依据，确保完成各项目标任务。本规划确定的约束性指标以及重大工程、重大项目、重大政策和重要改革任务，要明确责任主体和进度要求，确保质量和效果。加强乡村统计工作，因地制宜建立客观反映乡村振兴进展的指标和统计体系。建立规划实施督促检查机制，适时开展规划中期评估和总结评估。

第三十七章　有序实现乡村振兴

充分认识乡村振兴任务的长期性、艰巨性，保持历史耐心，避免超越发展阶段，统筹谋划，典型带动，有序推进，不搞齐步走。

第一节　准确聚焦阶段任务

在全面建成小康社会决胜期，重点抓好防范化解重大风险、精准脱贫、污染防治三大攻坚战，加快补齐农业现代化短腿和乡村建设短板。在开启全面建设社会主义现代化国家新征程时期，重点加快城乡融合发展制度设计和政策创新，推动城乡公共资源均衡配置和基本公共服务均等化，推进乡村治理体系和治理能力现代化，全面提升农民精神风貌，为乡村振兴这盘大棋布好局。

第二节　科学把握节奏力度

合理设定阶段性目标任务和工作重点，分步实施，形成统筹推进的工作机制。加强主体、资源、政策和城乡协同发力，避免代替农民选择，引导农民摒弃“等靠要”思想，激发农村各类主体活力，激活乡村振兴内生动力，形成系统高效的运行机制。立足当前发展阶段，科学评估财政承受能力、集体经济实力和社会资本动力，依法合规谋划乡村振兴筹资渠道，避免负债搞建设，防止刮风搞运动，合理确定乡村基础设施、公共产品、制度保障等供给水平，形成可持续发展的长效机制。

第三节　梯次推进乡村振兴

科学把握我国乡村区域差异，尊重并发挥基层首创精神，发掘和总结典型经验，推动不同地区、不同发展阶段的乡村有序实现农业农村现代化。发挥引领区示范作用，东部沿海发达地区、人口净流入城市的郊区、集体经济实力强以及其他具备条件的乡村，到2022年率先基本实现农业农村现代化。推动重点区加速发展，中小城市和小城镇周边以及广大平原、丘陵地区的乡村，涵盖我国大部分村庄，是乡村振兴的主战场，到2035年基本实现农业农村现代化。聚焦攻坚区精准发力，革命老区、民族地区、边疆地区、集中连片特困地区的乡村，到2050年如期实现农业农村现代化。

2019 年

农业农村部办公厅关于做好农村沼气设施安全处置工作的通知

农办科〔2019〕2号　2019年1月2日

各省、自治区、直辖市农业农村（农牧）厅（局、委），广西壮族自治区林业局，新疆生产建设兵团农业局，黑龙江省农垦总局：

为深入贯彻落实党中央、国务院关于加强安全生产工作的决策部署的有关要求，做好农村沼气设施安全处置工作，有效防范安全风险，现将有关事宜通知如下。

一、处置原则

（一）实行属地管理。坚持谁立项谁负责，农村沼气设施安全处置实行属地管理，各省（区、市）农业农村部门负有监管责任，要结合本地实际，健全完善农村沼气安全生产责任制度，提高环境安全风险防控和突发安全事件的应急能力。

（二）明确业主主体责任。坚持谁拥有谁负责，农村沼气设施业主是安全处置的责任主体，各省（区、市）农业农村部门要组织农村沼气设施业主做好安全处置工作，坚持业主自愿、确保安全、不留隐患。

（三）**科学分类处置。**坚持因地制宜、分类施策，对正常使用的农村沼气设施，要建档立卡、规范管理；对闲置废弃的农村沼气设施，分类施策。可盘活再利用的积极盘活；符合报废条件的，按程序进行报废处置，彻底解决安全隐患。

二、处置方式

（一）**合理盘活现有沼气资产。**充分挖掘闲置农村沼气设施在农村改厕、生活污水处理和畜禽粪污资源化利用等方面的潜力，积极探索转变功能、盘活资产的有效模式。对于改造为化粪池、生活污水处理设施、储肥池等的农村沼气设施，不再纳入管理统计范畴。

（二）**安全处置报废沼气设施。**以人身和环境安全风险防控为目标，对应报废的农村沼气设施，要积极协调地方财政部门，加大地方财政资金投入，做好拆除、填埋等安全性处置工作。

三、报废条件

（一）**正常报废。**达到正常使用年限，整体功能严重退化已无法使用的农村沼气设施。

（二）**灾毁报废。**因地震、洪水、泥石流等自然灾害影响或基础塌陷等地质条件变化，导致池体严重受损、无法正常使用的农村沼气设施。

（三）**政策性报废。**因畜禽养殖禁（限）养区划定、村庄集并、生态移民、扶贫搬迁等政策影响，致使不再具备运行条件的农村沼气设施；受交通、水利等各类工程建设影响需要拆除的农村沼气设施。

（四）**功能性报废。**由于沼气业主自行改造为水窖、污水池等因素，造成功能转变的农村沼气设施。

（五）**其他报废。**受业主用能条件变化、外出打工长期闲置等其他因素影响，须报废的农村沼气设施。

四、有关要求

（一）**加强组织领导。**各省（区、市）农业农村部门要加强领导，精心组织，做好宣传培训，落实安全措施，严防事故发生，妥善处理好各类农村沼气设施。

（二）**制定处置办法。**各省（区、市）农业农村部门要根据本通知要求，尽快研究制定相关安全处置办法。《农业部办公厅关于规范户用沼气报废管理的通知》（农办科〔2013〕11号）自本通知发布之日起予以废止。

（三）**建立处置台账。**各省（区、市）农业农村部门要全面梳理辖区内农村沼气设施建设运营和管理情况，尽快完成农村沼气设施摸底调查，建立台账。

（四）**规范安全处置。**各省（区、市）农业农村部门要按照沼气设施相关标准、办法，指导农村沼气设施业主组织专业技术人员或委托专业机构进行专业拆除、填埋或改造。

联系人：农业农村部科技教育司 徐文灏

联系方式：010-59192910

国家发展改革委 国家能源局关于建立健全可再生能源电力消纳保障机制的通知

发改能源〔2019〕807号

2019年5月10日

各省、自治区、直辖市、新疆生产建设兵团发展改革委（能源局）、经信委（工信委、工信厅），国家能源局各派出监管机构，国家电网有限公司、中国南方电网有限责任公司、内蒙古电力（集团）有限责任公司、中国华能集团公司、中国大唐集团公司、中国华电集团公司、国家能源投资集团公司、国家电力投资集团公司、中国能源建设集团有限公司、中国电力建设集团有限公司、中国节能环保集团公司、中国核工业集团公司、中国广核集团有限公司、中国华润集团公司、中国长江三峡集团公司、国家开发投资集团有限公司、中国光大集团、国家开发银行、电力规划设计总院、水电水利规划设计总院、国家可再生能源中心：

为深入贯彻习近平总书记关于推动能源生产和消费革命的重要论述，加快构建清洁低碳、安全高效的能源体系，促进可再生能源开发利用，依据《中华人民共和国可再生能源法》《关于加快培育和发展战略性新兴产业的决定》《能源发展战略行动计划（2014—2020年）》，决定对各省级行政区域设定可再生能源电力消纳责任权重，建立健全可再生能源电力消纳保障机制。现将有关事项和政策措施通知如下。

一、对电力消费设定可再生能源电力消纳责任权重。可再生能源电力消纳责任权重是指按省级行政区域对电力消费规定应达到的可再生能源电量比重，包括可再生能源电力总量消纳责任权重（简称“总量消纳责任权重”）和非水电可再生能源电力消纳责任权重（简称“非水电消纳责任权重”）。满足总量消纳责任权重的可再生能源电力包括全部可再生能源发电种类；满足非水电消纳责任权重的可再生能源电力包括除水电以外的其他可再生能源发电种类。对各省级行政区域规定应达到的最低可再生能源电力消纳责任权重（简称“最低消纳责任权重”），按超过最低消纳责任权重一定幅度确定激励性消纳责任权重。

二、按省级行政区域确定消纳责任权重。国务院能源主管部门组织有关机构，按年度对各省级行政区域可再生能源电力消纳责任权重进行统一测算，向各省级能源主管部门征求意见。各省级能源主管部门会同经济运行管理部门在国家电网有限公司（简称“国家电网”）、中国南方电网有限责任公司（简称“南方电网”）所属省级电网企业和省属地方电网企业技术支持下，对国务院能源主管部门统一测算提出的消纳责任权重进行研究后向国务院能源主管部门反馈意见。国务院能源主管部门结合各方面反馈意见，综合论证后于每年3月底前向各省级行政区域下达当年可再生能源电力消纳责任权重。

三、各省级能源主管部门牵头承担消纳责任权重落实责任。各省级能源主管部门会同经济运行管理部门、所在地区的国务院能源主管部门派出监管机构按年度组织制定本省级行政区域可再生能源电力消纳实施方案（简称“消纳实施方案”），报省级人民政府批准后实施。消纳实施方案主要应包括：年度消纳责任权重及消纳量分配、消纳实施工作机制、消纳责任履行方式、对消纳责任主体的考核方式等。各省级行政区域制定消纳实施方案时，对承担消纳责任的市场主体设定的消纳责任权重可高于国务院能源主管部门向本区域下达的最低消纳责任权重。

四、售电企业和电力用户协同承担消纳责任。承担消纳责任的第一类市场主体为各类直接向电力用户供/售电的电网企业、独立售电公司、拥有配电网运营权的售电公司（简称“配售电公司”，包括增量配电项目公司）；第二类市场主体为通过电力批发市场购电的电力用户和拥有自备电厂的企业。第一类市场主体承担与其年售电量相对应的消纳量，第二类市场主体承担与其年用电量相对应的消纳量。各承担消纳责任的市场主体的售电量和用电量中，农业用电和专用计量的供暖电量免于消纳责任权重考核。

五、电网企业承担经营区消纳责任权重实施的组织责任。国家电网、南方电网指导所属省级电网企业依据有关省级人民政府批准的消纳实施方案，负责组织经营区内各承担消纳责任的市场主体完成可再生能源电力消纳。有关省级能源主管部门会同经济运行管理部门督促省属地方电网企业、配售电公司以及未与公用电网联网的拥有自备电厂的企业完成可再生能源电力消纳。各承担消纳责任的市场主体及用户均须完成所在区域电网企业分配的消纳量，并在电网企业统一组织下协同完成本经营区的消纳量。

六、做好消纳责任权重实施与电力交易衔接。各电力交易机构负责组织开展可再生能源电力相关交易，指导参与电力交易的承担消纳责任的市场主体优先完成可再生能源电力消纳相应的电力交易，在中长期电力交易合同审核、电力交易信息公布等环节对承担消纳责任的市场主体给予提醒。各承担消纳责任的市场主体参与电力市场交易时，应向电力交易机构作出履行可再生能源电力消纳责任的承诺。

七、消纳量核算方式。各承担消纳责任的市场主体以实际消纳可再生能源电量为主要方式完成消纳量，同时可通过以下补充（替代）方式完成消纳量。

（一）向超额完成年度消纳量的市场主体购买其超额完成的可再生能源电力消纳量（简称“超额消纳量”），双方自主确定转让（或交易）价格。

（二）自愿认购可再生能源绿色电力证书（简称“绿证”），绿证对应的可再生能源电量等量记为消纳量。

八、消纳量监测核算和交易。各电力交易机构负责承担消纳责任的市场主体的消纳量账户设立、消纳量核算及转让（或交易）、消纳量监测统计工作。国务院能源主管部门依据国家可再生能源信息管理中心和电力交易机构核算的消纳量统计结果，按年度发布各承担消纳责任的市场主体的消纳量完成情况。各省级行政区域内的消纳量转让（或交易）原则上由省（自治区、直辖市）电力交易中心组织，跨省级行政区域的消纳量转让（或交易）在北京电力交易中心和广州电力交易中心组织下进行。国家可再生能源信息管理中心与国家电网、南方电网等电网企业及各电力交易中心联合建立消纳量监测核算技术体系并实现信息共享。

九、做好可再生能源电力消纳相关信息报送。国家电网、南方电网所属省级电网企业和省属地方电网企业于每年1月底前向省级能源主管部门、经济运行管理部门和所在地区的国务院能源主管部门派出监管机构报送上年度本经营区及各承担消纳责任的市场主体可再生能源电力消纳量完成情况的监测统计信息。各省级能源主管部门于每年2月底前向国务院能源主管部门报送上年度本省级行政区域消纳量完成情况报告、承担消纳责任的市场主体消纳量完成考核情况，同时抄送所在地区的国务院能源主管部门派出监管机构。

十、省级能源主管部门负责对承担消纳责任的市场主体进行考核。省级能源主管部门会同经济运行管理部门对本省级行政区域承担消纳责任的市场主体消纳量完成情况进行考核，按年度公布可再生能源电力消纳量考核报告。各省级能源主管部门会同经济运行管理部门负责督促未履行消纳责任的市场主体限期整改，对未按期完成整改的市场主体依法依规予以处理，将其列入不良信用记录，予以联合惩戒。

十一、国家按省级行政区域监测评价。国务院能源主管部门依托国家可再生能源中心会同国家可再生能源信息管理中心等对各省级行政区域消纳责任权重完成情况以及国家电网、南方电网对所属省级电网企业消纳责任权重组织实施和管理工作进行监测评价，按年度公布可再生能源电力消纳责任权重监测评价报告。各省级能源主管部门会同经济运行管理部门对省属地方电网企业、配售电公司以及未与公用电网联网的拥有自备电厂企业的消纳责任实施进行督导考核。由于自然原因（包括可再生能源资源极端异常）或重大事故导致可再生能源发电量显著减少或送出受限，在对有关省级行政区域消纳责任权重监测评价和承担消纳责任的市场主体进行考核时相应核减。

十二、超额完成消纳量不计入“十三五”能耗考核。在确保完成全国能源消耗总量和强度“双控”目标条件下，对于实际完成消纳量超过本区域激励性消纳责任权重对应消纳量的省级行政区域，超出激励性消纳责任权重部分的消纳量折算的能源消费量不纳入该区域能耗“双控”考核。对纳入能耗考核的企业，超额完成所在省级行政区域消纳实施方案对其确定完成的消纳量折算的能源消费量不计入其能耗考核。

十三、加强消纳责任权重实施监管。国务院能源主管部门派出监管机构负责对各承担消纳责任的市场主体的消纳量完成情况、可再生能源相关交易过程等情况进行监管，并向国务院能源主管部门报送各省级行政区域以及各电网企业经营区的消纳责任权重总体完成情况专项监管报告。

各省级能源主管部门按照本通知下达的2018年消纳责任权重对本省级行政区域自我核查，以模拟运行方式按照本通知下达的2019年消纳责任权重对承担消纳责任的市场主体进行试考核。各省（自治区、直辖市）有关部门和国家电网、南方电网及有关机构，在2019年底前完成有关政策实施准备工作，自2020年1月1日起全面进行监测评价和正式考核。本通知中的2020年消纳责任权重用于指导各省级行政区域可再生能源发展，将根据可再生能源发展“十三五”规划实施进展情况适度调整，在2020年3月底前正式下达各省级行政区域当年可再生能源电力消纳责任权重。

本通知有效期为5年，将视情况适时对有关政策进行调整完善。

国家发展改革委 国家能源局 财政部 自然资源部 生态环境部 住房城乡建设部 农业农村部 应急管理部 人民银行 税务总局 联合印发《关于促进生物天然气产业化发展的指导意见》

发改能源规〔2019〕1895号

2019年12月4日

各省、自治区、直辖市及新疆生产建设兵团有关部门，有关中央企业：

为落实中央财经委员会第一次会议精神以及《中共中央 国务院关于全面加强生态环境保护坚决打好污染防治攻坚战的意见》《中共中央 国务院关于印发〈乡村振兴战略规划（2018—2022年）〉的通知》《国务院关于印发打赢蓝天保卫战三年行动计划的通知》等文件要求，加快生物天然气产业化发展，现提出以下意见。

一、促进生物天然气产业化发展的重要意义

生物天然气是以农作物秸秆、畜禽粪污、餐厨垃圾、农副产品加工废水等各类城乡有机废弃物为原料，经厌氧发酵和净化提纯产生的绿色低碳清洁可再生的天然气，同时厌氧发酵过程中产生的沼渣沼液可生产有机肥。我国发展生物天然气意义重大。

构建分布式可再生清洁燃气生产消费体系，有效替代农村散煤。发展生物天然气，构建就地收集原料、就地加工转化、就近消费利用的分布式清洁燃气生产消费体系，增加县域天然气气源保障，加快替代燃煤、特别是农村散煤，治理大气污染，助力打赢蓝天保卫战。

规模化处理有机废弃物，保护城乡生态环境。发展生物天然气，以工业化规模化专业化方式处理城乡有机废弃物，构建企业化商业化可持续发展机制，加快推进畜禽粪污资源化利用，解决粪污、秸秆露天焚烧等引起的环境污染问题，实现城乡有机废弃物能源化产业化可持续利用，变废为宝、一举多得。

优化天然气供给结构，发展现代新能源产业。发展生物天然气，立足国内，内生发展，作为常规天然气的重要补充，有利于补齐天然气供需短板，降低进

口依存度，助力解决农村煤改气气源问题，提高能源安全保障程度。推进生物质能转型升级，加快可再生能源在燃气领域应用，培育发展可再生能源新兴产业。

当前，生物天然气处于发展初期，面临着技术不成熟、产业体系不健全、政策支持力度不够等问题和困难，亟需加大支持，完善政策，加快生物天然气产业化发展步伐。

二、总体要求

（一）指导思想。坚持以习近平新时代中国特色社会主义思想为指导，全面贯彻党的十九大和十九届二中、三中、四中全会精神，坚持新发展理念，以实现生物天然气工业化商业化可持续发展、形成绿色低碳清洁可再生燃气新兴工业为目标，将生物天然气纳入国家能源体系，强化统筹协调，发挥市场作用，建立分布式生产消费体系，创新体制机制，完善政策措施，加快生物天然气专业化市场化规模化发展，增加天然气供应，保护城乡生态环境，促进生态文明建设。

（二）基本原则

统筹协调，合力推进。统筹可再生能源和天然气产供储销支持政策，将生物天然气融入大能源，以工业化市场化方式推动发展。统筹城乡各种原料，协调生产和消费，整合各方面支持措施，合力推动生物天然气加快发展。

建立体系，循环发展。建立原料收集保障、生物天然气消费等关键体系，完善行业服务体系。发挥资源和灵活布局优势，推进生物天然气分布式生产消费，在消费侧直接替代燃煤供热，形成城乡有机废弃物能源化利用循环发展模式，有效治理大气污染。

技术进步，创新驱动。加快推进生物天然气技术进步与工程建设现代化，提高产业技术水平和创新能力。培育发展生物天然气新兴市场和价值链，创新投融资模式和商业模式，加快形成创新型现代产业。

市场导向，政策扶持。发挥市场作用，优化市场环境，更好地调动企业和社会的积极性。创新机制，加大政策扶持，建立支持生物天然气政策体系。简化管理，优化服务，建立高效管理体系，支持生物天然气产业化发展。

（三）发展目标

到2025年，生物天然气具备一定规模，形成绿色低碳清洁可再生燃气新兴产业，生物天然气年产量超过100亿米^3。

到2030年，生物天然气实现稳步发展。规模位居世界前列，生物天然气年产量超过200亿米^3，占国内天然气产量一定比重。

三、制定发展规划

加强国家规划指导。在全国国土空间规划指导约束下，编制国家生物天然气发展中长期规划，明确生物天然气商业化可持续发展路径，确定生物天然气专业化市场化规模化发展、形成现代新兴工业的目标和任务，提出生物天然气发展重点区域布局和政策措施，指导生物天然气产业化发展。

强化国家规划衔接。国家生物天然气发展中长期规划目标、任务、布局等，纳入国家能源发展规划、可再生能源发展规划、生物质能发展规划以及天然气发展规划等，做好与国家相关规划、生物天然气重点发展地区能源规划的统筹衔接平衡。

融入天然气发展规划。生物天然气纳入天然气发展战略、规划和天然气产供储销体系，明确生物天然气在天然气发展战略和规划中的定位和任务。作为分布式天然气，融入天然气产供储销体系，形成与常规天然气融合发展、协调发展、良好互动的格局。

编制省级发展规划。重点地区以省级国土空间规划为指导，编制省级生物天然气发展规划，在本地区城乡有机废弃物资源、天然气市场等全面评价的基础上，结合生态环境保护、清洁取暖等，提出本地区生物天然气发展目标、任务和重大布局，提出加快生物天然气发展的保障措施。省级规划加强与相关规划衔接，作为本地区生物天然气发展的依据。

编制地市或县级开发建设方案。城乡有机废弃物资源丰富的地市或县（或相应行政区）编制生物天然气开发建设方案，制定本地区项目布局方案，明确重大项目具体布局。并制定城乡有机废弃物原料保障方案、生物天然气市场消费方案、有机肥消纳方案等。纳入本地区治理大气污染、天然气发展、清洁取暖等相关规划和方案。地市或县级方案作为本地区生物天然气项目开发建设的基本依据。

编制重点企业发展规划。根据国家规划和重点地区省级规划，引导大型能源企业以及其他有实力的企业编制本企业生物天然气发展规划，以国土空间规划为指导，面向全国谋划提出项目布局。鼓励大型企业跨区域投资建设项目，开发建设区域型项目群，构建集约高效生物天然气产业体系。

四、加快生物天然气工业化商业化开发建设

分布式商业化开发建设。就地收集原料、就地消费利用，多点布局、形成产业。根据资源量优化布局，以单个日产1万～3万米^{3}项目为重点，整县推

进，满足工业化各项要求，建设生物天然气商业化可持续运营项目。依托大中城市垃圾分类体系，因地制宜建设餐厨垃圾生物天然气项目。

实施专业化企业化投资建设管理。积极支持能源企业以及其他有实力的企业，实行专业化投资、建设、运营管理和服务，开发建设生物天然气。支持企业以生物天然气为重点，开辟新的发展方向。支持企业在同一区域内开发多个生物天然气项目，整合资源，构建体系，降低成本，提高效益。

鼓励燃气经营企业开发建设生物天然气项目。鼓励燃气经营企业结合城镇燃气发展布局，开发建设生物天然气项目。对投资建设项目以及并入燃气管网消纳生物天然气的燃气经营企业，国家油气企业在常规天然气分配上给予支持。鼓励常规天然气进口和基础设施投资企业开发建设生物天然气项目。

加快形成现代化新兴工业。积极推进生物天然气设计、施工、技术、工艺、运营、服务、安全、环保等各环节专业化工业化。支持各类市场主体专门从事生物天然气咨询、研发、装备制造等。示范引领、全面推进，加快生物天然气产业化进程，形成现代化新兴工业。

培育和创新商业化模式。拓展生物天然气多元化应用领域，推进供气、供热、供冷、供电等集成化一体化经营，整合扩展有机肥、绿色食品、生态农业等产业链，培育发展市场新需求和新价值，提高盈利水平。设计开发生物天然气碳减排方法学体系，推进参与碳排放权交易。

推进生物天然气技术进步。国外引进与国内开发相结合，集中力量突破多种原料混合高效发酵、干法厌氧发酵、发酵预警调控等关键技术。推广应用先进原料预处理、净化提纯、自动监控等成套设备，加快标准化成套化系列化。因地制宜推进边际土地能源作物研究开发。鼓励企业与科研机构建立生物天然气技术重点工程实验室或研发基地。

加强生物天然气标准化建设。制定实施覆盖工程设计、施工建设、运行管理、并入管网、污染物排放、沼渣沼液回收利用、设备制造等产业链各个环节的工业化标准，构建产输配用产业链技术体系，推进工程认证、企业认证等认证体系建设，建设行业检测认证中心，提高行业发展水平。

五、建立健全生物天然气产业体系

统筹利用城乡各类有机废弃物资源。开展资源调查，统筹利用农作物秸秆、畜禽粪污、蔬菜种植废弃物等各类农业废弃物，城乡餐厨垃圾，河湖水草污泥，农副产品加工有机废水废渣等，增强生物天然气原料保障能力，保护城乡生态环境，改善农村人居环境。

建立覆盖城乡的原料收集保障体系。完善田间收集、打包、运输等环节的配置，建立农作物秸秆商业化收储运体系。建立安全高效的畜禽粪污收集体系，鼓励探索谁排污、谁付费，第三方专业化有偿处理模式。鼓励生物天然气企业结合农村土地流转、循环农业发展等，创新秸秆原料收集保障模式。结合大中城市生活垃圾分类，建立专业化餐厨垃圾收集运输体系。

建立生物天然气多元化消费体系。开拓生物天然气在城镇居民炊事取暖、并入城市燃气管网、发电、交通燃料、锅炉燃料、工业原料等领域的应用，形成多元化消费体系，积极推动优先利用。在具备条件地区建立生物天然气产、输、配、储一体化生产和消费体系。发挥用户侧优势，加快在终端消费领域替代燃煤。

建立生物天然气与常规天然气融合发展体系。将分布式生物天然气作为当地天然气的重要补充，加强生物天然气规划与常规天然气发展规划的协调衔接。生物天然气项目布局要因地制宜，根据实际与当地城镇燃气管网相衔接。

建立工业化有机肥生产消费体系。积极支持生物天然气企业延伸产业链，以生物天然气生产过程中的沼渣沼液为原料，以年产能超过1万吨固态和液态有机肥大型项目为重点，配套建设有机肥生产基地，建立有机肥生产消费服务体系，加快推进有机肥专业化市场化工业化发展。

加强生物天然气全过程环境保护。生物天然气企业统筹各种有机废弃物资源，统筹产供销用，建立覆盖原料收集、生物天然气工程建设、沼渣沼液利用等环节的全过程环保体系，加强环境保护，防止二次污染，依法开展规划和建设项目环境影响评价工作。主体工程与污染防治设施同时设计、同时施工、同时投产。加强信息公开，接受监督。

建立生物天然气监测体系。建立“项目自我监测、行业统一监测、政府加强监管”的生物天然气监测体系。项目单位建立运营监测系统和制度，对原料进厂、发酵制气、沼气净化提纯等进行全过程监测。建立统一开放行业监测平台，对全行业进行监测，加强自我管理。能源主管部门及相关部门实行高效监管。

六、保障措施

加强组织协调。将生物天然气纳入促进天然气协调稳定发展工作方案、天然气产供储销工作方案，以及北方地区冬季清洁取暖规划方案等。将发展生物天然气作为改善农村人居环境的重要工作。各省级相关部门将生物天然气纳入相关重要工作计划，加强统筹协调。

强化规划指导。构建生物天然气发展规划体系，组织编制生物天然气中长期发展规划，指导各省（区、市）编制本地区生物天然气发展规划，指导中央企业编制企业发展规划。省级能源主管部门指导编制地市或县级生物天然气开发建设方案。各级规划加强与相关规划的衔接协调。

完善支持政策。研究建立绿色燃气配额机制，制定生物天然气优先利用政策措施。建立生物天然气开发利用与常规天然气计划分配、进口量分配挂钩机制。引导银行业金融机构开展绿色金融产品创新，加大对生物天然气项目的信贷支持。组织生物天然气产业化项目建设，加快建立完善支持政策体系。

落实优惠政策。项目用地符合国土空间规划的，在年度用地计划中优先安排。生物天然气企业按规定享受资源综合利用、环境保护节能节水等相关税收优惠政策。在生物天然气项目建设过程中采购相关进口设备按规定享受关税和进口环节增值税优惠政策。秸秆等原料预处理和农业有机肥加工等涉及农产品初加工环节享受农业用电电价政策。各地要做好秸秆综合利用、农机购置、畜禽粪污资源化利用、有机肥替代化肥等专项资金与生物天然气项目原料保障、有机肥利用等相关政策的衔接。

建立管理体系。制定生物天然气项目管理指南、规划编制导则、项目建设和运营管理导则等，指导各地对生物天然气实施高效简便的管理。支持符合标准的生物天然气并入城镇燃气管网，鼓励生物天然气企业与用气用户进行市场化交易。统筹考虑生物天然气产业化各环节安全风险防范，严格源头准入，提升生物天然气工程本质安全水平，强化生物天然气产销用全流程安全管理。加强行业组织建设和监督管理，促进行业自我可持续发展。

2020 年

财政部 国家发展改革委 国家能源局关于印发《可再生能源电价附加资金管理办法》的通知

财建〔2020〕5号　2020年1月20日

各省、自治区、直辖市财政厅（局）、发展改革委、物价局、能源局，新疆生产建设兵团财政局、发展改革委，国家电网有限公司、中国南方电网有限责任公司：

为促进可再生能源开发利用，规范可再生能源电价附加资金管理，提高资金使用效率，根据《中华人民共和国预算法》《中华人民共和国可再生能源法》等要求，财政部、国家发展改革委、国家能源局共同修订了《可再生能源电价附加资金管理办法》，现印发给你们，请遵照执行。

可再生能源电价附加资金管理办法

第一条　为规范可再生能源电价附加补助资金管理，根据《中华人民共和国预算法》《中华人民共和国可再生能源法》等，制定本办法。

第二条　可再生能源电价附加补助资金（以下简称补助资金）属于可再生能源发展基金，是国家为支持可再生能源发电、促进可再生能源发电行业稳定发展而设立的政府性基金。补助资金由可再生能源电价附加收入筹集。

第三条　按照中央政府性基金预算管理要求和程序，由财政部按照以收定支的原则编制补助资金年度收支预算。

第四条　享受补助资金的可再生能源发电项目按以下办法确定：

（一）本办法印发后需补贴的新增可再生能源发电项目（以下简称新增项目），由财政部根据补助资金年度增收水平、技术进步和行业发展等情况，合理确定补助资金当年支持的新增可再生能源发电项目补贴总额。国家发展改革委、国家能源局根据可再生能源发展规划、技术进步等情况，在不超过财政部确定的年度新增补贴总额内，合理确定各类需补贴的可再生能源发电项目新增装机规模。

（二）本办法印发前需补贴的存量可再生能源发电项目（以下简称存量项目），需符合国家能源主管部门要求，按照规模管理的需纳入年度建设规模管理范围，并按流程经电网企业审核后纳入补助项目清单。

第五条　国家发展改革委、国家能源局应按照以收定支原则，制定可再生能源发电项目分类型的管理办法，明确项目规模管理以及具体监管措施并及早向社会公布。有管理办法并且纳入国家可再生能源发电补贴规模管理范围的项目，相应给予补贴。

第六条　电网企业应按照本办法要求，定期公布、及时调整符合补助条件的可再生能源发电补助项目清单，并定期将公布情况报送财政部、国家发展改革委、国家能源局。纳入补助项目清单项目的具体条件包括：

（一）新增项目需纳入当年可再生能源发电补贴总额范围内；存量项目需符合国家能源主管部门要求，按照规模管理的需纳入年度建设规模管理范围内。

（二）按照国家有关规定已完成审批、核准或备案；符合国家可再生能源价格政策，上网电价已经价格主管部门审核批复。

（三）全部机组并网时间符合补助要求。

（四）相关审批、核准、备案和并网要件经国家可再生能源信息管理平台审核通过。

国家电网有限公司、南方电网有限责任公司分别负责公布各自经营范围内的补助项目清单；地方独立电网企业负责经营范围内的补助项目清单，报送所在地省级财政、价格、能源主管部门审核后公布。

第七条　享受补助资金的光伏扶贫项目和公共可再生能源独立电力系统项目按以下办法确定：

（一）纳入国家光伏规模管理且纳入国家扶贫目录的光伏扶贫项目，由所在地省级扶贫、能源主管部门提出申请，国务院扶贫办、国家能源局审核后报财政部、国家发展改革委确认，符合条件的项目列入光伏扶贫项目补助目录。

（二）国家投资建设或国家组织企业投资建设的公共可再生能源独立电力系统，由项目所在地省级财政、价格、能源主管部门提出申请，财政部、国家发展改革委、国家能源局审核后纳入公共独立系统补助目录。

第八条　电网企业和省级相关部门按以下办法测算补助资金需求：

（一）电网企业收购补助项目清单内项目的可再生能源发电量，按照上网电价（含通过招标等竞争方式确定的上网电价）给予补助的，补助标准＝（电网企业收购价格－燃煤发电上网基准价）/（1＋适用增值税率）。

（二）电网企业收购补助项目清单内项目的可再生能源发电量，按照定额补助的，补助标准＝定额补助标准/（1＋适用增值税率）。

（三）纳入补助目录的公共可再生能源独立电力系统，合理的运行和管理费用超出销售电价的部分，经省级相关部门审核后，据实测算补助资金，补助上限不超过每瓦每年2元。财政部将每两年委托第三方机构对运行和管理费用进行核实并适时调整补助上限。

（四）单个项目的补助额度按照合理利用小时数核定。

第九条　每年3月30日前，由电网企业或省级相关部门提出补助资金申请。

（一）纳入补助目录的可再生能源发电项目和光伏扶贫项目，由电网企业提出补助资金申请。其中：国家电网有限公司、南方电网有限责任公司向财政部提出申请；地方独立电网企业由所在地省级财政、价格、能源主管部门向财政部提出申请。

（二）纳入补助目录的公共可再生能源独立电力系统，由项目所在地省级财政、价格、能源主管部门向财政部提出申请。

（三）电网企业和省级相关部门提出的新增项目补助资金必须符合以收定支的原则，不得超过当年确定的新增补贴总额。

第十条　财政部根据电网企业和省级相关部门申请以及本年度可再生能源电价附加收入情况，按照以收定支的原则向电网企业和省级财政部门拨付补助资金。电网企业按以下办法兑付补助资金：

（一）当年纳入国家规模管理的新增项目足额兑付补助资金。

（二）纳入补助目录的存量项目，由电网企业依照项目类型、并网时间、技术水平和相关部门确定的原则等条件，确定目录中项目的补助资金拨付顺序并向社会公开。

光伏扶贫、自然人分布式、参与绿色电力证书交易、自愿转为平价项目等项目可优先兑付补助资金。其他存量项目由电网企业按照相同比例统一兑付。

第十一条　电网企业因收购可再生能源发电量产生的其他合理费用，以及按要求对补助资金进行核查产生的合理费用，由财政部审核后通过补助资金支持。

第十二条　各级财政部门收到补助资金后，应尽快向本级独立电网企业或公共可再生能源独立电力系统项目单位分解下达预算，并按照国库集中支付制度有关规定及时支付资金。

电网企业收到补助资金后，一般应当在10个工作日内，按照目录优先顺序及结算要求及时兑付给可再生能源发电企业。电网企业应按年对补助资金申请使用等情况进行全面核查，必要时可聘请独立第三方，核查结果及时报送财政部、国家发展改革委、国家能源局。国家发展改革委、国家能源局、财政部需适时对项目开展核查，核查结果将作为补贴发放的重要依据。核查结果不合格的项目，电网企业应暂停发放补贴。

光伏扶贫项目补助资金应及时兑付给县级扶贫结

转账户。

第十三条　补助资金实施绩效管理。国家能源局会同国家发展改革委、财政部根据绩效管理要求确定年度绩效目标和评价要求。年度结束后，电网企业和省级能源主管部门应开展绩效自评，自评结果报国家能源局、国家发展改革委，国家能源局会同国家发展改革委汇总后将补助资金整体绩效评价结果报财政部。财政部将适时组织对补贴政策执行情况开展重点绩效评价，强化评价结果应用，根据绩效评价结果及时调整完善政策、优化预算安排。

第十四条　电网企业和可再生能源发电企业存在违反规定骗取、套取补助资金等违法违纪行为的，按照《中华人民共和国预算法》《财政违法行为处罚处分条例》等有关规定进行处理。

第十五条　各级财政、发改、能源等部门及其工作人员在补助资金审核、分配工作中，存在违反规定分配资金、向不符合条件的单位（个人）分配资金、擅自超出规定的范围或者标准分配或使用补助资金等，以及其他滥用职权、玩忽职守、徇私舞弊等违法违纪行为的，按照《中华人民共和国预算法》《中华人民共和国公务员法》《中华人民共和国监察法》《财政违法行为处罚处分条例》等有关规定进行处理。

第十六条　本办法由财政部会同相关部门按职责分工进行解释。

第十七条　本办法自印发之日起施行。2012 年 3 月 14 日印发的《可再生能源电价附加补助资金管理暂行办法》（财建〔2012〕102 号）同时废止。

农业农村部办公厅 生态环境部办公厅关于进一步明确畜禽粪污还田利用要求强化养殖污染监管的通知

农办牧〔2020〕23 号

2020 年 6 月 4 日

各省、自治区、直辖市及计划单列市农业农村（农牧、畜牧兽医）、生态环境厅（局、委），新疆生产建设兵团农业农村、生态环境局：

为推动落实《农业农村部办公厅 生态环境部办公厅关于促进畜禽粪污还田利用依法加强养殖污染治理的指导意见》（农办牧〔2019〕84 号），进一步明确畜禽粪污还田利用有关标准和要求，全面推进畜禽养殖废弃物资源化利用，加大环境监管力度，加快构建种养结合、农牧循环的可持续发展新格局，现将有关要求通知如下。

一、畅通还田利用渠道

（一）鼓励畜禽粪污还田利用。国家支持畜禽养殖场户建设畜禽粪污无害化处理和资源化利用设施，鼓励采取粪肥还田、制取沼气、生产有机肥等方式进行资源化利用。已获得环评批复的规模养殖场在建设和运营过程中，如需将粪污处理由达标排放（含按农田灌溉水标准排放）变更为资源化利用（不含商业化沼气工程和商品有机肥生产），在项目竣工环保验收前变更的，按照非重大变动纳入竣工环境保护验收管理；在竣工环保验收后变更的，按照改建项目依法开展环评。

（二）明确还田利用标准规范。畜禽粪污的处理应根据排放去向或利用方式的不同执行相应的标准规范。对配套土地充足的养殖场户，粪污经无害化处理后还田利用具体要求及限量应符合《畜禽粪便无害化处理技术规范》（GB/T 36195）和《畜禽粪便还田技术规范》（GB/T 25246），配套土地面积应达到《畜禽粪污土地承载力测算技术指南》（以下简称《指南》）要求的最小面积。对配套土地不足的养殖场户，粪污经处理后向环境排放的，应符合《畜禽养殖业污染物排放标准》（GB 18596）和地方有关排放标准。用于农田灌溉的，应符合《农田灌溉水质标准》（GB 5084）。

二、加强事中事后监管

（一）落实养殖场户主体责任。养殖场户应当切实履行粪污利用和污染防治主体责任，采取措施，对畜禽粪污进行科学处理和资源化利用，防止污染环境。从事畜禽规模养殖要严格落实《中华人民共和国固体废物污染环境防治法》《中华人民共和国水污染防治法》《畜禽规模养殖污染防治条例》要求，建设粪污无害化处理和资源化利用设施并确保其正常运行，或委托第三方代为实现粪污无害化处理和资源化利用。对畜禽规模养殖污染防治设施配套不到位，粪污未经无害化处理直接还田或向环境排放，不符合国家和地方排放标准的，农业农村部门要加强技术指导和服务，生态环境部门要依法查处。

（二）强化粪污还田利用过程监管。养殖场户应依法配置粪污贮存设施，设施总容积不得低于当地农林作物生产用肥的最大间隔时间内产生粪污的总量，配套土地面积不得小于《指南》要求的最小面积；配套土地面积不足的，应委托第三方代为实现粪污资源化。达不到前述要求且无法证明粪污去向的，视同超出土地消纳能力。

三、强化保障和支撑

（一）完善粪肥还田管理制度。督促指导规模养殖场制定畜禽粪肥还田利用计划，根据养殖规模明确配套农田面积、农田类型、种植制度、粪肥使用时间及使用量等。推动建立畜禽粪污处理和粪肥利用台账，避免施用超量或时间不合理，并作为监督执法的重要依据。加强日常监测，及时掌握粪污养分和有害物质含量，严防还田环境风险。

（二）加强技术和装备支撑。加快畜禽粪污资源化利用先进工艺、技术和装备研发，着力破除粪污资源化利用过程中的技术和成本障碍。鼓励养殖场户全量收集和利用畜禽粪污，根据实际情况选择合理的输送和施用方式，不再强制要求固液分离。结合本地实际，推行经济高效的粪污资源化利用技术模式，积极推广全量机械化施用，逐步改进粪肥施用方式。

国家发展改革委 财政部 国家能源局关于印发《完善生物质发电项目建设运行的实施方案》的通知

发改能源〔2020〕1421号

2020年9月11日

各省、自治区、直辖市发展改革委、财政厅（局）、能源局，新疆生产建设兵团发展改革委、财政局，国家能源局各派出机构，国家电网有限公司、南方电网公司、内蒙古电力（集团）有限责任公司，国家可再生能源信息管理中心：

为做好2020年生物质发电项目建设，完善项目建设运行管理，推动行业持续健康发展，国家发展改革委、财政部、国家能源局研究制定了《完善生物质发电项目建设运行的实施方案》，现印发给你们，请贯彻执行。

完善生物质发电项目建设运行的实施方案

生物质能是可再生能源重要组成部分。近年来，在国家政策支持下，生物质发电（含农林生物质发电、垃圾焚烧发电和沼气发电，下同）行业稳步发展，为构建清洁低碳、安全高效的能源体系，促进生态文明建设发挥了重要作用。为深入贯彻习近平生态文明思想，落实“四个革命、一个合作”能源安全新战略，进一步推动生物质发电高质量发展，特制定本方案。

一、总体要求

以习近平新时代中国特色社会主义思想为指导，全面贯彻党的十九大和十九届二中、三中、四中全会精神，坚持创新、协调、绿色、开放、共享的新发展理念，认真落实习近平总书记关于推进城乡有机废弃物处理利用的重要指示，依据《关于促进非水可再生能源发电健康发展的若干意见》（财建〔2020〕4号）、《可再生能源电价附加资金管理办法》（财建〔2020〕5号）有关要求，坚持“以收定补、新老划段、有序建设、平稳发展”，进一步完善生物质发电建设运行管理，合理安排2020年中央新增生物质发电补贴资金，全面落实各项支持政策，推动产业技术进步，提升项目运行管理水平，逐步形成有效的生物质发电市场化运行机制，促进生物质发电行业持续健康发展。

二、补贴项目条件

2020年申请中央补贴的项目须符合以下条件：

（一）纳入生物质发电国家、省级专项规划。

（二）2020年1月20日（含）以后全部机组并网的当年新增生物质发电项目。

（三）符合国家相关法律法规、产业政策、技术标准等要求，配套建设高效治污设施，垃圾焚烧发电项目所在城市已实行垃圾处理收费制度。

（四）申报情况属实，并提交信用承诺书（见附件1），没有且承诺不出现弄虚作假、违规掺烧等情况。

三、工作程序

（一）组织申报

各省（区、市）按月组织符合申报条件、申请中央补贴的生物质发电项目，登陆国家能源局可再生能源发电项目信息管理系统（http：www.nea.gov.cn）填报相关信息和上传有关资料，主要是省级专项规划、核准（审批、备案）文件、并网时间证明等。

各省（区、市）对项目申报条件、项目申报信息进行审核，并对项目申报有关情况（项目名称、建设地点、装机规模、纳入规划情况、并网时间等）进行公示。公示后，将通过审核的项目信息正式上报。

有关电网企业定期向各省（区、市）提供并网项目清单，按要求出具项目并网时间证明，及时配合各省（区、市）做好申报工作。

8月底之前符合条件的项目一揽子申报，以后的按月申报（有关申报信息及时间要求见附件2）。纳入补贴范围的项目所需补贴总额达到 2020 年中央新增补贴资金额度 15 亿元后，不再纳入当年申报。

（二）统一复核

组织国家可再生能源信息管理中心对地方申报项目的合规性及提供材料真实性和有效性进行复核。一旦发现信息不实，立即取消补贴申报资格。

（三）项目汇总

国家可再生能源信息管理中心对通过复核的项目，按照规则进行汇总排序，并测算补贴需求。

（四）公布补贴名单

排序工作结束后，公布纳入 2020 年生物质发电中央补贴规模的项目名单。

四、纳入当年补贴项目规则

（一）纳入规则

按项目全部机组并网时间先后次序排序，并网时间早者优先，直至入选项目所需补贴总额达到 2020 年中央新增补贴资金额度 15 亿元为止。

（二）补贴额度测算规则

按补贴额度测算规则（见附件 3）测算生物质发电项目度电补贴强度、项目所需补贴额度。补贴额度测算仅用于测算补贴总额，不作为实际补贴资金发放依据。

五、推动生物质发电有序建设

（一）加强规划引导。需中央补贴的生物质发电项目必须纳入国家、省级专项规划，各地要以规划为依据，严格按规划核准（审批、备案）建设项目，未纳入规划的不得核准（审批、备案）。鼓励地方结合本地经济社会发展实际，建设不需要中央补贴的生物质发电项目。

（二）加强投资监测预警。依据各省农林生物质资源总量等条件，科学测算各地农林生物质发电合理发展规模，根据各省农林生物质发电发展情况发布项目建设年度预警，已建装机和核准在建、待建装机规模接近合理规模的，给予黄色预警；已建装机和核准在建、待建装机达到或超过合理规模的，给予红色预警。对需中央补贴的生物质发电项目投资建设情况进行监测，按月发布项目投产并网信息，新增项目补贴额度累计达到当年中央补贴资金总额后，地方不再新核准需中央补贴的项目，企业据此合理安排项目建设时序。各省（区、市）按要求组织在国家能源局可再生能源发电项目信息管理系统填报核准、在建、新开工项目信息。

（三）完善生物质发电项目补贴机制。未纳入 2020 年中央补贴规模的已并网项目，结转至次年依序纳入。自 2021 年 1 月 1 日起，规划内已核准未开工、新核准的生物质发电项目全部通过竞争方式配置并确定上网电价；新纳入补贴范围的项目（包括 2020 年已并网但未纳入当年补贴规模的项目及 2021 年起新并网纳入补贴规模的项目）补贴资金由中央地方共同承担，分地区合理确定分担比例，中央分担部分逐年调整并有序退出。需中央补贴的在建项目应在合理工期内建成并网。

（四）拓展生物质能利用渠道。立足于多样化用能需求，大力推进农林生物质热电联产，从严控制只发电不供热项目，坚持宜气则气、宜热则热、宜电则电，鼓励加快生物质能非电领域应用，提升项目经济性和产品附加值，降低发电成本，减少补贴依赖。

（五）落实生物质发电支持政策。鼓励金融机构在风险可控、商业可持续的前提下给予生物质发电项目中长期信贷支持。建立生活垃圾处理收费制度，合理制定垃圾处理收费标准，确保垃圾处理收费政策落实到位。鼓励地方政府统筹各类资金，对生物质发电相关的农林废弃物和生活垃圾“收、储、运、处理”各环节予以适当支持和补偿。

（六）逐步推动形成生物质发电市场化运营模式。发挥生物质发电综合效益，推动建立合理的成本分担机制。鼓励具备条件的省（区、市），探索生物质发电项目市场化运营试点，完善配套保障措施，逐步形成市场化运营模式。

（七）强化项目建设运行监管。健全完善生物质发电产业技术标准，不断推进行业技术进步。落实地方管理主体责任，国家能源局各派出机构会同有关部门依法履行监管职责，按照投诉举报有关规定依法受理有关投诉举报，利用视频监控、在线监测等手段，加强生物质发电项目建设、运行等方面的监管，定期进行“双随机一公开”抽查检查，对存在违规掺烧化石燃料、骗取补贴等违法违规行为的，严格按照国家有关法律法规和政策要求，暂停、核减或取消补贴。强化项目建设运行管理，生物质发电企业要高度重视项目建设和工程质量，严格执行工程基本建设程序和管理制度，确保项目安全有序建设运行。

（二）地方性政策文件

《中共河北省委办公厅 河北省人民政府办公厅印发〈关于实施农村能源清洁开发利用工程的指导意见〉的通知》（冀办字〔2014〕70 号）

《河北省人民政府办公厅关于印发〈河北省畜禽养殖废弃物资源化利用工作方案〉的通知》（冀政办

字〔2017〕119号）

《河北省财政厅 河北省住房和城乡建设厅关于将生物天然气取暖农户纳入气代煤补贴范围的通知》（冀财建〔2017〕275号）

《河北省农业农村厅 河北省住房和城乡建设厅 河北省气代煤电代煤工作领导小组办公室关于支持生物天然气产业化发展工作的通知》（冀农发〔2020〕20号）

《内蒙古自治区农村沼气实施安全处置办法（试行）》（内农牧科发〔2019〕262号）

《浙江省农业厅关于加快推进沼液资源化利用的指导意见》（浙农专发〔2014〕51号）

《安徽省"十三五"农村沼气及农作物秸秆能源化利用规划》（皖农能函〔2017〕678号）

《江西省农业厅办公室关于印发〈2017年全省区域沼气生态循环农业示范建设的指导意见〉的通知》（赣农办字〔2017〕36号）

《甘肃省农村沼气工程建设管理实施细则（试行）》（2016年）

《宁夏农村沼气设施安全处置办法》（2019年）

统计资料

2013 年
2014 年
2015 年
2016 年
2017 年
2018 年
2019 年
2020 年

2013年

管理推广机构情况

地区	机构					人员							
						合计（人）	按行政区划分类				按文化程度分类		
	合计（个）	省级（个）	地（市）级（个）	县级（个）	乡级（个）		省级（人）	地（市）级（人）	县级（人）	乡级（人）	本科及以上（人）	大专（人）	高中及以下（人）
全国	13036	41	343	2675	9977	40064	561	2068	15919	21516	9410	17494	13160
北京	44	2		15	27	192	10		141	41	104	49	39
天津	8	1		7		52	4		48		23	16	13
河北	440	2	15	169	254	1386	24	112	735	515	390	553	443
山西	448	1	11	111	325	1296	31	79	628	558	359	646	291
内蒙古	415	1	13	83	318	2178	43	151	833	1151	458	716	1004
辽宁	830	1	13	77	739	1567	19	46	311	1191	331	587	649
吉林	67	2	10	55		565	8	59	493	5	203	204	158
黑龙江	380	1	13	123	243	1055	26	37	427	565	377	391	287
黑龙江农垦	116	1	9	106		150	8	23	119		85	63	2
上海	1	1				5	5				2	3	
江苏	127	1	13	80	33	768	8	47	448	265	246	315	207
浙江	110	1	11	71	27	442	23	69	277	73	228	142	72
安徽	238	2	16	104	116	713	30	53	454	176	201	345	167
福建	319	1	7	58	253	659	15	22	278	344	182	312	165
江西	1107	1	11	100	995	1752	13	39	447	1253	250	683	819

（续）

地区	机构					人员							
						合计（人）	按行政区划分类				按文化程度分类		
	合计（个）	省级（个）	地（市）级（个）	县级（个）	乡级（个）		省级（人）	地（市）级（人）	县级（人）	乡级（人）	本科及以上（人）	大专（人）	高中及以下（人）
山东	796	1	19	142	634	2471	7	68	694	1702	834	888	749
河南	903	1	18	146	738	3426	34	207	1185	2000	614	1467	1345
湖北	451	1	17	91	342	1962	25	149	737	1051	374	807	781
湖南	181	2	16	124	39	1050	13	92	906	39	338	468	244
广东	525	1	18	75	431	1403	15	53	414	921	197	787	419
广西	784	1	14	108	661	2092	21	74	715	1282	303	962	827
海南	89	1	2	19	67	480	12	10	161	297	142	120	218
重庆	407	1		35	371	973	6		251	716	225	412	336
四川	1068	1	21	170	876	2772	32	128	970	1642	618	1291	863
贵州	1011	2	11	88	910	2487	15	52	493	1927	468	1572	447
云南	979	2	18	139	820	2831	16	95	818	1902	458	1197	1176
西藏	193	1	7	65	120	314	6	21	132	155	92	65	157
陕西	380	1	11	103	265	2096	18	137	1209	732	404	886	806
甘肃	362	1	14	85	262	1738	25	171	989	553	545	884	309
青海	24	1		23		192	7		175	10	61	101	30
宁夏	49	1	2	23	23	304	25	8	169	102	105	168	31
新疆	183	2	13	80	88	691	15	66	262	348	191	394	106
新疆生产建设兵团	1	1				2	2				2		

服务体系情况（一）

地区	省级实训基地								地（市）级服务站							
	年初数		本年新增		本年减少		年末累计		年初数		本年新增		本年减少		年末累计	
	数量（个）	从业人员（人）	数量（个）	从业人员（人）	数量（个）	从业人员（人）	数量（个）	从业人员（人）	数量（个）	从业人员（人）	数量（个）	从业人员（人）	数量（个）	从业人员（人）	数量（个）	从业人员（人）
全国	13	127	2	46			15	173	48	301	3	18		5	51	314
北京																
天津																
河北	1	10					1	10								
山西	1	5					1	5	11	67					11	67
内蒙古	1	7					1	7	8	32					8	32
辽宁																
吉林																
黑龙江	1	6					1	6								
黑龙江农垦									5	15					5	15
上海																
江苏	1	14					1	14								
浙江																
安徽																
福建																
江西	1	20					1	20	1	6		1			1	7
山东									1	4					1	4

（续）

地区	省级实训基地								地（市）级服务站							
	年初数		本年新增		本年减少		年末累计		年初数		本年新增		本年减少		年末累计	
	数量（个）	从业人员（人）	数量（个）	从业人员（人）	数量（个）	从业人员（人）	数量（个）	从业人员（人）	数量（个）	从业人员（人）	数量（个）	从业人员（人）	数量（个）	从业人员（人）	数量（个）	从业人员（人）
河南									11	120	1	11		1	12	130
湖北																
湖南	1	7					1	7	3	11					3	11
广东	2	9					2	9								
广西																
海南									3	28					3	28
重庆			1	18			1	18								
四川	1	24					1	24	1	7				4	1	3
贵州	1	19					1	19								
云南									1	5	2	6			3	11
西藏									3	6					3	6
陕西	1	4	1	28			2	32								
甘肃																
青海																
宁夏																
新疆	1	2					1	2								
新疆生产建设兵团																

服务体系情况（二）

地区	县级服务站								乡村服务网点											
	年初数		本年新增		本年减少		年末累计		年初数			本年新增			本年减少			年末累计		
	数量（个）	从业人员（人）	数量（个）	从业人员（人）	数量（个）	从业人员（人）	数量（个）	从业人员（人）	数量（个）	从业人员（人）	覆盖范围（万户）	数量（个）	从业人员（人）	覆盖范围（万户）	数量（个）	从业人员（人）	覆盖范围（万户）	数量（个）	从业人员（人）	覆盖范围（万户）
全国	983	5203	149	742	105	226	1027	5719	99246	168824	2900.87	7258	11636	236.10	1265	2435	33.93	105239	178025	3103.03
北京	6	87		3		2	6	88	8	44	4.62	1	9	0.15				9	53	4.77
天津	1	3					1	3	160	529	6.67	35	46	0.72			0.05	195	575	7.34
河北	4	19		2			4	21	7068	15758	287.28	1105	1817	30.00	250	359	3.00	7923	17216	314.28
山西	74	279					74	279	3439	6382	71.17							3439	6382	71.17
内蒙古	62	335					62	335	2357	3509	52.47	321	540	7.16	4	19	0.05	2674	4030	59.58
辽宁	11	49	3	17		5	14	61	1392	2464	35.42	189	326	3.42	40	86	2.16	1541	2704	36.68
吉林	1	5					1	5	755	974	14.86	50	102	1.24				805	1076	16.09
黑龙江									1036	1922	21.20	57	124	1.74	6	12	0.21	1087	2034	22.73
黑龙江农垦	4	9					4	9	1	2	0.10							1	2	0.10
上海																				
江苏	1	15					1	15	1280	2457	45.83	96	137	2.89	3	30	0.10	1373	2564	48.62
浙江	16	69			1	2	15	67	848	1262	16.10	32	40	0.97	28	43	0.49	852	1259	16.58
安徽	3	12			1	6	2	6	3646	4250	73.09	248	258	5.86	47	99	1.32	3847	4409	77.64
福建	47	214	1	8			48	222	1871	2751	46.16	91	139	1.00		1		1962	2889	47.16
江西	6	35	11	63			17	98	2735	4006	106.56	301	432	9.30	9	11	0.34	3027	4427	115.52

（续）

地区	县级服务站								乡村服务网点											
	年初数		本年新增		本年减少		年末累计		年初数			本年新增			本年减少			年末累计		
	数量（个）	从业人员（人）	数量（个）	从业人员（人）	数量（个）	从业人员（人）	数量（个）	从业人员（人）	数量（个）	从业人员（人）	覆盖范围（万户）	数量（个）	从业人员（人）	覆盖范围（万户）	数量（个）	从业人员（人）	覆盖范围（万户）	数量（个）	从业人员（人）	覆盖范围（万户）
山东	48	281	46	185		13	94	453	7054	12517	197.65	649	1172	15.55	169	303	3.77	7534	13386	209.44
河南	151	1591	8	57	37	49	122	1599	9273	19427	248.07	521	1146	19.30	103	369	4.57	9691	20204	262.81
湖北	24	118		4		12	24	110	4912	7683	163.39	185	271	6.10		30	0.52	5097	7924	168.97
湖南	35	159	6	21			41	180	5710	10720	187.21	481	796	12.28	2	56	0.23	6189	11460	199.26
广东	21	42					21	42	887	1456	32.41	53	106	3.33	4	8	0.39	936	1554	35.35
广西	115	292	13	97	55	12	73	377	5939	13885	215.08	188	438	15.89				6127	14323	230.97
海南	18	68					18	68	1081	2207	24.64	40	81	1.60				1121	2288	26.24
重庆	13	70	9	59			22	129	1871	2794	83.59	467	899	31.55	1	33	1.35	2337	3660	113.78
四川	45	249	10	47		13	55	283	9037	14882	264.37	503	571	20.70	101	82	3.10	9439	15371	281.97
贵州	46	226	3	17		3	49	240	5265	6392	162.56	386	426	12.58	48	133	1.21	5603	6685	173.92
云南	45	286	4	21	1	7	48	300	4811	8371	165.09	272	406	10.87	174	263	3.54	4909	8514	172.42
西藏	33	66	12	25			45	91	358	750	10.83	85	165	3.20				443	915	14.03
陕西	20	144	3	21			23	165	4339	6355	127.27	442	600	12.01	35	48	3.19	4746	6907	136.09
甘肃	9	71	20	95			29	166	4852	5844	93.35							4852	5844	93.35
青海									1769	1894	16.81	150	75	0.50		78	0.19	1919	1891	17.11
宁夏	7	43			3	19	4	24	2125	2680	39.88	191	274	3.23	124	152	1.37	2192	2802	41.74
新疆	117	366			7	83	110	283	3288	4510	84.34	119	240	2.97	89	176	2.23	3318	4574	85.08
新疆生产建设兵团									79	147	2.80				28	44	0.56	51	103	2.24

培训与职业技能鉴定情况（一）

地区	合计							沼气生产工							农村节能员						
	培训			鉴定			持证人数（人）	培训			鉴定			持证人数（人）	培训			鉴定			持证人数（人）
	年初数（人次）	当年培训（人次）	年末累计（人次）	年初数（人次）	当年鉴定（人次）	年末累计（人次）		年初数（人次）	当年培训（人次）	年末累计（人次）	年初数（人次）	当年鉴定（人次）	年末累计（人次）		年初数（人次）	当年培训（人次）	年末累计（人次）	年初数（人次）	当年鉴定（人次）	年末累计（人次）	
全国	2897224	147486	3044710	381937	11142	393079	356010	2356167	111485	2467652	362697	9255	371952	338860	419780	18377	438157	7489	34	7523	6017
北京	34552	7054	41606	3520	352	3872	3872	17648	1466	19114	816	18	834	834	3526	10	3536	1020	10	1030	1030
天津	10645	136	10781	1407		1407	1406	10644	136	10780	1406		1406	1406							
河北	170604	7690	178294	13225	27	13252	13146	169736	7690	177426	13217	27	13244	13146	860		860				
山西	30712	563	31275	24453	563	25016	25016	28474		28474	22698		22698	22698	1491		1491	1174		1174	1174
内蒙古	46197	1291	47488	8113		8113	7820	45388	1291	46679	7802		7802	7802	516		516	18		18	18
辽宁	15604	2839	18443	7492	132	7624	7616	13880	1975	15855	6383		6383	6383	329	17	346	258		258	258
吉林	15257	2212	17469	15154	2062	17216	17213	15151	2062	17213	15151	2062	17213	17213	103		103				
黑龙江	29922	76	29998	10360	72	10432	8981	21551	76	21627	8754	72	8826	8233	5281		5281	1259		1259	634
黑龙江农垦	169		169	160		160	139	146		146	139		139	123							
上海	101	119	220	81	119	200	119	101	119	220	81	119	200	119							
江苏	40874	3064	43938	6727	354	7081	6036	33589	2737	36326	5786	264	6050	5421	2909		2909	251		251	50
浙江	47101	4392	51493	6620	338	6958	6449	43801	3573	47374	5893	241	6134	5644	2129	278	2407				
安徽	42536	2827	45363	10906	173	11079	9803	39975	2827	42802	10478	173	10651	9476	860		860				
福建	54286	198	54484	8381		8381	6368	54282	198	54480	8377		8377	6364							
江西	96642	5043	101685	7538	305	7843	6581	72261	4406	76667	7464	305	7769	6510	23067	533	23600	40		40	40

（续）

地区	合计							沼气生产工							农村节能员						
	培训			鉴定			持证人数（人）	培训			鉴定			持证人数（人）	培训			鉴定			持证人数（人）
	年初数（人次）	当年培训（人次）	年末累计（人次）	年初数（人次）	当年鉴定（人次）	年末累计（人次）		年初数（人次）	当年培训（人次）	年末累计（人次）	年初数（人次）	当年鉴定（人次）	年末累计（人次）		年初数（人次）	当年培训（人次）	年末累计（人次）	年初数（人次）	当年鉴定（人次）	年末累计（人次）	
山东	153270	7270	160540	16606	90	16696	13166	149508	6909	156417	16012	90	16102	12811	3000	51	3051	383		383	240
河南	630863	14514	645377	59272	1590	60862	56857	542525	14092	556617	58567	1590	60157	56185	87898	370	88268	590		590	590
湖北	143970	12875	156845	22488	231	22719	17856	124642	9861	134503	21148	154	21302	16650	12715	2000	14715	473		473	315
湖南	52284	5255	57539	14178	616	14794	13766	48364	4758	53122	13526	550	14076	13050	488	192	680				
广东	48387	383	48770	5922		5922	5920	25780	65	25845	5911		5911	5911	20642	198	20840				
广西	216472	8237	224709	18973	1038	20011	17811	200109	7971	208080	18906	1038	19944	17808	15537	266	15803				
海南	9928	744	10672	4669	112	4781	4780	9927	744	10671	4668	112	4780	4780							
重庆	55504	3510	59014	10528	87	10615	10612	50461	3356	53817	10521	83	10604	10604	4814	120	4934				
四川	137106	12085	149191	27126	574	27700	26509	123134	9996	133130	25949	523	26472	25281	10708	793	11501				
贵州	158985	3154	162139	14752	264	15016	13214	120176	2262	122438	13829	238	14067	12347	37733	838	38571	664	17	681	608
云南	279329	7155	286484	13761	354	14115	12455	163457	6698	170155	11429	18	11447	10559	107552	75	107627	1296	7	1303	1057
西藏	4679	595	5274	1681		1681	1681	4237	325	4562	1673		1673	1673	434	265	699				
陕西	163743	5774	169517	15887	339	16226	13385	104326	3834	108160	15128	228	15356	13130	48507		48507				
甘肃	32255	2937	35192	11386		11386	11243	23266	1179	24445	11151		11151	11151	6635	1698	8333				
青海	47116	174	47290	6371		6371	6197	18844	50	18894	6336		6336	6197	660		660				
宁夏	25494	868	26362	3668	154	3822	3822	15893	540	16433	3660	154	3814	3814	1707	178	1885				
新疆	94496	24392	118888	10324	1162	11486	6171	56750	10229	66979	9630	1162	10792	5537	19679	10495	30174	63		63	3
新疆生产建设兵团	8141	60	8201	208	34	242		8141	60	8201	208	34	242								

培训与职业技能鉴定情况（二）

地区	太阳能利用工							生物质能利用工							其他农村能源利用人员						
	培训			鉴定			持证人数（人）	培训			鉴定			持证人数（人）	培训			鉴定			持证人数（人）
	年初数（人次）	当年培训（人次）	年末累计（人次）	年初数（人次）	当年鉴定（人次）	年末累计（人次）		年初数（人次）	当年培训（人次）	年末累计（人次）	年初数（人次）	当年鉴定（人次）	年末累计（人次）		年初数（人次）	当年培训（人次）	年末累计（人次）	年初数（人次）	当年鉴定（人次）	年末累计（人次）	
全国	47076	9352	56428	5241	1329	6570	5663	60963	3817	64780	3325		3325	2395	13238	4455	17693	3185	524	3709	3075
北京	4546	5535	10081	1226	324	1550	1550	8818	43	8861	444		444	444	14		14	14		14	14
天津															1		1	1		1	
河北															8		8	8		8	
山西	300	563	863	240	563	803	803	445		445	339		339	339	2		2	2		2	2
内蒙古	10		10	10		10									283		283	283		283	
辽宁		10	10					1338	4	1342	795		795	787	57	833	890	56	132	188	188
吉林															3	150	153	3		3	
黑龙江	1316		1316	114		114	114	1765		1765	224		224		9		9	9		9	
黑龙江农垦								23		23	21		21	16							
上海																					
江苏	1250	10	1260	203		203	198	3120	227	3347	481		481	277	6	90	96	6	90	96	90
浙江	940		940	554		554	554	58	38	96					173	503	676	173	97	270	251
安徽	1697		1697	425		425	324								4		4	3		3	3
福建															4		4	4		4	4
江西	1055	77	1132	3		3		232	19	251	4		4	4	27	8	35	27		27	27

（续）

地区	太阳能利用工							生物质能利用工							其他农村能源利用人员						
	培训			鉴定			持证人数（人）	培训			鉴定			持证人数（人）	培训			鉴定			持证人数（人）
	年初数（人次）	当年培训（人次）	年末累计（人次）	年初数（人次）	当年鉴定（人次）	年末累计（人次）		年初数（人次）	当年培训（人次）	年末累计（人次）	年初数（人次）	当年鉴定（人次）	年末累计（人次）		年初数（人次）	当年培训（人次）	年末累计（人次）	年初数（人次）	当年鉴定（人次）	年末累计（人次）	
山东	551	136	687	197		197	115	197	174	371					14		14	14		14	
河南	415	52	467	90		90	82								25		25	25		25	
湖北	4604	913	5517	313	77	390	362	1745	75	1820	360		360	350	264	26	290	194		194	179
湖南	2524	183	2707	337		337	335	123	11	134					785	111	896	315	66	381	381
广东	555		555	11		11	9	910		910					500	120	620				
广西	823		823	64		64									3		3	3		3	3
海南															1		1	1		1	
重庆	182	30	212					40		40					7	4	11	7	4	11	8
四川	434		434	112		112	112	1424	151	1575					1406	1145	2551	1065	51	1116	1116
贵州	504	16	520	120		120	120	433	11	444					139	27	166	139	9	148	139
云南	1658	382	2040	1034	329	1363	839	170		170					6492		6492	2		2	
西藏															8	5	13	8		8	8
陕西	1422	597	2019	99	36	135	57	9135	34	9169	657		657	178	353	1309	1662	3	75	78	20
甘肃	2013	30	2043	89		89	89	160	30	190					181		181	146		146	3
青海	11300		11300					15947		15947					365	124	489	35		35	
宁夏	7356	150	7506					530		530					8		8	8		8	8
新疆	1621	668	2289					14350	3000	17350					2096		2096	631		631	631
新疆生产建设兵团																					

农村沼气用户情况

地区	沼气用户（万户）	其中：							
		户用沼气							集中供气
		年初数（万户）	本年新增（户）	本年报废（户）	年末累计（万户）	本年利用（万户）	年总产气量（万米^3）	年户均产气量（米^3）	供气户数（万户）
全国	4329.77	4083.01	1092490	418904	4150.37	3653.77	1367399.55	374.24	179.40
北京	6.18	0.84			0.84	0.17	44.20	260.00	5.34
天津	6.80	4.74	1780	498	4.87	4.69	1488.89	317.46	1.93
河北	281.29	291.52	32883	217909	273.02	236.63	82109.99	346.99	8.28
山西	77.32	70.85		1174	70.73	52.15	16820.79	322.55	6.59
内蒙古	54.07	49.07	18834		50.95	39.31	10387.15	264.22	3.12
辽宁	62.02	60.03	22353	3728	61.89	48.85	13644.78	279.32	0.13
吉林	16.91	15.38	13900		16.77	13.43	3805.40	283.35	0.14
黑龙江	32.71	29.78	4030		30.18	21.04	5125.32	243.65	2.52
黑龙江农垦	0.66	0.14			0.14	0.07	13.42	200.00	0.52
上海	0.31								0.31
江苏	73.93	71.06	15784	14526	71.19	64.25	19364.50	301.40	2.74
浙江	21.43	14.97	3137		15.29	13.87	6480.33	467.28	6.14
安徽	88.43	82.99	32149		86.21	70.93	24825.15	350.00	2.23
福建	51.75	47.27	13807		48.65	46.00	20700.00	450.00	3.10
江西	191.57	170.97	59239		176.89	144.61	56863.22	393.23	14.68

（续）

地区	沼气用户（万户）	其中：							
		户用沼气							集中供气
		年初数（万户）	本年新增（户）	本年报废（户）	年末累计（万户）	本年利用（万户）	年总产气量（万米³）	年户均产气量（米³）	供气户数（万户）
山东	262.34	241.38	62636		247.64	208.43	75704.08	363.21	14.70
河南	407.20	369.01	71427		376.15	342.38	109640.25	320.23	31.05
湖北	315.97	300.86	70392	77481	300.16	270.41	98485.60	364.20	15.82
湖南	252.19	234.14	69430	23263	238.75	213.33	91290.51	427.93	13.44
广东	49.35	44.00	10586		45.06	44.98	19716.72	438.39	4.29
广西	388.35	375.39	70056		382.40	369.63	156040.85	422.16	5.96
海南	44.48	32.53	8550		33.38	33.38	24033.60	720.00	11.10
重庆	160.15	153.04	52780	25328	155.78	131.48	41585.66	316.29	4.36
四川	596.36	568.77	200498		588.82	576.00	203603.91	353.48	7.54
贵州	199.72	195.67	43332	32374	196.77	149.15	64095.46	429.74	2.96
云南	303.52	293.37	100389		303.41	280.75	130517.24	464.89	0.11
西藏	21.95	20.48	14502		21.93	14.17	5455.45	385.00	0.03
陕西	139.49	129.59	57257		135.31	90.12	29208.79	324.11	4.18
甘肃	120.85	116.93	30000		119.93	112.22	38882.76	346.50	0.93
青海	16.87	16.34	4163		16.75	9.28	3019.45	325.21	0.12
宁夏	23.93	24.72	1111	15378	23.30	9.45	2904.79	307.32	0.64
新疆	59.68	55.13	7485		55.88	41.82	11290.19	270.00	3.80
新疆生产建设兵团	1.97	2.07		7245	1.35	0.81	251.10	310.00	0.62

沼气工程情况（一）

地区	合计									处理工业废弃物工程								
	年初数（处）	本年新增（处）	本年报废（处）	年末累计						年初数（处）	本年新增（处）	本年报废（处）	年末累计					
				数量（处）	总池容（万米³）	年产气量（万米³）	供气户数（万户）	装机容量（千瓦）	年发电量（万千瓦时）				数量（处）	总池容（万米³）	年产气量（万米³）	供气户数（万户）	装机容量（千瓦）	年发电量（万千瓦时）
全国	91952	9741	1736	99957	1573.04	210252.63	171.57	165731	43280.02	338	7	13	332	67.27	26583.32	13.56	10246	3856.93
北京	147	20	10	157	9.58	2479.85	5.31	240	87.60									
天津	615	24	243	396	5.98	2216.35	1.80	392	120.50	1			1	1.50	1095.00			
河北	2819	146	14	2951	47.39	8746.40	6.34	5026	2268.92	9			9	3.07	671.14	0.44		
山西	352	40	7	385	8.65	2170.26	5.52	40	20.00									
内蒙古	328	71	10	389	17.15	3379.61	3.07	4852	3126.55									
辽宁	1123	69	73	1119	35.49	2486.86	0.12	366	151.30		1		1	0.10	40.00		24	4.80
吉林	59			59	2.25	545.65	0.14											
黑龙江	1132	118	13	1237	24.76	4339.31	2.49	3600	1562.80									
黑龙江农垦	23	1		24	2.22	544.45	0.43	360	250.00									
上海	76	14		90	9.90	1564.60	0.31	8440	767.42									
江苏	3614	550	10	4154	95.20	11094.94	2.21	26746	6846.75	97			97	2.74	594.05	0.98	832	264.97
浙江	17409	696	1004	17101	159.16	12028.32	5.37	8514	1288.13									
安徽	1739	184	10	1913	25.91	3168.01	2.19	6839	1538.11	12		3	9	0.98	106.17	0.04		
福建	4995	145	7	5133	63.00	9725.00	3.10	585	155.00									
江西	5745	640	7	6378	116.18	8212.57	14.23	8012	1941.70	13			13	0.28	29.42	0.01	70	18.16
山东	4873	1205	44	6034	112.26	19553.89	14.34	10896	5607.44	54	1	4	51	11.75	4215.83	0.08	3300	2345.00
河南	5299	203	21	5481	149.03	29575.09	29.33	8819	1858.79	24		1	23	35.50	16563.75	10.30	5700	1084.00

（续）

地区	合计									处理工业废弃物工程									
	年初数（处）	本年新增（处）	本年报废（处）	年末累计						年初数（处）	本年新增（处）	本年报废（处）	年末累计						
				数量（处）	总池容（万米³）	年产气量（万米³）	供气户数（万户）	装机容量（千瓦）	年发电量（万千瓦时）				数量（处）	总池容（万米³）	年产气量（万米³）	供气户数（万户）	装机容量（千瓦）	年发电量（万千瓦时）
湖北	3225	1164	1	4388	54.05	7443.24	15.71	609	204.21	5			5	1.47	508.04	0.06		
湖南	16981	2217	68	19130	115.36	7726.53	13.40	5513	921.65	3			3	0.05	3.60	0.0003		
广东	5552	99	3	5648	145.50	15682.49	4.08	9110	1653.56									
广西	2792	94	93	2793	35.29	2646.26	5.85	3588	1696.20	14		4	10	0.21	3.74	0.32		
海南	1440	118		1558	38.37	9696.88	11.10	27475	5088.53	16			16	1.43	423.89	0.25		
重庆	2168	135	17	2286	53.95	2719.27	4.36	14	3.10									
四川	4953	913	62	5804	143.39	31852.66	7.53	7672	2856.76	68	1	1	68	5.78	2034.62	0.98	240	100.00
贵州	1435	250	5	1680	28.29	3125.11	2.85	4882	828.41									
云南	160	71		231	5.43	280.42	0.11	100	50.31	14			14	0.94	44.82			
西藏	10	1		11	0.39	21.27	0.01											
陕西	2072	437	9	2500	37.71	1835.96	4.18	1713	268.32	4	4		8	0.89	46.17	0.08		
甘肃	197	3	5	195	7.16	1696.85	0.93	5890	1134.65	1			1	0.40	164.80			
青海	150	21		171	5.41	168.00	0.12											
宁夏	93	17		110	7.32	1393.52	0.63	3500	574.18	3			3	0.19	38.27	0.02	80	40.00
新疆	350	71		421	9.15	1574.69	3.80	1826	407.68									
新疆生产建设兵团	26	4		30	2.17	558.33	0.62	112	1.44									

沼气工程情况（二）

地区	处理农业废弃物工程																	
	小计									特大型沼气工程								
	年初数（处）	本年新增（处）	本年报废（处）	年末累计						年初数（处）	本年新增（处）	本年报废（处）	年末累计					
				数量（处）	总池容（万米³）	年产气量（万米³）	供气户数（万户）	装机容量（千瓦）	年发电量（万千瓦时）				数量（处）	总池容（万米³）	年产气量（万米³）	供气户数（万户）	装机容量（千瓦）	年发电量（万千瓦时）
全国	91614	9734	1723	99625	1505.77	183669.31	158.01	155485	39423.09	13	1		14	14.21	4660.65	1.12	8410.0	5047.62
北京	147	20	10	157	9.58	2479.85	5.31	240	87.60	1			1	1.44	459.90	1.01		
天津	614	24	243	395	4.48	1121.35	1.80	392	120.50									
河北	2810	146	14	2942	44.32	8075.26	5.90	5026	2268.92	2			2	1.45	528.75		1500.0	760.62
山西	352	40	7	385	8.65	2170.26	5.52	40	20.00									
内蒙古	328	71	10	389	17.15	3379.61	3.07	4852	3126.55	3			3	3.40	1200.00		3310.0	2364.00
辽宁	1123	68	73	1118	35.39	2446.86	0.12	342	146.50									
吉林	59			59	2.25	545.65	0.14											
黑龙江	1132	118	13	1237	24.76	4339.31	2.49	3600	1562.80									
黑龙江农垦	23	1		24	2.22	544.45	0.43	360	250.00									
上海	76	14		90	9.90	1564.60	0.31	8440	767.42									
江苏	3517	550	10	4057	92.46	10500.89	1.23	25914	6581.78									
浙江	17409	696	1004	17101	159.16	12028.32	5.37	8514	1288.13									
安徽	1727	184	7	1904	24.93	3061.84	2.15	6839	1538.11									
福建	4995	145	7	5133	63.00	9725.00	3.10	585	155.00									
江西	5732	640	7	6365	115.90	8183.14	14.21	7942	1923.54									
山东	4819	1204	40	5983	100.51	15338.06	14.26	7596	3262.44	1	1		2	3.76	1730.00		3180.0	1800.00

（续）

地区	处理农业废弃物工程																	
	小计									特大型沼气工程								
	年初数（处）	本年新增（处）	本年报废（处）	年末累计						年初数（处）	本年新增（处）	本年报废（处）	年末累计					
				数量（处）	总池容（万米^3）	年产气量（万米^3）	供气户数（万户）	装机容量（千瓦）	年发电量（万千瓦时）				数量（处）	总池容（万米^3）	年产气量（万米^3）	供气户数（万户）	装机容量（千瓦）	年发电量（万千瓦时）
河南	5275	203	20	5458	113.53	13011.34	19.03	3119	774.79	1			1	0.60	180.00			
湖北	3220	1164	1	4383	52.59	6935.20	15.65	609	204.21	1			1	1.29	82.00		300.0	123.00
湖南	16978	2217	68	19127	115.31	7722.93	13.40	5513	921.65									
广东	5552	99	3	5648	145.50	15682.49	4.08	9110	1653.56	4			4	2.27	480.00	0.11	120.0	
广西	2778	94	89	2783	35.08	2642.52	5.54	3588	1696.20									
海南	1424	118		1542	36.94	9272.99	10.85	27475	5088.53									
重庆	2168	135	17	2286	53.95	2719.27	4.36	14	3.10									
四川	4885	912	61	5736	137.61	29818.04	6.55	7432	2756.76									
贵州	1435	250	5	1680	28.29	3125.11	2.85	4882	828.41									
云南	146	71		217	4.49	235.60	0.11	100	50.31									
西藏	10	1		11	0.39	21.27	0.01											
陕西	2068	433	9	2492	36.82	1789.79	4.10	1713	268.32									
甘肃	196	3	5	194	6.76	1532.05	0.93	5890	1134.65									
青海	150	21		171	5.41	168.00	0.12											
宁夏	90	17		107	7.13	1355.25	0.61	3420	534.18									
新疆	350	71		421	9.15	1574.69	3.80	1826	407.68									
新疆生产建设兵团	26	4		30	2.17	558.33	0.62	112	1.44									

沼气工程情况（三）

地区	处理农业废弃物工程																	
	大型沼气工程									中型沼气工程								
				年末累计									年末累计					
	年初数（处）	本年新增（处）	本年报废（处）	数量（处）	总池容（万米³）	年产气量（万米³）	供气户数（万户）	装机容量（千瓦）	年发电量（万千瓦时）	年初数（处）	本年新增（处）	本年报废（处）	数量（处）	总池容（万米³）	年产气量（万米³）	供气户数（万户）	装机容量（千瓦）	年发电量（万千瓦时）
全国	5246	610	42	5814	517.85	96270.67	56.04	119425.6	30421.95	9767	741	223	10285	396.37	38183.21	28.59	24152.0	3440.55
北京	51			51	4.60	1291.34	2.82	240.0	87.60	82	6	10	78	3.00	622.99	1.19		
天津	19			19	1.62	522.95	0.53	392.0	120.50	2		1	1	0.03	4.50			
河北	181	45	1	225	20.93	5535.58	2.58	3426.0	1458.48	10			10	0.32	94.20	0.03		
山西	116	10	4	122	6.58	1743.48	4.13	40.0	20.00	36		3	33	1.00	264.25	0.63		
内蒙古	71	10	1	80	7.76	1681.88	1.54	1535.0	759.35	16		2	14	0.49	96.23	0.17	7.0	3.20
辽宁	42	5		47	4.40	779.67	0.05	297.0	140.50	633	63	40	656	28.99	1587.42	0.05	45.0	6.00
吉林	41			41	2.05	511.00	0.10			5			5	0.15	30.00	0.03		
黑龙江	122	30	1	151	16.28	3671.50	1.04	3600.0	1562.80									
黑龙江农垦	14	1		15	1.95	544.35	0.38	360.0	250.00	3			3	0.24	0.10	0.06		
上海	27	14		41	7.31	1376.08	0.18	8080.0	682.62	41			41	2.18	168.73	0.13	360.0	84.80
江苏	249	35		284	25.52	4440.04	0.16	17850.0	5372.70	1008	138	2	1144	38.37	2398.26	0.48	5704.0	864.20
浙江	118	30	3	145	16.79	1612.67	0.73	5293.0	959.36	658	14	81	591	25.16	1770.93	1.03	2491.0	272.21
安徽	143	14		157	13.35	2333.03	1.22	6759.0	1526.11	28			28	1.17	69.84	0.01	80.0	12.00
福建	275	16	5	286	28.60	5100.00	0.60	585.0	155.00	693	18	2	709	24.88	3810.00	0.60		
江西	494	44		538	52.45	3770.84	4.34	6792.0	1785.99	608	36		644	27.44	1882.99	3.22	1150.0	137.55
山东	274	37	3	308	33.15	8458.79	7.53	4416.0	1462.44	239	35	3	271	10.39	1401.35	0.98		

（续）

地区	处理农业废弃物工程																	
	大型沼气工程									中型沼气工程								
	年初数（处）	本年新增（处）	本年报废（处）	年末累计						年初数（处）	本年新增（处）	本年报废（处）	年末累计					
				数量（处）	总池容（万米³）	年产气量（万米³）	供气户数（万户）	装机容量（千瓦）	年发电量（万千瓦时）				数量（处）	总池容（万米³）	年产气量（万米³）	供气户数（万户）	装机容量（千瓦）	年发电量（万千瓦时）
河南	582	12		594	51.39	8651.70	6.85	2689.0	744.29	794	53	3	844	29.34	2115.92	5.85	430.0	30.50
湖北	175	27	1	201	13.42	3325.58	3.85	309.0	81.21	51	5		56	1.81	312.17	0.28		
湖南	223	41		264	22.65	2452.61	2.01	5473.0	912.65	613	89	9	693	22.73	913.83	2.24	40.0	9.00
广东	623	23	3	643	63.57	7315.80	0.97	8990.0	1653.56	909	76		985	47.68	5829.78	0.83		
广西	78	21	18	81	7.25	1424.06	0.31	3083.0	1695.70	440	21	51	410	18.19	209.92	3.81	505.0	0.50
海南	355	16		371	20.41	5878.08	6.31	18500.0	3684.16	357	2		359	10.77	2342.80	2.55	8975.0	1404.37
重庆	147	27	1	173	13.17	1205.99	1.44			590	26		616	27.25	700.32	1.82		
四川	445	70	1	514	45.71	16747.04	2.54	7187.0	2721.36	1406	103	15	1494	50.65	9250.73	1.77	200.0	21.60
贵州	100	23		123	7.97	1481.24	0.39	4202.0	767.81	176	27	1	202	6.60	691.28	0.34	460.0	15.80
云南	18	16		34	2.73	164.39	0.01	100.0	50.31	9	3		12	0.62	15.70	0.0005		
西藏										10	1		11	0.39	21.27	0.01		
陕西	130	20		150	11.36	799.76	0.44	1470.0	241.22	245	9		254	9.44	283.43	0.14	215.0	27.10
甘肃	59	3		62	5.55	1266.61	0.50	5520.0	1102.93	9			9	0.36	51.96	0.04	370.0	31.72
青海	24			24	1.41	64.00	0.02											
宁夏		3		3	0.74	189.07	0.39	300.0	14.18	90	14		104	6.39	1166.18	0.23	3120.0	520.00
新疆	33	15		48	5.42	1453.85	1.60	1825.6	407.68									
新疆生产建设兵团	17	2		19	1.76	477.68	0.49	112.0	1.44	6	2		8	0.35	76.15	0.10		

沼气工程情况（四）

地区	处理农业废弃物工程								
	小型沼气工程								
	年初数（处）	本年新增（处）	本年报废（处）	年末累计					
				数量（处）	总池容（万米^3）	年产气量（万米^3）	供气户数（万户）	装机容量（千瓦）	年发电量（万千瓦时）
全国	76588	8382	1458	83512	577.34	44554.77	72.27	3497	512.97
北京	13	14		27	0.54	105.62	0.29		
天津	593	24	242	375	2.83	593.90	1.27		
河北	2617	101	13	2705	21.62	1916.73	3.28	100	49.82
山西	200	30		230	1.07	162.53	0.77		
内蒙古	238	61	7	292	5.51	401.50	1.36		
辽宁	448		33	415	2.00	79.77	0.02		
吉林	13			13	0.05	4.65	0.01		
黑龙江	1010	88	12	1086	8.48	667.81	1.45		
黑龙江农垦	6			6	0.03				
上海	8			8	0.41	19.79			
江苏	2260	377	8	2629	28.56	3562.59	0.59	2360	344.89
浙江	16633	652	920	16365	117.21	8644.72	3.61	730	56.56
安徽	1556	170	7	1719	10.41	658.97	0.92		
福建	4027	111		4138	9.52	815.00	1.90		
江西	4630	560	7	5183	36.01	2529.31	6.65		

（续）

地区	处理农业废弃物工程								
	小型沼气工程								
	年初数（处）	本年新增（处）	本年报废（处）	年末累计					
				数量（处）	总池容（万米³）	年产气量（万米³）	供气户数（万户）	装机容量（千瓦）	年发电量（万千瓦时）
山东	4305	1131	34	5402	53.21	3747.92	5.75		
河南	3898	138	17	4019	32.20	2063.73	6.34		
湖北	2993	1132		4125	36.06	3215.44	11.53		
湖南	16142	2087	59	18170	69.93	4356.49	9.15		
广东	4016			4016	31.98	2056.91	2.18		
广西	2260	52	20	2292	9.64	1008.54	1.42		
海南	712	100		812	5.77	1052.11	1.99		
重庆	1431	82	16	1497	13.53	812.96	1.10	14	3.10
四川	3034	739	45	3728	41.25	3820.27	2.23	45	13.80
贵州	1159	200	4	1355	13.72	952.58	2.12	220	44.80
云南	119	52		171	1.14	55.52	0.10		
西藏									
陕西	1693	404	9	2088	16.02	706.60	3.52	28	
甘肃	128		5	123	0.85	213.47	0.39		
青海	126	21		147	4.00	104.00	0.10		
宁夏									
新疆	317	56		373	3.73	120.84	2.20		
新疆生产建设兵团	3			3	0.06	4.50	0.03		

生活污水净化沼气池情况（一）

地区	合计								村级处理系统							
	年初数		本年新增		本年报废		年末累计		年初数		本年新增		本年报废		年末累计	
	数量（处）	总池容（万米³）	数量（处）	总池容（万米³）	数量（处）	总池容（万米³）	数量（处）	总池容（万米³）	数量（处）	总池容（万米³）	数量（处）	总池容（万米³）	数量（处）	总池容（万米³）	数量（处）	总池容（万米³）
全国	208551	970.03	8510	46.57	3835	6.85	213226	1009.74	74454	237.38	6256	20.44	1953	2.03	78757	255.80
北京																
天津	8	0.06					8	0.06								
河北	159	0.94		0.01	6	0.03	153	0.92	10	0.14		0.01			10	0.15
山西	28	0.06					28	0.06								
内蒙古	5	0.23			4	0.16	1	0.07								
辽宁																
吉林	3	0.05					3	0.05	3	0.05					3	0.05
黑龙江																
黑龙江农垦																
上海																
江苏	34866	118.57	785	3.70	12	0.20	35639	122.07	1050	4.67	43	0.21	3	0.01	1090	4.87
浙江	75403	237.49	6134	18.46	3132	4.06	78405	251.89	65874	174.02	6023	17.08	1909	1.88	69988	189.22
安徽	1505	4.66	7	0.07	3	0.02	1509	4.71	55	0.58					55	0.58
福建	1111	2.41			6	0.01	1105	2.40	499	0.98			6	0.01	493	0.97
江西	1947	6.53	12	0.07	18	0.06	1941	6.55	288	1.49	8	0.06	5	0.03	291	1.52
山东	159	1.45			3	0.02	156	1.43	31	0.09					31	0.09
河南	649	2.80	5	0.03	52	0.13	602	2.69	10	0.13					10	0.13

（续）

地区	合计								村级处理系统							
	年初数		本年新增		本年报废		年末累计		年初数		本年新增		本年报废		年末累计	
	数量（处）	总池容（万米^3）	数量（处）	总池容（万米^3）	数量（处）	总池容（万米^3）	数量（处）	总池容（万米^3）	数量（处）	总池容（万米^3）	数量（处）	总池容（万米^3）	数量（处）	总池容（万米^3）	数量（处）	总池容（万米^3）
湖北	1287	7.43	13	0.08			1300	7.51	81	0.69					81	0.69
湖南	2045	9.77	18	0.18	18	0.13	2045	9.82	499	0.95					499	0.95
广东	6445	9.30					6445	9.30	2243	2.29					2243	2.29
广西	354	3.54			234	0.22	120	3.33	82	0.20			22	0.04	60	0.17
海南																
重庆	17186	121.12	92	1.23	165	0.72	17113	121.63	1175	16.53	22	0.16			1197	16.69
四川	64756	437.60	1404	21.76	157	0.93	66003	458.42	2291	31.50	125	2.48	8	0.06	2408	33.91
贵州	332	2.56	25	0.26	2	0.01	355	2.81	143	1.20	25	0.26			168	1.46
云南	139	2.31	11	0.09			150	2.41	117	1.87	7	0.06			124	1.93
西藏			4	0.62			4	0.62			3	0.12			3	0.12
陕西	123	0.87			18	0.12	105	0.75								
甘肃	34	0.22			5	0.03	29	0.19	3	0.01					3	0.01
青海																
宁夏	7	0.06					7	0.06								
新疆																
新疆生产建设兵团																

生活污水净化沼气池情况（二）

地区	学校处理系统								其他							
	年初数		本年新增		本年报废		年末累计		年初数		本年新增		本年报废		年末累计	
	数量（处）	总池容（万米³）	数量（处）	总池容（万米³）	数量（处）	总池容（万米³）	数量（处）	总池容（万米³）	数量（处）	总池容（万米³）	数量（处）	总池容（万米³）	数量（处）	总池容（万米³）	数量（处）	总池容（万米³）
全国	7584	57.73	202	2.18	315	1.00	7471	58.90	126513	674.92	2052	23.95	1567	3.83	126998	695.04
北京																
天津									8	0.06					8	0.06
河北	119	0.59			2	0.01	117	0.58	30	0.20			4	0.02	26	0.18
山西									28	0.06					28	0.06
内蒙古	5	0.23			4	0.16	1	0.07								
辽宁																
吉林																
黑龙江																
黑龙江农垦																
上海																
江苏	1426	5.56	59	0.52			1485	6.08	32390	108.34	683	2.97	9	0.20	33064	111.12
浙江	412	4.57	18	0.23	8	0.28	422	4.51	9117	58.91	93	1.15	1215	1.90	7995	58.16
安徽	220	1.25	5	0.03			225	1.28	1230	2.83	2	0.04	3	0.02	1229	2.85
福建	100	0.63					100	0.63	512	0.80					512	0.80
江西	440	2.17	4	0.01	1	0.003	443	2.18	1219	2.87			12	0.03	1207	2.85
山东	120	1.30			1	0.01	119	1.29	8	0.07			2	0.01	6	0.05
河南	573	2.42	5	0.03	48	0.12	530	2.32	66	0.25			4	0.01	62	0.24

（续）

地区	学校处理系统								其他							
	年初数		本年新增		本年报废		年末累计		年初数		本年新增		本年报废		年末累计	
	数量（处）	总池容（万米³）	数量（处）	总池容（万米³）	数量（处）	总池容（万米³）	数量（处）	总池容（万米³）	数量（处）	总池容（万米³）	数量（处）	总池容（万米³）	数量（处）	总池容（万米³）	数量（处）	总池容（万米³）
湖北	626	4.39	13	0.08			639	4.47	580	2.35					580	2.35
湖南	543	3.14			5	0.02	538	3.12	1003	5.68	18	0.18	13	0.11	1008	5.75
广东	126	0.70					126	0.70	4076	6.31					4076	6.31
广西	272	3.34			212	0.18	60	3.16								
海南																
重庆	598	7.50			9	0.05	589	7.45	15413	97.09	70	1.08	156	0.67	15327	97.50
四川	1644	17.13	95	1.27			1739	18.40	60821	388.97	1184	18.02	149	0.87	61856	406.12
贵州	189	1.36			2	0.01	187	1.35								
云南	10	0.31	3	0.02			13	0.33	12	0.14	1	0.01			13	0.15
西藏											1	0.50			1	0.50
陕西	123	0.87			18	0.12	105	0.75								
甘肃	31	0.20			5	0.03	26	0.18								
青海																
宁夏	7	0.06					7	0.06								
新疆																
新疆生产建设兵团																

省柴节煤灶与节能炕情况

地区	省柴节煤灶				节能炕			
	年初数（万台）	本年新增（万台）	本年报废（万台）	年末累计（万台）	年初数（万铺）	本年新增（万铺）	本年报废（万铺）	年末累计（万铺）
全国	12522.96	140.62	392.49	12271.09	1936.58	28.40	50.68	1914.31
北京	7.53		1.00	6.53	39.12	0.06	1.50	37.68
天津	36.76		2.72	34.04				
河北	505.21	6.24	27.63	483.81	139.99	1.15	10.41	130.72
山西	40.36	1.73	3.53	38.56	33.51	5.31	2.62	36.20
内蒙古	158.20	0.52	9.13	149.59	40.84	0.53	1.10	40.27
辽宁	327.60	8.75	12.15	324.19	451.18	10.42	9.42	452.17
吉林	252.67	0.90	3.84	249.73	277.09	1.61	5.37	273.33
黑龙江	213.84	2.70	0.24	216.30	326.92	2.04	0.25	328.71
黑龙江农垦	0.01			0.01	0.06			0.06
上海								
江苏	767.01	5.10	45.93	726.19				
浙江	486.50	1.62	44.45	443.67				
安徽	769.24	1.11	18.99	751.37				
福建	152.36		1.68	150.68				
江西	516.03	8.49	12.51	512.02				
山东	1029.00	4.31	46.84	986.47	344.43	0.64	6.09	338.98

（续）

地区	省柴节煤灶				节能炕			
	年初数（万台）	本年新增（万台）	本年报废（万台）	年末累计（万台）	年初数（万铺）	本年新增（万铺）	本年报废（万铺）	年末累计（万铺）
河南	1120.62	4.37	34.36	1090.63				
湖北	635.64	16.71	21.91	630.44				
湖南	754.56	11.64	14.89	751.31				
广东	661.04		7.65	653.39				
广西	744.48	10.61	6.08	749.01				
海南	87.04		1.23	85.81				
重庆	353.36	1.78	14.12	341.02				
四川	1142.22	19.83	17.47	1144.58	0.0001			0.0001
贵州	341.44	6.69	14.37	333.76				
云南	600.25	16.55	12.92	603.87				
西藏								
陕西	211.01	6.13	4.18	212.96	70.93	1.25	2.98	69.20
甘肃	330.28	3.45	12.27	321.46	184.90	4.91	10.02	179.80
青海	81.50			81.50	3.63	0.01		3.64
宁夏	50.56	0.82	0.40	50.98	20.97	0.49	0.91	20.54
新疆	146.66	0.58	0.02	147.21	3.01			3.01
新疆生产建设兵团								

节能炉与燃池情况

地区	节能炉				燃池			
	年初数（万台）	本年新增（万台）	本年报废（万台）	年末累计（万台）	年初数（万个）	本年新增（万个）	本年报废（万个）	年末累计（万个）
全国	3184.55	75.93	140.91	3119.57	19.56	0.49	0.38	19.68
北京	4.46		0.72	3.74				
天津	38.76		2.20	36.56				
河北	603.48	13.33	21.21	595.60	4.83	0.14	0.28	4.69
山西	64.04	0.06	3.58	60.51				
内蒙古	13.18	0.31	0.48	13.02	0.22		0.08	0.14
辽宁	2.37	1.80		4.18	2.00	0.16	0.001	2.16
吉林	98.26	2.55	6.64	94.17				
黑龙江	71.85	2.09	0.40	73.55	12.51	0.19	0.02	12.68
黑龙江农垦	0.07			0.07				
上海								
江苏	58.13	2.26	2.99	57.40				
浙江	5.25	0.12	0.41	4.95				
安徽	111.29	2.78	10.12	103.96				
福建								
江西	102.05	2.18	4.69	99.54				
山东	631.45	6.26	33.56	604.16				

（续）

地区	节能炉				燃池			
	年初数（万台）	本年新增（万台）	本年报废（万台）	年末累计（万台）	年初数（万个）	本年新增（万个）	本年报废（万个）	年末累计（万个）
河南	248.77	5.72	17.11	237.38				
湖北	142.48	9.96	4.49	147.95				
湖南	349.69	7.15	10.90	345.94				
广东	0.07			0.07				
广西	2.30	0.06	0.25	2.11				
海南								
重庆	60.57	1.57	2.59	59.54				
四川	240.27	2.16	12.17	230.25	0.0004			0.0004
贵州	94.30	4.03	2.02	96.31				
云南	2.36			2.36				
西藏								
陕西	76.98	3.02	2.04	77.96				
甘肃	150.45	5.53	2.29	153.68				
青海	6.48	2.53	0.03	8.97				
宁夏	2.30	0.47	0.015	2.75				
新疆	2.87			2.87				
新疆生产建设兵团								

太阳能热利用情况（一）

地区	太阳能热水器								太阳灶			
	年初数		本年新增		本年报废		年末累计		年初数	本年新增	本年报废	年末累计
	数量（万台）	集热面积（万米^2）	数量（万台）	集热面积（万米^2）	数量（万台）	集热面积（万米^2）	数量（万台）	集热面积（万米^2）	数量（台）	数量（台）	数量（台）	数量（台）
全国	3856.94	6801.80	291.64	586.45	48.93	93.68	4099.65	7294.57	2207246	135378	78268	2264356
北京	47.30	78.83	0.97	1.65	3.42	6.11	44.85	74.37	1222		25	1197
天津	36.00	35.20	0.62	0.70	0.60	0.56	36.02	35.34				
河北	419.84	585.56	18.10	30.13	6.28	10.11	431.66	605.58	36059	6874	686	42247
山西	180.64	403.95	1.80	3.89	0.06	0.12	182.37	407.72	18242	17594		35836
内蒙古	26.84	56.75	2.60	6.22	0.19	0.64	29.25	62.33	45880	8468	1756	52592
辽宁	87.23	116.84	8.50	13.99	1.67	2.93	94.06	127.90	1039		53	986
吉林	16.24	51.47	3.60	14.14	0.34	1.31	19.50	64.30	1235		414	821
黑龙江	39.24	55.51	2.37	2.84	0.01	0.02	41.60	58.34	511			511
黑龙江农垦	5.99	12.74	0.46	2.17	0.17	0.12	6.29	14.79				
上海	39.12	78.24	1.17	2.35			40.29	80.59				
江苏	452.27	729.48	34.38	59.16	3.72	12.61	482.94	776.03				
浙江	261.99	554.87	20.97	44.36	1.71	4.20	281.25	595.03		40		40
安徽	324.71	503.11	23.18	36.61	12.60	14.76	335.28	524.96				
福建	15.84	40.66	0.48	0.76	0.12	0.24	16.20	41.18				
江西	67.35	151.40	8.06	25.57	0.86	2.89	74.54	174.08				
山东	695.01	1055.33	47.42	83.73	8.96	20.05	733.47	1119.01	6690	362	544	6508

（续）

地区	太阳能热水器								太阳灶			
	年初数		本年新增		本年报废		年末累计		年初数	本年新增	本年报废	年末累计
	数量（万台）	集热面积（万米^2）	数量（万台）	集热面积（万米^2）	数量（万台）	集热面积（万米^2）	数量（万台）	集热面积（万米^2）	数量（台）	数量（台）	数量（台）	数量（台）
河南	289.06	444.02	27.21	47.97	2.13	3.73	314.14	488.26	4		4	
湖北	162.77	292.39	12.57	22.62	0.86	1.50	174.48	313.50				
湖南	81.60	163.98	10.56	21.56	1.11	2.49	91.05	183.04				
广东	8.72	29.95					8.72	29.95	22		22	
广西	29.21	67.13	4.13	11.42	0.04	0.11	33.29	78.43				
海南	192.19	389.89	0.05	0.10	0.13	0.26	192.11	389.73				
重庆	14.19	26.90	8.09	16.77	0.02	0.04	22.26	43.63				
四川	68.25	122.01	17.46	33.19	1.49	2.95	84.22	152.26	121728	21	35	121714
贵州	19.86	48.61	2.27	6.33	0.12	0.36	22.01	54.58				
云南	80.15	261.79	13.22	44.61	1.06	3.27	92.31	303.13	264			264
西藏	42.62	127.90	6.55	19.66	0.15	0.45	49.02	147.11	371615	12566	2625	381556
陕西	60.84	147.52	4.29	9.31	0.29	1.22	64.84	155.61	223836	24778	7685	240929
甘肃	34.74	82.41	8.33	17.03	0.50	0.16	42.57	99.28	730301	52018	44378	737941
青海	2.29	3.20	0.04	4.00			2.33	7.20	241318	850		242168
宁夏	21.55	32.49	2.13	3.19	0.31	0.46	23.37	35.22	395471	9275	19694	385052
新疆	33.22	51.43	0.07	0.44			33.29	51.87	11809	2532	347	13994
新疆生产建设兵团	0.08	0.23					0.08	0.23				

太阳能热利用情况（二）

地区	太阳房							
	年初数		本年新增		本年报废		年末累计	
	数量（处）	集热面积（万米²）	数量（处）	集热面积（万米²）	数量（处）	集热面积（万米²）	数量（处）	集热面积（万米²）
全国	252145	2351.70	22669	157.18	5510	63.33	269304	2445.55
北京	8199	93.13	3666	36.66	1000	14.54	10865	115.25
天津	8	0.92			4	0.08	4	0.84
河北	20148	149.62	239	0.87	586	10.91	19801	139.58
山西	15	0.15					15	0.15
内蒙古	9608	101.22	202	0.99	523	8.62	9282	93.59
辽宁	58072	535.29	1300	13.37	1291	17.16	58081	531.50
吉林	25899	289.41					25899	289.41
黑龙江	54816	449.02	4651	37.21	144	1.15	59323	485.08
黑龙江农垦								
上海	1	5.00					1	5.00
江苏	988	5.45	2	1.20	20	0.10	970	6.55
浙江								
安徽								
福建								
江西			1	0.50			1	0.50
山东	1283	17.42	4	1.90	243	2.47	1044	16.85

（续）

地区	太阳房							
	年初数		本年新增		本年报废		年末累计	
	数量（处）	集热面积（万米²）	数量（处）	集热面积（万米²）	数量（处）	集热面积（万米²）	数量（处）	集热面积（万米²）
河南	40	1.95	3	0.01			43	1.95
湖北								
湖南	10	6.67	1	7.00			11	13.67
广东								
广西								
海南								
重庆								
四川	213	2.21	64	0.51			277	2.72
贵州								
云南								
西藏								
陕西	30	1.46			20	0.70	10	0.76
甘肃	48259	239.32	6979	34.52	1674	7.59	53564	266.24
青海	23101	428.02	5557	22.44			28658	450.46
宁夏	380	16.04					380	16.04
新疆	1075	9.40					1075	9.40
新疆生产建设兵团								

太阳能热利用情况（三）

地区	其中：															
	户用太阳房								太阳能校舍							
	年初数		本年新增		本年报废		年末累计		年初数		本年新增		本年报废		年末累计	
	数量（户）	集热面积（万米²）	数量（户）	集热面积（万米²）	数量（户）	集热面积（万米²）	数量（户）	集热面积（万米²）	数量（处）	集热面积（万米²）	数量（处）	集热面积（万米²）	数量（处）	集热面积（万米²）	数量（处）	集热面积（万米²）
全国	248159	2241.95	20943	138.88	5421	54.65	263681	2326.17	438	64.45	7	2.27	7	4.57	438	62.15
北京	8198	92.93	3666	36.66	1000	14.54	10864	115.05	1	0.20					1	0.20
天津	5	0.11			4	0.08	1	0.03	3	0.81					3	0.81
河北	20046	139.51	239	0.87	530	7.39	19755	132.99	32	8.96			3	3.00	29	5.96
山西	15	0.15					15	0.15								
内蒙古	9538	97.63	197	0.88	519	8.55	9216	89.96	1	0.05					1	0.05
辽宁	58001	499.72	1300	13.37	1288	12.81	58013	500.28	66	23.47			3	1.54	63	21.93
吉林	25880	285.72					25880	285.72	19	3.69					19	3.69
黑龙江	51595	433.02	4651	37.21	144	1.15	56102	469.08	21	7.00					21	7.00
黑龙江农垦																
上海																
江苏	988	4.97			20	0.10	968	4.87								
浙江																
安徽																
福建																
江西																

（续）

地区	其中：															
	户用太阳房								太阳能校舍							
	年初数		本年新增		本年报废		年末累计		年初数		本年新增		本年报废		年末累计	
	数量（户）	集热面积（万米²）	数量（户）	集热面积（万米²）	数量（户）	集热面积（万米²）	数量（户）	集热面积（万米²）	数量（处）	集热面积（万米²）	数量（处）	集热面积（万米²）	数量（处）	集热面积（万米²）	数量（处）	集热面积（万米²）
山东	1262	12.22			243	2.47	1019	9.75	21	5.20	4	1.90			25	7.10
河南	31	1.40					31	1.40	9	0.55					9	0.55
湖北																
湖南											1	0.30			1	0.30
广东																
广西																
海南																
重庆																
四川	208	1.87	64	0.51			272	2.38	5	0.34					5	0.34
贵州																
云南																
西藏																
陕西																
甘肃	47903	228.10	5269	26.93	1673	7.56	51499	247.47	198	6.65	2	0.07	1	0.03	199	6.69
青海	23062	425.96	5557	22.44			28619	448.40	39	2.06					39	2.06
宁夏	352	9.26					352	9.26	23	5.47					23	5.47
新疆	1075	9.40					1075	9.40								
新疆生产建设兵团																

小型电源利用情况（一）

地区	小型光伏发电							
	年初数		本年新增		本年报废		年末累计	
	数量（处）	装机容量（千瓦）	数量（处）	装机容量（千瓦）	数量（处）	装机容量（千瓦）	数量（处）	装机容量（千瓦）
全国	283896	16324.33	20471	7210.47	9779	456.54	294588	23078.27
北京	162673	7768.65	4948	637.60	7387	387.60	160534	8018.65
天津								
河北	13897	878.05	1106	58.80	45	2.79	14958	934.06
山西			3600	360.00			3600	360.00
内蒙古	4963	909.55	5437	1582.60	22	0.30	10378	2491.85
辽宁	42235	2584.79	1029	24.00	411	20.60	42853	2588.19
吉林								
黑龙江	782	34.70					782	34.70
黑龙江农垦	100	0.65			100	0.65		
上海								
江苏	904	104.20	155	32.83			1059	137.03
浙江	418	234.18	245	42.44	5	16.65	658	259.97
安徽	257	522.60	125	493.56			382	1016.16
福建								
江西	3	60.00	83	2780.00			86	2840.00
山东	1396	69.45	510	62.00	50	5.00	1856	126.45

（续）

地区	小型光伏发电							
	年初数		本年新增		本年报废		年末累计	
	数量（处）	装机容量（千瓦）	数量（处）	装机容量（千瓦）	数量（处）	装机容量（千瓦）	数量（处）	装机容量（千瓦）
河南	119	9.50	9	0.10			128	9.60
湖北								
湖南	1390	885.79	140	186.64			1530	1072.43
广东	3	185.99					3	185.99
广西								
海南	32	52.92			5	8.29	27	44.63
重庆								
四川								
贵州								
云南	125	54.70	1	36.00			126	90.70
西藏								
陕西								
甘肃	6221	250.95	84	14.20	2054	14.66	4251	250.49
青海	45466	724.71	2999	899.70			48465	1624.41
宁夏	514	939.98					514	939.98
新疆	2398	52.99					2398	52.99
新疆生产建设兵团								

小型电源利用情况（二）

地区	小型风力发电								微型水力发电							
	年初数		本年新增		本年报废		年末累计		年初数		本年新增		本年报废		年末累计	
	数量（台）	装机容量（千瓦）	数量（台）	装机容量（千瓦）	数量（台）	装机容量（千瓦）	数量（台）	装机容量（千瓦）	数量（台）	装机容量（千瓦）	数量（台）	装机容量（千瓦）	数量（台）	装机容量（千瓦）	数量（台）	装机容量（千瓦）
全国	114119	34317.87	4689	1153.05	4087	670.53	114721	34800.39	33761	100576.54	94	88.00	2091	3908.94	31764	96755.60
北京	10	10.00					10	10.00								
天津																
河北	220	70.40			3	1.50	217	68.90								
山西	3	6.00					3	6.00	3	18.00					3	18.00
内蒙古	88475	24843.83	1819	664.30	3492	522.00	86802	24986.13								
辽宁	53	240.80					53	240.80								
吉林	265	29.20					265	29.20								
黑龙江	1232	206.30					1232	206.30								
黑龙江农垦	655	1799.40					655	1799.40								
上海																
江苏	4242	604.79	2450	116.00	286	28.70	6406	692.09								
浙江	131	584.50					131	584.50	216	275.70					216	275.70
安徽	680	122.26	197	202.00	164	20.14	713	304.12	12	35.23					12	35.23
福建	383	546.40					383	546.40	271	1976.00					271	1976.00
江西	28	25.20					28	25.20	5729	10202.79	3	4.50	340	499.73	5392	9707.56
山东	3323	1059.84	142	136.20	23	7.54	3442	1188.50	11	67.00					11	67.00

（续）

地区	小型风力发电								微型水力发电							
	年初数		本年新增		本年报废		年末累计		年初数		本年新增		本年报废		年末累计	
	数量（台）	装机容量（千瓦）	数量（台）	装机容量（千瓦）	数量（台）	装机容量（千瓦）	数量（台）	装机容量（千瓦）	数量（台）	装机容量（千瓦）	数量（台）	装机容量（千瓦）	数量（台）	装机容量（千瓦）	数量（台）	装机容量（千瓦）
河南	81	9.45					81	9.45	21	246.00					21	246.00
湖北	1440	269.70					1440	269.70	23	119.00			11	59.00	12	60.00
湖南	14	2.00			1	0.15	13	1.85	1702	7607.05			4	5.00	1698	7602.05
广东	73	110.15					73	110.15	2605	20935.60					2605	20935.60
广西	1127	117.55	5	1.50			1132	119.05	12699	19526.47			680	748.41	12019	18778.06
海南	59	71.40	2	2.60	7	8.40	54	65.60	19	184.51	1	9.50	4	38.50	16	155.51
重庆									82	391.20					82	391.20
四川									93	3107.60					93	3107.60
贵州	49	6.10					49	6.10	2596	5370.00					2596	5370.00
云南	97	71.95			94	71.50	3	0.45	6865	14983.80	90	74.00	1028	2402.30	5927	12655.50
西藏																
陕西	80	8.50					80	8.50	83	4830.00					83	4830.00
甘肃	1701	503.02	74	30.45	17	10.60	1758	522.87	229	1918.00			24	156.00	205	1762.00
青海	1308	130.80					1308	130.80	290	8780.00					290	8780.00
宁夏	2097	294.99					2097	294.99								
新疆	6293	2573.35					6293	2573.35	212	2.60					212	2.60
新疆生产建设兵团																

秸秆能源化利用情况（一）

地区	秸秆热解气化集中供气						秸秆沼气集中供气					
	年初数（处）	本年新增（处）	本年报废（处）	年末累计（处）	其中：运行数量（处）	其中：供气户数（万户）	年初数（处）	本年新增（处）	本年报废（处）	年末累计（处）	其中：运行数量（处）	其中：供气户数（万户）
全国	961	25	80	906	466	17.23	409	49	24	434	372	7.83
北京	145		1	144	56	1.93	2			2	2	0.03
天津	48		7	41	3	0.10	3			3	2	0.13
河北	29	3	2	30	20	0.86	29	3	1	31	24	1.94
山西	107		48	59	59	2.05	11			11	11	1.07
内蒙古	3			3	3	0.06	2			2	2	0.05
辽宁	268	3	8	263	39	1.80	3			3	2	0.01
吉林	17			17	11	0.21						
黑龙江	20		4	16	8	0.26	5			5	2	0.03
黑龙江农垦	12			12			2			2	2	0.09
上海												
江苏	197	10	4	203	169	5.33	59	14		73	50	0.53
浙江							72	12		84	80	0.77
安徽	6		2	4	1	0.10	1			1	1	0.04
福建												
江西		1		1	1	0.02	92			92	90	0.45
山东	70	8	4	74	66	2.22	13	2		15	12	0.36

（续）

地区	秸秆热解气化集中供气						秸秆沼气集中供气					
	年初数（处）	本年新增（处）	本年报废（处）	年末累计（处）	其中：运行数量（处）	其中：供气户数（万户）	年初数（处）	本年新增（处）	本年报废（处）	年末累计（处）	其中：运行数量（处）	其中：供气户数（万户）
河南	5			5	4	0.09	70	12	4	78	67	1.71
湖北	21			21	19	1.97	2			2	2	0.11
湖南							1	1		2	2	0.04
广东							6			6	6	0.21
广西							4		1	3	3	0.11
海南												
重庆							1			1		
四川	4			4	4	0.10	2		1	1	1	0.02
贵州							6	1		7	6	0.11
云南	6			6	1	0.08	2		2			
西藏								4		4	4	0.02
陕西												
甘肃	2			2	1	0.01	1			1		
青海												
宁夏	1			1	1	0.04	20		15	5	1	0.003
新疆												
新疆生产建设兵团												

秸秆能源化利用情况（二）

地区	秸秆固化成型					秸秆炭化				
	年初数	本年新增	本年报废	年末累计		年初数	本年新增	本年报废	年末累计	
	数量（处）	数量（处）	数量（处）	数量（处）	年产量（吨）	数量（处）	数量（处）	数量（处）	数量（处）	年产量（吨）
全国	895	198	33	1060	4827696	102	7	4	105	267334
北京	21			21	89900					
天津	5			5	4900	4			4	39
河北	149	35	9	175	240240	4			4	11180
山西	16			16	7300					
内蒙古	1			1	2000					
辽宁	108	29		137	430515	1		1		
吉林	3			3	1600					
黑龙江	120	20	5	135	608650	2			2	
黑龙江农垦	9			9	31550					
上海	1			1						
江苏	264	76	7	333	1418438	3	2		5	27500
浙江	17	7	1	23	155400	7	5		12	30190
安徽	28	14		42	305085	4		1	3	14000
福建										
江西		1		1	10000					
山东	106	9	10	105	991000	9			9	10420

（续）

地区	秸秆固化成型					秸秆炭化				
	年初数	本年新增	本年报废	年末累计		年初数	本年新增	本年报废	年末累计	
	数量（处）	数量（处）	数量（处）	数量（处）	年产量（吨）	数量（处）	数量（处）	数量（处）	数量（处）	年产量（吨）
河南	19	3	1	21	139280	4			4	23640
湖北	17			17	257760	40		1	39	38905
湖南	1	2		3	122000	21		1	20	110280
广东										
广西										
海南										
重庆						1			1	1000
四川	5			5	11198					
贵州										
云南	1			1	250	2			2	180
西藏										
陕西	1			1						
甘肃	3	2		5	630					
青海										
宁夏										
新疆										
新疆生产建设兵团										

产业发展情况（一）

地区	合计						沼气产业小计					
	企业数量（个）	从业人员（人）	总产值（万元）	固定资产（万元）	利润总额（万元）	税金（万元）	企业数量（个）	从业人员（人）	总产值（万元）	固定资产（万元）	利润总额（万元）	税金（万元）
全国	6552	158036	3534817	1528497	261744	135333	3251	31529	750451	266948	57459	31124
北京	5	412	17200	9200			2	92	400	200		
天津	16	241	5040	2620	845	178	7	163	1490	500	290	15
河北	436	10120	108808	52365	11226	2861	244	4036	35455	11283	3452	897
山西	19	351	4053	4053	967	539	14	158	2255	1145	567	279
内蒙古	9	255	6200	3920	1479	624	8	195	5600	3720	1344	599
辽宁	46	543	18448	9140	871	191	3	17	400	100	20	
吉林	5	265	612	1825	24	10	4	55	200	325	15	8
黑龙江	161	3135	32567	35026	4643	1011	40	774	10046	12268	1377	404
黑龙江农垦												
上海	13	4550	313014	65924	21506	10525	7	1053	42203	5416	4573	3299
江苏	727	14160	155280	124189	17170	3220	281	2094	28731	10836	2142	1699
浙江	98	1815	39469	53624	4318	992	40	437	5831	3514	673	184
安徽	206	4238	297333	155966	22464	12470	155	909	20099	28843	1680	353
福建	8	487	18707	24619	115	54	8	487	18707	24619	115	54
江西	767	3007	50483	25663	7225	1158	27	610	10888	2280	890	344
山东	1216	84974	1686682	568694	108301	73275	155	1911	20348	29289	4673	1326
河南	216	7484	284234	95745	20674	8174	121	5011	237495	30822	15406	7550

（续）

地区	合计						沼气产业小计					
	企业数量（个）	从业人员（人）	总产值（万元）	固定资产（万元）	利润总额（万元）	税金（万元）	企业数量（个）	从业人员（人）	总产值（万元）	固定资产（万元）	利润总额（万元）	税金（万元）
湖北	80	1843	55157	40735	5603	1879	29	256	7318	1853	651	198
湖南	116	3170	108735	76438	8011	5924	31	1084	44194	21955	2185	4243
广东	104	3103	204738	31681	8380	4691	103	3032	203247	31524	8365	4651
广西	1039	3340	1503	4523	261	28	1037	2839	1056	4447	255	25
海南	16	608	6999	3955	823	494	16	608	6999	3955	823	494
重庆	46	1850	39506	9394	2835	892	34	1182	12277	3318	1547	242
四川	46	2588	31799	18502	5760	4217	44	2448	29924	16552	5244	4121
贵州	24	354	6114	1807	707	226	22	219	654	1261	326	29
云南	4	1031	10886	6216	584	463	1	35	1244	1308	13	71
西藏	1041	3057	13715	88800	4131	1088	769	1521	115	7200	51	
陕西	25	150	1570	2502	324	26	25	150	1570	2502	324	26
甘肃	43	637	8629	3096	2093	116	9	43	233	265	68	6
青海	20	268	7337	8276	404	7	15	110	1472	5648	392	6
宁夏												
新疆												
新疆生产建设兵团												

产业发展情况（二）

地区	沼气产业											
	生产类企业						服务类企业					
	企业数量（个）	从业人员（人）	总产值（万元）	固定资产（万元）	利润总额（万元）	税金（万元）	企业数量（个）	从业人员（人）	总产值（万元）	固定资产（万元）	利润总额（万元）	税金（万元）
全国	423	19880	703288	231247	50352	29487	2828	11649	47164	35701	7107	1637
北京	1	46	200	100			1	46	200	100		
天津	4	101	910	320	170	15	3	62	580	180	120	
河北	30	3174	34647	8857	3117	835	214	862	808	2426	335	62
山西	5	142	2230	1120	567	279	9	16	25	25		
内蒙古	5	120	3600	2020	344	118	3	75	2000	1700	1000	481
辽宁							3	17	400	100	20	
吉林	4	55	200	325	15	8						
黑龙江	28	665	9943	10650	1375	404	12	109	103	1618	2	
黑龙江农垦												
上海	5	864	38813	4488	4338	3155	2	189	3390	928	235	144
江苏	81	1151	26411	7876	1740	1670	200	943	2320	2960	403	29
浙江	19	326	4201	2605	514	60	21	111	1630	909	159	124
安徽	11	612	18963	27786	1630	348	144	297	1136	1057	50	5
福建	5	298	18654	24461	100	50	3	189	53	158	15	4
江西	16	409	6693	1617	505	257	11	201	4195	663	385	87
山东	30	989	15177	27278	3731	1153	125	922	5170	2011	942	173

（续）

地区	沼气产业											
	生产类企业						服务类企业					
	企业数量（个）	从业人员（人）	总产值（万元）	固定资产（万元）	利润总额（万元）	税金（万元）	企业数量（个）	从业人员（人）	总产值（万元）	固定资产（万元）	利润总额（万元）	税金（万元）
河南	38	4204	234782	29968	15061	7480	83	807	2713	854	345	70
湖北	15	173	5614	1277	498	147	14	83	1704	576	152	51
湖南	10	863	43060	21505	2081	4218	21	221	1134	450	104	25
广东	50	2741	201205	31150	8042	4637	53	291	2042	374	323	14
广西							1037	2839	1056	4447	255	25
海南	15	596	6927	3835	816	490	1	12	72	120	8	4
重庆	14	771	3080	1155	404	120	20	411	9197	2163	1143	122
四川	18	1409	24684	15089	4791	3953	26	1039	5240	1463	453	168
贵州							22	219	654	1261	326	29
云南	1	35	1244	1308	13	71						
西藏							769	1521	115	7200	51	
陕西	2	14	500	790	95	10	23	136	1070	1712	229	16
甘肃	2	14	80	40	15	3	7	29	153	225	53	3
青海	14	108	1470	5628	392	6	1	2	2	20		
宁夏												
新疆												
新疆生产建设兵团												

产业发展情况（三）

地区	节能炉灶炕产业						太阳能热利用产业					
	企业数量（个）	从业人员（人）	总产值（万元）	固定资产（万元）	利润总额（万元）	税金（万元）	企业数量（个）	从业人员（人）	总产值（万元）	固定资产（万元）	利润总额（万元）	税金（万元）
全国	483	8222	101746	74868	12461	4565	2402	105662	2421001	936193	160539	92536
北京	1	40	300	200			1	160	6500	800		
天津	1	12	100	50	15	5	2	16	150	70	50	8
河北	33	3534	28714	23770	2942	1044	128	1806	41092	14688	4018	835
山西												
内蒙古												
辽宁	3	170	1950	400	380	180						
吉林												
黑龙江	64	955	831	437	70	24	17	163	1107	276	44	4
黑龙江农垦												
上海							4	3352	268388	59271	16665	7082
江苏							269	8478	70840	39655	10297	842
浙江							35	1024	25204	40300	2379	660
安徽	4	289	13996	5267	2362	1174	44	2945	253728	119216	17856	10175
福建												
江西	75	264	3098	1709	406	158	664	2131	36487	21469	5928	656
山东	242	1080	5670	7565	912	259	775	78680	1595245	474046	90538	68602

（续）

地区	节能炉灶炕产业						太阳能热利用产业					
	企业数量（个）	从业人员（人）	总产值（万元）	固定资产（万元）	利润总额（万元）	税金（万元）	企业数量（个）	从业人员（人）	总产值（万元）	固定资产（万元）	利润总额（万元）	税金（万元）
河南	7	113	2440	525	120	65	78	1640	14610	41350	1210	224
湖北	15	361	9167	8746	950	469	23	1012	29992	18723	3324	952
湖南	26	1024	26106	25029	2956	1012	47	507	16762	9409	1420	274
广东							1	71	1491	157	15	40
广西	1	6	48	76	7	3						
海南												
重庆							11	653	26829	5976	1249	638
四川												
贵州	1	120	4460	196	207	129						
云南	1	8	68		5	3	2	988	9574	4908	566	389
西藏							272	1536	13600	81600	4080	1088
陕西												
甘肃	9	246	4798	898	1131	41	24	342	3538	1653	887	68
青海							5	158	5865	2628	12	1
宁夏												
新疆												
新疆生产建设兵团												

产业发展情况（四）

地区	生物质能（不含沼气）利用产业					
	企业数量（个）	从业人员（人）	总产值（万元）	固定资产（万元）	利润总额（万元）	税金（万元）
全国	416	12623	261619	250487	31285	7108
北京	1	120	10000	8000		
天津	6	50	3300	2000	490	150
河北	31	744	3547	2624	814	85
山西	5	193	1798	2908	400	260
内蒙古	1	60	600	200	135	25
辽宁	40	356	16098	8640	471	11
吉林	1	210	412	1500	9	2
黑龙江	40	1243	20583	22045	3153	580
黑龙江农垦						
上海	2	145	2424	1237	268	145
江苏	177	3588	55709	73698	4731	679
浙江	23	354	8434	9810	1266	148
安徽	3	95	9510	2640	566	768
福建						
江西	1	2	10	205	1	
山东	44	3303	65419	57794	12178	3088

（续）

地区	生物质能（不含沼气）利用产业					
	企业数量（个）	从业人员（人）	总产值（万元）	固定资产（万元）	利润总额（万元）	税金（万元）
河南	10	720	29689	23048	3938	335
湖北	13	214	8680	11413	678	260
湖南	12	555	21672	20045	1450	395
广东						
广西	1	495	399			
海南						
重庆	1	15	400	100	40	12
四川	2	140	1875	1950	516	96
贵州	1	15	1000	350	174	68
云南						
西藏						
陕西						
甘肃	1	6	60	280	7	1
青海						
宁夏						
新疆						
新疆生产建设兵团						

经费投入情况（一）

地区	合计							中央投入						
	拨款						贷款（万元）	拨款						贷款（万元）
	合计（万元）	其中：沼气（万元）	炉灶炕（万元）	太阳能热利用（万元）	生物质能利用（万元）	其他（万元）		小计（万元）	其中：沼气（万元）	炉灶炕（万元）	太阳能热利用（万元）	生物质能利用（万元）	其他（万元）	
全国	560204.64	436211.41	19246.77	56786.01	17297.03	30663.42	2847.75	322102.04	268327.92	10873.91	34272.34	3916.61	4711.26	283.59
北京	19772.49	4366.58	25.00	8357.15	307.30	6716.46		400.00	400.00					
天津	1093.00	1093.00						1093.00	1093.00					
河北	19217.04	16141.09	983.20	2092.75				16627.00	14407.00	300.00	1920.00			
山西	8241.73	4488.54	2902.10	626.79	133.00	91.30		5372.59	2463.00	2293.80	615.79			
内蒙古	10051.17	9324.00	87.56	362.61		277.00		8334.17	7657.00	75.56	362.61		239.00	
辽宁	11474.80	7946.80	2333.00	166.00	505.00	524.00		5688.00	5688.00					
吉林	6211.50	6211.50						4220.00	4220.00					
黑龙江	9053.08	8155.00	131.88	466.20	300.00			6198.08	5300.00	131.88	466.20	300.00		
黑龙江农垦														
上海	7116.50	7116.50												
江苏	38930.62	25644.62			10263.00	3023.00		5290.92	5290.92					
浙江	18994.55	9952.82		1588.77	193.50	7259.46		3265.00	3265.00					
安徽	17124.78	13827.62	228.34	2224.91	36.00	807.91	278.00	11864.88	9256.00	228.34	1851.54	36.00	493.00	
福建	6355.00	6355.00						4967.00	4967.00					
江西	15527.18	14185.60	185.38	576.80		579.40		10793.58	9627.00	155.38	576.80		434.40	

（续）

地区	合计							中央投入						
	拨款						贷款（万元）	拨款						贷款（万元）
	合计（万元）	其中：沼气（万元）	炉灶炕（万元）	太阳能热利用（万元）	生物质能利用（万元）	其他（万元）		小计（万元）	其中：沼气（万元）	炉灶炕（万元）	太阳能热利用（万元）	生物质能利用（万元）	其他（万元）	
山东	34894.00	31230.30	94.00	828.00	1387.70	1354.00		10047.00	10047.00					
河南	24801.17	22350.52	79.80	2310.85	60.00			20415.63	18464.98	79.80	1810.85	60.00		
湖北	43571.44	36085.00	2012.94	4218.50	110.00	1145.00		25117.94	18329.00	2012.94	3921.50		854.50	
湖南	31020.74	21802.66	1169.55	6286.30	461.23	1301.00		20068.27	15898.61	530.91	3349.94	288.81		
广东	4463.20	4463.20						1705.00	1705.00					
广西	22176.14	19803.15	13.50	609.00	201.50	1548.99		11309.50	10069.00	13.50	594.00	100.00	533.00	
海南	7410.00	7397.00		13.00				5537.00	5524.00		13.00			
重庆	19055.90	16449.90	60.00	1881.00	590.00	75.00	40.00	17379.00	14773.00	60.00	1881.00	590.00	75.00	
四川	44461.92	42906.66	198.90	262.20	70.00	1024.16	283.59	29912.60	29260.90	198.90	1.00		451.80	283.59
贵州	28648.30	21483.22	3373.13	2344.45		1447.50		19098.08	13019.00	3341.63	2344.45		393.00	
云南	37894.21	20615.08	3344.98	11617.37	60.00	2256.78	2246.16	15546.00	9652.10	135.40	5168.20		590.30	
西藏	5445.00	5445.00						4125.00	4125.00					
陕西	21434.80	12435.04	793.70	6936.60	92.00	1177.46		17040.96	8997.00	764.20	6617.50	15.00	647.26	
甘肃	11112.00	10457.00	600.00			55.00		9442.00	9442.00					
青海	5353.80	2787.00		40.00	2526.80			5353.80	2787.00		40.00	2526.80		
宁夏	19211.52	16134.11	311.67	2765.74				17842.02	15003.41	311.67	2526.94			
新疆	9305.07	8775.90	318.15	211.02				7266.02	6815.00	240.00	211.02			
新疆生产建设兵团	782.00	782.00						782.00	782.00					

经费投入情况（二）

地区	省级投入							地级投入						
	拨款						贷款（万元）	拨款						贷款（万元）
	小计（万元）	其中：沼气（万元）	炉灶炕（万元）	太阳能热利用（万元）	生物质能利用（万元）	其他（万元）		小计（万元）	其中：沼气（万元）	炉灶炕（万元）	太阳能热利用（万元）	生物质能利用（万元）	其他（万元）	
全国	148477.86	109486.74	5185.46	9560.50	10569.10	13676.06		32346.52	22416.20	2022.80	2849.87	1728.00	3329.65	18.00
北京	13496.26	2478.20		4300.00	139.60	6578.46								
天津														
河北	1300.00	820.00	480.00					481.61	301.71	158.90	21.00			
山西	2057.80	1591.00	359.00		90.00	17.80		425.70	256.95	88.75		40.00	40.00	
内蒙古	1206.00	1156.00	12.00			38.00		357.28	357.28					
辽宁	1910.00		1320.00		290.00	300.00		3409.00	1935.00	985.00	160.00	165.00	164.00	
吉林	1991.50	1991.50												
黑龙江														
黑龙江农垦														
上海	5256.95	5256.95						1859.55	1859.55					
江苏	30045.20	17305.20			9830.00	2910.00		1259.10	1055.10			114.00	90.00	
浙江	1641.00	951.00		105.00	55.00	530.00		2275.76	1213.00		550.00	40.00	472.76	
安徽	2885.48	2815.88		12.00		57.60		497.89	373.98		60.00		63.91	18.00
福建	1018.00	1018.00						347.00	347.00					
江西	4120.00	4000.00	30.00			90.00		151.24	121.24				30.00	

（续）

地区	省级投入							地级投入						
	拨款						贷款（万元）	拨款						贷款（万元）
	小计（万元）	其中：沼气（万元）	炉灶炕（万元）	太阳能热利用（万元）	生物质能利用（万元）	其他（万元）		小计（万元）	其中：沼气（万元）	炉灶炕（万元）	太阳能热利用（万元）	生物质能利用（万元）	其他（万元）	
山东	11304.00	11304.00						7645.27	5121.27	90.00	670.00	1155.00	609.00	
河南	1000.00	1000.00						1193.18	1193.18					
湖北	16000.00	15996.00				4.00		864.50	341.00		297.00	110.00	116.50	
湖南	1780.00	1285.00	16.00	67.00	3.00	409.00		1378.00	812.50	23.50	300.00	44.00	198.00	
广东	688.80	688.80						344.40	344.40					
广西	10089.36	9102.86		15.00	91.50	880.00		385.14	308.14				77.00	
海南	1311.00	1311.00						258.00	258.00					
重庆	143.50	143.50												
四川	7150.00	7000.00				150.00		3983.15	3766.15				217.00	
贵州	7681.55	7055.55	31.50			594.50		1288.52	888.52				400.00	
云南	17596.96	9095.80	2909.96	4680.00		911.20		2138.89	634.14	196.00	701.47	60.00	547.28	
西藏	1320.00	1320.00												
陕西	2431.50	1957.50	27.00	171.50	70.00	205.50		968.74	650.44	2.50	61.60		254.20	
甘肃	900.00	900.00						452.00	2.00	400.00			50.00	
青海														
宁夏	1239.00	1029.00		210.00				121.30	92.50		28.80			
新疆	914.00	914.00						261.30	183.15	78.15				
新疆生产建设兵团														

经费投入情况（三）

地区	县级投入							乡级投入						
	拨款						贷款（万元）	拨款						贷款（万元）
	小计（万元）	其中：沼气（万元）	炉灶炕（万元）	太阳能热利用（万元）	生物质能利用（万元）	其他（万元）		小计（万元）	其中：沼气（万元）	炉灶炕（万元）	太阳能热利用（万元）	生物质能利用（万元）	其他（万元）	
全国	53289.86	34641.07	1107.11	9832.50	778.32	6930.86	2546.16	3988.37	1339.48	57.50	270.80	305.00	2015.59	
北京	5876.23	1488.38	25.00	4057.15	167.70	138.00								
天津														
河北	748.43	552.38	44.30	151.75				60.00	60.00					
山西	256.30	97.25	118.55	4.00	3.00	33.50		129.34	80.34	42.00	7.00			
内蒙古	101.00	101.00						52.72	52.72					
辽宁	461.80	323.80	22.00	6.00	50.00	60.00		6.00		6.00				
吉林														
黑龙江	2855.00	2855.00												
黑龙江农垦														
上海														
江苏	1977.90	1940.90			14.00	23.00		357.50	52.50			305.00		
浙江	9502.08	4184.31		897.17	98.50	4322.10		2310.71	339.51		36.60		1934.60	
安徽	1873.53	1378.76		301.37		193.40	260.00	3.00	3.00					
福建	23.00	23.00												
江西	425.36	400.36				25.00		37.00	37.00					

（续）

地区	县级投入							乡级投入						
	拨款						贷款（万元）	拨款						贷款（万元）
	小计（万元）	其中：沼气（万元）	炉灶炕（万元）	太阳能热利用（万元）	生物质能利用（万元）	其他（万元）		小计（万元）	其中：沼气（万元）	炉灶炕（万元）	太阳能热利用（万元）	生物质能利用（万元）	其他（万元）	
山东	5695.73	4606.03	4.00	108.00	232.70	745.00		202.00	152.00		50.00			
河南	1886.31	1386.31		500.00				306.05	306.05					
湖北	1589.00	1419.00				170.00								
湖南	7392.91	3600.19	591.14	2392.16	125.42	684.00		401.56	206.36	8.00	177.20		10.00	
广东	1705.00	1705.00						20.00	20.00					
广西	339.15	323.15			10.00	6.00		52.99					52.99	
海南	304.00	304.00												
重庆	1512.90	1512.90					40.00	20.50	20.50					
四川	3413.17	2879.61		261.20	70.00	202.36		3.00					3.00	
贵州	575.15	515.15				60.00		5.00	5.00					
云南	2591.36	1228.54	102.12	1067.70		193.00	2246.16	21.00	4.50	1.50			15.00	
西藏														
陕西	993.60	830.10		86.00	7.00	70.50								
甘肃	318.00	113.00	200.00			5.00								
青海														
宁夏	9.20	9.20												
新疆	863.75	863.75												
新疆生产建设兵团														

经费投入情况（四）

地区	用户自筹							其他投入资金（万元）
	投资						投劳折资（万元）	
	小计（万元）	其中：沼气（万元）	炉灶炕（万元）	太阳能热利用（万元）	生物质能利用（万元）	其他（万元）		
全国	576814.06	301231.79	45922.50	199119.40	25195.74	5344.64	76536.03	3548.00
北京	878.05	2.00		876.05				
天津	540.16	540.16						
河北	47121.41	23456.90	9244.73	14396.78	23.00		1027.40	
山西	2130.33	788.88	1327.45		14.00		16.00	
内蒙古	14312.02	11502.01	650.00	2079.51		80.50	1748.77	
辽宁	7436.58	5229.00	946.78	639.00	547.44	74.36	647.40	
吉林							3656.60	
黑龙江	11638.50	4760.00	1365.50	1713.00	3800.00		1309.92	
黑龙江农垦	1899.00			1899.00				
上海	2583.50	2583.50						
江苏	28927.76	17191.26		3560.00	7390.00	786.50	196.00	
浙江	25730.76	6575.10		9894.66	7851.00	1410.00	615.20	
安徽	15398.22	3022.20	602.10	11471.92	1.60	300.40	2716.37	60.00
福建	8123.00	8123.00					200.00	
江西	20140.00	9938.05	2244.87	7928.12	28.95		4936.32	3384.00
山东	61817.42	24266.09	628.08	34028.28	2399.00	495.98	2242.70	30.00

（续）

地区	用户自筹							其他投入资金（万元）
	投资						投劳折资（万元）	
	小计（万元）	其中：沼气（万元）	炉灶炕（万元）	太阳能热利用（万元）	生物质能利用（万元）	其他（万元）		
河南	35827.27	19165.84	110.00	16551.43			5612.00	
湖北	47681.19	31481.64	5120.98	10317.58	528.19	232.80	6048.20	
湖南	51594.12	23126.51	5332.64	21511.77	1082.99	540.21	14979.76	
广东	1461.00	1461.00						
广西	15128.57	14085.92	139.15	676.49	178.50	48.51	1319.54	
海南	5003.00	5003.00						
重庆	20883.95	16574.10	16.00	4031.79	112.06	150.00	4525.89	
四川	73053.56	23522.20	13854.58	34657.00	710.00	309.78	4035.16	
贵州	9618.42	8579.65	95.52	858.25	85.00		8232.60	26.00
云南	29693.91	13054.46	2289.69	13640.26		709.50	6273.64	10.00
西藏	904.00	904.00						
陕西	16688.47	11247.38	717.51	4539.58		184.00	2398.76	38.00
甘肃	9794.56	5801.05	1014.38	2972.03		7.10	260.70	
青海	48.00			48.00				
宁夏	5586.68	4376.91	62.54	688.23	444.00	15.00	1082.83	
新疆	5170.66	4869.98	160.00	140.68			2454.27	
新疆生产建设兵团								

2014 年

管理推广机构情况

地区	机构					人员							
						合计（人）	按行政区划分类				按文化程度分类		
	合计（个）	省级（个）	地(市)级（个）	县级（个）	乡级（个）		省级（人）	地(市)级（人）	县级（人）	乡级（人）	本科及以上（人）	大专（人）	高中及以下（人）
全国	12922	41	333	2661	9887	38897	550	1984	15660	20703	9676	16947	12274
北京	44	2		15	27	191	11		139	41	101	50	40
天津	8	1		7		52	3		49		26	15	11
河北	429	2	15	170	242	1343	24	115	733	471	389	546	408
山西	440	1	11	109	319	1270	28	77	620	545	350	612	308
内蒙古	424	1	13	83	327	2235	43	135	846	1161	511	728	996
辽宁	843	1	13	80	749	1355	18	46	320	971	335	540	480
吉林	67	2	10	55		565	8	59	493	5	203	204	158
黑龙江	372	1	13	125	233	990	26	38	409	517	383	369	238
黑龙江农垦	116	1	9	106		150	8	23	119		85	63	2
上海	1	1				5	5				2	3	
江苏	190	1	13	74	102	684	8	48	405	223	255	244	185
浙江	110	1	11	71	27	437	23	68	273	73	238	127	72
安徽	207	2	16	106	83	704	30	51	455	168	210	334	160
福建	311	1	6	57	247	650	15	19	276	340	180	307	163
江西	1132	1	11	99	1021	1740	14	39	428	1259	250	700	790

（续）

地区	机构					人员							
						合计（人）	按行政区划分类				按文化程度分类		
	合计（个）	省级（个）	地（市）级（个）	县级（个）	乡级（个）		省级（人）	地（市）级（人）	县级（人）	乡级（人）	本科及以上（人）	大专（人）	高中及以下（人）
山东	794	1	19	140	634	2392	7	69	661	1655	804	842	746
河南	898	1	18	145	734	3240	34	193	1092	1921	615	1376	1249
湖北	456	1	17	91	347	1953	26	143	712	1072	385	806	762
湖南	183	2	16	126	39	1047	15	84	909	39	360	474	213
广东	422	1	12	72	337	1381	10	41	425	905	206	761	414
广西	785	1	14	109	661	2016	19	73	679	1245	312	942	762
海南	89	1	2	19	67	487	12	12	164	299	145	122	220
重庆	429	1		35	393	1004	6		242	756	204	434	366
四川	1125	1	21	170	933	2763	27	128	967	1641	643	1218	902
贵州	1006	2	11	88	905	2410	15	50	458	1887	583	1577	250
云南	865	2	16	130	717	2535	16	75	752	1692	440	1056	1039
西藏	193	1	7	65	120	314	6	21	132	155	92	65	157
陕西	381	1	10	103	267	2137	18	91	1339	689	423	965	749
甘肃	353	1	14	85	253	1689	24	167	950	548	566	830	293
青海	24	1		23		192	7		175	10	61	101	30
宁夏	49	1	2	23	23	281	25	4	164	88	125	141	15
新疆	175	2	13	80	80	683	17	65	274	327	192	395	96
新疆生产建设兵团	1	1				2	2				2		

服务体系情况（一）

地区	省级实训基地								地（市）级服务站							
	年初数		本年新增		本年减少		年末累计		年初数		本年新增		本年减少		年末累计	
	数量（个）	从业人员（人）	数量（个）	从业人员（人）	数量（个）	从业人员（人）	数量（个）	从业人员（人）	数量（个）	从业人员（人）	数量（个）	从业人员（人）	数量（个）	从业人员（人）	数量（个）	从业人员（人）
全国	15	173	3	32			18	205	51	314	8	18	2	11	57	321
北京																
天津																
河北	1	10					1	10								
山西	1	5					1	5	11	67					11	67
内蒙古	1	7					1	7	8	32			1	4	7	28
辽宁																
吉林																
黑龙江	1	6					1	6								
黑龙江农垦									5	15					5	15
上海																
江苏	1	14					1	14								
浙江																
安徽																
福建																
江西	1	20					1	20	1	7		1			1	8
山东									1	4					1	4

（续）

地区	省级实训基地								地（市）级服务站							
	年初数		本年新增		本年减少		年末累计		年初数		本年新增		本年减少		年末累计	
	数量（个）	从业人员（人）	数量（个）	从业人员（人）	数量（个）	从业人员（人）	数量（个）	从业人员（人）	数量（个）	从业人员（人）	数量（个）	从业人员（人）	数量（个）	从业人员（人）	数量（个）	从业人员（人）
河南									12	130		1		2	12	129
湖北																
湖南	1	7					1	7	3	11					3	11
广东	2	9					2	9								
广西																
海南									3	28					3	28
重庆	1	18					1	18								
四川	1	24					1	24	1	3					1	3
贵州	1	19					1	19								
云南									3	11	2	6	1	5	4	12
西藏			3	32			3	32	3	6					3	6
陕西	2	32					2	32								
甘肃																
青海																
宁夏																
新疆	1	2					1	2			6	10			6	10
新疆生产建设兵团																

服务体系情况（二）

地区	县级服务站								乡村服务网点											
	年初数		本年新增		本年减少		年末累计		年初数			本年新增			本年减少			年末累计		
	数量（个）	从业人员（人）	数量（个）	从业人员（人）	数量（个）	从业人员（人）	数量（个）	从业人员（人）	数量（个）	从业人员（人）	覆盖范围（万户）	数量（个）	从业人员（人）	覆盖范围（万户）	数量（个）	从业人员（人）	覆盖范围（万户）	数量（个）	从业人员（人）	覆盖范围（万户）
全国	1027	5719	123	614	10	331	1140	6002	105239	178025	3103.03	7106	10384	217.49	1565	3691	62.90	110780	184718	3257.62
北京	6	88	1	20		3	7	105	9	53	4.77		3					9	56	4.77
天津	1	3					1	3	195	575	7.34	16	73	0.72	10	12	0.59	201	636	7.47
河北	4	21					4	21	7923	17216	314.28	272	501	6.70	100	155	3.28	8095	17562	317.70
山西	74	279					74	279	3439	6382	71.17							3439	6382	71.17
内蒙古	62	335	8	34		3	70	366	2674	4030	59.58	303	428	5.29	44	338	6.26	2933	4120	58.61
辽宁	14	61		3		1	14	63	1541	2704	36.68	157	260	4.70	19	126	0.33	1679	2838	41.05
吉林	1	5					1	5	805	1076	16.09	45	90	0.90				850	1166	16.99
黑龙江									1087	2034	22.73	56	156	1.83				1143	2190	24.55
黑龙江农垦	4	9					4	9	1	2	0.10							1	2	0.10
上海																				
江苏	1	15	9	43		11	10	47	1373	2564	48.62	82	122	2.19	26	127	2.16	1429	2559	48.65
浙江	15	67	1	9	1	13	15	63	852	1259	16.58	27	36	2.48	24	61	1.16	855	1234	17.90
安徽	2	6	1	11			3	17	3847	4409	77.64	349	426	8.05	25	138	0.35	4171	4697	85.34
福建	48	222					48	222	1962	2889	47.16	38	38	0.38	93	141	5.24	1907	2786	42.30
江西	17	98	28	91			45	189	3027	4427	115.52	146	175	5.88	4	6	0.16	3169	4596	121.24

（续）

地区	县级服务站								乡村服务网点											
	年初数		本年新增		本年减少		年末累计		年初数			本年新增			本年减少			年末累计		
	数量（个）	从业人员（人）	数量（个）	从业人员（人）	数量（个）	从业人员（人）	数量（个）	从业人员（人）	数量（个）	从业人员（人）	覆盖范围（万户）	数量（个）	从业人员（人）	覆盖范围（万户）	数量（个）	从业人员（人）	覆盖范围（万户）	数量（个）	从业人员（人）	覆盖范围（万户）
山东	94	453	17	60	6	23	105	490	7534	13386	209.44	535	659	11.46	204	463	5.23	7865	13582	215.66
河南	122	1599	1	43		203	123	1439	9691	20204	262.81	505	1140	19.38	149	480	7.46	10047	20864	274.72
湖北	24	110	7	31		4	31	137	5097	7924	168.97	341	477	11.28	107	202	3.17	5331	8199	177.07
湖南	41	180	8	32		5	49	207	6189	11460	199.26	219	381	9.19	12	30	1.12	6396	11811	207.33
广东	21	42	7	47			28	89	936	1554	35.35	279	290	0.89		52	1.73	1215	1792	34.51
广西	73	377	12	70		14	85	433	6127	14323	230.97	487	979	20.04		72		6614	15230	251.01
海南	18	68					18	68	1121	2288	26.24	26	55	1.04				1147	2343	27.28
重庆	22	129	1	3		1	23	131	2337	3660	113.78	387	483	22.02	20	48	1.46	2704	4095	134.35
四川	55	283	1	1	1	9	55	275	9439	15371	281.97	918	1086	27.54	123	152	4.05	10234	16305	305.46
贵州	49	240	2	12		17	51	235	5603	6685	173.92	842	950	24.21	89	132	3.43	6356	7503	194.71
云南	48	300	2	28	1	19	49	309	4909	8514	172.42	269	486	13.02	389	651	11.59	4789	8349	173.84
西藏	45	91					45	91	443	915	14.03	38	40	1.12				481	955	15.15
陕西	23	165				1	23	164	4746	6907	136.09	217	296	6.16	61	84	2.49	4902	7119	139.76
甘肃	29	166	15	72			44	238	4852	5844	93.35	373	451	7.80				5225	6295	101.15
青海			2	4			2	4	1919	1891	17.11	68	108	0.50		78	0.19	1987	1921	17.42
宁夏	4	24					4	24	2192	2802	41.74	64	119	1.36	10	47	0.18	2246	2874	42.92
新疆	110	283			1	4	109	279	3318	4574	85.08	47	76	1.36	23	31	0.63	3342	4619	85.81
新疆生产建设兵团									51	103	2.24				33	65	0.64	18	38	1.60

培训与职业技能鉴定情况（一）

地区	合计							沼气生产工							农村节能员						
	培训			鉴定			持证人数（人）	培训			鉴定			持证人数（人）	培训			鉴定			持证人数（人）
	年初数（人次）	当年培训（人次）	年末累计（人次）	年初数（人次）	当年鉴定（人次）	年末累计（人次）		年初数（人次）	当年培训（人次）	年末累计（人次）	年初数（人次）	当年鉴定（人次）	年末累计（人次）		年初数（人次）	当年培训（人次）	年末累计（人次）	年初数（人次）	当年鉴定（人次）	年末累计（人次）	
全国	3044710	84251	3128961	393079	7864	400943	356547	2467652	69066	2536718	371952	5333	377285	337658	438157	6360	444517	7523	185	7708	6103
北京	41606	2480	44086	3872	175	4047	4047	19114	1364	20478	834	77	911	911	3536		3536	1030		1030	1030
天津	10781	89	10870	1407		1407	1406	10780	89	10869	1406		1406	1406							
河北	178294	3303	181597	13252	229	13481	13375	177426	3303	180729	13244	229	13473	13375	860		860				
山西	31275	100	31375	25016		25016	25016	28474	50	28524	22698		22698	22698	1491		1491	1174		1174	1174
内蒙古	47488	1005	48493	8113	46	8159	7820	46679	1005	47684	7802	46	7848	7802	516		516	18		18	18
辽宁	18443	1698	20141	7624	88	7712	7704	15855	1154	17009	6383		6383	6383	346	455	801	258	54	312	311
吉林	17469	4900	22369	17216		17216	17213	17213	4500	21713	17213		17213	17213	103		103				
黑龙江	29998	338	30336	10432		10432	8981	21627	185	21812	8826		8826	8233	5281	135	5416	1259		1259	634
黑龙江农垦	169		169	160		160	139	146		146	139		139	123							
上海	220	72	292	200	72	272	72	220	72	292	200	72	272	72							
江苏	43938	1809	45747	7081	135	7216	5849	36326	1580	37906	6050	113	6163	5328	2909		2909	251		251	50
浙江	51493	3734	55227	6958	273	7231	6636	47374	2854	50228	6134	149	6283	5749	2407	30	2437				
安徽	45363	1630	46993	11079	121	11200	10604	42802	1630	44432	10651	121	10772	10275	860		860				
福建	54484	701	55185	8381		8381	6368	54480	701	55181	8377		8377	6364							
江西	101685	1763	103448	7843	165	8008	6926	76667	1461	78128	7769	165	7934	6855	23600	302	23902	40		40	40

（续）

地区	合计							沼气生产工							农村节能员						
	培训			鉴定			持证人数（人）	培训			鉴定			持证人数（人）	培训			鉴定			持证人数（人）
	年初数（人次）	当年培训（人次）	年末累计（人次）	年初数（人次）	当年鉴定（人次）	年末累计（人次）		年初数（人次）	当年培训（人次）	年末累计（人次）	年初数（人次）	当年鉴定（人次）	年末累计（人次）		年初数（人次）	当年培训（人次）	年末累计（人次）	年初数（人次）	当年鉴定（人次）	年末累计（人次）	
山东	160540	5037	165577	16696	6	16702	13199	156417	4596	161013	16102	6	16108	12844	3051	72	3123	383		383	240
河南	645377	7350	652727	60862	2556	63418	59203	556617	7176	563793	60157	2556	62713	58531	88268	140	88408	590		590	590
湖北	156845	6537	163382	22719	283	23002	17940	134503	4464	138967	21302	211	21513	16723	14715	921	15636	473	50	523	315
湖南	57539	3884	61423	14794	538	15332	14304	53122	3063	56185	14076	127	14203	13177	680	55	735				
广东	48770	2215	50985	5922	44	5966	5964	25845	913	26758	5911	43	5954	5954	20840	1273	22113				
广西	224709	9869	234578	20011	366	20377	17968	208080	9400	217480	19944	366	20310	17965	15803	94	15897				
海南	10672	256	10928	4781	211	4992	4992	10671	256	10927	4780	211	4991	4991							
重庆	59014	1516	60530	10615		10615	10608	53817	1316	55133	10604		10604	10604	4934	60	4994				
四川	149191	6694	155885	27700	279	27979	26688	133130	5769	138899	26472	222	26694	25413	11501	626	12127				
贵州	162139	2731	164870	15016	167	15183	13381	122438	1962	124400	14067	167	14234	12514	38571	729	39300	681		681	608
云南	286484	3254	289738	14115	440	14555	12511	170155	2373	172528	11447	127	11574	10249	107627	221	107848	1303	81	1384	1090
西藏	5274	400	5674	1681		1681	1673	4562	400	4962	1673		1673	1673	699		699				
陕西	169517	4048	173565	16226	564	16790	8097	108160	2205	110365	15356	112	15468	7404	48507	1247	49754				
甘肃	35192	1007	36199	11386	752	12138	12033	24445		24445	11151		11151	11151	8333		8333				
青海	47290	324	47614	6371	29	6400	6197	18894	50	18944	6336	29	6365	6197	660		660				
宁夏	26362	573	26935	3822	141	3963	3963	16433	241	16674	3814		3814	3814	1885		1885				
新疆	118888	4867	123755	11486	130	11616	5670	66979	4867	71846	10792	130	10922	5667	30174		30174	63		63	3
新疆生产建设兵团	8201	67	8268	242	54	296		8201	67	8268	242	54	296								

培训与职业技能鉴定情况（二）

地区	太阳能利用工							生物质能利用工							其他农村能源利用人员						
	培训			鉴定			持证人数（人）	培训			鉴定			持证人数（人）	培训			鉴定			持证人数（人）
	年初数（人次）	当年培训（人次）	年末累计（人次）	年初数（人次）	当年鉴定（人次）	年末累计（人次）		年初数（人次）	当年培训（人次）	年末累计（人次）	年初数（人次）	当年鉴定（人次）	年末累计（人次）		年初数（人次）	当年培训（人次）	年末累计（人次）	年初数（人次）	当年鉴定（人次）	年末累计（人次）	
全国	56428	4475	60903	6570	1388	7958	6971	64780	1494	66274	3325	53	3378	2355	17693	2856	20549	3709	905	4614	3460
北京	10081	1052	11133	1550	85	1635	1635	8861	64	8925	444	13	457	457	14		14	14		14	14
天津															1		1	1		1	
河北															8		8	8		8	
山西	863	50	913	803		803	803	445		445	339		339	339	2		2	2		2	2
内蒙古	10		10	10		10									283		283	283		283	
辽宁	10		10					1342	79	1421	795	24	819	812	890	10	900	188	10	198	198
吉林															153	400	553	3		3	
黑龙江	1316	16	1332	114		114	114	1765	2	1767	224		224		9		9	9		9	
黑龙江农垦								23		23	21		21	16							
上海																					
江苏	1260		1260	203		203	197	3347	168	3515	481		481	199	96	61	157	96	22	118	75
浙江	940		940	554		554	554	96	6	102					676	844	1520	270	124	394	333
安徽	1697		1697	425		425	326								4		4	3		3	3
福建															4		4	4		4	4
江西	1132		1132	3		3		251		251	4		4	4	35		35	27		27	27

（续）

地区	太阳能利用工							生物质能利用工							其他农村能源利用人员						
	培训			鉴定			持证人数（人）	培训			鉴定			持证人数（人）	培训			鉴定			持证人数（人）
	年初数（人次）	当年培训（人次）	年末累计（人次）	年初数（人次）	当年鉴定（人次）	年末累计（人次）		年初数（人次）	当年培训（人次）	年末累计（人次）	年初数（人次）	当年鉴定（人次）	年末累计（人次）		年初数（人次）	当年培训（人次）	年末累计（人次）	年初数（人次）	当年鉴定（人次）	年末累计（人次）	
山东	687	142	829	197		197	115	371	225	596					14	2	16	14		14	
河南	467	34	501	90		90	82								25		25	25		25	
湖北	5517	613	6130	390	11	401	373	1820	511	2331	360	11	371	350	290	28	318	194		194	179
湖南	2707	358	3065	337	220	557	555	134	17	151					896	391	1287	381	191	572	572
广东	555	8	563	11	1	12	10	910		910					620	21	641				
广西	823	372	1195	64		64									3	3	6	3		3	3
海南															1		1	1		1	1
重庆	212		212					40		40					11	140	151	11		11	4
四川	434	62	496	112	5	117	112	1575	156	1731		5	5		2551	81	2632	1116	47	1163	1163
贵州	520	10	530	120		120	120	444	10	454					166	20	186	148		148	139
云南	2040	590	2630	1363	232	1595	1172	170		170					6492	70	6562	2		2	
西藏															13		13	8		8	
陕西	2019	280	2299	135	216	351	201	9169	10	9179	657		657	178	1662	306	1968	78	236	314	314
甘肃	2043	618	2661	89	618	707	602	190	246	436					181	143	324	146	134	280	280
青海	11300	150	11450					15947		15947					489	124	613	35		35	
宁夏	7506	120	7626					530		530					8	212	220	8	141	149	149
新疆	2289		2289					17350		17350					2096		2096	631		631	
新疆生产建设兵团																					

农村沼气用户情况

地区	沼气用户（万户）	其中：							
		户用沼气							集中供气
		年初数（万户）	本年新增（户）	本年报废（户）	年末累计（万户）	本年利用（万户）	年总产气量（万米^3）	年户均产气量（米^3）	供气户数（万户）
全国	4383.16	4150.37	659694	332117	4183.13	3553.27	1324632.91	372.79	200.03
北京	6.36	0.84			0.84	0.17	44.20	260.00	5.52
天津	6.79	4.87	700	860	4.86	4.23	1273.23	301.00	1.93
河北	280.01	273.02	15664	42171	270.37	217.68	74501.64	342.25	9.65
山西	77.53	70.73	1513	760	70.81	49.27	15505.24	314.73	6.72
内蒙古	54.54	50.95	13191		52.27	35.99	9564.97	265.78	2.27
辽宁	62.48	61.89	10400	5398	62.39	34.04	9600.08	282.03	0.08
吉林	18.03	16.77	11525	324	17.89	14.31	4045.73	282.72	0.14
黑龙江	32.50	30.18		1958	29.99	19.76	4377.54	221.51	2.51
黑龙江农垦	0.65	0.14			0.14	0.07	12.38	184.47	0.51
上海	0.39								0.39
江苏	74.45	71.19	8500	3083	71.73	62.87	20582.76	327.37	2.72
浙江	21.11	15.29	1724		15.46	11.79	5646.34	478.82	5.65
安徽	91.99	86.21	22994	1994	88.31	70.04	24515.68	350.00	3.69
福建	51.82	48.65	12463	13003	48.60	46.00	20700.00	450.00	3.22
江西	196.07	176.89	30851	5509	179.43	141.29	52953.34	374.79	16.64

（续）

地区	沼气用户（万户）	其中：							
		户用沼气							集中供气
		年初数（万户）	本年新增（户）	本年报废（户）	年末累计（万户）	本年利用（万户）	年总产气量（万米^3）	年户均产气量（米^3）	供气户数（万户）
山东	260.57	247.64	14632	4441	248.66	209.32	75539.22	360.89	11.90
河南	421.93	376.15	39205	6194	379.46	335.57	104884.36	312.56	42.48
湖北	320.11	300.16	48732	42267	300.80	248.49	86931.24	349.83	19.31
湖南	256.41	238.75	35703	20534	240.27	213.72	91502.38	428.13	16.14
广东	49.57	45.06	5272		45.59	42.67	17934.29	420.27	3.99
广西	393.22	382.40	58901		388.29	371.99	156673.28	421.17	4.93
海南	45.27	33.38	4280		33.81	33.81	24343.20	720.00	11.46
重庆	163.69	155.78	38554	14939	158.15	131.15	41598.36	317.17	5.54
四川	610.83	588.82	131536		601.97	575.54	203463.48	353.52	8.86
贵州	201.64	196.77	33034	17305	198.34	150.27	64465.20	428.99	3.30
云南	306.67	303.41	65044	33818	306.53	278.58	130482.05	468.38	0.14
西藏	22.90	21.93	9250		22.85	14.97	5762.26	385.00	0.05
陕西	134.16	135.31	14541	57941	130.97	76.88	25305.82	329.16	3.19
甘肃	123.25	119.93	19221		121.85	111.76	38198.01	341.78	1.40
青海	17.29	16.75	4163		17.17	9.28	3019.45	325.21	0.12
宁夏	23.65	23.30		3117	22.98	5.68	1492.72	262.94	0.67
新疆	55.79	55.88	8101	51791	51.51	35.53	9592.59	270.00	4.28
新疆生产建设兵团	1.50	1.35		4710	0.88	0.53	121.90	230.00	0.62

沼气工程情况（一）

地区	合计									处理工业废弃物工程								
	年初数（处）	本年新增（处）	本年报废（处）	年末累计						年初数（处）	本年新增（处）	本年报废（处）	年末累计					
				数量（处）	总池容（万米³）	年产气量（万米³）	供气户数（万户）	装机容量（千瓦）	年发电量（万千瓦时）				数量（处）	总池容（万米³）	年产气量（万米³）	供气户数（万户）	装机容量（千瓦）	年发电量（万千瓦时）
全国	99357	12040	8961	103036	1690.81	225762.46	192.27	189117	46679.34	332	26	38	320	65.89	25310.93	12.70	11322	3994.01
北京	137	14	47	124	8.59	2429.88	5.49	240	87.60									
天津	336	50	13	433	5.27	1427.32	1.80	746	275.09	1		1						
河北	2951	49	71	2929	49.77	9757.66	7.45	5276	2382.20	9			9	3.07	671.14	0.44		
山西	335	28	1	412	9.14	2339.99	5.65	40	20.00									
内蒙古	339	142	47	484	15.08	2636.10	2.25	4115	2571.75									
辽宁	1119	87	40	1166	38.12	3138.90	0.07	417	71.76	1			1					
吉林	59			59	2.25	545.65	0.14											
黑龙江	1237	72	3	1306	26.86	4425.26	2.48	3600	1429.10									
黑龙江农垦	24	1		25	2.58	647.15	0.43	680	443.00									
上海	90	8		98	11.64	1993.48	0.39	9520	1429.02									
江苏	4154	534	102	4586	98.50	15076.36	2.26	38207	8155.52	97	21	1	117	5.79	1173.71	0.95	1932	406.85
浙江	17101	1216	6016	12301	128.64	9934.85	4.66	9374	1179.43									
安徽	1913	343	58	2198	30.39	3599.10	3.65	7874	1546.32	9			9	0.94	103.97	0.04		
福建	5133	192	285	5040	61.23	9310.00	3.22	885	209.00									
江西	6378	748	42	7084	132.91	9217.67	16.19	10454	2468.63	13			13	0.28	29.42	0.01	70	18.16
山东	6034	838	9	6863	128.22	21229.92	11.60	11451	5464.18	51	1	2	50	11.95	4199.83	0.08	3300	2345.00
河南	5481	302	31	5752	162.43	31805.18	40.99	8983	1956.60	23	3		26	35.85	16641.75	10.30	5700	1084.00

（续）

地区	合计									处理工业废弃物工程								
	年初数（处）	本年新增（处）	本年报废（处）	年末累计						年初数（处）	本年新增（处）	本年报废（处）	年末累计					
				数量（处）	总池容（万米³）	年产气量（万米³）	供气户数（万户）	装机容量（千瓦）	年发电量（万千瓦时）				数量（处）	总池容（万米³）	年产气量（万米³）	供气户数（万户）	装机容量（千瓦）	年发电量（万千瓦时）
湖北	4388	1450	1	5837	71.97	9290.55	19.20	584	193.21	5			5	1.47	508.04	0.06		
湖南	19130	2471	117	21484	137.16	9343.60	16.09	6343	1185.82	3			3	0.05	5.27	0.0034		
广东	5648	878	22	6504	179.54	17853.64	3.99	11871	1604.32									
广西	2793	26	1965	854	20.57	2085.11	4.83	2874	1161.98	10		10						
海南	1558	109		1667	38.64	9705.28	11.46	28600	5125.24	16			16					
重庆	2286	1054	6	3334	62.69	3298.02	5.54	7	1.30									
四川	5804	533	55	6282	154.24	33179.03	8.85	8053	4346.06	68		24	44	4.91	1726.89	0.80	240	100.00
贵州	1680	226	15	1891	32.50	3559.48	3.19	5382	907.05									
云南	231	104	6	329	5.99	319.85	0.14	100	50.31	14	1		15	1.00	47.82			
西藏	11			11	0.39	21.27	0.05											
陕西	2500	397	9	2888	37.93	1364.24	3.18	1305	123.99	8			8					
甘肃	195	45		240	10.38	1927.53	1.36	5890	1134.65	1			1	0.40	164.80			
青海	171	21		192	5.41	168.00	0.12											
宁夏	110	4		114	7.52	1430.02	0.67	3624	594.18	3			3	0.19	38.27	0.02	80	40.00
新疆	421	94		515	11.69	2144.04	4.28	2510	560.60									
新疆生产建设兵团	30	4		34	2.57	558.33	0.62	112	1.44									

沼气工程情况（二）

地区	处理农业废弃物工程																	
	小计									特大型沼气工程								
	年初数（处）	本年新增（处）	本年报废（处）	年末累计						年初数（处）	本年新增（处）	本年报废（处）	年末累计					
				数量（处）	总池容（万米^3）	年产气量（万米^3）	供气户数（万户）	装机容量（千瓦）	年发电量（万千瓦时）				数量（处）	总池容（万米^3）	年产气量（万米^3）	供气户数（万户）	装机容量（千瓦）	年发电量（万千瓦时）
全国	99625	12014	8923	102716	1624.92	200451.53	179.58	177795	42685.34	14	9		23	28.90	5121.19	1.12	9689.0	4915.64
北京	157	14	47	124	8.59	2429.88	5.49	240	87.60	1			1	1.44	459.90	1.01		
天津	395	50	12	433	5.27	1427.32	1.80	746	275.09									
河北	2942	49	71	2920	46.69	9086.52	7.01	5276	2382.20	2			2	1.45	528.75		1500.0	760.62
山西	385	28	1	412	9.14	2339.99	5.65	40	20.00									
内蒙古	389	142	47	484	15.08	2636.10	2.25	4115	2571.75	3			3	3.40	980.10		2860.0	2040.00
辽宁	1118	87	40	1165	38.12	3138.90	0.07	417	71.76									
吉林	59			59	2.25	545.65	0.14											
黑龙江	1237	72	3	1306	26.86	4425.26	2.48	3600	1429.10									
黑龙江农垦	24	1		25	2.58	647.15	0.43	680	443.00									
上海	90	8		98	11.64	1993.48	0.39	9520	1429.02									
江苏	4057	513	101	4469	92.71	13902.65	1.31	36275	7748.67									
浙江	17101	1216	6016	12301	128.64	9934.85	4.66	9374	1179.43									
安徽	1904	343	58	2189	29.45	3495.12	3.61	7874	1546.32									
福建	5133	192	285	5040	61.23	9310.00	3.22	885	209.00									
江西	6365	748	42	7071	132.63	9188.24	16.18	10384	2450.47									
山东	5983	837	7	6813	116.27	17030.09	11.52	8151	3119.18	2	1		3	6.76	1844.00		3900.0	1800.02

（续）

地区	处理农业废弃物工程																	
	小计									特大型沼气工程								
	年初数（处）	本年新增（处）	本年报废（处）	年末累计						年初数（处）	本年新增（处）	本年报废（处）	年末累计					
				数量（处）	总池容（万米^3）	年产气量（万米^3）	供气户数（万户）	装机容量（千瓦）	年发电量（万千瓦时）				数量（处）	总池容（万米^3）	年产气量（万米^3）	供气户数（万户）	装机容量（千瓦）	年发电量（万千瓦时）
河南	5458	299	31	5726	126.58	15163.43	30.69	3283	872.60	1	1		2	2.60	180.00			
湖北	4383	1450	1	5832	70.50	8782.51	19.14	584	193.21	1			1	1.29	82.00		300.0	123.00
湖南	19127	2471	117	21481	137.11	9338.33	16.09	6343	1185.82									
广东	5648	878	22	6504	179.54	17853.64	3.99	11871	1604.32	4	6		10	9.96	1046.44	0.11	1129.0	192.00
广西	2783	26	1955	854	20.57	2085.11	4.83	2874	1161.98									
海南	1542	109		1651	38.64	9705.28	11.46	28600	5125.24									
重庆	2286	1054	6	3334	62.69	3298.02	5.54	7	1.30									
四川	5736	533	31	6238	149.33	31452.14	8.05	7813	4246.06									
贵州	1680	226	15	1891	32.50	3559.48	3.19	5382	907.05									
云南	217	103	6	314	5.00	272.03	0.14	100	50.31									
西藏	11			11	0.39	21.27	0.05											
陕西	2492	397	9	2880	37.93	1364.24	3.18	1305	123.99									
甘肃	194	45		239	9.98	1762.73	1.36	5890	1134.65		1		1	2.00				
青海	171	21		192	5.41	168.00	0.12											
宁夏	107	4		111	7.33	1391.75	0.65	3544	554.18									
新疆	421	94		515	11.69	2144.04	4.28	2510	560.60									
新疆生产建设兵团	30	4		34	2.57	558.33	0.62	112	1.44									

沼气工程情况（三）

地区	处理农业废弃物工程																	
	大型沼气工程									中型沼气工程								
	年初数（处）	本年新增（处）	本年报废（处）	年末累计						年初数（处）	本年新增（处）	本年报废（处）	年末累计					
				数量（处）	总池容（万米³）	年产气量（万米³）	供气户数（万户）	装机容量（千瓦）	年发电量（万千瓦时）				数量（处）	总池容（万米³）	年产气量（万米³）	供气户数（万户）	装机容量（千瓦）	年发电量（万千瓦时）
全国	5814	596	40	6370	569.28	106432.26	60.58	131835.0	32825.33	10285	568	766	10087	390.42	39296.78	31.03	31288.0	4122.46
北京	51	2	2	51	4.84	1378.94	2.95	240.0	87.60	78	1	41	38	1.80	535.63	1.36		
天津	19	6		25	2.13	767.29	0.47	746.0	275.09	1		1						
河北	225	33		258	23.75	6561.48	3.71	3676.0	1571.76	10			10	0.32	94.20	0.03		
山西	122	4		126	6.78	1913.48	4.17	40.0	20.00	33		1	32	0.98	260.65	0.69		
内蒙古	80	7		87	7.61	1259.17	1.00	1255.0	531.75	14		3	11	0.44	53.26	0.13		
辽宁	47	3	3	47	4.43	588.30		357.0	61.25	656	51	32	675	30.73	2413.07	0.05	60.0	10.51
吉林	41			41	2.05	511.00	0.10			5			5	0.15	30.00	0.03		
黑龙江	151	15	3	163	17.81	3702.10	0.99	3600.0	1429.10									
黑龙江农垦	15	1		16	2.31	647.05	0.37	680.0	443.00	3			3	0.24	0.10	0.06		
上海	41	8		49	9.05	1804.96	0.26	9160.0	1429.02	41			41	2.18	168.73	0.13	360.0	
江苏	284	31	4	311	25.22	5354.09	0.14	23397.0	5833.34	1144		75	1069	32.26	3191.48	0.43	9204.0	1409.93
浙江	145	10	14	141	17.23	1614.58	0.65	5262.0	918.31	591	22	225	388	18.35	1335.22	1.02	3462.0	217.67
安徽	157	10	1	166	14.00	2612.42	2.40	7794.0	1534.32	28			28	1.17	84.18	0.01	80.0	12.00
福建	286	14		300	30.00	5200.00	0.72	885.0	209.00	709	8	70	647	21.82	3310.00	0.60		
江西	538	41	2	577	57.40	4223.55	4.50	8359.0	2157.42	644	58	1	701	31.76	2125.28	3.38	2025.0	293.05
山东	308	33	1	340	36.87	9331.40	6.68	4251.0	1319.16	271	9		280	10.88	1312.39	1.01		

（续）

地区	处理农业废弃物工程																	
	大型沼气工程									中型沼气工程								
	年初数（处）	本年新增（处）	本年报废（处）	年末累计						年初数（处）	本年新增（处）	本年报废（处）	年末累计					
				数量（处）	总池容（万米^3）	年产气量（万米^3）	供气户数（万户）	装机容量（千瓦）	年发电量（万千瓦时）				数量（处）	总池容（万米^3）	年产气量（万米^3）	供气户数（万户）	装机容量（千瓦）	年发电量（万千瓦时）
河南	594	68	1	661	58.53	10099.66	8.32	2813.0	842.00	844	28	1	871	30.19	2013.19	6.77	470.0	30.60
湖北	201	21		222	16.02	3729.84	4.28	284.0	70.21	56	11		67	2.13	504.70	0.35		
湖南	264	40	2	302	25.61	3135.87	1.87	6201.0	1171.32	693	71	1	763	25.28	941.53	2.33	120.0	11.30
广东	643	72	2	713	75.60	9036.10	1.17	9210.0	1321.96	985	199	19	1165	55.83	5558.53	1.21	1532.0	90.36
广西	81	19		100	9.14	1541.84	0.43	2259.0	1161.00	410	7	283	134	7.79	192.73	3.97	615.0	0.98
海南	371	21		392	21.56	6209.28	6.80	19600.0	3725.56	359	1		360	10.80	2349.30	2.57	9000.0	1399.68
重庆	173	23		196	14.42	1248.30	1.51			616	13		629	27.25	821.68	1.95		
四川	514	26	2	538	46.76	17152.79	2.62	7432.0	4013.46	1494	62	3	1553	52.93	9738.83	1.97	71.0	58.66
贵州	123	15	1	137	9.05	1727.99	0.46	4652.0	846.25	202	11	1	212	6.96	601.29	0.35	510.0	16.00
云南	34	7		41	2.73	164.39	0.01	100.0	50.31	12		6	6	0.49	23.20	0.0001		
西藏										11			11	0.39	21.27	0.05		
陕西	150	36	2	184	10.48	745.63	0.27	1140.0	123.99	254	12	3	263	10.00	285.54	0.20	165.0	
甘肃	62	8		70	6.41	1440.98	0.85	5520.0	1102.93	9			9	0.36	51.96	0.04	370.0	31.72
青海	24			24	1.41	64.00	0.02											
宁夏	3			3	0.74	189.07	0.39	300.0	14.18	104	4		108	6.59	1202.68	0.26	3244.0	540.00
新疆	48	18		66	7.20	1999.04	1.98	2510.0	560.60									
新疆生产建设兵团	19	4		23	2.16	477.68	0.49	112.0	1.44	8			8	0.35	76.15	0.10		

沼气工程情况（四）

地区	处理农业废弃物工程								
	小型沼气工程								
	年初数（处）	本年新增（处）	本年报废（处）	年末累计					
				数量（处）	总池容（万米³）	年产气量（万米³）	供气户数（万户）	装机容量（千瓦）	年发电量（万千瓦时）
全国	83512	10841	8117	86236	636.32	49501.30	86.85	4983	821.91
北京	27	11	4	34	0.51	55.41	0.17		
天津	375	44	11	408	3.14	630.03	1.33		
河北	2705	16	71	2650	21.18	1902.09	3.27	100	49.82
山西	230	24		254	1.38	135.86	0.80		
内蒙古	292	135	44	383	3.63	343.57	1.12		
辽宁	415	33	5	443	2.96	137.53	0.02		
吉林	13			13	0.05	4.65	0.01		
黑龙江	1086	57		1143	9.05	723.16	1.49		
黑龙江农垦	6			6	0.03				
上海	8			8	0.41	19.79			
江苏	2629	482	22	3089	35.23	5357.08	0.74	3674	505.40
浙江	16365	1184	5777	11772	93.05	6985.05	2.99	650	43.45
安徽	1719	333	57	1995	14.29	798.53	1.20		
福建	4138	170	215	4093	9.41	800.00	1.90		
江西	5183	649	39	5793	43.47	2839.41	8.30		

（续）

地区	处理农业废弃物工程								
	小型沼气工程								
	年初数（处）	本年新增（处）	本年报废（处）	年末累计					
				数量（处）	总池容（万米³）	年产气量（万米³）	供气户数（万户）	装机容量（千瓦）	年发电量（万千瓦时）
山东	5402	794	6	6190	61.76	4542.30	3.83		
河南	4019	202	29	4192	35.26	2870.58	15.59		
湖北	4125	1418	1	5542	51.06	4465.96	14.52		
湖南	18170	2360	114	20416	86.23	5260.93	11.89	22	3.20
广东	4016	601	1	4616	38.15	2212.57	1.50		
广西	2292		1672	620	3.64	350.54	0.42		
海南	812	87		899	6.28	1146.70	2.09		
重庆	1497	1018	6	2509	21.03	1228.04	2.07	7	1.30
四川	3728	445	26	4147	49.64	4560.52	3.46	310	173.94
贵州	1355	200	13	1542	16.50	1230.20	2.38	220	44.80
云南	171	96		267	1.78	84.44	0.13		
西藏									
陕西	2088	349	4	2433	17.45	333.07	2.71		
甘肃	123	36		159	1.21	269.79	0.47		
青海	147	21		168	4.00	104.00	0.10		
宁夏									
新疆	373	76		449	4.49	145.00	2.30		
新疆生产建设兵团	3			3	0.06	4.50	0.03		

生活污水净化沼气池情况（一）

地区	合计								村级处理系统							
	年初数		本年新增		本年报废		年末累计		年初数		本年新增		本年报废		年末累计	
	数量（处）	总池容（万米^3）	数量（处）	总池容（万米^3）	数量（处）	总池容（万米^3）	数量（处）	总池容（万米^3）	数量（处）	总池容（万米^3）	数量（处）	总池容（万米^3）	数量（处）	总池容（万米^3）	数量（处）	总池容（万米^3）
全国	213226	1009.74	4058	49.24	6565	16.78	210719	1042.20	78757	255.80	2252	22.07	4304	9.15	76705	268.72
北京																
天津	8	0.06					8	0.06								
河北	153	0.92			14	0.07	139	0.85	10	0.15			1	0.01	9	0.14
山西	28	0.06					28	0.06								
内蒙古	1	0.07					1	0.07								
辽宁																
吉林	3	0.05					3	0.05	3	0.05					3	0.05
黑龙江																
黑龙江农垦																
上海																
江苏	35639	122.07	595	3.87	9	0.04	36225	125.90	1090	4.87	64	0.28	1	0.01	1153	5.14
浙江	78405	251.89	2124	19.72	6197	14.71	74332	256.91	69988	189.22	1876	17.43	4279	8.81	67585	197.84
安徽	1509	4.71	90	0.14			1599	4.85	55	0.58					55	0.58
福建	1105	2.40			5	0.01	1100	2.39	493	0.97			5	0.01	488	0.96
江西	1941	6.55	20	0.17	34	0.11	1927	6.61	291	1.52	12	0.07	3	0.01	300	1.58
山东	156	1.43			5	0.03	151	1.40	31	0.09					31	0.09
河南	602	2.69	7	0.06	63	0.38	546	2.37	10	0.13			10	0.13		

（续）

地区	合计								村级处理系统							
	年初数		本年新增		本年报废		年末累计		年初数		本年新增		本年报废		年末累计	
	数量（处）	总池容（万米³）	数量（处）	总池容（万米³）	数量（处）	总池容（万米³）	数量（处）	总池容（万米³）	数量（处）	总池容（万米³）	数量（处）	总池容（万米³）	数量（处）	总池容（万米³）	数量（处）	总池容（万米³）
湖北	1300	7.51	2	0.02	6	0.06	1296	7.47	81	0.69	2	0.02			83	0.71
湖南	2045	9.82	32	0.30	34	0.21	2043	9.91	499	0.95	15	0.05	1	0.02	513	0.98
广东	6445	9.30	40	0.34	2	0.03	6483	9.61	2243	2.29	40	0.34			2283	2.63
广西	120	3.33			2		118	3.33	60	0.17			2		58	0.17
海南																
重庆	17113	121.63	94	5.03	156	0.63	17051	126.03	1197	16.69	29	0.15			1226	16.84
四川	66003	458.42	1006	19.17	27	0.45	66982	477.14	2408	33.91	179	3.42	2	0.15	2585	37.19
贵州	355	2.81	32	0.28			387	3.08	168	1.46	32	0.28			200	1.74
云南	150	2.41	9	0.09			159	2.49	124	1.93	3	0.03			127	1.96
西藏	4	0.62					4	0.62	3	0.12					3	0.12
陕西	105	0.75	7	0.05	7	0.03	105	0.77								
甘肃	29	0.19			4	0.02	25	0.17	3	0.01					3	0.01
青海																
宁夏	7	0.06					7	0.06								
新疆																
新疆生产建设兵团																

生活污水净化沼气池情况（二）

地区	学校处理系统								其他							
	年初数		本年新增		本年报废		年末累计		年初数		本年新增		本年报废		年末累计	
	数量（处）	总池容（万米^3）	数量（处）	总池容（万米^3）	数量（处）	总池容（万米^3）	数量（处）	总池容（万米^3）	数量（处）	总池容（万米^3）	数量（处）	总池容（万米^3）	数量（处）	总池容（万米^3）	数量（处）	总池容（万米^3）
全国	7471	58.90	247	2.94	96	0.51	7622	61.34	126998	695.04	1559	24.22	2165	7.12	126392	712.14
北京																
天津									8	0.06					8	0.06
河北	117	0.58			12	0.05	105	0.53	26	0.18			1	0.01	25	0.17
山西									28	0.06					28	0.06
内蒙古	1	0.07					1	0.07								
辽宁																
吉林																
黑龙江																
黑龙江农垦																
上海																
江苏	1485	6.08	27	0.10	4	0.02	1508	6.17	33064	111.12	504	3.49	4	0.02	33564	114.59
浙江	422	4.51	44	0.22			466	4.73	7995	58.16	204	2.08	1918	5.90	6281	54.34
安徽	225	1.28	2	0.01			227	1.29	1229	2.85	88	0.13			1317	2.99
福建	100	0.63					100	0.63	512	0.80					512	0.80
江西	443	2.18			5	0.02	438	2.16	1207	2.85	8	0.10	26	0.08	1189	2.86
山东	119	1.29			4	0.02	115	1.27	6	0.05			1	0.01	5	0.04
河南	530	2.32	7	0.06	38	0.18	499	2.20	62	0.24			15	0.07	47	0.17

（续）

地区	学校处理系统								其他							
	年初数		本年新增		本年报废		年末累计		年初数		本年新增		本年报废		年末累计	
	数量（处）	总池容（万米³）	数量（处）	总池容（万米³）	数量（处）	总池容（万米³）	数量（处）	总池容（万米³）	数量（处）	总池容（万米³）	数量（处）	总池容（万米³）	数量（处）	总池容（万米³）	数量（处）	总池容（万米³）
湖北	639	4.47			6	0.06	633	4.41	580	2.35					580	2.35
湖南	538	3.12	3	0.02	14	0.08	527	3.06	1008	5.75	14	0.24	19	0.11	1003	5.88
广东	126	0.70			2	0.03	124	0.67	4076	6.31					4076	6.31
广西	60	3.16					60	3.16								
海南																
重庆	589	7.45	16	0.22			605	7.67	15327	97.50	49	4.65	156	0.63	15220	101.52
四川	1739	18.40	135	2.21			1874	20.60	61856	406.12	692	13.54	25	0.30	62523	419.35
贵州	187	1.35					187	1.35								
云南	13	0.33	6	0.05			19	0.39	13	0.15					13	0.15
西藏									1	0.50					1	0.50
陕西	105	0.75	7	0.05	7	0.03	105	0.77								
甘肃	26	0.18			4	0.02	22	0.15								
青海																
宁夏	7	0.06					7	0.06								
新疆																
新疆生产建设兵团																

省柴节煤灶与节能炕情况

地区	省柴节煤灶				节能炕			
	年初数（万台）	本年新增（万台）	本年报废（万台）	年末累计（万台）	年初数（万铺）	本年新增（万铺）	本年报废（万铺）	年末累计（万铺）
全国	12271.09	102.13	489.76	11883.46	1914.31	19.59	47.30	1886.60
北京	6.53		0.30	6.23	37.68	0.05	0.31	37.42
天津	34.04	0.25	3.25	31.04				
河北	483.81	5.42	24.95	464.28	130.72	1.56	11.62	120.66
山西	38.56		3.29	35.27	36.20	0.94	2.73	34.41
内蒙古	149.59	0.33	4.93	144.99	40.27	0.06	1.20	39.13
辽宁	324.19	2.56	4.48	322.28	452.17	5.26	11.43	446.01
吉林	249.73	0.46	0.49	249.70	273.33	0.50	0.55	273.28
黑龙江	216.30	2.73	0.26	218.77	328.71	2.68	0.30	331.08
黑龙江农垦	0.01		0.01		0.06		0.06	
上海								
江苏	726.19	1.97	37.82	690.34				
浙江	443.67	1.25	46.71	398.21				
安徽	751.37	3.31	23.21	731.47				
福建	150.68		10.00	140.68				
江西	512.02	6.85	9.97	508.90				
山东	986.47	4.37	41.94	948.90	338.98	1.48	7.61	332.85

（续）

地区	省柴节煤灶				节能炕			
	年初数（万台）	本年新增（万台）	本年报废（万台）	年末累计（万台）	年初数（万铺）	本年新增（万铺）	本年报废（万铺）	年末累计（万铺）
河南	1090.63	3.65	125.33	968.94				
湖北	630.44	3.61	9.32	624.73				
湖南	751.31	8.55	9.84	750.02				
广东	653.39	0.94	66.13	588.21				
广西	749.01	6.03	6.11	748.93				
海南	85.81	0.06	1.51	84.36				
重庆	341.02	1.94	15.94	327.02				
四川	1144.58	17.60	14.64	1147.53	0.0001			0.0001
贵州	333.76	6.44	5.44	334.76				
云南	603.87	16.58	9.19	611.26				
西藏								
陕西	212.96	3.07	2.34	213.69	69.20	1.05	0.97	69.28
甘肃	321.46	3.45	11.81	313.09	179.80	5.60	9.51	175.89
青海	81.50			81.50	3.64	0.01		3.65
宁夏	50.98	0.05	0.50	50.53	20.54	0.40	1.02	19.93
新疆	147.21	0.66	0.02	147.85	3.01			3.01
新疆生产建设兵团								

节能炉与燃池情况

地区	节能炉				燃池			
	年初数（万台）	本年新增（万台）	本年报废（万台）	年末累计（万台）	年初数（万个）	本年新增（万个）	本年报废（万个）	年末累计（万个）
全国	3119.57	115.01	142.99	3091.59	19.68	0.25	1.17	18.76
北京	3.74	0.87	0.23	4.38				
天津	36.56	12.00	7.36	41.20				
河北	595.60	51.92	30.38	617.14	4.69	0.13	1.09	3.73
山西	60.51	0.02	3.59	56.94				
内蒙古	13.02	0.57	0.86	12.73	0.14		0.05	0.09
辽宁	4.18	2.60		6.77	2.16	0.05		2.21
吉林	94.17	0.51	0.40	94.28				
黑龙江	73.55	2.38	0.30	75.63	12.68	0.07	0.02	12.73
黑龙江农垦	0.07			0.07				
上海								
江苏	57.40	0.07	9.49	47.98				
浙江	4.95		0.53	4.42				
安徽	103.96	3.44	9.79	97.61				
福建								
江西	99.54	2.45	6.56	95.43				
山东	604.16	5.11	34.14	575.13				

（续）

地区	节能炉				燃池			
	年初数（万台）	本年新增（万台）	本年报废（万台）	年末累计（万台）	年初数（万个）	本年新增（万个）	本年报废（万个）	年末累计（万个）
河南	237.38	2.69	16.91	223.16				
湖北	147.95	7.96	2.81	153.10				
湖南	345.94	6.57	7.27	345.24				
广东	0.07	0.09	0.08	0.09				
广西	2.11	0.09	0.08	2.13				
海南								
重庆	59.54	0.96	1.20	59.31				
四川	230.25	1.57	6.37	225.45	0.0004			0.0004
贵州	96.31	2.71	1.62	97.40				
云南	2.36	0.42		2.78				
西藏								
陕西	77.96	1.74	0.96	78.74				
甘肃	153.68	5.43	2.01	157.10				
青海	8.97	2.53	0.03	11.47				
宁夏	2.75	0.23	0.038	2.94				
新疆	2.87	0.10		2.97				
新疆生产建设兵团								

太阳能热利用情况（一）

地区	太阳能热水器								太阳灶			
	年初数		本年新增		本年报废		年末累计		年初数	本年新增	本年报废	年末累计
	数量（万台）	集热面积（万米²）	数量（万台）	集热面积（万米²）	数量（万台）	集热面积（万米²）	数量（万台）	集热面积（万米²）	数量（台）	数量（台）	数量（台）	数量（台）
全国	4099.65	7294.57	295.42	577.19	49.36	88.91	4345.71	7732.85	2264356	126014	90735	2299635
北京	44.85	74.37	1.67	3.47	0.80	1.04	45.72	75.79	1197		522	675
天津	36.02	35.34	0.53	0.75	0.75	0.45	35.80	35.64				
河北	431.66	605.58	20.05	31.89	7.75	9.15	443.95	628.33	42247	9480	295	51432
山西	182.37	407.72	1.50	3.00			183.88	410.72	35836	14994		50830
内蒙古	29.25	62.33	1.70	3.78	0.49	2.02	30.46	64.09	52592	6292	2799	56085
辽宁	94.06	127.90	6.42	11.75	0.20	0.49	100.27	139.15	986		10	976
吉林	19.50	64.30	0.61	1.18	0.07	0.13	20.03	65.35	821		38	783
黑龙江	41.60	58.34	2.33	4.19	0.02	0.02	43.90	62.51	511			511
黑龙江农垦	6.29	14.79	0.13	0.88	0.17	0.38	6.25	15.29				
上海	40.29	80.59	2.01	4.02			42.30	84.61				
江苏	482.94	776.03	44.70	72.74	4.68	8.55	522.96	840.22				
浙江	281.25	595.03	18.21	36.43	3.44	7.86	296.02	623.60	40			40
安徽	335.28	524.96	23.58	31.14	10.91	16.50	347.95	539.60				
福建	16.20	41.18	1.09	1.20	1.10	3.30	16.20	39.08				
江西	74.54	174.08	5.68	12.30	0.63	1.53	79.60	184.84				
山东	733.47	1119.01	38.76	63.38	8.18	18.21	764.05	1164.18	6508	158	678	5988

（续）

地区	太阳能热水器								太阳灶			
	年初数		本年新增		本年报废		年末累计		年初数	本年新增	本年报废	年末累计
	数量（万台）	集热面积（万米^2）	数量（万台）	集热面积（万米^2）	数量（万台）	集热面积（万米^2）	数量（万台）	集热面积（万米^2）	数量（台）	数量（台）	数量（台）	数量（台）
河南	314.14	488.26	27.71	50.34	4.88	6.98	336.98	531.62				
湖北	174.48	313.50	7.62	13.61	0.77	1.32	181.34	325.80				
湖南	91.05	183.04	8.51	20.59	0.44	1.08	99.12	202.55				
广东	8.72	29.95	13.77	42.54			22.49	72.49		48		48
广西	33.29	78.43	6.60	17.06	0.07	0.17	39.82	95.32				
海南	192.11	389.73	0.05	0.10	0.15	0.30	192.01	389.53				
重庆	22.26	43.63	4.24	8.70	0.08	0.15	26.42	52.17				
四川	84.22	152.26	16.08	31.89	1.03	1.97	99.27	182.18	121714	31	328	121417
贵州	22.01	54.58	3.51	9.86	0.21	0.61	25.30	63.84				
云南	92.31	303.13	11.09	37.50	0.41	1.28	102.98	339.34	264			264
西藏	49.02	147.11	1.51	4.05	0.60	1.86	49.93	149.30	381556	10252	3087	388721
陕西	64.84	155.61	14.23	36.30	0.40	1.44	78.67	190.47	240929	14775	5109	250595
甘肃	42.57	99.28	9.59	19.27	1.00	1.92	51.16	116.63	737941	61137	49098	749980
青海	2.33	7.20					2.33	7.20	242168	850		243018
宁夏	23.37	35.22	1.73	3.12	0.11	0.20	24.99	38.14	385052	5465	28523	361994
新疆	33.29	51.87	0.20	0.20			33.49	52.07	13994	2532	248	16278
新疆生产建设兵团	0.08	0.23					0.08	0.23				

太阳能热利用情况（二）

地区	太阳房							
	年初数		本年新增		本年报废		年末累计	
	数量（处）	集热面积（万米^2）	数量（处）	集热面积（万米^2）	数量（处）	集热面积（万米^2）	数量（处）	集热面积（万米^2）
全国	269304	2445.55	24630	133.42	7190	51.38	286744	2527.59
北京	10865	115.25					10865	115.25
天津	4	0.84			2	0.18	2	0.66
河北	19801	139.58	423	1.18	1959	12.63	18265	128.13
山西	15	0.15					15	0.15
内蒙古	9282	93.59	70	2.10	207	7.12	9145	88.57
辽宁	58081	531.50	358	6.93	35	0.42	58404	538.01
吉林	25899	289.41					25899	289.41
黑龙江	59323	485.08	4485	36.48	159	1.27	63649	520.29
黑龙江农垦								
上海	1	5.00					1	5.00
江苏	970	6.55	2	0.01	54	1.41	918	5.16
浙江								
安徽								
福建								
江西	1	0.50					1	0.50
山东	1044	16.85			149	2.31	895	14.54

（续）

地区	太阳房							
	年初数		本年新增		本年报废		年末累计	
	数量（处）	集热面积（万米^2）	数量（处）	集热面积（万米^2）	数量（处）	集热面积（万米^2）	数量（处）	集热面积（万米^2）
河南	43	1.95			3	0.01	40	1.95
湖北								
湖南	11	13.67	1	0.30	1	7.00	11	6.97
广东			210	0.09			210	0.09
广西								
海南								
重庆								
四川	277	2.72					277	2.72
贵州								
云南								
西藏								
陕西	10	0.76					10	0.76
甘肃	53564	266.24	13524	63.88	4621	19.03	62467	311.09
青海	28658	450.46	5557	22.44			34215	472.91
宁夏	380	16.04					380	16.04
新疆	1075	9.40					1075	9.40
新疆生产建设兵团								

太阳能热利用情况（三）

地区	其中：															
	户用太阳房								太阳能校舍							
	年初数		本年新增		本年报废		年末累计		年初数		本年新增		本年报废		年末累计	
	数量（户）	集热面积（万米²）	数量（户）	集热面积（万米²）	数量（户）	集热面积（万米²）	数量（户）	集热面积（万米²）	数量（处）	集热面积（万米²）	数量（处）	集热面积（万米²）	数量（处）	集热面积（万米²）	数量（处）	集热面积（万米²）
全国	263681	2326.17	23775	122.68	6825	39.62	280631	2409.23	438	62.15	2	0.59	14	0.56	426	62.18
北京	10864	115.05					10864	115.05	1	0.20					1	0.20
天津	1	0.03			1	0.03			3	0.81			1	0.15	2	0.66
河北	19755	132.99	422	1.16	1958	12.54	18219	121.61	29	5.96			1	0.05	28	5.91
山西	15	0.15					15	0.15								
内蒙古	9216	89.96	10	0.06	144	5.23	9082	84.78	1	0.05			1	0.05		
辽宁	58013	500.28	355	4.59	35	0.35	58333	504.52	63	21.93	1	0.29			64	22.22
吉林	25880	285.72					25880	285.72	19	3.69					19	3.69
黑龙江	56102	469.08	4485	36.48	159	1.27	60428	504.29	21	7.00					21	7.00
黑龙江农垦																
上海																
江苏	968	4.87			50	0.20	918	4.67								
浙江																
安徽																
福建																
江西																

（续）

地区	其中：户用太阳房								太阳能校舍							
	年初数		本年新增		本年报废		年末累计		年初数		本年新增		本年报废		年末累计	
	数量（户）	集热面积（万米²）	数量（户）	集热面积（万米²）	数量（户）	集热面积（万米²）	数量（户）	集热面积（万米²）	数量（处）	集热面积（万米²）	数量（处）	集热面积（万米²）	数量（处）	集热面积（万米²）	数量（处）	集热面积（万米²）
山东	1019	9.75			149	2.31	870	7.44	25	7.10					25	7.10
河南	31	1.40			3	0.01	28	1.39	9	0.55					9	0.55
湖北																
湖南									1	0.30	1	0.30			2	0.60
广东																
广西																
海南																
重庆																
四川	272	2.38					272	2.38	5	0.34					5	0.34
贵州																
云南																
西藏																
陕西																
甘肃	51499	247.47	12946	57.95	4326	17.68	60119	287.73	199	6.69			11	0.31	188	6.38
青海	28619	448.40	5557	22.44			34176	470.85	39	2.06					39	2.06
宁夏	352	9.26					352	9.26	23	5.47					23	5.47
新疆	1075	9.40					1075	9.40								
新疆生产建设兵团																

小型电源利用情况（一）

地区	小型光伏发电							
	年初数		本年新增		本年报废		年末累计	
	数量（处）	装机容量（千瓦）	数量（处）	装机容量（千瓦）	数量（处）	装机容量（千瓦）	数量（处）	装机容量（千瓦）
全国	294588	23078.27	48321	6056.33	8234	3611.62	334675	25522.97
北京	160534	8018.65	5762	499.35	3991	58.24	162305	8459.76
天津								
河北	14958	934.06	1596	118.00	73	3.90	16481	1048.16
山西	3600	360.00					3600	360.00
内蒙古	10378	2491.85	1654	460.06	3174	928.19	8858	2023.73
辽宁	42853	2588.19	16961	876.35			59814	3464.54
吉林								
黑龙江	782	34.70					782	34.70
黑龙江农垦								
上海								
江苏	1059	137.03	10	0.40	59	97.03	1010	40.40
浙江	658	259.97	388	74.64	5	2.15	1041	332.45
安徽	382	1016.16	216	667.80			598	1683.96
福建								
江西	86	2840.00	300	1000.00	1	2500.00	385	1340.00
山东	1856	126.45	30	4.84			1886	131.29

（续）

地区	小型光伏发电							
	年初数		本年新增		本年报废		年末累计	
	数量（处）	装机容量（千瓦）	数量（处）	装机容量（千瓦）	数量（处）	装机容量（千瓦）	数量（处）	装机容量（千瓦）
河南	128	9.60	4001	205.00			4129	214.60
湖北								
湖南	1530	1072.43	73	170.50			1603	1242.93
广东	3	185.99					3	185.99
广西			5	4.85			5	4.85
海南	27	44.63			2	3.32	25	41.31
重庆								
四川								
贵州								
云南	126	90.70					126	90.70
西藏								
陕西								
甘肃	4251	250.49	14321	1073.84	923	18.31	17649	1306.02
青海	48465	1624.41	2999	899.70			51464	2524.11
宁夏	514	939.98					514	939.98
新疆	2398	52.99	5	1.00	6	0.48	2397	53.51
新疆生产建设兵团								

小型电源利用情况（二）

地区	小型风力发电								微型水力发电							
	年初数		本年新增		本年报废		年末累计		年初数		本年新增		本年报废		年末累计	
	数量（台）	装机容量（千瓦）	数量（台）	装机容量（千瓦）	数量（台）	装机容量（千瓦）	数量（台）	装机容量（千瓦）	数量（台）	装机容量（千瓦）	数量（台）	装机容量（千瓦）	数量（台）	装机容量（千瓦）	数量（台）	装机容量（千瓦）
全国	114721	34800.39	2656	1575.83	5931	1671.91	111446	34704.31	31764	96755.60	169	907.18	1661	3754.15	30272	93908.63
北京	10	10.00					10	10.00								
天津																
河北	217	68.90			20	2.00	197	66.90								
山西	3	6.00					3	6.00	3	18.00					3	18.00
内蒙古	86802	24986.13	2228	905.62	3757	1318.60	85273	24573.15								
辽宁	53	240.80			47	235.00	6	5.80								
吉林	265	29.20					265	29.20								
黑龙江	1232	206.30					1232	206.30								
黑龙江农垦	655	1799.40					655	1799.40								
上海																
江苏	6406	692.09	21	8.45	1905	38.75	4522	661.79								
浙江	131	584.50					131	584.50	216	275.70			1	1.10	215	274.60
安徽	713	304.12					713	304.12	12	35.23					12	35.23
福建	383	546.40					383	546.40	271	1976.00					271	1976.00
江西	28	25.20			23	24.20	5	1.00	5392	9707.56	15	44.28	218	820.04	5189	8931.80
山东	3442	1188.50	334	419.51	74	8.92	3702	1599.09	11	67.00					11	67.00

（续）

地区	小型风力发电								微型水力发电							
	年初数		本年新增		本年报废		年末累计		年初数		本年新增		本年报废		年末累计	
	数量（台）	装机容量（千瓦）	数量（台）	装机容量（千瓦）	数量（台）	装机容量（千瓦）	数量（台）	装机容量（千瓦）	数量（台）	装机容量（千瓦）	数量（台）	装机容量（千瓦）	数量（台）	装机容量（千瓦）	数量（台）	装机容量（千瓦）
河南	81	9.45					81	9.45	21	246.00					21	246.00
湖北	1440	269.70					1440	269.70	12	60.00					12	60.00
湖南	13	1.85	24	49.65	5	0.50	32	51.00	1698	7602.05			11	285.00	1687	7317.05
广东	73	110.15					73	110.15	2605	20935.60	4	1.60	12	78.00	2597	20859.20
广西	1132	119.05	8	2.40			1140	121.45	12019	18778.06			532	600.38	11487	18177.68
海南	54	65.60	4	5.20	11	13.20	47	57.60	16	155.51	1	9.50	5	48.13	12	116.88
重庆									82	391.20					82	391.20
四川									93	3107.60					93	3107.60
贵州	49	6.10					49	6.10	2596	5370.00					2596	5370.00
云南	3	0.45					3	0.45	5927	12655.50	85	71.80	870	1876.30	5142	10851.00
西藏																
陕西	80	8.50					80	8.50	83	4830.00					83	4830.00
甘肃	1758	522.87	37	185.00	85	30.34	1710	677.53	205	1762.00	64	780.00	12	45.20	257	2496.80
青海	1308	130.80					1308	130.80	290	8780.00					290	8780.00
宁夏	2097	294.99			4	0.40	2093	294.59								
新疆	6293	2573.35					6293	2573.35	212	2.60					212	2.60
新疆生产建设兵团																

秸秆能源化利用情况（一）

地区	秸秆热解气化集中供气						秸秆沼气集中供气					
	年初数（处）	本年新增（处）	本年报废（处）	年末累计（处）	其中：运行数量（处）	供气户数（万户）	年初数（处）	本年新增（处）	本年报废（处）	年末累计（处）	其中：运行数量（处）	供气户数（万户）
全国	906	5	90	821	401	16.14	434	40	16	458	368	7.76
北京	144		16	128	41	1.93	2			2	2	0.03
天津	41		18	23	7	0.33	3			3	2	0.13
河北	30	1	11	20	14	0.62	31	8		39	28	2.20
山西	59		19	40	40	1.23	11			11	11	1.07
内蒙古	3			3	3	0.06	2		1	1	1	0.02
辽宁	263		2	261	39	2.43	3			3	1	0.01
吉林	17			17	11	0.21						
黑龙江	16			16	8	0.26	5	1		6	3	0.03
黑龙江农垦	12			12			2			2	2	0.09
上海												
江苏	203	1	4	200	155	5.09	73	1	1	73	44	0.46
浙江							84	26	6	104	101	0.99
安徽	4		2	2			1			1	1	0.04
福建												
江西	1			1			92			92	90	0.45
山东	74	3	17	60	54	1.73	15	1	1	15	11	0.31

（续）

地区	秸秆热解气化集中供气						秸秆沼气集中供气					
	年初数（处）	本年新增（处）	本年报废（处）	年末累计（处）	其中：运行数量（处）	其中：供气户数（万户）	年初数（处）	本年新增（处）	本年报废（处）	年末累计（处）	其中：运行数量（处）	其中：供气户数（万户）
河南	5			5	4	0.09	78		6	72	49	1.49
湖北	21			21	19	1.92	2			2	2	0.11
湖南							2			2	2	0.05
广东							6			6		
广西							3		1	2	2	0.10
海南												
重庆							1			1	1	0.01
四川	4			4	4	0.10	1			1	1	0.02
贵州							7	1		8	7	0.11
云南	6		1	5		0.08						
西藏							4			4		
陕西								2		2	1	0.01
甘肃	2			2	1	0.01	1			1	1	0.04
青海												
宁夏	1			1	1	0.04	5			5	5	0.003
新疆												
新疆生产建设兵团												

秸秆能源化利用情况（二）

地区	秸秆固化成型					秸秆炭化				
	年初数	本年新增	本年报废	年末累计		年初数	本年新增	本年报废	年末累计	
	数量（处）	数量（处）	数量（处）	数量（处）	年产量（吨）	数量（处）	数量（处）	数量（处）	数量（处）	年产量（吨）
全国	1060	167	80	1147	5958014	105	10	12	103	277290
北京	21			21	89900					
天津	5	5	4	6	276000	4			4	21000
河北	175	51	14	212	995193	4	1		5	11580
山西	16		3	13	5800					
内蒙古	1			1	2000					
辽宁	137	21	15	143	409823					
吉林	3			3	1600					
黑龙江	135	4	20	119	532150	2			2	
黑龙江农垦	9			9	31100					
上海	1			1						
江苏	333	40	13	360	1231758	5			5	27500
浙江	23	5		28	214970	12		4	8	30940
安徽	42	8	1	49	257177	3	2	1	4	14550
福建										
江西	1	1		2	8010					
山东	105	15	5	115	1001765	9			9	10420

（续）

地区	秸秆固化成型					秸秆炭化				
	年初数	本年新增	本年报废	年末累计		年初数	本年新增	本年报废	年末累计	
	数量（处）	数量（处）	数量（处）	数量（处）	年产量（吨）	数量（处）	数量（处）	数量（处）	数量（处）	年产量（吨）
河南	21	5	1	25	343780	4			4	2000
湖北	17	4	4	17	372760	39	6	7	38	29840
湖南	3	2		5	168000	20	1		21	128280
广东										
广西										
海南										
重庆						1			1	1000
四川	5	2		7	14198					
贵州										
云南	1			1	250	2			2	180
西藏										
陕西	1			1						
甘肃	5	4		9	1780					
青海										
宁夏										
新疆										
新疆生产建设兵团										

产业发展情况（一）

地区	合计						沼气产业小计					
	企业数量（个）	从业人员（人）	总产值（万元）	固定资产（万元）	利润总额（万元）	税金（万元）	企业数量（个）	从业人员（人）	总产值（万元）	固定资产（万元）	利润总额（万元）	税金（万元）
全国	5522	151529	3508806	1705570	266182	131512	2462	29179	727009	261213	55761	28563
北京	5	412	17200	9200			2	92	400	200		
天津	14	182	4512	3020	743	179	5	104	962	900	188	16
河北	467	11053	134838	79435	15614	4080	244	4032	23579	11283	2601	676
山西	19	351	4053	4053	967	539	14	158	2255	1145	567	279
内蒙古	5	175	4200	2200	479	143	4	115	3600	2000	344	118
辽宁	50	608	17600	9780	821	192	3	17	400	100	20	
吉林	5	265	612	1825	24	10	4	55	200	325	15	8
黑龙江	125	2470	25321	31570	3165	796	40	774	10046	12268	1377	404
黑龙江农垦												
上海	13	4550	313015	65924	21506	10526	7	1053	42203	5416	4573	3299
江苏	571	7278	109459	109581	9764	1513	240	1336	6866	4331	759	118
浙江	107	1901	53841	164164	6064	1695	41	431	7319	3534	898	341
安徽	214	4193	318749	167089	31288	11411	151	539	9891	10526	1140	167
福建	8	487	18707	24619	115	54	8	487	18707	24619	115	54
江西	689	4017	43953	22934	6090	1023	43	636	12087	3265	1059	383
山东	1186	85500	1657750	545589	106268	71539	135	2305	38537	43403	6075	1227
河南	178	6841	273430	95111	19309	7668	118	4690	227195	29191	13971	7029

（续）

地区	合计						沼气产业小计					
	企业数量（个）	从业人员（人）	总产值（万元）	固定资产（万元）	利润总额（万元）	税金（万元）	企业数量（个）	从业人员（人）	总产值（万元）	固定资产（万元）	利润总额（万元）	税金（万元）
湖北	75	1967	45149	58276	5123	616	28	290	6495	2843	514	74
湖南	105	3815	138339	127025	12206	7225	21	1322	56047	26208	3930	4536
广东	105	3076	204605	32322	8381	4726	104	3035	203551	31525	8375	4670
广西	1062	3209	1504	4359	283	11	1057	2688	794	4223	211	8
海南	16	610	7013	3955	828	494	16	610	7013	3955	828	494
重庆	33	1399	29826	7872	1784	712	28	1077	6617	2637	723	225
四川	49	2674	32237	21867	5953	4263	46	2414	29362	16417	5137	4109
贵州	26	424	7340	2309	746	231	23	284	1780	1663	365	32
云南	3	1075	10794	8108	667	460	1	87	1220	3200	101	71
西藏	297	1747	15180	83259	4472	1120	25	211	1324	1109	472	120
陕西	24	122	1482	2824	253	21	24	122	1482	2824	253	21
甘肃	45	843	10052	4472	2426	211	9	64	656	503	320	31
青海												
宁夏	25	275	6045	7828	642	4	20	141	4420	6600	630	3
新疆	1	10	2000	5000	200	50	1	10	2000	5000	200	50
新疆生产建设兵团												

产业发展情况（二）

地区	沼气产业											
	生产类企业						服务类企业					
	企业数量（个）	从业人员（人）	总产值（万元）	固定资产（万元）	利润总额（万元）	税金（万元）	企业数量（个）	从业人员（人）	总产值（万元）	固定资产（万元）	利润总额（万元）	税金（万元）
全国	395	19537	685126	231813	50090	27265	2067	9642	41883	29400	5671	1298
北京	1	46	200	100			1	46	200	100		
天津	4	101	910	320	170	15	1	3	52	580	18	1
河北	30	3170	22771	8857	2266	614	214	862	808	2426	335	62
山西	5	142	2230	1120	567	279	9	16	25	25		
内蒙古	4	115	3600	2000	344	118						
辽宁							3	17	400	100	20	
吉林	4	55	200	325	15	8						
黑龙江	28	665	9943	10650	1375	404	12	109	103	1618	2	
黑龙江农垦												
上海	5	864	38813	4488	4338	3155	2	189	3390	928	235	144
江苏	61	679	5317	1840	491	95	179	657	1549	2491	269	23
浙江	18	303	5120	2500	383	120	23	128	2199	1034	515	221
安徽	9	288	7695	9439	1089	162	142	251	2196	1087	51	5
福建	5	298	18654	24461	100	50	3	189	53	158	15	4
江西	24	412	7393	1802	606	282	19	224	4694	1463	453	101
山东	27	1392	32446	40218	5222	1045	108	913	6091	3185	853	182

（续）

地区	沼气产业											
	生产类企业						服务类企业					
	企业数量（个）	从业人员（人）	总产值（万元）	固定资产（万元）	利润总额（万元）	税金（万元）	企业数量（个）	从业人员（人）	总产值（万元）	固定资产（万元）	利润总额（万元）	税金（万元）
河南	22	3916	224808	28463	13641	6960	96	774	2387	728	330	69
湖北	15	161	4937	2487	409	54	13	129	1558	356	104	21
湖南	10	1160	54925	25451	3737	4494	11	162	1122	757	193	42
广东	50	2741	201415	31150	8051	4656	54	294	2136	375	324	14
广西							1057	2688	794	4223	211	8
海南	15	598	6939	3835	820	490	1	12	74	120	8	4
重庆	16	772	3396	1187	466	158	12	305	3221	1450	257	67
四川	19	1392	24714	15130	4735	3946	27	1022	4648	1287	402	162
贵州							23	284	1780	1663	365	32
云南	1	87	1220	3200	101	71						
西藏							25	211	1324	1109	472	120
陕西	1	11	600	970	117	13	23	111	882	1854	136	8
甘肃	3	36	460	260	218	23	6	28	196	243	102	8
青海												
宁夏	17	123	4420	6560	630	3	3	18		40		
新疆	1	10	2000	5000	200	50						
新疆生产建设兵团												

产业发展情况（三）

地区	节能炉灶炕产业						太阳能热利用产业					
	企业数量（个）	从业人员（人）	总产值（万元）	固定资产（万元）	利润总额（万元）	税金（万元）	企业数量（个）	从业人员（人）	总产值（万元）	固定资产（万元）	利润总额（万元）	税金（万元）
全国	441	7762	80494	63276	10779	3639	2167	100198	2326141	846504	154840	88579
北京	1	40	300	200			1	160	6500	800		
天津	1	12	100	50	15	5	2	16	150	70	50	8
河北	35	3609	31014	25510	3162	1079	130	2009	52542	18488	5163	835
山西												
内蒙古												
辽宁	5	220	1990	600	390	180						
吉林												
黑龙江	44	666	565	326	39	15	15	157	987	246	36	4
黑龙江农垦												
上海							4	3352	268388	59271	16665	7082
江苏							161	2665	48002	31570	4660	787
浙江							33	874	18872	36800	2155	619
安徽	2	137	3345	1223	1225	656	41	2533	222904	75086	21504	8110
福建												
江西	62	242	1971	791	241	67	583	3138	29895	18678	4790	573
山东	240	1041	5629	7550	776	217	769	78703	1547309	435960	87469	67036

（续）

地区	节能炉灶炕产业						太阳能热利用产业					
	企业数量（个）	从业人员（人）	总产值（万元）	固定资产（万元）	利润总额（万元）	税金（万元）	企业数量（个）	从业人员（人）	总产值（万元）	固定资产（万元）	利润总额（万元）	税金（万元）
河南	6	112	2436	523	120	65	47	1519	19110	42350	1410	254
湖北	11	268	1342	612	466	152	25	1040	29012	16689	2487	330
湖南	19	821	21101	23529	2823	964	48	695	29807	14520	1967	940
广东							1	41	1054	797	6	56
广西	4	26	311	136	72	3						
海南												
重庆							5	322	23209	5235	1061	487
四川												
贵州	1	120	4460	196	207	129						
云南							2	988	9574	4908	566	389
西藏							272	1536	13856	82150	4000	1000
陕西												
甘肃	10	448	5930	2031	1243	109	23	316	3346	1658	838	68
青海												
宁夏							5	134	1625	1228	12	1
新疆												
新疆生产建设兵团												

产业发展情况（四）

地区	生物质能（不含沼气）利用产业					
	企业数量（个）	从业人员（人）	总产值（万元）	固定资产（万元）	利润总额（万元）	税金（万元）
全国	452	14390	375162	534577	44802	10731
北京	1	120	10000	8000		
天津	6	50	3300	2000	490	150
河北	58	1403	27703	24154	4688	1490
山西	5	193	1798	2908	400	260
内蒙古	1	60	600	200	135	25
辽宁	42	371	15210	9080	411	12
吉林	1	210	412	1500	9	2
黑龙江	26	873	13723	18730	1713	374
黑龙江农垦						
上海	2	145	2424	1237	268	145
江苏	170	3277	54591	73680	4345	608
浙江	33	596	27650	123830	3011	735
安徽	20	984	82609	80254	7419	2478
福建						
江西	1	1		200		
山东	42	3451	66275	58676	11948	3060

（续）

地区	生物质能（不含沼气）利用产业					
	企业数量（个）	从业人员（人）	总产值（万元）	固定资产（万元）	利润总额（万元）	税金（万元）
河南	7	520	24689	23048	3808	320
湖北	11	369	8300	38132	1655	60
湖南	17	977	31384	62768	3487	786
广东						
广西	1	495	399			
海南						
重庆						
四川	3	260	2875	5450	816	154
贵州	2	20	1100	450	174	70
云南						
西藏						
陕西						
甘肃	3	15	120	280	25	3
青海						
宁夏						
新疆						
新疆生产建设兵团						

经费投入情况（一）

地区	合计							中央投入						
	拨款						贷款（万元）	拨款						贷款（万元）
	合计（万元）	其中：沼气（万元）	炉灶炕（万元）	太阳能热利用（万元）	生物质能利用（万元）	其他（万元）		小计（万元）	其中：沼气（万元）	炉灶炕（万元）	太阳能热利用（万元）	生物质能利用（万元）	其他（万元）	
全国	604697.19	434221.67	75121.07	46184.99	17848.14	31321.33	624.50	330749.50	276998.08	14126.38	31184.75	4400.52	4039.77	
北京	16229.72	2795.00	699.00	5293.47	158.35	7283.90								
天津	22525.40	3454.40	16800.00		2271.00			10480.00	809.00	8400.00		1271.00		
河北	68038.05	17890.12	46125.03	496.86	3526.04			16062.28	15847.12		215.16			
山西	6157.79	5095.65	537.35	524.79				3886.14	2892.00	469.35	524.79			
内蒙古	9597.22	9079.00	35.92	243.30		239.00		9088.22	8595.00	10.92	243.30		239.00	
辽宁	8854.40	5981.60	1803.80		540.00	529.00		3890.00	3890.00					
吉林	5489.00	5489.00						3948.00	3948.00					
黑龙江	7407.15	5650.00	464.55	679.60	470.00	143.00		7187.15	5630.00	284.55	679.60	450.00	143.00	
黑龙江农垦	111.40			38.90	13.50	59.00								
上海	3764.26	3764.26												
江苏	30864.73	22770.70		150.00	5716.50	2227.53		3905.00	3905.00					
浙江	17018.76	10290.17	22.90	1311.60	875.98	4518.11		3478.00	2918.00			560.00		
安徽	16670.86	13703.94	96.04	1906.23	385.50	579.15		12924.30	10812.00	96.04	1455.76	360.50	200.00	
福建	3352.50	3352.50						2688.00	2688.00					
江西	12408.68	12197.00	6.48	146.20		59.00		8172.93	8034.00	6.48	132.45			

（续）

地区	合计							中央投入						
	拨款						贷款（万元）	拨款						贷款（万元）
	合计（万元）	其中：沼气（万元）	炉灶炕（万元）	太阳能热利用（万元）	生物质能利用（万元）	其他（万元）		小计（万元）	其中：沼气（万元）	炉灶炕（万元）	太阳能热利用（万元）	生物质能利用（万元）	其他（万元）	
山东	40989.10	36458.10	12.00	648.00	1644.00	2227.00		9768.00	9768.00					
河南	25049.47	23322.06	221.26	1506.15				21854.33	20126.92	221.26	1506.15			
湖北	44992.96	44056.18		362.60	179.80	394.38	256.50	26459.98	26459.98					
湖南	32220.84	23965.63	732.60	4941.96	794.47	1786.18		23458.94	18722.56	519.54	3431.29	633.02	152.53	
广东	2188.11	2188.11					185.00	902.00	902.00					
广西	23793.90	21637.55	8.21	146.71		2001.43		17494.40	17494.40					
海南	6174.00	6144.00		30.00				4388.00	4358.00		30.00			
重庆	19486.38	16199.50	269.00	1933.20	330.00	754.68		17120.20	14588.00	269.00	1933.20	330.00		
四川	41551.52	39502.43	88.15		400.00	1560.94		28258.49	26587.50	88.15		400.00	1182.84	
贵州	32638.51	24354.80	2287.79	3452.77	115.00	2428.15		16429.06	9561.00	2201.79	3452.77	75.00	1138.50	
云南	42524.75	24759.57	3274.74	10786.65		3703.79	183.00	21969.80	14716.00	153.20	6358.70		741.90	
西藏	4252.00	4252.00						3717.00	3717.00					
陕西	24470.73	13815.63	952.00	8650.00	326.00	727.10		21385.00	11677.00	900.00	8300.00	266.00	242.00	
甘肃	12515.73	12261.38	100.00	7.35	47.00	100.00		11499.00	11499.00					
青海	2787.00	2787.00						2787.00	2787.00					
宁夏	7226.87	4188.08	266.10	2717.69	55.00			7033.73	4002.00	266.10	2710.63	55.00		
新疆	12545.42	12016.31	318.15	210.96				9714.56	9263.60	240.00	210.96			
新疆生产建设兵团	800.00	800.00						800.00	800.00					

经费投入情况（二）

地区	省级投入							地级投入						
	拨款						贷款（万元）	拨款						贷款（万元）
	小计（万元）	其中：沼气（万元）	炉灶炕（万元）	太阳能热利用（万元）	生物质能利用（万元）	其他（万元）		小计（万元）	其中：沼气（万元）	炉灶炕（万元）	太阳能热利用（万元）	生物质能利用（万元）	其他（万元）	
全国	198271.54	114925.81	54388.60	6494.95	5970.00	16492.18		28927.62	16934.66	1128.13	2171.31	3641.94	5051.58	185.00
北京	12523.50	2568.00	609.00	2086.00	70.00	7190.50								
天津	7130.00	1930.00	4200.00		1000.00									
河北	46300.00	940.00	45170.00	190.00				1823.44	100.20	278.80	89.00	1355.44		
山西	1883.00	1883.00						328.65	272.65	56.00				
内蒙古	157.50	132.50	25.00					298.78	298.78					
辽宁	1920.00	68.00	1282.00		270.00	300.00		2933.40	1931.60	515.80		220.00	216.00	
吉林	1541.00	1541.00												
黑龙江														
黑龙江农垦														
上海	2592.98	2592.98						1171.28	1171.28					
江苏	23949.53	17501.00		150.00	4160.00	2138.53		1026.80	400.80			557.00	69.00	
浙江	2558.70	1293.70		140.00	275.00	850.00		3047.55	1353.51		592.90	10.00	1091.15	
安徽	1406.12	1394.12		12.00				436.35	275.60		60.00	25.00	75.75	
福建	537.10	537.10						125.90	125.90					
江西	3850.55	3787.80		13.75		49.00		219.00	219.00					

（续）

地区	省级投入							地级投入						
	拨款						贷款（万元）	拨款						贷款（万元）
	小计（万元）	其中：沼气（万元）	炉灶炕（万元）	太阳能热利用（万元）	生物质能利用（万元）	其他（万元）		小计（万元）	其中：沼气（万元）	炉灶炕（万元）	太阳能热利用（万元）	生物质能利用（万元）	其他（万元）	
山东	19611.00	19611.00						7078.10	3685.10		420.00	1247.00	1726.00	
河南	1239.00	1239.00						441.97	441.97					
湖北	16000.00	16000.00						666.00	150.20		277.70	179.80	58.30	
湖南	2790.00	2242.00	30.00	191.00	48.00	279.00		1029.10	616.90		114.50	47.70	250.00	
广东	358.21	358.21						530.85	530.85					185.00
广西	5117.80	3261.10		66.20		1790.50		603.33	346.89	8.00	80.51		167.93	
海南	1428.00	1428.00						103.00	103.00					
重庆	1196.00	576.00				620.00								
四川	7370.00	7000.00				370.00		3570.97	3570.97					
贵州	14919.65	14181.00	86.00		40.00	612.65		889.30	419.30				470.00	
云南	17632.40	9616.80	2856.60	3396.00		1763.00		1945.15	332.62	191.38	496.70		924.45	
西藏	485.00	485.00						50.00	50.00					
陕西	2305.00	1536.00	30.00	250.00	60.00	429.00		232.40	189.40		40.00		3.00	
甘肃	847.00	600.00	100.00		47.00	100.00								
青海														
宁夏														
新疆	622.50	622.50						376.30	298.15	78.15				
新疆生产建设兵团														

经费投入情况（三）

地区	县级投入							乡级投入						
	拨款						贷款（万元）	拨款						贷款（万元）
	小计（万元）	其中：沼气（万元）	炉灶炕（万元）	太阳能热利用（万元）	生物质能利用（万元）	其他（万元）		小计（万元）	其中：沼气（万元）	炉灶炕（万元）	太阳能热利用（万元）	生物质能利用（万元）	其他（万元）	
全国	45597.22	24694.91	5351.83	6171.08	3729.70	5649.71	439.50	1151.32	668.21	126.13	162.90	105.98	88.10	
北京	3386.22	67.00		3207.47	68.35	43.40		320.00	160.00	90.00		20.00	50.00	
天津	4915.40	715.40	4200.00											
河北	3846.10	1002.80	670.00	2.70	2170.60			6.23		6.23				
山西	60.00	48.00	12.00											
内蒙古								52.72	52.72					
辽宁	105.00	42.00			50.00	13.00		6.00		6.00				
吉林														
黑龙江	220.00	20.00	180.00		20.00									
黑龙江农垦	72.50				13.50	59.00		38.90			38.90			
上海														
江苏	1883.40	863.90			999.50	20.00		100.00	100.00					
浙江	7826.75	4671.09		578.70		2576.96		107.76	53.88	22.90		30.98		
安徽	1904.09	1222.22		378.47		303.40								
福建	1.50	1.50												
江西	148.45	138.45				10.00		17.75	17.75					

（续）

地区	县级投入							乡级投入						
	拨款						贷款（万元）	拨款						贷款（万元）
	小计（万元）	其中：沼气（万元）	炉灶炕（万元）	太阳能热利用（万元）	生物质能利用（万元）	其他（万元）		小计（万元）	其中：沼气（万元）	炉灶炕（万元）	太阳能热利用（万元）	生物质能利用（万元）	其他（万元）	
山东	4452.00	3384.00	12.00	208.00	347.00	501.00		80.00	10.00		20.00	50.00		
河南	1514.17	1514.17												
湖北	1866.98	1446.00		84.90		336.08	256.50							
湖南	4721.24	2295.61	182.06	1101.17	60.75	1081.65		221.56	88.56	1.00	104.00	5.00	23.00	
广东	397.05	397.05												
广西	578.37	535.16	0.21			43.00								
海南	255.00	255.00												
重庆	1170.18	1035.50				134.68								
四川	2349.96	2341.96				8.00		2.10	2.00				0.10	
贵州	400.50	193.50				207.00								
云南	962.40	94.15	73.56	535.25		259.44	183.00	15.00					15.00	
西藏														
陕西	548.33	413.23	22.00	60.00		53.10								
甘肃	169.73	162.38		7.35										
青海														
宁夏	193.15	186.08		7.07										
新疆	1648.76	1648.76						183.30	183.30					
新疆生产建设兵团														

经费投入情况（四）

地区	用户自筹							其他投入资金（万元）
	投资						投劳折资（万元）	
	小计（万元）	其中：沼气（万元）	炉灶炕（万元）	太阳能热利用（万元）	生物质能利用（万元）	其他（万元）		
全国	569697.88	275404.13	55707.66	165288.76	64387.42	8909.91	59478.02	869.59
北京								
天津	22829.02	1377.02	8400.00		13052.00			
河北	46853.00	10140.14	19035.59	11184.50	4845.50	1647.27	456.94	
山西	186.00	186.00						
内蒙古	9347.59	7304.23	186.74	1856.62			825.71	
辽宁	7082.05	3344.80	1277.40	228.80	2207.05	24.00	489.00	
吉林	1159.00	1159.00						
黑龙江	5437.57	1865.50	974.87	2004.20	450.00	143.00	1497.23	
黑龙江农垦	6032.16	5500.00		499.46	30.00	2.70		
上海	1227.44	1227.44						
江苏	22064.79	17068.09		300.00	4307.80	388.90	148.00	
浙江	20584.22	8167.67		9600.75	2299.00	516.80	463.70	
安徽	28380.01	2717.69	439.10	3212.62	22005.00	5.60	10.00	
福建	2123.00	2123.00						
江西	18146.95	8538.66	1069.61	8538.68			2820.24	90.00
山东	72235.67	29933.07	783.62	32812.72	4963.20	3743.06	2736.33	410.00

（续）

地区	用户自筹							其他投入资金（万元）
	投资						投劳折资（万元）	
	小计（万元）	其中：沼气（万元）	炉灶炕（万元）	太阳能热利用（万元）	生物质能利用（万元）	其他（万元）		
河南	34350.11	22738.19	105.27	11096.65	410.00		598.30	
湖北	37821.95	29769.90	929.29	6155.88	824.17	142.70	3820.78	
湖南	51325.16	22598.36	4110.02	15835.23	7919.66	861.90	5672.53	
广东	5960.76	5016.02		944.74				
广西	17554.57	14398.04	256.60	2599.43		300.50	1123.94	
海南	3598.00	3598.00						
重庆	20012.60	16814.05		3012.55	118.00	68.00	4662.90	322.00
四川	68896.95	23864.26	11937.85	32167.00	500.00	427.84	8287.22	
贵州	9153.14	7993.10	211.64	948.40			6833.37	6.00
云南	23309.54	7342.17	2088.21	13586.02		293.14	5858.09	41.59
西藏	50.00	50.00						
陕西	14835.55	8630.05	939.10	4931.40		335.00	1428.29	
甘肃	11964.31	6415.00	2527.31	3022.00			5500.00	
青海								
宁夏	4682.63	3432.28	33.70	751.11	456.04	9.50	80.45	
新疆	2494.14	2092.40	401.74				6165.00	
新疆生产建设兵团								

2015 年

管理推广机构情况

地区	机构					人员							
						合计（人）	按行政区划分类				按文化程度分类		
	合计（个）	省级（个）	地（市）级（个）	县级（个）	乡级（个）		省级（人）	地（市）级（人）	县级（人）	乡级（人）	本科及以上（人）	大专（人）	高中及以下（人）
全国	12623	41	332	2607	9643	36720	537	1965	14968	19250	9835	15826	11059
北京	26	2		14	10	189	11		153	25	117	36	36
天津	8	1		7		49	3		46		26	13	10
河北	431	2	15	171	243	1373	24	115	756	478	403	526	444
山西	434	1	11	108	314	1236	27	75	613	520	343	614	279
内蒙古	429	1	13	82	333	2181	40	181	828	1132	685	737	759
辽宁	837	1	13	80	743	1352	17	45	324	965	344	542	466
吉林	67	2	10	55		554	8	55	486	5	190	199	165
黑龙江	334	1	13	121	199	873	26	42	385	420	339	350	184
黑龙江农垦	116	1	10	105		135	8	22	105		91	44	
上海	1	1				4	4				2	2	
江苏	192	1	13	76	102	687	8	49	412	218	276	243	168
浙江	103	1	11	71	20	422	21	65	261	74	231	121	70
安徽	290	2	16	105	167	744	30	52	440	222	242	325	177
福建	283	1	7	28	247	647	15	15	276	340	180	307	160
江西	1120	1	11	99	1009	1703	16	41	415	1231	259	669	775

（续）

地区	机构					人员							
						合计（人）	按行政区划分类				按文化程度分类		
	合计（个）	省级（个）	地（市）级（个）	县级（个）	乡级（个）		省级（人）	地（市）级（人）	县级（人）	乡级（人）	本科及以上（人）	大专（人）	高中及以下（人）
山东	827	1	18	142	666	2328	7	63	639	1619	803	784	741
河南	589	1	17	138	433	2426	31	198	1009	1188	537	1101	788
湖北	456	1	17	91	347	1627	26	132	677	792	276	679	672
湖南	182	2	16	125	39	985	11	75	860	39	348	443	194
广东	420	1	12	72	335	1375	11	41	425	898	207	761	407
广西	773	1	14	107	651	1974	20	73	646	1235	319	898	757
海南	90	1	2	20	67	488	12	12	166	298	147	122	219
重庆	619	1		36	582	1077	9		200	868	245	550	282
四川	1127	1	19	167	940	2721	29	120	926	1646	657	1231	833
贵州	1016	2	11	88	915	2102	15	46	413	1628	517	1228	357
云南	801	2	16	130	653	2464	12	85	728	1639	480	1061	923
西藏	193	1	7	65	120	314	6	21	132	155	92	65	157
陕西	229	1	10	99	119	1825	18	85	1140	582	454	784	587
甘肃	387	1	14	85	287	1771	26	169	976	600	628	831	312
青海	20	1		19		150	7		133	10	61	80	9
宁夏	48	1	2	22	23	264	22	4	169	69	147	104	13
新疆	174	2	14	79	79	678	15	80	229	354	187	376	115
新疆生产建设兵团	1	1				2	2				2		

服务体系情况（一）

地区	省级实训基地								地（市）级服务站							
	年初数		本年新增		本年减少		年末累计		年初数		本年新增		本年减少		年末累计	
	数量（个）	从业人员（人）	数量（个）	从业人员（人）	数量（个）	从业人员（人）	数量（个）	从业人员（人）	数量（个）	从业人员（人）	数量（个）	从业人员（人）	数量（个）	从业人员（人）	数量（个）	从业人员（人）
全国	18	205		2		1	18	206	57	321	7	17	2	10	62	328
北京																
天津																
河北	1	10					1	10								
山西	1	5					1	5	11	67				2	11	65
内蒙古	1	7					1	7	7	28					7	28
辽宁																
吉林																
黑龙江	1	6					1	6								
黑龙江农垦									5	15					5	15
上海																
江苏	1	14					1	14								
浙江																
安徽																
福建																
江西	1	20					1	20	1	8					1	8
山东									1	4			1	4		

（续）

地区	省级实训基地								地（市）级服务站							
	年初数		本年新增		本年减少		年末累计		年初数		本年新增		本年减少		年末累计	
	数量（个）	从业人员（人）	数量（个）	从业人员（人）	数量（个）	从业人员（人）	数量（个）	从业人员（人）	数量（个）	从业人员（人）	数量（个）	从业人员（人）	数量（个）	从业人员（人）	数量（个）	从业人员（人）
河南									12	129		1		3	12	127
湖北																
湖南	1	7					1	7	3	11					3	11
广东	2	9					2	9								
广西											2	11			2	11
海南									3	28					3	28
重庆	1	18					1	18								
四川	1	24		2		1	1	25	1	3					1	3
贵州	1	19					1	19								
云南									4	12			1	1	3	11
西藏	3	32					3	32	3	6					3	6
陕西	2	32					2	32								
甘肃																
青海																
宁夏																
新疆	1	2					1	2	6	10	5	5			11	15
新疆生产建设兵团																

服务体系情况（二）

地区	县级服务站								乡村服务网点											
	年初数		本年新增		本年减少		年末累计		年初数			本年新增			本年减少			年末累计		
	数量（个）	从业人员（人）	数量（个）	从业人员（人）	数量（个）	从业人员（人）	数量（个）	从业人员（人）	数量（个）	从业人员（人）	覆盖范围（万户）	数量（个）	从业人员（人）	覆盖范围（万户）	数量（个）	从业人员（人）	覆盖范围（万户）	数量（个）	从业人员（人）	覆盖范围（万户）
全国	1140	6002	53	342	15	185	1178	6159	110780	184718	3257.62	3580	5043	106.24	2185	3622	59.45	112175	186139	3304.40
北京	7	105	1	9		13	8	101	9	56	4.77					4	0.90	9	52	3.87
天津	1	3					1	3	201	636	7.47	18	36	0.78	10	20	0.30	209	652	7.95
河北	4	21					4	21	8095	17562	317.70				209	354	5.65	7886	17208	312.05
山西	74	279				22	74	257	3439	6382	71.17	2	4	0.04		26		3441	6360	71.21
内蒙古	70	366		18		13	70	371	2933	4120	58.61	30	28	0.37	93	168	1.80	2870	3980	57.18
辽宁	14	63					14	63	1679	2838	41.05	6	7	0.26	13	23	0.11	1672	2822	41.20
吉林	1	5					1	5	850	1166	16.99							850	1166	16.99
黑龙江									1143	2190	24.55				47	90	1.50	1096	2100	23.05
黑龙江农垦	4	9					4	9	1	2	0.10							1	2	0.10
上海																				
江苏	10	47	1	10		5	11	52	1429	2559	48.65	27	48	0.17	49	135	3.47	1407	2472	45.35
浙江	15	63		3	1	11	14	55	855	1234	17.90	21	35	0.33	125	266	1.20	751	1003	17.02
安徽	3	17					3	17	4171	4697	85.34	123	139	2.96	249	226	0.02	4045	4610	88.28
福建	48	222					48	222	1907	2786	42.30				3	3	0.30	1904	2783	42.00
江西	45	189				5	45	184	3169	4596	121.24	107	118	3.33	5	25	0.21	3271	4689	124.36

（续）

地区	县级服务站								乡村服务网点											
	年初数		本年新增		本年减少		年末累计		年初数			本年新增			本年减少			年末累计		
	数量（个）	从业人员（人）	数量（个）	从业人员（人）	数量（个）	从业人员（人）	数量（个）	从业人员（人）	数量（个）	从业人员（人）	覆盖范围（万户）	数量（个）	从业人员（人）	覆盖范围（万户）	数量（个）	从业人员（人）	覆盖范围（万户）	数量（个）	从业人员（人）	覆盖范围（万户）
山东	105	490	15	56	6	35	114	511	7865	13582	215.66	387	605	11.02	140	285	6.44	8112	13902	220.24
河南	123	1439		2		19	123	1422	10047	20864	274.72	444	743	12.58	140	305	3.33	10351	21302	283.97
湖北	31	137	6	24			37	161	5331	8199	177.07	224	304	8.30	59	80	1.92	5496	8423	183.46
湖南	49	207	2	8			51	215	6396	11811	207.33	133	363	5.52	30	126	2.85	6499	12048	210.00
广东	28	89	5	23			33	112	1215	1792	34.51	113	173	2.02	9	31	0.16	1319	1934	36.37
广西	85	433		7		5	85	435	6614	15230	251.01			0.01	2	9	0.90	6612	15221	250.12
海南	18	68					18	68	1147	2343	27.28	30	65	1.20				1177	2408	28.48
重庆	23	131	2	8	2	18	23	121	2704	4095	134.35	287	322	6.31	43	44	6.68	2948	4373	133.98
四川	55	275	2	10		11	57	274	10234	16305	305.46	526	696	15.77	81	204	3.59	10679	16797	317.64
贵州	51	235				4	51	231	6356	7503	194.71	450	343	14.01	525	531	10.46	6281	7315	198.26
云南	49	309		6	2	8	47	307	4789	8349	173.84	104	215	2.63	222	381	5.43	4671	8183	171.03
西藏	45	91					45	91	481	955	15.15	37	60	1.13				518	1015	16.28
陕西	23	164	5	48	2	10	26	202	4902	7119	139.76	140	212	5.31	46	61	1.06	4996	7270	144.01
甘肃	44	238	9	69			53	307	5225	6295	101.15	209	298	7.68				5434	6593	108.83
青海	2	4	5	41		4	7	41	1987	1921	17.42	76	112	1.87	46	65	0.84	2017	1968	18.45
宁夏	4	24					4	24	2246	2874	42.92	64	100	1.61	24	125	0.24	2286	2849	44.29
新疆	109	279			2	2	107	277	3342	4619	85.81	22	17	1.03	3	7	0.09	3361	4629	86.75
新疆生产建设兵团									18	38	1.60				12	28		6	10	1.60

培训与职业技能鉴定情况（一）

地区	合计							沼气生产工							沼气物管员						
	培训			鉴定			持证人数（人）	培训			鉴定			持证人数（人）	培训			鉴定			持证人数（人）
	年初数（人次）	当年培训（人次）	年末累计（人次）	年初数（人次）	当年鉴定（人次）	年末累计（人次）		年初数（人次）	当年培训（人次）	年末累计（人次）	年初数（人次）	当年鉴定（人次）	年末累计（人次）		年初数（人次）	当年培训（人次）	年末累计（人次）	年初数（人次）	当年鉴定（人次）	年末累计（人次）	
全国	3136741	78824	3215565	404475	3661	408136	358676	2536718	38389	2575107	377285	2120	379405	337280	7780	6289	14069	3532	849	4381	3999
北京	44086	2261	46347	4047	193	4240	4240	20478	866	21344	911		911	911							
天津	10870	62	10932	1407		1407	1406	10869	46	10915	1406		1405	1406		16	16				
河北	181597	746	182343	13481		13481	13448	180729	746	181475	13473		13473	13448							
山西	31375	125	31500	25016	118	25134	25117	28524	90	28614	22698	85	22783	22773							
内蒙古	49573	289	49862	8299	80	8379	8180	47684	90	47774	7848	8	7856	7657	1080	139	1219	140	12	152	152
辽宁	20299	347	20646	7854	62	7916	7766	17009	37	17046	6383	3	6386	6386	158		158	142		142	142
吉林	22369	63	22432	17216	63	17279	17276	21713		21713	17213		17213	17213		63	63		63	63	63
黑龙江	30336	191	30527	10432	100	10532	9286	21812	81	21893	8826	32	8858	8265		65	65		25	25	25
黑龙江农垦	169		169	160		160	119	146		146	139		139	119							
上海	292	57	349	272	55	327	327	292	57	349	272	55	327	327							
江苏	45952	371	46323	7323	175	7498	5983	37906	219	38125	6163	157	6320	5371	205	23	228	107	3	110	110
浙江	55623	4021	59644	7625	124	7749	6808	50228	2544	52772	6283	124	6407	5892	396	41	437	394		394	362
安徽	46993	352	47345	11200	43	11243	10644	44432	287	44719	10772		10772	10275		45	45		43	43	43
福建	55185		55185	8381		8381	6364	55181		55181	8377		8377	6364							
江西	103688	1957	105645	8248		8248	7088	78128	1430	79558	7934		7934	6785	240	74	314	240		240	231

（续）

地区	合计							沼气生产工							沼气物管员						
	培训			鉴定			持证人数（人）	培训			鉴定			持证人数（人）	培训			鉴定			持证人数（人）
	年初数（人次）	当年培训（人次）	年末累计（人次）	年初数（人次）	当年鉴定（人次）	年末累计（人次）		年初数（人次）	当年培训（人次）	年末累计（人次）	年初数（人次）	当年鉴定（人次）	年末累计（人次）		年初数（人次）	当年培训（人次）	年末累计（人次）	年初数（人次）	当年鉴定（人次）	年末累计（人次）	
山东	165581	2855	168436	16706	25	16731	13057	161013	2121	163134	16108		16108	12679	4	232	236	4	25	29	23
河南	652753	6053	658806	63431	233	63664	58076	563793	3272	567065	62713	220	62933	57364	26	2481	2507	13	13	26	15
湖北	163382	9015	172397	23002	420	23422	18394	138967	7135	146102	21513	229	21742	17091		400	400		115	115	84
湖南	61742	2315	64057	15632	149	15781	14387	56185	1736	57921	14203	10	14213	13183	319	181	500	300	122	422	399
广东	50985	1717	52702	5966		5966	5966	26758	669	27427	5954		5954	5954							
广西	234578	3304	237882	20377	380	20757	18437	217480	2758	220238	20310	321	20631	18428		70	70				
海南	10928		10928	4992		4992	4991	10927		10927	4991		4991	4991							
重庆	60589	750	61339	10674	139	10813	10746	55133	620	55753	10604	139	10743	10683	59		59	59		59	59
四川	160068	9169	169237	29291	299	29590	26528	138899	8204	147103	26694	299	26993	24805	4183	474	4657	1312		1312	1302
贵州	164943	1840	166783	15272	181	15453	13423	124400	747	125147	14234	34	14268	12473	73	500	573	89	147	236	83
云南	290045	2327	292372	14828	43	14871	12625	172528	487	173015	11574	4	11578	10433	307	1	308	273	1	274	270
西藏	5674	60	5734	1681		1681	1681	4962	30	4992	1673		1673	1673		30	30				
陕西	173565	2855	176420	16790	420	17210	8057	110365	842	111207	15468	124	15592	7502		1367	1367		197	197	94
甘肃	36649	1197	37846	12448	83	12531	12426	24445	416	24861	11151		11151	11151	450	83	533	310	83	393	393
青海	47659	21563	69222	6400	228	6628	6197	18944	719	19663	6365	228	6593	6197	45		45				
宁夏	27170	822	27992	4112		4112	3963	16674		16674	3814		3814	3814	235	4	239	149		149	149
新疆	123755	2082	125837	11616		11616	5670	71846	2082	73928	10922		10922	5667							
新疆生产建设兵团	8268	58	8326	296	48	344		8268	58	8326	296	48	344								

培训与职业技能鉴定情况（二）

地区	农村节能员							太阳能利用工							其他农村能源利用人员						
	培训			鉴定			持证人数（人）	培训			鉴定			持证人数（人）	培训			鉴定			持证人数（人）
	年初数（人次）	当年培训（人次）	年末累计（人次）	年初数（人次）	当年鉴定（人次）	年末累计（人次）		年初数（人次）	当年培训（人次）	年末累计（人次）	年初数（人次）	当年鉴定（人次）	年末累计（人次）		年初数（人次）	当年培训（人次）	年末累计（人次）	年初数（人次）	当年鉴定（人次）	年末累计（人次）	
全国	444517	7525	452042	7708	173	7881	6106	60903	17119	78022	7958	354	8312	7008	86823	9502	96325	7992	165	8157	4283
北京	3536		3536	1030		1030	1030	11133	1395	12528	1635	193	1828	1828	8939		8939	471		471	471
天津															1		1	1		1	
河北	860		860												8		8	8		8	
山西	1491		1491	1174		1174	1174	913		913	803		803	803	447	35	482	341	33	374	367
内蒙古	516		516	18		18	18	10		10	10		10	10	283	60	343	283	60	343	343
辽宁	801	60	861	312	59	371	371	10		10					2321	250	2571	1017		1017	867
吉林	103		103												553		553	3		3	
黑龙江	5416	45	5461	1259	43	1302	677	1332		1332	114		114	114	1776		1776	233		233	205
黑龙江农垦															23		23	21		21	
上海																					
江苏	2909	13	2922	251	10	261	54	1260		1260	203		203	195	3672	116	3788	599	5	604	253
浙江	2437		2437					940	5	945	554		554	554	1622	1431	3053	394		394	
安徽	860		860					1697		1697	425		425	326	4	20	24	3		3	
福建															4		4	4		4	
江西	23902	340	24242	40		40	40	1132	42	1174	3		3	1	286	71	357	31		31	31

（续）

地区	农村节能员							太阳能利用工							其他农村能源利用人员						
	培训			鉴定			持证人数（人）	培训			鉴定			持证人数（人）	培训			鉴定			持证人数（人）
	年初数（人次）	当年培训（人次）	年末累计（人次）	年初数（人次）	当年鉴定（人次）	年末累计（人次）		年初数（人次）	当年培训（人次）	年末累计（人次）	年初数（人次）	当年鉴定（人次）	年末累计（人次）		年初数（人次）	当年培训（人次）	年末累计（人次）	年初数（人次）	当年鉴定（人次）	年末累计（人次）	
山东	3123	30	3153	383		383	240	829	142	971	197		197	115	612	330	942	14		14	
河南	88408	300	88708	590		590	590	501		501	90		90	82	25		25	25		25	25
湖北	15636	713	16349	523		523	315	6130	395	6525	401	21	422	375	2649	372	3021	565	55	620	529
湖南	735	10	745					3065	153	3218	557	5	562	544	1438	235	1673	572	12	584	261
广东	22113	1033	23146					563	15	578	12		12	12	1551		1551				
广西	15897	307	16204					1195	165	1360	64	59	123	6	6	4	10	3		3	3
海南															1		1	1		1	
重庆	4994	120	5114					212	10	222					191		191	11		11	4
四川	12127		12127					496	236	732	117		117	112	4363	255	4618	1168		1168	309
贵州	39300	303	39603	681		681	608	530	153	683	120		120	120	640	137	777	148		148	139
云南	107848	1217	109065	1384	16	1400	958	2630	22	2652	1595	22	1617	964	6732	600	7332	2		2	
西藏	699		699												13		13	8		8	8
陕西	49754	185	49939		45	45	28	2299	268	2567	351	54	405	245	11147	193	11340	971		971	188
甘肃	8333	349	8682					2661	349	3010	707		707	602	760		760	280		280	280
青海	660	2500	3160					11450	13034	24484					16560	5310	21870	35		35	
宁夏	1885		1885					7626	735	8361					750	83	833	149		149	
新疆	30174		30174	63		63	3	2289		2289					19446		19446	631		631	
新疆生产建设兵团																					

农村沼气用户情况

地区	沼气用户（万户）	其中：							
		户用沼气							集中供气
		年初数（万户）	本年新增（户）	本年报废（户）	年末累计（万户）	本年利用（万户）	年总产气量（万米³）	年户均产气量（米³）	供气户数（万户）
全国	4410.63	4183.13	390149	288432	4193.30	3381.15	1234057.53	364.98	217.32
北京	6.40	0.84			0.84	0.07	18.20	260.00	5.56
天津	6.77	4.86			4.86	4.19	1260.35	300.80	1.91
河北	277.03	270.37	6417	33953	267.61	204.87	65640.88	320.40	9.42
山西	77.87	70.81	720		70.88	39.67	10882.67	274.33	6.99
内蒙古	54.62	52.27	1350		52.41	30.91	8127.48	262.94	2.22
辽宁	51.35	62.39	13879	126485	51.13	26.51	7460.97	281.44	0.22
吉林	19.57	17.89	15410		19.43	14.89	4155.35	279.07	0.14
黑龙江	32.24	29.99		1099	29.88	3.52	744.58	211.83	2.36
黑龙江农垦	0.63	0.14			0.14	0.08	14.01	177.16	0.49
上海	0.44								0.44
江苏	74.98	71.73	8600	1668	72.42	51.27	17851.63	291.36	2.56
浙江	20.55	15.46	88		15.47	9.84	4421.51	449.25	5.08
安徽	92.39	88.31	9545		89.26	70.07	24524.50	350.00	3.13
福建	51.59	48.60	7427	8672	48.47	46.10	20745.00	450.00	3.12
江西	200.15	179.43	17249	703	181.08	130.94	41805.21	319.27	19.07
山东	263.15	248.66		263	248.63	200.57	72492.02	361.43	14.52

（续）

地区	沼气用户（万户）	其中：							
		户用沼气							集中供气
		年初数（万户）	本年新增（户）	本年报废（户）	年末累计（万户）	本年利用（万户）	年总产气量（万米³）	年户均产气量（米³）	供气户数（万户）
河南	427.92	379.46	30239		382.48	333.15	104920.60	314.93	45.44
湖北	321.71	300.80	18442	13892	301.26	252.28	86530.50	343.00	20.45
湖南	261.35	240.27	26658	17933	241.14	208.14	88331.45	424.38	20.21
广东	49.58	45.59			45.59	24.60	9783.91	397.72	3.99
广西	393.12	388.29			388.29	372.37	154861.24	415.88	4.83
海南	46.27	33.81	3540		34.16	34.16	24595.20	720.00	12.11
重庆	166.28	158.15	25270	6557	160.02	116.18	37428.55	322.16	6.26
四川	623.95	601.97	120391		614.01	539.92	183818.98	340.46	9.94
贵州	202.59	198.34	13301	9224	198.75	141.06	57555.98	408.03	3.84
云南	310.95	306.53	45113	3613	310.68	274.44	128251.36	467.32	0.27
西藏	22.90	22.85			22.85	14.00	5390.00	385.00	0.05
陕西	134.64	130.97	454	5741	130.44	76.22	25013.88	328.18	4.20
甘肃	120.24	121.85	7104	45618	118.00	100.13	33729.79	336.86	2.24
青海	18.77	17.17	18952	6475	18.42	6.83	1967.04	288.00	0.35
宁夏	23.74	22.98			22.98	5.59	1323.79	236.86	0.76
新疆	56.31	51.51			51.51	38.47	10386.90	270.00	4.80
新疆生产建设兵团	0.58	0.88		6536	0.22	0.12	24.00	200.00	0.36

沼气工程情况（一）

地区	合计									处理工业废弃物工程								
	年初数（处）	本年新增（处）	本年报废（处）	年末累计						年初数（处）	本年新增（处）	本年报废（处）	年末累计					
				数量（处）	总池容（万米³）	年产气量（万米³）	供气户数（万户）	装机容量（千瓦）	年发电量（万千瓦时）				数量（处）	总池容（万米³）	年产气量（万米³）	供气户数（万户）	装机容量（千瓦）	年发电量（万千瓦时）
全国	103036	12824	4885	110975	1892.58	252547.36	209.18	219228	57237.84	320	2	16	306	68.55	27629.42	12.70	11172	2361.01
北京	124	14	16	122	8.72	2443.06	5.53	240	87.60									
天津	433	6	1	438	5.81	1564.14	1.86	1126	377.55									
河北	2929	21	28	2922	51.30	9888.85	7.36	5379	2677.95	9		1	8	3.07	671.14	0.44		
山西	412	22		434	9.65	2469.20	5.92	40	20.00									
内蒙古	484	51	2	533	24.65	1768.08	2.20	3300	2189.13									
辽宁	1166	60	11	1215	45.64	5290.43	0.22	5776	3697.40	1		1						
吉林	59			59	2.25	545.65	0.14											
黑龙江	1306	139		1445	29.68	4785.17	2.26	3490	1383.90									
黑龙江农垦	25	1		26	3.18	1426.15	0.49	680	443.00									
上海	98	6	1	103	14.23	2272.04	0.44	10850	1990.83									
江苏	4586	284	80	4790	113.84	15653.33	2.08	42631	9859.24	117		10	107	5.57	1173.71	0.95	1932	406.85
浙江	12301	1933	3436	10798	122.49	8755.28	3.95	10567	1207.45									
安徽	2198	248	17	2429	36.17	3988.69	3.09	8549	1580.04	9			9	0.93	103.97	0.03		
福建	5040	21	39	5022	61.30	9325.00	3.12	885	209.00									
江西	7084	675	2	7757	155.13	9606.66	18.68	13637	2911.52	13			13	0.28	29.12	0.01	70	18.16
山东	6863	1240	45	8058	140.85	20241.52	13.81	9910	3907.46	50		2	48	11.62	3405.83	0.06	2150	695.00
河南	5752	245	29	5968	176.19	38422.51	43.76	13320	4890.74	26	2	1	27	35.92	18966.75	10.34	6700	1101.00

（续）

地区	合计									处理工业废弃物工程								
	年初数（处）	本年新增（处）	本年报废（处）	年末累计						年初数（处）	本年新增（处）	本年报废（处）	年末累计					
				数量（处）	总池容（万米³）	年产气量（万米³）	供气户数（万户）	装机容量（千瓦）	年发电量（万千瓦时）				数量（处）	总池容（万米³）	年产气量（万米³）	供气户数（万户）	装机容量（千瓦）	年发电量（万千瓦时）
湖北	5837	1278	11	7104	91.82	11880.60	20.35	934	190.11	5			5	1.47	508.04	0.06		
湖南	21484	2344	98	23730	156.06	10403.99	20.14	8078	1553.26	3		1	2	0.03	2.02			
广东	6504	1813	961	7356	201.72	26833.44	3.99	17983	4906.80									
广西	854			854	21.85	1817.66	4.83	1719	761.28									
海南	1667	196		1863	45.68	11488.62	12.11	29350	5267.80	16			16	1.36	257.04			
重庆	3334	972	22	4284	71.97	4589.22	6.26	7	0.60									
四川	6282	463	57	6688	160.41	32396.81	9.88	8877	3153.79	44			44	4.92	1708.61	0.79	240	100.00
贵州	1891	182	9	2064	39.62	4059.83	3.73	5190	1041.38									
云南	329	72	8	393	6.35	373.43	0.27			15			15	1.00	47.82			
西藏	11	3		14	0.42	44.00	0.05											
陕西	2888	242	10	3120	50.16	2404.14	4.20	1360	149.82	8			8	1.80	552.30			
甘肃	240	116		356	13.13	2066.12	2.20	8170	1435.72	1			1	0.40	164.80			
青海	192	43	2	233	3.39	187.27	0.35											
宁夏	114	12		126	8.24	1470.11	0.76	3980	654.18	3			3	0.19	38.27	0.02	80	40.00
新疆	515	117		632	16.70	3440.00	4.80	3080	688.00									
新疆生产建设兵团	34	5		39	3.99	646.35	0.36	120	2.30									

沼气工程情况（二）

地区	处理农业废弃物工程																	
	小计									特大型沼气工程								
	年初数（处）	本年新增（处）	本年报废（处）	年末累计						年初数（处）	本年新增（处）	本年报废（处）	年末累计					
				数量（处）	总池容（万米^3）	年产气量（万米^3）	供气户数（万户）	装机容量（千瓦）	年发电量（万千瓦时）				数量（处）	总池容（万米^3）	年产气量（万米^3）	供气户数（万户）	装机容量（千瓦）	年发电量（万千瓦时）
全国	102716	12822	4869	110669	1824.03	224917.94	196.48	208056	54876.83	23	12	1	34	59.10	12696.09	1.22	20169.0	12195.62
北京	124	14	16	122	8.72	2443.06	5.53	240	87.60	1			1	1.44	459.90	1.01		
天津	433	6	1	438	5.81	1564.14	1.86	1126	377.55									
河北	2920	21	27	2914	48.23	9217.71	6.92	5379	2677.95	2			2	1.45	528.75		1500.0	760.62
山西	412	22		434	9.65	2469.20	5.92	40	20.00									
内蒙古	484	51	2	533	24.65	1768.08	2.20	3300	2189.13	3	2		5	8.70	950.00		2860.0	2040.00
辽宁	1165	60	10	1215	45.64	5290.43	0.22	5776	3697.40		1		1	4.80	1825.00		5600.0	3600.00
吉林	59			59	2.25	545.65	0.14											
黑龙江	1306	139		1445	29.68	4785.17	2.26	3490	1383.90									
黑龙江农垦	25	1		26	3.18	1426.15	0.49	680	443.00									
上海	98	6	1	103	14.23	2272.04	0.44	10850	1990.83									
江苏	4469	284	70	4683	108.27	14479.62	1.13	40699	9452.39		2		2	4.20	620.00		2100.0	880.00
浙江	12301	1933	3436	10798	122.49	8755.28	3.95	10567	1207.45									
安徽	2189	248	17	2420	35.24	3884.72	3.06	8549	1580.04									
福建	5040	21	39	5022	61.30	9325.00	3.12	885	209.00									
江西	7071	675	2	7744	154.85	9577.54	18.67	13567	2893.36									
山东	6813	1240	43	8010	129.23	16835.69	13.75	7760	3212.46	3	2	1	4	8.83	1930.00	0.10	3180.0	1800.00

（续）

地区	处理农业废弃物工程																	
	小计									特大型沼气工程								
	年初数（处）	本年新增（处）	本年报废（处）	年末累计						年初数（处）	本年新增（处）	本年报废（处）	年末累计					
				数量（处）	总池容（万米³）	年产气量（万米³）	供气户数（万户）	装机容量（千瓦）	年发电量（万千瓦时）				数量（处）	总池容（万米³）	年产气量（万米³）	供气户数（万户）	装机容量（千瓦）	年发电量（万千瓦时）
河南	5726	243	28	5941	140.27	19455.76	33.42	6620	3789.74	2	2		4	9.23	3360.00		3500.0	2800.00
湖北	5832	1278	11	7099	90.35	11372.56	20.29	934	190.11	1			1	1.29	82.00		300.0	123.00
湖南	21481	2344	97	23728	156.03	10401.97	20.14	8078	1553.26									
广东	6504	1813	961	7356	201.72	26833.44	3.99	17983	4906.80	10			10	9.96	1046.44	0.11	1129.0	192.00
广西	854			854	21.85	1817.66	4.83	1719	761.28									
海南	1651	196		1847	44.32	11231.58	12.11	29350	5267.80		1		1	3.60	1080.00			
重庆	3334	972	22	4284	71.97	4589.22	6.26	7	0.60									
四川	6238	463	57	6644	155.49	30688.20	9.09	8637	3053.79									
贵州	1891	182	9	2064	39.62	4059.83	3.73	5190	1041.38									
云南	314	72	8	378	5.35	325.61	0.27											
西藏	11	3		14	0.42	44.00	0.05											
陕西	2880	242	10	3112	48.36	1851.84	4.20	1360	149.82									
甘肃	239	116		355	12.73	1901.32	2.20	8170	1435.72	1	1		2	2.00	4.00			
青海	192	43	2	233	3.39	187.27	0.35											
宁夏	111	12		123	8.05	1431.84	0.74	3900	614.18									
新疆	515	117		632	16.70	3440.00	4.80	3080	688.00		1		1	3.60	810.00			
新疆生产建设兵团	34	5		39	3.99	646.35	0.36	120	2.30									

沼气工程情况（三）

地区	处理农业废弃物工程																
	大型沼气工程									中型沼气工程							
	年初数（处）	本年新增（处）	本年报废（处）	年末累计						年初数（处）	本年新增（处）	本年报废（处）	年末累计				
				数量（处）	总池容（万米³）	年产气量（万米³）	供气户数（万户）	装机容量（千瓦）	年发电量（万千瓦时）				数量（处）	总池容（万米³）	年产气量（万米³）	供气户数（万户）	装机容量（千瓦）	年发电量（万千瓦时）
全国	6370	595	228	6737	622.57	114706.72	63.19	152762.0	37635.17	10087	920	464	10543	425.52	43501.99	31.59	30016.0	4422.85
北京	51	2	14	39	4.85	1336.97	2.95	240.0	87.60	38	1		39	1.80	535.72	1.36		
天津	25	5	1	29	2.66	901.00	0.53	1126.0	377.55									
河北	258	19	3	274	25.33	6701.03	3.63	3779.0	1867.51	10	1		11	0.45	110.60	0.03		
山西	126	3		129	6.98	2035.30	4.22	40.0	20.00	32			32	1.19	260.65	0.69		
内蒙古	87	7		94	8.45	276.80	0.20	440.0	149.13	11	10		21	0.80				
辽宁	47	4		51	4.93	668.94	0.05	116.0	44.90	675	55	4	726	33.02	2666.50	0.16	60.0	52.50
吉林	41			41	2.05	511.00	0.10			5			5	0.15	30.00	0.03		
黑龙江	163	16		179	19.41	3962.10	0.70	3490.0	1383.90									
黑龙江农垦	16	1		17	2.91	1426.05	0.43	680.0	443.00	3			3	0.24	0.10	0.06		
上海	49	6		55	11.68	2086.06	0.31	10490.0	1990.83	41			41	2.18	168.73	0.13	360.0	
江苏	311	19		330	30.48	5876.55	0.10	25287.0	6474.21	1069	142		1211	36.91	3604.12	0.37	9532.0	1634.39
浙江	141	24	27	138	16.67	1528.31	0.54	6400.0	960.96	388	36	84	340	17.91	1240.54	0.89	3277.0	201.26
安徽	166	16	2	180	16.64	2888.64	1.32	8469.0	1568.04	28			28	1.17	84.55	0.01	80.0	12.00
福建	300	13	10	303	30.00	5200.00	0.72	885.0	209.00	647		7	640	21.80	3310.00	0.60		
江西	577	39		616	63.78	4376.60	4.60	11017.0	2441.34	701	44		745	34.66	1973.23	3.25	2505.0	445.27
山东	340	29	4	365	38.74	8797.23	7.26	4580.0	1412.46	280	25	3	302	11.38	1352.05	1.01		

（续）

地区	处理农业废弃物工程																	
	大型沼气工程									中型沼气工程								
	年初数（处）	本年新增（处）	本年报废（处）	年末累计						年初数（处）	本年新增（处）	本年报废（处）	年末累计					
				数量（处）	总池容（万米³）	年产气量（万米³）	供气户数（万户）	装机容量（千瓦）	年发电量（万千瓦时）				数量（处）	总池容（万米³）	年产气量（万米³）	供气户数（万户）	装机容量（千瓦）	年发电量（万千瓦时）
河南	661	59		720	61.94	10874.02	9.59	2620.0	959.14	871	23	6	888	30.98	2079.27	6.97	500.0	30.60
湖北	222	23		245	16.95	3937.76	5.18	634.0	67.11	67	3		70	2.24	493.10	0.36		
湖南	302	52	2	352	30.38	3641.85	2.58	8036.0	1548.26	763	45	10	798	26.19	880.71	2.50	20.0	1.80
广东	713	67	152	628	80.34	13647.00	1.17	16854.0	4714.80	1165	381	316	1230	73.80	8963.00	1.21		
广西	100			100	10.45	1273.59	0.45	1609.0	760.80	134			134	7.77	193.63	3.96	110.0	0.48
海南	392	15		407	22.39	6446.88	7.06	20350.0	3868.12	360			360	10.80	2349.30	2.57	9000.0	1399.68
重庆	196	49	1	244	17.70	1865.50	1.35			629	38	21	646	27.69	1130.13	1.80		
四川	538	24	2	560	45.72	16208.20	2.46	8485.0	3028.44	1553	75	2	1626	55.16	9759.69	2.23	77.0	9.95
贵州	137	19		156	10.78	1982.59	0.47	4550.0	999.78	212	14	3	223	8.21	599.16	0.36	450.0	3.20
云南	41		7	34	2.73	198.02	0.0013			6	1	1	6	0.50	15.70			
西藏										11	3		14	0.42	44.00	0.05		
陕西	184	25	3	206	14.14	1219.76	0.78	1285.0	149.82	263	10	7	266	10.04	266.29	0.49	75.0	
甘肃	70	33		103	8.62	1519.20	1.67	7800.0	1404.00	9	1		10	0.41	72.30	0.06	370.0	31.72
青海	24	6		30	2.54	112.00	0.15											
宁夏	3			3	0.74	189.07	0.39	300.0	14.18	108	12		120	7.31	1242.77	0.35	3600.0	600.00
新疆	66	15		81	8.00	2453.00	2.00	3080.0	688.00									
新疆生产建设兵团	23	5		28	3.58	565.70	0.23	120.0	2.30	8			8	0.35	76.15	0.10		

沼气工程情况（四）

地区	处理农业废弃物工程								
	小型沼气工程								
	年初数（处）	本年新增（处）	本年报废（处）	年末累计					
				数量（处）	总池容（万米^3）	年产气量（万米^3）	供气户数（万户）	装机容量（千瓦）	年发电量（万千瓦时）
全国	86236	11295	4176	93355	716.84	54013.15	100.49	5109	623.19
北京	34	11	2	43	0.63	110.47	0.21		
天津	408	1		409	3.15	663.14	1.33		
河北	2650	1	24	2627	21.00	1377.33	3.25	100	49.82
山西	254	19		273	1.48	173.25	1.01		
内蒙古	383	32	2	413	6.70	541.28	2.00		
辽宁	443		6	437	2.89	129.99	0.01		
吉林	13			13	0.05	4.65	0.01		
黑龙江	1143	123		1266	10.27	823.07	1.56		
黑龙江农垦	6			6	0.03				
上海	8		1	7	0.37	17.25			
江苏	3089	121	70	3140	36.68	4378.95	0.66	3780	463.79
浙江	11772	1873	3325	10320	87.92	5986.43	2.52	890	45.23
安徽	1995	232	15	2212	17.43	911.53	1.73		
福建	4093	8	22	4079	9.50	815.00	1.80		
江西	5793	592	2	6383	56.41	3227.71	10.82	45	6.75

（续）

地区	处理农业废弃物工程								
	小型沼气工程								
	年初数（处）	本年新增（处）	本年报废（处）	年末累计					
				数量（处）	总池容（万米^3）	年产气量（万米^3）	供气户数（万户）	装机容量（千瓦）	年发电量（万千瓦时）
山东	6190	1184	35	7339	70.28	4756.41	5.38		
河南	4192	159	22	4329	38.12	3142.47	16.87		
湖北	5542	1252	11	6783	69.87	6859.70	14.76		
湖南	20416	2247	85	22578	99.46	5879.42	15.07	22	3.20
广东	4616	1365	493	5488	37.62	3177.00	1.50		
广西	620			620	3.63	350.44	0.42		
海南	899	180		1079	7.53	1355.40	2.48		
重庆	2509	885		3394	26.58	1593.59	3.11	7	0.60
四川	4147	364	53	4458	54.61	4720.31	4.40	75	15.40
贵州	1542	149	6	1685	20.64	1478.07	2.90	190	38.40
云南	267	71		338	2.12	111.90	0.27		
西藏									
陕西	2433	207		2640	24.18	365.79	2.93		
甘肃	159	81		240	1.70	305.82	0.47		
青海	168	37	2	203	0.85	75.27	0.20		
宁夏									
新疆	449	101		550	5.10	177.00	2.80		
新疆生产建设兵团	3			3	0.06	4.50	0.03		

生活污水净化沼气池情况（一）

地区	合计								村级处理系统							
	年初数		本年新增		本年报废		年末累计		年初数		本年新增		本年报废		年末累计	
	数量（处）	总池容（万米³）	数量（处）	总池容（万米³）	数量（处）	总池容（万米³）	数量（处）	总池容（万米³）	数量（处）	总池容（万米³）	数量（处）	总池容（万米³）	数量（处）	总池容（万米³）	数量（处）	总池容（万米³）
全国	210719	1042.20	3240	75.97	11920	40.28	202039	1077.89	76705	258.72	1380	18.42	5965	11.73	72120	275.41
北京																
天津	8	0.06					8	0.06								
河北	139	0.85			2	0.02	137	0.83	9	0.14					9	0.14
山西	28	0.06					28	0.06								
内蒙古	1	0.07					1	0.07								
辽宁																
吉林	3	0.05					3	0.05	3	0.05					3	0.05
黑龙江																
黑龙江农垦																
上海																
江苏	36225	125.90	577	2.64	5167	23.91	31635	104.63	1153	5.14			190	1.26	963	3.88
浙江	74332	256.91	1378	16.55	6401	13.89	69309	259.57	67585	197.84	1161	14.71	5766	10.39	62980	202.15
安徽	1599	4.85	62	0.14			1661	4.99	55	0.58					55	0.58
福建	1100	2.39					1100	2.39	488	0.96					488	0.96
江西	1927	6.61	22	0.26	4	0.02	1945	6.85	300	1.58	20	0.22			320	1.80
山东	151	1.40			2	0.01	149	1.39	31	0.09					31	0.09
河南	546	2.37			28	0.05	518	2.31								

（续）

地区	合计								村级处理系统							
	年初数		本年新增		本年报废		年末累计		年初数		本年新增		本年报废		年末累计	
	数量（处）	总池容（万米³）	数量（处）	总池容（万米³）	数量（处）	总池容（万米³）	数量（处）	总池容（万米³）	数量（处）	总池容（万米³）	数量（处）	总池容（万米³）	数量（处）	总池容（万米³）	数量（处）	总池容（万米³）
湖北	1296	7.47	1	0.01	3	0.02	1294	7.46	83	0.71					83	0.71
湖南	2043	9.91	18	0.20	44	0.32	2017	9.79	513	0.98	1		2	0.02	512	0.96
广东	6483	9.61	27	0.21	14	0.04	6496	9.78	2283	2.63	27	0.21	5	0.03	2305	2.81
广西	118	3.33	2	0.05			120	3.38	58	0.17	1	0.01			59	0.18
海南																
重庆	17051	126.03	73	5.17	179	1.14	16945	130.06	1226	16.84	32	0.73			1258	17.57
四川	66982	477.14	1065	50.04	71	0.78	67976	526.40	2585	37.19	127	1.88			2712	39.07
贵州	387	3.08	11	0.66	2	0.02	396	3.72	200	1.74	11	0.66	2	0.02	209	2.38
云南	159	2.49	4	0.04	1	0.01	162	2.52	127	1.96					127	1.96
西藏	4	0.62					4	0.62	3	0.12					3	0.12
陕西	105	0.77			2	0.04	103	0.73								
甘肃	25	0.17					25	0.17	3	0.01					3	0.01
青海																
宁夏	7	0.06					7	0.06								
新疆																
新疆生产建设兵团																

生活污水净化沼气池情况（二）

地区	学校处理系统								其他							
	年初数		本年新增		本年报废		年末累计		年初数		本年新增		本年报废		年末累计	
	数量（处）	总池容（万米^3）	数量（处）	总池容（万米^3）	数量（处）	总池容（万米^3）	数量（处）	总池容（万米^3）	数量（处）	总池容（万米^3）	数量（处）	总池容（万米^3）	数量（处）	总池容（万米^3）	数量（处）	总池容（万米^3）
全国	7622	61.34	344	3.32	81	0.39	7885	64.27	126392	712.14	1516	54.23	5874	28.16	122034	738.21
北京																
天津									8	0.06					8	0.06
河北	105	0.53					105	0.53	25	0.17			2	0.02	23	0.15
山西									28	0.06					28	0.06
内蒙古	1	0.07					1	0.07								
辽宁																
吉林																
黑龙江																
黑龙江农垦																
上海																
江苏	1508	6.17	22	0.50	13	0.08	1517	6.59	33564	114.59	555	2.14	4964	22.57	29155	94.16
浙江	466	4.73	2	0.02	14	0.04	454	4.71	6281	54.34	215	1.82	621	3.45	5875	52.71
安徽	227	1.29	60	0.13			287	1.42	1317	2.99	2	0.01			1319	3.00
福建	100	0.63					100	0.63	512	0.80					512	0.80
江西	438	2.16	2	0.04	4	0.02	436	2.18	1189	2.86					1189	2.86
山东	115	1.27			2	0.01	113	1.26	5	0.04					5	0.04
河南	499	2.20			26	0.05	473	2.15	47	0.17			2	0.01	45	0.16

（续）

地区	学校处理系统								其他							
	年初数		本年新增		本年报废		年末累计		年初数		本年新增		本年报废		年末累计	
	数量（处）	总池容（万米^3）	数量（处）	总池容（万米^3）	数量（处）	总池容（万米^3）	数量（处）	总池容（万米^3）	数量（处）	总池容（万米^3）	数量（处）	总池容（万米^3）	数量（处）	总池容（万米^3）	数量（处）	总池容（万米^3）
湖北	633	4.41	1	0.01	2	0.01	632	4.41	580	2.35			1	0.01	579	2.34
湖南	527	3.06	1	0.01	13	0.07	515	2.99	1003	5.88	16	0.19	29	0.23	990	5.84
广东	124	0.67					124	0.67	4076	6.31			9	0.01	4067	6.30
广西	60	3.16	1	0.04			61	3.20								
海南																
重庆	605	7.67	2	0.04	5	0.07	602	7.64	15220	101.52	39	4.40	174	1.07	15085	104.85
四川	1874	20.60	251	2.51			2125	23.11	62523	419.35	687	45.65	71	0.78	63139	464.22
贵州	187	1.35					187	1.35								
云南	19	0.39	2	0.02			21	0.41	13	0.15	2	0.02	1	0.01	14	0.16
西藏									1	0.50					1	0.50
陕西	105	0.77			2	0.04	103	0.73								
甘肃	22	0.15					22	0.15								
青海																
宁夏	7	0.06					7	0.06								
新疆																
新疆生产建设兵团																

省柴节煤灶与节能炕情况

地区	省柴节煤灶				节能炕			
	年初数（万台）	本年新增（万台）	本年报废（万台）	年末累计（万台）	年初数（万铺）	本年新增（万铺）	本年报废（万铺）	年末累计（万铺）
全国	11883.46	77.79	442.76	11518.49	1886.60	16.93	45.15	1858.38
北京	6.23		4.60	1.63	37.42		0.90	36.52
天津	31.04		1.20	29.84				
河北	464.28	2.14	33.13	433.29	120.66	2.28	13.67	109.28
山西	35.27	0.35	4.24	31.38	34.41	1.70	2.28	33.83
内蒙古	144.99	0.19	5.61	139.57	39.13	0.25	3.03	36.35
辽宁	322.28	1.70	1.02	322.96	445.01	3.21	13.36	435.86
吉林	249.70	0.14	0.07	249.77	273.28	0.12	0.04	273.36
黑龙江	218.77	0.59	0.02	219.34	331.08	0.81	0.06	331.83
黑龙江农垦								
上海								
江苏	690.34	0.10	106.89	583.55				
浙江	398.21	0.84	55.63	343.42				
安徽	731.47	2.17	24.08	709.56				
福建	140.68		1.00	139.68				
江西	508.90	6.09	9.61	505.38				
山东	948.90	1.67	32.22	918.35	332.85	0.59	7.65	325.79

（续）

地区	省柴节煤灶				节能炕			
	年初数（万台）	本年新增（万台）	本年报废（万台）	年末累计（万台）	年初数（万铺）	本年新增（万铺）	本年报废（万铺）	年末累计（万铺）
河南	968.94	1.84	61.45	909.33				
湖北	624.73	3.95	6.67	622.01				
湖南	750.02	7.73	8.24	749.51				
广东	588.21	0.61	44.07	544.75				
广西	748.93	4.24	4.76	748.41				
海南	84.36		1.50	82.86				
重庆	327.02	2.01	4.93	324.10				
四川	1147.53	14.69	11.06	1151.16	0.0001			0.0001
贵州	334.76	7.14	5.11	336.78				
云南	611.26	10.03	1.81	619.49				
西藏								
陕西	213.69	3.68	1.81	215.56	69.28	0.49	0.99	68.78
甘肃	313.09	3.32	7.93	308.48	175.89	6.10	2.27	179.72
青海	81.50	0.10	0.04	81.56	3.65	0.01		3.66
宁夏	50.53		4.02	46.51	19.93	1.37	0.90	20.39
新疆	147.85	2.47	0.05	150.27	3.01			3.01
新疆生产建设兵团								

节能炉与燃池情况

地区	节能炉				燃池			
	年初数（万台）	本年新增（万台）	本年报废（万台）	年末累计（万台）	年初数（万个）	本年新增（万个）	本年报废（万个）	年末累计（万个）
全国	3091.59	190.31	128.56	3153.34	18.76	0.01	4.68	14.10
北京	4.38	0.60	1.01	3.97				
天津	41.20	76.89	20.80	97.29				
河北	617.14	57.53	23.82	650.85	3.73	0.01	0.57	3.18
山西	56.94	1.69	3.61	55.02				
内蒙古	12.73	0.46	1.08	12.10	0.09			0.09
辽宁	6.77	2.19		8.96	2.21			2.21
吉林	94.28	0.17	0.05	94.40				
黑龙江	75.63	0.73	0.06	76.30	12.73		4.11	8.62
黑龙江农垦	0.07		0.01	0.06				
上海								
江苏	47.98	0.06	1.19	46.85				
浙江	4.42		0.13	4.29				
安徽	97.61	2.96	8.14	92.43				
福建								
江西	95.43	1.80	3.19	94.04				
山东	575.13	13.41	28.51	560.03				

（续）

地区	节能炉				燃池			
	年初数（万台）	本年新增（万台）	本年报废（万台）	年末累计（万台）	年初数（万个）	本年新增（万个）	本年报废（万个）	年末累计（万个）
河南	223.16	2.76	9.98	215.94				
湖北	153.10	7.93	2.18	158.85				
湖南	345.24	6.65	6.79	345.10				
广东	0.09			0.09				
广西	2.13	0.04	0.01	2.16				
海南								
重庆	59.31	1.30	5.72	54.89				
四川	225.45	2.95	5.04	223.36	0.0004			0.0004
贵州	97.40	1.62	1.49	97.52				
云南	2.78	0.08	2.36	0.50				
西藏								
陕西	78.74	0.80	2.19	77.35				
甘肃	157.10	4.30	1.09	160.31				
青海	11.47	2.85	0.05	14.27				
宁夏	2.94	0.45	0.053	3.34				
新疆	2.97	0.10		3.07				
新疆生产建设兵团								

太阳能热利用情况（一）

地区	太阳能热水器								太阳灶			
	年初数		本年新增		本年报废		年末累计		年初数	本年新增	本年报废	年末累计
	数量（万台）	集热面积（万米²）	数量（万台）	集热面积（万米²）	数量（万台）	集热面积（万米²）	数量（万台）	集热面积（万米²）	数量（台）	数量（台）	数量（台）	数量（台）
全国	4345.71	7782.85	295.99	594.22	70.47	144.09	4571.24	3232.98	2299635	102702	75231	2327106
北京	45.72	76.79	6.75	14.13	0.70	0.77	51.77	90.15	675		555	120
天津	35.80	35.64	10.85	13.29	1.07	0.65	45.58	48.28				
河北	443.95	628.33	22.34	29.35	12.82	16.75	453.48	640.93	51432	525	394	51563
山西	183.88	410.72	0.27	0.48	0.01	0.17	184.14	411.03	50830	18605		69435
内蒙古	30.46	64.09	2.95	4.89	0.91	2.26	32.50	66.71	56085	7076	4451	58710
辽宁	100.27	139.15	3.88	5.96	0.30	0.47	103.85	144.64	976			976
吉林	20.03	65.35	0.48	0.98	0.04	0.09	20.47	66.24	783		52	731
黑龙江	43.90	62.51	2.22	4.34	0.01	0.01	46.12	66.84	511			511
黑龙江农垦	6.25	15.29			0.23	0.33	6.02	14.95				
上海	42.30	84.61	1.98	3.97			44.28	88.58				
江苏	522.96	840.22	13.48	29.01	4.50	9.12	531.94	860.11				
浙江	296.02	623.60	20.19	37.94	5.37	10.91	310.83	650.63	40			40
安徽	347.95	539.60	28.17	56.12	16.32	27.15	359.80	568.57				
福建	16.20	39.08					16.20	39.08				
江西	79.60	184.84	6.27	15.22	1.27	2.48	84.60	197.58				
山东	764.05	1164.18	58.89	131.68	7.45	33.10	815.49	1262.76	5988	125	296	5817

（续）

地区	太阳能热水器								太阳灶			
	年初数		本年新增		本年报废		年末累计		年初数	本年新增	本年报废	年末累计
	数量（万台）	集热面积（万米^2）	数量（万台）	集热面积（万米^2）	数量（万台）	集热面积（万米^2）	数量（万台）	集热面积（万米^2）	数量（台）	数量（台）	数量（台）	数量（台）
河南	336.98	531.62	22.81	37.10	3.55	5.96	356.24	562.76				
湖北	181.34	325.80	7.40	14.20	6.25	12.02	182.50	327.98				
湖南	99.12	202.55	8.15	16.31	1.17	2.34	106.09	216.52				
广东	22.49	72.49	1.57	4.74			24.06	77.23	48			48
广西	39.82	95.32	4.73	11.96	0.02	0.03	44.53	107.25				
海南	192.01	389.53	0.06	0.12	0.18	0.36	191.89	389.29				
重庆	26.42	52.17	5.32	9.58	0.16	1.49	31.58	60.26				
四川	99.27	182.18	9.99	19.10	1.21	1.53	108.05	199.75	121417		163	121254
贵州	25.30	63.84	6.60	14.94	0.51	0.96	31.40	77.81				
云南	102.98	339.34	17.00	41.96	0.38	0.94	119.61	380.36	264			264
西藏	49.93	149.30	0.10	0.40			50.03	149.70	388721	3075	1733	390063
陕西	78.67	190.47	9.50	19.05	0.48	1.45	87.69	208.07	250595	742	3945	247392
甘肃	51.16	116.63	2.51	13.05	0.38	3.09	53.29	126.59	749980	51159	22155	778984
青海	2.33	7.20	1.21	8.04	0.04	0.37	3.50	14.87	243018	20989	5748	258259
宁夏	24.99	38.14	20.00	35.98	5.15	9.27	39.84	64.85	361994		35130	326864
新疆	33.49	52.07	0.32	0.32			33.81	52.39	16278	406	609	16075
新疆生产建设兵团	0.08	0.23					0.08	0.23				

太阳能热利用情况（二）

地区	太阳房							
	年初数		本年新增		本年报废		年末累计	
	数量（处）	集热面积（万米^2）	数量（处）	集热面积（万米^2）	数量（处）	集热面积（万米^2）	数量（处）	集热面积（万米^2）
全国	286744	2527.59	7415	54.75	3711	32.97	290448	2549.37
北京	10865	115.25					10865	115.25
天津	2	0.66					2	0.66
河北	18265	128.13	593	3.08	601	4.42	18257	126.79
山西	15	0.15					15	0.15
内蒙古	9145	88.57	116	3.43	163	3.82	9098	88.18
辽宁	58404	538.01	152	1.55	34	0.74	58522	538.82
吉林	25899	289.41					25899	289.41
黑龙江	63649	520.29	1413	7.58			65062	527.87
黑龙江农垦								
上海	1	5.00					1	5.00
江苏	918	5.16	3	0.03	666	3.62	255	1.57
浙江								
安徽								
福建								
江西	1	0.50					1	0.50
山东	895	14.54	1	0.03	10	0.51	886	14.06

（续）

地区	太阳房							
	年初数		本年新增		本年报废		年末累计	
	数量（处）	集热面积（万米^2）	数量（处）	集热面积（万米^2）	数量（处）	集热面积（万米^2）	数量（处）	集热面积（万米^2）
河南	40	1.95					40	1.95
湖北								
湖南	11	6.97			11	6.97		
广东	210	0.09					210	0.09
广西								
海南								
重庆								
四川	277	2.72	23	0.12	2	0.01	298	2.83
贵州								
云南								
西藏								
陕西	10	0.76			3	0.53	7	0.23
甘肃	62467	311.09	990	6.49	155	2.01	63302	315.57
青海	34215	472.91	4124	32.44	2028	8.50	36311	496.85
宁夏	380	16.04			38	1.84	342	14.20
新疆	1075	9.40					1075	9.40
新疆生产建设兵团								

太阳能热利用情况（三）

地区	其中：户用太阳房								太阳能校舍							
	年初数		本年新增		本年报废		年末累计		年初数		本年新增		本年报废		年末累计	
	数量（户）	集热面积（万米²）	数量（户）	集热面积（万米²）	数量（户）	集热面积（万米²）	数量（户）	集热面积（万米²）	数量（处）	集热面积（万米²）	数量（处）	集热面积（万米²）	数量（处）	集热面积（万米²）	数量（处）	集热面积（万米²）
全国	280631	2409.23	7034	48.59	3602	19.30	284063	2438.52	426	62.18	4	0.28	3	0.44	427	62.02
北京	10864	115.05					10864	115.05	1	0.20					1	0.20
天津									2	0.66					2	0.66
河北	18219	121.61	571	3.05	600	4.37	18190	120.29	28	5.91			1	0.05	27	5.86
山西	15	0.15					15	0.15								
内蒙古	9082	84.78	98	0.92	129	0.99	9051	84.71								
辽宁	58333	504.52	152	1.55	32	0.35	58453	505.72	64	22.22			2	0.39	62	21.83
吉林	25880	285.72					25880	285.72	19	3.69					19	3.69
黑龙江	60428	504.29	1413	7.58			61841	511.87	21	7.00					21	7.00
黑龙江农垦																
上海																
江苏	918	4.67	2	0.01	665	3.25	255	1.43								
浙江																
安徽																
福建																
江西																

（续）

地区	其中：															
	户用太阳房								太阳能校舍							
	年初数		本年新增		本年报废		年末累计		年初数		本年新增		本年报废		年末累计	
	数量（户）	集热面积（万米^2）	数量（户）	集热面积（万米^2）	数量（户）	集热面积（万米^2）	数量（户）	集热面积（万米^2）	数量（处）	集热面积（万米^2）	数量（处）	集热面积（万米^2）	数量（处）	集热面积（万米^2）	数量（处）	集热面积（万米^2）
山东	870	7.44			10	0.51	860	6.93	25	7.10					25	7.10
河南	28	1.39					28	1.39	9	0.55					9	0.55
湖北																
湖南									2	0.60					2	0.60
广东																
广西																
海南																
重庆																
四川	272	2.38	23	0.12	2	0.01	293	2.49	5	0.34					5	0.34
贵州																
云南																
西藏																
陕西																
甘肃	60119	287.73	655	3.20	125	0.83	60649	290.10	188	6.38					188	6.38
青海	34176	470.85	4120	32.16	2028	8.50	36268	494.51	39	2.06	4	0.28			43	2.34
宁夏	352	9.26			11	0.49	341	8.77	23	5.47					23	5.47
新疆	1075	9.40					1075	9.40								
新疆生产建设兵团																

小型电源利用情况（一）

地区	小型光伏发电							
	年初数		本年新增		本年报废		年末累计	
	数量（处）	装机容量（千瓦）	数量（处）	装机容量（千瓦）	数量（处）	装机容量（千瓦）	数量（处）	装机容量（千瓦）
全国	334675	25522.97	17970	187804.93	2953	191.89	349692	213136.02
北京	162305	8459.76	6716	966.87	2351	32.35	166670	9394.28
天津								
河北	16481	1048.16	233	335.90	80	7.18	16634	1376.88
山西	3600	360.00					3600	360.00
内蒙古	8858	2023.73	1757	4321.53	400	133.81	10215	6211.45
辽宁	59814	3464.54	80	12.00			59894	3476.54
吉林								
黑龙江	782	34.70					782	34.70
黑龙江农垦								
上海								
江苏	1010	40.40	5	0.20	55	2.20	960	38.40
浙江	1041	332.45	369	1408.24			1410	1740.69
安徽	598	1683.96	6707	178054.22	3	2.08	7302	179736.10
福建								
江西	385	1340.00	88	450.00			473	1790.00
山东	1886	131.29	175	16.00			2061	147.29

（续）

地区	小型光伏发电							
	年初数		本年新增		本年报废		年末累计	
	数量（处）	装机容量（千瓦）	数量（处）	装机容量（千瓦）	数量（处）	装机容量（千瓦）	数量（处）	装机容量（千瓦）
河南	4129	214.60					4129	214.60
湖北								
湖南	1603	1242.93	1327	1997.30	1	6.00	2929	3234.23
广东	3	185.99					3	185.99
广西	5	4.85					5	4.85
海南	25	41.31			2	3.32	23	37.99
重庆								
四川								
贵州								
云南	126	90.70	230	209.80			356	300.50
西藏								
陕西								
甘肃	17649	1306.02	273	32.65	60	4.93	17862	1333.74
青海	51464	2524.11					51464	2524.11
宁夏	514	939.98					514	939.98
新疆	2397	53.51	10	0.22	1	0.02	2406	53.71
新疆生产建设兵团								

小型电源利用情况（二）

地区	小型风力发电								微型水力发电							
	年初数		本年新增		本年报废		年末累计		年初数		本年新增		本年报废		年末累计	
	数量（台）	装机容量（千瓦）	数量（台）	装机容量（千瓦）	数量（台）	装机容量（千瓦）	数量（台）	装机容量（千瓦）	数量（台）	装机容量（千瓦）	数量（台）	装机容量（千瓦）	数量（台）	装机容量（千瓦）	数量（台）	装机容量（千瓦）
全国	111446	34704.31	690	493.00	1912	691.89	110224	34505.42	30272	93908.63	459	878.07	1773	3804.70	28958	90982.00
北京	10	10.00					10	10.00								
天津																
河北	197	66.90					197	66.90								
山西	3	6.00					3	6.00	3	18.00					3	18.00
内蒙古	85273	24573.15	658	484.50	1583	596.48	84348	24461.17								
辽宁	6	5.80					6	5.80								
吉林	265	29.20					265	29.20								
黑龙江	1232	206.30					1232	206.30								
黑龙江农垦	655	1799.40					655	1799.40								
上海																
江苏	4522	661.79	10	1.50	60	20.00	4472	643.29								
浙江	131	584.50					131	584.50	215	274.60					215	274.60
安徽	713	304.12			22	6.60	691	297.52	12	35.23					12	35.23
福建	383	546.40					383	546.40	271	1975.00					271	1976.00
江西	5	1.00					5	1.00	5189	8931.80	10	326.00	147	161.30	5052	9096.50
山东	3702	1599.09	10	2.00	76	14.01	3636	1587.08	11	67.00					11	67.00

（续）

地区	小型风力发电								微型水力发电							
	年初数		本年新增		本年报废		年末累计		年初数		本年新增		本年报废		年末累计	
	数量（台）	装机容量（千瓦）	数量（台）	装机容量（千瓦）	数量（台）	装机容量（千瓦）	数量（台）	装机容量（千瓦）	数量（台）	装机容量（千瓦）	数量（台）	装机容量（千瓦）	数量（台）	装机容量（千瓦）	数量（台）	装机容量（千瓦）
河南	81	9.45			2	2.00	79	7.45	21	246.00					21	246.00
湖北	1440	269.70					1440	269.70	12	60.00					12	60.00
湖南	32	51.00					32	51.00	1687	7317.05	1	3.07	80	983.00	1608	6337.12
广东	73	110.15					73	110.15	2597	20859.20					2597	20859.20
广西	1140	121.45	10	3.00			1150	124.45	11487	18177.68	356	453.00	1316	2243.20	10527	16387.48
海南	47	57.60			8	9.60	39	48.00	12	116.88			4	38.50	8	78.38
重庆									82	391.20					82	391.20
四川									93	3107.60	2	6.00	1	3.00	94	3110.60
贵州	49	6.10					49	6.10	2596	5370.00					2596	5370.00
云南	3	0.45					3	0.45	5142	10851.00	90	90.00	225	375.70	5007	10565.30
西藏																
陕西	80	8.50					80	8.50	83	4830.00					83	4830.00
甘肃	1710	677.53	2	2.00	58	22.40	1654	657.13	257	2496.80					257	2496.80
青海	1308	130.80					1308	130.80	290	8780.00					290	8780.00
宁夏	2093	294.59			103	20.80	1990	273.79								
新疆	6293	2573.35					6293	2573.35	212	2.60					212	2.60
新疆生产建设兵团																

秸秆综合利用情况（一）

地区	理论资源量									
	合计（万吨）	玉米（万吨）	水稻（万吨）	小麦（万吨）	其他谷物（万吨）	棉花（万吨）	油菜（万吨）	花生（万吨）	豆类（万吨）	薯类（万吨）
全国	99357.19	40313.56	23893.51	18175.99	2151.57	2444.70	3149.19	2112.56	3107.16	4008.95
北京	95.86	76.12	0.12	14.74	0.70	1.04	0.51	1.02	1.06	0.55
天津	260.08	159.20	14.05	67.15	3.60	11.03		0.10	4.80	0.10
河北	6176.00	3424.00		2147.00		161.00	56.00	273.00	115.00	
山西	1716.13	1354.35	0.22	233.90	68.47	3.76	1.59	2.31	34.92	16.61
内蒙古	3571.69	2977.09	13.69	190.75	30.18	8.52	5.36	3.54	272.40	70.17
辽宁	3200.26	2610.00	450.00	2.20	13.35	0.03	0.02	93.53	18.34	12.78
吉林	4864.50	3402.00	607.50		297.00			153.00	405.00	
黑龙江	9438.95	6484.01	2164.95	33.01					756.98	
黑龙江农垦	2960.53	1241.43	1469.07	2.13	1.71			0.05	209.35	36.79
上海	165.62		99.34	39.78	26.50					
江苏	4129.35	333.18	1922.71	1523.03	56.52	27.03	144.97	41.26	66.51	14.14
浙江	1167.00	78.04	736.38	79.43	26.69	8.26	83.01	5.86	80.84	68.49
安徽	5571.55	1087.58	1729.30	2038.48	164.31	83.93	234.22	77.21	109.14	47.38
福建	1022.30	26.02	622.10	7.07	82.44		4.23	45.05	39.73	195.66
江西	2979.25		2590.99		3.82	25.83	151.57	68.70	55.54	82.80
山东	9091.66	4353.43	189.31	3699.09	86.97	274.55	1.92	256.42	115.34	114.62
河南	10148.70	4056.15	398.11	4392.66	80.51	84.69	119.98	534.31	149.79	332.50

（续）

地区	理论资源量									
	合计（万吨）	玉米（万吨）	水稻（万吨）	小麦（万吨）	其他谷物（万吨）	棉花（万吨）	油菜（万吨）	花生（万吨）	豆类（万吨）	薯类（万吨）
湖北	4358.59	575.61	1946.24	667.43	116.84	166.85	571.62	117.22	74.39	122.38
湖南	4488.00	387.10	3385.40	12.90	4.70	42.80	415.40	44.30	57.60	137.80
广东	2166.84	153.51	1383.33	1.12	4.20		2.01	166.59	34.96	421.12
广西	2294.63	427.89	1470.72	5.70	27.63	1.01	66.05	78.82	55.41	161.40
海南	359.07	7.84	163.31					14.71	6.20	167.01
重庆	1282.86	315.20	455.64	30.15	17.89		87.09	13.48	65.90	297.51
四川	3547.86	903.02	1123.23	411.42	129.37	9.10	481.63	90.35	95.13	304.60
贵州	1579.61	522.76	395.25	67.68	90.06	0.09	144.24	4.38	32.19	322.96
云南	1801.71	576.00	252.77	59.56	505.90		91.04	4.50	46.08	265.86
西藏	159.69	13.32	21.39	24.23	71.58		11.22	0.02	4.11	13.82
陕西	3690.07	1694.04	154.53	1079.69	31.96	32.63	254.26	21.59	88.10	333.27
甘肃	2536.29	1553.00	6.68	369.10	64.87	23.97	137.14	1.23	48.79	331.51
青海	203.73	36.55		39.30	21.85		43.51		7.62	54.90
宁夏	367.45	272.26	48.60	31.71						14.88
新疆	2945.56	1080.13	56.59	779.62	8.46	878.08	27.59		53.26	61.83
新疆生产建设兵团	1015.81	132.74	21.99	125.95	113.50	600.45	13.00		2.68	5.50

秸秆综合利用情况（二）

地区	可收集资源量									
	合计（万吨）	玉米（万吨）	水稻（万吨）	小麦（万吨）	其他谷物（万吨）	棉花（万吨）	油菜（万吨）	花生（万吨）	豆类（万吨）	薯类（万吨）
全国	84394.45	35434.87	19582.09	15730.13	1799.68	2095.23	2537.38	1835.31	2215.94	3163.82
北京	88.00	72.30	0.11	11.79	0.60	0.91	0.44	0.86	0.59	0.40
天津	223.18	135.30	14.05	57.10	3.09	9.42		0.09	4.04	0.09
河北	5960.00	3256.00		2104.00		160.00	54.00	272.00	114.00	
山西	1443.38	1160.78	0.52	193.33	49.02	2.95	1.08	0.57	25.00	10.13
内蒙古	2901.83	2459.62	11.44	151.17	23.96		2.79	2.00	213.04	37.82
辽宁	2720.91	2220.00	380.00	1.71	10.72	0.03	0.02	83.66	14.49	10.29
吉林	4000.00	3024.00	540.00		275.00			125.00	36.00	
黑龙江	8023.23	5511.41	1839.90	29.01					642.91	
黑龙江农垦	2285.48	978.59	1029.36	82.01	0.29			0.04	161.01	34.18
上海	160.52		99.34	39.78	21.40					
江苏	3786.13	305.02	1783.71	1380.54	57.64	23.99	126.90	36.88	59.29	12.17
浙江	950.21	69.76	606.98	66.15	24.10	7.05	62.19	5.10	55.96	52.92
安徽	4842.28	982.69	1488.01	1703.52	161.09	75.96	211.99	72.81	101.81	44.40
福建	792.80	20.41	481.89	5.86	65.33		3.50	32.35	26.74	156.72
江西	2253.19		1943.06		3.05	22.22	118.23	52.89	46.66	67.08
山东	8637.08	4135.76	179.84	3514.14	82.63	260.83	1.82	243.60	109.57	108.89
河南	8200.06	3556.20	294.60	3338.42	54.72	72.83	87.37	457.52	95.68	242.72

（续）

地区	可收集资源量									
	合计（万吨）	玉米（万吨）	水稻（万吨）	小麦（万吨）	其他谷物（万吨）	棉花（万吨）	油菜（万吨）	花生（万吨）	豆类（万吨）	薯类（万吨）
湖北	3300.00	467.25	1518.00	501.99	56.20	101.76	466.65	78.26	44.85	65.03
湖南	3590.43	310.20	2708.32	10.58	3.76	35.10	332.32	34.90	45.01	110.24
广东	1712.63	137.89	1072.01	0.88	3.61		1.58	142.30	22.12	332.24
广西	2152.37	402.33	1384.92	4.85	23.51	0.90	64.97	69.94	49.34	151.61
海南	328.02	7.33	151.06					13.68	5.64	150.31
重庆	945.20	233.67	333.18	22.24	13.43		62.60	9.84	48.82	221.42
四川	2950.32	742.57	917.66	341.17	113.19	7.91	409.52	74.64	75.77	267.88
贵州	1292.48	451.96	324.10	52.36	74.15	0.02	97.95	3.16	26.36	262.42
云南	1521.91	508.22	235.62	53.44	404.94		83.41	4.01	42.16	190.11
西藏	115.55	11.30	16.10	11.74	58.92		7.65	0.02	2.03	7.79
陕西	3100.03	1539.58	122.08	896.14	23.97	28.72	170.36	18.13	51.10	249.95
甘肃	2300.12	1439.48	5.90	345.82	69.55	21.87	102.17	1.05	43.06	271.22
青海	164.12	32.89		32.62	18.14		36.12		4.27	40.08
宁夏	301.39	231.42	35.96	23.15						10.86
新疆	2503.73	918.11	48.10	662.68	7.19	746.37	23.45		47.00	50.83
新疆生产建设兵团	847.86	112.83	16.27	91.94	96.48	516.39	8.32		1.61	4.02

秸秆综合利用情况（三）

地区	已利用量					
	合计（万吨）	肥料化（万吨）	饲料化（万吨）	燃料化（万吨）	基料化（万吨）	原料化（万吨）
全国	68276.37	37390.86	15769.71	10327.23	2595.28	2193.29
北京	86.00	55.00	25.00	4.00	2.00	
天津	211.61	161.69	29.23	10.80	0.60	9.29
河北	5635.00	2370.00	2208.00	554.00	450.00	53.00
山西	1104.75	671.64	294.79	121.25	6.33	10.74
内蒙古	2766.65	796.81	920.20	1015.56	23.23	10.85
辽宁	2183.92	615.25	767.52	735.73	36.99	27.43
吉林	3004.00	560.00	720.00	1479.00	40.00	205.00
黑龙江	3451.32	2006.19	909.74	500.37	10.02	25.00
黑龙江农垦	1947.26	1741.61	145.94	58.71		1.00
上海	133.10	123.83	5.11	1.98	2.16	0.02
江苏	3752.73	2563.17	217.38	683.67	160.39	128.11
浙江	870.59	630.82	94.04	76.46	39.60	29.67
安徽	3943.85	3116.61	243.82	504.41	49.52	29.49
福建	639.43	369.70	168.85	31.02	59.64	10.22
江西	1935.76	1215.68	248.63	367.18	76.96	27.31
山东	7345.72	4199.51	1642.25	599.61	596.60	307.75
河南	6970.05	4790.16	1262.32	423.15	179.94	314.48

（续）

地区	已利用量					
	合计（万吨）	肥料化（万吨）	饲料化（万吨）	燃料化（万吨）	基料化（万吨）	原料化（万吨）
湖北	2815.48	1009.50	407.34	945.81	198.97	253.86
湖南	2907.20	2100.80	342.00	217.60	116.80	130.00
广东	1534.28	1052.00	250.16	159.11	27.26	45.75
广西	1976.91	1151.35	471.71	245.88		107.97
海南	254.73	50.46	160.67	43.60		
重庆	763.80	254.54	238.24	238.59	21.06	11.37
四川	2407.97	1228.52	426.53	466.29	173.12	113.52
贵州	757.42	396.14	227.12	105.55	20.77	7.85
云南	1052.95	595.77	300.63	142.43	6.01	8.11
西藏	89.90	25.25	64.65			
陕西	2481.15	1705.02	468.30	72.23	124.00	111.60
甘肃	1847.03	151.35	1509.90	132.45	16.52	36.81
青海	131.54	27.87	50.17	46.08	4.43	2.99
宁夏	237.75	15.00	154.00	43.00	2.60	23.15
新疆	2203.01	997.11	613.69	300.71	149.35	142.15
新疆生产建设兵团	833.51	642.51	181.78		0.42	8.80

秸秆综合利用情况（四）

地区	秸秆热解气化集中供气						秸秆沼气集中供气					
	年初数（处）	本年新增（处）	本年报废（处）	年末累计（处）	其中：运行数量（处）	其中：供气户数（万户）	年初数（处）	本年新增（处）	本年报废（处）	年末累计（处）	其中：运行数量（处）	其中：供气户数（万户）
全国	821	8	34	795	314	12.34	458	25	25	458	387	8.14
北京	128		2	126	16	0.67	2			2	2	0.03
天津	23		1	22	6	0.29	3			3	1	0.05
河北	20			20	12	0.58	39			39	25	2.06
山西	40			40	40	1.23	11			11	11	1.07
内蒙古	3	1		4	3	0.06	1			1	1	0.02
辽宁	261		5	256	23	0.68	3			3		
吉林	17			17	11	0.21						
黑龙江	16		9	7	7	0.23	6			6	1	0.10
黑龙江农垦	12			12			2			2		
上海												
江苏	200	1	9	192	116	4.05	73	1	12	62	47	0.48
浙江							104	20	3	121	118	1.14
安徽	2			2			1			1	1	0.04
福建												
江西	1			1	1	0.04	92			92	91	0.39
山东	60	3	7	56	49	1.96	15	3	1	17	15	0.71

（续）

地区	秸秆热解气化集中供气						秸秆沼气集中供气					
	年初数（处）	本年新增（处）	本年报废（处）	年末累计（处）	其中：运行数量（处）	供气户数（万户）	年初数（处）	本年新增（处）	本年报废（处）	年末累计（处）	其中：运行数量（处）	供气户数（万户）
河南	5		1	4	3	0.11	72	1	8	65	57	1.68
湖北	21			21	20	1.95	2			2	2	0.11
湖南							2			2	2	0.06
广东							6			6		
广西							2			2		
海南												
重庆		1		1			1			1		
四川	4			4	4	0.10	1			1	1	0.06
贵州							8		1	7	6	0.11
云南	5			5		0.08						
西藏							4			4		
陕西							2			2		
甘肃	2	2		4	2	0.06	1			1	1	0.04
青海												
宁夏	1			1	1	0.04	5			5	5	0.003
新疆												
新疆生产建设兵团												

秸秆综合利用情况（五）

地区	秸秆固化成型					秸秆炭化				
	年初数	本年新增	本年报废	年末累计		年初数	本年新增	本年报废	年末累计	
	数量（处）	数量（处）	数量（处）	数量（处）	年产量（吨）	数量（处）	数量（处）	数量（处）	数量（处）	年产量（吨）
全国	1147	242	199	1190	4934886	103	14	11	106	162810
北京	21	1	11	11	321900					
天津	6			6		4			4	
河北	212	63	41	234	623274	5			5	11480
山西	13			13	5800					
内蒙古	1			1	2000					
辽宁	143	30	13	160	526400					
吉林	3			3	1600					
黑龙江	119	8	64	63	220000	2		2		
黑龙江农垦	9		4	5	900					
上海	1			1						
江苏	360	27	32	355	1058235	5	1	2	4	16350
浙江	28	17	1	44	288450	8	7	1	14	46940
安徽	49	70	9	110	453319	4	2	1	5	4350
福建										
江西	2			2	8240					
山东	115	11	16	110	563940	9	1		10	40420

（续）

地区	秸秆固化成型					秸秆炭化				
	年初数	本年新增	本年报废	年末累计		年初数	本年新增	本年报废	年末累计	
	数量（处）	数量（处）	数量（处）	数量（处）	年产量（吨）	数量（处）	数量（处）	数量（处）	数量（处）	年产量（吨）
河南	25	6	7	24	329810	4		3	1	8640
湖北	17			17	371900	38	1	2	37	19840
湖南	5	1		6	98002	21			21	12300
广东										
广西										
海南										
重庆						1	1		2	1260
四川	7	2	1	8	54600		1		1	1000
贵州		2		2	2336					
云南	1			1		2			2	230
西藏										
陕西	1			1						
甘肃	9	4		13	4180					
青海										
宁夏										
新疆										
新疆生产建设兵团										

产业发展情况（一）

地区	合计						沼气产业小计					
	企业数量（个）	从业人员（人）	总产值（万元）	固定资产（万元）	利润总额（万元）	税金（万元）	企业数量（个）	从业人员（人）	总产值（万元）	固定资产（万元）	利润总额（万元）	税金（万元）
全国	5032	136968	3079550	2002025	254085	98046	2008	24518	652506	347971	62005	17397
北京	6	373	15220	9160	40		3	138	600	300		
天津	18	234	2761	2010	464	103	5	104	962	900	172	16
河北	496	8982	116371	86600	13383	3927	234	2871	21082	11027	2364	583
山西	18	351	4053	4053	967	539	13	158	2255	1145	567	279
内蒙古	5	178	3900	2100	609	43	3	108	1800	1400	174	18
辽宁	103	1719	43468	38782	3886	755	3	17	400	100	20	
吉林	5	265	612	1825	24	10	4	55	200	325	15	8
黑龙江	91	2276	36983	88850	2679	1113	15	251	6639	17182	315	66
黑龙江农垦												
上海	13	4550	313015	65924	21506	10526	7	1053	42203	5416	4573	3299
江苏	646	14131	319889	153638	20671	2361	243	1292	6385	4313	786	99
浙江	116	1636	62466	144310	5778	1323	53	428	7165	2999	812	321
安徽	88	6789	270531	260512	40114	9576	8	2747	41020	41664	18659	127
福建	8	487	18707	24619	115	54	8	487	18707	24619	115	54
江西	563	2725	56823	84775	8280	1507	34	368	7448	2075	727	153
山东	1013	71340	1076680	573426	88736	49715	95	1373	33029	27533	6918	1126
河南	138	1667	94276	46323	1851	273	33	393	1869	660	282	50

（续）

地区	合计						沼气产业小计					
	企业数量（个）	从业人员（人）	总产值（万元）	固定资产（万元）	利润总额（万元）	税金（万元）	企业数量（个）	从业人员（人）	总产值（万元）	固定资产（万元）	利润总额（万元）	税金（万元）
湖北	68	1414	28686	48238	3747	408	31	224	4899	2661	363	57
湖南	105	3611	118077	83478	9985	5976	41	1312	45260	18692	2665	3303
广东	104	3078	204646	32321	8394	4727	103	3037	203581	31523	8378	4670
广西	863	2752	4277	4121	700	165	860	2732	4014	4061	634	165
海南	16	613	7014	3955	836	494	16	613	7014	3955	836	494
重庆	24	769	26319	7580	1454	556	18	492	3861	1820	334	85
四川	84	1791	10139	7693	1141	366	53	1576	7425	1935	605	238
贵州	5	235	5990	912	315	147	4	115	1530	716	108	18
云南	1	12	255	67	21	23	1	12	255	67	21	23
西藏	297	1762	15150	82686	4545	1212	25	226	1550	1086	465	124
陕西	12	70	786	1535	142	18	12	70	786	1535	142	18
甘肃	48	893	30146	9521	3104	148	11	157	713	6378	370	21
青海												
宁夏	25	257	5985	6529	535	1	20	129	4380	5401	523	
新疆	53	2008	186324	126484	10061	1982	52	1980	175474	126484	10061	1982
新疆生产建设兵团												

产业发展情况（二）

地区	沼气产业											
	生产类企业						服务类企业					
	企业数量（个）	从业人员（人）	总产值（万元）	固定资产（万元）	利润总额（万元）	税金（万元）	企业数量（个）	从业人员（人）	总产值（万元）	固定资产（万元）	利润总额（万元）	税金（万元）
全国	394	15915	601579	322719	54610	15650	1614	8603	50928	25252	7395	1747
北京	2	92	400	200			1	46	200	100		
天津	4	101	910	320	170	15	1	3	52	580	2	1
河北	23	2065	20314	8661	2041	523	211	806	768	2366	323	60
山西	4	142	2230	1120	567	279	9	16	25	25		
内蒙古	3	108	1800	1400	174	18						
辽宁	3	17	400	100	20							
吉林	4	55	200	325	15	8						
黑龙江	11	196	6605	17161	310	66	4	55	34	21	5	
黑龙江农垦												
上海	5	864	38813	4488	4338	3155	2	189	3390	928	235	144
江苏	59	600	4699	1695	443	82	184	692	1686	2618	344	17
浙江	16	253	4305	1950	290	110	37	175	2860	1049	522	211
安徽	6	2724	40800	41602	18627	114	2	23	220	62	32	13
福建	5	298	18654	24461	100	50	3	189	53	158	15	4
江西	17	145	2873	700	317	57	17	223	4575	1375	410	96
山东	20	636	17000	22235	4040	600	75	737	16029	5298	2878	526

（续）

地区	沼气产业											
	生产类企业						服务类企业					
	企业数量（个）	从业人员（人）	总产值（万元）	固定资产（万元）	利润总额（万元）	税金（万元）	企业数量（个）	从业人员（人）	总产值（万元）	固定资产（万元）	利润总额（万元）	税金（万元）
河南	8	185	625	257	213	35	25	208	1244	403	69	15
湖北	14	120	3868	2440	285	32	17	104	1031	221	78	25
湖南	25	1024	44330	18350	2507	3260	16	288	930	342	158	43
广东	50	2741	201415	31150	8051	4656	53	296	2166	373	327	14
广西							860	2732	4014	4061	634	165
海南	15	602	6942	3835	828	490	1	11	72	120	8	4
重庆	6	178	1135	360	124	20	12	314	2726	1460	210	65
四川	16	524	2310	760	181	71	37	1052	5115	1175	424	167
贵州							4	115	1530	716	108	18
云南							1	12	255	67	21	23
西藏							25	226	1550	1086	465	124
陕西	5	23	600	1214	117	13	7	47	186	321	25	5
甘肃	4	128	497	6090	268	13	7	29	216	288	102	8
青海												
宁夏	17	114	4380	5361	523		3	15		40		
新疆	52	1980	175474	126484	10061	1982						
新疆生产建设兵团												

产业发展情况（三）

地区	节能炉灶炕产业						太阳能热利用产业					
	企业数量（个）	从业人员（人）	总产值（万元）	固定资产（万元）	利润总额（万元）	税金（万元）	企业数量（个）	从业人员（人）	总产值（万元）	固定资产（万元）	利润总额（万元）	税金（万元）
全国	329	6526	94950	76422	11800	3345	2127	89466	1837388	836352	129642	63180
北京	1	15	120	300	40		1	100	4500	560		
天津	10	105	149	110	47	12						
河北	36	2774	24654	20657	2625	1088	129	1573	39532	20287	3414	413
山西												
内蒙古												
辽宁	8	595	14990	13600	2290	580						
吉林												
黑龙江	4	126	410	1000	75	14	9	60	720	200	27	3
黑龙江农垦												
上海							4	3352	268388	59271	16665	7082
江苏	4	8	280	800	20	2	266	9977	228510	61525	14600	1234
浙江							23	501	13228	13255	1438	447
安徽	6	85	1710	2630	219	49	34	2504	122475	57339	11000	4689
福建												
江西	44	166	1222	594	159	28	478	1636	27748	19187	4830	485
山东	125	756	5729	6850	596	211	756	65225	961759	454420	66971	45602

（续）

地区	节能炉灶炕产业						太阳能热利用产业					
	企业数量（个）	从业人员（人）	总产值（万元）	固定资产（万元）	利润总额（万元）	税金（万元）	企业数量（个）	从业人员（人）	总产值（万元）	固定资产（万元）	利润总额（万元）	税金（万元）
河南	29	72	1262	811	118	3	71	1097	82485	41460	1066	194
湖北	12	312	2622	1310	680	177	17	559	7716	7013	1190	149
湖南	18	969	29556	26440	3398	968	30	562	19595	10775	1786	1203
广东							1	41	1065	798	16	57
广西	3	20	263	60	66							
海南												
重庆							3	237	22080	5640	970	446
四川	18	43	429	76	68	34	2	8	103	19	36	11
贵州	1	120	4460	196	207	129						
云南												
西藏							272	1536	13600	81600	4080	1088
陕西												
甘肃	10	360	7094	988	1193	50	26	370	22279	1875	1541	77
青海												
宁夏							5	128	1605	1128	12	1
新疆												
新疆生产建设兵团												

产业发展情况（四）

地区	生物质能（不含沼气）利用产业					
	企业数量（个）	从业人员（人）	总产值（万元）	固定资产（万元）	利润总额（万元）	税金（万元）
全国	568	16458	494706	741280	50638	14124
北京	1	120	10000	8000		
天津	3	25	1650	1000	245	75
河北	97	1764	31103	34629	4980	1843
山西	5	193	1798	2908	400	260
内蒙古	2	70	2100	700	435	25
辽宁	92	1107	28078	25082	1576	175
吉林	1	210	412	1500	9	2
黑龙江	63	1839	29214	70468	2262	1030
黑龙江农垦						
上海	2	145	2424	1237	268	145
江苏	133	2854	84714	87000	5265	1026
浙江	40	707	42073	128056	3528	555
安徽	40	1453	105326	158879	10236	4711
福建						
江西	7	555	20405	62919	2564	841
山东	37	3986	76163	34623	14251	2776

（续）

地区	生物质能（不含沼气）利用产业					
	企业数量（个）	从业人员（人）	总产值（万元）	固定资产（万元）	利润总额（万元）	税金（万元）
河南	5	105	8660	3392	385	26
湖北	8	319	13450	37254	1514	25
湖南	16	768	23666	27571	2137	502
广东						
广西						
海南						
重庆	3	40	378	120	150	25
四川	11	164	2182	5663	432	83
贵州						
云南						
西藏						
陕西						
甘肃	1	6	60	280		
青海						
宁夏						
新疆	1	28	10850			
新疆生产建设兵团						

经费投入情况（一）

地区	合计							中央投入						
	拨款						贷款（万元）	拨款						贷款（万元）
	合计（万元）	其中：沼气（万元）	炉灶炕（万元）	太阳能热利用（万元）	生物质能利用（万元）	其他（万元）		小计（万元）	其中：沼气（万元）	炉灶炕（万元）	太阳能热利用（万元）	生物质能利用（万元）	其他（万元）	
全国	604219.72	314053.04	138295.64	78688.19	18303.74	54879.11	873.38	369107.78	219115.24	94013.41	37989.78	8104.52	9884.83	
北京	16152.64	1856.00	840.00	5799.20	252.55	7404.89								
天津	83647.91	1124.00	80734.61		1789.30			54127.07	304.00	53823.07				
河北	71867.99	15674.00	46964.41	2285.00	199.72	6744.86		55718.30	12784.00	36007.24	2285.00	46.50	4595.56	
山西	2513.01	2423.85	32.00	27.16	30.00			675.00	675.00					
内蒙古	16111.17	15984.00	22.77	104.40				16081.17	15954.00	22.77	104.40			
辽宁	9422.50	6382.00	2046.50	200.00	190.00	604.00		5000.00	5000.00					
吉林	10000.00	10000.00						10000.00	10000.00					
黑龙江	3292.38		328.00	1551.00	750.00	663.38		2992.38		28.00	1551.00	750.00	663.38	
黑龙江农垦	400.00				400.00			400.00				400.00		
上海	2353.89	2353.89												
江苏	35258.80	24107.80		150.00	4217.00	6784.00		4800.00	4800.00					
浙江	11201.05	4543.92		838.30	2068.00	3750.83		640.00				310.00	330.00	
安徽	13506.50	7312.20	229.75	2878.55	137.50	2948.50	873.38	7910.15	5655.00	227.25	1941.20	55.50	31.20	
福建	328.00	328.00						278.00	278.00					
江西	7852.36	7669.57	6.48	54.75		121.56		3263.23	3112.00	6.48	54.75		90.00	
山东	32059.96	17016.55	33.00	162.00	1252.00	13596.41		13850.00	13850.00					

（续）

地区	合计							中央投入						
	拨款						贷款（万元）	拨款						贷款（万元）
	合计（万元）	其中：沼气（万元）	炉灶炕（万元）	太阳能热利用（万元）	生物质能利用（万元）	其他（万元）		小计（万元）	其中：沼气（万元）	炉灶炕（万元）	太阳能热利用（万元）	生物质能利用（万元）	其他（万元）	
河南	16196.13	14517.72	336.28	718.53	534.00	89.60		14742.25	13352.19	326.28	549.78	514.00		
湖北	36677.72	29937.55	21.00	4149.90	2150.24	419.03		19380.44	13446.60		3920.80	2013.04		
湖南	28134.51	18275.47	539.49	4061.83	3221.53	2036.19		19470.89	14393.35	415.29	1685.17	2906.58	70.50	
广东	2329.50	2329.50						1783.00	1783.00					
广西	14689.95	12964.50		791.88		933.57		11508.57	10894.00		440.30		174.27	
海南	8361.00	8346.00		15.00				6830.00	6815.00		15.00			
重庆	11816.80	6680.80	225.00	3511.00	735.00	665.00		10347.00	6006.00	225.00	3366.00	735.00	15.00	
四川	32680.42	29034.17	110.55		373.90	3161.80		22190.47	18931.10	110.55		373.90	2774.92	
贵州	21776.13	11860.65	2200.46	5768.73		1946.29		16297.19	7550.00	2059.46	5768.73		919.00	
云南	31528.66	10325.56	2949.90	16401.00		1852.20		17100.90	8998.00	94.90	7787.00		221.00	
西藏	10835.00	10835.00						10300.00	10300.00					
陕西	20080.52	10700.52	410.00	8116.00	3.00	851.00		15171.00	6761.00	410.00	8000.00			
甘肃	14165.45	13648.82	8.32	202.31		306.00		11921.00	11921.00					
青海	3717.00	3717.00						3717.00	3717.00					
宁夏	25458.77	4300.00	257.12	20901.65				5077.77	4300.00	257.12	520.65			
新疆	6110.00	6110.00						6020.00	6020.00					
新疆生产建设兵团	3694.00	3694.00						1515.00	1515.00					

经费投入情况（二）

地区	省级投入							地级投入						
	拨款						贷款（万元）	拨款						贷款（万元）
	小计（万元）	其中：沼气（万元）	炉灶炕（万元）	太阳能热利用（万元）	生物质能利用（万元）	其他（万元）		小计（万元）	其中：沼气（万元）	炉灶炕（万元）	太阳能热利用（万元）	生物质能利用（万元）	其他（万元）	
全国	171818.13	67120.51	35963.54	33954.74	4865.35	29913.99		22194.33	8570.82	4524.19	1799.41	1630.20	5669.71	
北京	13999.23	1541.40	420.00	4515.39	117.55	7404.89								
天津	29520.84	820.00	26911.54		1789.30									
河北	5920.00		4256.00			1664.00		4002.67	70.00	3447.37			485.30	
山西	990.00	990.00						638.58	581.42	20.00	27.16	10.00		
内蒙古								30.00	30.00					
辽宁	2000.00		1480.00			520.00		2328.50	1376.00	562.50	200.00	190.00		
吉林														
黑龙江								300.00		300.00				
黑龙江农垦														
上海	1673.70	1673.70						680.19	680.19					
江苏	24567.00	18715.00		150.00	2233.00	3469.00		875.30	75.30			165.00	635.00	
浙江	2082.88	620.00		80.00	510.00	872.88		2380.00	951.80		258.05	75.00	1095.15	
安徽	244.10	95.70		60.00		88.40		183.00	39.60		60.00		83.40	
福建								50.00	50.00					
江西	4228.10	4202.10				26.00		59.00	59.00					
山东	11410.00					11410.00		3753.91	679.50		42.00	1002.00	2030.41	

（续）

地区	省级投入							地级投入						
	拨款						贷款（万元）	拨款						贷款（万元）
	小计（万元）	其中：沼气（万元）	炉灶炕（万元）	太阳能热利用（万元）	生物质能利用（万元）	其他（万元）		小计（万元）	其中：沼气（万元）	炉灶炕（万元）	太阳能热利用（万元）	生物质能利用（万元）	其他（万元）	
河南	577.32	288.97	10.00	168.75	20.00	89.60		210.00	210.00					
湖北	16000.00	16000.00						749.05	298.95	21.00	229.10	137.20	62.80	
湖南	3171.00	1499.90	72.00	872.60	195.50	531.00		1011.50	459.09		284.00	49.00	219.41	
广东								358.00	358.00					
广西	2625.50	1916.00		213.00		496.50		179.90	32.00		108.10		39.80	
海南	1500.00	1500.00						19.00	19.00					
重庆	1185.00	410.00		125.00		650.00								
四川	6141.74	6004.74				137.00		2275.16	2135.16				140.00	
贵州	4861.72	3943.00	134.00			784.72		171.72	117.15				54.57	
云南	12143.00	835.00	2680.00	7770.00		858.00		1627.79	257.92	165.00	517.00		687.87	
西藏	485.00	485.00						50.00	50.00					
陕西	4502.00	3840.00				662.00		182.42	26.42		74.00	2.00	80.00	
甘肃	1900.00	1650.00				250.00		78.64	14.32	8.32			56.00	
青海														
宁夏	20000.00			20000.00										
新疆	90.00	90.00												
新疆生产建设兵团														

经费投入情况（三）

地区	县级投入							乡级投入						
	拨款						贷款（万元）	拨款						贷款（万元）
	小计（万元）	其中：沼气（万元）	炉灶炕（万元）	太阳能热利用（万元）	生物质能利用（万元）	其他（万元）		小计（万元）	其中：沼气（万元）	炉灶炕（万元）	太阳能热利用（万元）	生物质能利用（万元）	其他（万元）	
全国	38013.60	18676.39	3792.50	4757.50	2973.67	7813.54	873.38	3085.88	570.08	2.00	186.76	730.00	1597.04	
北京	2153.41	314.60	420.00	1283.81	135.00									
天津														
河北	6227.02	2820.00	3253.80		153.22									
山西	209.43	177.43	12.00		20.00									
内蒙古														
辽宁	86.00		2.00			84.00		8.00	6.00	2.00				
吉林														
黑龙江														
黑龙江农垦														
上海														
江苏	2896.50	517.50			1199.00	1180.00		2120.00				620.00	1500.00	
浙江	6023.89	2967.84		500.25	1173.00	1382.80		74.28	4.28				70.00	
安徽	5037.25	1521.90	2.50	745.35	22.00	2745.50	873.38	132.00			72.00	60.00		
福建														
江西	299.47	294.27				5.20		2.56	2.20				0.36	
山东	2705.05	2237.05	33.00	100.00	200.00	135.00		341.00	250.00		20.00	50.00	21.00	

（续）

地区	县级投入							乡级投入						
	拨款						贷款（万元）	拨款						贷款（万元）
	小计（万元）	其中：沼气（万元）	炉灶炕（万元）	太阳能热利用（万元）	生物质能利用（万元）	其他（万元）		小计（万元）	其中：沼气（万元）	炉灶炕（万元）	太阳能热利用（万元）	生物质能利用（万元）	其他（万元）	
河南	666.56	666.56												
湖北	548.23	192.00				356.23								
湖南	4326.36	1863.13	52.20	1125.30	70.45	1215.28		154.76	60.00		94.76			
广东	188.50	188.50												
广西	375.98	122.50		30.48		223.00								
海南	12.00	12.00												
重庆	218.00	198.00		20.00				66.80	66.80					
四川	1926.57	1822.37				104.20		146.48	140.80				5.68	
贵州	445.50	250.50	7.00			188.00								
云南	656.97	234.64	10.00	327.00		85.33								
西藏														
陕西	225.10	73.10		42.00	1.00	109.00								
甘肃	225.81	23.50		202.31				40.00	40.00					
青海														
宁夏	381.00			381.00										
新疆														
新疆生产建设兵团	2179.00	2179.00												

经费投入情况（四）

地区	用户自筹							其他投入资金（万元）
	投资						投劳折资（万元）	
	小计（万元）	其中：沼气（万元）	炉灶炕（万元）	太阳能热利用（万元）	生物质能利用（万元）	其他（万元）		
全国	581661.56	270474.92	55127.59	185640.95	53357.26	17060.84	45168.73	4175.05
北京	150.00			150.00				
天津	50587.15	339.00	26911.54	16275.00	7061.61			
河北	29519.26	11032.00	10122.18	2745.63	2209.07	3410.38	284.00	
山西	1532.03	1429.66	22.37		80.00		6.74	
内蒙古	29161.72	27995.25	1.92	1164.55				
辽宁	1887.03	402.00	544.50	58.10	810.40	72.03	16.00	
吉林	19744.00	19744.00						
黑龙江	9807.00	3015.00	713.00	5329.00	750.00		338.00	
黑龙江农垦	4862.00				4862.00			
上海	703.11	703.11						
江苏	19113.46	12937.72			4287.24	1888.50	935.10	
浙江	22796.79	8308.88		9296.78	4290.00	901.13	1425.40	
安徽	22179.85	4865.90	345.89	7587.66	9319.40	61.00	2141.60	123.00
福建								
江西	46271.56	20462.50	7448.48	18258.58		102.00	9254.31	254.00
山东	54706.84	15709.35	385.83	22347.61	8367.40	7896.65	2019.29	100.00

（续）

地区	用户自筹							其他投入资金（万元）
	投资						投劳折资（万元）	
	小计（万元）	其中：沼气（万元）	炉灶炕（万元）	太阳能热利用（万元）	生物质能利用（万元）	其他（万元）		
河南	23406.90	13987.38	453.32	8755.70	200.00	10.50	163.50	380.00
湖北	35323.38	22763.29	1284.89	3832.45	7384.83	57.92	8845.35	
湖南	40342.77	18116.43	3527.61	15418.12	1325.51	1955.10	4390.86	2775.00
广东	4902.32	4042.70		859.62				
广西	8745.43	6740.10	178.93	1826.40				
海南	10288.00	10288.00						
重庆	12887.94	5720.80	30.00	6849.81	124.80	162.53	2284.81	
四川	50152.88	30005.33	1591.04	18226.41	10.00	320.10	7896.41	452.00
贵州	7050.58	5956.25	44.43	1047.60		2.30	1078.66	
云南	21963.36	1479.33	1253.30	19018.03		212.70	2033.99	33.35
西藏							400.00	
陕西	4557.73	1387.40	166.13	2938.20	60.00	6.00	327.42	
甘肃	17953.77	15098.54	90.63	547.60	2215.00	2.00	384.56	57.70
青海								
宁夏	24033.70	914.00	11.60	23108.10			942.73	
新疆	7031.00	7031.00						
新疆生产建设兵团								

2016 年

管理推广机构情况

地区	机构					人员							
						合计（人）	按行政区划分类				按文化程度分类		
	合计（个）	省级（个）	地（市）级（个）	县级（个）	乡级（个）		省级（人）	地(市)级（人）	县级（人）	乡级（人）	本科及以上（人）	大专（人）	高中及以下（人）
全国	12332	41	333	2601	9357	34979	528	1931	14343	18177	10030	14729	10220
北京	26	2		14	10	185	11		149	25	122	30	33
天津	8	1		7		51	4		47		28	11	12
河北	415	2	15	172	226	1315	24	115	737	439	400	519	396
山西	431	1	11	107	312	1184	17	65	599	503	343	589	252
内蒙古	424	1	13	81	329	2135	40	206	794	1095	721	721	693
辽宁	796	1	13	75	707	1252	16	45	294	897	334	492	426
吉林	67	2	10	55		554	8	55	486	5	190	199	165
黑龙江	317	1	13	121	182	840	30	42	380	388	341	346	153
黑龙江农垦	116	1	10	105		135	8	22	105		91	44	
上海	1	1				4	4				2	2	
江苏	179	1	13	75	90	681	10	43	405	218	291	219	171
浙江	102	1	11	70	20	412	22	63	256	66	236	116	60
安徽	286	2	18	105	161	709	32	52	429	196	242	293	174
福建	283	1	7	28	247	647	15	15	276	340	180	307	160
江西	1126	1	11	98	1016	1732	16	40	397	1279	300	691	741
山东	824	1	18	142	663	2314	7	59	642	1606	782	768	764

（续）

地区	机构					人员							
						合计（人）	按行政区划分类				按文化程度分类		
	合计（个）	省级（个）	地（市）级（个）	县级（个）	乡级（个）		省级（人）	地(市)级（人）	县级（人）	乡级（人）	本科及以上（人）	大专（人）	高中及以下（人）
河南	571	1	18	138	414	2120	30	190	896	1004	561	931	628
湖北	447	1	17	92	337	1529	29	120	642	738	289	643	597
湖南	181	2	15	125	39	901	10	54	798	39	302	399	200
广东	421	1	10	70	340	1108	11	36	389	672	224	532	352
广西	578	1	14	108	455	1583	20	70	623	870	286	741	556
海南	90	1	2	20	67	488	12	12	166	298	147	122	219
重庆	648	1		34	613	1045	9		189	847	243	503	299
四川	1095	1	20	168	906	2605	25	116	890	1574	662	1168	775
贵州	1006	2	9	88	907	2124	15	55	399	1655	577	1199	348
云南	803	2	16	132	653	2573	14	85	724	1750	538	1097	938
西藏	193	1	7	65	120	311	5	21	130	155	120	65	126
陕西	268	1	12	100	155	1685	18	94	1044	529	425	724	536
甘肃	387	1	14	85	287	1701	28	166	909	598	690	718	293
青海	21	1		20		161			161		66	77	18
宁夏	47	1	2	22	22	235	23	4	166	42	123	91	21
新疆	174	2	14	79	79	658	13	75	221	349	172	372	114
新疆生产建设兵团	1	1				2	2				2		

服务体系情况（一）

地区	省级实训基地								地（市）级服务站							
	年初数		本年新增		本年减少		年末累计		年初数		本年新增		本年减少		年末累计	
	数量（个）	从业人员（人）	数量（个）	从业人员（人）	数量（个）	从业人员（人）	数量（个）	从业人员（人）	数量（个）	从业人员（人）	数量（个）	从业人员（人）	数量（个）	从业人员（人）	数量（个）	从业人员（人）
全国	18	206				4	18	202	62	323	1	5	1	24	62	309
北京																
天津																
河北	1	10					1	10								
山西	1	5					1	5	11	65				19	11	46
内蒙古	1	7					1	7	7	28		2			7	30
辽宁																
吉林																
黑龙江	1	6					1	6								
黑龙江农垦									5	15					5	15
上海																
江苏	1	14					1	14								
浙江																
安徽																
福建																
江西	1	20					1	20	1	8					1	8
山东																

（续）

地区	省级实训基地								地（市）级服务站							
	年初数		本年新增		本年减少		年末累计		年初数		本年新增		本年减少		年末累计	
	数量（个）	从业人员（人）	数量（个）	从业人员（人）	数量（个）	从业人员（人）	数量（个）	从业人员（人）	数量（个）	从业人员（人）	数量（个）	从业人员（人）	数量（个）	从业人员（人）	数量（个）	从业人员（人）
河南									12	127		1			12	128
湖北																
湖南	1	7					1	7	3	11			1	5	2	6
广东	2	9					2	9								
广西									2	11		1			2	12
海南									3	28					3	28
重庆	1	18					1	18								
四川	1	25				4	1	21	1	3					1	3
贵州	1	19					1	19								
云南									3	11					3	11
西藏	3	32					3	32	3	6					3	6
陕西	2	32					2	32			1	1			1	1
甘肃																
青海																
宁夏																
新疆	1	2					1	2	11	15					11	15
新疆生产建设兵团																

服务体系情况（二）

地区	县级服务站								乡村服务网点											
	年初数		本年新增		本年减少		年末累计		年初数			本年新增			本年减少			年末累计		
	数量（个）	从业人员（人）	数量（个）	从业人员（人）	数量（个）	从业人员（人）	数量（个）	从业人员（人）	数量（个）	从业人员（人）	覆盖范围（万户）	数量（个）	从业人员（人）	覆盖范围（万户）	数量（个）	从业人员（人）	覆盖范围（万户）	数量（个）	从业人员（人）	覆盖范围（万户）
全国	1178	6159	27	195	43	273	1162	6081	112175	186139	3304.40	1074	1413	30.14	2421	4729	84.23	110828	182823	3250.31
北京	8	101				5	8	96	9	52	3.87							9	52	3.87
天津	1	3					1	3	209	652	7.95				7	26	0.93	202	626	7.02
河北	4	21					4	21	7886	17208	312.05				503	1384	13.63	7383	15824	298.42
山西	74	257				9	74	248	3441	6360	71.21							3441	6360	71.21
内蒙古	70	371			4	21	66	350	2870	3980	57.18				102	127	2.94	2768	3853	54.25
辽宁	14	63				2	14	61	1672	2822	41.20	2	6	0.47	24	106	1.80	1650	2722	39.87
吉林	1	5					1	5	850	1166	16.99							850	1166	16.99
黑龙江									1096	2100	23.05				10	19	0.42	1086	2081	22.63
黑龙江农垦	4	9					4	9	1	2	0.10							1	2	0.10
上海																				
江苏	11	52	2	8			13	60	1407	2472	45.35	11	11	0.30	38	126	0.81	1380	2357	44.84
浙江	14	55	3	8	2	10	15	53	751	1003	17.02	1	4	0.05	94	139	3.33	658	868	13.75
安徽	3	17	1	3			4	20	4045	4610	88.28	11	11	0.98	209	167	2.27	3847	4454	86.99
福建	48	222			3	15	45	207	1904	2783	42.00				30	60	3.00	1874	2723	39.00
江西	45	184	1	3		5	46	182	3271	4689	124.36	54	88	1.33	127	157	3.07	3198	4620	122.63
山东	114	511	2	7	6	30	110	488	8112	13902	220.24	54	78	0.77	182	417	7.13	7984	13563	213.88
河南	123	1422	2	7		4	125	1425	10351	21302	283.97	106	143	7.97	77	160	3.84	10380	21285	288.10

（续）

地区	县级服务站								乡村服务网点											
	年初数		本年新增		本年减少		年末累计		年初数			本年新增			本年减少			年末累计		
	数量（个）	从业人员（人）	数量（个）	从业人员（人）	数量（个）	从业人员（人）	数量（个）	从业人员（人）	数量（个）	从业人员（人）	覆盖范围（万户）	数量（个）	从业人员（人）	覆盖范围（万户）	数量（个）	从业人员（人）	覆盖范围（万户）	数量（个）	从业人员（人）	覆盖范围（万户）
湖北	37	161		1	1	9	36	153	5496	8423	183.46	119	159	4.76	69	186	1.10	5546	8396	187.12
湖南	51	215	4	19	2	11	53	223	6499	12048	210.00	18	35	1.02	345	578	6.43	6172	11505	204.60
广东	33	112	6	82	2	14	37	180	1319	1934	36.37	15	121	1.50	170	233	4.36	1164	1822	33.51
广西	85	435		5			85	440	6612	15221	250.12			0.16	1	3		6611	15218	250.28
海南	18	68					18	68	1177	2408	28.48				10	25	0.45	1167	2383	28.03
重庆	23	121		2	2	19	21	104	2948	4373	133.98	2	4	0.35	7	14	0.46	2943	4363	133.88
四川	57	274		2		3	57	273	10679	16797	317.64	75	100	2.79	40	102	2.06	10714	16795	318.37
贵州	51	231		1	2	26	49	206	6281	7315	198.26				129	285	6.17	6152	7030	192.09
云南	47	307	4	35	4	21	47	321	4671	8183	171.03	511	520	4.94	35	52	3.76	5147	8651	172.22
西藏	45	91					45	91	518	1015	16.28							518	1015	16.28
陕西	26	202	2	12	1	15	27	199	4996	7270	144.01	13	13	0.25	29	68	10.28	4980	7215	133.98
甘肃	53	307					53	307	5434	6593	108.83	6	8	0.62				5440	6601	109.45
青海	7	41					7	41	2017	1968	18.45	76	112	1.87	46	65	0.84	2047	2015	19.48
宁夏	4	24					4	24	2286	2849	44.29				23	39	0.36	2263	2810	43.93
新疆	107	277			14	54	93	223	3361	4629	86.75				108	181	3.22	3253	4448	83.53
新疆生产建设兵团									6	10	1.60				6	10	1.60			

培训与职业技能鉴定情况（一）

地区	合计							沼气生产工							沼气物管员						
	培训			鉴定			持证人数（人）	培训			鉴定			持证人数（人）	培训			鉴定			持证人数（人）
	年初数（人次）	当年培训（人次）	年末累计（人次）	年初数（人次）	当年鉴定（人次）	年末累计（人次）		年初数（人次）	当年培训（人次）	年末累计（人次）	年初数（人次）	当年鉴定（人次）	年末累计（人次）		年初数（人次）	当年培训（人次）	年末累计（人次）	年初数（人次）	当年鉴定（人次）	年末累计（人次）	
全国	3215246	48530	3263776	408158	2075	410233	354429	2575107	28376	2603483	379405	967	380372	333088	14091	3668	17759	4403	282	4685	4111
北京	46347	2911	49258	4240	153	4393	4392	21344	1191	22535	911	63	974	973							
天津	10932	17	10949	1407		1407	1406	10915		10915	1406		1406	1406	16		16				
河北	182343	22	182365	13481	4	13485	13452	181475	22	181497	13473	4	13477	13452							
山西	31500		31500	25134		25134	25117	28614		28614	22783		22783	22773							
内蒙古	49862	73	49935	8379	32	8411	8180	47774	73	47847	7856	32	7383	7689	1219		1219	152		152	120
辽宁	20646		20646	7916		7916	7766	17046		17046	6386		6385	6386	158		158	142		142	142
吉林	22432		22432	17279		17279	17276	21713		21713	17213		17213	17213	63		63	63		63	63
黑龙江	30527	5	30532	10532	3	10535	9289	21893		21893	8858		8353	8265	65	5	70	25	3	28	28
黑龙江农垦	169		169	160		160	119	146		146	139		139	119							
上海	349	34	383	327	34	361	361	349	34	383	327	34	361	361							
江苏	46323	468	46791	7498	219	7717	6105	38125	387	38512	6320	175	6495	5458	228	44	272	110	23	133	130
浙江	59644	3771	63415	7749	86	7835	6839	52772	2075	54847	6407	86	6493	5923	437	723	1160	394		394	362
安徽	47345	797	48142	11243		11243	10644	44719	660	45379	10772		10772	10275	45	85	130	43		43	43
福建	55185	200	55385	8381		8381	6364	55181	200	55381	8377		8377	6364							
江西	105645	1064	106709	8248		8248	7116	79558	771	80329	7934		7934	6813	314	85	399	240		240	231
山东	168436	3772	172208	16731	40	16771	13133	163134	2260	165394	16108	33	16141	12751	236	112	348	29		29	26

（续）

地区	合计							沼气生产工							沼气物管员						
	培训			鉴定			持证人数（人）	培训			鉴定			持证人数（人）	培训			鉴定			持证人数（人）
	年初数（人次）	当年培训（人次）	年末累计（人次）	年初数（人次）	当年鉴定（人次）	年末累计（人次）		年初数（人次）	当年培训（人次）	年末累计（人次）	年初数（人次）	当年鉴定（人次）	年末累计（人次）		年初数（人次）	当年培训（人次）	年末累计（人次）	年初数（人次）	当年鉴定（人次）	年末累计（人次）	
河南	658806	3485	662291	63664	224	63888	54380	567065	2993	570058	62933	11	62944	53548	2507	153	2660	26	59	85	65
湖北	172397	2984	175381	23422	644	24066	17720	146102	1994	148096	21742	266	22008	16666	400	291	691	115	96	211	179
湖南	63738	2831	66569	15803	8	15811	14240	57921	1251	59172	14213		14213	13183	522	202	724	444	8	452	309
广东	52702	535	53237	5966		5966	5966	27427	219	27646	5954		5954	5954		86	86				
广西	237882	1969	239851	20757	71	20828	18626	220238	1932	222170	20631	41	20672	18559	70	30	100		30	30	
海南	10928	560	11488	4992		4992	4991	10927	260	11187	4991		4991	4991		300	300				
重庆	61339	327	61666	10813		10813	10746	55753	224	55977	10743		10743	10683	59	20	79	59		59	59
四川	169237	5090	174327	29590	187	29777	26096	147103	4463	151566	26993	187	27180	24373	4657	410	5067	1312		1312	1302
贵州	166783	227	167010	15453		15453	13423	125147	125	125272	14268		14268	12473	573	95	668	236		236	83
云南	292372	5705	298077	14871	276	15147	12625	173015	5117	178132	11578	4	11582	10433	308	36	344	274		274	270
西藏	5734	500	6234	1681		1681	1681	4992		4992	1673		1673	1673	30	500	530				
陕西	176420	2966	179386	17210	31	17241	8057	111207	571	111778	15592	31	15623	7502	1357	74	1441	197		197	94
甘肃	37846	749	38595	12531	63	12594	12489	24861	67	24928	11151		11151	11151	533	67	600	393	63	456	456
青海	69222		69222	6628		6628	6197	19663		19663	6593		6593	6197	45		45				
宁夏	27992	41	28033	4112		4112	3963	16674		16674	3814		3814	3814	239	10	249	149		149	149
新疆	125837	7427	133264	11616		11616	5670	73928	1487	75415	10922		10922	5667		340	340				
新疆生产建设兵团	8326		8326	344		344		8326		8326	344		344								

培训与职业技能鉴定情况（二）

地区	农村节能员							太阳能利用工							其他农村能源利用人员						
	培训			鉴定			持证人数（人）	培训			鉴定			持证人数（人）	培训			鉴定			持证人数（人）
	年初数（人次）	当年培训（人次）	年末累计（人次）	年初数（人次）	当年鉴定（人次）	年末累计（人次）		年初数（人次）	当年培训（人次）	年末累计（人次）	年初数（人次）	当年鉴定（人次）	年末累计（人次）		年初数（人次）	当年培训（人次）	年末累计（人次）	年初数（人次）	当年鉴定（人次）	年末累计（人次）	
全国	452042	1149	453191	7881	191	8072	6167	78022	5010	83032	8312	577	8889	7165	95984	10327	106311	8157	58	8215	3898
北京	3536		3536	1030		1030	1030	12528	1510	14038	1828	90	1918	1918	8939	210	9149	471		471	471
天津															1	17	18	1		1	
河北	860		860												8		8	8		8	
山西	1491		1491	1174		1174	1174	913		913	803		803	803	482		482	374		374	367
内蒙古	516		516	18		18	18	10		10	10		10	10	343		343	343		343	343
辽宁	861		861	371		371	371	10		10					2571		2571	1017		1017	867
吉林	103		103												553		553	3		3	
黑龙江	5461		5461	1302		1302	677	1332		1332	114		114	114	1776		1776	233		233	205
黑龙江农垦															23		23	21		21	
上海																					
江苏	2922	3	2925	261	3	264	56	1260	10	1270	203	10	213	202	3788	24	3812	604	8	612	259
浙江	2437		2437					945	30	975	554		554	554	3053	943	3996	394		394	
安徽	860		860					1697	6	1703	425		425	326	24	46	70	3		3	
福建															4		4	4		4	
江西	24242	159	24401	40		40	40	1174	42	1216	3		3	1	357	7	364	31		31	31
山东	3153	52	3205	383	7	390	241	971		971	197		197	115	942	1348	2290	14		14	

（续）

地区	农村节能员							太阳能利用工							其他农村能源利用人员						
	培训			鉴定			持证人数（人）	培训			鉴定			持证人数（人）	培训			鉴定			持证人数（人）
	年初数（人次）	当年培训（人次）	年末累计（人次）	年初数（人次）	当年鉴定（人次）	年末累计（人次）		年初数（人次）	当年培训（人次）	年末累计（人次）	年初数（人次）	当年鉴定（人次）	年末累计（人次）		年初数（人次）	当年培训（人次）	年末累计（人次）	年初数（人次）	当年鉴定（人次）	年末累计（人次）	
河南	88708	50	88758	590	20	610	610	501	89	590	90	84	174	82	25	200	225	25	50	75	75
湖北	16349	313	16662	523	102	625	353	6525	280	6805	422	180	602	431	3021	106	3127	620		620	91
湖南	745	62	807					3218	739	3957	562		562	490	1332	577	1909	584		584	258
广东	23146	230	23376					578		578	12		12	12	1551		1551				
广西	16204		16204					1360	7	1367	123		123	64	10		10	3		3	3
海南															1		1	1		1	
重庆	5114	65	5179					222	5	227					191	13	204	11		11	4
四川	12127	70	12197					732		732	117		117	112	4618	147	4765	1168		1168	309
贵州	39603		39603	681		681	608	683	2	685	120		120	120	777	5	782	148		148	139
云南	109065	115	109180	1400	59	1459	958	2652	437	3089	1617	213	1830	964	7332		7332	2		2	
西藏	699		699												13		13	8		8	8
陕西	49939	5	49944	45		45	28	2567	1853	4420	405		405	245	11340	463	11803	971		971	188
甘肃	8682		8682					3010		3010	707		707	602	760	615	1375	280		280	280
青海	3160		3160					24484		24484					21870		21870	35		35	
宁夏	1885	25	1910					8361		8361					833	6	839	149		149	
新疆	30174		30174	63		63	3	2289		2289					19446	5600	25046	631		631	
新疆生产建设兵团																					

农村沼气用户情况

地区	沼气用户（万户）	其中：							
		户用沼气							集中供气
		年初数（万户）	本年新增（户）	本年报废（户）	年末累计（万户）	本年利用（万户）	年总产气量（万米^3）	年户均产气量（米^3）	供气户数（万户）
全国	4381.08	4193.30	91681	413278	4161.14	3202.14	1178696.49	368.10	219.94
北京	4.53	0.84		5846	0.25	0.05	13.00	260.00	4.28
天津	6.74	4.86			4.86	3.40	1023.40	301.00	1.88
河北	272.30	267.61	1084	39230	263.80	193.36	60617.56	313.49	8.50
山西	77.81	70.88			70.88	23.65	6485.54	274.23	6.93
内蒙古	55.61	52.41			52.41	14.40	3917.52	272.05	3.21
辽宁	52.14	51.13	39004	31311	51.90	26.65	7725.57	289.89	0.24
吉林	19.57	19.43			19.43	14.89	4155.35	279.07	0.14
黑龙江	32.19	29.88			29.88	3.44	729.26	211.87	2.31
黑龙江农垦	0.63	0.14			0.14	0.08	14.01	177.16	0.49
上海	0.60								0.60
江苏	75.67	72.42	500	460	72.43	54.74	16586.98	303.02	3.24
浙江	19.81	15.47	28		15.47	8.33	3647.54	437.68	4.34
安徽	93.19	89.26	2518		89.51	66.40	23124.67	348.26	3.68
福建	50.95	48.47		5903	47.88	42.30	19035.00	450.00	3.07
江西	202.66	181.08	10651	244	182.12	128.11	44170.90	344.78	20.54
山东	264.73	248.63			248.63	194.66	69922.09	359.20	16.10

（续）

地区	沼气用户（万户）	其中：							
		户用沼气							集中供气
		年初数（万户）	本年新增（户）	本年报废（户）	年末累计（万户）	本年利用（万户）	年总产气量（万米^3）	年户均产气量（米^3）	供气户数（万户）
河南	419.77	382.48	6413		383.12	314.99	101154.25	321.14	36.65
湖北	324.53	301.26	3594	11570	300.46	241.31	84521.91	350.26	24.07
湖南	248.65	241.14	10140	146713	227.48	184.12	77779.46	422.44	21.17
广东	49.34	45.59	765		45.66	24.71	9765.25	395.24	3.68
广西	393.81	388.29	2729		388.56	362.71	147728.93	407.29	5.25
海南	47.51	34.16	3540		34.52	31.62	22766.40	720.00	12.99
重庆	166.23	160.02	1240	2963	159.84	119.45	38026.90	318.35	6.39
四川	619.25	614.01	6040	72419	607.37	527.17	183721.02	348.50	11.88
贵州	202.73	198.75		13331	197.41	119.83	48320.98	403.25	5.32
云南	311.12	310.68	156		310.69	286.15	133712.04	467.28	0.43
西藏	22.87	22.85			22.85	14.00	5390.00	385.00	0.02
陕西	133.00	130.44		13271	129.12	69.48	23334.16	335.84	3.88
甘肃	120.67	118.00	1716		118.17	87.74	29389.15	334.96	2.50
青海	18.23	18.42	1563	6935	17.88	6.83	1967.04	288.00	0.35
宁夏	23.72	22.98			22.98	5.77	1378.11	238.66	0.74
新疆	50.10	51.51		62675	45.24	31.67	8550.90	270.00	4.86
新疆生产建设兵团	0.41	0.22		407	0.18	0.12	21.60	180.00	0.23

沼气工程情况（一）

地区	合计									处理工业废弃物工程								
	年初数（处）	本年新增（处）	本年报废（处）	年末累计						年初数（处）	本年新增（处）	本年报废（处）	年末累计					
				数量（处）	总池容（万米³）	年产气量（万米³）	供气户数（万户）	装机容量（千瓦）	年发电量（万千瓦时）				数量（处）	总池容（万米³）	年产气量（万米³）	供气户数（万户）	装机容量（千瓦）	年发电量（万千瓦时）
全国	110975	6495	4030	113440	2013.41	269879.19	212.45	255820	68633.75	306	9	57	258	67.79	27123.53	11.73	10362	1736.21
北京	122	1	6	117	7.06	1674.60	4.25	240	87.60									
天津	438	3		441	6.16	1545.75	1.82	1381	417.53									
河北	2922	26	40	2908	55.39	9764.76	6.84	5289	2619.95	8			8	3.07	671.14	0.44		
山西	434	2	8	428	9.81	2473.02	5.86	40	20.00									
内蒙古	533	252	7	778	45.15	3566.71	3.21	4933	2728.86									
辽宁	1215	9	38	1186	45.23	5318.30	0.24	5776	3697.40									
吉林	59			59	2.25	545.65	0.14											
黑龙江	1445	16		1461	30.71	4508.57	2.21	3300	1336.00									
黑龙江农垦	26			26	3.18	1445.55	0.49	680	443.00									
上海	103	5	11	97	16.72	2045.14	0.60	12240	1853.55									
江苏	4790	435	194	5031	133.10	20610.29	2.75	62219	14846.16	107		46	61	4.32	966.91	0.04	1232	156.85
浙江	10798	798	2776	8820	103.20	8247.99	3.23	10693	2564.96									
安徽	2429	387	11	2805	40.75	4526.88	3.68	9409	1720.75	9	1		10	0.93	103.98	0.03		
福建	5C22		86	4936	61.18	9320.00	3.07	885	209.00									
江西	7757	289	25	8021	155.22	10146.13	20.26	15965	3565.11	13			13	0.28	29.13	0.01	70	8.16
山东	8C58	312	53	8317	147.70	20924.69	15.40	9864	3706.76	48			48	11.63	3405.83	0.06	1650	330.00
河南	5968	275	10	6233	187.86	40352.23	34.97	13903	5215.27	27	2		29	36.12	19020.85	10.38	6700	1101.00

（续）

地区	合计									处理工业废弃物工程								
	年初数（处）	本年新增（处）	本年报废（处）	年末累计						年初数（处）	本年新增（处）	本年报废（处）	年末累计					
				数量（处）	总池容（万米³）	年产气量（万米³）	供气户数（万户）	装机容量（千瓦）	年发电量（万千瓦时）				数量（处）	总池容（万米³）	年产气量（万米³）	供气户数（万户）	装机容量（千瓦）	年发电量（万千瓦时）
湖北	7104	852	46	7910	106.20	13851.51	24.01	1454	599.15	5		1	4	1.32	474.50	0.02		
湖南	23730	1117	165	24682	172.67	11167.70	21.10	10151	1918.21	2		2						
广东	7356	566	449	7473	198.20	25822.82	3.68	18074	4963.22									
广西	854	55		909	27.82	2978.19	5.25	3459	1664.92									
海南	1863	195		2058	48.10	11851.89	12.99	30100	5410.36	16			16	1.36	257.04			
重庆	4284	151	3	4432	78.31	5960.76	6.39	67	4.60									
四川	6688	325	36	6977	170.62	33260.69	11.82	12284	4761.82	44		5	39	4.81	1648.62	0.75	710	140.20
贵州	2064	51	57	2058	40.74	4117.67	5.25	6040	1326.37									
云南	393	112		505	11.36	1033.71	0.43			15	6		21	3.55	380.74			
西藏	14			14	0.80	120.00	0.02											
陕西	3120	192	5	3307	54.60	2756.34	3.88	1990	188.00	8			8					
甘肃	356	58		414	18.36	3640.85	2.46	8170	1435.72	1			1	0.40	164.80			
青海	233		1	232	3.39	187.27	0.35											
宁夏	126		3	123	8.05	1431.84	0.74	3900	614.18	3		3						
新疆	632	4		636	17.05	3530.00	4.86	3194	713.00									
新疆生产建设兵团	39	7		46	6.48	1151.70	0.23	120	2.30									

沼气工程情况（二）

地区	处理农业废弃物工程																	
	小计									特大型沼气工程								
	年初数（处）	本年新增（处）	本年报废（处）	年末累计						年初数（处）	本年新增（处）	本年报废（处）	年末累计					
				数量（处）	总池容（万米³）	年产气量（万米³）	供气户数（万户）	装机容量（千瓦）	年发电量（万千瓦时）				数量（处）	总池容（万米³）	年产气量（万米³）	供气户数（万户）	装机容量（千瓦）	年发电量（万千瓦时）
全国	110669	6486	3973	113182	1945.62	242755.66	200.72	245458	66897.54	34	17		51	98.40	18154.33	3.29	28210.0	14220.17
北京	122	1	6	117	7.06	1674.60	4.25	240	87.60	1			1	1.44	459.90	1.01		
天津	438	3		441	6.16	1545.75	1.82	1381	417.53									
河北	2914	26	40	2900	52.32	9093.62	6.40	5289	2619.95	2	1		3	3.95	791.67		1500.0	760.62
山西	434	2	8	428	9.81	2473.02	5.86	40	20.00									
内蒙古	533	252	7	778	45.15	3566.71	3.21	4933	2728.86	5	5		10	28.30	2210.30	0.80	2860.0	2040.00
辽宁	1215	9	38	1186	45.23	5318.30	0.24	5776	3697.40	1			1	4.80	1825.00		5600.0	3600.00
吉林	59			59	2.25	545.65	0.14											
黑龙江	1445	16		1461	30.71	4508.57	2.21	3300	1336.00									
黑龙江农垦	26			26	3.18	1445.55	0.49	680	443.00									
上海	103	5	11	97	16.72	2045.14	0.60	12240	1853.55		1		1	2.00	45.00		1000.0	60.04
江苏	4683	435	148	4970	128.78	19643.38	2.71	60987	14689.31	2	2		4	6.31	620.00		6800.0	820.00
浙江	10798	798	2776	8820	103.20	8247.99	3.23	10693	2564.96		1		1	2.00	800.00		2000.0	1600.00
安徽	2420	386	11	2795	39.82	4422.90	3.64	9409	1720.75									
福建	5022		86	4936	61.18	9320.00	3.07	885	209.00									
江西	7744	289	25	8008	154.94	10117.00	20.24	15895	3556.95									
山东	8010	312	53	8269	136.07	17518.86	15.34	8214	3376.76	4	2		6	11.73	2730.00	0.45	3180.0	1800.00

（续）

地区	处理农业废弃物工程																	
	小计									特大型沼气工程								
	年初数（处）	本年新增（处）	本年报废（处）	年末累计						年初数（处）	本年新增（处）	本年报废（处）	年末累计					
				数量（处）	总池容（万米³）	年产气量（万米³）	供气户数（万户）	装机容量（千瓦）	年发电量（万千瓦时）				数量（处）	总池容（万米³）	年产气量（万米³）	供气户数（万户）	装机容量（千瓦）	年发电量（万千瓦时）
河南	5941	273	10	6204	151.74	21331.38	24.59	7203	4114.27	4			4	9.23	3360.00		3500.0	2800.00
湖北	7099	852	45	7906	104.88	13377.01	24.00	1454	599.15	1	1		2	3.79	607.00	0.92	850.0	543.00
湖南	23728	1117	163	24682	172.67	11167.70	21.10	10151	1918.21									
广东	7356	566	449	7473	198.20	25822.82	3.68	18074	4963.22	10	2		12	11.35	1042.06	0.11	920.0	196.52
广西	854	55		909	27.82	2978.19	5.25	3459	1664.92									
海南	1847	195		2042	46.74	11594.85	12.99	30100	5410.36	1			1	3.60	1080.00			
重庆	4284	151	3	4432	78.31	5960.76	6.39	67	4.60		1		1	2.30	973.40			
四川	6644	325	31	6938	165.81	31612.08	11.07	11574	4621.62									
贵州	2064	51	57	2058	40.74	4117.67	5.25	6040	1326.37									
云南	378	106		484	7.81	652.97	0.43											
西藏	14			14	0.80	120.00	0.02											
陕西	3112	192	5	3299	54.60	2756.34	3.88	1990	188.00									
甘肃	355	58		413	17.96	3476.05	2.46	8170	1435.72	2			2	2.00	400.00			
青海	233		1	232	3.39	187.27	0.35											
宁夏	123			123	8.05	1431.84	0.74	3900	614.18									
新疆	632	4		636	17.05	3530.00	4.86	3194	713.00	1			1	3.60	810.00			
新疆生产建设兵团	39	7		46	6.48	1151.70	0.23	120	2.30		1		1	2.00	400.00			

沼气工程情况（三）

地区	处理农业废弃物工程																	
	大型沼气工程									中型沼气工程								
	年初数（处）	本年新增（处）	本年报废（处）	年末累计						年初数（处）	本年新增（处）	本年报废（处）	年末累计					
				数量（处）	总池容（万米^3）	年产气量（万米^3）	供气户数（万户）	装机容量（千瓦）	年发电量（万千瓦时）				数量（处）	总池容（万米^3）	年产气量（万米^3）	供气户数（万户）	装机容量（千瓦）	年发电量（万千瓦时）
全国	6737	599	122	7214	683.01	126506.36	70.28	177157.0	46578.58	10543	314	123	10734	430.38	43211.79	33.68	34022.0	5192.31
北京	39		6	33	3.18	568.51	1.67	240.0	87.60	39			39	1.80	535.72	1.36		
天津	29	3		32	3.01	882.61	0.49	1381.0	417.53									
河北	274	13	7	280	26.76	6355.42	3.29	3689.0	1809.51	11	1		12	0.48	110.60	0.03		
山西	129	2		131	7.20	2039.80	4.24	40.0	20.00	32		1	31	1.17	263.97	0.62		
内蒙古	94	4	7	91	10.72	1037.73	0.92	2073.0	688.86	21			21	0.94	10.00	0.01		
辽宁	51	8		59	5.73	841.64	0.15	116.0	44.90	726	1	36	691	31.91	2585.56	0.08	60.0	52.50
吉林	41			41	2.05	511.00	0.10			5			5	0.15	30.00	0.03		
黑龙江	179	10		189	20.41	3685.50	0.65	3300.0	1336.00									
黑龙江农垦	17			17	2.91	1426.05	0.43	680.0	443.00	3			3	0.24	19.50	0.06		
上海	55	4	7	52	12.30	1854.67	0.47	10880.0	1793.51	41		2	39	2.12	130.73	0.13	360.0	
江苏	330	51	36	345	37.75	9563.70	0.33	36141.0	10789.01	1211	114	12	1313	40.14	4318.34	1.57	13201.0	2349.67
浙江	138	21	10	149	16.66	1361.25	0.59	4646.0	683.18	340	11	43	308	16.31	1139.41	0.71	3357.0	234.85
安徽	180	18		198	17.16	3225.40	1.43	9329.0	1708.75	28			28	1.17	84.55	0.01	80.0	12.00
福建	303			303	30.00	5200.00	0.72	885.0	209.00	640			640	21.80	3310.00	0.60		
江西	616	36		652	68.57	5138.07	6.46	13120.0	3075.09	745	20	2	763	34.97	1922.06	3.14	2655.0	464.76
山东	365	22	5	382	40.07	8969.85	7.66	4984.0	1570.76	302	1	1	302	11.32	1343.45	0.94		

（续）

地区	处理农业废弃物工程																	
	大型沼气工程									中型沼气工程								
	年初数（处）	本年新增（处）	本年报废（处）	年末累计						年初数（处）	本年新增（处）	本年报废（处）	年末累计					
				数量（处）	总池容（万米³）	年产气量（万米³）	供气户数（万户）	装机容量（千瓦）	年发电量（万千瓦时）				数量（处）	总池容（万米³）	年产气量（万米³）	供气户数（万户）	装机容量（千瓦）	年发电量（万千瓦时）
河南	720	54	5	769	70.51	12638.33	10.22	3203.0	1283.67	888	9		897	31.43	2094.07	7.28	500.0	30.60
湖北	245	42	2	285	18.92	4753.12	5.65	604.0	56.15	70	1		71	2.27	239.30	0.48		
湖南	352	59	2	409	36.50	4162.20	4.31	10109.0	1913.21	798	26	12	812	26.57	877.54	2.74	20.0	1.80
广东	628	7	21	614	80.32	13195.83	1.13	17154.0	4766.70	1230	13	13	1230	71.64	8592.33	1.23		
广西	100	49		149	16.34	2427.46	0.86	3349.0	1664.44	134	2		136	7.81	197.41	3.97	110.0	0.48
海南	407	15		422	23.29	6684.48	7.17	21100.0	4010.68	360			360	10.80	2349.30	2.57	9000.0	1399.68
重庆	244	41	1	284	21.08	2194.47	1.45	60.0	4.00	646	9		655	28.09	1179.91	1.81		
四川	560	36	6	590	49.57	17137.68	2.45	11390.0	4597.78	1626	60		1686	57.14	9423.90	3.21	139.0	10.05
贵州	156	14	6	164	12.65	2429.38	1.85	5370.0	1283.77	223	12		235	8.74	507.67	0.42	480.0	4.20
云南	34	18		52	4.58	493.65	0.01			6			6	0.50	15.70			
西藏										14			14	0.80	120.00	0.02		
陕西	206	44	1	249	17.00	1655.00	1.00	1900.0	188.00	266	2	1	267	10.24	204.35	0.23	90.0	
甘肃	103	24		127	12.58	2663.78	1.74	7800.0	1404.00	10	28		38	1.76	203.65	0.11	370.0	31.72
青海	30			30	2.54	112.00	0.15											
宁夏	3			3	0.74	189.07	0.39	300.0	14.18	120			120	7.31	1242.77	0.35	3600.0	600.00
新疆	81	4		85	8.35	2543.00	2.06	3194.0	713.00									
新疆生产建设兵团	28			28	3.58	565.70	0.23	120.0	2.30	8	4		12	0.77	160.00			

沼气工程情况（四）

地区	处理农业废弃物工程								
	小型沼气工程								
	年初数（处）	本年新增（处）	本年报废（处）	年末累计					
				数量（处）	总池容（万米^3）	年产气量（万米^3）	供气户数（万户）	装机容量（千瓦）	年发电量（万千瓦时）
全国	93355	5556	3728	95183	733.84	54383.17	93.48	6069	906.48
北京	43	1		44	0.64	110.47	0.21		
天津	409			409	3.15	663.14	1.33		
河北	2627	11	33	2605	21.13	1835.93	3.08	100	49.82
山西	273		7	266	1.44	169.25	1.00		
内蒙古	413	243		656	5.20	308.68	1.48		
辽宁	437		2	435	2.79	66.10	0.01		
吉林	13			13	0.05	4.65	0.01		
黑龙江	1266	6		1272	10.30	823.07	1.56		
黑龙江农垦	6			6	0.03				
上海	7		2	5	0.30	14.74			
江苏	3140	268	100	3308	44.58	5141.34	0.82	4845	730.63
浙江	10320	765	2723	8362	68.23	4947.32	1.93	690	46.93
安徽	2212	368	11	2569	21.49	1112.95	2.21		
福建	4079		86	3993	9.38	810.00	1.75		
江西	6383	233	23	6593	51.41	3056.88	10.65	120	17.10
山东	7339	287	47	7579	72.96	4475.56	6.29	50	6.00

（续）

地区	处理农业废弃物工程								
	小型沼气工程								
	年初数（处）	本年新增（处）	本年报废（处）	年末累计					
				数量（处）	总池容（万米^3）	年产气量（万米^3）	供气户数（万户）	装机容量（千瓦）	年发电量（万千瓦时）
河南	4329	210	5	4534	40.58	3238.97	7.09		
湖北	6783	808	43	7548	79.91	7777.59	16.95		
湖南	22578	1032	149	23461	109.60	6127.95	14.05	22	3.20
广东	5488	544	415	5617	34.89	2992.60	1.21		
广西	620	4		624	3.67	353.32	0.42		
海南	1079	180		1259	9.05	1481.07	3.25		
重庆	3394	100	2	3492	26.84	1612.98	3.12	7	0.60
四川	4458	229	25	4662	59.10	5050.49	5.41	45	13.80
贵州	1685	25	51	1659	19.35	1180.62	2.98	190	38.40
云南	338	88		426	2.73	143.63	0.41		
西藏									
陕西	2640	146	3	2783	27.36	896.99	2.65		
甘肃	240	6		246	1.62	208.62	0.61		
青海	203		1	202	0.85	75.27	0.20		
宁夏									
新疆	550			550	5.10	177.00	2.80		
新疆生产建设兵团	3	2		5	0.13	26.00			

生活污水净化沼气池情况（一）

地区	合计								村级处理系统							
	年初数		本年新增		本年报废		年末累计		年初数		本年新增		本年报废		年末累计	
	数量（处）	总池容（万米³）	数量（处）	总池容（万米³）	数量（处）	总池容（万米³）	数量（处）	总池容（万米³）	数量（处）	总池容（万米³）	数量（处）	总池容（万米³）	数量（处）	总池容（万米³）	数量（处）	总池容（万米³）
全国	202039	1077.89	4016	51.81	14088	50.41	191967	1079.29	72120	275.41	2921	20.47	5009	7.63	70032	288.25
北京																
天津	8	0.06			8	0.06		0.004								
河北	137	0.83			2	0.02	135	0.81	9	0.14					9	0.14
山西	28	0.06					28	0.06								
内蒙古	1	0.07					1	0.07								
辽宁																
吉林	3	0.05					3	0.05	3	0.05					3	0.05
黑龙江																
黑龙江农垦																
上海																
江苏	31635	104.63	600	3.62	2208	10.74	30027	97.51	963	3.38	227	1.29	3	0.03	1187	5.14
浙江	69309	259.57	2631	19.44	4701	8.57	67239	270.44	62980	202.15	2522	17.98	4387	6.47	61115	213.66
安徽	1661	4.99	42	0.08	10	0.08	1693	4.99	55	0.58			8	0.05	47	0.53
福建	1100	2.39			38	0.08	1062	2.31	488	0.96			38	0.08	450	0.88
江西	1945	6.85					1945	6.85	320	1.80					320	1.80
山东	149	1.39			2	0.02	147	1.37	31	0.09					31	0.09
河南	518	2.31			38	0.11	480	2.20								

（续）

地区	合计								村级处理系统							
	年初数		本年新增		本年报废		年末累计		年初数		本年新增		本年报废		年末累计	
	数量（处）	总池容（万米³）	数量（处）	总池容（万米³）	数量（处）	总池容（万米³）	数量（处）	总池容（万米³）	数量（处）	总池容（万米³）	数量（处）	总池容（万米³）	数量（处）	总池容（万米³）	数量（处）	总池容（万米³）
湖北	1294	7.46			152	0.79	1142	6.67	83	0.71			9	0.03	74	0.68
湖南	2017	9.79	34	0.14	23	0.16	2028	9.77	512	0.96	20	0.01	2	0.02	530	0.95
广东	6496	9.78			1628	2.35	4868	7.43	2305	2.81			555	0.69	1750	2.12
广西	120	3.38			1	0.04	119	3.33	59	0.18				0.03	59	0.15
海南																
重庆	16945	130.06	10	0.18	5219	26.04	11736	104.20	1258	17.57	9	0.08	1	0.003	1266	17.65
四川	67976	526.40	668	27.95	55	1.32	68589	553.03	2712	39.07	113	0.73	6	0.24	2819	39.56
贵州	396	3.72	29	0.32			425	4.04	209	2.38	29	0.32			238	2.70
云南	162	2.52	1	0.01			163	2.53	127	1.96					127	1.96
西藏	4	0.62					4	0.62	3	0.12					3	0.12
陕西	103	0.73	1	0.07			104	0.80			1	0.07			1	0.07
甘肃	25	0.17					25	0.17	3	0.01					3	0.01
青海																
宁夏	7	0.06			3	0.03	4	0.03								
新疆																
新疆生产建设兵团																

生活污水净化沼气池情况（二）

地区	学校处理系统								其他							
	年初数		本年新增		本年报废		年末累计		年初数		本年新增		本年报废		年末累计	
	数量（处）	总池容（万米³）	数量（处）	总池容（万米³）	数量（处）	总池容（万米³）	数量（处）	总池容（万米³）	数量（处）	总池容（万米³）	数量（处）	总池容（万米³）	数量（处）	总池容（万米³）	数量（处）	总池容（万米³）
全国	7885	64.27	176	2.47	234	1.27	7827	65.47	122034	738.21	919	28.87	8845	41.51	114108	725.57
北京																
天津									8	0.06			8	0.06		0.004
河北	105	0.53					105	0.53	23	0.15			2	0.02	21	0.13
山西									28	0.06					28	0.06
内蒙古	1	0.07					1	0.07								
辽宁																
吉林																
黑龙江																
黑龙江农垦																
上海																
江苏	1517	6.59	113	1.39	44	0.17	1586	7.81	29155	94.16	260	0.94	2161	10.54	27254	84.56
浙江	454	4.71	1	0.02	2	0.02	453	4.71	5875	52.71	108	1.45	312	2.08	5671	52.07
安徽	287	1.42					287	1.42	1319	3.30	42	0.08	2	0.03	1359	3.05
福建	100	0.63					100	0.63	512	0.30					512	0.80
江西	436	2.18					436	2.18	1189	2.36					1189	2.86
山东	113	1.26			2	0.02	111	1.24	5	0.04					5	0.04
河南	473	2.15			34	0.10	439	2.05	45	0.16			4	0.01	41	0.15

（续）

地区	学校处理系统								其他							
	年初数		本年新增		本年报废		年末累计		年初数		本年新增		本年报废		年末累计	
	数量（处）	总池容（万米^3）	数量（处）	总池容（万米^3）	数量（处）	总池容（万米^3）	数量（处）	总池容（万米^3）	数量（处）	总池容（万米^3）	数量（处）	总池容（万米^3）	数量（处）	总池容（万米^3）	数量（处）	总池容（万米^3）
湖北	632	4.41			61	0.46	571	3.95	579	2.34			82	0.30	497	2.04
湖南	515	2.99			2	0.01	513	2.98	990	5.84	14	0.13	19	0.13	985	5.83
广东	124	0.67			33	0.19	91	0.48	4067	6.30			1040	1.47	3027	4.83
广西	61	3.20			1	0.02	60	3.18								
海南																
重庆	602	7.64	1	0.10	44	0.21	559	7.53	15085	104.85			5174	25.83	9911	79.02
四川	2125	23.11	61	0.96	8	0.04	2178	24.03	63139	464.22	494	26.26	41	1.04	63592	489.45
贵州	187	1.35					187	1.35								
云南	21	0.41					21	0.41	14	0.16	1	0.01			15	0.17
西藏									1	0.50					1	0.50
陕西	103	0.73					103	0.73								
甘肃	22	0.15					22	0.15								
青海																
宁夏	7	0.06			3	0.03	4	0.03								
新疆																
新疆生产建设兵团																

省柴节煤灶与节能炕情况

地区	省柴节煤灶				节能炕			
	年初数（万台）	本年新增（万台）	本年报废（万台）	年末累计（万台）	年初数（万铺）	本年新增（万铺）	本年报废（万铺）	年末累计（万铺）
全国	11518.49	100.90	418.00	11201.40	1858.38	9.22	74.84	1792.76
北京	1.63		0.23	1.40	36.52	0.01	1.68	34.85
天津	29.84	0.06		29.90				
河北	433.29	2.01	41.04	394.26	109.28	2.15	10.58	100.85
山西	31.38		3.18	28.20	33.83		1.86	31.97
内蒙古	139.57	0.94	5.70	134.81	36.35	0.31	1.51	35.15
辽宁	322.96	1.02	2.94	321.04	435.86	1.50	39.13	398.23
吉林	249.77	0.15	0.04	249.88	273.36	0.13	0.02	273.47
黑龙江	219.34	0.63	0.31	219.65	331.83	0.73	0.49	332.07
黑龙江农垦								
上海								
江苏	583.55	23.25	87.63	519.17				
浙江	343.42	1.07	34.80	309.69				
安徽	709.56	1.90	32.59	678.86				
福建	139.68		5.00	134.68				
江西	505.38	3.35	7.65	501.08				
山东	918.35	3.26	37.16	884.45	325.79	0.28	14.56	311.50

（续）

地区	省柴节煤灶				节能炕			
	年初数（万台）	本年新增（万台）	本年报废（万台）	年末累计（万台）	年初数（万铺）	本年新增（万铺）	本年报废（万铺）	年末累计（万铺）
河南	909.33	7.62	60.88	856.07		1.65	0.03	1.62
湖北	622.01	3.30	5.52	619.79				
湖南	749.51	6.68	15.98	740.21				
广东	544.75	0.27	38.84	506.18				
广西	748.41	3.04	4.71	746.75				
海南	82.86		0.80	82.06				
重庆	324.10	1.47	5.16	320.42				
四川	1151.16	10.85	10.55	1151.47	0.0001			0.0001
贵州	336.78	7.87	2.77	341.89				
云南	619.49	16.65	4.01	632.13				
西藏								
陕西	215.56	1.00	1.13	215.43	68.78	0.23	0.47	68.54
甘肃	308.48	3.50	8.63	303.36	179.72	1.96	3.90	177.79
青海	81.56	0.15	0.04	81.67	3.66			3.66
宁夏	46.51	0.28	0.53	46.26	20.39	0.27	0.61	20.05
新疆	150.27	0.59	0.20	150.66	3.01			3.01
新疆生产建设兵团								

节能炉与燃池情况

地区	节能炉				燃池			
	年初数（万台）	本年新增（万台）	本年报废（万台）	年末累计（万台）	年初数（万个）	本年新增（万个）	本年报废（万个）	年末累计（万个）
全国	3153.34	112.12	195.93	3069.53	14.10		1.58	12.51
北京	3.97	1.40	0.65	4.72				
天津	97.29	3.10	14.28	86.11				
河北	650.85	72.24	61.33	661.75	3.18		0.36	2.82
山西	55.02		3.52	51.50				
内蒙古	12.10	0.79	0.30	12.59	0.09		0.01	0.08
辽宁	8.96	0.35		9.31	2.21			2.21
吉林	94.40	0.13	0.03	94.50				
黑龙江	76.30	0.51	3.39	73.42	8.62		1.21	7.41
黑龙江农垦	0.06			0.06				
上海								
江苏	46.85	0.03	41.16	5.72				
浙江	4.29		2.03	2.25				
安徽	92.43	1.56	9.59	84.40				
福建								
江西	94.04	1.31	2.60	92.76				
山东	560.03	4.33	18.02	546.34				

（续）

地区	节能炉				燃池			
	年初数（万台）	本年新增（万台）	本年报废（万台）	年末累计（万台）	年初数（万个）	本年新增（万个）	本年报废（万个）	年末累计（万个）
河南	215.94	2.27	8.38	209.83				
湖北	158.85	6.26	3.41	161.70				
湖南	345.10	5.29	17.76	332.63				
广东	0.09			0.09				
广西	2.16	0.11	0.02	2.26				
海南								
重庆	54.89	1.10	2.29	53.69				
四川	223.36	1.85	3.98	221.23	0.0004			0.0004
贵州	97.52	2.32	1.44	98.41				
云南	0.50	0.14		0.65				
西藏								
陕西	77.35	0.86	0.90	77.31				
甘肃	160.31	5.15	0.85	164.61				
青海	14.27			14.27				
宁夏	3.34	1.01		4.36				
新疆	3.07			3.07				
新疆生产建设兵团								

太阳能热利用情况（一）

地区	太阳能热水器								太阳灶			
	年初数		本年新增		本年报废		年末累计		年初数	本年新增	本年报废	年末累计
	数量（万台）	集热面积（万米²）	数量（万台）	集热面积（万米²）	数量（万台）	集热面积（万米²）	数量（万台）	集热面积（万米²）	数量（台）	数量（台）	数量（台）	数量（台）
全国	4571.24	8232.98	260.34	489.56	60.74	98.85	4770.84	3623.69	2327106	24916	72635	2279387
北京	51.77	90.15	0.46	1.24	0.50	0.75	51.73	90.64	120			120
天津	45.58	48.28	0.18	0.22	4.74	4.88	41.02	43.62				
河北	453.48	640.93	27.24	43.80	12.67	16.13	468.05	668.60	51563		280	51283
山西	184.14	411.03					184.14	411.03	69435			69435
内蒙古	32.50	66.71	1.49	4.78	0.46	1.11	33.54	70.39	58710	3832	1265	61277
辽宁	103.85	144.64	2.76	3.96	0.16	0.18	106.45	148.42	976	30		1006
吉林	20.47	66.24	0.44	0.96			20.91	67.20	731			731
黑龙江	46.12	66.84	1.37	2.47	0.01	0.02	47.48	69.28	511			511
黑龙江农垦	6.02	14.95			0.24	0.48	5.78	14.47				
上海	44.28	88.58	0.82	1.64			45.10	90.22				
江苏	531.94	860.11	36.37	57.62	6.88	11.71	561.42	906.01				
浙江	310.83	650.63	14.24	28.72	4.47	7.58	320.61	671.76	40			40
安徽	359.80	568.57	18.33	30.99	9.20	14.14	368.92	585.42				
福建	16.20	39.08					16.20	39.08				
江西	84.60	197.58	5.57	12.55	1.18	2.72	88.98	207.42				
山东	815.49	1262.76	32.43	52.82	8.76	18.01	839.16	1297.57	5817	35	1094	4758

（续）

地区	太阳能热水器								太阳灶			
	年初数		本年新增		本年报废		年末累计		年初数	本年新增	本年报废	年末累计
	数量（万台）	集热面积（万米^2）	数量（万台）	集热面积（万米^2）	数量（万台）	集热面积（万米^2）	数量（万台）	集热面积（万米^2）	数量（台）	数量（台）	数量（台）	数量（台）
河南	356.24	562.76	28.47	45.63	3.33	5.61	381.37	602.78				
湖北	182.50	327.98	5.54	9.97	0.84	1.41	187.19	336.54				
湖南	106.09	216.52	6.61	13.83	1.74	3.15	110.96	227.21				
广东	24.06	77.23	1.42	3.38			25.48	80.61	48			48
广西	44.53	107.25	4.08	11.82	1.49	3.47	47.11	115.60				
海南	191.89	389.29	0.08	0.16	0.12	0.24	191.85	389.21				
重庆	31.58	60.26	2.32	5.84	0.18	0.36	33.72	65.75				
四川	108.05	199.75	6.37	10.66	1.48	2.67	112.94	207.73	121254	20		121274
贵州	31.40	77.81	4.04	9.04	0.19	0.40	35.25	86.45				
云南	119.61	380.36	26.75	78.90	0.04	0.20	146.31	459.06	264			264
西藏	50.03	149.70	0.10	0.40			50.13	150.10	390063	3000	1500	391563
陕西	87.69	208.07	5.02	12.57	0.30	1.36	92.41	219.28	247392	242	1006	246628
甘肃	53.29	126.59	5.69	11.42	0.54	1.22	58.44	136.79	778984	15876	33743	761117
青海	3.50	14.87					3.50	14.87	258259			258259
宁夏	39.84	64.85	20.00	32.00	0.21	0.05	59.63	96.80	326864	1881	28192	300553
新疆	33.81	52.39	2.17	2.17	1.00	1.00	34.98	53.56	16075		5555	10520
新疆生产建设兵团	0.08	0.23					0.08	0.23				

太阳能热利用情况（二）

地区	太阳房							
	年初数		本年新增		本年报废		年末累计	
	数量（处）	集热面积（万米^2）	数量（处）	集热面积（万米^2）	数量（处）	集热面积（万米^2）	数量（处）	集热面积（万米^2）
全国	290448	2549.37	5475	38.93	3249	24.30	292674	2564.00
北京	10865	115.25					10865	115.25
天津	2	0.66					2	0.66
河北	18257	126.79	413	1.69	553	3.59	18117	124.89
山西	15	0.15					15	0.15
内蒙古	9098	88.18	142	3.34	315	7.91	8925	83.61
辽宁	58522	538.82	231	2.23	45	0.88	58708	540.17
吉林	25899	289.41					25899	289.41
黑龙江	65062	527.87	730	5.10	17	0.14	65775	532.83
黑龙江农垦								
上海	1	5.00					1	5.00
江苏	255	1.57	1	0.20	33	0.86	173	0.91
浙江								
安徽								
福建								
江西	1	0.50	1	0.18			2	0.68
山东	886	14.06					886	14.06

（续）

地区	太阳房							
	年初数		本年新增		本年报废		年末累计	
	数量（处）	集热面积（万米^2）	数量（处）	集热面积（万米^2）	数量（处）	集热面积（万米^2）	数量（处）	集热面积（万米^2）
河南	40	1.95	1	0.02	1	0.01	40	1.96
湖北								
湖南								
广东	210	0.09			20	0.01	190	0.08
广西								
海南								
重庆								
四川	298	2.83	26	5.26	23	0.09	301	8.00
贵州								
云南								
西藏								
陕西	7	0.23					7	0.23
甘肃	63302	315.57	710	4.41	132	0.81	63880	319.17
青海	36311	496.85	3220	16.50	2006	8.16	37525	505.19
宁夏	342	14.20			54	1.84	288	12.36
新疆	1075	9.40					1075	9.40
新疆生产建设兵团								

太阳能热利用情况（三）

地区	其中：															
	户用太阳房								太阳能校舍							
	年初数		本年新增		本年报废		年末累计		年初数		本年新增		本年报废		年末累计	
	数量（户）	集热面积（万米²）	数量（户）	集热面积（万米²）	数量（户）	集热面积（万米²）	数量（户）	集热面积（万米²）	数量（处）	集热面积（万米²）	数量（处）	集热面积（万米²）	数量（处）	集热面积（万米²）	数量（处）	集热面积（万米²）
全国	284063	2438.52	2313	12.24	1153	13.18	285223	2437.58	427	62.02			3	0.98	424	61.04
北京	10864	115.05					10864	115.05	1	0.20					1	0.20
天津									2	0.66					2	0.66
河北	18190	120.29	412	1.69	549	3.42	18053	118.56	27	5.86					27	5.86
山西	15	0.15					15	0.15								
内蒙古	9051	84.71			276	6.58	8775	78.13								
辽宁	58453	505.72	231	2.23	45	0.38	58639	507.57	62	21.83				0.50	62	21.33
吉林	25880	285.72					25880	285.72	19	3.69					19	3.69
黑龙江	61841	511.87	730	5.10	17	0.14	62554	516.83	21	7.00					21	7.00
黑龙江农垦																
上海																
江苏	255	1.43			82	0.51	173	0.92								
浙江																
安徽																
福建																
江西																
山东	860	6.93					860	6.93	25	7.10					25	7.10

（续）

地区	其中：															
	户用太阳房								太阳能校舍							
	年初数		本年新增		本年报废		年末累计		年初数		本年新增		本年报废		年末累计	
	数量（户）	集热面积（万米²）	数量（户）	集热面积（万米²）	数量（户）	集热面积（万米²）	数量（户）	集热面积（万米²）	数量（处）	集热面积（万米²）	数量（处）	集热面积（万米²）	数量（处）	集热面积（万米²）	数量（处）	集热面积（万米²）
河南	28	1.39			1	0.01	27	1.38	9	0.55					9	0.55
湖北																
湖南									2	0.60					2	0.60
广东			300	0.12			300	0.12								
广西																
海南																
重庆																
四川	293	2.49					293	2.49	5	0.34					5	0.34
贵州																
云南																
西藏																
陕西																
甘肃	60649	290.10	640	3.10	132	0.81	61157	292.39	188	6.38					188	6.38
青海	36268	494.51					36268	494.51	43	2.34					43	2.34
宁夏	341	8.77			51	1.33	290	7.44	23	5.47			3	0.48	20	4.99
新疆	1075	9.40					1075	9.40								
新疆生产建设兵团																

小型电源利用情况（一）

地区	小型光伏发电							
	年初数		本年新增		本年报废		年末累计	
	数量（处）	装机容量（千瓦）	数量（处）	装机容量（千瓦）	数量（处）	装机容量（千瓦）	数量（处）	装机容量（千瓦）
全国	349692	213136.02	24969	58728.78	6744	176827.39	367917	95037.40
北京	166670	9394.28	2211	505.73	113	1.02	168768	9898.99
天津								
河北	16634	1376.88	761	1557.85	4	0.16	17391	2934.57
山西	3600	360.00					3600	360.00
内蒙古	10215	6211.45	5221	2203.30	114	4.54	15322	8410.21
辽宁	59894	3476.54	334	354.18			60228	3830.72
吉林								
黑龙江	782	34.70	6540	261.60			7322	296.30
黑龙江农垦								
上海								
江苏	960	38.40	5	0.20	50	2.00	915	36.60
浙江	1410	1740.69	1037	1958.31	3	1.64	2444	3697.36
安徽	7302	179736.10	871	1212.50	6135	176586.03	2038	4362.57
福建								
江西	473	1790.00	63	442.92			536	2232.92
山东	2061	147.29	294	20.58			2355	167.87

（续）

地区	小型光伏发电							
	年初数		本年新增		本年报废		年末累计	
	数量（处）	装机容量（千瓦）	数量（处）	装机容量（千瓦）	数量（处）	装机容量（千瓦）	数量（处）	装机容量（千瓦）
河南	4129	214.60	6155	30775.00	200	10.00	10084	30979.60
湖北			77	3440.00			77	3440.00
湖南	2929	3234.23	823	5721.20	1	0.30	3751	8955.13
广东	3	185.99	320	6875.00			323	7060.99
广西	5	4.85	5	89.00			10	93.85
海南	23	37.99					23	37.99
重庆								
四川			4	32.00			4	32.00
贵州			3	70.00			3	70.00
云南	356	300.50					356	300.50
西藏								
陕西			4	28.41			4	28.41
甘肃	17862	1333.74	241	3181.00			18103	4514.74
青海	51464	2524.11					51464	2524.11
宁夏	514	939.98			124	221.70	390	718.28
新疆	2406	53.71					2406	53.71
新疆生产建设兵团								

小型电源利用情况（二）

地区	小型风力发电								微型水力发电							
	年初数		本年新增		本年报废		年末累计		年初数		本年新增		本年报废		年末累计	
	数量（台）	装机容量（千瓦）	数量（台）	装机容量（千瓦）	数量（台）	装机容量（千瓦）	数量（台）	装机容量（千瓦）	数量（台）	装机容量（千瓦）	数量（台）	装机容量（千瓦）	数量（台）	装机容量（千瓦）	数量（台）	装机容量（千瓦）
全国	110224	34505.42	1217	2380.30	3956	1165.34	107485	35720.38	28958	90982.00	534	674.49	547	4820.55	28945	86835.94
北京	10	10.00					10	10.00								
天津																
河北	197	66.90					197	66.90								
山西	3	6.00					3	6.00	3	18.00					3	18.00
内蒙古	84348	24461.17	1123	2130.30	1444	866.53	84027	25724.94								
辽宁	6	5.80	47	235.00			53	240.80								
吉林	265	29.20					265	29.20								
黑龙江	1232	206.30					1232	206.30								
黑龙江农垦	655	1799.40			55	22.20	600	1777.20								
上海																
江苏	4472	643.29	40	3.50	2140	64.24	2372	582.55								
浙江	131	584.50					131	584.50	215	274.60			43	43.80	172	230.80
安徽	691	297.52			38	16.82	653	280.70	12	35.23			3	7.30	9	27.93
福建	383	546.40					383	546.40	271	1976.00					271	1976.00
江西	5	1.00					5	1.00	5052	9096.50			124	661.70	4928	8434.80
山东	3636	1587.08			152	170.50	3484	1416.58	11	67.00					11	67.00

（续）

地区	小型风力发电								微型水力发电							
	年初数		本年新增		本年报废		年末累计		年初数		本年新增		本年报废		年末累计	
	数量（台）	装机容量（千瓦）	数量（台）	装机容量（千瓦）	数量（台）	装机容量（千瓦）	数量（台）	装机容量（千瓦）	数量（台）	装机容量（千瓦）	数量（台）	装机容量（千瓦）	数量（台）	装机容量（千瓦）	数量（台）	装机容量（千瓦）
河南	79	7.45					79	7.45	21	246.00					21	246.00
湖北	1440	269.70					1440	269.70	12	60.00					12	60.00
湖南	32	51.00					32	51.00	1608	6337.12			20	723.00	1588	5614.12
广东	73	110.15					73	110.15	2597	20859.20	442	588.49	45	1626.00	2994	19821.69
广西	1150	124.45	5	1.50			1155	125.95	10527	16387.48			259	572.70	10268	15814.78
海南	39	48.00					39	48.00	8	78.38					8	78.38
重庆									82	391.20					82	391.20
四川									94	3110.60	2	6.00	1	3.00	95	3113.60
贵州	49	6.10					49	6.10	2596	5370.00					2596	5370.00
云南	3	0.45					3	0.45	5007	10565.30	90	80.00	32	19.20	5065	10626.10
西藏																
陕西	80	8.50					80	8.50	83	4830.00			20	1163.85	63	3666.15
甘肃	1654	657.13	2	10.00			1656	667.13	257	2496.80					257	2496.80
青海	1308	130.80					1308	130.80	290	8780.00					290	8780.00
宁夏	1990	273.79			127	25.05	1863	248.74								
新疆	6293	2573.35					6293	2573.35	212	2.60					212	2.60
新疆生产建设兵团																

秸秆综合利用情况（一）

地区	理论资源量									
	合计（万吨）	玉米（万吨）	水稻（万吨）	小麦（万吨）	其他谷物（万吨）	棉花（万吨）	油菜（万吨）	花生（万吨）	豆类（万吨）	薯类（万吨）
全国	98400.29	41252.34	22863.40	18062.98	2290.76	2400.15	3053.71	2008.53	2791.84	3676.60
北京	87.45	74.73		12.72						
天津	260.08	159.20	14.05	67.15	3.60	11.03		0.10	4.80	0.10
河北	6427.15	3503.20	69.19	2017.24	78.64	216.20	62.15	183.31	110.25	186.97
山西	1743.92	1351.54	0.37	247.65	73.64	4.16	4.35	3.11	39.22	19.88
内蒙古	3571.69	2977.09	13.69	190.75	30.18	8.52	5.36	3.54	272.40	70.17
辽宁	3265.72	2558.32	478.94	1.86	99.19	0.03	0.01	76.66	33.52	17.19
吉林	4503.50	3400.00	608.00		300.00			155.00	40.50	
黑龙江	10887.82	8652.59	1490.96	23.24	5.16				681.22	34.65
黑龙江农垦	2631.42	1036.21	1320.55	2.05	10.40				255.85	6.36
上海	128.13		98.36	29.56			0.21			
江苏	4119.73	360.48	1868.76	1528.03	53.84	21.00	165.70	37.50	69.47	14.96
浙江	1162.54	88.13	758.41	74.93	15.14	6.28	68.27	8.62	75.11	67.65
安徽	5443.36	1128.35	1664.18	1982.29	138.25	65.26	192.99	41.93	173.33	56.78
福建	794.07	28.72	499.78	0.75	2.87		3.90	47.67	25.92	184.46
江西	3180.81	14.69	2760.27	3.30	4.63	36.28	144.27	71.86	42.09	103.42
山东	9094.90	4511.47	109.04	3598.55	85.02	242.36	29.55	262.03	117.06	139.82
河南	9321.26	3032.33	391.36	4658.91	142.92	75.11	125.37	623.34	161.76	110.15

（续）

地区	理论资源量									
	合计（万吨）	玉米（万吨）	水稻（万吨）	小麦（万吨）	其他谷物（万吨）	棉花（万吨）	油菜（万吨）	花生（万吨）	豆类（万吨）	薯类（万吨）
湖北	4344.84	582.13	1952.58	632.78	156.01	177.66	515.50	119.23	90.30	118.65
湖南	4104.61	336.15	3030.19	7.00	15.11	53.03	375.96	40.16	103.02	143.99
广东	2056.66	145.07	1313.79	1.12	5.03	5.15	1.78	152.33	32.94	399.46
广西	2294.63	427.89	1470.72	5.70	27.63	1.01	66.05	78.82	55.41	161.40
海南	336.33	8.68	163.31					12.24	6.69	145.41
重庆	1270.20	313.24	463.68	24.47	20.03		87.96	13.57	63.24	284.01
四川	3821.32	924.70	1356.86	463.13	151.40	5.61	488.10	48.74	86.87	295.90
贵州	1499.99	516.76	390.56	48.73	53.04	0.11	166.58	8.51	32.33	283.37
云南	1801.71	576.00	252.77	59.56	505.90		91.04	4.50	46.08	265.86
西藏	159.67	13.32	21.39	24.23	71.58		11.22	0.02	4.11	13.82
陕西	2940.88	1416.52	167.94	954.45	31.83	21.56	232.36	10.29	46.67	59.26
甘肃	2511.37	1519.11	7.03	381.22	62.80	22.10	138.72	1.42	53.47	325.51
青海	203.73	36.55		39.30	21.85		43.51		7.62	54.90
宁夏	492.64	336.63	50.40	50.30	12.10					43.21
新疆	2933.37	1050.15	57.02	783.26	7.98	890.05	21.96	3.35	57.60	62.00
新疆生产建设兵团	1004.81	172.41	19.26	148.74	105.00	537.60	10.84	0.67	2.99	7.30

秸秆综合利用情况（二）

地区	可收集资源量									
	合计（万吨）	玉米（万吨）	水稻（万吨）	小麦（万吨）	其他谷物（万吨）	棉花（万吨）	油菜（万吨）	花生（万吨）	豆类（万吨）	薯类（万吨）
全国	82357.41	35735.97	18446.99	15033.50	1908.64	2376.68	2254.04	1725.14	2108.91	2767.53
北京	73.47	64.19		9.28						
天津	220.18	135.30	12.45	55.70	3.09	9.42		0.09	4.04	0.09
河北	5870.79	3021.19	59.84	1684.93	72.99	561.74	39.40	181.73	81.71	167.26
山西	1430.17	1125.98	0.28	207.20	50.72	2.76	2.72	1.44	27.16	11.91
内蒙古	2901.83	2459.62	11.44	151.17	23.96		2.79	2.00	213.04	37.82
辽宁	2767.68	2194.26	385.04	1.81	83.58	0.03	0.01	65.25	24.42	13.28
吉林	3998.00	3015.00	540.00		280.00			127.00	36.00	
黑龙江	9254.59	7354.70	1267.32	19.75	4.37				579.03	29.42
黑龙江农垦	2015.05	880.78	977.21	1.39	7.75				143.28	4.64
上海	121.70		93.40	28.10			0.20			
江苏	3747.78	371.62	1681.30	1349.55	59.97	23.31	145.26	35.49	67.14	14.15
浙江	905.98	78.15	601.95	57.26	12.62	5.56	46.03	7.23	46.66	50.52
安徽	4717.52	1024.72	1394.02	1713.28	115.21	60.48	169.81	39.38	152.87	47.76
福建	620.01	25.87	399.83	0.60	2.46		2.50	39.56	14.52	134.67
江西	2408.36	13.01	2109.64		3.45	31.10	87.23	60.50	26.00	77.43
山东	8527.26	4295.90	97.60	3329.64	75.49	225.80	28.92	237.69	106.29	129.93
河南	7396.17	2638.13	309.18	3494.18	121.48	64.59	80.24	517.37	90.59	80.41

（续）

地区	可收集资源量									
	合计（万吨）	玉米（万吨）	水稻（万吨）	小麦（万吨）	其他谷物（万吨）	棉花（万吨）	油菜（万吨）	花生（万吨）	豆类（万吨）	薯类（万吨）
湖北	3183.08	457.81	1509.80	462.48	81.61	102.86	364.79	84.74	52.21	66.77
湖南	3164.76	284.46	2380.15	5.60	12.41	45.57	239.97	33.31	58.51	104.78
广东	1570.00	127.95	1005.17	1.26	3.38	3.97	1.46	136.50	21.92	268.40
广西	2152.37	402.33	1384.92	4.85	23.51	0.90	64.97	69.94	49.34	151.61
海南	307.45	8.07	151.06					11.37	6.08	130.87
重庆	947.98	240.18	344.52	18.11	14.51		63.38	10.08	46.44	210.76
四川	2643.43	637.02	907.04	326.99	128.54	3.04	349.24	39.79	61.77	190.02
贵州	1202.97	456.93	321.92	39.42	44.55	0.11	114.21	6.43	18.71	200.70
云南	1521.91	508.22	235.62	53.44	404.94		83.41	4.01	42.16	190.11
西藏	121.53	11.30	16.10	17.74	58.92		7.65	0.02	2.03	7.79
陕西	2523.73	1215.77	144.04	819.75	27.37	18.52	193.78	8.82	44.81	50.87
甘肃	2218.54	1352.75	7.41	353.81	72.72	17.77	104.95	2.08	38.57	268.48
青海	164.12	32.89		32.62	18.14		36.12		4.27	40.08
宁夏	401.99	286.14	37.30	36.72	10.29					31.54
新疆	2427.82	869.20	47.20	648.30	6.60	736.69	18.07	2.77	47.67	51.32
新疆生产建设兵团	829.18	146.55	14.25	108.58	84.00	462.47	6.94	0.56	1.67	4.16

秸秆综合利用情况（三）

地区	已利用量					
	合计（万吨）	肥料化（万吨）	饲料化（万吨）	燃料化（万吨）	基料化（万吨）	原料化（万吨）
全国	67269.24	38869.03	14815.97	9711.99	1837.87	2034.38
北京	72.11	47.44	23.14	1.02	0.51	
天津	213.80	162.93	33.03	8.81	0.22	8.81
河北	5621.17	3876.10	1376.26	240.77	71.69	56.35
山西	1269.62	806.39	355.41	90.56	8.32	8.94
内蒙古	2766.65	796.81	920.20	1015.56	23.23	10.85
辽宁	2309.52	617.47	837.94	704.10	37.24	112.77
吉林	3002.00	560.00	725.00	1470.00	42.00	205.00
黑龙江	4442.20	2591.30	971.73	747.77	118.46	12.94
黑龙江农垦	1685.85	1497.16	149.37	38.32	1.00	
上海	121.48	116.23	0.10	2.54	2.61	
江苏	3734.50	2536.75	260.82	627.50	155.36	154.07
浙江	860.50	609.37	107.72	35.71	38.48	19.22
安徽	3936.29	3047.28	351.29	431.72	55.60	50.41
福建	496.06	337.11	106.10	14.48	35.83	2.54
江西	2079.10	1467.17	227.81	270.12	73.61	40.40
山东	7482.49	4709.10	1486.18	562.90	343.01	381.30
河南	6361.23	5025.37	954.18	190.84	63.61	127.22

（续）

地区	已利用量					
	合计（万吨）	肥料化（万吨）	饲料化（万吨）	燃料化（万吨）	基料化（万吨）	原料化（万吨）
湖北	2894.60	1225.89	364.33	870.58	193.98	239.82
湖南	1943.65	1060.86	283.25	390.14	133.58	75.83
广东	1356.24	912.54	246.57	161.49	20.64	15.00
广西	1976.91	1151.35	471.71	245.88		107.97
海南	220.92	47.08	131.84	40.30		1.70
重庆	764.63	269.15	223.25	232.21	23.92	16.10
四川	2135.45	1166.18	351.80	407.05	117.05	93.36
贵州	738.45	350.04	223.94	117.23	29.02	18.23
云南	1052.95	595.77	300.63	142.43	6.01	8.11
西藏	89.89	25.25	64.65			
陕西	2252.13	1724.10	323.96	48.53	82.47	73.07
甘肃	1797.02	150.53	1412.18	161.01	26.18	47.11
青海	131.54	27.87	50.17	46.08	4.43	2.99
宁夏	326.00	33.00	197.00	55.00	6.00	35.00
新疆	2388.95	691.92	1172.63	291.33	123.81	109.26
新疆生产建设兵团	745.33	633.53	111.80			

秸秆综合利用情况（四）

地区	秸秆热解气化集中供气						秸秆沼气集中供气					
	年初数（处）	本年新增（处）	本年报废（处）	年末累计（处）	其中：运行数量（处）	其中：供气户数（万户）	年初数（处）	本年新增（处）	本年报废（处）	年末累计（处）	其中：运行数量（处）	其中：供气户数（万户）
全国	795	2	31	766	257	9. 80	458	10	14	454	330	7.49
北京	126			126	14	0.63	2			2	2	0.03
天津	22		19	3	3	0.07	3	1		4	1	0.06
河北	20			20	8	0.46	39	1		40	20	1.66
山西	40			40	40	1.23	11			11	11	1.07
内蒙古	4			4	4	0.07	1	3		4		
辽宁	256		1	255	20	0.56	3			3		
吉林	17			17	11	0.21						
黑龙江	7		7				6			6	1	0.10
黑龙江农垦	12			12			2			2		
上海												
江苏	192	2	2	192	89	3.14	62		1	61	41	0.49
浙江							121		1	120	113	1.11
安徽	2		1	1	1	0.01	1	1	1	1		
福建												
江西	1			1			92			92	72	0.28
山东	56		1	55	46	1.56	17		2	15	13	0.70

（续）

地区	秸秆热解气化集中供气						秸秆沼气集中供气					
	年初数（处）	本年新增（处）	本年报废（处）	年末累计（处）	其中：运行数量（处）	其中：供气户数（万户）	年初数（处）	本年新增（处）	本年报废（处）	年末累计（处）	其中：运行数量（处）	其中：供气户数（万户）
河南	4			4	3	0.11	65	3	3	65	45	1.69
湖北	21			21	14	1.54	2			2	1	0.06
湖南							2	1		3	3	0.07
广东							6			6		
广西							2			2		
海南												
重庆	1			1	1	0.002	1			1		
四川	4			4	1	0.06	1			1	1	0.06
贵州							7		4	3	2	0.07
云南	5			5		0.08						
西藏							4			4		
陕西							2			2		
甘肃	4			4	1	0.03	1			1	1	0.04
青海												
宁夏	1			1	1	0.04	5		2	3	3	0.003
新疆												
新疆生产建设兵团												

秸秆综合利用情况（五）

地区	秸秆固化成型					秸秆炭化				
	年初数	本年新增	本年报废	年末累计		年初数	本年新增	本年报废	年末累计	
	数量（处）	数量（处）	数量（处）	数量（处）	年产量（吨）	数量（处）	数量（处）	数量（处）	数量（处）	年产量（吨）
全国	1190	300	128	1362	4902847	106	15	15	106	287647
北京	11		9	2	1100					
天津	6			6	27000	4		3	1	21000
河北	234	97	6	325	890576	5			5	21180
山西	13			13	5800					
内蒙古	1	91		92	7000					
辽宁	160	14	9	165	452600					
吉林	3			3	1600					
黑龙江	63	9	22	50	200920					
黑龙江农垦	5		5							
上海	1			1	40000					
江苏	355	16	51	320	976410	4	1	1	4	30000
浙江	44	5	2	47	249990	14	3		17	48590
安徽	110	11	4	117	600452	5	1	1	5	10750
福建										
江西	2			2	8240					
山东	110	10	19	101	265653	10	1	8	3	15900

（续）

地区	秸秆固化成型					秸秆炭化				
	年初数	本年新增	本年报废	年末累计		年初数	本年新增	本年报废	年末累计	
	数量（处）	数量（处）	数量（处）	数量（处）	年产量（吨）	数量（处）	数量（处）	数量（处）	数量（处）	年产量（吨）
河南	24	38		62	470810	1	3		4	10300
湖北	17	3		20	245980	37	1	1	37	106736
湖南	6	5		11	198200	21	5	1	25	20701
广东										
广西										
海南										
重庆						2			2	1260
四川	8		1	7	234500	1			1	1000
贵州	2	1		3	22336					
云南	1			1		2			2	230
西藏										
陕西	1			1						
甘肃	13			13	3680					
青海										
宁夏										
新疆										
新疆生产建设兵团										

产业发展情况（一）

地区	合计						沼气产业小计					
	企业数量（个）	从业人员（人）	总产值（万元）	固定资产（万元）	利润总额（万元）	税金（万元）	企业数量（个）	从业人员（人）	总产值（万元）	固定资产（万元）	利润总额（万元）	税金（万元）
全国	4828	121017	2821212	1921851	231151	86304	1949	20726	621577	326054	42858	17155
北京	4	207	5020	1060	40		2	92	400	200		
天津	17	255	1029	610	337	57	7	150	880	500	290	45
河北	555	9411	132296	86726	14534	3581	234	2882	21082	11027	2354	577
山西	18	351	4053	4053	967	539	13	158	2255	1145	567	279
内蒙古	2	25	300	900	24	6	2	25	300	900	24	6
辽宁	80	1641	46516	47102	6161	942	3	17	400	100	20	2
吉林	5	265	612	1825	24	10	4	55	200	325	15	8
黑龙江	89	845	26155	66632	2167	606	26	246	6525	16832	245	49
黑龙江农垦												
上海	13	4550	313015	65924	21506	10526	7	1053	42203	5416	4573	3299
江苏	652	14641	189967	119439	12829	1599	272	1167	8259	4568	1048	109
浙江	118	1572	54459	141835	5372	1251	51	463	5104	3907	780	180
安徽	110	3475	221022	188668	21929	6011	8	176	6094	3996	644	173
福建	8	487	18707	24619	115	54	8	487	18707	24619	115	54
江西	535	2937	58412	91389	8512	1343	40	854	12507	12908	1509	174
山东	902	60563	979979	604564	87540	42876	96	1336	31690	29104	4322	1009

（续）

地区	合计						沼气产业小计					
	企业数量（个）	从业人员（人）	总产值（万元）	固定资产（万元）	利润总额（万元）	税金（万元）	企业数量（个）	从业人员（人）	总产值（万元）	固定资产（万元）	利润总额（万元）	税金（万元）
河南	138	1704	100987	46113	2457	265	33	514	10341	3765	943	82
湖北	87	1788	58776	63624	5681	1010	38	253	2913	1936	340	40
湖南	72	3330	120102	77196	9641	5448	13	952	43352	18766	2676	3145
广东	73	2705	204019	32188	8382	4731	69	2649	202765	31331	8306	4668
广西	807	2222	3885	4087	638	164	803	2200	3612	4022	568	164
海南	16	613	7367	3955	878	519	16	613	7367	3955	878	519
重庆	26	732	25689	8006	1379	559	19	450	3471	1576	266	104
四川	77	1488	14415	9639	1308	450	73	1298	9510	2339	924	232
贵州	9	310	9162	4244	520	304	6	135	636	1248	63	19
云南	2	47	1555	3884	206	75	1	35	1300	3817	185	52
西藏	297	1762	15150	82686	4545	1212	25	226	1550	1086	465	124
陕西	10	54	700	1435	143	18	10	54	700	1435	143	18
甘肃	45	909	29561	9484	3089	144	11	157	713	6378	370	21
青海												
宁夏	9	148	2828	3482	166	23	7	49	1268	2370	165	23
新疆	52	1980	175474	126484	10061	1982	52	1980	175474	126484	10061	1982
新疆生产建设兵团												

产业发展情况（二）

地区	沼气产业											
	生产类企业						服务类企业					
	企业数量（个）	从业人员（人）	总产值（万元）	固定资产（万元）	利润总额（万元）	税金（万元）	企业数量（个）	从业人员（人）	总产值（万元）	固定资产（万元）	利润总额（万元）	税金（万元）
全国	417	13062	572753	300081	35569	15566	1532	7664	48823	25972	7289	1567
北京	1	46	200	100			1	46	200	100		
天津	4	88	300	320	170	30	3	62	580	180	120	15
河北	23	2076	20314	8661	2031	517	211	806	768	2366	323	60
山西	4	142	2230	1120	567	279	9	16	25	25		
内蒙古	2	25	300	900	24	6						
辽宁							3	17	400	100	20	2
吉林	4	55	200	325	15	8						
黑龙江	10	171	6491	16811	240	49	16	75	34	21	5	
黑龙江农垦												
上海	5	864	38813	4488	4338	3155	2	189	3390	928	235	144
江苏	88	550	5724	1787	584	58	184	617	2535	2781	464	51
浙江	17	309	2905	3027	351	85	34	154	2199	880	429	95
安徽	6	168	6056	3965	627	173	2	8	38	31	17	
福建	5	298	18654	24461	100	50	3	189	53	158	15	4
江西	22	626	7667	11522	1032	61	18	228	4840	1386	477	113
山东	20	606	16030	24016	1752	502	76	730	15660	5088	2570	507

（续）

地区	沼气产业											
	生产类企业						服务类企业					
	企业数量（个）	从业人员（人）	总产值（万元）	固定资产（万元）	利润总额（万元）	税金（万元）	企业数量（个）	从业人员（人）	总产值（万元）	固定资产（万元）	利润总额（万元）	税金（万元）
河南	9	232	8780	2439	711	60	24	282	1561	1326	232	22
湖北	14	63	1527	1515	188	18	24	190	1386	421	152	22
湖南	6	806	42500	18432	2528	3111	7	146	852	334	148	34
广东	37	2501	201415	31130	8049	4652	32	148	1350	201	257	16
广西							803	2200	3612	4022	568	164
海南	15	602	7289	3835	869	514	1	11	78	120	9	5
重庆	8	152	797	121	56	43	11	298	2674	1455	210	61
四川	49	471	5423	1138	541	136	24	827	4087	1201	383	96
贵州							6	135	636	1248	63	19
云南	1	35	1300	3817	185	52						
西藏							25	226	1550	1086	465	124
陕西	5	23	600	1214	117	13	5	31	100	221	26	5
甘肃	4	128	497	6090	268	13	7	29	216	288	102	8
青海												
宁夏	6	45	1268	2364	165		1	4		6		
新疆	52	1980	175474	126484	10061	1982						
新疆生产建设兵团												

产业发展情况（三）

地区	节能炉灶炕产业						太阳能热利用产业					
	企业数量（个）	从业人员（人）	总产值（万元）	固定资产（万元）	利润总额（万元）	税金（万元）	企业数量（个）	从业人员（人）	总产值（万元）	固定资产（万元）	利润总额（万元）	税金（万元）
全国	290	6760	103320	78421	12671	3122	1963	77817	1553516	763777	109976	51812
北京	1	15	120	300	40		1	100	4500	560		
天津	10	105	149	110	47	12						
河北	37	2832	23882	28484	2909	1065	129	1546	47962	17359	3823	446
山西												
内蒙古												
辽宁	5	530	14820	13400	2268	583						
吉林												
黑龙江	4	126	410	1000	75	14	9	60	720	200	27	3
黑龙江农垦												
上海							4	3352	268388	59271	16665	7082
江苏	5	88	280	800	20	2	223	10881	85568	36670	7594	944
浙江							20	365	7510	7149	990	216
安徽	4	97	7490	1961	1038	98	42	1681	84200	30255	6894	961
福建												
江西	44	164	1329	609	165	32	447	1560	26122	18120	4512	456
山东	106	676	5118	6555	499	203	661	53575	833609	442365	57996	38269

（续）

地区	节能炉灶炕产业						太阳能热利用产业					
	企业数量（个）	从业人员（人）	总产值（万元）	固定资产（万元）	利润总额（万元）	税金（万元）	企业数量（个）	从业人员（人）	总产值（万元）	固定资产（万元）	利润总额（万元）	税金（万元）
河南	32	77	374	515	46	7	65	1003	81592	38430	1018	149
湖北	13	345	3622	1740	783	183	23	737	26041	8094	1878	262
湖南	15	1209	33964	21711	3346	746	30	555	21070	10878	1658	1068
广东							4	56	1254	857	76	64
广西	4	22	273	65	70							
海南												
重庆							4	232	21820	5640	953	430
四川							1	40	3120	1700	138	142
贵州	1	120	4460	196	207	129	1	35	2866	1600	130	136
云南							1	12	255	67	21	23
西藏							272	1536	13600	81600	4080	1088
陕西												
甘肃	9	354	7029	976	1158	48	24	392	21759	1850	1521	73
青海												
宁夏							2	99	1560	1112	1	
新疆												
新疆生产建设兵团												

产业发展情况（四）

地区	生物质能（不含沼气）利用产业					
	企业数量（个）	从业人员（人）	总产值（万元）	固定资产（万元）	利润总额（万元）	税金（万元）
全国	626	15714	542799	753599	65646	14215
北京						
天津						
河北	155	2151	39370	29856	5448	1493
山西	5	193	1798	2908	400	260
内蒙古						
辽宁	72	1094	31296	33602	3873	357
吉林	1	210	412	1500	9	2
黑龙江	50	413	18500	48600	1820	540
黑龙江农垦						
上海	2	145	2424	1237	268	145
江苏	152	2505	95860	77401	4167	544
浙江	47	744	41845	130779	3602	855
安徽	56	1521	123238	152457	13353	4778
福建						
江西	4	359	18455	59752	2326	681
山东	39	4976	109562	126540	24723	3395

（续）

地区	生物质能（不含沼气）利用产业					
	企业数量（个）	从业人员（人）	总产值（万元）	固定资产（万元）	利润总额（万元）	税金（万元）
河南	8	110	8680	3403	450	27
湖北	13	453	26200	51854	2680	525
湖南	14	614	21716	25841	1961	489
广东						
广西						
海南						
重庆	3	50	398	790	160	25
四川	3	150	1785	5600	246	77
贵州	1	20	1200	1200	120	20
云南						
西藏						
陕西						
甘肃	1	6	60	280	40	2
青海						
宁夏						
新疆						
新疆生产建设兵团						

经费投入情况（一）

地区	合计							中央投入						
	拨款						贷款（万元）	拨款						贷款（万元）
	合计（万元）	其中：沼气（万元）	炉灶炕（万元）	太阳能热利用（万元）	生物质能利用（万元）	其他（万元）		小计（万元）	其中：沼气（万元）	炉灶炕（万元）	太阳能热利用（万元）	生物质能利用（万元）	其他（万元）	
全国	531895.95	281079.60	81190.13	64338.79	53560.44	51726.99	94.40	283903.54	201748.50	27704.50	23086.59	25511.38	5852.57	45.00
北京	6306.39	191.00	1260.00	2546.39	132.00	2177.00								
天津	1425.00	1425.00						1353.00	1353.00					
河北	109762.73	17619.00	68667.52	2225.04	14517.00	6734.17		44109.78	13714.00	22276.74	1610.04	5841.00	668.00	
山西	1440.00	910.00	345.00		185.00			220.00	220.00					
内蒙古	14611.30	14273.00	8.00	120.00	210.00	0.30		14571.00	14243.00	8.00	120.00	200.00		
辽宁	3672.80	1322.00	564.00	300.00	956.80	530.00		1110.00	1110.00					
吉林	7925.00	7925.00						7925.00	7925.00					
黑龙江	28693.00	8065.00		1636.00	18000.00	992.00		15745.00	7745.00			8000.00		
黑龙江农垦	6544.00	4000.00			2544.00			6544.00	4000.00			2544.00		
上海														
江苏	34124.32	29366.50			3715.00	1042.82		9436.00	9436.00					
浙江	12658.46	3160.96		954.99	3141.80	5400.71		387.00	387.00					
安徽	10338.07	8435.42	45.70	879.65	603.00	374.30		7884.00	7424.50	35.70	403.80	10.00	10.00	
福建	589.00	589.00						589.00	589.00					
江西	7453.37	7222.91	6.70	35.90		187.86		6147.60	6047.00	6.70	35.90		58.00	

（续）

地区	合计							中央投入						
	拨款						贷款（万元）	拨款						贷款（万元）
	合计（万元）	其中：						小计（万元）	其中：					
		沼气（万元）	炉灶炕（万元）	太阳能热利用（万元）	生物质能利用（万元）	其他（万元）			沼气（万元）	炉灶炕（万元）	太阳能热利用（万元）	生物质能利用（万元）	其他（万元）	
山东	45818.80	20211.10	33.00	89.50	8085.20	17400.00		26785.00	18785.00			8000.00		
河南	23654.61	19548.02	51.04	557.35	8.00	3490.20		19600.89	17200.00	51.04	149.85		2200.00	
湖北	28551.17	25878.66	157.00	1035.40	388.64	1091.47		12895.00	12895.00					
湖南	20966.96	16272.52	195.02	2913.25	235.52	1350.65		12640.72	12466.00	44.52	48.30	81.90		
广东	2864.65	2864.65						487.00	487.00					
广西	8469.50	5890.00		184.00		2395.50		5232.00	5232.00					
海南	1999.00	1999.00						1096.00	1096.00					
重庆	12326.40	10310.00	220.00	1221.40	375.00	200.00		11286.40	9515.00	220.00	1176.40	375.00		
四川	23134.54	20595.51	288.00	57.30	439.48	1754.25	94.40	13064.05	10882.00	288.00		439.48	1454.57	45.00
贵州	18430.18	8201.00	2001.68	3960.50		4267.00		11816.68	5920.00	2001.68	3840.00		55.00	
云南	37357.81	11590.16	7207.07	16413.82		2146.76		22746.92	11114.00	2639.62	7628.30		1365.00	
西藏	625.00	625.00						625.00	625.00					
陕西	15204.80	6373.00	140.00	8580.80	4.00	107.00		12431.50	4218.00	132.50	8074.00		7.00	
甘肃	6487.90	6168.20	0.39	214.31	20.00	85.00		6196.00	6141.00			20.00	35.00	
青海	35.00	35.00						35.00	35.00					
宁夏	24343.19	3930.00		20413.19				3930.00	3930.00					
新疆	1944.00	1944.00						1944.00	1944.00					
新疆生产建设兵团	14139.00	14139.00						5070.00	5070.00					

经费投入情况（二）

地区	省级投入							地级投入						
	拨款						贷款（万元）	拨款						贷款（万元）
	小计（万元）	其中：						小计（万元）	其中：					
		沼气（万元）	炉灶炕（万元）	太阳能热利用（万元）	生物质能利用（万元）	其他（万元）			沼气（万元）	炉灶炕（万元）	太阳能热利用（万元）	生物质能利用（万元）	其他（万元）	
全国	154719.78	55618.58	22265.60	31346.95	18244.49	27244.16	49.40	43025.41	6352.34	14909.09	2678.78	7132.80	11952.40	
北京	4226.00		630.00	1287.00	132.00	2177.00								
天津	72.00	72.00												
河北	25424.85	3775.00	16844.48	487.50	3666.00	651.87		24115.00	70.00	14122.00	127.50	4500.00	5295.50	
山西	990.00	480.00	325.00		185.00			230.00	210.00	20.00				
内蒙古	10.00				10.00			30.00	30.00					
辽宁	1000.00	200.00			300.00	500.00		1562.80	12.00	564.00	300.00	656.80	30.00	
吉林														
黑龙江	10387.00				10000.00	387.00		891.00	320.00		571.00			
黑龙江农垦														
上海														
江苏	22303.82	19434.00			2627.00	242.82		305.00	5.00			300.00		
浙江	2866.50	759.50		107.00	670.00	1330.00		3305.52	255.83		209.09	1553.00	1287.60	
安徽	403.22	105.82	10.00		257.00	30.40		384.10	19.60		212.50	38.00	114.00	
福建														
江西	1052.00	1000.00				52.00		105.62	105.12				0.50	

（续）

地区	省级投入							地级投入						
	拨款						贷款（万元）	拨款						贷款（万元）
	小计（万元）	其中：沼气（万元）	炉灶炕（万元）	太阳能热利用（万元）	生物质能利用（万元）	其他（万元）		小计（万元）	其中：沼气（万元）	炉灶炕（万元）	太阳能热利用（万元）	生物质能利用（万元）	其他（万元）	
山东	14400.00					14400.00		3798.80	1018.80			80.00	2700.00	
河南	709.00	570.00				139.00		1191.60	910.00		160.00		121.60	
湖北	15250.00	12840.66	157.00	1010.40	302.94	939.00		156.00	91.00				65.00	
湖南	3289.55	1578.00	75.20	859.65	94.55	682.15		1070.50	427.00	4.50	275.00	3.00	361.00	
广东	2329.80	2329.80						45.00	45.00					
广西	2659.00	352.50				2306.50		32.00	22.00				10.00	
海南								903.00	903.00					
重庆	835.00	600.00		45.00		190.00								
四川	7000.00	7000.00					49.40	1769.63	1627.43				142.20	
贵州	5227.00	2220.00				3007.00		1366.00	52.00		115.00		1199.00	
云南	11754.54	288.30	4216.42	7118.40		131.42		1645.75	166.86	198.20	708.69		572.00	
西藏														
陕西	2530.50	2013.00	7.50	432.00		78.00		65.00	59.00			2.00	4.00	
甘肃								53.09	2.70	0.39			50.00	
青海														
宁夏	20000.00			20000.00										
新疆														
新疆生产建设兵团														

经费投入情况（三）

地区	县级投入							乡级投入						
	拨款						贷款（万元）	拨款						贷款（万元）
	小计（万元）	其中：						小计（万元）	其中：					
		沼气（万元）	炉灶炕（万元）	太阳能热利用（万元）	生物质能利用（万元）	其他（万元）			沼气（万元）	炉灶炕（万元）	太阳能热利用（万元）	生物质能利用（万元）	其他（万元）	
全国	48534.47	16921.40	16310.93	6843.87	1969.77	6488.50		1712.75	438.79		382.60	702.00	189.36	
北京	2080.39	191.00	630.00	1259.39										
天津														
河北	16113.10	60.00	15424.30		510.00	118.80								
山西														
内蒙古	0.30					0.30								
辽宁														
吉林														
黑龙江	1522.00			1021.00		501.00		148.00			44.00		104.00	
黑龙江农垦														
上海														
江苏	1599.50	491.50			308.00	800.00		480.00				480.00		
浙江	5961.44	1750.63		603.90	858.80	2748.11		138.00	8.00		35.00	60.00	35.00	
安徽	1398.80	885.50		155.40	138.00	219.90		267.95			107.95	160.00		
福建														
江西	146.95	69.95				77.00		1.20	0.84				0.36	

（续）

地区	县级投入							乡级投入						
	拨款						贷款（万元）	拨款						贷款（万元）
	小计（万元）	其中：沼气（万元）	炉灶炕（万元）	太阳能热利用（万元）	生物质能利用（万元）	其他（万元）		小计（万元）	其中：沼气（万元）	炉灶炕（万元）	太阳能热利用（万元）	生物质能利用（万元）	其他（万元）	
山东	835.00	407.30	33.00	89.50	5.20	300.00								
河南	1839.37	718.02		123.75	8.00	989.60		313.75	150.00		123.75		40.00	
湖北	250.17	52.00		25.00	85.70	87.47								
湖南	3878.09	1760.32	70.80	1683.40	56.07	307.50		88.10	41.20		46.90			
广东	2.85	2.85												
广西	546.50	283.50		184.00		79.00								
海南														
重庆	205.00	195.00				10.00								
四川	1115.11	906.33		57.30		151.48		185.75	179.75				6.00	
贵州	20.50	9.00		5.50		6.00								
云南	1185.60	21.00	152.83	933.43		78.34		25.00			25.00			
西藏														
陕西	112.80	24.00		74.80		14.00		65.00	59.00			2.00	4.00	
甘肃	238.81	24.50		214.31										
青海														
宁夏	413.19			413.19										
新疆														
新疆生产建设兵团	9069.00	9069.00												

经费投入情况（四）

地区	用户自筹							其他投入资金（万元）
	投资						投劳折资（万元）	
	小计（万元）	其中：沼气（万元）	炉灶炕（万元）	太阳能热利用（万元）	生物质能利用（万元）	其他（万元）		
全国	461037.14	249173.46	24786.71	109231.01	38933.76	38862.20	22392.19	1564.38
北京								
天津	2470.00	2470.00						
河北	27945.34	2049.51	14922.31	1313.02	7143.50	2517.00	284.00	
山西	362.00	362.00						
内蒙古	35232.06	34277.06		955.00				
辽宁	313.35	43.40	79.90	110.05	80.00			
吉林								
黑龙江	14366.50	12980.00	935.00	295.35		156.15		
黑龙江农垦	9076.00				9076.00			
上海	1360.00	1360.00						
江苏	12415.23	10811.23			862.00	742.00	6000.00	
浙江	21784.79	8221.63		8689.23	4238.31	635.62	287.00	14.00
安徽	17807.16	3397.45	162.62	6111.59	7935.50	200.00	518.80	
福建								
江西	13252.90	7554.25	312.20	4430.45	176.00	780.00	720.91	152.00
山东	94550.09	46765.33	667.80	14090.40	1782.60	31243.96	70.00	

（续）

地区	用户自筹							其他投入资金（万元）
	投资						投劳折资（万元）	
	小计（万元）	其中：沼气（万元）	炉灶炕（万元）	太阳能热利用（万元）	生物质能利用（万元）	其他（万元）		
河南	36761.52	25695.47	116.70	10929.35		20.00	1192.00	
湖北	36026.19	25297.07	423.42	3018.35	6985.83	301.52	4914.45	102.00
湖南	39128.78	14414.12	4194.40	18668.74	704.02	1147.50	2773.51	850.00
广东	3632.75	3269.75		363.00				
广西	3766.60	2663.00	17.50	1045.80		40.30	211.00	
海南	2485.00	2485.00						
重庆	14761.89	12113.55	240.00	2349.63		58.71	65.00	
四川	19504.76	12913.57	582.05	5049.20		959.94	2225.66	237.38
贵州	2435.83	1560.40	165.63	709.80			25.00	
云南	28036.41	752.87	1534.58	25696.46		52.50	2599.86	33.00
西藏	2355.00	2355.00						
陕西	6087.80	4281.80	430.50	1368.50		7.00	96.00	
甘肃	11297.68	11080.00	2.10	215.58			409.00	176.00
青海								
宁夏	3821.51			3821.51				
新疆								
新疆生产建设兵团								

2017 年

管理推广机构情况（一）

地区	机构					人员									
						合计	按行政区划分类				按文化程度分类				
	合计（个）	省级（个）	地（市）级（个）	县级（个）	乡级（个）	（人）	省级（人）	地（市）级（人）	县级（人）	乡级（人）	博士（人）	硕士（人）	本科（人）	大专（人）	高中及以下（人）
全国	11354	42	329	2630	8353	30381	525	1739	12920	15197	41	742	9076	12484	8038
北京	25	2		14	9	148	11		119	18		8	93	16	31
天津	6	1		5		39	4		35			2	10	14	13
河北	360	2	15	171	172	1145	24	112	659	350		8	393	468	276
山西	392	1	11	107	273	1141	17	65	568	491		14	339	508	280
内蒙古	402	1	13	82	306	1793	40	131	714	908		59	543	609	582
辽宁	682	1	10	76	595	1035	16	38	267	714	1	28	312	354	340
吉林	67	2	10	55		623	8	58	557			14	225	205	179
黑龙江	312	1	13	118	180	801	30	35	350	386		9	299	298	195
黑龙江农垦	115	1	9	105		133	6	22	105			1	60	30	42
上海	1	1				4	4						2	2	
江苏	225	1	13	76	135	667	10	46	368	243	3	46	252	237	129
浙江	83	1	11	71		372	20	64	253	35		27	229	91	25
安徽	233	2	18	105	108	635	26	51	417	141		15	207	302	111
福建	317	1	8	72	236	496	15	27	177	277		7	157	150	182
江西	1119	1	11	98	1009	1677	16	40	381	1240	1	291	300	676	409

（续）

地区	机构					人员									
						合计（人）	按行政区划分类				按文化程度分类				
	合计（个）	省级（个）	地（市）级（个）	县级（个）	乡级（个）		省级（人）	地（市）级（人）	县级（人）	乡级（人）	博士（人）	硕士（人）	本科（人）	大专（人）	高中及以下（人）
山东	813	2	18	142	651	2294	18	61	605	1610	26	63	719	753	733
河南	508	1	18	150	339	1704	29	168	841	666		14	498	777	415
湖北	438	1	17	91	329	1430	30	128	595	677	6	16	283	616	509
湖南	180	2	14	124	40	819	11	53	715	40		6	273	358	182
广东	81	1	10	70		100	10	20	70				75	25	
广西	316	1	14	108	193	997	19	69	573	336		10	256	486	245
海南	90	1	2	20	67	493	17	12	166	298	1	2	149	122	219
重庆	677	1		38	638	1093	9		202	882			283	529	281
四川	1073	1	21	172	879	2277	26	123	857	1271	1	15	628	1147	486
贵州	1008	2	8	88	910	2395	12	47	392	1944		12	589	1203	591
云南	841	2	16	132	691	2286	13	80	715	1478		7	570	971	738
西藏	193	1	7	65	120	311	5	21	130	155	1	3	116	65	126
陕西	273	1	12	101	159	1444	5	101	909	429		19	425	620	380
甘肃	381	1	14	78	288	1386	27	92	716	551	1	32	481	601	271
青海	21	1		20		178	7		161	10			66	77	35
宁夏	47	1	2	22	22	228	23	4	159	42		2	136	73	17
新疆	74	2	14	54	4	235	15	71	144	5		11	107	101	16
新疆生产建设兵团	1	1				2	2					1	1		

管理推广机构情况（二）

地区	人员											
	按编制分类			按年龄分类			按岗位分类			按职称分类		
	行政（人）	参公（人）	事业（人）	35岁及以下（人）	36～49岁（人）	50岁及以上（人）	管理岗位（人）	技术岗位（人）	工勤岗位（人）	高级（人）	中级（人）	初级（人）
全国	1438	2446	26497	4792	15093	10496	5964	17070	7347	2879	10581	10688
北京	15	19	114	38	53	57	102	23	23	2	5	16
天津	4		35	8	16	15	11	14	14	3	7	6
河北	91	77	977	134	663	348	317	444	384	88	275	316
山西	3		1138	203	816	122	152	768	221	106	548	685
内蒙古	3	23	1767	307	739	747	155	1119	519	288	611	583
辽宁	112	106	817	117	522	396	340	575	120	59	347	629
吉林	4		619	131	380	112	100	441	82	148	281	194
黑龙江	57	13	731	68	338	395	113	421	267	59	152	142
黑龙江农垦			133		20	113	23	5	105	4	1	
上海			4			4			4			
江苏	84	47	536	115	304	248	159	386	122	104	184	179
浙江	13	25	334	86	174	112	113	231	28	60	174	116
安徽	66	61	508	50	292	293	205	336	94	66	159	196
福建	3	4	489	65	239	192	11	426	59	87	204	205
江西	25	12	1640	184	742	751	182	1144	351	88	632	565

（续）

地区	人员											
	按编制分类			按年龄分类			按岗位分类			按职称分类		
	行政（人）	参公（人）	事业（人）	35 岁及以下（人）	36～49 岁（人）	50 岁及以上（人）	管理岗位（人）	技术岗位（人）	工勤岗位（人）	高级（人）	中级（人）	初级（人）
山东	50	10	2234	312	1226	756	248	1596	450	145	881	841
河南	71	49	1584	276	959	469	239	919	546	181	585	938
湖北	49	233	1148	93	678	659	422	576	432	63	471	322
湖南	78	353	388	110	392	317	430	98	291	48	43	32
广东			100	21	42	37	12	88		28	50	10
广西	13	489	495	86	505	406	399	410	188	36	175	605
海南			493	98	277	118	147	295	51	88	118	89
重庆	48	12	1033	138	434	521	200	661	232	98	418	510
四川	73	536	1668	359	1035	883	768	955	554	159	463	767
贵州	15	26	2354	633	1284	478	196	1997	202	238	1168	584
云南	46	11	2229	389	1347	550	94	1651	541	397	1052	451
西藏	311			155	148	8	213	47	51	10	30	7
陕西	161	28	1255	286	676	482	179	792	473	93	404	947
甘肃	39	286	1061	223	469	694	334	234	818	26	878	482
青海			178	21	82	75	48	87	43	23	69	86
宁夏		5	223	36	116	76	13	176	39	46	119	63
新疆	4	21	210	50	123	62	38	154	43	37	76	122
新疆生产建设兵团			2		2		1	1		1	1	

服务体系情况（一）

地区	省级实训基地								地（市）级服务站							
	年初数		本年新增		本年减少		年末累计		年初数		本年新增		本年减少		年末累计	
	数量（个）	从业人员（人）	数量（个）	从业人员（人）	数量（个）	从业人员（人）	数量（个）	从业人员（人）	数量（个）	从业人员（人）	数量（个）	从业人员（人）	数量（个）	从业人员（人）	数量（个）	从业人员（人）
全国	18	202	2	110	3	11	17	301	62	309	1	3	11	30	52	282
北京																
天津																
河北	1	10					1	10								
山西	1	5					1	5	11	46				3	11	43
内蒙古	1	7					1	7	7	30				4	7	26
辽宁																
吉林																
黑龙江	1	6					1	6								
黑龙江农垦									5	15					5	15
上海																
江苏	1	14					1	14								
浙江																
安徽																
福建																
江西	1	20					1	20	1	8					1	8
山东																
河南									12	128				3	12	125

（续）

地区	省级实训基地								地（市）级服务站							
	年初数		本年新增		本年减少		年末累计		年初数		本年新增		本年减少		年末累计	
	数量（个）	从业人员（人）	数量（个）	从业人员（人）	数量（个）	从业人员（人）	数量（个）	从业人员（人）	数量（个）	从业人员（人）	数量（个）	从业人员（人）	数量（个）	从业人员（人）	数量（个）	从业人员（人）
湖北																
湖南	1	7					1	7	2	6					2	6
广东	2	9			2	9										
广西			1	10			1	10	2	12	1	3		4	3	11
海南									3	28					3	28
重庆	1	18					1	18								
四川	1	21					1	21	1	3					1	3
贵州	1	19					1	19								
云南									3	11				1	3	10
西藏	3	32					3	32	3	6					3	6
陕西	2	32					2	32	1	1					1	1
甘肃			1	100			1	100								
青海																
宁夏																
新疆	1	2			1	2			11	15			11	15		
新疆生产建设兵团																

服务体系情况（二）

地区	县级服务站								乡村服务网点											
	年初数		本年新增		本年减少		年末累计		年初数			本年新增			本年减少			年末累计		
	数量（个）	从业人员（人）	数量（个）	从业人员（人）	数量（个）	从业人员（人）	数量（个）	从业人员（人）	数量（个）	从业人员（人）	覆盖范围（万户）	数量（个）	从业人员（人）	覆盖范围（万户）	数量（个）	从业人员（人）	覆盖范围（万户）	数量（个）	从业人员（人）	覆盖范围（万户）
全国	1162	6081	20	97	117	802	1065	5376	110828	182823	3250.31	446	708	19.45	7176	13247	246.73	104098	170284	3023.02
北京	8	96		8		6	8	98	9	52	3.87				2	11	1.99	7	41	1.88
天津	1	3			1	3			202	626	7.02				13	40	0.38	189	586	6.64
河北	4	21			1	4	3	17	7383	15824	298.42				1321	2547	78.14	6062	13277	220.28
山西	74	248				2	74	246	3441	6360	71.21		4		486	720	9.29	2955	5644	61.92
内蒙古	66	350				13	66	337	2768	3853	54.25				192	193	4.14	2576	3660	50.11
辽宁	14	61				6	14	55	1650	2722	39.87				75	174	3.50	1575	2548	36.37
吉林	1	5					1	5	850	1166	16.99							850	1166	16.99
黑龙江									1086	2081	22.63				68	192	1.10	1018	1889	21.53
黑龙江农垦	4	9					4	9	1	2	0.10							1	2	0.10
上海																				
江苏	13	60	6	10	3	13	16	57	1380	2357	44.84	2	4	0.02	71	177	2.21	1311	2184	42.65
浙江	15	53	2	7	1	1	16	59	658	868	13.75	1	2		251	325	3.12	408	545	10.63
安徽	4	20	1	3			5	23	3847	4454	86.99			0.01	479	556	8.44	3368	3898	78.56
福建	45	207	5	5	2	10	48	202	1874	2723	39.00				96	112	1.61	1778	2611	37.38
江西	46	182				5	46	177	3198	4620	122.63	2	4	0.05	47	91	2.02	3153	4533	120.66

（续）

地区	县级服务站								乡村服务网点											
	年初数		本年新增		本年减少		年末累计		年初数			本年新增			本年减少			年末累计		
	数量（个）	从业人员（人）	数量（个）	从业人员（人）	数量（个）	从业人员（人）	数量（个）	从业人员（人）	数量（个）	从业人员（人）	覆盖范围（万户）	数量（个）	从业人员（人）	覆盖范围（万户）	数量（个）	从业人员（人）	覆盖范围（万户）	数量（个）	从业人员（人）	覆盖范围（万户）
山东	110	488		3	10	58	100	433	7984	13563	213.88	29	89	1.80	268	553	8.82	7745	13099	206.86
河南	125	1425		13		256	125	1182	10380	21285	288.10	33	67	0.17	404	1100	9.46	10009	20252	278.81
湖北	36	153		2		1	36	154	5546	8396	187.12	100	150	5.75	154	415	5.28	5492	8131	187.59
湖南	53	223	1	4		22	54	205	6172	11505	204.60	20	45	4.38	376	904	9.49	5816	10646	199.48
广东	37	180			37	180			1164	1822	33.51				1164	1822	33.51			
广西	85	440	1	13	4	25	82	428	6611	15218	250.28			0.03	190	367	7.70	6421	14851	242.61
海南	18	68					18	68	1167	2383	28.03							1167	2383	28.03
重庆	21	104		8	1	4	20	108	2943	4363	133.88				46	66	3.00	2897	4297	130.88
四川	57	273	1	2	2	37	56	238	10714	16795	318.37				58	367	7.24	10656	16428	311.13
贵州	49	206		1	2	28	47	179	6152	7030	192.09				458	747	18.62	5694	6283	173.46
云南	47	321	2	4		8	49	317	5147	8651	172.22	259	343	7.24	275	368	5.11	5131	8626	174.35
西藏	45	91					45	91	518	1015	16.28							518	1015	16.28
陕西	27	199	1	14			28	213	4980	7215	133.98				1	3	0.27	4979	7212	133.71
甘肃	53	307				2	53	305	5440	6601	109.45							5440	6601	109.45
青海	7	41					7	41	2047	2015	19.48							2047	2015	19.48
宁夏	4	24					4	24	2263	2810	43.93				35	43	3.28	2228	2767	40.64
新疆	93	223			53	118	40	105	3253	4448	83.53				646	1354	19.00	2607	3094	64.53
新疆生产建设兵团																				

培训与职业技能鉴定情况（一）

地区	合计							沼气生产工							沼气物管员						
	培训			鉴定			持证人数（人）	培训			鉴定			持证人数（人）	培训			鉴定			持证人数（人）
	年初数（人次）	当年培训（人次）	年末累计（人次）	年初数（人次）	当年鉴定（人次）	年末累计（人次）		年初数（人次）	当年培训（人次）	年末累计（人次）	年初数（人次）	当年鉴定（人次）	年末累计（人次）		年初数（人次）	当年培训（人次）	年末累计（人次）	年初数（人次）	当年鉴定（人次）	年末累计（人次）	
全国	3263776	37441	3301217	410233	1054	411287	345399	2603483	26409	2629892	380372	592	380964	323613	17759	3240	20999	4685	92	4777	3733
北京	49258	741	49999	4393	63	4456	4456	22535	230	22765	974	2	976	976							
天津	10949	2	10951	1407		1407	1406	10915	2	10917	1406		1406	1406	16		16				
河北	182365	15	182380	13485		13485	13452	181497	15	181512	13477		13477	13452							
山西	31500		31500	25134		25134	25007	28614		28614	22783		22783	22684							
内蒙古	49935	1156	51091	8411	53	8464	8380	47847	1140	48987	7888	37	7925	7841	1219	16	1235	152	16	168	168
辽宁	20646	220	20866	7916		7916	7766	17046	20	17066	6386		6386	6386	158		158	142		142	142
吉林	22432		22432	17279		17279	17276	21713		21713	17213		17213	17213	63		63	63		63	63
黑龙江	30532	52	30584	10535		10535	9289	21893	50	21943	8858		8858	8265	70	2	72	28		28	28
黑龙江农垦	169		169	160		160	119	146		146	139		139	119							
上海	383	55	438	361	51	412	51	383	55	438	361	51	412	51							
江苏	46791	365	47156	7717	127	7844	6202	38512	324	38836	6495	105	6600	5538	272		272	133		133	130
浙江	63415	2284	65699	7835	80	7915	6898	54847	1488	56335	6493	80	6573	5982	1160	148	1308	394		394	362
安徽	48142	1527	49669	11243		11243	10644	45379	372	45751	10772		10772	10275	130	35	165	43		43	43
福建	55385	1894	57279	8381		8381	6364	55381	1894	57275	8377		8377	6364							
江西	106709	1083	107792	8248		8248	6393	80329	313	80642	7934		7934	6090	399	765	1164	240		240	231

（续）

地区	合计							沼气生产工							沼气物管员						
	培训			鉴定			持证人数（人）	培训			鉴定			持证人数（人）	培训			鉴定			持证人数（人）
	年初数（人次）	当年培训（人次）	年末累计（人次）	年初数（人次）	当年鉴定（人次）	年末累计（人次）		年初数（人次）	当年培训（人次）	年末累计（人次）	年初数（人次）	当年鉴定（人次）	年末累计（人次）		年初数（人次）	当年培训（人次）	年末累计（人次）	年初数（人次）	当年鉴定（人次）	年末累计（人次）	
山东	172208	1472	173680	16771		16771	13183	165394	948	166342	16141		16141	12801	348	13	361	29		29	26
河南	662291	1784	664075	63888	18	63906	54380	570058	1617	571675	62944	18	62962	53548	2660	167	2827	85		85	65
湖北	175381	2104	177485	24066	111	24177	19149	148096	1692	149788	22008	111	22119	17468	691	150	841	211		211	180
湖南	66569	1512	68081	15811	117	15928	12580	59172	1001	60173	14213	1	14214	11272	724	137	861	452	76	528	465
广东	53237		53237	5966		5966	5966	27646		27646	5954		5954	5954	86		86				
广西	239851	2265	242116	20828	232	21060	19074	222170	2131	224301	20672	157	20829	18938	100		100	30		30	
海南	11488	200	11688	4992		4992	4991	11187	200	11387	4991		4991	4991	300		300				
重庆	61666	409	62075	10813		10813	10746	55977	394	56371	10743		10743	10683	79	15	94	59		59	59
四川	174327	4437	178764	29777		29777	25479	151566	2782	154348	27180		27180	24373	5067	666	5733	1312		1312	733
贵州	167010	782	167792	15453		15453	13423	125272	368	125640	14268		14268	12473	668	86	754	236		236	83
云南	298077	3240	301317	15147	172	15319	10739	178132	2295	180427	11582		11582	8261	344		344	274		274	269
西藏	6234	600	6834	1681		1681		4992		4992	1673		1673		530	600	1130				
陕西	179386	548	179934	17241	30	17271	3667	111778	243	112021	15623	30	15653	3380	1441		1441	197		197	81
甘肃	38595	3504	42099	12594		12594	12489	24928	1695	26623	11151		11151	11151	600	440	1040	456		456	456
青海	69222		69222	6628		6628	6197	19663		19663	6593		6593	6197	45		45				
宁夏	28033		28033	4112		4112	3963	16674		16674	3814		3814	3814	249		249	149		149	149
新疆	133264	5190	138454	11616		11616	5670	75415	5140	80555	10922		10922	5667	340		340				
新疆生产建设兵团	8326		8326	344		344		8326		8326	344		344								

培训与职业技能鉴定情况（二）

地区	农村节能员							太阳能利用工							其他农村能源利用人员						
	培训			鉴定			持证人数（人）	培训			鉴定			持证人数（人）	培训			鉴定			持证人数（人）
	年初数（人次）	当年培训（人次）	年末累计（人次）	年初数（人次）	当年鉴定（人次）	年末累计（人次）		年初数（人次）	当年培训（人次）	年末累计（人次）	年初数（人次）	当年鉴定（人次）	年末累计（人次）		年初数（人次）	当年培训（人次）	年末累计（人次）	年初数（人次）	当年鉴定（人次）	年末累计（人次）	
全国	453191	555	453746	8072	6	8078	6315	83032	1546	84578	8889	359	9248	7477	106311	5691	112002	8215	5	8220	4261
北京	3536		3536	1030		1030	1030	14038	511	14549	1918	61	1979	1979	9149		9149	471		471	471
天津															18		18	1		1	
河北	860		860												8		8	8		8	
山西	1491		1491	1174		1174	1173	913		913	803		803	801	482		482	374		374	349
内蒙古	516		516	18		18	18	10		10	10		10	10	343		343	343		343	343
辽宁	861		861	371		371	371	10		10					2571	200	2771	1017		1017	867
吉林	103		103												553		553	3		3	
黑龙江	5461		5461	1302		1302	677	1332		1332	114		114	114	1776		1776	233		233	205
黑龙江农垦															23		23	21		21	
上海																					
江苏	2925	5	2930	264	5	269	61	1270	12	1282	213	12	225	214	3812	24	3836	612	5	617	259
浙江	2437		2437					975	5	980	554		554	554	3996	643	4639	394		394	
安徽	860		860					1703		1703	425		425	326	70	1120	1190	3		3	
福建															4		4	4		4	
江西	24401		24401	40		40	40	1216		1216	3		3	1	364	5	369	31		31	31

（续）

地区	农村节能员							太阳能利用工							其他农村能源利用人员						
	培训			鉴定			持证人数（人）	培训			鉴定			持证人数（人）	培训			鉴定			持证人数（人）
	年初数（人次）	当年培训（人次）	年末累计（人次）	年初数（人次）	当年鉴定（人次）	年末累计（人次）		年初数（人次）	当年培训（人次）	年末累计（人次）	年初数（人次）	当年鉴定（人次）	年末累计（人次）		年初数（人次）	当年培训（人次）	年末累计（人次）	年初数（人次）	当年鉴定（人次）	年末累计（人次）	
山东	3205	53	3258	390		390	241	971		971	197		197	115	2290	458	2748	14		14	
河南	88758		88758	610		610	610	590		590	174		174	82	225		225	75		75	75
湖北	16662	144	16806	625		625	417	6805	40	6845	602		602	555	3127	78	3205	620		620	529
湖南	807	1	808					3957	132	4089	562	40	602	586	1909	241	2150	584		584	257
广东	23376		23376					578		578	12		12	12	1551		1551				
广西	16204	31	16235					1367	103	1470	123	75	198	133	10		10	3		3	3
海南															1		1	1		1	
重庆	5179		5179					227		227					204		204	11		11	4
四川	12197	85	12282					732	107	839	117		117	112	4765	797	5562	1168		1168	261
贵州	39603	100	39703	681		681	608	685	200	885	120		120	120	782	28	810	148		148	139
云南	109180	46	109226	1459	1	1460	1066	3089	202	3291	1830	171	2001	1143	7332	697	8029	2		2	
西藏	699		699												13		13	8		8	
陕西	49944	90	50034	45		45		4420	70	4490	405		405	18	11803	145	11948	971		971	188
甘肃	8682		8682					3010	164	3174	707		707	602	1375	1205	2580	280		280	280
青海	3160		3160					24484		24484					21870		21870	35		35	
宁夏	1910		1910					8361		8361					839		839	149		149	
新疆	30174		30174	63		63	3	2289		2289					25046	50	25096	631		631	
新疆生产建设兵团																					

户用沼气池情况

地区	年初数（万户）	本年新增（户）	本年报废（户）	年末累计（万户）	本年利用（万户）	年总产气量（万米^3）	年户均产气量（米^3）	沼液沼渣用量				沼肥施用农田面积（万亩）
								合计（万吨）	其中：直接还田（万吨）	商品化液体肥（万吨）	商品化固体肥（万吨）	
全国	4161.14	42028	1076335	4057.71	2677.35	975794.60	364.46	31402.15	31227.86	78.39	95.89	9983.71
北京	0.25			0.25								
天津	4.86			4.86	2.99	873.08	292.00	17.46	17.46			6.00
河北	263.80		303333	233.46	110.44	32571.27	294.92	245.59	243.67	1.31	0.61	120.94
山西	70.88		208605	50.02	17.98	4392.04	244.34	263.53	253.66	3.05	6.82	107.27
内蒙古	52.41			52.41	11.68	2598.24	222.49	39.46	39.46			29.98
辽宁	51.90	764	129822	39.00	14.50	4143.81	285.78	78.50	78.50			15.43
吉林	19.43			19.43	6.35	1769.36	278.64	27.20	27.20			20.70
黑龙江	29.88			29.88	3.37	714.00	211.87	33.75	33.75			11.25
黑龙江农垦	0.14			0.14								
上海												
江苏	72.43		11200	71.31	40.31	11426.97	283.46	315.79	312.75	0.29	2.75	144.84
浙江	15.47			15.47	3.01	1276.81	423.53	120.30	112.43	0.37	7.50	52.12
安徽	89.51			89.51	56.79	19446.82	342.44	629.66	625.56	1.46	2.63	196.14
福建	47.88	719	13169	46.64	36.24	15481.73	427.20	606.91	605.56	0.03	1.32	309.56
江西	182.12	5883	15156	181.19	119.59	40928.20	342.23	522.51	509.76	5.90	6.85	255.03
山东	248.63	742		248.71	118.07	40160.33	340.14	938.14	933.02	1.62	3.50	502.68
河南	383.12	80		383.13	256.60	78426.63	305.64	2645.10	2644.85	0.25		591.67

（续）

地区	年初数（万户）	本年新增（户）	本年报废（户）	年末累计（万户）	本年利用（万户）	年总产气量（万米^3）	年户均产气量（米^3）	沼液沼渣用量				沼肥施用农田面积（万亩）
								合计（万吨）	其中：直接还田（万吨）	商品化液体肥（万吨）	商品化固体肥（万吨）	
湖北	300.46	6230		301.08	218.54	75075.05	343.53	2461.00	2433.67	20.04	7.29	769.53
湖南	227.48	8026	179393	210.35	172.57	71615.24	415.00	1804.15	1755.14	26.98	22.03	633.32
广东	45.66			45.66	4.56	1596.00	350.00	100.00	100.00			50.00
广西	388.56	4934		389.05	324.87	124670.06	383.75	5807.87	5790.69	11.68	5.50	1265.85
海南	34.52			34.52	31.62	22766.40	720.00	3035.00	3035.00			303.55
重庆	159.84	146	11729	158.69	98.43	31292.87	317.92	1398.93	1398.58		0.35	280.06
四川	607.37	10522	72170	601.21	458.72	160879.57	350.72	6093.62	6078.02	0.10	15.50	1698.97
贵州	197.41		21444	195.27	102.35	41318.27	403.68	930.28	921.42	3.34	5.52	554.68
云南	310.69	3982		311.09	279.66	130622.57	467.08	1463.31	1463.21	0.10		1033.46
西藏	22.85			22.85	12.00	4620.00	385.00	59.00	59.00			60.00
陕西	129.12		23035	126.81	65.24	22125.49	339.14	429.10	426.10		3.00	352.95
甘肃	118.17			118.17	86.69	28395.31	327.55	1083.76	1083.57	0.17	0.02	216.73
青海	17.88			17.88	8.01	2400.00	299.63	203.00	200.00		3.00	352.95
宁夏	22.98			22.98	4.17	968.47	232.44	12.74	12.74			10.62
新疆	45.24		85479	36.70	12.00	3240.00	270.00	36.50	33.10	1.70	1.70	37.43
新疆生产建设兵团	0.18		1800									

沼气工程情况（一）

地区	合计									处理工业废弃物工程								
	年初数（处）	本年新增（处）	本年报废（处）	年末累计						年初数（处）	本年新增（处）	本年报废（处）	年末累计					
				数量（处）	总池容（万米³）	年产气量（万米³）	供气户数（万户）	装机容量（千瓦）	年发电量（万千瓦时）				数量（处）	总池容（万米³）	年产气量（万米³）	供气户数（万户）	装机容量（千瓦）	年发电量（万千瓦时）
全国	113440	4474	7938	109976	2068.20	260787.76	198.20	291794	75892.39	258	1	15	244	61.33	23727.24	12.43	10067	757.24
北京	117	1	3	115	8.38	1001.55	1.27	2020	1400.50									
天津	441	3	9	435	6.44	1546.66	1.71	1381	417.53									
河北	2908	23	44	2887	70.50	13253.12	4.97	11751	5752.50	8		4	4	1.05	192.85	0.24		
山西	428	7	81	354	10.06	1676.17	5.85	240	50.00									
内蒙古	778	5	78	705	48.03	3063.64	2.55	4673	2584.35									
辽宁	1186	1	47	1140	43.78	4340.74	0.24	5776	3694.80									
吉林	59			59	2.25													
黑龙江	1461	3		1464	31.01	4152.35	2.09	3250	1300.00									
黑龙江农垦	26	1		27	3.93	78.80	0.23											
上海	97		7	90	15.15	1652.20	0.60	11040	1424.63									
江苏	5031	145	382	4794	135.50	18239.27	2.59	60242	14507.14	61			61	4.32	124.80	0.02	190	30.00
浙江	8820	207	1721	7306	92.27	7558.20	2.61	13782	2791.19									
安徽	2805	153	19	2939	44.20	4953.56	3.58	10929	1778.16	10			10	0.93	103.98	0.03		
福建	4936	141	693	4384	70.54	5818.33	4.45	2315	1024.40									
江西	8021	181	44	8158	171.25	10519.04	20.48	18674	3551.60	13			13	0.28	29.13	0.01	70	8.16
山东	8317	303	125	8495	153.05	20387.33	14.07	15640	4925.39	48		4	44	9.92	2853.36	0.06	1650	330.00
河南	6233	134	267	6100	171.17	33292.60	22.99	16857	4337.49	29	1	1	29	33.47	16276.62	11.17	7447	248.88

（续）

地区	合计									处理工业废弃物工程								
	年初数（处）	本年新增（处）	本年报废（处）	年末累计						年初数（处）	本年新增（处）	本年报废（处）	年末累计					
				数量（处）	总池容（万米³）	年产气量（万米³）	供气户数（万户）	装机容量（千瓦）	年发电量（万千瓦时）				数量（处）	总池容（万米³）	年产气量（万米³）	供气户数（万户）	装机容量（千瓦）	年发电量（万千瓦时）
湖北	7910	734	24	8620	120.27	16452.82	28.44	2026	769.14	4			4	3.41	2401.70	0.01		
湖南	24682	1032	549	25165	186.70	12328.95	23.71	13988	2557.31									
广东	7473	161	3157	4477	159.55	23537.00	0.24	16074	4621.00									
广西	909	226	6	1129	36.08	5032.41	5.18	9926	2751.08									
海南	2058	11		2069	48.89	11628.12	13.22	30355	5419.66	16			16	1.60	96.00	0.13		
重庆	4432	131	4	4559	83.58	5683.57	6.88	67	4.60									
四川	6977	428	558	6847	174.09	35277.10	11.52	16192	5952.11	39			39	4.81	1648.81	0.75	710	140.20
贵州	2058	190	15	2233	49.49	6180.32	5.35	6437	1362.91									
云南	505	67	21	551	10.85	1010.45	0.36	220	66.19	21		6	15	0.99				
西藏	14			14	0.80	120.00	0.02											
陕西	3307	135	9	3433	58.46	2571.59	3.60	1495		8			8	0.15				
甘肃	414	38	8	444	25.18	4113.03	3.84	8170	1435.72	1			1	0.40				
青海	232			232	3.39	187.27	0.35											
宁夏	123	10		133	11.82	701.57	0.49	5080	700.00									
新疆	636	3	67	572	17.00	3900.00	4.41	3194	713.00									
新疆生产建设兵团	46			46	4.55	530.00	0.31											

沼气工程情况（二）

地区	处理农业废弃物工程																	
	小计									特大型沼气工程								
	年初数（处）	本年新增（处）	本年报废（处）	年末累计						年初数（处）	本年新增（处）	本年报废（处）	年末累计					
				数量（处）	总池容（万米^3）	年产气量（万米^3）	供气户数（万户）	装机容量（千瓦）	年发电量（万千瓦时）				数量（处）	总池容（万米^3）	年产气量（万米^3）	供气户数（万户）	装机容量（千瓦）	年发电量（万千瓦时）
全国	113182	4473	7923	109732	2006.86	237060.52	185.77	281727	75135.15	51	15		66	137.46	26656.07	2.44	45950.0	21051.14
北京	117	1	3	115	8.38	1001.55	1.27	2020	1400.50	1			1	2.60	700.00		2000.0	1400.00
天津	441	3	9	435	6.44	1546.66	1.71	1381	417.53									
河北	2900	23	40	2883	69.45	13060.27	4.73	11751	5752.50	3	4		7	19.81	6481.67		7000.0	3965.63
山西	428	7	81	354	10.06	1676.17	5.85	240	50.00									
内蒙古	778	5	78	705	48.03	3063.64	2.55	4673	2584.35	10			10	28.30	2210.30	0.80	2860.0	2040.00
辽宁	1186	1	47	1140	43.78	4340.74	0.24	5776	3694.80	1			1	4.80	1825.00		5600.0	3600.00
吉林	59			59	2.25													
黑龙江	1461	3		1464	31.01	4152.35	2.09	3250	1300.00									
黑龙江农垦	26	1		27	3.93	78.80	0.23				1		1	1.35	10.00			
上海	97		7	90	15.15	1652.20	0.60	11040	1424.63	1			1	2.00	45.00		1000.0	60.04
江苏	4970	145	382	4733	131.18	18114.47	2.57	60052	14477.14	4	1		5	7.71	1170.00		7000.0	820.00
浙江	8820	207	1721	7306	92.27	7558.20	2.61	13782	2791.19	1			1	2.00	800.00		2000.0	1600.00
安徽	2795	153	19	2929	43.27	4849.58	3.55	10929	1778.16									
福建	4936	141	693	4384	70.54	5818.33	4.45	2315	1024.40		1		1	0.59	101.00		240.0	167.40
江西	8008	181	44	8145	170.97	10489.92	20.47	18604	3543.44		1		1	2.00	80.00		3000.0	120.00
山东	8269	303	121	8451	143.13	17533.97	14.01	13990	4595.39	6	1		7	14.43	3332.10	0.50	8980.0	3049.07
河南	6204	133	266	6071	137.70	17015.98	11.82	9410	4088.61	4			4	9.23	3360.00		3500.0	2800.00

（续）

地区	处理农业废弃物工程																
	小计									特大型沼气工程							
	年初数（处）	本年新增（处）	本年报废（处）	年末累计						年初数（处）	本年新增（处）	本年报废（处）	年末累计				
				数量（处）	总池容（万米³）	年产气量（万米³）	供气户数（万户）	装机容量（千瓦）	年发电量（万千瓦时）				数量（处）	总池容（万米³）	年产气量（万米³）	供气户数（万户）	装机容量（千瓦）	年发电量（万千瓦时）
湖北	7906	734	24	8616	116.86	14051.12	28.43	2026	769.14	2			2	3.79	607.00	0.92	850.0	543.00
湖南	24682	1032	549	25165	186.70	12328.95	23.71	13988	2557.31		1		1	2.06	60.00			
广东	7473	161	3157	4477	159.55	23537.00	0.24	16074	4621.00	12			12	11.35	1042.00	0.11	920.0	196.00
广西	909	226	6	1129	36.08	5032.41	5.18	9926	2751.08									
海南	2042	11		2053	47.29	11532.12	13.09	30355	5419.66	1			1	3.68	1080.00			
重庆	4432	131	4	4559	83.58	5683.57	6.88	67	4.60	1			1	2.30				
四川	6938	428	558	6808	169.27	33628.30	10.77	15482	5811.91									
贵州	2058	190	15	2233	49.49	6180.32	5.35	6437	1362.91		1		1	4.80	1900.00			
云南	484	67	15	536	9.86	1010.45	0.36	220	66.19									
西藏	14			14	0.80	120.00	0.02											
陕西	3299	135	9	3425	58.31	2571.59	3.60	1495										
甘肃	413	38	8	443	24.78	4113.03	3.84	8170	1435.72	2	1		3	5.16	288.00	0.10		
青海	232			232	3.39	187.27	0.35											
宁夏	123	10		133	11.82	701.57	0.49	5080	700.00		3		3	3.90	304.00	0.01	1000.0	690.00
新疆	636	3	67	572	17.00	3900.00	4.41	3194	713.00	1			1	3.60	1260.00			
新疆生产建设兵团	46			46	4.55	530.00	0.31			1			1	2.00				

沼气工程情况（三）

地区	处理农业废弃物工程							
	特大型沼气工程							
	其中：生物天然气工程							
	年初数（处）	本年新增（处）	本年报废（处）	年末累计数量（处）	总池容（万米^3）	年产（生物天然气）气量（万米^3）	进管网（生物天然气）气量（万米^3）	进加气站（生物天然气）气量（万米^3）
全国	5	10		15	46.82	4722.49	2028.30	2621.17
北京								
天津								
河北		4		4	15.86	2142.00	875.00	1267.00
山西								
内蒙古								
辽宁								
吉林								
黑龙江								
黑龙江农垦		1		1	1.35	5.65		
上海								
江苏		1		1	1.40	330.00	330.00	
浙江								
安徽								
福建								
江西								
山东	1	1		2	7.17	109.10	6.50	102.60
河南								

（续）

地区	处理农业废弃物工程							
	特大型沼气工程							
	其中：生物天然气工程							
	年初数（处）	本年新增（处）	本年报废（处）	年末累计数量（处）	总池容（万米³）	年产（生物天然气）气量（万米³）	进管网（生物天然气）气量（万米³）	进加气站（生物天然气）气量（万米³）
湖北								
湖南		1		1	2.06			
广东								
广西								
海南	1			1	3.68	612.37		612.37
重庆	1			1	2.30			
四川								
贵州		1		1	4.80	1178.00	800.00	378.00
云南								
西藏								
陕西								
甘肃		1		1	2.60	173.00	16.80	156.20
青海								
宁夏								
新疆	1			1	3.60	172.37		105.00
新疆生产建设兵团	1			1	2.00			

沼气工程情况（四）

地区	处理农业废弃物工程																	
	大型沼气工程									中型沼气工程								
	年初数（处）	本年新增（处）	本年报废（处）	年末累计						年初数（处）	本年新增（处）	本年报废（处）	年末累计					
				数量（处）	总池容（万米³）	年产气量（万米³）	供气户数（万户）	装机容量（千瓦）	年发电量（万千瓦时）				数量（处）	总池容（万米³）	年产气量（万米³）	供气户数（万户）	装机容量（千瓦）	年发电量（万千瓦时）
全国	7214	568	217	7565	724.63	120691.81	64.12	191850.0	48214.85	10734	402	620	10516	421.04	38189.33	26.59	37242.0	5150.02
北京	33			33	3.18	142.85	0.76			39	1		40	2.00	114.20	0.41		
天津	32	3	1	34	3.39	893.56	0.46	1381.0	417.53									
河北	280	9	4	285	27.90	4802.53	2.30	4651.0	1737.05	12	8		20	1.09	107.10	0.02		
山西	131	6	3	134	7.84	1252.54	4.80	240.0	50.00	31		5	26	1.04	303.52	0.67		
内蒙古	91	1	3	89	14.50	631.50	1.11	1663.0	534.35	21			21	1.01	45.50	0.09	150.0	10.00
辽宁	59		1	58	5.60	702.65	0.15	116.0	42.30	691	1	26	666	30.92	1757.79	0.08	60.0	52.50
吉林	41			41	2.05					5			5	0.15				
黑龙江	189	3		192	20.71	3411.00	0.59	3250.0	1300.00									
黑龙江农垦	17			17	2.31	68.80	0.23			3			3	0.24				
上海	52		7	45	10.73	1461.73	0.47	10040.0	1364.59	39			39	2.12	130.73	0.13		
江苏	345	19	11	353	38.93	8649.32	0.15	33944.0	10641.24	1313	51	90	1274	40.85	4536.21	1.49	13917.0	2494.64
浙江	149	30	17	162	19.19	1471.14	0.41	7884.0	872.90	308	24	50	282	14.56	1109.12	0.62	3358.0	252.97
安徽	198	17	3	212	18.74	3626.23	1.30	10849.0	1766.16	28	3		31	1.26	91.00	0.03	80.0	12.00
福建	303	9	55	257	33.48	3274.37	2.13	1425.0	635.00	640	98	82	656	19.77	1348.14	1.03	650.0	222.00
江西	652	19		671	67.73	5296.63	5.72	12808.0	2901.00	763	9	32	740	47.66	2001.93	3.18	2655.0	505.76

（续）

地区	处理农业废弃物工程																	
	大型沼气工程									中型沼气工程								
	年初数（处）	本年新增（处）	本年报废（处）	年末累计						年初数（处）	本年新增（处）	本年报废（处）	年末累计					
				数量（处）	总池容（万米³）	年产气量（万米³）	供气户数（万户）	装机容量（千瓦）	年发电量（万千瓦时）				数量（处）	总池容（万米³）	年产气量（万米³）	供气户数（万户）	装机容量（千瓦）	年发电量（万千瓦时）
山东	382	14	7	389	42.12	8503.11	6.52	4960.0	1540.32	302	20	2	320	11.36	1345.96	1.05		
河南	769	45	3	811	76.68	11083.55	6.86	4516.0	1285.01	897	2	9	890	31.43	496.84	1.75	1394.0	3.60
湖北	285	26	4	307	21.34	4835.67	6.22	1086.0	184.02	71	1		72	2.34	317.31	0.46	90.0	42.12
湖南	409	71	6	474	40.19	5234.42	3.54	13908.0	2548.66	812	67	52	827	25.44	736.79	3.32	58.0	5.45
广东	614	18	25	607	79.40	13293.00		15154.0	4425.00	1230	11	191	1050	52.00	7665.00	0.13		
广西	149	39	1	187	20.10	3708.68	1.08	8586.0	2644.33	136	8	3	141	8.29	422.40	3.52	961.0	103.38
海南	422	6		428	23.67	6684.71	7.25	21355.0	4019.98	360			360	10.80	2349.30	2.57	9000.0	1399.68
重庆	284	41	2	323	24.88	2518.66	1.91	60.0	4.00	655	39	2	692	29.21	1471.33	1.84		
四川	590	70	54	606	50.61	17731.20	2.07	15298.0	5787.91	1686	43	74	1655	57.46	10440.76	3.06	139.0	10.00
贵州	164	21	4	181	13.89	2494.13	1.88	5767.0	1320.31	235	5	1	239	8.99	525.16	0.45	480.0	4.20
云南	52	57		109	6.79	860.08	0.09	220.0	66.19	6		1	5	0.40	19.85	0.0005		
西藏										14			14	0.80	120.00	0.02		
陕西	249	19	1	267	19.42	1491.92	0.53	1495.0		267			267	10.24	182.26	0.21		
甘肃	127	22		149	15.98	3383.76	3.02	7800.0	1404.00	38	4		42	1.99	232.65	0.11	370.0	31.72
青海	30			30	2.54	112.00	0.15											
宁夏	3			3	0.74	189.07	0.22	200.0	10.00	120	7		127	7.18	208.50	0.26	3880.0	
新疆	85	3	5	83	8.00	2483.00	2.01	3194.0	713.00									
新疆生产建设兵团	28			28	2.01	400.00	0.20			12			12	0.44	110.00	0.10		

沼气工程情况（五）

地区	处理农业废弃物工程								
	小型沼气工程								
	年初数（处）	本年新增（处）	本年报废（处）	年末累计					
				数量（处）	总池容（万米^3）	年产气量（万米^3）	供气户数（万户）	装机容量（千瓦）	年发电量（万千瓦时）
全国	95183	3488	7086	91585	723.73	51523.31	92.62	6685	719.15
北京	44		3	41	0.60	44.50	0.10	20	0.50
天津	409		8	401	3.05	653.10	1.25		
河北	2605	2	36	2571	20.65	1668.97	2.41	100	49.82
山西	266	1	73	194	1.18	120.11	0.38		
内蒙古	656	4	75	585	4.22	176.34	0.55		
辽宁	435		20	415	2.46	55.30	0.01		
吉林	13			13	0.05				
黑龙江	1272			1272	10.30	741.35	1.50		
黑龙江农垦	6			6	0.03				
上海	5			5	0.30	14.74			
江苏	3308	74	281	3101	43.69	3758.94	0.93	5191	521.26
浙江	8362	153	1654	6861	56.52	4177.94	1.58	540	65.32
安徽	2569	133	16	2686	23.28	1132.35	2.22		
福建	3993	33	556	3470	16.70	1094.82	1.29		
江西	6593	152	12	6733	53.58	3111.36	11.58	141	16.68

（续）

地区	处理农业废弃物工程								
	小型沼气工程								
	年初数（处）	本年新增（处）	本年报废（处）	年末累计					
				数量（处）	总池容（万米^3）	年产气量（万米^3）	供气户数（万户）	装机容量（千瓦）	年发电量（万千瓦时）
山东	7579	268	112	7735	75.22	4352.80	5.94	50	6.00
河南	4534	86	254	4366	20.36	2075.59	3.21		
湖北	7548	707	20	8235	89.39	8291.14	20.83		
湖南	23461	893	491	23863	119.02	6297.74	16.85	22	3.20
广东	5617	132	2941	2808	16.80	1537.00			
广西	624	179	2	801	7.69	901.33	0.58	379	3.37
海南	1259	5		1264	9.14	1418.11	3.27		
重庆	3492	51		3543	27.19	1693.58	3.13	7	0.60
四川	4662	315	430	4547	61.21	5456.34	5.64	45	14.00
贵州	1659	163	10	1812	21.81	1261.03	3.02	190	38.40
云南	426	10	14	422	2.67	130.53	0.28		
西藏									
陕西	2783	116	8	2891	28.65	897.41	2.86		
甘肃	246	11	8	249	1.65	208.62	0.61		
青海	202			202	0.85	75.27	0.20		
宁夏									
新疆	550		62	488	5.40	157.00	2.40		
新疆生产建设兵团	5			5	0.10	20.00	0.01		

沼气工程情况（六）

地区	原料消耗量					沼液沼渣用量										
						沼液				沼渣			沼液沼渣（混合）			沼肥施用农田面积（万亩）
	合计（万吨）	工业废弃物（万吨）	畜禽粪便（污）（万吨）	农作物秸秆（万吨）	其他有机废弃物（万吨）	合计（万吨）	商品化液体肥（万吨）	直接还田（万吨）	达标排放（万吨）	合计（万吨）	商品化固体肥（万吨）	直接还田（万吨）	合计（万吨）	商品有机肥（万吨）	直接还田（万吨）	
全国	19824.64	280.66	18559.96	560.85	423.17	10737.68	237.77	8880.19	1619.72	2461.55	405.77	2055.78	7054.60	199.97	6854.63	6948.10
北京	15.57		15.56		0.01	0.71		0.61	0.10	1.04	0.01	1.03	13.82		13.82	1.77
天津	99.14		99.14			13.78			13.78	1.00		1.00	84.36		84.36	44.40
河北	182.62		98.97	80.30	3.35	46.93	7.13	39.80		33.09	10.78	22.31	64.64	2.00	62.64	65.78
山西	440.01		431.86	4.81	3.34	278.52	21.00	226.92	30.60	42.02	5.55	36.47	121.64	4.24	117.40	123.42
内蒙古	34.36		24.23	10.11	0.02	1.91		1.91		8.14	5.00	3.14	24.31		24.31	8.00
辽宁	227.69		212.41		15.28	30.00		10.00	20.00	28.00		28.00	68.00		68.00	18.59
吉林																
黑龙江	58.68		58.08	0.60									41.55		41.55	31.41
黑龙江农垦	1.15		0.52	0.63						1.15		1.15				0.77
上海	108.34		108.34			32.50	0.20	32.30		75.84	22.75	53.09				84.50
江苏	544.41	9.07	525.86	8.31	1.17	160.85	2.40	148.27	10.19	60.81	8.20	52.61	298.41	6.97	291.44	457.66
浙江	785.17		628.46	27.33	129.39	716.29	1.12	574.08	141.09	18.30	6.73	11.57	100.47	5.12	95.35	152.67
安徽	210.85	2.00	197.53	11.07	0.25	66.40		65.40	1.00	31.61	3.10	28.51	92.49	0.30	92.19	163.47
福建	977.24		972.24		5.00	861.07		817.05	44.02	76.19	29.26	46.93	39.98		39.98	439.53
江西	1040.92	2.01	971.16	33.31	34.44	594.15	74.94	441.18	78.03	162.09	67.19	94.90	317.00	73.81	243.19	252.75
山东	1095.82	3.92	913.05	93.93	84.92	395.90	5.15	359.65	31.10	176.64	67.00	109.64	428.42	8.36	420.06	288.73
河南	1078.53	27.36	1013.85	29.70	7.62	609.63	2.13	577.82	29.68	219.19	5.18	214.01	431.63	0.90	430.73	301.65

（续）

地区	原料消耗量					沼液沼渣用量										
						沼液				沼渣			沼液沼渣（混合）			沼肥施用农田面积（万亩）
	合计（万吨）	工业废弃物（万吨）	畜禽粪便（污）（万吨）	农作物秸秆（万吨）	其他有机废弃物（万吨）	合计（万吨）	商品化液体肥（万吨）	直接还田（万吨）	达标排放（万吨）	合计（万吨）	商品化固体肥（万吨）	直接还田（万吨）	合计（万吨）	商品有机肥（万吨）	直接还田（万吨）	
湖北	2413.85	233.00	2046.44	77.39	57.02	1125.76	12.44	740.73	372.59	193.19	18.50	174.69	942.54	27.07	915.47	879.59
湖南	2088.54		1982.88	95.95	9.71	1902.16	51.85	1416.21	434.10	255.47	52.40	203.07	550.14	43.03	507.11	470.36
广东	1130.00		1130.00			180.00			180.00				950.00		950.00	500.00
广西	367.45		355.59	7.77	4.09	139.53		120.19	19.34	10.70	4.61	6.09	178.81	0.13	178.68	117.08
海南	945.80	2.30	943.14	0.36		6.70			6.70	4.50	4.50		934.60		934.60	186.92
重庆	759.08		729.82	6.81	22.45	549.55	1.39	546.02	2.14	89.25	17.64	71.61	56.68	1.40	55.28	248.71
四川	2763.58	1.00	2702.18	26.92	33.48	1859.00	8.41	1797.19	53.40	591.38	50.83	540.55	523.73	7.24	516.49	739.49
贵州	1098.60		1082.89	14.43	1.28	434.52	17.87	366.23	50.42	164.44	12.32	152.12	415.81	3.20	412.61	325.01
云南	249.63		249.63			247.08		247.08		26.05		26.05	23.32		23.32	261.43
西藏	2.70		2.70										2.50		2.50	15.00
陕西	650.76		627.26	23.50		323.69		223.33	100.36	66.79	0.50	66.29	229.28		229.28	217.08
甘肃	324.81		318.50	5.96	0.35	90.96	21.03	68.84	1.09	114.54	10.50	104.04	106.13	12.15	93.98	500.00
青海	40.00		30.00		10.00	1.00		1.00		0.20		0.20	1.20		1.20	0.80
宁夏	25.09		25.09			23.20	2.32	20.88		1.88	0.27	1.61				25.09
新疆	53.13		51.58	1.55		37.33	0.06	37.27		5.39	0.32	5.07	11.54	2.50	9.04	23.57
新疆生产建设兵团	11.11		11.00	0.11		8.55	8.33	0.22		2.66	2.62	0.04	1.60	1.55	0.05	2.87

生活污水净化沼气池情况（一）

地区	合计								村级处理系统							
	年初数		本年新增		本年报废		年末累计		年初数		本年新增		本年报废		年末累计	
	数量（处）	总池容（万米^3）	数量（处）	总池容（万米^3）	数量（处）	总池容（万米^3）	数量（处）	总池容（万米^3）	数量（处）	总池容（万米^3）	数量（处）	总池容（万米^3）	数量（处）	总池容（万米^3）	数量（处）	总池容（万米^3）
全国	191967	1079.29	1453	24.18	8939	37.31	184481	1066.16	70032	238.25	716	6.51	553	5.01	70195	289.74
北京																
天津																
河北	135	0.81	1	0.01	33	0.22	103	0.60	9	0.14	1	0.01	8	0.12	2	0.03
山西	28	0.06			28	0.06										
内蒙古	1	0.07					1	0.07								
辽宁																
吉林	3	0.05					3	0.05	3	0.05					3	0.05
黑龙江																
黑龙江农垦																
上海																
江苏	30027	97.51	431	2.47	1601	2.26	28857	97.72	1187	5.14	200	0.60	110	0.28	1277	5.46
浙江	67239	270.44	451	3.79	594	4.72	67096	269.51	61115	213.66	337	3.48	298	3.46	61154	213.68
安徽	1693	4.99			6	0.02	1687	4.97	47	0.53					47	0.53
福建	1062	2.31			60	0.13	1002	2.18	450	0.88			52	0.10	398	0.78
江西	1945	6.85	20	0.20	23	0.07	1942	6.99	320	1.80	20	0.20	2	0.02	338	1.98

（续）

地区	合计								村级处理系统							
	年初数		本年新增		本年报废		年末累计		年初数		本年新增		本年报废		年末累计	
	数量（处）	总池容（万米³）	数量（处）	总池容（万米³）	数量（处）	总池容（万米³）	数量（处）	总池容（万米³）	数量（处）	总池容（万米³）	数量（处）	总池容（万米³）	数量（处）	总池容（万米³）	数量（处）	总池容（万米³）
山东	147	1.37			4	0.03	143	1.34	31	0.09					31	0.09
河南	480	2.20			143	0.25	337	1.95								
湖北	1142	6.67	65	0.17	13	0.09	1194	6.75	74	0.68	50	0.10			124	0.78
湖南	2028	9.77	12	0.11	31	0.16	2009	9.72	530	0.95	5	0.03	1	0.03	534	0.95
广东	4868	7.43			3011	4.82	1857	2.61	1750	2.12					1750	2.12
广西	119	3.33					119	3.33	59	0.15					59	0.15
海南																
重庆	11736	104.20			190	1.13	11546	103.07	1266	17.65			3	0.01	1263	17.64
四川	68589	553.03	448	16.84	3187	23.22	65850	546.66	2819	39.56	79	1.51	79	0.99	2819	40.08
贵州	425	4.04	24	0.57	9	0.09	440	4.53	238	2.70	23	0.56			261	3.26
云南	163	2.53	1	0.01			164	2.54	127	1.96	1	0.01			128	1.97
西藏	4	0.62					4	0.62	3	0.12					3	0.12
陕西	104	0.80			2	0.01	102	0.79	1	0.07					1	0.07
甘肃	25	0.17					25	0.17	3	0.01					3	0.01
青海																
宁夏	4	0.03			4	0.03										
新疆																
新疆生产建设兵团																

生活污水净化沼气池情况（二）

地区	学校处理系统								其他							
	年初数		本年新增		本年报废		年末累计		年初数		本年新增		本年报废		年末累计	
	数量（处）	总池容（万米^3）	数量（处）	总池容（万米^3）	数量（处）	总池容（万米^3）	数量（处）	总池容（万米^3）	数量（处）	总池容（万米^3）	数量（处）	总池容（万米^3）	数量（处）	总池容（万米^3）	数量（处）	总池容（万米^3）
全国	7827	65.47	98	1.20	415	1.55	7510	65.12	114108	725.57	639	16.47	7971	30.74	106776	711.29
北京																
天津																
河北	105	0.53			16	0.04	89	0.49	21	0.13			9	0.05	12	0.08
山西									28	0.06			28	0.06		
内蒙古	1	0.07					1	0.07								
辽宁																
吉林																
黑龙江																
黑龙江农垦																
上海																
江苏	1586	7.81	12	0.13	114	0.42	1484	7.52	27254	84.56	219	1.74	1377	1.56	26096	84.74
浙江	453	4.71	2	0.02	15	0.16	440	4.57	5671	52.07	112	0.29	281	1.10	5502	51.27
安徽	287	1.42					287	1.42	1359	3.05			6	0.02	1353	3.03
福建	100	0.63			8	0.03	92	0.60	512	0.80					512	0.80
江西	436	2.18			21	0.05	415	2.14	1189	2.86					1189	2.86
山东	111	1.24			4	0.03	107	1.21	5	0.04					5	0.04
河南	439	2.05			139	0.24	300	1.81	41	0.15			4	0.01	37	0.14

（续）

地区	学校处理系统								其他							
	年初数		本年新增		本年报废		年末累计		年初数		本年新增		本年报废		年末累计	
	数量（处）	总池容（万米^3）	数量（处）	总池容（万米^3）	数量（处）	总池容（万米^3）	数量（处）	总池容（万米^3）	数量（处）	总池容（万米^3）	数量（处）	总池容（万米^3）	数量（处）	总池容（万米^3）	数量（处）	总池容（万米^3）
湖北	571	3.95	10	0.05	13	0.09	568	3.91	497	2.04	5	0.02			502	2.06
湖南	513	2.98	7	0.08	16	0.08	504	2.98	985	5.83			14	0.05	971	5.78
广东	91	0.48					91	0.48	3027	4.83			3011	4.82	16	0.01
广西	60	3.18					60	3.18								
海南																
重庆	559	7.53			2	0.03	557	7.50	9911	79.02			185	1.09	9726	77.93
四川	2178	24.03	66	0.91	52	0.25	2192	24.70	63592	489.45	303	14.42	3056	21.98	60839	481.88
贵州	187	1.35	1	0.01	9	0.09	179	1.27								
云南	21	0.41					21	0.41	15	0.17					15	0.17
西藏									1	0.50					1	0.50
陕西	103	0.73			2	0.01	101	0.72								
甘肃	22	0.15					22	0.15								
青海																
宁夏	4	0.03			4	0.03										
新疆																
新疆生产建设兵团																

省柴节煤灶与节能炕情况

地区	省柴节煤灶				节能炕			
	年初数（万台）	本年新增（万台）	本年报废（万台）	年末累计（万台）	年初数（万铺）	本年新增（万铺）	本年报废（万铺）	年末累计（万铺）
全国	11201.40	54.47	579.82	10676.05	1792.76	14.78	123.65	1683.89
北京	1.40		0.10	1.30	34.85		4.81	30.04
天津	29.90		17.99	11.91				
河北	394.26	0.93	73.56	321.62	100.85	0.58	18.83	82.60
山西	28.20	0.01	3.89	24.32	31.97	0.02	4.12	27.87
内蒙古	134.81	0.76	5.09	130.48	35.15	0.19	1.72	33.62
辽宁	321.04	2.20	42.40	280.84	393.23	2.65	53.24	347.64
吉林	249.88	0.15		250.03	273.47			273.47
黑龙江	219.65	0.64	0.79	219.50	332.07	0.63	0.46	332.24
黑龙江农垦								
上海								
江苏	519.17	0.37	34.71	484.83				
浙江	309.69	1.42	48.47	262.64				
安徽	678.86	1.45	42.46	637.86				
福建	134.68	0.73	3.00	132.41				
江西	501.08	4.77	8.51	497.35				
山东	884.45	1.21	107.76	777.90	311.50	8.84	35.09	285.25
河南	856.07	0.74	67.40	789.41	1.62			1.62

（续）

地区	省柴节煤灶				节能炕			
	年初数（万台）	本年新增（万台）	本年报废（万台）	年末累计（万台）	年初数（万铺）	本年新增（万铺）	本年报废（万铺）	年末累计（万铺）
湖北	619.79	3.89	5.16	618.52				
湖南	740.21	6.23	18.67	727.77				
广东	506.18	0.25	32.86	473.57				
广西	746.75	0.86	4.64	742.96				
海南	82.06			82.06				
重庆	320.42	1.21	3.74	317.89				
四川	1151.47	4.10	45.41	1110.16	0.0001			0.0001
贵州	341.89	0.40	5.67	336.62				
云南	632.13	11.10	1.90	641.33				
西藏								
陕西	215.43		1.01	214.42	68.54		0.10	68.44
甘肃	303.36	11.05	3.13	311.28	177.79	1.87	4.26	175.40
青海	81.67			81.67	3.66			3.66
宁夏	46.26		0.86	45.40	20.05		1.01	19.05
新疆	150.66		0.65	150.01	3.01		0.01	3.00
新疆生产建设兵团								

节能炉与燃池情况（一）

地区	节能炉													
	年初数（万台）	本年新增（万台）	本年报废（万台）	年末累计（万台）	其中：			燃料来源						
					炊事炉（万台）	取暖炉（万台）	炊事取暖炉（万台）	合计（万吨）	生物质成型燃料（万吨）	其中：农作物秸秆（万吨）	林业三剩物（万吨）	散煤（万吨）	洁净型煤（万吨）	其他（万吨）
全国	3069.53	79.30	379.42	2769.41	615.63	223.18	1930.59	4085.62	895.90	568.85	327.05	1777.40	1342.02	70.30
北京	4.72		0.82	3.90			3.90	4.23					4.23	
天津	86.11		12.97	73.14			73.14	146.28					146.28	
河北	661.75	20.42	133.19	548.98	8.34	11.52	529.12	566.93	24.56	10.03	14.53	345.98	187.61	8.78
山西	51.50	0.30	7.21	44.59	1.44	0.98	42.17	37.54	4.39	4.04	0.35	33.12	0.03	
内蒙古	12.59	0.69	1.24	12.03	0.41	2.61	9.01	35.88	10.00	10.00		25.85	0.03	
辽宁	9.31	0.68	0.14	9.85		0.07	9.78	33.68	19.12	18.32	0.80	14.56		
吉林	94.50			94.50			94.50	324.60	158.50	158.50		35.60	130.50	
黑龙江	73.42	0.95	1.18	73.19	1.60	6.37	65.22	164.19	4.51	4.51		158.90	0.78	
黑龙江农垦	0.06			0.06			0.06	0.24	0.24	0.24				
上海														
江苏	5.72	0.12	1.63	4.21	0.69	0.01	3.51	0.02					0.02	
浙江	2.25		2.15	0.11	0.11			1.10	1.10	1.05	0.05			
安徽	84.40	1.91	5.97	80.34	45.70	0.67	33.97	55.24	28.87	21.56	7.31	6.42	18.28	1.68
福建														
江西	92.76	1.10	13.62	80.24	47.16	2.11	30.96	187.00	100.89	26.84	74.05	43.67	41.63	0.81

（续）

地区	节能炉													
	年初数（万台）	本年新增（万台）	本年报废（万台）	年末累计（万台）	其中：炊事炉（万台）	取暖炉（万台）	炊事取暖炉（万台）	燃料来源 合计（万吨）	生物质成型燃料（万吨）	其中：农作物秸秆（万吨）	林业三剩物（万吨）	散煤（万吨）	洁净型煤（万吨）	其他（万吨）
山东	546.34	32.96	142.53	436.77	138.20	79.14	219.43	877.87	140.47	101.46	39.01	422.96	300.90	13.54
河南	209.83	0.91	14.62	196.12	30.21	31.00	134.91	258.80	39.64	33.33	6.31	4.40	213.01	1.75
湖北	161.70	2.75	3.22	161.23	12.39	15.22	133.62	206.97	169.10	79.98	89.12	13.36	12.36	12.15
湖南	332.63	6.26	11.15	327.75	155.89	16.84	155.02	206.57	94.20	28.38	65.82	77.40	29.51	5.45
广东	0.09			0.09			0.09							
广西	2.26	0.07	0.14	2.19	1.49		0.70	0.04	0.04	0.02	0.02			
海南														
重庆	53.69	2.30	6.67	49.32	14.05	0.28	34.99	29.55	27.83	22.05	5.78	1.02	0.68	0.02
四川	221.23	2.45	15.31	208.37	101.92	14.47	91.98	101.50	23.21	20.01	3.20	36.88	22.99	18.42
贵州	98.41	0.61	2.03	96.98	0.42	1.06	95.50	150.61	10.45	4.08	6.37	136.44	2.15	1.57
云南	0.65	0.08		0.72			0.72	4.80	4.80	3.20	1.60			
西藏														
陕西	77.31		0.70	76.61			76.61	491.25	0.05	0.02	0.03	322.30	168.90	
甘肃	164.61	4.59	2.94	166.26	53.32	25.79	87.15	156.80	9.26	5.45	3.81	80.73	60.67	6.14
青海	14.27			14.27		14.27		8.56	8.56	4.28	4.28			
宁夏	4.36	0.16		4.51			4.51	5.78				4.32	1.46	
新疆	3.07			3.07	2.30	0.77		29.60	16.10	11.50	4.60	13.50		
新疆生产建设兵团														

节能炉与燃池情况（二）

地区	燃池			
	年初数（万个）	本年新增（万个）	本年报废（万个）	年末累计（万个）
全国	12.51		1.64	10.87
北京				
天津				
河北	2.82		0.65	2.16
山西				
内蒙古	0.08			0.08
辽宁	2.21		0.68	1.53
吉林				
黑龙江	7.41		0.31	7.10
黑龙江农垦				
上海				
江苏				
浙江				
安徽				
福建				
江西				
山东				
河南				

（续）

地区	燃池			
	年初数（万个）	本年新增（万个）	本年报废（万个）	年末累计（万个）
湖北				
湖南				
广东				
广西				
海南				
重庆				
四川	0.0004			0.0004
贵州				
云南				
西藏				
陕西				
甘肃				
青海				
宁夏				
新疆				
新疆生产建设兵团				

太阳能热利用情况（一）

地区	太阳能热水器								太阳灶			
	年初数		本年新增		本年报废		年末累计		年初数	本年新增	本年报废	年末累计
	数量（万台）	集热面积（万米²）	数量（万台）	集热面积（万米²）	数量（万台）	集热面积（万米²）	数量（万台）	集热面积（万米²）	数量（台）	数量（台）	数量（台）	数量（台）
全国	4770.84	8623.69	210.64	389.01	188.84	289.20	4792.64	8723.50	2279387	10457	67178	2222666
北京	51.73	90.64	0.15	0.26	0.88	1.21	51.00	89.69	120			120
天津	41.02	43.62	0.85	1.01	2.80	2.95	39.07	41.68				
河北	468.05	668.60	20.01	31.91	13.31	17.57	474.75	682.94	51283	108	11664	39727
山西	184.14	411.03	2.80	5.62	89.30	120.65	97.64	296.00	69435	300	630	69105
内蒙古	33.54	70.39	4.86	2.67	0.90	4.89	37.50	68.17	61277	50	5821	55506
辽宁	106.45	148.42	1.01	1.63	21.51	23.21	85.95	126.84	1006		100	906
吉林	20.91	67.20	0.46	1.19			21.37	68.39	731		328	403
黑龙江	47.48	69.28	1.28	1.95	0.74	1.24	48.02	69.99	511		4	507
黑龙江农垦	5.78	14.47			0.52	3.90	5.26	10.57				
上海	45.10	90.22					45.10	90.22				
江苏	561.42	906.01	23.54	32.52	10.04	17.53	574.92	921.00				
浙江	320.61	671.76	12.62	27.53	12.78	21.98	320.45	677.32	40			40
安徽	368.92	585.42	16.31	26.20	8.09	16.23	377.14	595.39				
福建	16.20	39.08			0.39	0.87	15.81	38.21				
江西	88.98	207.42	3.98	9.57	0.83	1.90	92.13	215.09				
山东	839.16	1297.57	29.21	47.67	13.93	26.05	854.44	1319.19	4758	45	1830	2973
河南	381.37	602.78	23.93	40.31	4.37	7.94	400.93	635.15				

（续）

地区	太阳能热水器								太阳灶			
	年初数		本年新增		本年报废		年末累计		年初数	本年新增	本年报废	年末累计
	数量（万台）	集热面积（万米²）	数量（万台）	集热面积（万米²）	数量（万台）	集热面积（万米²）	数量（万台）	集热面积（万米²）	数量（台）	数量（台）	数量（台）	数量（台）
湖北	187.19	336.54	4.16	7.19	1.50	2.86	189.85	340.87				
湖南	110.96	227.21	7.30	15.03	2.43	4.44	115.83	237.80				
广东	25.48	80.61	1.52	4.56			27.00	85.17	48		48	
广西	47.11	115.60	9.39	27.02	0.09	0.32	56.42	142.30				
海南	191.85	389.21					191.85	389.21				
重庆	33.72	65.75	1.98	3.60	0.10	0.37	35.60	68.98				
四川	112.94	207.73	5.26	9.72	1.34	2.68	116.87	214.77	121274		15	121259
贵州	35.25	86.45	1.78	3.67	0.52	1.10	36.50	89.02				
云南	146.31	459.06	10.68	27.81	0.02	0.04	156.98	486.83	264			264
西藏	50.13	150.10					50.13	150.10	391563			391563
陕西	92.41	219.28	1.65	3.30	0.47	1.15	93.59	221.43	246628		3360	243268
甘肃	58.44	136.79	5.41	24.57	1.21	7.32	62.64	154.04	761117	9954	11923	759148
青海	3.50	14.87					3.50	14.87	258259			258259
宁夏	59.63	96.80	20.00	32.00	0.19	0.21	79.44	128.59	300553		30347	270206
新疆	34.98	53.56	0.50	0.50	0.60	0.60	34.88	53.46	10520		1108	9412
新疆生产建设兵团	0.08	0.23					0.08	0.23				

太阳能热利用情况（二）

地区	太阳房							
	年初数		本年新增		本年报废		年末累计	
	数量（处）	集热面积（万米^2）	数量（处）	集热面积（万米^2）	数量（处）	集热面积（万米^2）	数量（处）	集热面积（万米^2）
全国	292676	2564.60	2834	18.80	4363	42.42	291144	2540.98
北京	10865	115.25					10865	115.25
天津	2	0.66					2	0.66
河北	18117	124.89	65	0.57	658	3.35	17524	122.11
山西	15	0.15					15	0.15
内蒙古	8925	83.61	186	1.33	387	2.22	8724	82.72
辽宁	58708	540.17			2115	22.31	56593	517.86
吉林	25899	289.41					25899	289.41
黑龙江	65775	532.83	1030	8.24	15	0.12	66790	540.95
黑龙江农垦								
上海	1	5.00					1	5.00
江苏	173	0.91			13	0.15	160	0.76
浙江								
安徽								
福建								
江西	2	0.68					2	0.68
山东	886	14.06			4	0.04	882	14.02
河南	40	1.96	4	0.08			44	2.04

（续）

地区	太阳房							
	年初数		本年新增		本年报废		年末累计	
	数量（处）	集热面积（万米^2）	数量（处）	集热面积（万米^2）	数量（处）	集热面积（万米^2）	数量（处）	集热面积（万米^2）
湖北								
湖南	2	0.60					2	0.60
广东	190	0.08			190	0.08		
广西								
海南								
重庆								
四川	301	8.00			1	0.04	300	7.96
贵州								
云南								
西藏								
陕西	7	0.23					7	0.23
甘肃	63880	319.17	1549	8.58	945	11.19	64484	316.56
青海	37525	505.19					37525	505.19
宁夏	288	12.36			38	2.92	250	9.44
新疆	1075	9.40					1075	9.40
新疆生产建设兵团								

太阳能热利用情况（三）

地区	其中：															
	户用太阳房								太阳能校舍							
	年初数		本年新增		本年报废		年末累计		年初数		本年新增		本年报废		年末累计	
	数量（户）	集热面积（万米^2）	数量（户）	集热面积（万米^2）	数量（户）	集热面积（万米^2）	数量（户）	集热面积（万米^2）	数量（处）	集热面积（万米^2）	数量（处）	集热面积（万米^2）	数量（处）	集热面积（万米^2）	数量（处）	集热面积（万米^2）
全国	285091	2437.47	2782	18.52	4341	38.98	283532	2417.00	424	61.04			19	3.25	405	57.79
北京	10864	115.05					10864	115.05	1	0.20					1	0.20
天津									2	0.66					2	0.66
河北	18053	118.56	65	0.57	658	3.35	17460	115.78	27	5.86					27	5.86
山西	15	0.15					15	0.15								
内蒙古	8775	78.13	138	1.13	382	2.07	8531	77.19								
辽宁	58639	507.57			2104	21.07	56535	486.50	62	21.33			11	1.24	51	20.09
吉林	25880	285.72					25880	285.72	19	3.69					19	3.69
黑龙江	62554	516.83	1030	8.24	15	0.12	63569	524.95	21	7.00					21	7.00
黑龙江农垦																
上海																
江苏	173	0.91			13	0.15	160	0.76								
浙江																
安徽																
福建																
江西																

（续）

地区	其中：															
	户用太阳房								太阳能校舍							
	年初数		本年新增		本年报废		年末累计		年初数		本年新增		本年报废		年末累计	
	数量（户）	集热面积（万米²）	数量（户）	集热面积（万米²）	数量（户）	集热面积（万米²）	数量（户）	集热面积（万米²）	数量（处）	集热面积（万米²）	数量（处）	集热面积（万米²）	数量（处）	集热面积（万米²）	数量（处）	集热面积（万米²）
山东	860	6.93			4	0.04	856	6.89	25	7.10					25	7.10
河南	27	1.38					27	1.38	9	0.55					9	0.55
湖北																
湖南									2	0.60					2	0.60
广东	190	0.08			190	0.08										
广西																
海南																
重庆																
四川	293	2.49					293	2.49	5	0.34					5	0.34
贵州																
云南																
西藏																
陕西																
甘肃	61157	292.39	1549	8.58	945	11.19	61761	289.78	188	6.38					188	6.38
青海	36268	494.51					36268	494.51	43	2.34					43	2.34
宁夏	268	7.36			30	0.91	238	6.45	20	4.99			8	2.01	12	2.98
新疆	1075	9.40					1075	9.40								
新疆生产建设兵团																

小型电源利用情况（一）

地区	小型光伏发电							
	年初数		本年新增		本年报废		年末累计	
	数量（处）	装机容量（千瓦）	数量（处）	装机容量（千瓦）	数量（处）	装机容量（千瓦）	数量（处）	装机容量（千瓦）
全国	367917	95037.40	21225	167980.16	12431	1382.93	376711	261634.64
北京	168768	9898.99	868	12379.00	9863	700.65	159773	21577.34
天津								
河北	17391	2934.57	15783	53659.80	1511	76.00	31663	56518.37
山西	3600	360.00	35	6.00			3635	366.00
内蒙古	15322	8410.21	11	5.15	3	0.06	15330	8415.30
辽宁	60228	3830.72	502	30.56	650	49.96	60080	3811.32
吉林								
黑龙江	7322	296.30	180	7.20			7502	303.50
黑龙江农垦								
上海								
江苏	915	36.60			100	4.00	815	32.60
浙江	2444	3697.36	2	0.10	92	331.59	2354	3365.88
安徽	2038	4362.57	1232	271.02	7	7.65	3263	4625.94
福建								
江西	536	2232.92	218	5208.84			754	7441.76
山东	2355	167.87	20	240.00	11	1.62	2364	406.25
河南	10084	30979.60	539	1004.85			10623	31984.45

（续）

地区	小型光伏发电							
	年初数		本年新增		本年报废		年末累计	
	数量（处）	装机容量（千瓦）	数量（处）	装机容量（千瓦）	数量（处）	装机容量（千瓦）	数量（处）	装机容量（千瓦）
湖北	77	3440.00					77	3440.00
湖南	3751	8955.13	976	83519.38	120	60.00	4607	92414.51
广东	323	7060.99	15	750.00			338	7810.99
广西	10	93.85	418	1976.51	1	20.00	427	2050.36
海南	23	37.99					23	37.99
重庆			103	4710.00			103	4710.00
四川	4	32.00	6	151.00			10	183.00
贵州	3	70.00					3	70.00
云南	356	300.50					356	300.50
西藏								
陕西	4	28.41	125	3607.60			129	3636.01
甘肃	18103	4514.74	192	453.15			18295	4967.89
青海	51464	2524.11					51464	2524.11
宁夏	390	718.28			73	131.40	317	586.88
新疆	2406	53.71					2406	53.71
新疆生产建设兵团								

小型电源利用情况（二）

地区	小型风力发电								微型水力发电							
	年初数		本年新增		本年报废		年末累计		年初数		本年新增		本年报废		年末累计	
	数量（台）	装机容量（千瓦）	数量（台）	装机容量（千瓦）	数量（台）	装机容量（千瓦）	数量（台）	装机容量（千瓦）	数量（台）	装机容量（千瓦）	数量（台）	装机容量（千瓦）	数量（台）	装机容量（千瓦）	数量（台）	装机容量（千瓦）
全国	107485	35720.38	230	60.44	4308	2610.43	103407	33170.39	28945	86835.94	90	167.07	3392	24291.09	25643	62711.92
北京	10	10.00					10	10.00								
天津																
河北	197	66.90					197	66.90								
山西	3	6.00					3	6.00	3	18.00			2	8.00	1	10.00
内蒙古	84027	25724.94	160	40.50	1828	1007.78	82359	24757.66								
辽宁	53	240.80			1	0.80	52	240.00								
吉林	265	29.20					265	29.20								
黑龙江	1232	206.30					1232	206.30								
黑龙江农垦	600	1777.20			426	1218.10	174	559.10								
上海																
江苏	2372	582.55	15	9.75	99	38.20	2288	554.10								
浙江	131	584.50					131	584.50	172	230.80					172	230.80
安徽	653	280.70			82	28.04	571	252.66	9	27.93					9	27.93
福建	383	546.40					383	546.40	271	1976.00					271	1976.00
江西	5	1.00					5	1.00	4928	8434.30	3	30.00	20	18.00	4911	8446.80
山东	3484	1416.58	54	5.83	92	10.05	3446	1412.36	11	67.00					11	67.00
河南	79	7.45	1	4.36	16	1.60	64	10.21	21	246.00					21	246.00

（续）

地区	小型风力发电								微型水力发电							
	年初数		本年新增		本年报废		年末累计		年初数		本年新增		本年报废		年末累计	
	数量（台）	装机容量（千瓦）	数量（台）	装机容量（千瓦）	数量（台）	装机容量（千瓦）	数量（台）	装机容量（千瓦）	数量（台）	装机容量（千瓦）	数量（台）	装机容量（千瓦）	数量（台）	装机容量（千瓦）	数量（台）	装机容量（千瓦）
湖北	1440	269.70			1440	269.70			12	60.00					12	60.00
湖南	32	51.00					32	51.00	1588	5614.12			34	1012.00	1554	4602.12
广东	73	110.15					73	110.15	2994	19821.69			2975	19703.69	19	118.00
广西	1155	125.95			10	1.09	1145	124.86	10268	15814.78	87	137.07	179	337.00	10176	15614.85
海南	39	48.00					39	48.00	8	78.38					8	78.38
重庆									82	391.20					82	391.20
四川									95	3113.60			51	1216.60	44	1897.00
贵州	49	6.10					49	6.10	2596	5370.00			93	186.00	2503	5184.00
云南	3	0.45					3	0.45	5065	10626.10			36	1795.80	5029	8830.30
西藏																
陕西	80	8.50					80	8.50	63	3666.15					63	3666.15
甘肃	1656	667.13					1656	667.13	257	2496.80			2	14.00	255	2482.80
青海	1308	130.80					1308	130.80	290	8780.00					290	8780.00
宁夏	1863	248.74			314	35.07	1549	213.67								
新疆	6293	2573.35					6293	2573.35	212	2.60					212	2.60
新疆生产建设兵团																

秸秆综合利用情况（一）

地区	理论资源量									
	合计（万吨）	玉米（万吨）	水稻（万吨）	小麦（万吨）	其他谷物（万吨）	棉花（万吨）	油菜（万吨）	花生（万吨）	豆类（万吨）	薯类（万吨）
全国	102462.91	42857.86	24186.43	18319.61	1943.24	2775.97	2932.48	2078.76	3606.26	3762.29
北京	63.14	54.37		8.77						
天津	267.40	182.40	19.00	54.00		12.00				
河北	7044.52	3977.54	91.83	2033.73	144.59	215.52	93.74	201.28	55.34	230.96
山西	2608.54	1918.57	0.33	361.52	119.97	3.27	7.73	1.83	55.62	139.70
内蒙古	4216.02	2923.10	66.19	252.46	160.91		28.84	12.95	394.57	377.00
辽宁	3414.44	2735.40	469.53	1.57	104.71			59.41	36.43	7.39
吉林	4150.00	3491.00	515.00					95.00	49.00	
黑龙江	13396.89	8449.80	3234.97	66.43	59.91				1526.17	59.60
黑龙江农垦										
上海	134.07		111.39	17.79	3.38		1.51			
江苏	4119.07	377.72	1863.06	1539.46	54.10	9.46	138.41	42.23	76.29	18.34
浙江	1123.20	83.94	735.52	71.41	7.67	5.94	65.15	9.20	72.67	71.70
安徽	6098.59	1254.95	2039.75	2108.04	82.67	72.53	175.43	95.10	178.51	91.63
福建	772.71	30.09	484.03	0.64	1.16	0.02	3.03	45.33	27.20	181.21
江西	3230.53	41.43	2790.52	4.45	6.09	27.00	147.66	63.31	47.97	102.09
山东	9123.90	4417.95	110.56	3703.63	54.20	226.06	18.82	261.00	160.29	171.39
河南	10195.03	3743.55	460.30	4612.18	194.63	66.70	102.94	617.04	170.16	227.52

（续）

地区	理论资源量									
	合计（万吨）	玉米（万吨）	水稻（万吨）	小麦（万吨）	其他谷物（万吨）	棉花（万吨）	油菜（万吨）	花生（万吨）	豆类（万吨）	薯类（万吨）
湖北	4233.50	647.94	1752.78	680.59	141.95	187.14	485.73	101.99	115.45	119.93
湖南	4778.39	372.46	3498.13	8.17	28.94	76.81	456.30	53.68	117.75	166.15
广东	1431.00	107.00	1107.00				1.50	165.00	25.00	25.50
广西	2456.17	467.89	1560.72	6.20	41.63	4.05	47.05	110.82	79.41	138.40
海南	336.33	8.68	163.31					12.24	6.69	145.41
重庆	1250.08	320.85	476.03	21.06	18.49		84.00	13.02	62.80	253.83
四川	4218.76	985.13	1578.80	508.44	97.59	1.94	502.87	104.81	120.65	318.53
贵州	1550.16	527.09	418.20	53.55	94.22	0.18	174.93	7.33	28.42	246.23
云南	1674.60	635.60	426.10	121.60	191.10		57.10		93.10	150.00
西藏	183.87	39.07	0.51	30.20	99.27		12.35	0.05	2.09	0.34
陕西	1715.44	843.29	103.03	567.14	19.05	12.67	98.28	4.55	31.29	36.14
甘肃	2483.54	1502.40	6.95	377.03	62.10	21.86	137.19	1.21	52.88	321.93
青海	203.73	36.55		39.30	21.85		43.51		7.62	54.90
宁夏	487.40	326.60	51.20	50.30	14.60					44.70
新疆	5501.88	2355.51	51.70	1019.96	118.44	1832.81	48.41	0.39	12.89	61.77
新疆生产建设兵团										

秸秆综合利用情况（二）

地区	可收集资源量									
	合计（万吨）	玉米（万吨）	水稻（万吨）	小麦（万吨）	其他谷物（万吨）	棉花（万吨）	油菜（万吨）	花生（万吨）	豆类（万吨）	薯类（万吨）
全国	83681.10	37183.07	19101.94	14664.61	1527.74	2321.84	2045.45	1724.53	2318.01	2793.90
北京	53.20	46.79		6.41						
天津	234.56	167.80	15.58	41.58		9.60				
河北	5841.89	3460.51	73.76	1562.16	120.40	188.53	60.42	168.48	37.21	170.42
山西	2103.64	1627.47	0.33	265.73	74.99	2.20	5.80	1.48	30.16	95.48
内蒙古	3162.02	2484.60	40.31	150.62	94.28		18.46	8.58	215.36	149.81
辽宁	2901.73	2342.35	387.02	1.25	90.11			51.52	23.90	5.57
吉林	3735.00	3165.00	450.00					80.00	40.00	
黑龙江	10648.06	7202.05	2414.26	48.65	50.66				888.08	44.35
黑龙江农垦										
上海	113.84		94.70	15.06	2.82		1.26			
江苏	3678.31	353.44	1683.75	1339.36	49.98	8.30	125.29	39.62	63.01	15.57
浙江	890.91	74.44	595.48	55.99	6.32	5.16	43.93	7.20	47.65	54.74
安徽	4831.49	1100.05	1555.18	1640.98	76.53	62.03	119.02	78.95	127.74	71.01
福建	601.32	26.61	383.60	0.38	0.72	0.02	2.02	35.40	17.11	135.46
江西	2474.34	37.03	2141.96	3.32	4.31	23.26	102.02	53.01	30.33	79.11
山东	8538.12	4219.84	86.76	3431.60	42.46	208.15	13.22	231.49	143.97	160.63
河南	7860.61	3094.21	315.85	3382.22	168.66	52.20	63.97	495.59	112.22	175.68

（续）

地区	可收集资源量									
	合计（万吨）	玉米（万吨）	水稻（万吨）	小麦（万吨）	其他谷物（万吨）	棉花（万吨）	油菜（万吨）	花生（万吨）	豆类（万吨）	薯类（万吨）
湖北	3247.86	525.94	1411.78	505.07	74.20	107.18	366.11	64.17	77.17	116.23
湖南	3422.52	302.54	2513.93	5.30	21.77	58.84	293.87	35.03	71.57	119.66
广东	1161.30	85.60	885.60				1.20	148.50	20.00	20.40
广西	2247.86	438.21	1420.72	5.50	36.52	3.30	38.97	105.94	72.34	126.36
海南	307.45	8.07	151.06					11.37	6.08	130.87
重庆	955.62	252.94	360.77	16.50	14.63		61.43	10.42	46.53	192.40
四川	3338.96	875.21	1244.82	414.21	84.57	1.68	326.82	86.75	70.35	234.55
贵州	1255.50	467.31	340.28	44.89	78.84	0.14	117.62	6.08	16.01	184.33
云南	1375.75	540.29	345.06	102.14	152.88		51.39		81.94	102.05
西藏	139.09	34.38	0.37	22.05	72.93		7.90	0.04	1.17	0.25
陕西	1418.04	664.22	103.03	520.36	15.48	3.45	49.14	3.50	29.24	29.62
甘肃	2181.85	1337.87	5.95	349.91	62.01	17.57	103.80	1.07	38.14	265.52
青海	164.12	32.89		32.62	18.14		36.12		4.27	40.08
宁夏	397.26	277.61	37.89	36.72	12.41					32.63
新疆	4398.89	1937.82	42.15	664.02	101.10	1570.23	35.67	0.34	6.44	41.12
新疆生产建设兵团										

秸秆综合利用情况（三）

地区	已利用量					
	合计（万吨）	肥料化（万吨）	饲料化（万吨）	燃料化（万吨）	基料化（万吨）	原料化（万吨）
全国	70020.80	39582.64	16271.71	10636.86	1626.15	1903.44
北京	52.38	34.33	17.86	0.19		
天津	219.45	177.85	24.18	9.20	0.02	8.20
河北	5655.73	3945.20	1318.37	279.86	61.48	50.82
山西	1901.50	1120.72	541.14	174.67	33.79	31.18
内蒙古	2608.67	797.89	1042.02	746.62	10.23	11.91
辽宁	2458.63	594.82	832.68	899.57	27.26	104.30
吉林	2829.00	804.00	600.00	1370.00	14.00	41.00
黑龙江	6825.42	3600.34	1048.14	2065.72	21.28	89.94
黑龙江农垦						
上海	107.03	97.12	2.06	3.62	4.23	
江苏	3384.04	2265.29	236.23	504.44	142.17	235.92
浙江	847.25	617.80	111.38	64.05	34.94	19.08
安徽	4217.71	3103.91	413.96	552.31	85.96	61.57
福建	561.73	405.64	91.20	16.72	39.56	8.61
江西	2196.14	1589.87	229.29	230.31	93.58	53.10
山东	7649.45	5002.15	1572.23	427.60	323.57	323.90
河南	6845.21	4977.89	1177.93	348.40	122.80	218.20

（续）

地区	已利用量					
	合计（万吨）	肥料化（万吨）	饲料化（万吨）	燃料化（万吨）	基料化（万吨）	原料化（万吨）
湖北	2617.51	1229.99	397.74	690.45	114.42	184.91
湖南	2293.96	1262.95	347.16	432.83	159.71	91.32
广东	942.00	685.00	74.00	178.00	5.00	
广西	2079.43	1261.44	456.65	251.52		109.82
海南	220.92	47.08	131.84	40.30		1.70
重庆	787.21	325.21	223.75	191.60	27.38	19.27
四川	2901.07	1784.57	509.80	439.46	118.50	48.74
贵州	893.44	437.72	266.09	137.79	31.07	20.76
云南	1117.31	619.99	313.67	168.37	6.40	8.88
西藏	118.22	15.07	100.49		2.66	
陕西	1226.61	858.62	210.30	55.80	53.10	48.79
甘肃	1814.87	159.88	1420.18	161.01	26.68	47.11
青海	131.54	27.87	50.17	46.08	4.43	2.99
宁夏	326.61	42.61	210.00	32.00	7.00	35.00
新疆	4190.75	1689.83	2301.19	118.37	54.93	26.43
新疆生产建设兵团						

秸秆综合利用情况（四）

地区	秸秆热解气化集中供气						秸秆沼气集中供气					
	年初数（处）	本年新增（处）	本年报废（处）	年末累计（处）	其中：运行数量（处）	其中：供气户数（万户）	年初数（处）	本年新增（处）	本年报废（处）	年末累计（处）	其中：运行数量（处）	其中：供气户数（万户）
全国	766		92	674	170	7.68	454	7	30	431	272	6.64
北京	126		1	125	4	0.13	2			2		
天津	3		3				4		1	3		
河北	20		2	18	6	0.36	40			40	14	1.40
山西	40		6	34	6	0.40	11			11	3	0.20
内蒙古	4			4	1	0.07	4	1		5	1	0.50
辽宁	255		35	220	15	0.36	3			3		
吉林	17			17	11	0.21						
黑龙江							6			6		
黑龙江农垦	12			12			2			2		
上海												
江苏	192		38	154	69	2.47	61	2	1	62	33	0.42
浙江							120	1	5	116	110	1.09
安徽	1			1	1	0.01	1	2		3		
福建												
江西	1			1			92			92	56	0.28

（续）

地区	秸秆热解气化集中供气						秸秆沼气集中供气					
	年初数（处）	本年新增（处）	本年报废（处）	年末累计（处）	其中：运行数量（处）	其中：供气户数（万户）	年初数（处）	本年新增（处）	本年报废（处）	年末累计（处）	其中：运行数量（处）	其中：供气户数（万户）
山东	55		1	54	37	1.28	15		2	13	10	0.79
河南	4		1	3	3	0.11	65	1	14	52	37	1.66
湖北	21		1	20	15	2.22	2			2	2	0.10
湖南							3			3	3	0.07
广东							6			6		
广西							2			2		
海南												
重庆	1			1	1	0.002	1			1		
四川	4		3	1	1	0.06	1			1	1	0.06
贵州							3			3	2	0.07
云南	5			5								
西藏							4		4			
陕西							2			2		
甘肃	4			4			1			1		
青海												
宁夏	1		1				3		3			
新疆												
新疆生产建设兵团												

秸秆综合利用情况（五）

地区	秸秆固化成型					秸秆炭化				
	年初数	本年新增	本年报废	年末累计		年初数	本年新增	本年报废	年末累计	
	数量（处）	数量（处）	数量（处）	数量（处）	年产量（吨）	数量（处）	数量（处）	数量（处）	数量（处）	年产量（吨）
全国	1362	364	110	1616	5738891	106	1	2	105	300070
北京	2			2	800					
天津	6	3		9	276000	1			1	
河北	325	18	43	300	460572	5	1		6	21123
山西	13		2	11	3					
内蒙古	92	6		98	189500					
辽宁	165	16	9	172	561100					
吉林	3			3	1600					
黑龙江	50	73		123	294874					
黑龙江农垦										
上海	1	2		3	14040					
江苏	320	31	30	321	898657	4		1	3	28000
浙江	47	16	4	59	286163	17		1	16	44900
安徽	117	175	6	286	1706485	5			5	15950
福建										
江西	2			2	8240					

（续）

地区	秸秆固化成型					秸秆炭化				
	年初数	本年新增	本年报废	年末累计		年初数	本年新增	本年报废	年末累计	
	数量（处）	数量（处）	数量（处）	数量（处）	年产量（吨）	数量（处）	数量（处）	数量（处）	数量（处）	年产量（吨）
山东	101	18	7	112	290990	3			3	10000
河南	62	1	7	56	53187	4			4	
湖北	20		1	19	284300	37			37	157796
湖南	11	4		15	281004	25			25	20201
广东										
广西										
海南										
重庆						2			2	1100
四川	7	1	1	7	105360	1			1	1000
贵州	3			3	22336					
云南	1			1		2			2	
西藏										
陕西	1			1						
甘肃	13			13	3680					
青海										
宁夏										
新疆										
新疆生产建设兵团										

产业发展情况（一）

地区	合计						沼气产业小计					
	企业数量（个）	从业人员（人）	总产值（万元）	固定资产（万元）	利润总额（万元）	税金（万元）	企业数量（个）	从业人员（人）	总产值（万元）	固定资产（万元）	利润总额（万元）	税金（万元）
全国	4160	103961	2475980	2051886	277704	59512	1372	13318	202653	217763	21274	7627
北京												
天津	1	20	270	210	20	4	1	20	270	210	20	4
河北	248	5963	62199	72129	8999	2715	70	1011	5708	9917	1168	135
山西	8	22	54	18	34		4	11	27	9	17	
内蒙古	9	52	900	920	24	6	9	52	900	920	24	6
辽宁	88	1548	45701	49002	6026	897	3	17	400	100	20	2
吉林	5	265	612	1825	24	10	4	55	200	325	15	8
黑龙江	85	1776	20123	58004	2357	1552	37	780	2859	7968	931	138
黑龙江农垦												
上海	13	4550	313015	65924	21506	10526	7	1053	42203	5416	4573	3299
江苏	732	10914	263221	194055	18106	2440	362	1280	11402	12423	721	85
浙江	124	1545	61010	150692	5926	1345	46	388	3293	1906	263	41
安徽	224	4401	295356	296878	33919	10293	9	155	5604	3591	558	122
福建	8	487	18707	24619	115	54	8	487	18707	24619	115	54
江西	750	3929	74971	147872	12789	1600	40	873	13207	20375	1714	182
山东	797	56351	991552	653501	138211	21329	96	1322	24537	49861	2733	914
河南	31	1302	99044	44459	1649	224	22	389	9844	2730	795	80

（续）

地区	合计						沼气产业小计					
	企业数量（个）	从业人员（人）	总产值（万元）	固定资产（万元）	利润总额（万元）	税金（万元）	企业数量（个）	从业人员（人）	总产值（万元）	固定资产（万元）	利润总额（万元）	税金（万元）
湖北	50	940	32068	60757	4279	597	30	259	2467	938	412	50
湖南	54	3080	63501	71293	8230	2787	20	1207	18550	19271	2861	1101
广东	17	255	9920	2500	1488	496	17	255	9920	2500	1488	496
广西	451	1449	36597	7352	3299	69	446	1367	2288	2287	208	12
海南	16	613	7367	3955	878	519	16	613	7367	3955	878	519
重庆	18	403	4192	1347	288	69	15	359	3692	907	153	69
四川	38	800	6003	6806	724	230	35	650	4295	1206	447	97
贵州	7	255	8752	3788	507	294	4	80	226	792	50	9
云南	2	90	1555	3884	206	75	1	78	1300	3817	185	52
西藏	297	1762	15150	82686	4545	1212	25	226	1550	1086	465	124
陕西	5	20	5	220	4	1	5	20	5	220	4	1
甘肃	50	910	31372	12383	3520	163	12	174	800	7361	425	22
青海												
宁夏	9	209	5963	27308			5	87	4233	25554		
新疆	23	50	6800	7500	31		23	50	6800	7500	31	5
新疆生产建设兵团												

产业发展情况（二）

地区	沼气产业											
	生产类企业						服务类企业					
	企业数量（个）	从业人员（人）	总产值（万元）	固定资产（万元）	利润总额（万元）	税金（万元）	企业数量（个）	从业人员（人）	总产值（万元）	固定资产（万元）	利润总额（万元）	税金（万元）
全国	335	7417	155178	177132	15557	5780	1037	5901	47476	40632	5717	1847
北京												
天津							1	20	270	210	20	4
河北	24	692	5245	9280	1074	114	46	319	463	637	94	21
山西	4	11	27	9	17							
内蒙古	9	52	900	920	24	6						
辽宁							3	17	400	100	20	2
吉林	4	55	200	325	15	8						
黑龙江	29	665	2773	6950	930	138	8	115	86	1018	1	
黑龙江农垦												
上海	5	864	38813	4488	4338	3155	2	189	3390	928	235	144
江苏	95	650	8530	9445	655	63	267	630	2872	2978	66	22
浙江	13	255	1925	1150	205	24	33	133	1368	756	58	17
安徽	6	142	5556	3460	539	121	3	13	48	131	19	1
福建	5	298	18654	24461	100	50	3	189	53	158	15	4
江西	21	638	7707	15102	1097	63	19	235	5500	5273	617	119

（续）

地区	沼气产业											
	生产类企业						服务类企业					
	企业数量（个）	从业人员（人）	总产值（万元）	固定资产（万元）	利润总额（万元）	税金（万元）	企业数量（个）	从业人员（人）	总产值（万元）	固定资产（万元）	利润总额（万元）	税金（万元）
山东	22	590	15520	31683	1422	246	74	732	9017	18178	1311	668
河南	9	230	8800	2437	711	60	13	159	1044	293	84	20
湖北	6	28	528	55	68	8	24	231	1939	883	344	42
湖南	8	894	16812	18662	2678	1050	12	313	1738	609	183	51
广东							17	255	9920	2500	1488	496
广西							446	1367	2288	2287	208	12
海南	15	602	7289	3835	869	514	1	11	78	120	9	5
重庆	3	76	580	46	28	15	12	283	3112	861	125	54
四川	19	293	2336	703	251	70	16	357	1959	503	196	27
贵州	1	15	50	10	10	3	3	65	176	782	40	6
云南	1	78	1300	3817	185	52						
西藏							25	226	1550	1086	465	124
陕西	3	8		200			2	12	5	20	4	1
甘肃	5	144	600	7040	310	15	7	30	200	321	115	7
青海												
宁夏	5	87	4233	25554								
新疆	23	50	6800	7500	31	5						
新疆生产建设兵团												

产业发展情况（三）

地区	节能炉灶炕产业						太阳能热利用产业					
	企业数量（个）	从业人员（人）	总产值（万元）	固定资产（万元）	利润总额（万元）	税金（万元）	企业数量（个）	从业人员（人）	总产值（万元）	固定资产（万元）	利润总额（万元）	税金（万元）
全国	229	5451	76523	78391	11056	2828	1835	67674	1546943	823393	160693	26586
北京												
天津												
河北	36	2689	18542	28579	2751	887	12	470	9972	4860	1008	148
山西												
内蒙古												
辽宁	4	410	13020	13100	1908	403						
吉林												
黑龙江	5	105	598	1450	100	23	6	50	200	100	20	3
黑龙江农垦												
上海							4	3352	268388	59271	16665	7082
江苏							212	6686	150600	71340	10754	921
浙江							23	321	7073	5926	1001	211
安徽	5	96	6225	2181	898	109	36	1576	90270	50533	6710	1546
福建												
江西	59	223	737	733	160	15	647	2474	42572	67013	8588	722

（续）

地区	节能炉灶炕产业						太阳能热利用产业					
	企业数量（个）	从业人员（人）	总产值（万元）	固定资产（万元）	利润总额（万元）	税金（万元）	企业数量（个）	从业人员（人）	总产值（万元）	固定资产（万元）	利润总额（万元）	税金（万元）
山东	88	358	2636	1845	426	46	570	49338	817419	428505	106019	14319
河南	6	33	600	350	70		1	800	80000	38000	400	120
湖北	5	121	4950	10080	640	110	6	183	3655	4865	455	77
湖南	7	894	16812	18662	2678	1050	12	313	1738	609	183	51
广东												
广西	4	22	273	65	70		1	60	34036	5000	3021	57
海南												
重庆							1	4	150	300	5	
四川												
贵州	1	120	4460	196	207	129	1	35	2866	1600	130	136
云南							1	12	255	67	21	23
西藏							272	1536	13600	81600	4080	1088
陕西												
甘肃	9	380	7670	1151	1148	57	26	342	22419	2050	1633	83
青海												
宁夏							4	122	1730	1754		
新疆												
新疆生产建设兵团												

产业发展情况（四）

地区	生物质能（不含沼气）利用产业					
	企业数量（个）	从业人员（人）	总产值（万元）	固定资产（万元）	利润总额（万元）	税金（万元）
全国	724	17518	649860	932339	84681	22471
北京						
天津						
河北	130	1793	27977	28773	4072	1545
山西	4	11	27	9	17	
内蒙古						
辽宁	81	1121	32281	35802	4098	492
吉林	1	210	412	1500	9	2
黑龙江	37	841	16466	48486	1306	1388
黑龙江农垦						
上海	2	145	2424	1237	268	145
江苏	158	2948	101219	110292	6631	1434
浙江	55	836	50644	142860	4662	1093
安徽	174	2574	193257	240573	25753	8516
福建						
江西	4	359	18455	59752	2326	681

（续）

地区	生物质能（不含沼气）利用产业					
	企业数量（个）	从业人员（人）	总产值（万元）	固定资产（万元）	利润总额（万元）	税金（万元）
山东	43	5333	146960	173290	29033	6050
河南	2	80	8600	3379	384	24
湖北	9	377	20996	44874	2772	360
湖南	15	666	26401	32751	2508	585
广东						
广西						
海南						
重庆	2	40	350	140	130	
四川	3	150	1708	5600	277	132
贵州	1	20	1200	1200	120	20
云南						
西藏						
陕西						
甘肃	3	14	483	1821	314	2
青海						
宁夏						
新疆						
新疆生产建设兵团						

经费投入情况（一）

地区	合计							中央投入						
	拨款						贷款（万元）	拨款						贷款（万元）
	合计（万元）	其中：沼气（万元）	炉灶炕（万元）	太阳能热利用（万元）	生物质能利用（万元）	其他（万元）		小计（万元）	其中：沼气（万元）	炉灶炕（万元）	太阳能热利用（万元）	生物质能利用（万元）	其他（万元）	
全国	465818.52	266683.49	15474.20	85829.84	73393.36	24437.63	3180.48	243370.97	200000.00	396.49	1457.73	40174.00	1342.75	
北京	9209.64	837.00	3900.00	2119.64	64.00	2289.00								
天津	600.00	600.00						600.00	600.00					
河北	41237.24	19004.00	3800.21	9803.28	5838.90	2790.85		17376.23	16932.00	369.95	74.28			
山西	4339.00	4130.00	49.00			160.00		4000.00	4000.00					
内蒙古	22048.40	18710.00	8.00	120.00	3210.00	0.40		22008.00	18680.00	8.00	120.00	3200.00		
辽宁	5717.00	4710.00	250.00	100.00	488.00	169.00		4657.00	4510.00			116.00	31.00	
吉林	11282.00	11282.00						11282.00	11282.00					
黑龙江	7825.41	300.00	1357.65		5415.70	752.06		4458.00	300.00			4158.00		
黑龙江农垦														
上海														
江苏	31078.93	20215.00			4598.93	6265.00		9750.00	9750.00					
浙江	6653.67	2030.53		701.47	2607.68	1313.99		1368.00	476.00			862.00	30.00	
安徽	27219.48	9700.01	125.85	403.91	16383.57	606.14		6604.75	5730.00	1.00	10.00	838.00	25.75	
福建	464.88	334.88				130.00								
江西	15880.39	13457.62		512.77		1910.00		10030.65	10002.00		28.65			

（续）

地区	合计							中央投入						
	拨款						贷款（万元）	拨款						贷款（万元）
	合计（万元）	其中：沼气（万元）	炉灶炕（万元）	太阳能热利用（万元）	生物质能利用（万元）	其他（万元）		小计（万元）	其中：沼气（万元）	炉灶炕（万元）	太阳能热利用（万元）	生物质能利用（万元）	其他（万元）	
山东	40452.90	14590.74		142.16	25720.00			36819.00	13819.00			23000.00		
河南	13983.26	12564.00	17.54	72.50		1329.22		12547.04	11457.00	17.54	72.50		1000.00	
湖北	25743.54	25433.00	35.00	62.69		212.85		10435.00	10435.00					
湖南	55730.36	14644.19	1827.69	36449.31	95.68	2713.49	3180.48	13435.30	12377.00		892.30		166.00	
广东	2698.00	2698.00						934.00	934.00					
广西	12897.77	10509.50	20.00	2298.00	5.00	65.27		4739.00	4739.00					
海南	426.00	426.00						342.00	342.00					
重庆	14566.20	14135.40		140.80	10.00	280.00		13002.00	13002.00					
四川	28105.46	19886.74		10.00	8000.00	208.72		17112.00	9112.00			8000.00		
贵州	8741.05	6184.00		375.00	800.00	1382.05		3020.00	2760.00		260.00			
云南	31312.78	14350.89	4044.26	12354.14	119.40	444.09		14200.00	14189.00				11.00	
西藏														
陕西	9667.50	8243.00		58.00	20.00	1346.50		6875.00	6865.00				10.00	
甘肃	7893.50	7769.00	39.00		16.50	69.00		7838.00	7769.00				69.00	
青海	405.00	405.00						405.00	405.00					
宁夏	21906.17	1800.00		20106.17				1800.00	1800.00					
新疆	1845.00	1845.00						1845.00	1845.00					
新疆生产建设兵团	5888.00	5888.00						5888.00	5888.00					

经费投入情况（二）

地区	省级投入							地级投入						
	拨款						贷款（万元）	拨款						贷款（万元）
	小计（万元）	其中：沼气（万元）	炉灶炕（万元）	太阳能热利用（万元）	生物质能利用（万元）	其他（万元）		小计（万元）	其中：沼气（万元）	炉灶炕（万元）	太阳能热利用（万元）	生物质能利用（万元）	其他（万元）	
全国	117847.14	49910.95	6649.08	34241.00	15917.49	11128.62		17209.01	2837.23	904.06	5637.66	6135.67	1694.39	
北京	100.00			52.00	48.00									
天津														
河北	9035.63	1500.00	2951.86	1385.00	1001.20	2197.57		9193.28	152.00	220.00	3444.00	4822.70	554.58	
山西	109.00	30.00	49.00			30.00		230.00	100.00				130.00	
内蒙古	10.00				10.00			30.00	30.00					
辽宁	1025.00	200.00	250.00	100.00	350.00	125.00		22.00				22.00		
吉林														
黑龙江														
黑龙江农垦														
上海														
江苏	19236.37	10346.00			4263.37	4627.00		220.70	65.00			155.70		
浙江	1608.50	726.50		227.00	540.00	115.00		624.50	266.00		95.00	133.50	130.00	
安徽	8085.53	1339.16	45.98	10.00	6680.39	10.00		1327.93	117.60	61.56	240.00	773.77	135.00	
福建	50.00					50.00		121.00	121.00					
江西								71.12	71.12					

（续）

地区	省级投入							地级投入						
	拨款						贷款（万元）	拨款						贷款（万元）
	小计（万元）	其中：沼气（万元）	炉灶炕（万元）	太阳能热利用（万元）	生物质能利用（万元）	其他（万元）		小计（万元）	其中：沼气（万元）	炉灶炕（万元）	太阳能热利用（万元）	生物质能利用（万元）	其他（万元）	
山东	2100.00				2100.00			588.50	326.34		142.16	120.00		
河南	364.22	35.00				329.22		330.00	330.00					
湖北	15000.00	14905.00	15.00	50.00		30.00		45.00	15.00				30.00	
湖南	3252.80	795.79	496.00	1321.00	50.13	589.88		760.10	188.00	2.00	286.50	28.00	255.60	
广东	1764.00	1764.00												
广西	7792.50	5714.50		2038.00		40.00		50.00	25.00	20.00		5.00		
海南														
重庆	1555.80	1125.00		140.80	10.00	280.00								
四川	7000.00	7000.00						1020.00	870.28		10.00		139.72	
贵州	5347.05	3250.00		115.00	800.00	1182.05		200.00					200.00	
云南	11910.74		2841.24	8802.20	64.40	202.90		2303.88	108.89	600.50	1420.00	55.00	119.49	
西藏														
陕西	2500.00	1180.00				1320.00		71.00	51.00			20.00		
甘肃														
青海														
宁夏	20000.00			20000.00										
新疆														
新疆生产建设兵团														

经费投入情况（三）

地区	县级投入							乡级投入						
	拨款						贷款（万元）	拨款						贷款（万元）
	小计（万元）	其中：沼气（万元）	炉灶炕（万元）	太阳能热利用（万元）	生物质能利用（万元）	其他（万元）		小计（万元）	其中：沼气（万元）	炉灶炕（万元）	太阳能热利用（万元）	生物质能利用（万元）	其他（万元）	
全国	70491.47	13167.32	7524.57	28650.77	11028.34	10120.47	3180.48	16899.94	763.00		15842.68	137.86	151.40	
北京	8973.64	701.00	3900.00	2067.64	16.00	2289.00		136.00	133.00					
天津														
河北	5632.10	420.00	258.40	4900.00	15.00	38.70								
山西														
内蒙古	0.40					0.40								
辽宁	13.00					13.00								
吉林														
黑龙江	3367.41		1357.65		1257.70	752.06								
黑龙江农垦														
上海														
江苏	1737.00	54.00			45.00	1638.00		134.86				134.86		
浙江	2834.77	440.53		379.47	1072.18	942.59		217.90	121.50				96.40	
安徽	11140.67	2513.25	17.31	86.31	8088.41	435.39		60.60			57.60	3.00		
福建	183.88	103.88				80.00		110.00	110.00					
江西	5773.62	3384.50		484.12		1905.00		5.00					5.00	

（续）

地区	县级投入							乡级投入						
	拨款						贷款（万元）	拨款						贷款（万元）
	小计（万元）	其中：沼气（万元）	炉灶炕（万元）	太阳能热利用（万元）	生物质能利用（万元）	其他（万元）		小计（万元）	其中：沼气（万元）	炉灶炕（万元）	太阳能热利用（万元）	生物质能利用（万元）	其他（万元）	
山东	913.90	413.90			500.00			31.50	31.50					
河南	592.00	592.00						150.00	150.00					
湖北	263.54	78.00	20.00	12.69		152.85								
湖南	22447.08	1283.40	1329.69	18164.43	17.55	1652.01	3180.48	15835.08			15785.08		50.00	
广东														
广西	316.27	31.00		260.00		25.27								
海南	84.00	84.00												
重庆	8.40	8.40												
四川	2754.46	2685.46				69.00		219.00	219.00					
贵州	174.00	174.00												
云南	2898.16	53.00	602.52	2131.94		110.70								
西藏														
陕西	221.50	147.00		58.00		16.50								
甘肃	55.50		39.00		16.50									
青海														
宁夏	106.17			106.17										
新疆														
新疆生产建设兵团														

经费投入情况（四）

地区	用户自筹							其他投入资金（万元）
	投资						投劳折资（万元）	
	小计（万元）	其中：沼气（万元）	炉灶炕（万元）	太阳能热利用（万元）	生物质能利用（万元）	其他（万元）		
全国	480995.85	268291.46	13666.73	110084.65	83378.26	5574.75	7512.72	5160.20
北京								
天津	1200.00	1200.00						
河北	38356.29	20100.74	3325.54	11518.61	1833.20	1578.20	209.00	3722.40
山西	18.00					18.00	9.00	
内蒙古	39055.05	36567.10		1800.00	657.05	30.90		
辽宁	387.25	44.15	77.80	50.00	215.30			
吉林								
黑龙江	8989.65	580.00	1121.55	5120.00	2168.10			
黑龙江农垦								
上海								
江苏	6845.45	4249.66			2366.29	229.50		
浙江	13272.80	2992.30		4840.00	5145.03	295.47	247.42	
安徽	51584.05	11848.00	26.35	5181.78	33933.92	594.00	308.00	
福建								
江西	29101.89	12024.24	1095.29	15202.36		780.00	459.79	102.50
山东	56724.31	37218.81	348.60	12207.40	6949.50			
河南	19079.90	12563.90	53.00	6263.00	200.00		20.00	

（续）

地区	用户自筹							其他投入资金（万元）
	投资						投劳折资（万元）	
	小计（万元）	其中：沼气（万元）	炉灶炕（万元）	太阳能热利用（万元）	生物质能利用（万元）	其他（万元）		
湖北	30054.76	27731.12	296.19	1592.65	128.62	306.18	3239.88	329.90
湖南	44623.57	20897.29	1707.45	12785.08	7760.25	1473.50	2318.98	1005.40
广东	5350.00	5350.00						
广西	16663.35	15810.60	17.50	827.25		8.00		
海南	16.80	16.80						
重庆	28722.64	13032.14	500.00	1163.60	13916.00	110.90	128.35	
四川	29180.03	17432.51	3519.80	8097.50	15.00	115.22	259.00	
贵州	2225.00	2063.00	91.00	71.00				
云南	20140.67	2955.10	1273.36	15881.33		30.88	311.30	
西藏								
陕西	2522.00	2434.00		84.00		4.00		
甘肃	16844.71	11380.00	213.30	4411.41	840.00		2.00	
青海								
宁夏	2987.68			2987.68				
新疆	6258.00	6258.00						
新疆生产建设兵团	10792.00	3542.00			7250.00			

2018 年

管理推广机构情况（一）

地区	机构					人员									
						合计（人）	按行政区划分类				按文化程度分类				
	合计（个）	省级（个）	地(市)级（个）	县级（个）	乡级（个）		省级（人）	地(市)级（人）	县级（人）	乡级（人）	博士（人）	硕士（人）	本科（人）	大专（人）	高中及以下（人）
全国	10467	41	327	2523	7576	28254	515	1647	12142	13950	41	481	8955	11534	7243
北京	24	2		13	9	145	11		116	18		9	100	20	16
天津	5	1		4		33	1		32			1	15	14	3
河北	359	2	15	170	172	1114	24	88	662	340		7	370	452	285
山西	391	1	11	111	268	1138	21	64	527	526		25	361	517	235
内蒙古	304	1	12	85	206	1539	38	125	580	796		52	527	515	445
辽宁	643	1	11	71	560	970	16	38	255	661	1	27	318	331	293
吉林	67	2	10	55		623	8	58	557			14	225	205	179
黑龙江	245	1	10	104	130	578	23	25	273	257	1	11	217	189	160
黑龙江农垦	115	1	9	105		133	6	22	105			1	60	30	42
上海	1	1				2	2					2			
江苏	212	1	13	79	119	631	9	47	348	227	3	44	246	230	108
浙江	85	1	11	73		373	19	64	255	35		29	228	87	29
安徽	230	2	17	104	107	614	31	45	400	138		23	211	278	102
福建	266	1	9	73	183	449	14	28	167	240		7	149	133	160
江西	1131	1	11	97	1022	1715	18	41	379	1277	1	13	323	702	676

（续）

地区	机构					人员									
						合计（人）	按行政区划分类				按文化程度分类				
	合计（个）	省级（个）	地（市）级（个）	县级（个）	乡级（个）		省级（人）	地（市）级（人）	县级（人）	乡级（人）	博士（人）	硕士（人）	本科（人）	大专（人）	高中及以下（人）
山东	783	2	17	143	621	2088	18	50	602	1418	5	52	704	647	680
河南	465	1	18	140	306	1667	34	162	821	650		18	505	736	408
湖北	387	1	17	85	284	1342	30	123	555	634	2	22	296	578	444
湖南	176	2	16	127	31	779	10	67	669	33		10	282	324	163
广东	76	1	10	65		95	10	20	65				70	24	1
广西	212	1	14	108	89	907	18	69	542	278		11	286	408	202
海南	86	1	3	15	67	493	17	12	166	298	1	2	149	122	219
重庆	678	1		37	640	1079	9		191	879			271	498	310
四川	1076	1	21	.172	882	2212	26	115	821	1250	1	17	626	1103	465
贵州	989	1	9	87	892	2302	9	47	343	1903		12	740	1283	267
云南	686	2	17	133	534	2037	13	84	721	1219		10	541	897	589
西藏	7	1	6			17	4	13				2	13	2	
陕西	269	1	12	101	155	1403	5	95	892	411	10	25	475	592	301
甘肃	379	1	14	76	288	1155	28	79	627	421	5	18	357	382	393
青海	20	1		19		177	6		161	10			65	77	35
宁夏	29	1		22	6	198	21		158	19		2	124	62	10
新疆	70	2	14	49	5	244	14	66	152	12	11	14	100	96	23
新疆生产建设兵团	1	1				2	2					1	1		

管理推广机构情况（二）

地区	人员											
	按编制分类			按年龄分类			按岗位分类			按职称分类		
	行政（人）	参公（人）	事业（人）	35岁及以下（人）	36～49岁（人）	50岁及以上（人）	管理岗位（人）	技术岗位（人）	工勤岗位（人）	高级（人）	中级（人）	初级（人）
全国	1035	2415	24804	4517	14345	9392	5959	16264	6031	3028	9259	9281
北京	9	36	100	41	68	36	97	35	13	3	15	85
天津	1		32	8	13	12	8	17	8	3	7	6
河北	84	82	948	142	617	355	289	423	402	104	257	255
山西	2	1	1135	182	690	266	162	817	159	114	523	442
内蒙古	3	32	1504	301	683	555	165	1013	361	291	541	499
辽宁	127	95	748	105	486	379	328	511	131	59	345	566
吉林	4		619	131	380	112	100	441	82	148	281	194
黑龙江	62	18	498	60	300	218	100	395	83	52	184	155
黑龙江农垦			133		20	113	21	5	107	4	1	
上海	2			1	1		2					
江苏	72	24	535	111	292	228	144	389	98	106	185	163
浙江	13	23	337	83	168	122	110	239	24	68	167	109
安徽	64	77	473	70	272	272	214	291	109	61	144	189
福建	3	8	438	80	205	164	25	385	39	88	174	183
江西	25	9	1681	261	793	661	136	1176	403	71	487	736
山东	36	10	2042	268	1109	711	239	1416	433	149	796	640
河南	49	45	1573	269	918	480	264	886	517	184	526	702

（续）

地区	人员											
	按编制分类			按年龄分类			按岗位分类			按职称分类		
	行政（人）	参公（人）	事业（人）	35岁及以下（人）	36~49岁（人）	50岁及以上（人）	管理岗位（人）	技术岗位（人）	工勤岗位（人）	高级（人）	中级（人）	初级（人）
湖北	58	267	1017	106	749	487	477	689	176	62	498	334
湖南	62	349	368	115	418	246	446	102	231	43	55	50
广东	10		85	18	37	40	12	83		20	42	8
广西	25	415	467	141	414	352	415	236	256	29	212	378
海南			493	98	277	118	147	295	51	88	118	89
重庆	16	33	1030	153	475	451	218	720	141	110	433	406
四川	59	507	1646	352	999	861	802	903	507	184	492	737
贵州	15	36	2251	484	1236	582	179	1910	213	284	994	670
云南	46	6	1985	343	1214	480	97	1457	483	422	888	483
西藏	11		6	8	8	1	17				3	3
陕西	155	28	1220	293	721	389	172	802	429	113	468	822
甘肃	11	282	862	196	479	480	448	275	432	61	229	183
青海			177	21	82	74	47	87	43	22	69	86
宁夏	1	3	194	24	105	69	24	139	35	54	77	27
新疆	10	29	205	52	116	76	53	126	65	30	47	81
新疆生产建设兵团			2			2	1	1		1	1	

服务体系情况（一）

地区	省级实训基地								地（市）级服务站							
	年初数		本年新增		本年减少		年末累计		年初数		本年新增		本年减少		年末累计	
	数量（个）	从业人员（人）	数量（个）	从业人员（人）	数量（个）	从业人员（人）	数量（个）	从业人员（人）	数量（个）	从业人员（人）	数量（个）	从业人员（人）	数量（个）	从业人员（人）	数量（个）	从业人员（人）
全国	17	301			4	49	13	252	52	282		5	3	15	49	272
北京																
天津																
河北	1	10				8	1	2								
山西	1	5				2	1	3	11	43		1		3	11	41
内蒙古	1	7					1	7	7	26					7	26
辽宁																
吉林																
黑龙江	1	6					1	6								
黑龙江农垦									5	15					5	15
上海																
江苏	1	14					1	14								
浙江																
安徽																
福建																
江西	1	20					1	20	1	8				1	1	7
山东																
河南									12	125		4		4	12	125

（续）

地区	省级实训基地								地（市）级服务站							
	年初数		本年新增		本年减少		年末累计		年初数		本年新增		本年减少		年末累计	
	数量（个）	从业人员（人）	数量（个）	从业人员（人）	数量（个）	从业人员（人）	数量（个）	从业人员（人）	数量（个）	从业人员（人）	数量（个）	从业人员（人）	数量（个）	从业人员（人）	数量（个）	从业人员（人）
湖北																
湖南	1	7			1	7			2	6				1	2	5
广东																
广西	1	10					1	10	3	11					3	11
海南									3	28					3	28
重庆	1	18					1	18								
四川	1	21					1	21	1	3					1	3
贵州	1	19					1	19								
云南									3	10					3	10
西藏	3	32			3	32			3	6			3	6		
陕西	2	32					2	32	1	1					1	1
甘肃	1	100					1	100								
青海																
宁夏																
新疆																
新疆生产建设兵团																

服务体系情况（二）

地区	县级服务站								乡村服务网点											
	年初数		本年新增		本年减少		年末累计		年初数			本年新增			本年减少			年末累计		
	数量（个）	从业人员（人）	数量（个）	从业人员（人）	数量（个）	从业人员（人）	数量（个）	从业人员（人）	数量（个）	从业人员（人）	覆盖范围（万户）	数量（个）	从业人员（人）	覆盖范围（万户）	数量（个）	从业人员（人）	覆盖范围（万户）	数量（个）	从业人员（人）	覆盖范围（万户）
全国	1065	5376	15	80	79	617	1001	4839	104098	170284	3023.02	211	254	17.61	7220	14190	198.18	97089	156358	2842.45
北京	8	98				6	8	92	7	41	1.88				1	6	0.10	6	35	1.78
天津									189	586	6.64				20	40	0.29	169	546	6.35
河北	3	17			1	4	2	13	6062	13277	220.28				808	1869	31.81	5254	11408	188.47
山西	74	246		1	1	21	73	226	2955	5644	61.92				594	1159	10.48	2361	4485	51.44
内蒙古	66	337	1	8		13	67	332	2576	3660	50.11		9		574	955	9.34	2002	2714	40.77
辽宁	14	55					14	55	1575	2548	36.37							1575	2548	36.37
吉林	1	5					1	5	850	1166	16.99							850	1166	16.99
黑龙江									1018	1889	21.53				25	66	1.16	993	1823	20.37
黑龙江农垦	4	9					4	9	1	2	0.10							1	2	0.10
上海																				
江苏	16	57	1	5	1	6	16	56	1311	2184	42.65	8	15	0.20	17	27	1.06	1302	2172	41.79
浙江	16	59	3	10	1	10	18	59	408	545	10.63			0.04	37	48	0.61	371	497	10.06
安徽	5	23					5	23	3368	3898	78.56				321	392	6.20	3047	3506	72.36
福建	48	202			5	94	43	108	1778	2611	37.38	26	48	0.40	316	464	8.30	1488	2195	29.48
江西	46	177		2		5	46	174	3153	4533	120.66				39	51	1.84	3114	4482	118.82

（续）

地区	县级服务站								乡村服务网点											
	年初数		本年新增		本年减少		年末累计		年初数			本年新增			本年减少			年末累计		
	数量（个）	从业人员（人）	数量（个）	从业人员（人）	数量（个）	从业人员（人）	数量（个）	从业人员（人）	数量（个）	从业人员（人）	覆盖范围（万户）	数量（个）	从业人员（人）	覆盖范围（万户）	数量（个）	从业人员（人）	覆盖范围（万户）	数量（个）	从业人员（人）	覆盖范围（万户）
山东	100	433			13	67	87	366	7745	13099	206.86	12	36	0.43	467	761	7.31	7290	12374	199.99
河南	125	1182			1	190	124	992	10009	20252	278.81	11	28	1.90	820	1721	19.05	9200	18559	261.66
湖北	36	154		6		1	36	159	5492	8131	187.59	26	33	6.27	357	838	5.24	5161	7326	188.62
湖南	54	205	1	3	5	33	50	175	5816	10646	199.48	5	6	0.16	562	1257	15.88	5259	9395	183.76
广东																				
广西	82	428		2	1	14	81	416	6421	14851	242.61				140	452	5.51	6281	14399	237.10
海南	18	68					18	68	1167	2383	28.03							1167	2383	28.03
重庆	20	108				11	20	97	2897	4297	130.88				43	77	2.08	2854	4220	128.80
四川	56	238	1	2	1	10	56	230	10656	16428	311.13				403	564	14.36	10253	15864	296.77
贵州	47	179		1		8	47	172	5694	6283	173.46		3		296	440	6.76	5398	5846	166.71
云南	49	317	6	28	1	21	54	324	5131	8626	174.35	123	86	8.21	32	203	6.45	5222	8509	176.11
西藏	45	91			45	91			518	1015	16.28				518	1015	16.28			
陕西	28	213	2	10			30	223	4979	7212	133.71				20	112		4959	7100	133.71
甘肃	53	305		2	1	4	52	303	5440	6601	109.45					212	2.02	5440	6389	107.43
青海	7	41					7	41	2047	2015	19.48							2047	2015	19.48
宁夏	4	24			2	8	2	16	2228	2767	40.64				98	37	1.73	2130	2730	38.91
新疆	40	105					40	105	2607	3094	64.53				712	1424	24.33	1895	1670	40.20
新疆生产建设兵团																				

培训与职业技能鉴定情况（一）

地区	合计							沼气生产工							沼气物管员						
	培训			鉴定			持证人数（人）	培训			鉴定			持证人数（人）	培训			鉴定			持证人数（人）
	年初数（人次）	当年培训（人次）	年末累计（人次）	年初数（人次）	当年鉴定（人次）	年末累计（人次）		年初数（人次）	当年培训（人次）	年末累计（人次）	年初数（人次）	当年鉴定（人次）	年末累计（人次）		年初数（人次）	当年培训（人次）	年末累计（人次）	年初数（人次）	当年鉴定（人次）	年末累计（人次）	
全国	3301217	33172	3334389	411287	634	411921	335887	2629892	17961	2647853	380964	544	381508	314736	20999	1745	22744	4777	60	4837	3773
北京	49999	2220	52219	4456		4456	4456	22765	230	22995	976		976	976							
天津	10951		10951	1407		1407	1406	10917		10917	1406		1406	1406	16		16				
河北	182380	15	182395	13485		13485	13452	181512	15	181527	13477		13477	13452							
山西	31500	50	31550	25134		25134	25007	28614		28614	22783		22783	22684							
内蒙古	51091	17	51108	8464	3	8467	7850	48987	5	48992	7925	3	7928	7654	1235	2	1237	168		168	168
辽宁	20866		20866	7916		7916	7766	17066		17066	6386		6386	6386	158		158	142		142	142
吉林	22432		22432	17279		17279	17276	21713		21713	17213		17213	17213	63		63	63		63	63
黑龙江	30584		30584	10535		10535	9289	21943		21943	8858		8858	8265	72		72	28		28	28
黑龙江农垦	169		169	160		160	119	146		146	139		139	119							
上海	438	26	464	412	19	431	431	438	26	464	412	19	431	431							
江苏	47156	400	47556	7844	54	7898	6222	38836	294	39130	6600	24	6624	5543	272	28	300	133	15	148	145
浙江	65699	2307	68006	7915	85	8000	6966	56335	956	57291	6573	85	6658	6050	1308	140	1448	394		394	362
安徽	49669	4620	54289	11243		11243	10644	45751	1315	47066	10772		10772	10275	165	7	172	43		43	43
福建	57279	3035	60314	8381	139	8520	6364	57275	2716	59991	8377	139	8516	6364		53	53				
江西	107792	178	107970	8248		8248	6314	80642	50	80692	7934		7934	6038	1164	20	1184	240		240	231

（续）

地区	合计							沼气生产工							沼气物管员						
	培训			鉴定			持证人数（人）	培训			鉴定			持证人数（人）	培训			鉴定			持证人数（人）
	年初数（人次）	当年培训（人次）	年末累计（人次）	年初数（人次）	当年鉴定（人次）	年末累计（人次）		年初数（人次）	当年培训（人次）	年末累计（人次）	年初数（人次）	当年鉴定（人次）	年末累计（人次）		年初数（人次）	当年培训（人次）	年末累计（人次）	年初数（人次）	当年鉴定（人次）	年末累计（人次）	
山东	173680	2364	176044	16771	5	16776	10824	166342	1856	168198	16141	5	16146	10442	361	62	423	29		29	26
河南	664075	3140	667215	63906	88	63994	54380	571675	2795	574470	62962	88	63050	53548	2827	45	2872	85		85	65
湖北	177485	2525	180010	24177	125	24302	19274	149788	1821	151609	22119	125	22244	17593	841	132	973	211		211	180
湖南	68081	1456	69537	15928	63	15991	11792	60173	1136	61309	14214	18	14232	10500	861	74	935	528	45	573	494
广东	53237		53237	5966		5966	5966	27646		27646	5954		5954	5954	86		86				
广西	242116	1272	243388	21060		21060	19074	224301	1250	225551	20829		20829	18938	100		100	30		30	
海南	11688		11688	4992		4992	5016	11387		11387	4991		4991	4991	300		300				25
重庆	62075	1148	63223	10813		10813	5830	56371	438	56809	10743		10743	5799	94	150	244	59		59	30
四川	178764	3581	182345	29777		29777	24936	154348	2058	156406	27180		27180	23830	5733	982	6715	1312		1312	733
贵州	167792	270	168062	15453		15453	13423	125640	170	125810	14268		14268	12473	754		754	236		236	83
云南	301317	1073	302390	15319	19	15338	9875	180427	4	180431	11582	4	11586	7428	344		344	274		274	269
西藏	6834		6834	1681		1681		4992		4992	1673		1673		1130		1130				
陕西	179934	120	180054	17271		17271	3721	112021		112021	15653		15653	3380	1441		1441	197		197	81
甘肃	42099	2083	44182	12594	34	12628	12243	26623	34	26657	11151	34	11185	11185	1040		1040	456		456	456
青海	69222		69222	6628		6628	6197	19663		19663	6593		6593	6197	45		45				
宁夏	28033	430	28463	4112		4112	3963	16674		16674	3814		3814	3814	249		249	149		149	149
新疆	138454	842	139296	11616		11616	5670	80555	792	81347	10922		10922	5667	340	50	390				
新疆生产建设兵团	8326		8326	344		344	141	8326		8326	344		344	141							

培训与职业技能鉴定情况（二）

地区	农村节能员							太阳能利用工							其他农村能源利用人员						
	培训			鉴定			持证人数（人）	培训			鉴定			持证人数（人）	培训			鉴定			持证人数（人）
	年初数（人次）	当年培训（人次）	年末累计（人次）	年初数（人次）	当年鉴定（人次）	年末累计（人次）		年初数（人次）	当年培训（人次）	年末累计（人次）	年初数（人次）	当年鉴定（人次）	年末累计（人次）		年初数（人次）	当年培训（人次）	年末累计（人次）	年初数（人次）	当年鉴定（人次）	年末累计（人次）	
全国	453746	1656	455402	8078	10	8088	6251	84578	1916	86494	9248	15	9263	7485	112002	9894	121896	8220	5	8225	3642
北京	3536		3536	1030		1030	1030	14549	1140	15689	1979		1979	1979	9149	850	9999	471		471	471
天津															18		18	1		1	
河北	860		860												8		8	8		8	
山西	1491	50	1541	1174		1174	1173	913		913	803		803	801	482		482	374		374	349
内蒙古	516		516	18		18	18	10		10	10		10	10	343	10	353	343		343	
辽宁	861		861	371		371	371	10		10					2771		2771	1017		1017	867
吉林	103		103												553		553	3		3	
黑龙江	5461		5461	1302		1302	677	1332		1332	114		114	114	1776		1776	233		233	205
黑龙江农垦															23		23	21		21	
上海																					
江苏	2930	20	2950	269	10	279	59	1282	27	1309	225	2	227	216	3836	31	3867	617	3	620	259
浙江	2437		2437					980		980	554		554	554	4639	1211	5850	394		394	
安徽	860		860					1703		1703	425		425	326	1190	3298	4488	3		3	
福建															4	266	270	4		4	
江西	24401		24401	40		40	40	1216		1216	3		3	1	369	108	477	31		31	4
山东	3258	305	3563	390		390	241	971		971	197		197	115	2748	141	2889	14		14	
河南	88758	300	89058	610		610	610	590		590	174		174	82	225		225	75		75	75

（续）

地区	农村节能员							太阳能利用工							其他农村能源利用人员						
	培训			鉴定			持证人数（人）	培训			鉴定			持证人数（人）	培训			鉴定			持证人数（人）
	年初数（人次）	当年培训（人次）	年末累计（人次）	年初数（人次）	当年鉴定（人次）	年末累计（人次）		年初数（人次）	当年培训（人次）	年末累计（人次）	年初数（人次）	当年鉴定（人次）	年末累计（人次）		年初数（人次）	当年培训（人次）	年末累计（人次）	年初数（人次）	当年鉴定（人次）	年末累计（人次）	
湖北	16806	154	16960	625		625	417	6845	73	6918	602		602	555	3205	345	3550	620		620	529
湖南	808	13	821					4089	204	4293	602		602	574	2150	29	2179	584		584	224
广东	23376		23376					578		578	12		12	12	1551		1551				
广西	16235		16235					1470	10	1480	198		198	133	10	12	22	3		3	3
海南															1		1	1		1	
重庆	5179	560	5739					227		227					204		204	11		11	1
四川	12282	32	12314					839	2	841	117		117	47	5562	507	6069	1168		1168	326
贵州	39703	100	39803	681		681	608	885		885	120		120	120	810		810	148		148	139
云南	109226	2	109228	1460		1460	976	3291	30	3321	2001	13	2014	1200	8029	1037	9066	2	2	4	2
西藏	699		699												13		13	8		8	
陕西	50034	120	50154	45		45	28	4490		4490	405		405	44	11948		11948	971		971	188
甘肃	8682		8682					3174		3174	707		707	602	2580	2049	4629	280		280	
青海	3160		3160					24484		24484					21870		21870	35		35	
宁夏	1910		1910					8361	430	8791					839		839	149		149	
新疆	30174		30174	63		63	3	2289		2289					25096		25096	631		631	
新疆生产建设兵团																					

户用沼气池情况

地区	年初数（万户）	本年新增（户）	本年报废（户）	年末累计（万户）	本年利用（万户）	年总产气量（万米^3）	年户均产气量（米^3）	沼液沼渣用量				沼肥施用农田面积（万亩）
								合计（万吨）	其中：			
									直接还田（万吨）	商品化液体肥（万吨）	商品化固体肥（万吨）	
全国	4057.71	25823	1526178	3907.67	2392.38	842036.29	351.97	25537.28	25137.77	230.13	169.38	8295.00
北京	0.25		2050	0.05								
天津	4.86			4.86	1.40	402.50	287.50	8.03	8.03			2.70
河北	233.46		543748	179.09	72.59	17343.20	238.92	155.06	153.35	1.08	0.63	80.39
山西	50.02		140255	35.99	11.43	2917.25	255.34	114.78	103.18	11.30	0.30	55.06
内蒙古	52.41		118790	40.53	7.19	1573.68	218.87	18.32	18.02	0.30		16.62
辽宁	39.00			39.00	14.00	4000.50	285.75	77.50	77.50			14.45
吉林	19.43			19.43	5.10	1377.00	270.00	25.00	25.00			19.00
黑龙江	29.88			29.88	3.18	674.35	212.06	31.77	31.77			10.59
黑龙江农垦	0.14			0.14								
上海												
江苏	71.31		556	71.25	34.09	10083.08	295.79	294.97	291.90	0.30	2.77	143.03
浙江	15.47		2776	15.20	2.83	1161.11	409.78	22.44	22.44			9.28
安徽	89.51			89.51	49.47	16786.98	339.35	510.67	491.92	17.75	1.00	179.81
福建	46.64	52	31497	43.49	24.60	9989.32	406.07	332.27	294.28	0.18	37.81	151.14
江西	181.19	106	18995	179.30	107.79	38290.78	355.25	706.20	685.34	3.50	17.35	450.05
山东	248.71	1024		248.81	113.97	37510.45	329.12	905.33	903.78	1.00	0.55	490.00
河南	383.13	101		383.14	235.52	70738.43	300.35	2486.16	2486.16			556.17

（续）

地区	年初数（万户）	本年新增（户）	本年报废（户）	年末累计（万户）	本年利用（万户）	年总产气量（万米³）	年户均产气量（米³）	沼液沼渣用量 合计（万吨）	其中：直接还田（万吨）	商品化液体肥（万吨）	商品化固体肥（万吨）	沼肥施用农田面积（万亩）
湖北	301.08	4038		301.49	210.78	71389.08	338.69	2175.70	2137.04	32.00	6.66	827.60
湖南	210.35	5134	175076	193.35	160.58	63473.98	395.29	1951.43	1858.04	48.18	45.21	697.46
广东	45.66		33877	42.28	3.20	1120.00	350.00	75.00	75.00			41.65
广西	389.05	5406	6158	388.98	293.28	96875.77	330.32	4033.78	4010.70	13.58	9.50	839.80
海南	34.52			34.52	31.62	22766.40	720.00	569.16	569.16			56.91
重庆	158.69		12251	157.46	98.30	31031.10	315.68	1346.31	1345.36	0.50	0.45	293.12
四川	601.21	9952	99033	592.30	427.67	148258.55	346.66	5358.97	5351.20	2.12	5.65	1499.89
贵州	195.27		29215	192.35	84.87	32698.61	385.28	692.54	658.62	16.68	17.24	391.77
云南	311.09	10		311.09	265.29	124670.90	469.94	2213.10	2213.10			619.86
西藏	22.85		227324	0.12	0.12	45.28	385.00	0.85	0.85			0.60
陕西	126.81		12555	125.56	35.26	5528.42	156.79	640.48	536.33	80.12	24.03	620.36
甘肃	118.17			118.17	78.08	25741.24	329.69	767.69	767.42	0.25	0.02	210.66
青海	17.88			17.88	8.01	2400.00	299.63	0.30	0.30			0.16
宁夏	22.98			22.98	1.03	180.52	175.26	2.23	1.23	1.00		1.23
新疆	36.70		72022	29.49	11.14	3007.80	270.00	21.24	20.74	0.30	0.20	15.64
新疆生产建设兵团												

沼气工程情况（一）

地区	合计									处理工业废弃物工程								
	年初数（处）	本年新增（处）	本年报废（处）	年末累计						年初数（处）	本年新增（处）	本年报废（处）	年末累计					
				数量（处）	总池容（万米³）	年产气量（万米³）	供气户数（万户）	装机容量（千瓦）	年发电量（万千瓦时）				数量（处）	总池容（万米³）	年产气量（万米³）	供气户数（万户）	装机容量（千瓦）	年发电量（万千瓦时）
全国	109976	3157	5074	108059	2197.81	275499.91	188.75	360781	85089.69	244	3	64	183	57.46	22470.63	12.84	5050	669.36
北京	115	2	84	33	5.75	1276.87	1.87	2200	1408.00									
天津	435	3		438	8.24	1510.00		1381	418.00									
河北	2887	2	103	2786	64.01	10736.20	4.84	24788	6696.49	4			4	1.05	192.85	0.24		
山西	354	17	100	271	12.15	1310.63	2.76	2470	265.00									
内蒙古	705	4	134	575	42.08	2569.32	0.83	3815	2312.35									
辽宁	1140	16	16	1140	43.48	4340.74	0.24	5776	3674.75									
吉林	59	5		64	10.25													
黑龙江	1464			1464	31.01	4082.15	1.97	3262	1275.50									
黑龙江农垦	27			27	3.93													
上海	90		52	38	7.09	1492.16		9827	2502.20									
江苏	4794	43	483	4354	122.25	19847.19	2.48	59363	13723.85	61		61						
浙江	7306	148	1574	5880	83.68	6937.02	1.97	13337	2460.86									
安徽	2939	72	58	2953	48.99	5558.61	3.77	13094	2124.83	10		1	9	0.28	30.75	0.01		
福建	4384	142	717	3809	112.31	14166.84	3.19	2452	1081.36									
江西	8158	53	193	8018	173.04	11761.80	20.37	60324	6088.43	13			13	0.28	29.13	0.01	70	8.16
山东	8495	94	165	8424	160.54	21622.73	15.77	16345	5067.59	44		2	42	9.07	2083.36	0.14	2170	343.00
河南	6100	63	226	5937	156.44	29476.69	22.48	13867	5754.08	29			29	33.47	16094.77	11.50	1300	78.00

（续）

地区	合计									处理工业废弃物工程								
	年初数（处）	本年新增（处）	本年报废（处）	年末累计						年初数（处）	本年新增（处）	本年报废（处）	年末累计					
				数量（处）	总池容（万米³）	年产气量（万米³）	供气户数（万户）	装机容量（千瓦）	年发电量（万千瓦时）				数量（处）	总池容（万米³）	年产气量（万米³）	供气户数（万户）	装机容量（千瓦）	年发电量（万千瓦时）
湖北	8620	546	40	9126	128.61	16302.96	27.97	3136	1033.99	4			4	3.01	1506.57	0.04		
湖南	25165	803	653	25315	228.75	14182.87	24.19	17082	2913.62									
广东	4477	90	279	4288	147.35	21723.00	0.24	18074	4978.00									
广西	1129	229		1358	42.41	5464.03	3.14	10567	3029.17									
海南	2069	2		2071	49.29	11737.62	13.24	30355	5451.41	16			16	1.60	96.00	0.13		
重庆	4559	155	9	4705	86.60	5575.63	6.79	67	3.50									
四川	6847	299	122	7024	199.98	35716.81	15.85	19457	6769.19	39	3		42	7.16	2437.21	0.76	1510	240.20
贵州	2233	71	44	2260	51.82	7051.08	4.24	7142	1768.29									
云南	551	189	10	730	38.72	9848.75	0.86	7136	2280.75	15			15	0.99				
西藏	14	2	2	14	1.77	642.00	0.03											
陕西	3433	79		3512	68.98	3956.67	3.77	1495		8			8	0.15				
甘肃	444	14	1	457	30.71	4206.97	3.74	8016	1135.05	1			1	0.40				
青海	232	2	1	233	3.39	187.27	0.35											
宁夏	133		5	128	11.61	702.48	0.39	5393	703.43									
新疆	572	10	3	579	17.65	1079.87	1.11	560	170.00									
新疆生产建设兵团	46	2		48	4.94	432.96	0.32											

沼气工程情况（二）

地区	处理农业废弃物工程																	
	小计									特大型沼气工程								
	年初数（处）	本年新增（处）	本年报废（处）	年末累计						年初数（处）	本年新增（处）	本年报废（处）	年末累计					
				数量（处）	总池容（万米³）	年产气量（万米³）	供气户数（万户）	装机容量（千瓦）	年发电量（万千瓦时）				数量（处）	总池容（万米³）	年产气量（万米³）	供气户数（万户）	装机容量（千瓦）	年发电量（万千瓦时）
全国	109732	3154	5010	107876	2140.35	253029.28	175.91	355731	84420.33	66	22	1	87	173.69	36946.05	3.13	81043.0	25009.34
北京	115	2	84	33	5.75	1276.87	1.87	2200	1408.00	1	2		3	3.54	1059.90	1.01	2200.0	1408.00
天津	435	3		438	8.24	1510.00		1381	418.00									
河北	2883	2	103	2782	62.96	10543.35	4.60	24788	6696.49	7	1		8	15.11	4742.55		20500.0	4945.63
山西	354	17	100	271	12.15	1310.63	2.76	2470	265.00									
内蒙古	705	4	134	575	42.08	2569.32	0.83	3815	2312.35	10	1		11	29.30	2018.00		2860.0	2040.00
辽宁	1140	16	16	1140	43.48	4340.74	0.24	5776	3674.75	1			1	4.80	1825.00		5600.0	3600.00
吉林	59	5		64	10.25						5		5	8.00				
黑龙江	1464			1464	31.01	4082.15	1.97	3262	1275.50									
黑龙江农垦	27			27	3.93					1			1	1.35				
上海	90		52	38	7.09	1492.16		9827	2502.20	1			1	2.50	730.00		2000.0	1460.00
江苏	4733	43	422	4354	122.25	19847.19	2.48	59363	13723.85	5			5	7.71	2450.00		7000.0	820.00
浙江	7306	148	1574	5880	83.68	6937.02	1.97	13337	2460.86	1			1	2.00	730.00		2000.0	1300.00
安徽	2929	72	57	2944	48.71	5527.86	3.76	13094	2124.83		1		1	2.00				
福建	4384	142	717	3809	112.31	14166.84	3.19	2452	1081.36	1	1		2	2.30	501.00		240.0	167.40
江西	8145	53	193	8005	172.76	11732.68	20.35	60254	6080.27	1	1		2	4.00	1300.00		23000.0	1880.00

（续）

地区	处理农业废弃物工程																	
	小计									特大型沼气工程								
	年初数（处）	本年新增（处）	本年报废（处）	年末累计						年初数（处）	本年新增（处）	本年报废（处）	年末累计					
				数量（处）	总池容（万米^3）	年产气量（万米^3）	供气户数（万户）	装机容量（千瓦）	年发电量（万千瓦时）				数量（处）	总池容（万米^3）	年产气量（万米^3）	供气户数（万户）	装机容量（千瓦）	年发电量（万千瓦时）
山东	8451	94	163	8382	151.47	19539.37	15.63	14175	4724.59	7	3		10	22.43	6665.80	0.50	8980.0	3144.16
河南	6071	63	226	5908	122.97	13381.92	10.98	12567	5676.08	4	1	1	4	10.43	3018.00		3500.0	2800.00
湖北	8616	546	40	9122	125.60	14796.39	27.93	3136	1033.99	2			2	3.79	607.00	0.92	850.0	543.00
湖南	25165	803	653	25315	228.75	14182.87	24.19	17082	2913.62	1	1		2	5.06	963.00			
广东	4477	90	279	4288	147.35	21723.00	0.24	18074	4978.00	12			12	11.35	1042.00	0.11	920.0	196.00
广西	1129	229		1358	42.41	5464.03	3.14	10567	3029.17									
海南	2053	2		2055	47.69	11641.62	13.11	30355	5451.41	1			1	3.68	1080.00			
重庆	4559	155	9	4705	86.60	5575.63	6.79	67	3.50	1			1	2.30				
四川	6808	296	122	6982	192.82	33279.61	15.09	17947	6528.99		1		1	0.80	292.33	0.50	80.0	11.72
贵州	2233	71	44	2260	51.82	7051.08	4.24	7142	1768.29	1	1		2	6.80	2540.00			
云南	536	189	10	715	37.73	9848.75	0.86	7136	2280.75		3		3	9.78	4383.00			
西藏	14	2	2	14	1.77	642.00	0.03											
陕西	3425	79		3504	68.83	3956.67	3.77	1495										
甘肃	443	14	1	456	30.31	4206.97	3.74	8016	1135.05	3			3	5.16	288.00	0.08		
青海	232	2	1	233	3.39	187.27	0.35											
宁夏	133		5	128	11.61	702.48	0.39	5393	703.43	3			3	3.90	362.16	0.01	1313.0	693.43
新疆	572	10	3	579	17.65	1079.87	1.11	560	170.00	1			1	3.60	348.31			
新疆生产建设兵团	46	2		48	4.94	432.96	0.32			1			1	2.00				

沼气工程情况（三）

地区	处理农业废弃物工程							
	特大型沼气工程							
	其中：生物天然气工程							
	年初数（处）	本年新增（处）	本年报废（处）	年末累计数量（处）	总池容（万米^3）	年产（生物天然气）气量（万米^3）	进管网（生物天然气）气量（万米^3）	进加气站（生物天然气）气量（万米^3）
全国	15	16		31	77.00	10638.46	1880.11	5140.25
北京								
天津								
河北	4	1		5	12.46	2461.20		392.00
山西								
内蒙古		1		1	1.00	183.00		
辽宁								
吉林		5		5	8.00			
黑龙江								
黑龙江农垦	1			1	1.35			
上海								
江苏	1			1	1.40	630.00	630.00	
浙江								
安徽		1		1	2.00			
福建								
江西								

（续）

地区	处理农业废弃物工程							
	特大型沼气工程							
	其中：生物天然气工程							
	年初数（处）	本年新增（处）	本年报废（处）	年末累计数量（处）	总池容（万米^3）	年产（生物天然气）气量（万米^3）	进管网（生物天然气）气量（万米^3）	进加气站（生物天然气）气量（万米^3）
山东	2	2		4	13.17	2465.93	42.54	2164.39
河南		1		1	1.80	535.00	535.00	
湖北								
湖南	1	1		2	5.06	578.00		
广东								
广西								
海南	1			1	3.68	324.43	129.77	194.66
重庆	1			1	2.30			
四川								
贵州	1	1		2	6.80	1125.00	526.00	599.00
云南		3		3	9.78	2143.00		1615.00
西藏								
陕西								
甘肃	1			1	2.60	143.00	16.80	126.20
青海								
宁夏								
新疆	1			1	3.60	49.90		49.00
新疆生产建设兵团	1			1	2.00			

沼气工程情况（四）

地区	处理农业废弃物工程																	
	大型沼气工程									中型沼气工程								
	年初数（处）	本年新增（处）	本年报废（处）	年末累计						年初数（处）	本年新增（处）	本年报废（处）	年末累计					
				数量（处）	总池容（万米³）	年产气量（万米³）	供气户数（万户）	装机容量（千瓦）	年发电量（万千瓦时）				数量（处）	总池容（万米³）	年产气量（万米³）	供气户数（万户）	装机容量（千瓦）	年发电量（万千瓦时）
全国	7565	517	386	7696	781.45	125988.29	59.19	230327.0	53425.71	10516	313	497	10332	437.74	39121.70	23.78	36996.0	5093.29
北京	33		20	13	1.79	146.67	0.67			40		30	10	0.32	66.00	0.19		
天津	34	3		37	5.19	890.00		1381.0	418.00									
河北	285	1	6	280	27.76	4285.78	2.40	4188.0	1701.05	20		13	7	0.28	41.70			
山西	134	13	28	119	10.52	1168.50	2.22	2260.0	250.00	26	4	14	16	0.50	65.60	0.22	210.0	15.00
内蒙古	89	2	4	87	8.84	378.30	0.38	805.0	262.35	21		1	20	0.91	40.50	0.07	150.0	10.00
辽宁	58		3	55	5.37	702.65	0.15	116.0	42.30	666		13	653	30.67	1757.79	0.08	60.0	32.45
吉林	41			41	2.05					5			5	0.15				
黑龙江	192			192	20.71	3351.00	0.55	3262.0	1275.50									
黑龙江农垦	17			17	2.31					3			3	0.24				
上海	45		14	31	4.39	733.53		7700.0	1020.70	39		37	2	0.10	10.73		60.0	10.00
江苏	353	12	56	309	37.20	8626.22	0.17	33584.0	9946.23	1274	25	145	1154	37.42	5028.82	1.49	13849.0	2445.88
浙江	162	5	5	162	19.43	1523.40	0.42	7789.0	894.22	282	10	9	283	14.47	1075.72	0.52	3308.0	251.90
安徽	212	24	2	234	21.88	4256.79	1.38	13014.0	2112.83	31	4		35	1.46	92.95	0.03	80.0	12.00
福建	257	26	48	235	77.23	11464.12	1.29	1475.0	687.36	656	102	108	650	21.15	1489.47	0.88	737.0	226.60
江西	671	13	59	625	65.41	5382.34	5.49	34261.0	3694.85	740	32	1	771	49.70	2082.02	3.76	2851.0	489.70
山东	389	15	8	396	43.00	7703.93	7.07	4905.0	1548.43	320	9	6	323	12.57	1306.55	1.18	240.0	26.00
河南	811	27	13	825	65.63	8229.14	5.63	8737.0	2870.73	890	1	21	870	26.12	414.47	1.52	330.0	5.35

（续）

地区	处理农业废弃物工程																	
	大型沼气工程									中型沼气工程								
	年初数（处）	本年新增（处）	本年报废（处）	年末累计						年初数（处）	本年新增（处）	本年报废（处）	年末累计					
				数量（处）	总池容（万米³）	年产气量（万米³）	供气户数（万户）	装机容量（千瓦）	年发电量（万千瓦时）				数量（处）	总池容（万米³）	年产气量（万米³）	供气户数（万户）	装机容量（千瓦）	年发电量（万千瓦时）
湖北	307	20		327	24.28	5148.94	7.56	2266.0	488.99	72			72	2.47	317.79	0.35		
湖南	474	87	16	545	45.01	5800.07	4.37	16032.0	2853.82	827	28	27	828	27.66	922.98	2.20	40.0	2.60
广东	607	2	72	537	72.10	12086.00		17154.0	4782.00	1050	2	22	1030	49.00	7237.00	0.13		
广西	187	12		199	21.30	3542.41	1.08	9092.0	2939.90	141	15		156	8.88	402.26	1.35	1065.0	81.40
海南	428	2		430	24.07	6794.21	7.27	21355.0	4051.73	360			360	10.80	2349.30	2.57	9000.0	1399.68
重庆	323	23	5	341	26.40	2468.00	1.87	60.0	3.00	692	13	1	704	29.74	1460.97	1.86		
四川	606	50	16	640	54.64	16967.84	2.08	17731.0	6499.84	1655	37	19	1673	74.07	10019.99	4.00	91.0	3.63
贵州	181	10	3	188	14.88	2650.27	1.87	6127.0	1520.98	239	21	19	241	8.72	551.63	0.43	675.0	46.21
云南	109	142	4	247	24.96	5207.53	0.51	7132.0	2280.75	5		4	1	0.05	4.15			
西藏		2		2	1.00	360.00	0.01			14		2	12	0.77	282.00	0.02		
陕西	267			267	19.42	1491.92	0.53	1495.0		267	10		277	20.14	1547.79	0.58		
甘肃	149	12		161	20.36	3483.87	3.00	7646.0	1100.16	42			42	1.99	247.54	0.11	370.0	34.89
青海	30	2	1	31	2.54	112.00	0.15											
宁夏	3			3	0.74	118.32	0.22	200.0	10.00	127		5	122	6.97	222.00	0.16	3880.0	
新疆	83	10	3	90	8.65	574.56	0.63	560.0	170.00									
新疆生产建设兵团	28	2		30	2.40	340.00	0.21			12			12	0.44	84.00	0.10		

沼气工程情况（五）

地区	处理农业废弃物工程								
	小型沼气工程								
	年初数（处）	本年新增（处）	本年报废（处）	年末累计					
				数量（处）	总池容（万米^3）	年产气量（万米^3）	供气户数（万户）	装机容量（千瓦）	年发电量（万千瓦时）
全国	91585	2302	4126	89761	747.47	50973.24	89.81	7365	891.99
北京	41		34	7	0.10	4.30			
天津	401			401	3.05	620.00			
河北	2571		84	2487	19.81	1473.32	2.20	100	49.82
山西	194		58	136	1.13	76.53	0.32		
内蒙古	585	1	129	457	3.03	132.52	0.38		
辽宁	415	16		431	2.64	55.30	0.01		
吉林	13			13	0.05				
黑龙江	1272			1272	10.30	731.15	1.42		
黑龙江农垦	6			6	0.03				
上海	5		1	4	0.10	17.90		67	11.50
江苏	3101	6	221	2886	39.93	3742.15	0.82	4930	511.74
浙江	6861	133	1560	5434	47.78	3607.91	1.02	240	14.74
安徽	2686	43	55	2674	23.37	1178.12	2.35		
福建	3470	13	561	2922	11.63	712.25	1.02		
江西	6733	7	133	6607	53.64	2968.32	11.10	142	15.72
山东	7735	67	149	7653	73.47	3863.09	6.88	50	6.00
河南	4366	34	191	4209	20.79	1720.31	3.83		

（续）

地区	处理农业废弃物工程								
	小型沼气工程								
	年初数（处）	本年新增（处）	本年报废（处）	年末累计					
				数量（处）	总池容（万米^3）	年产气量（万米^3）	供气户数（万户）	装机容量（千瓦）	年发电量（万千瓦时）
湖北	8235	526	40	8721	95.06	8722.67	19.09	20	2.00
湖南	23863	687	610	23940	151.03	6496.82	17.62	1010	57.20
广东	2808	86	185	2709	14.90	1358.00			
广西	801	202		1003	12.24	1519.36	0.71	410	7.87
海南	1264			1264	9.14	1418.11	3.27		
重庆	3543	119	3	3659	28.17	1646.67	3.07	7	0.50
四川	4547	208	87	4668	63.31	5999.45	8.52	45	13.80
贵州	1812	39	22	1829	21.42	1309.18	1.94	340	201.10
云南	422	44	2	464	2.93	254.07	0.35	4	
西藏									
陕西	2891	69		2960	29.27	916.96	2.66		
甘肃	249	2	1	250	2.80	187.56	0.55		
青海	202			202	0.85	75.27	0.20		
宁夏									
新疆	488			488	5.40	157.00	0.48		
新疆生产建设兵团	5			5	0.10	8.96	0.01		

沼气工程情况（六）

地区	原料消耗量					沼液沼渣用量										
						沼液				沼渣			沼液沼渣（混合）			
	合计（万吨）	工业废弃物（万吨）	畜禽粪便（污）（万吨）	农作物秸秆（万吨）	其他有机废弃物（万吨）	合计（万吨）	商品化液体肥（万吨）	直接还田（万吨）	达标排放（万吨）	合计（万吨）	商品化固体肥（万吨）	直接还田（万吨）	合计（万吨）	商品有机肥（万吨）	直接还田（万吨）	沼肥施用农田面积（万亩）
全国	21202.72	302.62	20074.67	521.90	303.52	12339.53	320.23	10225.48	1793.82	3384.26	323.13	3061.12	6862.52	153.73	6708.79	7249.64
北京	39.70		39.68	0.02		25.10	0.40	24.70		6.55	0.61	5.94	8.56		8.56	7.79
天津	99.10		99.10			13.70			13.70	0.98		0.98	84.20		84.20	43.70
河北	190.56		112.93	74.28	3.35	52.47	7.13	45.33		39.28	11.38	27.90	69.55	2.00	67.55	61.48
山西	217.62		215.00	1.34	1.28	107.19	0.10	106.69	0.40	27.95	2.16	25.79	73.33	1.01	72.32	61.76
内蒙古	29.26		16.14	13.10	0.02	2.90		2.90		1.64	1.50	0.14	24.72		24.72	9.65
辽宁	382.50		352.00		30.50	129.00		124.00	5.00	87.00		87.00	166.50		166.50	185.59
吉林																
黑龙江	58.92		57.72	1.20									41.65		41.65	31.50
黑龙江农垦																
上海	85.99		85.97		0.02	22.79	0.27	22.52		63.18	20.06	43.12				67.10
江苏	905.39	9.07	859.67	35.03	1.62	337.76	2.41	321.73	13.62	74.38	11.54	62.84	497.82	7.75	490.07	528.14
浙江	845.78		743.36	18.06	84.36	685.91	0.85	547.44	137.62	18.46	7.57	10.89	68.45	7.67	60.78	121.21
安徽	229.03		207.77	18.84	2.42	72.37	3.95	58.18	10.24	34.93	5.53	29.40	147.37	0.60	146.77	162.05
福建	1264.76		1264.76			1073.26	2.17	975.37	95.72	167.20	29.45	137.75	25.28	0.25	25.03	535.60
江西	785.39	9.17	725.67	30.84	19.71	454.07	8.95	321.76	123.37	100.80	24.23	76.57	211.61	5.97	205.64	222.57
山东	1035.58	2.32	908.79	89.51	34.96	414.74	12.55	377.70	24.49	199.08	13.81	185.27	426.97	17.67	409.30	662.96
河南	1109.76	27.36	1042.01	32.27	8.12	546.11	23.46	494.27	28.38	187.72	8.82	178.90	430.58	4.45	426.13	215.60

（续）

地区	原料消耗量					沼液沼渣用量										
						沼液				沼渣			沼液沼渣（混合）			沼肥施用农田面积（万亩）
	合计（万吨）	工业废弃物（万吨）	畜禽粪便（污）（万吨）	农作物秸秆（万吨）	其他有机废弃物（万吨）	合计（万吨）	商品化液体肥（万吨）	直接还田（万吨）	达标排放（万吨）	合计（万吨）	商品化固体肥（万吨）	直接还田（万吨）	合计（万吨）	商品有机肥（万吨）	直接还田（万吨）	
湖北	2005.45	247.00	1707.84	34.96	15.65	1126.02	35.41	787.28	303.33	201.93	18.54	183.39	745.37	21.00	724.37	628.75
湖南	2919.96		2822.68	63.36	33.92	2353.88	166.96	1676.53	510.39	377.04	80.09	296.95	821.21	57.63	763.58	432.67
广东	554.58		547.50	7.08		687.95	4.48	283.47	400.00				59.16	6.50	52.66	29.20
广西	498.31		494.20		4.11	224.25		220.24	4.01	23.74	5.50	18.24	246.49	1.63	244.86	75.49
海南	948.89		947.89		1.00	12.45	3.75	2.00	6.70	7.42	7.42		942.27	2.92	939.35	187.54
重庆	685.37		657.40	4.92	23.05	533.70	1.80	517.74	14.16	54.58	16.93	37.65	123.94	1.96	121.98	275.72
四川	2934.95	1.00	2874.16	31.93	27.86	2120.85	8.51	2090.56	21.78	904.85	34.23	870.62	523.49	5.38	518.11	791.98
贵州	1027.56	6.70	983.38	26.86	10.62	371.19	18.46	280.71	72.02	155.89	19.28	136.61	381.71	4.95	376.76	329.37
云南	1141.92		1121.09	20.63	0.20	565.33	0.08	565.26		356.20	0.08	356.12	286.16	0.75	285.41	279.79
西藏	12.00		12.00										12.00		12.00	15.00
陕西	662.81		652.30	10.51		255.66		255.66		186.33		186.33	186.33		186.33	620.36
甘肃	313.91		306.54	7.02	0.35	100.25	7.83	83.52	8.90	86.72	1.50	85.22	118.82	1.13	117.69	545.20
青海	2.40		2.00		0.40	1.00		1.00		0.20		0.20	1.20		1.20	0.80
宁夏	27.94		27.94			25.82	2.59	23.23		2.11	0.31	1.80				27.94
新疆	176.53		176.53			15.50		15.50		15.60	0.14	15.46	135.77	1.00	134.77	90.68
新疆生产建设兵团	10.81		10.68	0.13		8.32	8.12	0.20		2.49	2.45	0.04	2.01	1.51	0.50	2.46

生活污水净化沼气池情况（一）

地区	合计								村级处理系统							
	年初数		本年新增		本年报废		年末累计		年初数		本年新增		本年报废		年末累计	
	数量（处）	总池容（万米^3）	数量（处）	总池容（万米^3）	数量（处）	总池容（万米^3）	数量（处）	总池容（万米^3）	数量（处）	总池容（万米^3）	数量（处）	总池容（万米^3）	数量（处）	总池容（万米^3）	数量（处）	总池容（万米^3）
全国	184481	1066.16	884	19.36	3939	16.67	181435	1068.79	70195	289.74	290	7.18	1751	6.08	68734	290.84
北京																
天津																
河北	103	0.60			6	0.03	97	0.57	2	0.03					2	0.03
山西																
内蒙古	1	0.07					1	0.07								
辽宁																
吉林	3	0.05					3	0.05	3	0.05					3	0.05
黑龙江																
黑龙江农垦																
上海																
江苏	28857	97.72	78	1.23	725	1.62	28210	97.33	1277	5.46			37	0.16	1240	5.30
浙江	67096	269.51	206	1.57	253	3.12	67049	267.97	61154	213.68	89	0.99	190	2.80	61053	211.88
安徽	1687	4.97			37	0.41	1650	4.56	47	0.53			19	0.25	28	0.28
福建	1002	2.18			239	0.48	763	1.70	398	0.78			197	0.30	201	0.48
江西	1942	6.99			2	0.01	1940	6.98	338	1.98					338	1.98
山东	143	1.34			2	0.03	141	1.31	31	0.09					31	0.09
河南	337	1.95			36	0.12	301	1.83								

（续）

地区	合计								村级处理系统							
	年初数		本年新增		本年报废		年末累计		年初数		本年新增		本年报废		年末累计	
	数量（处）	总池容（万米^3）	数量（处）	总池容（万米^3）	数量（处）	总池容（万米^3）	数量（处）	总池容（万米^3）	数量（处）	总池容（万米^3）	数量（处）	总池容（万米^3）	数量（处）	总池容（万米^3）	数量（处）	总池容（万米^3）
湖北	1194	6.75	52	0.43	42	0.35	1204	6.83	124	0.78	13	0.08	23	0.23	114	0.63
湖南	2009	9.72	63	0.54	42	0.22	2039	9.99	534	0.95	17	0.04			551	0.99
广东	1857	2.61			1274	2.00	583	0.61	1750	2.12			1249	1.87	501	0.25
广西	119	3.33			2	0.24	117	3.09	59	0.15			1	0.01	58	0.14
海南																
重庆	11546	103.07	45	0.34	82	0.40	11509	103.01	1263	17.64	45	0.34			1308	17.98
四川	65850	546.66	395	14.34	1141	7.04	65104	553.96	2819	40.08	81	4.82	18	0.32	2882	44.58
贵州	440	4.53	45	0.91	44	0.18	441	5.25	261	3.26	45	0.91	14	0.02	292	4.14
云南	164	2.54			9	0.31	155	2.23	128	1.97					128	1.97
西藏	4	0.62			3	0.12	1	0.50	3	0.12			3	0.12		
陕西	102	0.79					102	0.79	1	0.07					1	0.07
甘肃	25	0.17					25	0.17	3	0.01					3	0.01
青海																
宁夏																
新疆																
新疆生产建设兵团																

生活污水净化沼气池情况（二）

地区	学校处理系统								其他							
	年初数		本年新增		本年报废		年末累计		年初数		本年新增		本年报废		年末累计	
	数量（处）	总池容（万米³）	数量（处）	总池容（万米³）	数量（处）	总池容（万米³）	数量（处）	总池容（万米³）	数量（处）	总池容（万米³）	数量（处）	总池容（万米³）	数量（处）	总池容（万米³）	数量（处）	总池容（万米³）
全国	7510	65.12	125	2.38	249	1.64	7386	65.86	106776	711.29	487	9.75	1948	8.95	105315	712.09
北京																
天津																
河北	89	0.49			6	0.03	83	0.46	12	0.08					12	0.08
山西																
内蒙古	1	0.07					1	0.07								
辽宁																
吉林																
黑龙江																
黑龙江农垦																
上海																
江苏	1484	7.52	8	0.14	48	0.20	1444	7.46	26096	84.74	70	1.09	640	1.26	25526	84.57
浙江	440	4.57	7	0.24			447	4.81	5502	51.27	110	0.34	63	0.32	5549	51.29
安徽	287	1.42					287	1.42	1353	3.03			18	0.16	1335	2.87
福建	92	0.60			42	0.18	50	0.42	512	0.80					512	0.80
江西	415	2.14			2	0.01	413	2.13	1189	2.86					1189	2.86
山东	107	1.21			2	0.03	105	1.18	5	0.04					5	0.04
河南	300	1.81			32	0.11	268	1.70	37	0.14			4	0.01	33	0.13

（续）

地区	学校处理系统								其他							
	年初数		本年新增		本年报废		年末累计		年初数		本年新增		本年报废		年末累计	
	数量（处）	总池容（万米^3）	数量（处）	总池容（万米^3）	数量（处）	总池容（万米^3）	数量（处）	总池容（万米^3）	数量（处）	总池容（万米^3）	数量（处）	总池容（万米^3）	数量（处）	总池容（万米^3）	数量（处）	总池容（万米^3）
湖北	568	3.91	10	0.15	19	0.12	559	3.94	502	2.06	29	0.20			531	2.26
湖南	504	2.98	3	0.06	18	0.05	489	2.99	971	5.78	61	0.39	33	0.17	999	6.01
广东	91	0.48			25	0.13	66	0.35	16	0.01					16	0.01
广西	60	3.18			1	0.23	59	2.95								
海南																
重庆	557	7.50					557	7.50	9726	77.93			82	0.40	9644	77.53
四川	2192	24.70	97	1.79	18	0.11	2271	26.38	60839	481.88	217	7.73	1105	6.61	59951	483.00
贵州	179	1.27			30	0.16	149	1.11								
云南	21	0.41			6	0.28	15	0.12	15	0.17			3	0.03	12	0.14
西藏									1	0.50					1	0.50
陕西	101	0.72					101	0.72								
甘肃	22	0.15					22	0.15								
青海																
宁夏																
新疆																
新疆生产建设兵团																

省柴节煤灶与节能炕情况

地区	省柴节煤灶				节能炕			
	年初数（万台）	本年新增（万台）	本年报废（万台）	年末累计（万台）	年初数（万铺）	本年新增（万铺）	本年报废（万铺）	年末累计（万铺）
全国	10676.05	49.49	590.84	10134.70	1683.89	11.31	83.89	1611.31
北京	1.30			1.30	30.04		12.08	17.96
天津	11.91		2.10	9.81				
河北	321.62	0.46	106.22	215.87	82.60	0.31	15.95	66.96
山西	24.32		15.07	9.25	27.87	0.01	8.05	19.83
内蒙古	130.48	0.03	4.08	126.43	33.62	0.25	2.25	31.62
辽宁	280.84	0.50	3.85	277.49	347.64	1.66	15.10	334.20
吉林	250.03			250.03	273.47			273.47
黑龙江	219.50	0.15	0.62	219.03	332.24	0.06	0.16	332.14
黑龙江农垦								
上海								
江苏	484.83	0.30	76.94	408.19				
浙江	262.64	12.84	16.55	258.94				
安徽	637.86	1.22	40.71	598.37				
福建	132.41	0.87	4.11	129.17				
江西	497.35	0.84	6.60	491.59				
山东	777.90	3.62	64.25	717.27	285.25	0.05	26.60	258.70
河南	789.41	0.30	65.29	724.42	1.62			1.62

（续）

地区	省柴节煤灶				节能炕			
	年初数（万台）	本年新增（万台）	本年报废（万台）	年末累计（万台）	年初数（万铺）	本年新增（万铺）	本年报废（万铺）	年末累计（万铺）
湖北	618.52	4.18	20.42	602.28				
湖南	727.77	7.08	27.07	707.79				
广东	473.57	0.32	68.70	405.19				
广西	742.96	0.27	16.65	726.58				
海南	82.06			82.06				
重庆	317.89	2.50	6.07	314.32				
四川	1110.16	3.29	19.69	1093.76	0.0001			0.0001
贵州	336.62	2.25	14.44	324.43				
云南	641.33	5.45	3.97	642.80				
西藏								
陕西	214.42		0.23	214.19	68.44		0.19	68.25
甘肃	311.28	3.02	5.33	308.97	175.40	8.97	3.20	181.16
青海	81.67			81.67	3.66			3.66
宁夏	45.40		1.78	43.62	19.05		0.31	18.74
新疆	150.01		0.11	149.90	3.00			3.00
新疆生产建设兵团								

节能炉与燃池情况（一）

地区	节能炉													
	年初数（万台）	本年新增（万台）	本年报废（万台）	年末累计（万台）	其中：			燃料来源						
					炊事炉（万台）	取暖炉（万台）	炊事取暖炉（万台）	合计（万吨）	生物质成型燃料（万吨）	其中：农作物秸秆（万吨）	林业三剩物（万吨）	散煤（万吨）	洁净型煤（万吨）	其他（万吨）
全国	2769.41	107.49	267.13	2609.78	413.84	197.31	1998.63	3440.65	862.87	597.83	265.03	1363.54	1142.48	71.77
北京	3.90		2.90	1.00			1.00	3.50					3.50	
天津	73.14		34.65	38.49			38.49	76.98					76.98	
河北	548.98	8.84	79.71	478.11	9.90	11.10	457.11	508.64	19.54	9.72	9.82	340.50	132.45	16.15
山西	44.59	3.00	36.54	11.05	1.01	2.80	7.24	24.05	17.39	16.53	0.86	0.04	5.02	1.60
内蒙古	12.03	0.45	0.41	12.07		3.20	8.87	25.48	5.80	5.40	0.40	19.65	0.03	
辽宁	9.85	0.93		10.78		0.07	10.71	35.30	18.40	17.50	0.90	16.80	0.10	
吉林	94.50	0.80		95.30			95.30	390.00	220.00	220.00		30.00	140.00	
黑龙江	73.19	4.65	0.68	77.16	0.07	4.96	72.13	176.61	16.50	16.50		160.11		
黑龙江农垦	0.06			0.06			0.06	0.18	0.18		0.18			
上海														
江苏	4.21	0.01	0.46	3.76	0.30	0.01	3.45	0.01					0.01	
浙江	0.11			0.11	0.11			1.10	1.10	1.05	0.05			
安徽	80.34	0.79	8.02	73.11	20.08	0.71	52.32	69.07	48.66	40.60	8.07	2.60	16.95	0.86
福建														
江西	80.24	0.43	2.69	77.98	23.00	0.22	54.76	129.00	46.62	18.09	28.54	49.74	31.54	1.10
山东	436.77	53.41	51.42	438.76	55.08	52.51	331.17	319.34	71.34	56.13	15.21	69.50	167.84	10.66
河南	196.12	0.36	20.03	176.45	33.02	21.28	122.15	206.92	31.00	23.96	7.04	4.85	170.75	0.32

（续）

地区	节能炉													
	年初数（万台）	本年新增（万台）	本年报废（万台）	年末累计（万台）	其中：			燃料来源						
					炊事炉（万台）	取暖炉（万台）	炊事取暖炉（万台）	合计（万吨）	生物质成型燃料（万吨）	其中：农作物秸秆（万吨）	林业三剩物（万吨）	散煤（万吨）	洁净型煤（万吨）	其他（万吨）
湖北	161.23	3.28	3.93	160.58	19.24	16.34	125.00	193.52	157.24	60.83	96.42	13.62	14.00	8.65
湖南	327.75	8.76	13.24	323.26	143.92	29.97	149.37	218.00	76.06	29.39	46.67	43.05	96.15	2.74
广东	0.09		0.09											
广西	2.19	0.02	0.70	1.51	1.16		0.35	1.95	1.95	0.53	1.42			
海南														
重庆	49.32	1.77	1.64	49.45	14.39	0.28	34.78	32.28	28.98	21.40	7.58	1.96	1.32	0.02
四川	208.37	0.65	4.64	204.39	40.85	11.15	152.39	135.07	60.52	41.41	19.11	33.10	21.39	20.06
贵州	96.98	0.76	2.85	94.89	0.55	0.35	93.99	157.31	17.51	5.36	12.15	136.35	1.91	1.54
云南	0.72	7.87		8.59	0.03		8.56	5.05	5.05	3.25	1.80			
西藏														
陕西	76.61		1.23	75.38			75.38	552.92	0.07	0.03	0.04	352.22	200.63	
甘肃	166.26	10.72	1.30	175.68	51.14	28.09	96.45	163.93	10.38	5.88	4.50	89.45	56.03	8.07
青海	14.27			14.27		14.27		8.56	8.56	4.28	4.28			
宁夏	4.51			4.51			4.51	5.87					5.87	
新疆	3.07			3.07			3.07							
新疆生产建设兵团														

节能炉与燃池情况（二）

地区	燃池			
	年初数（万个）	本年新增（万个）	本年报废（万个）	年末累计（万个）
全国	10.87		2.66	8.21
北京				
天津				
河北	2.16		1.51	0.65
山西				
内蒙古	0.08		0.01	0.07
辽宁	1.53		0.47	1.06
吉林				
黑龙江	7.10		0.67	6.43
黑龙江农垦				
上海				
江苏				
浙江				
安徽				
福建				
江西				
山东				
河南				

（续）

地区	燃池			
	年初数（万个）	本年新增（万个）	本年报废（万个）	年末累计（万个）
湖北				
湖南				
广东				
广西				
海南				
重庆				
四川	0.0004			0.0004
贵州				
云南				
西藏				
陕西				
甘肃				
青海				
宁夏				
新疆				
新疆生产建设兵团				

太阳能热利用情况（一）

地区	太阳能热水器								太阳灶			
	年初数		本年新增		本年报废		年末累计		年初数	本年新增	本年报废	年末累计
	数量（万台）	集热面积（万米²）	数量（万台）	集热面积（万米²）	数量（万台）	集热面积（万米²）	数量（万台）	集热面积（万米²）	数量（台）	数量（台）	数量（台）	数量（台）
全国	4792.64	8723.50	161.28	299.57	118.37	217.64	4835.56	8805.43	2222666	7176	94086	2135756
北京	51.00	89.69	0.03	0.06	0.92	2.28	50.11	87.47	120		30	90
天津	39.07	41.68					39.07	41.68				
河北	474.75	682.94	20.11	27.75	18.08	41.99	476.78	668.70	39727		13804	25923
山西	97.64	296.00	2.60	5.50	3.50	7.25	96.74	294.25	69105		4883	64222
内蒙古	37.50	68.17	2.30	3.41	0.39	0.79	39.41	70.79	55506		6136	49370
辽宁	85.95	126.84	1.04	1.77	0.09	0.03	86.90	128.58	906			906
吉林	21.37	68.39					21.37	68.39	403			403
黑龙江	48.02	69.99	1.64	2.52	0.62	0.92	49.04	71.59	507			507
黑龙江农垦	5.26	10.57			0.11	0.46	5.15	10.11				
上海	45.10	90.22					45.10	90.22				
江苏	574.92	921.00	9.15	13.08	28.83	49.66	555.24	884.42				
浙江	320.45	677.32	10.31	18.92	8.04	13.40	322.73	682.84	40			40
安徽	377.14	595.39	14.71	26.05	10.49	16.92	381.36	604.52				
福建	15.81	38.21	0.08	0.40	2.12	4.29	13.77	34.32				
江西	92.13	215.09	1.96	5.65	0.76	1.72	93.34	219.02				
山东	854.44	1319.19	28.73	47.91	9.10	17.56	874.07	1349.54	2973	30	526	2477
河南	400.93	635.15	13.42	25.72	14.47	21.95	399.88	638.92				

（续）

地区	太阳能热水器								太阳灶			
	年初数		本年新增		本年报废		年末累计		年初数	本年新增	本年报废	年末累计
	数量（万台）	集热面积（万米²）	数量（万台）	集热面积（万米²）	数量（万台）	集热面积（万米²）	数量（万台）	集热面积（万米²）	数量（台）	数量（台）	数量（台）	数量（台）
湖北	189.85	340.87	3.88	6.59	3.09	7.68	190.63	339.77				
湖南	115.83	237.80	7.79	14.74	3.30	6.13	120.33	246.41				
广东	27.00	85.17	1.22	3.11			28.22	88.28				
广西	56.42	142.30	8.18	19.62	0.34	0.74	64.26	161.17				
海南	191.85	389.21					191.85	389.21				
重庆	35.60	68.98	1.41	2.20	0.29	0.59	36.72	70.59				
四川	116.87	214.77	4.20	7.83	0.90	1.72	120.17	220.88	121259		20	121239
贵州	36.50	89.02	1.43	3.31	1.29	3.26	36.65	89.08				
云南	156.98	486.83	7.19	20.68	1.22	1.46	162.95	506.05	264			264
西藏	50.13	150.10					50.13	150.10	391563			391563
陕西	93.59	221.43			1.25	2.42	92.34	219.01	243268		5891	237377
甘肃	62.64	154.04	4.44	19.64	7.90	12.97	59.18	160.71	759148	7146	35428	730866
青海	3.50	14.87					3.50	14.87	258259			258259
宁夏	79.44	128.59	11.32	18.11	0.28	0.44	90.48	146.26	270206		25327	244879
新疆	34.88	53.46	4.13	5.01	1.01	1.01	38.00	57.46	9412		2041	7371
新疆生产建设兵团	0.08	0.23					0.08	0.23				

太阳能热利用情况（二）

地区	太阳房							
	年初数		本年新增		本年报废		年末累计	
	数量（处）	集热面积（万米²）	数量（处）	集热面积（万米²）	数量（处）	集热面积（万米²）	数量（处）	集热面积（万米²）
全国	291144	2540.98	2929	24.37	2225	35.59	291848	2529.76
北京	10865	115.25					10865	115.25
天津	2	0.66			2	0.66		
河北	17524	122.11	433	0.91	521	2.80	17436	120.22
山西	15	0.15					15	0.15
内蒙古	8724	82.72	21	0.05	737	9.28	8008	73.49
辽宁	56593	517.86			329	3.01	56264	514.85
吉林	25899	289.41					25899	289.41
黑龙江	66790	540.95	15	0.15	22	0.71	66783	540.39
黑龙江农垦								
上海	1	5.00					1	5.00
江苏	160	0.76					160	0.76
浙江								
安徽								
福建								
江西	2	0.68					2	0.68
山东	882	14.02	50	0.35	26	7.01	906	7.36
河南	44	2.04					44	2.04

（续）

地区	太阳房							
	年初数		本年新增		本年报废		年末累计	
	数量（处）	集热面积（万米^2）	数量（处）	集热面积（万米^2）	数量（处）	集热面积（万米^2）	数量（处）	集热面积（万米^2）
湖北								
湖南	2	0.60					2	0.60
广东								
广西								
海南								
重庆								
四川	300	7.96			4	5.05	296	2.91
贵州								
云南								
西藏								
陕西	7	0.23					7	0.23
甘肃	64484	316.56	2410	22.91	559	3.38	66335	336.09
青海	37525	505.19					37525	505.19
宁夏	250	9.44			25	3.69	225	5.75
新疆	1075	9.40					1075	9.40
新疆生产建设兵团								

太阳能热利用情况（三）

地区	其中：															
	户用太阳房								太阳能校舍							
	年初数		本年新增		本年报废		年末累计		年初数		本年新增		本年报废		年末累计	
	数量（户）	集热面积（万米²）	数量（户）	集热面积（万米²）	数量（户）	集热面积（万米²）	数量（户）	集热面积（万米²）	数量（处）	集热面积（万米²）	数量（处）	集热面积（万米²）	数量（处）	集热面积（万米²）	数量（处）	集热面积（万米²）
全国	283532	2417.00	2929	24.37	2020	16.27	284441	2425.11	405	57.79			40	10.89	365	46.90
北京	10864	115.05					10864	115.05	1	0.20					1	0.20
天津									2	0.66			2	0.66		
河北	17460	115.78	433	0.91	516	2.77	17377	113.92	27	5.86					27	5.86
山西	15	0.15					15	0.15								
内蒙古	8531	77.19	21	0.05	691	6.68	7861	70.56								
辽宁	56535	486.50			329	3.01	56206	483.49	51	20.09					51	20.09
吉林	25880	285.72					25880	285.72	19	3.69					19	3.69
黑龙江	63569	524.95	15	0.15	20	0.16	63564	524.94	21	7.00			2	0.55	19	6.45
黑龙江农垦																
上海																
江苏	160	0.76					160	0.76								
浙江																
安徽																
福建																
江西																

（续）

地区	其中：															
	户用太阳房								太阳能校舍							
	年初数		本年新增		本年报废		年末累计		年初数		本年新增		本年报废		年末累计	
	数量（户）	集热面积（万米²）	数量（户）	集热面积（万米²）	数量（户）	集热面积（万米²）	数量（户）	集热面积（万米²）	数量（处）	集热面积（万米²）	数量（处）	集热面积（万米²）	数量（处）	集热面积（万米²）	数量（处）	集热面积（万米²）
山东	856	6.89	50	0.35	2	0.31	904	6.93	25	7.10			24	6.70	1	0.40
河南	27	1.38					27	1.38	9	0.55					9	0.55
湖北																
湖南									2	0.60					2	0.60
广东																
广西																
海南																
重庆																
四川	293	2.49					293	2.49	5	0.34					5	0.34
贵州																
云南																
西藏																
陕西																
甘肃	61761	289.78	2410	22.91	449	2.63	63722	310.06	188	6.38					188	6.38
青海	36268	494.51					36268	494.51	43	2.34					43	2.34
宁夏	238	6.45			13	0.71	225	5.74	12	2.98			12	2.98		
新疆	1075	9.40					1075	9.40								
新疆生产建设兵团																

小型电源利用情况（一）

地区	小型光伏发电							
	年初数		本年新增		本年报废		年末累计	
	数量（处）	装机容量（千瓦）	数量（处）	装机容量（千瓦）	数量（处）	装机容量（千瓦）	数量（处）	装机容量（千瓦）
全国	376711	261634.64	18035	112920.01	8437	862.64	386309	373692.01
北京	159773	21577.34	1212	89.14	7229	531.13	153756	21135.35
天津								
河北	31663	56518.37	4586	16222.04	520	99.81	35729	72640.60
山西	3635	366.00	3	0.40			3638	366.40
内蒙古	15330	8415.30	4669	6673.56	17	6.06	19982	15082.80
辽宁	60080	3811.32	50	40.00			60130	3851.32
吉林								
黑龙江	7502	303.50					7502	303.50
黑龙江农垦								
上海								
江苏	815	32.60					815	32.60
浙江	2354	3365.88	33	187.20			2387	3553.08
安徽	3263	4625.94	1200	240.00	34	36.16	4429	4829.78
福建			8	70.00			8	70.00
江西	754	7441.76	494	3010.00			1248	10451.76

（续）

地区	小型光伏发电							
	年初数		本年新增		本年报废		年末累计	
	数量（处）	装机容量（千瓦）	数量（处）	装机容量（千瓦）	数量（处）	装机容量（千瓦）	数量（处）	装机容量（千瓦）
山东	2364	406.25			2	0.30	2362	405.95
河南	10623	31984.45	701	3903.00			11324	35887.45
湖北	77	3440.00	5	61.00			82	3501.00
湖南	4607	92414.51	1001	67217.87	161	80.70	5447	159551.68
广东	338	7810.99	2137	6956.80			2475	14767.79
广西	427	2050.36	202	994.00			629	3044.36
海南	23	37.99					23	37.99
重庆	103	4710.00					103	4710.00
四川	10	183.00	50	911.00			60	1094.00
贵州	3	70.00	5	228.00			8	298.00
云南	356	300.50	1	20.00	32	1.50	325	319.00
西藏								
陕西	129	3636.01	220	4004.00			349	7640.01
甘肃	18295	4967.89	1458	2092.00	400	23.00	19353	7036.89
青海	51464	2524.11					51464	2524.11
宁夏	317	586.88			42	83.98	275	502.90
新疆	2406	53.71					2406	53.71
新疆生产建设兵团								

小型电源利用情况（二）

地区	小型风力发电								微型水力发电							
	年初数		本年新增		本年报废		年末累计		年初数		本年新增		本年报废		年末累计	
	数量（台）	装机容量（千瓦）	数量（台）	装机容量（千瓦）	数量（台）	装机容量（千瓦）	数量（台）	装机容量（千瓦）	数量（台）	装机容量（千瓦）	数量（台）	装机容量（千瓦）	数量（台）	装机容量（千瓦）	数量（台）	装机容量（千瓦）
全国	103407	33170.39	999	6453.55	9790	5370.39	94616	34253.55	25643	62711.92	15	25.00	5914	9834.68	19744	52902.24
北京	10	10.00					10	10.00								
天津																
河北	197	66.90					197	66.90								
山西	3	6.00	6	14.00			9	20.00	1	10.00					1	10.00
内蒙古	82359	24757.66	654	4380.80	6145	3697.24	76868	25441.22								
辽宁	52	240.00			47	235.00	5	5.00								
吉林	265	29.20					265	29.20								
黑龙江	1232	206.30			245	37.16	987	169.14								
黑龙江农垦	174	559.10					174	559.10								
上海																
江苏	2288	554.10	20	6.75	715	310.25	1593	250.60								
浙江	131	584.50					131	584.50	172	230.80					172	230.80
安徽	571	252.66			70	36.60	501	216.06	9	27.93					9	27.93
福建	383	546.40	3	24.00			386	570.40	271	1976.00					271	1976.00
江西	5	1.00					5	1.00	4911	8446.80			26	19.64	4885	8427.16
山东	3446	1412.36	20	50.00	2211	930.79	1255	531.57	11	67.00					11	67.00

（续）

地区	小型风力发电								微型水力发电							
	年初数		本年新增		本年报废		年末累计		年初数		本年新增		本年报废		年末累计	
	数量（台）	装机容量（千瓦）	数量（台）	装机容量（千瓦）	数量（台）	装机容量（千瓦）	数量（台）	装机容量（千瓦）	数量（台）	装机容量（千瓦）	数量（台）	装机容量（千瓦）	数量（台）	装机容量（千瓦）	数量（台）	装机容量（千瓦）
河南	64	10.21	200	1800.00			264	1810.21	21	246.00					21	246.00
湖北									12	60.00					12	60.00
湖南	32	51.00			1	0.10	31	50.90	1554	4602.12	15	25.00	97	251.04	1472	4376.08
广东	73	110.15			53	80.15	20	30.00	19	118.00			17	103.00	2	15.00
广西	1145	124.86					1145	124.86	10176	15614.85			58	81.00	10118	15533.85
海南	39	48.00					39	48.00	8	78.38					8	78.38
重庆									82	391.20					82	391.20
四川									44	1897.00					44	1897.00
贵州	49	6.10			3	0.20	46	5.90	2503	5184.00			1858	3777.00	645	1407.00
云南	3	0.45	96	178.00	10	10.00	89	168.45	5029	8830.30			3858	5603.00	1171	3227.30
西藏																
陕西	80	8.50					80	8.50	63	3666.15					63	3666.15
甘肃	1656	667.13					1656	667.13	255	2482.80					255	2482.80
青海	1308	130.80					1308	130.80	290	8780.00					290	8780.00
宁夏	1549	213.67			290	32.90	1259	180.77								
新疆	6293	2573.35					6293	2573.35	212	2.60					212	2.60
新疆生产建设兵团																

秸秆综合利用情况（一）

地区	理论资源量									
	合计（万吨）	玉米（万吨）	水稻（万吨）	小麦（万吨）	其他谷物（万吨）	棉花（万吨）	油菜（万吨）	花生（万吨）	豆类（万吨）	薯类（万吨）
全国	110424.01	47186.60	24761.02	18353.92	3760.22	3536.15	2809.27	2239.70	2711.25	5065.88
北京	57.24	46.44	0.09	6.37	0.45			0.41	0.49	2.99
天津	353.70	232.96	32.21	78.55	0.33	8.82		0.12	0.58	0.13
河北	6751.68	3844.62	57.03	2139.70	46.52	175.88	2.51	131.18	39.09	315.14
山西	2542.85	1974.02	0.51	338.35	93.13	3.49	6.35	1.52	30.00	95.49
内蒙古	5729.59	4312.91	207.38	260.88	363.26		65.50	5.03	270.58	244.05
辽宁	3343.64	2674.84	438.69	0.85	57.69		0.06	75.48	33.66	62.38
吉林	6246.43	5250.47	673.89	0.60	45.39			73.56	143.67	58.86
黑龙江	13765.96	9375.54	3067.03	44.30	43.60				1203.44	32.04
黑龙江农垦										
上海	113.54	3.09	99.15	9.91	0.36	0.03	0.70		0.29	
江苏	5020.71	519.96	2381.67	1867.34	14.70	5.96	102.19	48.27	59.69	20.94
浙江	905.62	52.90	600.48	58.82	29.11	3.04	50.72	7.94	38.38	64.23
安徽	6133.27	1322.26	2074.59	2137.97	32.47	40.53	162.27	80.43	164.66	118.05
福建	648.30	16.11	414.23	0.09	15.78		2.57	30.42	8.37	160.73
江西	3289.67	42.11	2833.21	4.16	15.57	27.73	155.48	68.14	44.25	99.04
山东	9343.65	4818.01	82.16	3584.39	6.37	148.28		394.23	80.85	229.37
河南	10789.45	4007.28	577.07	4892.42	47.02	16.03	72.10	743.70	178.01	255.78

（续）

地区	理论资源量									
	合计（万吨）	玉米（万吨）	水稻（万吨）	小麦（万吨）	其他谷物（万吨）	棉花（万吨）	油菜（万吨）	花生（万吨）	豆类（万吨）	薯类（万吨）
湖北	4715.48	701.90	2445.38	596.06	47.44	70.28	425.10	113.12	55.93	260.28
湖南	4803.34	444.69	3397.87	14.58	98.54	65.02	479.14	58.53	73.01	171.96
广东	1705.24	71.06	978.63	0.02	98.06		45.75	152.71	9.51	349.50
广西	3122.02	326.89	1244.47	0.81	1017.20	0.11	25.80	89.39	23.78	393.58
海南	217.92	16.45	112.21		38.58			11.49	0.75	38.44
重庆	1198.46	330.52	495.09	13.89	25.32		98.83	17.10	28.30	189.41
四川	4350.48	1327.53	1469.74	345.14	84.37	1.15	575.92	95.74	94.83	356.05
贵州	1529.65	280.04	414.86	45.58	101.43		177.13	20.64	41.43	448.55
云南	3257.84	1209.70	460.76	104.30	911.69		129.32	10.16	32.19	399.72
西藏	139.01	2.46	0.33	33.30	69.60		11.03	0.01	0.24	22.05
陕西	1724.90	864.10	77.82	514.91	31.66	2.84	70.57	10.13	25.62	127.25
甘肃	1991.95	1050.07	2.11	343.90	113.62	39.78	53.83		16.60	372.03
青海	202.01	31.16		45.33	28.46		58.74			38.31
宁夏	554.67	351.28	62.24	45.37	25.70		0.21		1.33	68.53
新疆	3933.47	1509.36	38.10	737.89	243.68	1320.93	16.50	0.12	10.84	56.04
新疆生产建设兵团	1942.25	175.85	22.05	88.13	13.12	1606.17	20.95	0.16	0.87	14.97

秸秆综合利用情况（二）

地区	可收集资源量									
	合计（万吨）	玉米（万吨）	水稻（万吨）	小麦（万吨）	其他谷物（万吨）	棉花（万吨）	油菜（万吨）	花生（万吨）	豆类（万吨）	薯类（万吨）
全国	87034.91	40245.69	18626.80	13514.24	2663.23	3018.76	1818.28	1858.27	1549.97	3739.68
北京	47.62	39.67	0.07	4.70	0.38			0.34	0.28	2.18
天津	287.74	198.18	23.84	57.34	0.28	7.59		0.10	0.33	0.09
河北	5363.86	3229.92	42.51	1559.46	35.76	149.72	1.61	108.91	21.87	214.10
山西	2106.69	1692.43	0.38	247.45	73.63	3.00	4.06	1.23	16.83	67.67
内蒙古	4679.23	3654.41	153.86	191.80	304.14		41.49	4.20	151.30	178.03
辽宁	2813.56	2301.92	335.82	0.65	48.36		0.05	62.18	18.98	45.60
吉林	5190.50	4465.92	504.61	0.44	38.37			53.82	85.71	41.63
黑龙江	10951.69	7956.10	2220.62	32.34	33.68				685.15	23.80
黑龙江农垦										
上海	86.17	2.78	75.09	7.37	0.28	0.03	0.45		0.16	
江苏	3771.42	445.04	1777.80	1376.16	11.19	5.13	65.40	39.98	35.42	15.30
浙江	671.84	46.97	448.11	43.31	22.88	2.62	32.75	6.59	21.72	46.89
安徽	4643.09	1118.09	1544.38	1567.46	26.64	34.55	104.50	66.78	94.51	86.16
福建	494.57	14.31	319.73	0.08	11.32		1.65	25.08	4.75	117.66
江西	2474.44	36.65	2145.13	3.13	11.97	23.7[illegible]	99.99	55.99	24.94	72.92
山东	7462.79	4101.82	61.10	2628.19	4.88	126.38		327.03	45.92	167.47
河南	8412.45	3382.91	433.02	3599.69	27.99	13.40	52.08	613.49	103.20	186.67

（续）

地区	可收集资源量									
	合计（万吨）	玉米（万吨）	水稻（万吨）	小麦（万吨）	其他谷物（万吨）	棉花（万吨）	油菜（万吨）	花生（万吨）	豆类（万吨）	薯类（万吨）
湖北	3519.92	600.65	1822.21	427.26	28.73	58.94	271.67	90.65	32.47	187.35
湖南	3589.39	364.44	2561.73	10.59	78.47	52.78	313.36	44.15	43.91	119.96
广东	1417.41	65.11	750.13	0.01	92.20		29.28	147.37	5.29	328.01
广西	2321.93	288.10	936.40	0.59	702.21	0.09	19.38	73.53	13.55	288.08
海南	158.51	14.11	83.83		22.55			9.54	0.42	28.05
重庆	933.32	292.38	378.38	11.11	17.87		64.60	13.92	16.97	138.11
四川	3430.78	1188.33	1147.05	272.09	60.92	0.99	368.02	79.49	53.17	260.74
贵州	1187.01	250.03	340.67	37.44	82.48		114.39	17.00	23.60	321.40
云南	2605.76	1079.95	368.27	85.11	668.17		84.22	8.34	18.03	293.65
西藏	108.81	1.89	0.11	25.71	57.93		6.95	0.002	0.14	16.08
陕西	1369.12	738.28	59.26	381.54	26.40	2.44	45.43	8.33	14.43	93.01
甘肃	1626.85	922.28	1.61	261.82	91.81	34.21	35.23		9.11	270.78
青海	150.83	28.01		34.60	22.58		37.62			28.01
宁夏	452.65	301.39	46.17	33.74	20.88		0.13		0.75	49.58
新疆	3064.91	1274.89	28.59	548.84	31.53	1123.74	10.56	0.10	6.59	40.07
新疆生产建设兵团	1640.05	148.70	16.31	64.22	6.72	1379.44	13.41	0.13	0.49	10.63

2019 年

户用沼气池情况

地区	数量（万户）	其中：本年利用（万户）
全国	3380.27	1764.41
北京	0.01	
天津	4.86	1.04
河北	122.49	24.83
山西	23.62	1.64
内蒙古	25.96	2.06
辽宁	38.99	10.32
吉林	19.43	2.40
黑龙江	23.81	0.30
黑龙江农垦		
上海		
江苏	70.84	16.62
浙江	9.38	2.84
安徽	81.27	36.86
福建	38.28	28.60
江西	169.32	92.48
山东	166.79	64.03
河南	368.51	211.07
湖北	201.29	158.16
湖南	187.27	129.04
广东	11.04	3.98
广西	389.58	236.72
海南	34.52	31.62
重庆	153.77	75.32
四川	555.62	349.02
贵州	188.80	70.18
云南	232.99	106.30
西藏	0.12	0.08
陕西	84.62	25.03
甘肃	118.17	73.77
青海	18.42	8.01
宁夏	22.98	0.20
新疆	17.52	1.90
新疆生产建设兵团		

沼气工程情况（一）

地区	合计						
	年初数（处）	本年新增（处）	本年报废（处）	年末累计（处）	总池容（万米^3）	供气户数（万户）	装机容量（千瓦）
全国	108120	4337	9807	102650	2535.71	193.68	341476.80
北京	33		24	9	2.91	0.33	2200.00
天津	438		30	408	7.19		957.00
河北	2813	45	536	2322	70.08	14.17	22310.04
山西	272	1	57	216	15.43	1.13	2290.00
内蒙古	575	16	320	271	59.10	0.33	3725.00
辽宁	1145		116	1029	36.87	0.15	230.00
吉林	64			64	10.25		
黑龙江	1464		82	1382	25.73	2.38	4030.04
黑龙江农垦	29	2	1	30	13.08	0.01	8380.00
上海	38	27		65	50.49		30430.00
江苏	4402	21	362	4061	119.32	1.58	59273.00
浙江	5880	554	1345	5089	93.63	4.85	13199.00
安徽	2960	58	44	2974	49.93	4.37	13769.00
福建	3809	18	136	3691	106.06	3.27	2218.00
江西	8080	146	83	8143	439.99	18.03	37903.00
山东	8389	84	1555	6918	133.25	9.98	27055.00
河南	5960	13	455	5518	112.73	9.63	7788.00
湖北	9124	230	232	9122	143.66	26.03	7258.00
湖南	25315	880	3184	23011	279.44	19.39	17035.13
广东	4288	46	33	4301	147.62	1.70	18670.00
广西	1358	281	31	1608	71.99	36.53	9596.00
海南	2055	62	221	1896	47.72	2.93	2304.33
重庆	4706	610	37	5279	93.03	8.38	67.02
四川	6982	207	112	7077	174.98	17.23	22925.60
贵州	2263	10	302	1971	53.93	2.66	7828.20
云南	715	959	100	1574	47.80	0.48	5141.00
西藏	14			14	1.73	0.01	
陕西	3504	29	25	3508	58.93	3.11	1965.01
甘肃	457	1		458	30.34	3.72	8016.00
青海	233			233	3.39	0.10	
宁夏	128	1		129	14.49	0.16	4703.43
新疆	579	36	384	231	15.70	1.04	210.00
新疆生产建设兵团	48			48	4.94		

沼气工程情况（二）

地区	小型和中型沼气工程						
	年初数（处）	本年新增（处）	本年报废（处）	年末累计（处）	总池容（万米³）	供气户数（万户）	装机容量（千瓦）
全国	100232	4074	9393	94913	1450.89	145.84	38001.59
北京	17		16	1	0.04	0.04	
天津	401		24	377	2.85		
河北	2498	24	497	2025	17.87	12.78	0.04
山西	152		38	114	1.74	0.23	210.00
内蒙古	477	15	296	196	6.93	0.07	
辽宁	1084		109	975	28.37	0.01	60.00
吉林	18			18	0.20		
黑龙江	1272		68	1204	2.86	0.45	
黑龙江农垦	9			9	0.03		
上海	6	10		16	0.23		
江苏	4075	13	349	3739	69.66	0.85	16655.00
浙江	5717	542	1320	4939	70.67	2.48	3769.00
安徽	2709	46	31	2724	25.62	3.05	
福建	3572	17	126	3463	30.74	1.95	740.00
江西	7453	143	70	7526	336.54	13.64	4029.00
山东	7978	71	1493	6556	66.06	6.49	808.00
河南	5101	5	435	4671	40.94	4.61	250.00
湖北	8793	225	199	8819	96.94	19.93	100.00
湖南	24768	822	3147	22443	228.77	14.75	1600.13
广东	3739	43	31	3751	64.02	0.90	850.00
广西	1159	273	31	1401	47.68	35.60	1749.00
海南	1624	59	218	1465	24.31	2.28	60.80
重庆	4363	596	20	4939	60.82	4.84	0.02
四川	6341	193	108	6426	122.16	15.72	1081.60
贵州	2070	6	289	1787	31.34	1.30	723.00
云南	465	946	71	1340	10.74	0.37	336.00
西藏	12			12	0.73	0.01	
陕西	3237	24	23	3238	47.94	2.59	730.00
甘肃	293	1		294	4.82	0.66	370.00
青海	202			202	0.85	0.06	
宁夏	122			122	6.97	0.16	3880.00
新疆	488		384	104	0.92	0.04	
新疆生产建设兵团	17			17	0.54		

沼气工程情况（三）

地区	大型和特大型沼气工程（含生物天然气工程）							
	年初数（处）	本年新增（处）	本年报废（处）	年末累计（处）	总池容（万米^3）	年产气量（万米^3）	供气户数（万户）	装机容量（千瓦）
全国	7888	263	414	7737	1084.83	136849.42	47.84	303475.21
北京	16		8	8	2.87	668.84	0.29	2200.00
天津	37		6	31	4.34	640.00		957.00
河北	315	21	39	297	52.22	7666.02	1.39	22310.00
山西	120	1	19	102	13.69	871.55	0.90	2080.00
内蒙古	98	1	24	75	52.17	1727.38	0.26	3725.00
辽宁	61		7	54	8.50	446.33	0.14	170.00
吉林	46			46	10.05			
黑龙江	192		14	178	22.87	3635.48	1.93	4030.04
黑龙江农垦	20	2	1	21	13.05	1649.00	0.01	8380.00
上海	32	17		49	50.26			30430.00
江苏	327	8	13	322	49.66	9858.07	0.73	42618.00
浙江	163	12	25	150	22.96	2414.54	2.37	9430.00
安徽	251	12	13	250	24.31	4409.57	1.33	13769.00
福建	237	1	10	228	75.32	5628.66	1.32	1478.00
江西	627	3	13	617	103.45	5854.70	4.39	33874.00
山东	411	13	62	362	67.19	18465.57	3.50	26247.00
河南	859	8	20	847	71.79	11116.22	5.02	7538.00
湖北	331	5	33	303	46.72	4879.83	6.10	7158.00
湖南	547	58	37	568	50.67	5704.69	4.64	15435.00
广东	549	3	2	550	83.60	10724.65	0.80	17820.00
广西	199	8		207	24.31	3242.20	0.93	7847.00
海南	431	3	3	431	23.41	1234.65	0.65	2243.53
重庆	343	14	17	340	32.21	3275.94	3.54	67.00
四川	641	14	4	651	52.82	12823.84	1.51	21844.00
贵州	193	4	13	184	22.59	4864.00	1.35	7105.20
云南	250	13	29	234	37.06	8576.57	0.10	4805.00
西藏	2			2	1.00			
陕西	267	5	2	270	10.99	424.78	0.52	1235.01
甘肃	164			164	25.52	3683.86	3.07	7646.00
青海	31			31	2.54	7.60	0.04	
宁夏	6	1		7	7.52	1248.48		823.43
新疆	91	36		127	14.78	682.40	1.00	210.00
新疆生产建设兵团	31			31	4.40	424.00		

沼气工程情况（四）

地区	生物天然气工程							
	年初数（处）	本年新增（处）	本年报废（处）	年末累计（处）	总池容（万米^3）	年产（生物天然气）气量（万米^3）	进管网（生物天然气）气量（万米^3）	进加气站（生物天然气）气量（万米^3）
全国	32	12		44	107.64	19649.44	2894.14	5755.00
北京								
天津								
河北	6			6	18.67	3535.00		2307.00
山西		1		1	3.70	132.00		
内蒙古	1	1		2	6.55	1080.00	270.00	90.00
辽宁								
吉林	5			5	8.00			
黑龙江		1		1	1.40	410.00	200.00	90.00
黑龙江农垦	1	1		2	5.41	1469.00		
上海								
江苏	1			1	1.40	630.00	630.00	
浙江								
安徽	1			1	2.00			
福建								
江西		1		1	1.74	784.00	415.00	
山东	4	2		6	11.37	3188.94	458.14	1386.00
河南	1	2		3	4.80	1190.00	535.00	100.00
湖北								
湖南	2			2	5.06	578.00	378.00	
广东								
广西		2		2	5.40	730.00		
海南	1			1	3.72	600.00		
重庆	1	1		2	4.30	972.00		
四川								
贵州	2			2	6.80	1982.50		
云南	3			3	9.12	1888.00		1050.00
西藏								
陕西								
甘肃	1			1	2.60	200.00	8.00	192.00
青海								
宁夏								
新疆	1			1	3.60	80.00		40.00
新疆生产建设兵团	1			1	2.00	200.00		500.00

沼气工程情况（五）

地区	原料消耗量				沼肥用量（万吨）
	合计（万吨）	畜禽粪污（万吨）	农作物秸秆（万吨）	其他有机废弃物（万吨）	
全国	18748.40	17406.59	779.25	562.56	14022.51
北京	22.58	22.57	0.01		1.61
天津	82.90	82.90			82.40
河北	402.54	321.90	69.84	10.80	143.31
山西	111.70	106.63	4.82	0.25	101.59
内蒙古	81.03	72.41	8.60	0.02	6.42
辽宁	80.29	78.47	1.82		74.40
吉林					
黑龙江	41.98	30.78	11.20		6.12
黑龙江农垦	28.84	21.00	7.84		
上海	86.01	85.97		0.04	
江苏	727.89	712.76	11.24	3.89	663.31
浙江	749.41	726.55	16.98	5.88	430.82
安徽	243.73	219.09	18.39	6.25	251.25
福建	1264.86	1264.33	0.53		1236.66
江西	647.20	583.87	28.61	34.72	514.47
山东	909.78	807.96	61.76	40.06	884.42
河南	953.85	851.00	99.87	2.98	998.20
湖北	1718.32	1522.61	69.88	125.83	1575.51
湖南	2874.58	2759.80	79.07	35.71	1779.44
广东	415.80	412.54	3.26		305.12
广西	1161.80	1014.83	111.41	35.56	809.69
海南	363.85	346.63	9.47	7.75	281.52
重庆	967.01	845.59	5.54	115.89	525.93
四川	2777.48	2716.64	32.70	28.14	1813.93
贵州	857.59	832.81	19.60	5.18	460.58
云南	483.40	369.51	35.79	78.10	525.54
西藏	12.00	12.00			12.00
陕西	310.66	238.76	55.06	16.84	206.83
甘肃	292.64	278.99	5.87	7.78	285.98
青海	2.40	2.00		0.40	2.40
宁夏	34.40	24.00	9.90	0.50	34.07
新疆	41.88	41.70	0.18		8.99
新疆生产建设兵团					

节能炉具情况

地区	合计（万台）	炊事炉（万台）	取暖炉（万台）	炊事取暖炉（万台）
全国	2863.22	1128.75	325.64	1408.83
北京				
天津	13.69			13.69
河北	375.13	10.89	47.30	316.93
山西	13.62	0.47	8.34	4.81
内蒙古	17.12	0.73	3.70	12.69
辽宁	10.78	0.06	0.88	9.84
吉林	98.00			98.00
黑龙江	17.33	2.95	9.20	5.18
黑龙江农垦	0.60	0.30		0.30
上海				
江苏	3.20	0.30	0.01	2.89
浙江	0.11	0.11		
安徽	57.70	17.75	0.75	39.20
福建				
江西	65.31	22.23	1.48	41.60
山东	385.71	130.05	70.43	185.23
河南	175.39	33.30	17.22	124.87
湖北	182.60	40.87	24.47	117.26
湖南	331.63	173.96	41.72	115.96
广东	14.91	14.59	0.09	0.23
广西	0.78	0.78		
海南				
重庆	46.03	11.60	0.28	34.15
四川	217.17	152.05	17.49	47.64
贵州	98.57	6.21	2.20	90.16
云南	388.18	387.25		0.93
西藏				
陕西	140.26	66.14	32.68	41.44
甘肃	185.15	54.72	30.54	99.89
青海	14.27		14.27	
宁夏	4.39			4.39
新疆	5.61	1.45	2.60	1.56
新疆生产建设兵团				

太阳能热利用情况

地区	太阳能热水器		太阳灶	太阳房	
	数量（万台）	面积（万米²）	数量（台）	数量（处）	面积（万米²）
全国	4703.86	8476.65	1835693	256933	2074.34
北京	46.98	87.42		10859	114.96
天津	38.57	40.52			
河北	447.92	624.75	9288	38053	167.88
山西	45.38	146.41	64979		
内蒙古	24.80	71.67	21953	7169	56.54
辽宁	57.84	90.75	769	47587	412.18
吉林	21.65	68.60	365	25899	289.41
黑龙江	13.17	15.81		17320	151.62
黑龙江农垦	5.81	11.69			
上海					
江苏	704.53	1110.39		163	0.79
浙江	286.35	608.29	80		
安徽	383.80	586.23			
福建	13.83	34.02			
江西	92.47	197.47			
山东	888.42	1332.65	1979	458	11.19
河南	372.75	611.99		13	0.17
湖北	186.87	310.81			
湖南	120.40	241.40		22	0.49
广东	59.20	174.07	98	100	2.50
广西	57.85	151.04			
海南	191.85	389.21			
重庆	36.43	70.37			
四川	119.86	225.44	43812	150	1.24
贵州	33.99	81.59			
云南	165.79	503.89			
西藏	50.13	150.10	391563		
陕西	80.62	215.59	126416	62	2.10
甘肃	62.09	162.80	753116	71344	352.79
青海	3.50	14.87	258259	37525	505.19
宁夏	88.75	144.15	162292	209	5.29
新疆	2.18	2.44	724		
新疆生产建设兵团	0.08	0.23			

生物质能源工程情况

地区	打捆直燃集中供暖			固化成型		热解气化			炭化	
	数量（处）	供暖户数（万户）	供暖面积（万米^2）	数量（处）	年产量（万吨）	数量（处）	其中：运行数量（处）	其中：供气户数（万户）	数量（处）	年产量（万吨）
全国	178	7.89	701.95	2360	1095.19	376	196	1.85	91	34.28
北京						21				
天津				1	4.00				1	0.01
河北	5	0.01	1.51	186	44.98	6	2	0.08	3	3.20
山西	6	2.47	293.00	29	18.98				1	0.20
内蒙古				34	34.00	4				
辽宁	108	0.97	108.53	102	81.83	53	1	0.01	1	3.00
吉林	12	0.48	38.40	25	38.00	17	11	0.20		
黑龙江	46	3.96	260.48	1129	213.13	1	1	0.02	2	1.00
黑龙江农垦	1	0.001	0.03	1	2.90		3	0.11	1	0.29
上海										
江苏				233	66.93	89	7	0.15	4	1.00
浙江				45	31.25	1	1		1	0.10
安徽				385	308.71	6	6	0.61	8	1.80
福建										
江西				11	1.29				3	0.04
山东				46	52.09	20	6	0.27	4	1.45
河南				15	28.41				1	0.50
湖北				36	44.88	5	5	0.36	34	15.87
湖南				30	74.25	150	150	0.02	8	4.77
广东										
广西										
海南										
重庆						1	1			
四川				7	12.04				1	0.001
贵州				3	7.20				5	0.02
云南				19	9.40				13	1.02
西藏										
陕西				6	4.91					
甘肃				16	11.02	2	2	0.02		
青海										
宁夏										
新疆				1	5.00					
新疆生产建设兵团										

2020 年

户用沼气池情况

地区	数量（万户）	其中：本年利用（万户）
全国	3007.71	1265.08
北京	0.01	
天津	2.48	0.51
河北	78.92	12.23
山西	20.89	1.09
内蒙古	22.38	1.85
辽宁	30.16	3.88
吉林	19.43	2.25
黑龙江	18.98	0.29
黑龙江农垦		
上海		
江苏	69.76	13.65
浙江	6.25	0.89
安徽	76.58	27.97
福建	34.80	19.31
江西	164.06	82.61
山东	53.77	5.53
河南	293.90	91.04
湖北	259.25	148.59
湖南	172.32	89.99
广东	9.58	3.27
广西	390.00	215.43
海南	34.50	31.46
重庆	139.67	64.49
四川	533.10	299.20
贵州	133.46	27.95
云南	202.49	81.72
西藏	0.12	0.08
陕西	77.05	19.78
甘肃	117.88	11.77
青海	18.42	8.01
宁夏	22.98	0.14
新疆	4.50	0.11
新疆生产建设兵团		

沼气工程情况（一）

地区	合计						
	年初数（处）	本年新增（处）	本年报废（处）	年末累计（处）	总池容（万米^3）	供气户数（万户）	装机容量（千瓦）
全国	102650	2776	11945	93481	2179.35	170.10	350147.00
北京	9		1	8	2.70	0.27	
天津	408		131	277	5.56		130.90
河北	2322	57	526	1853	79.33	1.34	19617.60
山西	216	2	40	178	11.97	0.91	3020.00
内蒙古	271		51	220	24.67	0.07	3575.00
辽宁	1029		317	712	33.69	0.06	230.00
吉林	64			64	10.25		
黑龙江	1382		145	1237	25.57	2.34	4030.00
黑龙江农垦	30		6	24	6.17		4000.00
上海	65	10	12	63	56.18		14850.00
江苏	4061	15	73	4003	119.14	1.60	60426.00
浙江	5089	247	927	4409	112.98	2.11	16583.00
安徽	2974	144	141	2977	79.40	7.21	26476.07
福建	3691		393	3298	61.90	3.06	2168.00
江西	8143	39	402	7780	176.09	17.02	38415.00
山东	6918	76	3185	3809	106.03	4.77	25776.50
河南	5518	18	617	4919	110.50	7.77	14289.00
湖北	9122	234	476	8880	147.68	25.51	7478.00
湖南	23011	757	3557	20211	180.78	14.74	19896.70
广东	4301	156	244	4213	149.24	1.65	19416.00
广西	1608	145	14	1739	77.56	36.70	10324.00
海南	1896	5	5	1896	47.66	2.90	2309.33
重庆	5279	395	179	5495	95.12	4.21	67.02
四川	7077	180	213	7044	236.07	26.17	24001.60
贵州	1971	8	82	1897	52.41	2.50	7986.20
云南	1574	285	116	1743	61.58	0.59	6071.65
西藏	14			14	1.73	0.01	
陕西	3508		73	3435	39.84	4.45	6890.00
甘肃	458	3	7	454	29.54	1.66	8016.00
青海	233			233	3.39	0.10	
宁夏	129		1	128	14.47	0.28	4053.43
新疆	231		11	220	15.46	0.12	50.00
新疆生产建设兵团	48			48	4.71		

沼气工程情况（二）

地区	小型和中型沼气工程						
	年初数（处）	本年新增（处）	本年报废（处）	年末累计（处）	总池容（万米^3）	供气户数（万户）	装机容量（千瓦）
全国	94913	2455	11282	86086	1144.29	130.65	38913.77
北京	1			1	0.04	0.04	
天津	377		131	246	1.86		
河北	2025	48	489	1584	17.97	0.87	
山西	114		24	90	1.25	0.18	270.00
内蒙古	196		50	146	6.32	0.01	
辽宁	975		303	672	27.62	0.05	60.00
吉林	18			18	0.20		
黑龙江	1204		127	1077	2.81	0.45	
黑龙江农垦	9			9	0.03		
上海	16	4	12	8	0.09		
江苏	3739	5	71	3673	67.63	0.82	16458.00
浙江	4939	222	922	4239	74.97	1.80	4294.00
安徽	2724	125	102	2747	31.73	2.56	1128.95
福建	3463		388	3075	29.62	1.72	740.00
江西	7526	35	391	7170	113.17	13.00	4377.00
山东	6556	61	3092	3525	37.68	2.24	298.50
河南	4671	4	577	4098	43.79	3.29	475.00
湖北	8819	231	447	8603	106.97	19.81	350.00
湖南	22443	715	3516	19642	120.38	10.79	473.50
广东	3751	57	190	3618	62.00	0.85	820.00
广西	1401	144	2	1543	51.04	35.66	1871.00
海南	1465	5	5	1465	24.25	2.25	65.80
重庆	4939	375	172	5142	62.33	3.41	0.02
四川	6426	175	12	6589	181.57	24.69	1849.00
贵州	1787	2	77	1712	28.96	1.31	723.00
云南	1340	247	111	1476	12.61	0.41	331.00
西藏	12			12	0.73	0.01	
陕西	3238		59	3179	22.69	3.85	109.00
甘肃	294			294	5.21	0.34	370.00
青海	202			202	0.85	0.06	
宁夏	122		1	121	6.95	0.16	3850.00
新疆	104		11	93	0.68	0.02	
新疆生产建设兵团	17			17	0.31		

沼气工程情况（三）

地区	大型和特大型沼气工程（含生物天然气工程）							
	年初数（处）	本年新增（处）	本年报废（处）	年末累计（处）	总池容（万米^3）	年产气量（万米^3）	供气户数（万户）	装机容量（千瓦）
全国	7737	321	663	7395	1035.06	141265.95	39.45	311233.23
北京	8		1	7	2.66	1063.00	0.23	
天津	31			31	3.70	87.60		130.90
河北	297	9	37	269	61.37	10276.17	0.47	19617.60
山西	102	2	16	88	10.72	800.95	0.73	2750.00
内蒙古	75		1	74	18.35	1566.40	0.06	3575.00
辽宁	54		14	40	6.07	240.00	0.01	170.00
吉林	46			46	10.05			
黑龙江	178		18	160	22.76	3632.00	1.89	4030.00
黑龙江农垦	21		6	15	6.14			4000.00
上海	49	6		55	56.09	1621.20		14850.00
江苏	322	10	2	330	51.50	9679.56	0.77	43968.00
浙江	150	25	5	170	38.01	2683.72	0.32	12289.00
安徽	250	19	39	230	47.67	8481.91	4.64	25347.12
福建	228		5	223	32.28	4136.05	1.34	1428.00
江西	617	4	11	610	62.91	5080.26	4.02	34038.00
山东	362	15	93	284	68.35	19809.10	2.53	25478.00
河南	847	14	40	821	66.71	9856.61	4.48	13814.00
湖北	303	3	29	277	40.71	4640.94	5.70	7128.00
湖南	568	42	41	569	60.40	6249.20	3.94	19423.20
广东	550	99	54	595	87.24	11296.97	0.80	18596.00
广西	207	1	12	196	26.53	2910.67	1.04	8453.00
海南	431			431	23.41	1234.65	0.65	2243.53
重庆	340	20	7	353	32.79	2882.48	0.80	67.00
四川	651	5	201	455	54.50	12704.16	1.48	22152.60
贵州	184	6	5	185	23.45	4796.37	1.18	7263.20
云南	234	38	5	267	48.97	9943.26	0.18	5740.65
西藏	2			2	1.00			
陕西	270		14	256	17.15	627.15	0.60	6781.00
甘肃	164	3	7	160	24.34	3442.18	1.32	7646.00
青海	31			31	2.54	7.60	0.04	
宁夏	7			7	7.52	1097.80	0.12	203.43
新疆	127			127	14.78	297.00	0.10	50.00
新疆生产建设兵团	31			31	4.40	121.00		

沼气工程情况（四）

地区	生物天然气工程							
	年初数（处）	本年新增（处）	本年报废（处）	年末累计（处）	总池容（万米^3）	年产（生物天然气）气量（万米^3）	进管网（生物天然气）气量（万米^3）	进加气站（生物天然气）气量（万米^3）
全国	44	11		55	130.17	21128.49	4344.25	6276.62
北京								
天津								
河北	6	1		7	19.45	4410.00		3157.00
山西	1			1	3.70	132.00		
内蒙古	2			2	6.55	720.00		
辽宁								
吉林	5			5	8.00			
黑龙江	1			1	1.40	410.00	200.00	90.00
黑龙江农垦	2			2	5.41			
上海								
江苏	1			1	1.40	630.00	630.00	
浙江								
安徽	1	4		5	8.60	328.50	73.00	
福建								
江西	1			1	1.74	415.00	415.00	
山东	6	2		8	13.70	5486.00	2457.20	1386.00
河南	3			3	6.40	1382.00	20.00	200.00
湖北								
湖南	2			2	5.06	578.00	117.20	
广东								
广西	2			2	5.40	730.00		40.00
海南	1			1	3.72	600.00		
重庆	2			2	4.30	953.00		
四川		2		2	6.30			
贵州	2			2	6.80	509.99	96.85	138.12
云南	3			3	9.24	2143.00		1050.00
西藏								
陕西		1		1	3.00	1020.00		
甘肃	1			1	2.60	220.00	5.00	215.00
青海								
宁夏		1		1	1.80	330.00	330.00	
新疆	1			1	3.60	80.00		
新疆生产建设兵团	1			1	2.00	51.00		0.50

沼气工程情况（五）

地区	原料消耗量				沼肥用量（万吨）
	合计（万吨）	畜禽粪污（万吨）	农作物秸秆（万吨）	其他有机废弃物（万吨）	
全国	18278.82	16923.53	766.44	588.85	13360.12
北京	17.07	17.07			1.41
天津	78.90	78.90			77.40
河北	475.93	399.75	65.38	10.80	145.99
山西	149.74	145.39	4.10	0.25	135.61
内蒙古	81.04	74.77	6.25	0.02	6.79
辽宁	64.15	60.01	3.99	0.15	30.91
吉林					
黑龙江	36.10	26.47	9.63		5.30
黑龙江农垦	24.65	21.00	3.65		
上海	484.57	328.38	0.34	155.85	198.89
江苏	788.61	775.68	8.58	4.35	699.46
浙江	725.66	714.28	4.54	6.85	362.04
安徽	422.00	380.66	31.34	10.00	418.17
福建	1351.94	1348.48	0.68	2.78	1305.13
江西	595.68	558.22	17.68	19.77	533.79
山东	626.00	557.74	34.91	33.35	623.75
河南	939.38	840.81	95.66	2.91	848.48
湖北	1578.46	1444.43	96.91	37.12	1270.92
湖南	1947.39	1866.08	45.48	35.83	1241.58
广东	436.47	431.94	3.54	0.99	327.61
广西	1040.57	905.32	98.81	36.44	761.57
海南	354.74	337.52	9.47	7.75	271.85
重庆	1033.88	914.33	3.88	115.67	576.35
四川	2849.86	2706.29	111.21	32.35	1874.68
贵州	815.38	791.38	18.49	5.51	446.82
云南	622.38	584.27	27.91	10.20	643.23
西藏	12.00	12.00			12.00
陕西	351.30	249.59	50.55	51.16	201.91
甘肃	282.17	268.74	5.78	7.65	299.12
青海	2.40	2.00		0.40	2.40
宁夏	36.75	32.05	4.00	0.70	31.17
新疆	39.37	35.74	3.63		4.58
新疆生产建设兵团	14.28	14.23	0.05		1.22

节能炉具情况

地区	合计（万台）	炊事炉（万台）	取暖炉（万台）	炊事取暖炉（万台）
全国	2742.73	1139.44	342.43	1260.86
北京				
天津	6.69			6.69
河北	265.63	9.41	37.66	218.56
山西	15.67	1.08	7.60	6.98
内蒙古	20.66	2.10	3.66	14.90
辽宁	10.01	0.07	1.27	8.67
吉林	97.60			97.60
黑龙江	26.07	2.95	9.22	13.90
黑龙江农垦				
上海				
江苏	2.78	0.21		2.57
浙江	0.11	0.11		
安徽	55.56	30.61	1.60	23.35
福建				
江西	61.05	30.69	2.71	27.65
山东	404.04	127.00	88.90	188.13
河南	149.56	26.37	18.11	105.08
湖北	179.32	41.22	24.38	113.72
湖南	350.54	188.67	52.54	109.33
广东	14.81	14.53	0.08	0.20
广西	0.78	0.78		
海南				
重庆	38.35	8.47	0.28	29.61
四川	213.31	161.39	16.06	35.85
贵州	113.76	13.36	3.05	97.36
云南	407.82	401.97		5.85
西藏				
陕西	83.57	20.41	25.26	37.90
甘肃	199.08	57.37	33.27	108.45
青海	14.27		14.27	
宁夏	4.56	0.05	0.30	4.21
新疆	7.13	0.62	2.22	4.29
新疆生产建设兵团				

太阳能热利用情况

地区	太阳能热水器		太阳灶	太阳房	
	数量（万台）	面积（万米^2）	数量（台）	数量（处）	面积（万米^2）
全国	4676.34	8420.73	1706244	228134	1822.30
北京	47.74	90.14		10800	114.34
天津	38.57	40.52			
河北	430.44	611.40	7934	40745	173.76
山西	29.12	60.65	46901		
内蒙古	26.55	62.26	20766	4180	28.93
辽宁	50.46	89.86	171	16092	144.21
吉林	21.80	69.00	360	25899	289.41
黑龙江	14.04	16.85		18310	160.22
黑龙江农垦	5.09	10.01			
上海					
江苏	703.66	1121.27		142	0.59
浙江	276.27	576.99	40		
安徽	398.80	601.56			
福建	13.90	33.70			
江西	93.15	213.21			
山东	914.03	1420.01	1402	480	11.93
河南	330.42	536.03		7	0.13
湖北	189.31	315.08			
湖南	109.67	218.52		4	0.49
广东	65.80	184.48	98	5	0.05
广西	59.00	153.50			
海南	191.85	389.21			
重庆	33.68	65.85			
四川	119.62	218.92	1773	70	0.60
贵州	39.17	90.90			
云南	180.06	527.71			
西藏	50.13	150.10	202150		
陕西	84.62	219.36	151942	1	0.07
甘肃	64.63	171.46	870456	73691	387.32
青海	3.50	14.87	258259	37525	505.19
宁夏	88.61	144.53	143225	182	5.07
新疆	2.60	2.60	766		
新疆生产建设兵团	0.06	0.18			

生物质能源工程情况

地区	打捆直燃集中供暖			固化成型		热解气化			炭化	
	数量（处）	供暖户数（万户）	供暖面积（万米²）	数量（处）	年产量（万吨）	数量（处）	其中：运行数量（处）	其中：供气户数（万户）	数量（处）	年产量（万吨）
全国	238	10.62	815.39	2664	1279.65	183	40	1.41	102	46.16
北京										
天津										
河北	5	0.04	5.01	179	43.24	3	3	0.10	5	5.00
山西	3	0.18	15.00	52	57.18					
内蒙古				27	14.80	4			1	0.40
辽宁	107	0.79	74.89	85	52.78	37			4	6.00
吉林	12	0.48	38.40	25	38.00	17	11	0.20		
黑龙江	109	6.01	458.89	1471	308.46	1	1	0.02	2	1.00
黑龙江农垦				4	0.64					
上海										
江苏				201	60.87	82	2	0.05	2	0.36
浙江				52	42.78	3	3	0.0003	3	0.13
安徽				329	398.95	2	2	0.20	15	4.59
福建										
江西				20	7.15					
山东	2	3.12	223.20	47	43.66	23	7	0.50	4	1.44
河南				24	38.88	1	1	0.02	5	6.05
湖北				47	54.77	7	7	0.31	28	16.32
湖南				31	64.59				3	2.85
广东										
广西										
海南										
重庆						1	1			
四川				4	5.60				1	0.001
贵州				3	3.80				5	0.02
云南				22	10.88				22	1.49
西藏										
陕西				7	1.81					
甘肃				32	20.81	2	2	0.02	2	0.50
青海										
宁夏										
新疆				2	10.00					
新疆生产建设兵团										